S0-BZZ-245

Wissenschaftliche Untersuchungen
zum Neuen Testament · 2. Reihe

Begründet von Joachim Jeremias und Otto Michel
Herausgegeben von
Martin Hengel und Otfried Hofius

22

Glaube als Teilhabe

Historische und semantische Grundlagen
der paulinischen Theologie und
Ekklesiologie des Glaubens

von

Axel von Dobbeler

J.C.B. Mohr (Paul Siebeck) Tübingen

BS
2655
.F2
D6
1987

CIP-Kurztitelaufnahme der Deutschen Bibliothek

Dobbeler, Axel von:
Glaube als Teilhabe : histor. u. semant. Grundlagen d. paulin. Theologie
u. Ekklesiologie d. Glaubens /
von Axel von Dobbeler. .
— Tübingen : Mohr, 1987.
  (Wissenschaftliche Untersuchungen zum Neuen Testament : Reihe 2 ; 22)
  ISBN 3-16-145121-X
  ISSN 0340-9570

NE: Wissenschaftliche Untersuchungen zum Neuen Testament / 02

© J.C.B. Mohr (Paul Siebeck) Tübingen 1987.

Das Werk einschließlich aller seiner Teile ist urheberrechtlich geschützt. Jede Verwertung
außerhalb der engen Grenzen des Urheberrechtsgesetzes ist ohne Zustimmung des Verlags
unzulässig. Das gilt insbesondere für Vervielfältigungen, Übersetzungen, Mikroverfil-
mungen und die Einspeicherung und Verarbeitung in elektronischen Systemen.

Druck von Gulde-Druck GmbH in Tübingen; Einband von Großbuchbinderei H. Koch
KG in Tübingen.

Printed in Germany.

MEINEN ELTERN

Hildrun und Joachim von Dobbeler

VORWORT

Die vorliegende Untersuchung geht auf eine im Sommer 1984 von
der Theologischen Fakultät der Ruprecht-Karl Universität zu Heidelberg angenommene Dissertation zurück. Für die Veröffentlichung mußten
erhebliche Kürzungen vorgenommen werden; ein Kapitel (Teilhabe an
der als Glauben personifizierten Nähe zu Gott: Gal 3,23-25) wurde
vollständig ausgeklammert und soll gesondert veröffentlicht werden.

Mein Dank gilt vor allem meinem Lehrer, Herrn Prof. Klaus Berger/
Heidelberg, der diese Untersuchung angeregt und betreut hat. Sein
fachlicher Rat, seine intensive Begleitung und praktische Unterstützung waren die Grundlage für den erfolgreichen Abschluß dieser
Arbeit. Die menschliche Nähe, die ich in der Zusammenarbeit mit ihm
erlebt habe, hat mich tief geprägt und bleibt mir bis heute ein
persönlicher Gewinn. Auch dem Korreferenten, Herrn Prof. Christoph
Burchard/Heidelberg, möchte ich für seine Korrekturen und Anregungen
danken.

Viele Menschen haben mich in den Jahren des Schreibens begleitet
und unterstützt. Besonders wichtig war für mich dabei die enge
Zusammenarbeit mit meiner Frau, Stephanie von Dobbeler, und meinem
Freund, Herrn Dr. Roman Heiligenthal.

Der Studienstiftung des deutschen Volkes danke ich für die
finanzielle Förderung der Arbeit, der Evangelischen Kirche im
Rheinland für den großzügigen Druckkostenzuschuß.

Frau Heike Kunstmann hat mit großer Sorgfalt das Typoskript
hergestellt.

Mein Dank gilt ferner den Herren Professoren Martin Hengel und
Otfried Hofius für die Aufnahme der Arbeit in die Reihe WUNT.

Ich widme dieses Buch meinen Eltern, die mir viel Geduld, Verständnis und persönliche Anteilnahme entgegengebracht und mir
durch ihre Unterstützung meinen Ausbildungsgang ermöglicht haben.

Düsseldorf, im Dezember 1986   Axel von Dobbeler

Inhaltsverzeichnis

EINLEITUNG.. 1

ERSTER HAUPTTEIL:
Glaube als Teilhabe im Blick auf Gottes Handeln

1. Kapitel: TEILHABE AM OFFENBARUNGSGESCHEHEN
Die Verkündigung des Apostels und
der Glaube der Hörer.................. 9

1.1. Glaube aus dem Hören...................... 10
1.1.1. 'Glaube aus dem Hören' in der pagan-
griechischen Literatur.................... 11
1.1.2. 'Glaube aus dem Hören' in der jüdisch-
hellenistischen Literatur................ 14
1.1.3. 'Glaube aus dem Hören' bei Paulus......... 18

1.2. Verkündigung und Glaube als charismatisch-
pneumatisches Geschehen.................... 25
1.2.1. Pagan-griechischer und jüdischer
Verstehenshorizont....................... 26
1.2.2. Die paulinische Konzeption................ 30

Die Zeichen des Apostels:
II Kor 12,12; Röm 15,18.............. 30

I Kor 2,1-5......................... 32

I Thess 1,5......................... 38

1.3. Zusammenfassung............................ 40

2. Kapitel: TEILHABE AM GEIST GOTTES
Der Eintritt in die Gemeinschaft
der Glaubenden als Zugang zu Gott..... 45

2.1. Πίστις und πνεῦμα in der pagan-griechischen
Literatur.................................. 45

2.2. Die Verbindung πίστις - πνεῦμα im Judentum... 50

2.3. Die Verbindung πίστις - πνεῦμα im Neuen
Testament.................................. 54
2.3.1. Gal 3,1-14................................ 57
2.3.2. Gal 3,26 - 4,7............................ 58
2.3.3. Ekklesiologische Konsequenzen............. 60

2.4. Die Verbindung 'Glaube - Geist' im Kontext
von Einheitsmahnungen...................... 61
2.4.1. I Kor 12.................................. 62

2.4.2. Phil 1..................................   64

2.5. Die neue pneumatische Praxis
     (Gal 5,1-6.13-26)...........................   66

2.6. Rezeptionskritische Darstellung der pauli-
     nischen Aussagen über Glaube und Geist........   70
2.6.1. Grundzüge der Verbindung 'Glaube - Geist'
       bei Paulus................................   70
2.6.2. Die frühjüdischen Rezeptionsmöglichkeiten
       der paulinischen Aussagen über Glaube und
       Geist.....................................   72
2.6.3. Die pagan-griechischen Rezeptionsmöglich-
       keiten der paulinischen Aussagen über
       Glaube und Geist..........................   73

3. Kapitel: TEILHABE AN SÜHNE UND SÜNDENVERGEBUNG
            Der Sühnetod Jesu und der Glaube.......   77

3.1. Christus als ἱλαστήριον διὰ πίστεως: Röm 3,25   78
3.1.1. "Διὰ πίστεως" im kultischen Kontext.........   80
3.1.2. Die Aufnahme der Sühnevorstellung in der
       jüdisch-hellenistischen Märtyrerliteratur...   84
3.1.3. Zusammenfassung............................   86

3.2. Götzenglaube, Gottesglaube und die Vergebung
     der Sünden: I Kor 15,12-19...................   87
3.2.1. Die Struktur des Abschnitts................   88
3.2.2. Der traditionsgeschichtliche Hintergrund....   90

         Exkurs: Die Rezipierbarkeit der pauli-
                 nischen Aussagen für Heiden, die
                 mit dem alttestamentlich-jüdischen
                 Erbe nicht vertraut waren.....   92

ZUSAMMENFASSUNG DES ERSTEN HAUPTTEILS.................   95

ZWEITER HAUPTTEIL:

GLAUBE ALS TEILHABE IM BLICK AUF DIE GEMEINDE
DER ERLÖSTEN

EINLEITUNG..   99

4. Kapitel: TEILHABE AN GERECHTIGKEIT UND
            ERWÄHLUNG..............................   101

4.1. Das Verhältnis von πίστις und δικαιοσύνη
     in der pagan-griechischen Literatur..........   102

4.1.1. Grundmotive der griechischen
       Gerechtigkeitsvorstellung................. 102

       Φυσικὸν δίκαιον und νομικὸν δίκαιον... 102

       Gerechtigkeit als höchste Tugend...... 103

       Gerechtigkeit und Frömmigkeit........ 104

       Ἐπιείκεια - φιλία - φιλανθρωπία....... 105

4.1.2. Die Verbindung πίστις - δικαιοσύνη......... 106

       Das Material: Πίστις und δικαιοσύνη
       als Elemente von Reihenbildungen...... 106

       Die Freundschaftsethik als Kontext der
       Verbindung πίστις - δικαιοσύνη........ 107

       Zusammenfassung..................... 111

4.1.3. Die Formel 'πιστεύειν τῷ δικαίῳ'........... 112

4.2. Die Verbindung πίστις - δικαιοσύνη in der
     frühjüdisch-hellenistischen Literatur......... 114

4.2.1. Übersicht über das Material............... 114

4.2.2. Gen 15,6 und die Rezeptionsgeschichte....... 116

4.2.3. Hab 2,4 und die Rezeptionsgeschichte........ 125

4.2.4. Zusammenfassung......................... 130

4.3. Das Verhältnis von πίστις und δικαιοσύνη in
     der Theologie des Paulus................... 132

4.3.1. Die paulinische Aufnahme der Abraham-
       Tradition in Röm 4...................... 133

       Röm 4,1-8: Abraham als Beispiel für
       die, die keine 'lohnbringenden' Werke
       vorzuweisen haben und auf die Gnade
       Gottes angewiesen sind............... 133

       Röm 4,9-12: Abraham als Beispiel
       eines unbeschnittenen Gerechten....... 135

       Röm 4,13-17: Abraham als Beispiel für
       einen 'gesetzlosen' Verheißungs-
       empfänger........................... 136

       Röm 4,18-22: Abraham als Beispiel des
       rechten, unerschütterlichen Glaubens.. 138

       Röm 4,23-25: Die Anwendung des Abraham-
       Beispiels auf die christliche Gemeinde 140

       Zusammenfassung..................... 142

4.3.2. Die paulinische Aufnahme von Gen 15,6
       in Gal 3............................ 145

4.3.3. Die urchristliche Rezeption von Hab 2,4 und
       ihre Relevanz für die paulinische Rede von
       der Glaubensgerechtigkeit............... 146

       Hebr 10,37f......................... 147

       Gal 3,1-14.......................... 148

       Röm 10,4-12......................... 151

       Röm 1,17............................ 152

       Zusammenfassung..................... 155

4.4. Rezipientenbezogene Darstellung der
     paulinischen Rechtfertigungslehre.......... 156

4.4.1. Grundelemente der paulinischen Verbin-
       dung von πίστις und δικαιοσύνη........... 157

4.4.2. Die paulinische Verbindung von πίστις
       und δικαιοσύνη im Rahmen des jüdischen
       Verstehenshorizonts...................... 160

4.4.3. Die paulinische Verbindung von πίστις
       und δικαιοσύνη im Rahmen des pagan-
       griechischen Verstehenshorizonts........ 163

4.4.4. Soziologische Implikationen der pauli-
       nischen Verbindung von πίστις und
       δικαιοσύνη............................... 166

5. Kapitel: TEILHABE AN KRAFT UND GNADE
           Das 'Stehen' im Glauben............. 171

5.1. Der Widerstand gegen satanische Mächte:
     I Kor 16,13............................... 172

5.1.1. Die Mahnung zur Wachsamkeit.............. 172

          I Petr 5,8-11...................... 173

          Eph 6,10-20........................ 176

5.1.2. Die Mahnung zu Mannhaftigkeit und Stärke 179

5.1.3. Die Funktion der πίστις für den
       Widerstand............................... 180

5.1.4. Das Stehen im Geist, im Evangelium,
       im Herrn, in der Gnade................... 182

          Phil 1,27.......................... 182

          I Kor 15,1......................... 183

          I Thess 3,8; Phil 4,1.............. 183

          Röm 5,1f; Gal 5,1.................. 183

5.2. Das Stehen vor Gott: Röm 11,20;
     II Kor 1,24............................... 184

5.2.1. Röm 11,20............................... 184

5.2.2. II Kor 1,24............................. 186

5.3. Zusammenfassung........................... 187

6. Kapitel: TEILHABE AM UNSICHTBAREN
           Der Glaube in der Zeit - Glauben
           und Hoffen......................... 189

6.1. Die Verbindung πίστις - ἐλπίς in der
     pagan-griechischen Literatur.............. 191

6.2. Die Verbindung πίστις - ἐλπίς in der
     LXX und im frühjüdisch-hellenistischen
     Schrifttum................................ 195

6.2.1. Die Mahnrede in Sir 2...................... 196

6.2.2. Psalm 77 (LXX)............................. 198

6.2.3. Philo von Alexandrien..................... 198

6.2.4. Märtyrertradition......................... 200

6.3. Πίστις und ἐλπίς in den Paulusbriefen........ 202

6.3.1. Röm 4,18................................. 203

6.3.2. Röm 15,13................................ 205

6.3.3. Gal 5,5f................................. 207

6.3.4. Die Verbindung πίστις – ἐλπίς in
       triadischen Wendungen.................... 208

       I Kor 13,13......................... 208

       I Thess 1,3......................... 211

       I Thess 5,8......................... 213

6.4. Zusammenfassung.............................. 214

7. Kapitel: GLAUBE ALS TEILHABE AN EINEM LEBEN
           AUSSERHALB DER SÜNDENMACHT........... 217

7.1. Röm 14,1 – 15,13............................ 217

7.2. Traditionsgeschichtliche Voraussetzungen..... 221

7.2.1. Altes Testament und Frühjudentum.......... 221

       Ps 78(77)........................... 221

       Weish 12............................ 222

       Philo............................... 223

       syrBar.............................. 223

7.2.2. Die Stoa................................. 224

       Κατόρθωμα und ἁμάρτημα.............. 225

       Die πίστις in der Ethik Epiktets..... 227

7.3. Die paulinische Position im Lichte der
     jüdischen und pagan-griechischen Voraus-
     setzungen.................................... 228

7.4. Die paulinischen Aussagen über den Glauben
     und die Sünde im Verhältnis zu I Kor 8,1 –
     11,1 und Tit 1,10-16........................ 230

7.4.1. I Kor 8,1 – 11,1........................ 230

7.4.2. Tit 1,10-16............................. 232

7.5. Schwäche und Stärke, Mangel und Wachstum,
     Maß des Glaubens............................. 235

7.5.1. Stärke durch den Glauben: Röm 4,19-21...... 235

7.5.2. Mangel und Wachstum des Glaubens:
       I Thess 3,10; II Kor 10,15; II Thess 1,3... 236

7.5.3. Das Maß des Glaubens: Röm 12,3.............   238

7.6. Die ekklesiologischen Konsequenzen der
     paulinischen Konzeption....................   239

8. Kapitel: TEILHABE AN DER GEMEINDE DER
            ERWÄHLTEN............................   243

8.1. Warnung vor der Gemeinschaft mit Heiden......   244
8.1.1. II Kor 6,14 - 7,1.........................   244
8.1.2. I Kor 5,9 - 6,11..........................   246

8.2. Das Verhältnis zu Israel: Röm 11,17-24.......   248

8.3. Die "Hausgenossen des Glaubens": Gal 6,10....   251
8.3.1. Die Rolle des 'Hauses' innerhalb der
       hellenistischen Gesellschaft..............   253
8.3.2. Die Bedeutung des 'Hauses' für pagan-
       griechische Kultvereine...................   257
8.3.3. Οἰκεῖος in Genitivverbindungen mit
       Abstrakta.................................   260
8.3.4. Οἰκεῖος und φίλος.........................   261
8.3.5. Frühchristliche Hausgemeinden.............   263
8.3.6. Haus Gottes und Fundament der Wahrheit.....   264
8.3.7. Auswertung................................   267

8.4. Zusammenfassung.............................   271

ZUSAMMENFASSUNG DES ZWEITEN HAUPTTEILS..............   275

DRITTER HAUPTTEIL:
VORAUSSETZUNGEN UND REZEPTION

EINLEITUNG......................................   281

9. Kapitel: DER RELIGIÖSE GEBRAUCH VON ΠΙΣΤΙΣ
            IM GRIECHENTUM.......................   283

9.1. Forschungsgeschichtlicher Überblick.........   284

9.2. Übersicht über das Material.................   287
9.2.1. Πίστις als Glaube an die Götter...........   287
9.2.2. Πίστις als Wunderglaube...................   291
9.2.3. Πίστις als Offenbarungsglaube.............   292

9.3. Auswertung..................................   295

10. Kapitel: DIE TRANSFORMATION DES PROFANEN
             ΠΙΣΤΙΣ - VERSTÄNDNISSES..............   299

11. Kapitel: ZUR REZIPIERBARKEIT DES PAULINISCHEN
             GLAUBENSVERSTÄNDNISSES AUF SEITEN
             DER HÖRER.........................   305

AUSBLICK...   315

LITERATURVERZEICHNIS................................   317

REGISTER
  AUTOREN...   339
  STELLEN...   341

EINLEITUNG

Kaum ein anderer theologischer Zentralbegriff ist im Laufe der christlichen Traditionsgeschichte in solcher Weise zum Abstraktum geworden wie der Begriff des Glaubens. Schon in den paulinischen Briefen wird das Problem von Realbezug und abstrakter Verwendung von πίστις deutlich. Die Schwierigkeit, die sich hier auftut, deutet zugleich auf die Aufgabe hin, der sich die folgende Untersuchung stellt und die eine erneute Bearbeitung des paulinischen Glaubensverständnisses nützlich erscheinen läßt. Der Aufweis der Bedeutung von πίστις für die 'Lebenswirklichkeit' der frühchristlichen Gemeinden durch die Erhellung der konkreten Aussoziationen, die sich für Autor und Rezipienten auf dem Hintergrund ihrer historisch-soziologischen Situation mit πίστις verbanden, scheint ein Desiderat der bisherigen Forschung zu sein.

Zu einseitig erscheint WISSMANNs Festlegung des paulinischen Glaubensbegriffs auf das "Fürwahrhalten", "die gehorsame Annahme des christlichen Kerygmas"[1]. Wißmann bestreitet entschieden, daß es bei πίστις um ein persönliches Vertrauensverhältnis geht[2], und trennt den Glauben scharf von der "Christusfrömmigkeit", die neben dem Glauben das lebendige Verhältnis zu dem pneumatisch gegenwärtigen Christus schafft[3]. Demgegenüber wird zu zeigen sein, daß πίστις immer eine personale Beziehung im Blick hat und dementsprechend auch an personale Vermittlung gebunden ist.

---

1 WISSMANN, Verhältnis, 84.

2 A.a.O., 67: "πιστεύειν heißt nicht vertrauen, sondern glauben im nackten, nüchternen Sinn der bejahenden Aneignung und Zustimmung"; vgl. a.a.O., 81. WISSMANN wendet sich damit gegen die Ablehnung eines rationalen Verständnisses des paulinischen Glaubens durch PFLEIDERER, Urchristentum. Für PFLEIDERER ist die "mystische Christusgemeinschaft, dieses Sichidentifizieren mit Christo in Todes- und Lebensgenossenschaft ... das eigentlich Neue und Bedeutsame in Paulus' Glaubensbegriff" (247); der Glaube ist ihm ein "Affekt des Herzens", eine "Gefühlsweise oder Gemütsstimmung" (246). Ähnlich auch DEISSMANN, Paulus, 93ff, für den der Glaube "das Erlebnis der Rechtfertigung" (98) ist, sowie MICHAELIS, Rechtfertigung, der Deissmanns Sicht zu verteidigen sucht.

3 A.a.O., 110ff; vgl. SCHWEITZER, Mystik, 201ff; dagegen hat DIBELIUS, Glaube, die Einheit von Glaube und Mystik bei Paulus in der Beziehung auf Christus gesucht: "Das in den Worten der Mystik ausgesprochene Bewußtsein, zu haben und zu schauen, umschließt nur die eine Hälfte dieses Daseins (sc. des Christen); die andere besteht aus nicht haben und -glauben" (699).

Problematisch erscheint auch die anthropozentrische Bestimmung
des paulinischen Glaubens durch BULTMANN, derzufolge die πίστις
die Haltung des Menschen ist, mit der er das Geschenk der Gerechtigkeit Gottes empfängt, ein neues Selbstverständnis, das radikal
auf Leistung verzichtet und damit in Opposition zur καύχησις tritt[4].
Die objektive Seite des Glaubens als einer von Gott eröffneten Heilswirklichkeit ist hier aufgrund der Orientierung an den Verstehenskategorien der Existentialphilosophie vernachlässigt. Daß Glaube
die Entscheidung für ein neues Selbstverständnis bedeutet, steht
bei Bultmann im Mittelpunkt, als eschatologisches Geschehen kommt
die πίστις nur am Rande zur Sprache.

Hier setzt BINDER seine Kritik an der Position Bultmanns an[5].
Zurecht betont er, daß πίστις bei Paulus den Charakter einer gött-
lichen Geschehenswirklichkeit hat und insofern eine transsubjektive
Größe ist[6]. Binder überspannt den Bogen freilich in die andere Rich-
tung. Bei seiner berechtigten Kritik an einem psychologisierenden,
anthropozentrischen Glaubensverständnis verliert er die menschliche
Seite der Aneignung des von Gott eröffneten Weges zu sehr aus dem
Blick.

---

4   Theologie, 315f; vgl. ThWNT VI, 218-220. BULTMANN beschreibt die Struktur
    der πίστις nach fünf Richtungen hin: als ὑπακοή , ὁμολογία , ἐλπίς,
    φόβος und Vertrauen (Theologie, 315-324); primar ist die πίστις Annahme
    der Kerygmas (ὑπακοή), ein "Glauben, der in der Willigkeit besteht, die
    berichteten Tatsachen von der Menschwerdung und Kreuzigung des präexisten-
    ten Gottessohnes und seine Auferstehung von den Toten für wahr zu halten
    und in ihnen einen Erweis der Gnade Gottes zu sehen" (Theologie, 300).
    Πίστις ist aber zugleich auch ein "Glauben, der als Hingabe an die Gnade
    Gottes eine radikale Umkehr des bisherigen Selbstverständnisses des Menschen
    bedeutet, die radikale Preisgabe der καύχησις" (ebd.). Beides ist im
    Sinn des Paulus nicht zu trennen, da für ihn nach BULTMANN "die Entschei-
    dungsfrage, ob der Mensch sein altes Selbstverständnis fahren lassen und
    sich ganz aus der Gnade Gottes verstehen will, und die Frage, ob er Christus
    als den Sohn Gottes und Herrn anerkennen will, ein und dieselbe Frage sind"
    (ebd.). Ganz ähnlich wie BULTMANN bestimmt auch KUSS, Glaube, die Struktur
    der πίστις ; auch für ihn ist die Entscheidung zum Gehorsam dem verkün-
    deten Wort gegenüber das entscheidende Merkmal des paulinischen Glaubens
    (197); wie BULTMANN sieht auch er deshalb im Glauben ein Wagnis (198). In-
    sofern die πίστις wirkliche Entscheidung des Menschen sei, sei sie eine
    menschliche Leistung, kein Werk (197); BULTMANN spricht demgegenüber von
    der Tat der Entscheidung und grenzt dies gerade gegen die Leistung bzw. den
    Leistungswillen ab, Theologie, 316f . Auch das Motiv des Vertrauens und das
    Element der Hoffnung sieht KUSS wie BULTMANN im paulinischen Glauben ge-
    geben (200f). Originell ist seine Bestimmung der ethischen Relevanz des
    Glaubens, wonach πίστις im paulinischen Sinne eine "alles Handeln durch-
    dringende aktive Kraft" ist (209).

5   BINDER, Glaube, bes. 83-108.

6   A.a.O., 5 u.ö.; ähnlich auch STUHLMACHER, Gerechtigkeit, 81-83, der im An-
    schluß an KÄSEMANNs These, daß bei Paulus alle Begriffe Macht und Gabe zu-
    gleich meinen, die paulinische πίστις als "überindividuelles Gesamt-
    phänomen" versteht.

Überzeugender ist demgegenüber LOHMEYERs Entfaltung des paulinischen Glaubensbegriffs nach zwei Seiten hin: nach seiner meta-
physischen Begründung (als von Gott geschenkte Offenbarung) und
nach seiner geschichtlichen Verwirklichung (als Erkennen und Gehorchen)[7]. Dabei verhalten sich nach Lohmeyer Glaube als Prinzip
und Glaube als Tat zueinander wie Gesetz und Werk. "So tritt der
Begriff des Glaubens in einen doppelten Gegensatz: als geschichtliche 'Erfahrung' des Gläubigen tritt er dem Werk, als metaphysische
Tatsache und religiöses Prinzip dem Gesetz gegenüber"[8].

NEUGEBAUER schließt sich in seiner Untersuchung zum 'ἐν Χριστῷ'
an Lohmeyer an und spricht von πίστις als einem eschatologischen
Geschehen und dessen Verwirklichung im Raum der Gemeinde (πιστεύειν)[9].
"Wir haben ... πίστις und πιστεύειν nach zwei Richtungen zu ent-
falten, die beide vielfach ineinander übergehen und in diesen beiden
Begriffen immer gleichzeitig gesetzt sind: Heil und Ekklesia"[10].
Wichtig ist bei Neugebauer vor allem die Betonung der ekklesiologischen Bedeutung von πίστις und πιστεύειν im Gegenüber zur Konzentration auf das gläubige Individuum bei Bultmann[11].

Aber auch in den Arbeiten Lohmeyers, Neugebauers und Binders
bleibt der Realbezug von πίστις weitgehend im Dunkeln. Wenn Glaube
eine von Gott ausgehende Größe ist, dann ist doch weiter nach den
Konsequenzen eines solchen Verständnisses für den Akt der Verkündigung und Bekehrung zu fragen. Ist Verkündigung als Offenbarung
verstanden und wie verhält sie sich zu dem grundlegenden Christusgeschehen? Welche Bedeutung hat die personale (apostolische) Vermittlung des mit πίστις beschriebenen eschatologischen Geschehens?

Nach den jüngsten Arbeiten zum Glaubensbegriff von LÜHRMANN ist
πίστις bei Paulus primär vom Geglaubten her, nicht vom Glaubenden
zu bestimmen[12]. Glaube bestimmt sich demnach ganz von seinem Inhalt
her, dem mit Χριστός angezeigten Heilsgeschehen. Paulus steht damit nach Lührmann in einer gesamtbiblischen Tradition, nach der
Glauben heißt: "das Bekenntnis zu Gott als dem Schöpfer der Welt

---

7 LOHMEYER, Grundlagen; vgl. auch SCHENK, Gerechtigkeit, der im Anschluß an
   LOHMEYERs These πίστις als Terminus zur Bezeichnung der Verkündigung versteht (166); Substantiv und Verb verhielten sich dabei zueinander wie die
   Eröffnung eines Geschäfts und der Eintritt in dieses (170). Das Bild ist
   zwar sehr treffend gewählt, die strikte Trennung zwischen Verb und Substantiv jedoch erscheint künstlich.
8 A.a.O., 119.
9 Christus, bes. 150-174.
10 A.a.O., 164; vgl. LJUNGMAN, Pistis, der in der paulinischen πίστις die
   Treue Gottes und den Glauben des Menschen ausgedrückt sieht.
11 A.a.O., 167.
12 LÜHRMANN, Glaube, 46-59, bes. 47.51.53; vgl. ders., Pistis, ders., RAC XI.

zusammenbringen mit der konkreten Erfahrung dieser Welt, die diesem
Bekenntnis zu widersprechen scheint"[13]. Im Unterschied zum Judentum
liege die Verbindung zwischen Bekenntnis und Welterfahrung nicht
mehr im Gesetz, sondern im Kreuzesgeschehen. Wie bei Wißmann ist
auch hier der Charakter der paulinischen πίστις als einer Größe
personaler Beziehung verkannt; vor allem aber ist Lührmanns Arbeit
im Hinblick auf ihre Voraussetzungen - die angebliche gesamtbiblische
Opposition von Bekenntnis und Welterfahrung und die Bestreitung eines
religiösen πίστις-Gebrauchs im Griechentum[14] - zu befragen.

Ansätze für unsere Frage nach der Bedeutung des Glaubens für die
Lebenswirklichkeit der frühen Christen sind vor allem in zwei älteren
Untersuchungen zu sehen: MUNDLEs These der konstitutiven Bindung der
πίστις an die Taufe[15] ist im Hinblick auf die Rolle der πίστις im
Bekehrungsgeschehen sowie hinsichtlich des Verhältnisses von Zugang
zu Gott und Eintritt in die Gemeinde weiter zu verfolgen.

Richtungweisend ist nach wie vor auch die große Monographie
SCHLATTERs über den Glauben im NT, vor allem die von ihm betonte
Wertschätzung des menschlichen Werkes. Im Mittelpunkt steht für
Schlatter das Werk Gottes; in ihm hat der Glaube seinen Grund, ihm
korrespondiert das Werk des Glaubenden. Der Glaube ist dabei nach
Schlatter die Größe, durch die der Mensch wollend und wirkend am
Werk Gottes beteiligt ist[16]. In seiner Ablehnung einer generellen
Antithese 'Glaube - Werke' für die paulinische Theologie ist ein
Ansatz für die Frage nach der lebenspraktischen Bedeutung der πίστις
zu sehen[17].

---

13 Glaube, 34; vgl. 53.59.

14 Vgl. hierzu besonders LÜHRMANN, Pistis, 21-25; so auch LOHSE, Emuna, der
    sich vor allem gegen BUBERs Unterscheidung zweier Glaubensweisen im Juden-
    tum und Christentum wendet. BUBER, Glaubensweisen, trennt zwischen der
    hebräischen Emuna, deren Wesensmerkmal das Vertrauen ist, und der Pistis,
    die von griechischen Voraussetzungen her bestimmt ist und sich auf einen
    Sachverhalt richtet, der als wahr anerkannt wird. Die Emuna ordnet er Jesus
    und dem zentralen Pharisäertum zu, die Pistis dem hellenistischen Juden-
    tum und frühen Christentum (zur Kritik an Buber siehe SCHRENK, Beurteilung).
    Dagegen sehen LÜHRMANN und LOHSE die paulinische Pistis inhaltlich wesent-
    lich durch die atl.-jüdische Redeweise vom Glauben geprägt. Schon GYLLEN-
    BERG, Glaube, weist auf die Bedeutungsunterschiede von Emuna und Pistis hin
    (619) und vertritt die Ansicht, Paulus habe Pistis im Sinne des hebräischen
    Begriffs Emuna als Einordnung in die neue Gottesgemeinschaft verstanden
    (626); zur religiösen Verwendung von Pistis im Hellenismus vgl. BARTH,
    Pistis, und den dritten Hauptteil dieser Arbeit.

15 MUNDLE, Glaubensbegriff.

16 SCHLATTER, Glaube; vgl. Schlatters Rückblick auf seine Lebensarbeit, hrsg.
    von Th. Schlatter, 1952, 109.

17 Vgl. daneben noch HATCH, Idea; NAIRE, Faith; GYLLENBERG, Pistis; KÜMMEL,
    Glaube; SCHMECK, Infidelis; ALFARO, Fides; BOISMARD, Foi; BRAUN, RGG II;
    CONZELMANN, Christenheit; VAN DAALEN, Faith; HERMISSION/LOHSE, Glauben;
    HAHN/KLEIN (Hrsg.), Glaube (FS Binder).

Diese Fragestellung aufnehmend ist das Ziel unserer Untersuchung, der Rede vom Glauben einen Ort und eine konkrete Funktion in der geschichtlichen Wirklichkeit der Gemeinden des Paulus zuzuweisen. Zu fragen ist dabei nicht allein autorenbezogen nach der Intention des Apostels und seinen traditions- und religionsgeschichtlichen Voraussetzungen. Unser Interesse gilt daneben insbesondere der Wirkung der paulinischen Aussagen bei seinen Adressaten. Methodisch ist von daher eine rein begriffsgeschichtliche Vorgehensweise ausgeschlossen. Den methodischen Rahmen der Arbeit bildet vielmehr die "wirkungsgeschichtliche Hermeneutik", die die Entstehung und Rezeption von Texten vom Eingebundensein in sprachliche Formen und in die historisch-soziologische Dimension des Kommunikationsvorgangs her begreift[18].

Von den Ergebnissen der Wortfeldforschung ausgehend fragen wir nach den Sprachtraditionen (und den an sie gebundenen Assoziationskomplexen), die das Verständnis bestimmter, für das paulinische Glaubensverständnis zentraler Wortverbindungen auf Seiten des Autors, vor allem aber auf Seiten der Rezipienten mitbestimmten. Hierbei ist zwischen paganer und jüdisch-hellenistischer Sprach- und Vorstellungstradition zu unterscheiden.

Wer nach dem Realbezug von πίστις für die Lebenswirklichkeit fragt, kommt nicht umhin, auch die soziologischen bzw. ekklesiologischen Gegebenheiten mit in den Blick zu nehmen. Auch sie gehören neben den Sprachkonventionen zum 'Verstehnshorizont' der paulinischen Gemeinden. Insofern werden auch Fragestellungen und Ergebnisse der neueren soziologisch orientierten Forschung mit in Anwendung gebracht.

Wie schon aus dem Titel der Arbeit hervorgeht, soll in der folgenden Untersuchung gezeigt werden, daß die paulinische πίστις eine Teilhabe stiftende Größe ist. Wir setzen uns damit vor allem gegen die intellektualistisch-abstrakte Sicht des Glaubens als ein "Fürwahrhalten", bzw. ein "neues Sich-selbst-Verstehen" ab. Teilhabe ermöglicht die πίστις, weil durch sie eine personale Beziehung hergestellt wird. Dies gilt in der doppelten Dimension des Zugangs zu Gott und des Eintritts in die Gemeinschaft der Glaubenden. Von daher erklärt sich die Aufteilung der Arbeit in zwei Hauptabschnitte (Teilhabe im Blick auf Gottes Handeln/Teilhabe im Blick auf die Gemeinde der Erlösten). Dieses Gliederungsprinzip ist insofern künstlich, als im paulinischen Sinn beide Bereiche nicht getrennt zu denken sind: der Zugang zu Gott und die Partizipation an seiner

---

18 Vgl. BERGER, Exegese, 242ff.

Nähe ist zugleich der Zutritt zur Gemeinde und Teilhabe an deren
sozialer Kommunikation. Die Gemeinde bildet den konstitutiven Bezugsrahmen für das mit πίστις gekennzeichnete neue Gottesverhältnis.
Es ist von daher verständlich, daß es innerhalb der beiden Hauptabschnitte immer wieder zu inhaltlichen Überschneidungen kommt. Ihre
Abfolge entspricht der logischen Vorordnung des göttlichen Handelns
in Jesus Christus. Glaube ist als Teilhabe nur verstehbar auf dem
Hintergrund des bereits vollzogenen Heilshandelns Gottes, durch das
der Weg zu einer personalen Beziehung über die πίστις eröffnet ist.

   Der Schlußabschnitt der Arbeit dient schließlich der systemati-
sierenden Zusammenfassung der Grundlagen, Bedingungen und Grenzen
der Rezeption durch pagane Hörer. Hier wird vor allem die Frage
eines religiösen Gebrauchs von πίστις im pagan-griechischen Bereich
sowie die Bedeutung eines profanen 'Vorverständnisses' für die Rezeption zu klären sein.

ERSTER HAUPTTEIL

GLAUBE ALS TEILHABE IM BLICK AUF GOTTES HANDELN

1. Kapitel

TEILHABE AM OFFENBARUNGSGESCHEHEN

Die Verkündigung des Apostels und
der Glaube der Hörer

'Gläubigwerden' oder 'zum Glauben kommen' im Sinne der Bekehrung
zum Christentum ist in frühchristlicher Zeit ausschließlich an das
verkündigende Wirken der Missionare gebunden. Diese allgemein be-
kannte Tatsache bildet den Hintergrund aller bisherigen Untersuchungen zum paulinischen Glaubensverständnis. Dennoch erscheint es
notwendig, sie erneut betont voranzustellen, denn die vorliegenden
Arbeiten konzentrieren sich einseitig auf die Hörer der Verkündigung und deren Verhältnis zur Botschaft, während die Fragen nach
Rolle und Funktion des Apostels im Bekehrungsgeschehen und nach der
spezifischen Verbindung zwischen dem Verkündiger und den Hörern
nicht ernsthaft in den Blick genommen werden. Das Interesse am
Apostel tritt zurück hinter dem Interesse an dessen Botschaft und
der Reaktion der Angesprochenen.

Ziel unserer Untersuchung ist es demgegenüber, Verkündigung und
'zum Glauben kommen' als ein Apostel und Hörer umfassendes Kommuni-
kationsgeschehen darzustellen, in dem dem Subjekt und den Adressaten
der Verkündigung je spezifische Rollen zukommen. 'Gläubigwerden' ist
von daher als das Ergebnis einer gelungenen Kommunikation zu verstehen und insofern nicht allein im verkündigten Wort, sondern vor
allem auch in der personalen Beziehung zum Verkündiger selbst grundgelegt. Dies wird besonders an dem paulinischen Verständnis von Verkündigung und Bekehrung als Offenbarungsgeschehen, in dem die Kraft
Gottes zur Wirkung kommt (I Kor 2), gezeigt werden.

Demgegenüber stellt die Kennzeichnung des missionarischen Wirkens
als reine Wortverkündigung und des Gläubigwerdens als Reaktion auf
das Hören einer Rede eine intellektualistische Reduktion der paulinischen Vorstellung dar. Der Wirklichkeit frühchristlicher Mission
wird man jedoch nur dann nahe kommen, wenn Apostel und Hörer als
Teilnehmer an einem charismatischen Geschehen begriffen werden.

In einem ersten Abschnitt soll zunächst gezeigt werden, wie im
paulinischen Sinne das Verhältnis von Verkündiger (Verkündigung)
und Hörer (hören) im Hinblick auf das 'zum Glauben kommen' zu beschreiben ist. Sodann soll nach dem Modus der missionarischen Tätigkeit und deren Wirkung gefragt werden, um von dort aus die Funktion

der πίστις innerhalb des Bekehrungsgeschehens, aber auch innerhalb
des damit begonnenen Verhältnisses zwischen Apostel und Gemeinde
näher bestimmen zu können.

1.1. Glaube aus dem Hören

Die Verbindung von πιστεύειν und ἀκούειν ist im NT weit verbrei-
tet[1]. Eine für das paulinische Verständnis dieser Verbindung zentrale
Stelle ist Röm 10,14-18. Eine kurze Übersicht über diese Verse kann
das Wortfeld umreißen, in dem Paulus die Verbindung 'hören-glauben'
ansiedelt.

Aufschlußreich sind vor allem die beiden Kettenreihen in V.14f
und V.17. Danach ist die Grundlage des Glaubens der Akt der Verkündigung (ἀκοή), der nach V.14 die beiden Teilaktivitäten κηρύσσειν
und ἀκούειν umfaßt. Voraussetzung des Verkündigungsaktes wiederum
ist das ῥῆμα Χριστοῦ, das von I Thess 2,13 her gleichbedeutend mit
dem λόγος θεοῦ ist und sich im Ausgesandtwerden des Apostels äußert.
Liest man die beiden Reihen parallel, dann ergibt sich also folgendes Bild:

V.14f	V.17
ἀποστέλλομαι	ῥῆμα Χριστοῦ (λόγος θεοῦ)
κηρύσσω ἀκούω	ἀκοή
πιστεύω	πίστις
ἐπικαλέομαι	-----

Inhaltlich ist die Verkündigung näher bestimmt als εὐαγγέλιον
(V.16a) bzw. als ῥῆμα τῆς πίστεως (V.8)[2], das εὐαγγελίζεσθαι aus
V.15b insofern also gleichbedeutend mit κηρύσσειν (V.14), während
πιστεύειν durch ὑπακούειν erläutert wird. Dies wird deutlich durch
die parallele Verwendung von ἀκοή und εὐαγγέλιον einerseits und
πιστεύειν und ὑπακούειν andererseits in V.16a+b. Demnach gehören
zu dem Wortfeld, in dem die paulinische Konzeption vom Hören aus
dem Glauben zu verstehen ist, die folgenden Begriffe in der von
Paulus angegebenen Abfolge:

---

1 Lk 8,12f; Joh 4,42; 5,24; 8,45-47; 10,24-28; Act 4,2-4; 13,48; 15,7; Röm 10,
  14-18; Gal 3,2.5; I Thess 2,13; Eph 1,13; Kol 1,23; Hebr 4,2; Zitat Jes 53,1
  (LXX): Joh 12,38; Röm 10,16.
2 Vgl. Gal 1,23.

ῥῆμα Χριστοῦ (λόγος θεοῦ)/ἀποστέλλειν - ἀκοή (εὐαγγέλιον, ῥῆμα τῆς
πίστεως)/κηρύσσειν (εὐαγγελίζεσθαι), ἀκούειν - πίστις/πιστεύειν (ὑπακούειν).

Auf der Basis dieser Zusammenstellung kann nun versucht werden,
den traditionsgeschichtlichen Hintergrund der Vorstellung vom Glauben
aus dem Hören zu erhellen. In einem ersten Abschnitt wollen wir die
Verbindung von verkündigter/gehörter Botschaft (Wort) und Glauben/
Vertrauen in der pagan-griechischen Literatur untersuchen und sodann nach Weiterführung oder Modifikation der dort gefundenen Konzeptionen im Bereich jüdisch-hellenistischer Texte fragen, um von
hier aus schließlich die paulinischen Aussagen im Kontext der Wirkungsgeschichte, in der sowohl der Autor als auch die Rezipienten
standen, beurteilen zu können.

1.1.1. 'Glaube aus dem Hören' in der pagan-griechischen
       Literatur

Grundlegend für die pagan-griechische Verbindung von 'hören' und
'glauben' ist die Tatsache, daß im verkündigten/gehörten Wort allein
keine hinreichende Grundlage dafür gesehen wurde, einer Person oder
einer Sache Glauben/Vertrauen zu schenken[3]. So heißt es bei Dion
Chrysostomos, Or LXXIV 27f:

> "Daß man natürlich bloßen Worten von Freundschaft nicht trauen
> kann (τοῖς λόγοις οὐκ ἂν πιστεύοι τις τοῖς ὑπὲρ τῆς φιλίας) ...,
> ist ja wohl klar. Denn auch wenn man dem Nachbarn Geld leiht,
> verläßt man sich nicht leichtsinnig auf sein Wort (μὴ ῥᾳδίως
> ἄν τινα πιστεῦσαι λόγῳ μόνῳ), sondern fordert Zeugen und schrift-
> liche Abmachungen." (vgl. Or LXXIV 11f).

Das Mißtrauen gegenüber dem gesprochenen Wort ist gattungsmäßig
häufig im genos dikanikon verankert und hatte seinen Sitz im Leben
vor allem im Rechtsverkehr[4]. Zu dem vom Richter erwarteten Verhalten gehörte es, nicht leichtfertig Worten zu glauben (μὴ ῥᾳδίως
πιστεύωμεν ἀκούοντες ; Luc Hermot 47).

Aber nicht nur im Rechtsstreit vor Gericht, sondern auch in der
politischen Auseinandersetzung gilt das verkündigte bzw. gehörte
Wort nicht als hinreichend für Vertrauen[5]. In rechtlichen oder politischen Auseinandersetzungen gründet sich Vertrauen nicht auf das

---

3 Aus Platzgründen kann hier nur ein Teil der einschlägigen Texte dargestellt
   werden. Ausführliche Behandlung in vDOBBELER, Diss.masch., Heidelberg 1984.
4 Isoc XV 32.278; Lyc Or in Leocr 9,29; Demosth Or LIX 82.
5 Demosth Or XXII 22; IXX 23.76; XXVI 21.

gesprochene/gehörte Wort, sondern hängt in hohem Maße von der sich
in Handlungen äußernden Glaubwürdigkeit und Integrität dessen ab,
der spricht[6]. Diese Struktur läßt sich auch für andere Gattungen
nachweisen. So heißt es in Aristoteles' Lehrbuch über die Redekunst[7]:
τῷ γὰρ ποιόν τινα φαίνεσθαι τὸν λέγοντα πιστεύομεν, τοῦτο δ'ἐστὶν
ἂν ἀγαθὸς φαίνηται ἢ εὔνους ἢ ἄμφω (Rhet 1366a11).

In Historiographien ist diese Vorstellung in der Weise aufgenommen,
daß das gesprochene Wort durch Fakten (ἔργα) seine Glaubwürdigkeit
erhält[8].

Der Tatsache, daß die Glaubwürdigkeit des gesprochenen/gehörten
Wortes von bestätigenden Fakten bzw. von der Lebensführung oder dem
aktuellen Handeln des Sprechenden abhängig gemacht wird, entspricht
auf der Ebene der Erkenntnistheorie die Vorrangstellung des Gesichts-
sinnes vor dem Gehör. So heißt es bei Herodot: "ὦτα γὰρ τυγχάνει
ἀνθρώποισι ἐόντα ἀπιστότερα ὀφθαλμῶν " (Hist I 8)[9]. Und bei
Porphyrios wird von den Ptolemäern berichtet, daß sie ἐκβάλλοντες
γὰρ τὸ τῆς ἀκοῆς κριτήριον ὡς πρὸς πίστιν οὐκ ἐχέγγυον (Komm zu
Ptol I 9,3)[10]. Von daher wird allgemein das Sehen höher eingeschätzt als das Hören[11].

Die pagan-griechische Vorstellung vom 'Glauben aus dem Hören'
ist weithin geprägt durch das Mißtrauen gegenüber dem verkündeten
und vernommenen Wort. Glaubwürdigkeit erlangt eine Botschaft erst

---

6   Vgl. Isoc XV 278; Lyc Or in Lecor 9,26; Demosth Or LIX 82; IXX 76 (XXVI 21);
    vgl. hierzu HEILIGENTHAL, Werke, 1-25.

7   Weitere Belege: Xenoph Mem II 6,6; II 1,31. Mit in diese Konzeption gehört
    auch das Gnomon: " μὴ τοῖς λόγοις, ἀλλὰ τοῖς ἔργοις τοῦ λέγοντος
    πίστευε " (Anecdota Graeca Vol III 471); vgl. Philostr Gymn c. 23.

8   Polyb Hist I 35,4; VII 13,2; VIII 2,1; Dio C VIII 6,3; vgl. auch Jambl VitPyth
    XXVIII 147 und den Fürstenspiegel Isoc III 22; das Menander-Fragment: " ἔργον
    γυναικὸς ἐκ λόγου πίστιν λαβεῖ " (584), das die Beziehung von Wort und
    Werk umgekehrt darstellt, ist nur im Zusammenhang mit dem folgenden Wort zu
    verstehen: " ὡς ἐστ'ἄπιστον ἡ γυναικεία φύσις " (Frg. 585); vgl. Anti-
    phon V 84; Aristot Eth Nic IX 1179a17.

9   Vgl. die Aufnahme des Wortes in Jul Ep XXI (Hercher, Epistolographi graeci,
    345f); vgl. Sext Sententiae 409 (ed. Chadwick, 58); Aristot Cael XIII 293a29;
    Heracl (Diels III 12B 101a); Sext Math VIII 278; Pyrrh Hyp II 85.

10 Vgl. dagegen Emped Frg. 3,10 (Diels I 310,9): " μήτε τιν'ὄψιν ἔχων
    πίστει πλέον ἢ κατ'ἀκουήν"; gelten hier alle Sinne als grundsätzlich
    gleich vertrauenswürdig, so entspricht dem in negativer Weise die Erkenntnis-
    theorie Platons , der die Betrachtungsweise durch die Sinne als zum Trug
    führend betrachtet. Deswegen soll die Seele nur sich selbst glauben (πισ-
    τεύειν δὲ μηδενὶ ἄλλῳ ἀλλ' ἡ' αὐτὴν αὐτῇ), Phaed 83a.

11 Vgl. Diod S I 39,6; Epict Diss II 23; Dio C XLI 16,3; XLVII 11,2; vgl. auch
    Aesop Fab. 22 (Ch 34). Hier treten Wort und Geste in Widerspruch zueinander;
    nach Plut ist es gerade deren Zusammenwirken, das Glauben ermöglicht (Vit-
    Demosth 850d); vgl. Dio C LXII 24,3.

dadurch, daß sie durch das Hinzutreten sichtbarer, der Vorrangstellung des Sehens entsprechend also objektiv nachvollziehbarer
Vorgänge untermauert wird, sei es durch die sich in Werken zeigende
Vertrauenswürdigkeit des Sprechers, sei es durch Fakten im Sinne
miterlebter geschichtlicher Ereignisse. Deutlich ist damit, daß
das Hören im pagan-griechischen Verständnis nur dann zum Glauben/
Vertrauen führt, wenn das Gehörte sich harmonisch in einen Gesamt-
komplex einfügt (Persönlichkeit und Verhalten des Sprechers/ge-
schichtlicher Prozeß) und in diesem Kontext nicht als Fremdkörper
wirkt.

Von diesem Ergebnis her müssen auch Stellen verstanden werden,
in denen das Glauben direkt und exklusiv an das gehörte Wort gebunden ist[12]. Dort liegt zumindest die subjektive Überzeugung vor,
daß das gehörte Wort, auf das sich der Glauben stützt, durch nicht
näher genannte Begleitumstände in seiner Glaubwürdigkeit untermauert ist, jedenfalls aber der eigenen Wirklichkeits-/Geschichts-
sicht und dem Persönlichkeitsbild der Übermittler der Botschaft
nicht zuwiderläuft; d.h. wir können auch bei den zuletzt genannten
Stellen nicht davon ausgehen, daß die Botschaft die alleinige Grundlage des Glaubens bildet. Dies gilt auch dort, wo λόγος nicht mit
'Wort', 'Erzählung' oder 'Botschaft' zu übersetzen ist, sondern
das im Zusammenhang eines Beweisganges stehende Argument meint[13].
Der λόγος, demgegenüber hier Vertrauen gefordert wird, basiert ja
bereits auf einer Reihe von Beweisen, die seine Glaubwürdigkeit
absichern.

Neben den bisher genannten Stellen, die alle im Bereich der zwischenmenschlichen Kommunikation angesiedelt waren, finden sich in
der pagan-griechischen Literatur aber auch Texte, in denen die Konzeption vom Glauben aus dem Hören in die Beziehung Gott-Menschen eingetragen ist. Hier ist es die Kunde eines Gottes oder von einem Gott,
die Glauben bewirkt[14]. Den Worten eines Gottes oder eines Orakels
kommt dabei uneingeschränkt Glauben zu. Hier ist die Vertrauenswürdigkeit des Sprechers, die sich im zwischenmenschlichen Bereich erst
durch dessen Werke erweisen muß, als selbstverständlich vorausgesetzt.

---

12   Plat Gorg 524a; Resp IV 439e; Polit 271b; Menand Col 98.
13   Plat Leg XII 941 c; vgl. Aristot Pol IV 1326a29; Eth Eud VI 1216b26; Dio
     C IX 30,8; Thuc V 111,2.
14   Eur Ion 1606-8; Iph Taur 1475 f; Rhes 663 f; Isoc IV 31; Luc Alex 11.

Von daher gilt einer, der die göttliche Botschaft ungläubig hört, als
Frevler (Eur Iph Taur 1475f), weil er mit seinem Unglauben die Ver-
trauenswürdigkeit Gottes in Frage stellt. Wer der Kunde Gottes da-
gegen Glauben schenkt, bekommt Einblick in zukünftiges Geschehen
(Isoc IV 31) oder in menschlichem Wissen verborgene Zusammenhänge
(Luc Alex 11) und wird von Furcht befreit (Eur Rhes 663f)[15].

Wir fassen zusammen: Grundlegend für die pagan-griechische Vorstellung vom 'Glauben aus dem Hören' ist das Mißtrauen gegenüber dem
gesprochenen/gehörten Wort. Das Wort allein bildet keine hinreichende
Grundlage dafür, einer Person oder einem Sachverhalt Glauben oder
Vertrauen zu schenken, sondern gewinnt seine Glaubwürdigkeit erst
dadurch, daß im Bereich erkenntnistheoretischer Überlegungen der
Gesichtsinn bestätigend zu dem Gehör hinzutritt, daß innerhalb der
Historoiographie Aussagen durch geschichtliche Ereignisse untermauert werden, oder daß - vor allem im Rahmen rechtlicher und politischer Auseinandersetzungen - die Handlungen oder die Lebensführung
des Sprechers seine Vertrauenswürdigkeit und damit seine Botschaft
als glaubhaft erweist[16]. Demgegenüber kommt der Gottesbotschaft ohne
jede weitere Bestätigung Glauben zu, da die Anerkenntnis des göttlichen Ursprungs eines Wortes schon die Überzeugung von der Vertrauenswürdigkeit des Sprechers in sich schließt. Für unseren Zusammenhang bleibt vor allem festzuhalten, daß für griechisches
Denken Glauben gegenüber dem gesprochenen/gehörten Wort nur dort
entsteht, wo die Kunde im Kontext des Auftretens des Verkündigers
begriffen werden kann. Insofern steht die Person des Sprechers im
Zentrum der Frage nach dem Glauben aus dem Hören.

1.1.2. 'Glaube aus dem Hören' in der jüdisch-hellenistischen
Literatur

Die Skepsis gegenüber dem Wort und dem Hören verbindet das Judentum mit dem paganen Griechentum. Philo knüpft an die erkenntnis-
theoretischen Überlegungen Heraklits[17] an, wenn er den Gesichtsinn
als den sichereren Weg zur Erkenntnis dem Gehör vorordnet (Abr 60).
Weil nur das, was man gesehen hat, man auch für sicher halten darf

---

15 Vgl. auch Plot VI 9,4,30ff.
16 Vgl. Demosth Or LIV 38; Xenoph Cyrop 5,4,33.
17 Diels III 12B 101a; vgl. Herodot Hist I 8.

(πιστὰ κρίνειν), nicht unbedingt für feststehend dagegen, was man gehört hat (SpecLeg IV 61)[18], gilt: "πιστοτέρα γὰρ ὄψις ὤτων "(Ebr 32). Demnach ist πίστις nur durch ὀφθαλμοῖς ὤτων ἐναργεστέρῳ κριτηρίῳ zu erlangen (Sacr 34)[19]. Von dieser grundsätzlichen Skepsis gegenüber der mündlichen Tradition her ist es zu verstehen, wenn Josephus Apion als Lügner bezeichnet, weil dieser πιστεύων ἀκοῇ πρεσβυτέρων leichtfertig sichere Aussagen über Moses wagt (Ap II 14). Aber auch im AT schon gilt eine Kunde erst dann als glaubwürdig, wenn der eigene Augenschein bestätigend hinzutritt (I Reg 10,6f).

Innerhalb der prophetischen Tradition findet das Mißtrauen gegenüber dem 'nackten' Wort darin seinen Niederschlag, daß Gott seinen Boten die Fähigkeit verleiht, Zeichen zu tun, die ihre Legitimität und damit die Glaubwürdigkeit des von ihnen verkündeten Wortes erweisen (Ex 4,1ff.30f)[20].

Daß die Vorrangstellung, die Philo dem Sehen vor dem Hören einräumt, auch für das Verhältnis der Menschen zu Gott gilt, zeigt sein Kommentar zu dem Wunsch des Mose, Gott zu schauen (Ex 33,13.18) in Post 13. Zugleich gelten Philo aber die menschlichen Erkenntnismöglichkeiten überhaupt als unzureichend; den Sinnen zu vertrauen (πιστεύειν ταῖς αἰσθήσεσιν) kann für ihn geradezu Ausdruck von Torheit und Gottlosigkeit sein (Cher 65). Da Gott allein unwandelbar, alles andere aber der Veränderung unterzogen ist (All II 89), ist es das Beste, auf Gott zu vertrauen (τῷ θεῷ πεπιστευκέναι) und nicht auf unsichere Berechnungen und haltlose Vermutungen (All III 228)[21]. Insofern ist es das Werk einer großen, erhabenen Gesinnung, "dem Erschaffenen, dem durchaus unzuverlässigen (ἐξ ἑαυτῆς ἀπίστῳ), zu mißtrauen (ἀπιστῆσαι), dagegen auf Gott allein, der ja in Wahrheit allein vertrauenswürdig (μόνῳ πιστῷ) ist, zu vertrauen (πιστεῦσαι)" (Her 93). Dies gehört zu den hervorragenden Leistungen Abrahams (Mut 201; Virt 218)[22]. Gott ist sich selbst πίστις καὶ μαρτυρία βεβαιοτάτη (All III 208). Sein Wort ist ohne weiteres glaubwürdig, so daß gilt: "θεῖος λόγος...ᾧ ...ἀνάγκη ..πιστεύειν " (All III 218)[23].

---

18 Vgl. das Zitat aus Herodot Hist I 8 in SpecLeg IV 60.
19 Vgl. VitMos I 274.
20 Vgl. VitMos I 74-76; JosAnt X 28.
21 Vgl. Op 45.
22 Vgl. Praem 28.
23 Vgl. Mut 167.

Ist Gottes Wort für die Menschen hinreichende Grundlage zum Glauben, so sind damit auch die dieses Wort verkündigenden Propheten als vertrauenswürdig ausgewiesen, so daß man auch ihnen Glauben schenken muß (προφήτης ἐστίν, ᾧ καλὸν πιστεύειν , Agr 50)[24]. Daß diese Forderung nach absolutem Vertrauen gegenüber dem Wort Gottes und seinen Verkündern die Gefahr eines Mißbrauchs durch Pseudo-Propheten in sich schließt, liegt auf der Hand. So beschuldigt Philo die Anhänger der Mantik, daß sie das Vertrauen auf Gottesworte für ihre eigenen Zwecke mißbrauchten (SpecLeg IV 50f).

Die Weise, in der das Wort Gottes durch seine Propheten zu den Menschen gelangt und bei ihnen Glauben findet, läßt sich beispielhaft an Jona 3,1-10 aufzeigen. Auf das vom Propheten verkündete Gotteswort, dessen Inhalt eine Strafandrohung über Ninive ist, reagieren die Hörer mit Glauben an Gott, d.h. ihre πίστις richtet sich nicht in erster Linie auf das, was verkündet wird - im Sinne eines Fürwahrhaltens des gehörten Wortes -, sondern auf den, der hinter dieser Botschaft steht. Angesichts der Hörerschaft (Nicht-Juden) kann das hier nur als Bekehrung verstanden werden, die sich praktisch in Buße und Umkehr äußert. Insofern ist das von den Propheten verkündete Gotteswort im atl. Verständnis nicht nur eine Botschaft, deren Glaubwürdigkeit durch die Vertrauenswürdigkeit Gottes verbürgt ist, sondern darüber hinaus wirksam, indem es Glauben an Gott (Bekehrung/Umkehr) auslöst und so das gestörte Verhältnis zu Gott wieder zu einer heilvollen Beziehung macht. Dort, wo die Botschaft Gottes sich verbindet mit einem 'Glauben (an Gott) aus dem Hören (seines Wortes)', ist sie in heilsamer Weise wirksam: "Nicht die Arten der Früchte ernähren den Menschen, sondern τὸ ῥῆμά σου (sc. θεοῦ) τοὺς σοὶ πιστεύοντας διατηρεῖ" (Weish 16,26)[25]. Wo das Gotteswort jedoch ungläubig gehört wird, gilt dieses Verhalten als Ausdruck des Ungehorsams und der Gottesferne[26]. Belege hierfür finden sich vor allem innerhalb der deuteronomistisch-jeremianischen Tradition von der beständigen Hartherzigkeit Israels (Dtn 9,23f)[27]. Seit den Tagen des Auszugs aus Ägypten ist die Halsstarrigkeit steter Ausdruck des Ungehorsams Israels (Jer 7,23-28). Die Tradition von der beständigen Hartherzigkeit Israels beinhaltet die Ein-

---

24 Vgl. JosAnt IX 12.
25 Vgl. Dtn 8,3; Mt 4,4.
26 Nach Ps 106 (LXX) glauben die Israeliten den Worten Gottes aufgrund seiner Machttaten (V.7.12); sobald sie sie vergessen, glauben sie nicht mehr (V.21-24); vgl. JosAnt II 275.
27 Vgl. hierzu BERGER, Hartherzigkeit 1-47; bes. 11-18.39-43.

sicht in die Vergeblichkeit der prophetischen Predigt, die nur dort
zu ihrem Ziel kommt, wo das verkündete Wort sich bei den Hörern mit
dem Glauben an Gott verbindet (II Reg 17,13f; Jes 53,1)[28].

In einer spezifischen Ausrichtung auf die Situation und das
Selbstverständnis der essenischen Gemeinde findet sich diese Konzeption auch in der Qumran-Literatur. Dies wird vor allem im Kommentar zu Hab 1,5 deutlich. War in der Ursprungstelle der Nachsatz:
"ihr würdet es nicht glauben, wenn man es euch erzählte" Ausdruck
der Unfaßbarkeit des Werkes Gottes, so ist dies in 1 QpHab I 17ff
so verstanden, daß die auf Unglauben stoßende Verkündigung erst auf
das zukünftige Werk Gottes hinweist. Diese Verkündigung geschieht
durch den Lehrer der Gerechtigkeit, der hier propehtische Züge
trägt. Wer dieser Verkündigung mit Unglauben begegnet, steht außerhalb der Gemeinde von Qumran, gehört zu den 'Abtrünningen', die
sich der Gemeinschaft nicht anschließen, weil sie dem neuen Bund
Gottes nicht glauben und der Deutung der Prophetenworte durch den
Lehrer der Gerechtigkeit keinen Glauben schenken (1 QpHab II 1-9).

Folgendes läßt sich als Ergebnis festhalten: Grundlegend ist
wie im pagan-griechischen Bereich auch für das hellenistische Judentum die Skepsis gegenüber der mündlichen Tradition. Dies zeigt sich
vor allem an der Vorordnung des Gesichtsinns vor das Gehör in er-
kenntnistheoretischen Überlegungen Philos, findet seinen Ausdruck
aber auch innerhalb der prophetischen Tradition in den die Botschaft begleitenden und ihre Glaubwürdigkeit ausweisenden Zeichen.
Dem Mißtrauen gegenüber dem 'nackten' Wort steht die Betonung der
absoluten Glaubwürdigkeit des Gotteswortes, die wie im pagan-
griechischen Bereich in der Vertrauenswürdigkeit des Sprechers
gründet, gegenüber[29]. Die Forderung nach Glauben angesichts des
durch Propheten verkündeten Gotteswortes meint dabei weniger das
Fürwahrhalten der Botschaft als vielmehr Bekehrung oder Umkehr zu
Gott. Dort, wo sich das Prophetenwort bei den Hörern mit dem Glauben an Gott verbindet, hat es insofern heilsame Wirkung, als es die
gestörte Beziehung zwischen Gott und den Menschen wieder herstellt.
Nur der hört wahrhaft Gottes Wort, der sich ihm im Glauben zuwendet[30].

---

28 Zur Identität von Hartherzigkeit und Nicht-glauben vgl. BERGER, a.a.O. 39f.

29 Auch Gottes Vertrauenswürdigkeit wird durch Wunder unterstrichen: Philo
    VitMos I 82f.

30 Im hebräischen Text steht für 'hören' regelmäßig das theologisch bedeutsame
    שמע (vgl. Dtn 6,4), das eben nicht nur die akustische Wahrnehmung, sondern
    das gehorsame Sich-Unterordnen meint, vgl. SCHULT, THAT II Sp.981.

Von daher gilt ein ungläubiges Hören des Gotteswortes als Ungehor-
sam/Halsstarrigkeit[31].

'Glauben aus dem Hören' findet also im jüdischen Verständnis
dort statt, wo die Glaubwürdigkeit des Sprechers durch Zeichen oder
durch die Anerkenntnis, daß er Verkündiger des Wortes Gottes ist,
erwiesen ist und ist dabei nicht auf das intellektuelle Akzeptieren
des Gehörten beschränkt, sondern beinhaltet wesentlich die Hinwendung zu Gott und ist insofern ein Akt des Gehorsams.

1.1.3. 'Glauben aus dem Hören' bei Paulus

In Act werden des öfteren Berichte über die erfolgreiche Missionstätigkeit der Apostel mit der Bemerkung abgeschlossen, daß viele,
die das Wort hörten, zum Glauben kamen (Act 4,4; 18,8; 11,20f; 13,48;
16,31-34)[32]. Damit ist das Bekehrungsgeschehen als ein Zusammenwirken von Verkündigung, Hören und Glauben umrissen. Auch in Eph 1,13
kennzeichnen diese drei Teilaktivitäten die erfolgreiche Bekehrung[33].
Die missionarische Tätigkeit, die die Grundlage für die Bekehrung
bildet, ist im Sinne der Act jedoch nicht allein auf die Wortverkündigung zu beschränken. Lukas berichtet häufig über das charismatische Auftreten der Apostel (Act 2,1-12) und deren Wundertätigkeit (Act 3,1-11; 5,12-16; 8,4-14; 9,32-43; 13,6-12; 14,8-11;
16,25-34; 19,8-20). Die Zeichen, die die Apostel tun, weisen sie
als vertrauenswürdig aus und bilden damit die Voraussetzung für
das (rechte) Hören der Botschaft und den Glauben. Insofern steht
die Schilderung der frühchristlichen Mission in Act in einer Linie
mit der prophetischen Tradition des Judentums[34]. Man wird zwar den
historischen Wert der Act nicht allzu hoch einschätzen dürfen, dennoch kann man davon ausgehen, daß sich im Bericht des Lukas etwas
von der Wirklichkeit frühchristlicher Missionstätigkeit widerspiegelt. Insofern bilden die Aussagen der Act den Kontext, in dem

---

31 Zur Identität von Glaube und Gehorsam im Judentum vgl. auch syrBar 54,5;
    IV Esr 7,22-24.

32 Vgl. Act 15,7 als Programm für die Heidenmission.

33 Auch in den Thomasakten ist die Bekehrung häufig durch das Zusammenwirken von
    Verkündigung, Hören und Glauben beschrieben, so z.B. ActThom (ed. M. Bonnet)
    p.65,18f; vgl. p.37,4-6; p.83,24f; ähnlich auch p.28,25f; p.21-26f.

34 RENGSTORF, ThWNT VII, betont, daß in Act von Zeichen und Wundern auf zwei
    Ebenen gesprochen wird: auf der Ebene der typologischen Betrachtungsweise
    in Anschluß an Mose und die zeitgenössische messianische Interpretation
    von Dtn 18,15.18; und auf der Ebene des apostolischen Bewußtseins und der
    apostolischen Erwartung (239-241). Daß diese beiden Ebenen jedoch eng
    ineinander greifen, werden wir im folgenden Abschnitt zeigen.

das paulinische Verständnis von Verkündigung und 'Glauben aus dem Hören' zu sehen ist[35].

Die Verbindung von πιστεύειν/πίστις und ἀκούειν/ἀκοή begegnet bei Paulus in Röm 10,14-18; Gal 3,2+5 und I Thess 2,13. Anhand der einleitenden skizzenhaften Übersicht über Röm 10,14ff hatten wir gesehen, daß zum Problemkreis 'Glaube aus dem Hören' bei Paulus auch die Begriffe ῥῆμα Χριστοῦ/λόγος θεοῦ , ἀποστέλλειν, εὐαγγέλιον/ ῥῆμα τῆς πίστεως, κηρύσσειν /εὐαγγελίζεσθαι, ὑπακούειν gehören. Die zentrale Aussage ἡ πίστις ἐξ ἀκοῆς (Röm 10,17) hatten wir bereits in der Weise erläutert, daß von der Parallelität der beiden Kettenreihen her ἀκοή bei Paulus den Akt der Verkündigung meint, der die beiden Teilaktivitäten κηρύσσειν und ἀκούειν (V.14) umfaßt. Dies wird auch durch die Verwendung von ἀκοή in der von Paulus in V.16 zitierten Jesaja-Stelle bestätigt. In der LXX kann ἀκοή einerseits das Hören (die Hörfähigkeit) bedeuten, wie z.B. in der Wendung ἀκοῇ ἀκούειν [36], andererseits aber auch das Gehörte, die Kunde, wie in der Wendung ἀκοὴν ἀκούειν[37], wobei die zweite Bedeutungsvariante die umfassendere ist, da in ihr sowohl die Verkündigung als auch das Hören zum Ausdruck kommen. Daß auch in Jes 53,1 (LXX) ἀκοή in seiner umfassenderen Bedeutung verwendet ist, darauf weist die von Paulus ebenfalls im Kontext (Röm 10,15) zitierte Stelle Jes 52,7 (LXX):ὡς ὥρα ἐπὶ τῶν ὀρέων , ὡς πόδες εὐαγγελιζομένου ἀκοὴν εἰρήνης. Die Verbindung mit εὐαγγελίζεσθαι läßt keinen Zweifel darüber, daß ἀκοή hier im Sinne von Botschaft/Kunde verwandt ist. Von daher ist es wahrscheinlich, daß ἀκοή auch in Jes 53,1 umfassend als "gehörte Kunde" verstanden ist[38]. Daß Paulus sich diese Bedeutungsvariante zu eigen macht, zeigt die Wendung λόγος ἀκοῆς in I Thess 2,13.

Demnach ist zunächst festzuhalten, daß im Sinne des Paulus der Glaube nicht abstrakt im Inhalt der Verkündigung gründet, sondern

---

35 Vgl. RENGSTORF, a.a.O., 259.

36 Ex 15,26; 19,5; 22,22; Dtn 11,13; 15,5; 28,1; Jes 6,9.

37 Hi 37,2; 42,5; Hab 3,2; Jer 6,24; 27 (30),43; 38(31),18; 44(37),5; Ob 1,1; vgl. auch KITTEL, ThWNT I, 222f.

38 Insofern ist SCHLATTER Recht zu geben, wenn er meint, daß die Übersetzung 'Predigt' den Sinn des Satzes gefährdet, da sie den Vorgang des Hörens ausblendet, Gerechtigkeit, 316. Allerdings läßt sich von daher dann nicht folgern, daß mit ἀκοή bei Paulus allein das Hören als Weise des Glaubens gemeint sei (SCHLATTER, Glaube, 612f). Ebensowenig geht es allein um die Botschaft als Inhalt der Predigt (KÄSEMANN, HNT 8a, 285). Vielmehr kommen in der von Paulus übernommenen Verwendung von ἀκοή beide Elemente (verkündigen/hören) zum Tragen. Im Deutschen gibt es dafür kein adäquates Wort; deswegen übersetzt WILCKENS, EKK VI/2, 217 mit "zu hörender Botschaft" und SCHLIER, HThK VI,315, einmal mit Botschaft (Jes 53,1) und einmal mit "das Gehörte" (V.17); vgl. auch OEPKE, Missionspredigt, 40-42.

in einem Verkündiger und Hörerschaft umfassenden Geschehen personaler Begegnung. Diesem Kommunikationsvorgang wiederum, dem der
Glaube entspringt, liegt das ῥῆμα Χριστοῦ zugrunde (V.17). Nimmt
man die durch die sprachliche Form der Kettenreihe signalisierte
stufenweise Abhängigkeit (ῥῆμα Χριστοῦ - ἀκοή - πίστις) ernst,
dann kann ῥῆμα Χριστοῦ unmöglich identisch mit dem ῥῆμα τῆς
πίστεως (Röm 10,8) sein[39], denn das ῥῆμα τῆς πίστεως ist in Röm
10,8 deutlich als Inhalt der Verkündigung gekennzeichnet (κηρύσσειν).
Auch hier kann ein Blick auf I Thess 2,13 hilfreich sein. Dort
sieht Paulus den Grund dafür, daß die Thessalonicher das von ihm
verkündigte Wort (λόγος ἀκοῆς), als sie es empfingen (παραλαβόντες)[40],
aufgenommen haben (ἐδέξασθε, par: πιστεύειν), darin, daß sie die Verkündigung des Apostels nicht für eine menschliche Botschaft hielten,
sondern anerkannten, daß hinter dem Wort der Verkündigung die Autorität des Gotteswortes steht. Es geht hier also um die Legitimation
des Apostels und seiner Kunde. Von hierher ist auch ῥῆμα Χριστοῦ zu
verstehen: die ἀκοή wirkt nur deshalb Glauben, weil hinter ihr die
Autorität des ῥῆμα Χριστοῦ steht, und zwar gilt dies für beide Teilaktivitäten der gehörten Botschaft: das Gesandtsein und die Verkündigungstätigkeit des Apostels gründen in der an ihn ergangenen
Offenbarung Christi, zugleich führt nur die Anerkenntnis der Wirklichkeit dieser Offenbarung an Paulus die Hörer dazu, dem Gehörten
Glauben zu schenken[41]. Insofern steht Paulus in der jüdisch-prophetischen Tradition, denn auch dort lag ja die Glaubwürdigkeit des
Prophetenwortes in der dahinter stehenden Autorität des Wortes
Gottes begründet[42].

Inhaltlich ist die ἀκοή durch die Parallelität von V.16a und V.
16b als εὐαγγέλιον bzw. von V.8 her als ῥῆμα τῆς πίστεως gekennzeichnet. P. Stuhlmacher hat anhand der Exegese von Gal 1 und 2
und anhand traditionsgeschichtlicher Erwägungen deutlich gemacht,

---

39 So MUNDLE, Glaubensbegriff, 15.

40 Παραλαμβάνειν steht hier an der Stelle von ἀκούειν.

41 LJUNGMAN, Pistis, sieht etwas richtiges, wenn er meint, daß das ῥῆμα
    Χριστοῦ bei Paulus dem ῥῆμα κυρίου der LXX entspricht und insofern
    gilt:"διὰ ῥήματος Χριστοῦ has a complex meaning: the Apostles are
    commissioned by Christ, have orders to preach, and at the same time ῥῆμα
    is here the word of dicisive content which the commission refers to, and
    which is here and now imparted to the listener, 'God's living and ever-
    lasting word' actualized in the given situation" (96); vgl. auch OEPKE,
    Missionspredigt, 45.

42 Ebenso sind damit die pagan-griechischen Voraussetzungen für ein 'Glauben
    aus dem Hören' erfüllt: die Vertrauenswürdigkeit des Sprechers ist er-
    wiesen, denn dem Gotteswort kommt unbedingt Glauben zu.

daß 'Evangelium' für Paulus "strukturell ein apokalyptisch ge-
dachter Offenbarungsbegriff" ist[43]. Insofern ist das Evangelium
"mehr als Missionspredigt"[44]. D.h. in der Qualifizierung der ἀκοή
als εὐαγγέλιον kommt prinzipiell dasselbe zum Ausdruck wie in der
Vorordnung des ῥῆμα Χριστοῦ vor die Verkündigung: Als Evangelium
ist die Botschaft des Paulus in einer an ihn ergangenen Offenbarung
grundgelegt und zugleich im Zuge der Weitergabe des εὐαγγέλιον an
die Hörer selbst als Offenbarungsgeschehen gekennzeichnet. Inhaltlich meint εὐαγγέλιον die rettende Heilsbotschaft[45], in der die
"eschatologische Wirklichkeit und verheißungsvolle Gültigkeit des
von Gott getroffenen Entschlusses zur vorzeitigen Entschränkung des
Heils" zum Ausdruck kommt[46]. Insofern ist also die Verkündigung im
Erwählungshandeln Gottes grundgelegt und in ihrem Vollzug Aktualisierung dieses Erwählungshandelns. Dies läßt sich besonders deutlich
an II Thess 2,13f zeigen: Voraussetzung für die Heiligung durch den
Geist und den Glauben an die Wahrheit ist die Erwählung aller zum
Heil (εἵλατο ὑμᾶς ὁ θεὸς ἀπαρχὴν εἰς σωτηρίαν); das Bindeglied bildet das paulinische Evangelium, durch das Gott die Menschen zum
Glauben beruft. Damit ist die paulinische Verkündigung als die Weise,
in der die Erwählung aller durch Gott in der Welt wirksam wird, gekennzeichnet, der Glaube also an die Heilstat Gottes gebunden, deren
eschatologische Wirklichkeit sich im Offenbarungsgeschehen der Verkündigung proleptisch aktualisiert.

Dies läßt sich auch durch einen Blick auf die frühchristliche
Verwendung des Zitats aus Jes 53,1 (LXX) zeigen. Im NT findet
sich die Stelle neben Röm 10,16 auch in Joh 12,38 als prophetisches Wort, das auf die Vergeblichkeit der Predigt Jesu hinweist. Im gleichen Sinn verwendet auch Justin das Jesaja-Zitat
(Dial 114,2); die Jesaja-Stelle weist im Verständnis Justins
prophetisch auf den Ungehorsam der Juden gegenüber der Predigt
Jesu und seiner Apostel. Für unseren Zusammenhang bedeutsam ist,
daß auch Justin Jes 53,1 im Kontext der Rede von der Erwählung
aller durch Gott zitiert (Dial 118,4). Auch für ihn ist deutlich, daß der Glaube nicht in erster Linie in der Predigt der
Apostel gründet, sondern vielmehr in der Kraft dessen (δύναμις),
der sie gesandt hat (Dial 42,2). So ist der Glaube in der Wirksamkeit Gottes, die sich in der Verkündigung aktualisiert, grundgelegt. In diese Richtung deutet auch der Kommentar Clemens von
Alexandriens zu Jes 53,1 und der paulinischen Interpretation
dieser Stelle (Röm 10,14f): "Siehst du, wie er (sc. der Apostel)
den Glauben über das Hören und die Predigt der Apostel hinweg
auf das Wort des Herrn (τὸ ῥῆμα Κυρίου) und den Sohn Gottes

---

43 STUHLMACHER, Evangelium, 63-108.286-289, Zitat: 107.
44 Ebd. gegen OEPKE, Missionspredigt, 51: "Im wesentlichen ist also Evange-
    lium=Missionspredigt".
45 STUHLMACHER, a.a.O., 287.
46 STUHLMACHER, a.a.O., 108.

zurückführt? Begreifen wir noch nicht, daß das Wort des Herrn
(τὸ ῥῆμα Κυρίου) als Beweis gelten muß? (Strom II 25,3).

Röm 10,8 nennt das ῥῆμα τῆς πίστεως als Inhalt der apostolischen
Predigt. Von V.9 her ist es sicherlich berechtigt, darin "das Wort,
in dem der Glaube, die fides quae creditur, sich ausspricht", also
den verkündigenden Glauben zu sehen[47]. Von daher wären dann das Bekenntnis 'Herr ist Jesus' und der Glaube an die Auferweckung Jesu
von den Toten Inhalt der Verkündigung. Daß diese Annahme berechtigt
ist, zeigt I Kor 15,11. An den vorausgehenden Versen Röm 10,6f wird
aber zugleich deutlich, daß der auferstandene Christus nicht nur
Inhalt von Verkündigung und Glaube, sondern auch deren Bedingung
und Garant ist. Auch dies wird durch I Kor 15 bestätigt. Wenn es
dort in V.14 heißt: "ist aber Christus nicht auferweckt worden, so
ist unsere Predigt (κήρυγμα) leer, leer auch euer Glaube (πίστις)",
so ist damit nicht nur der Verkündigungs- und Glaubensinhalt gemeint, vielmehr steht mit der Auferweckung Jesu die Legitimität
des Apostels und damit die Glaubwürdigkeit seiner Botschaft auf
dem Spiel. Insofern ist die Wendung ῥῆμα τῆς πίστεως nicht auf die
Bedeutung 'verkündigender Glaube' zu beschränken, vielmehr kommt
in der Verkündigung auch ihre sachliche Voraussetzung und Legiti-
mitätsgrundlage, nämlich die Eröffnung einer neuen Heilsordnung
durch Gott, zum Ausdruck. Von daher kann ῥῆμα τῆς πίστεως auch als
Wort, das vom Glauben handelt, verstanden werden[48].

Mundle hat auf die Parallelität der Wendungen ῥῆμα τῆς πίστεως
und ἀκοὴ πίστεως (Gal 3,2+5) hingewiesen[49]. Die Genitiv-Verbindung
ἀκοὴ πίστεως in Gal 3,2+5 ist von der Opposition ἔργα νόμου her
zu verstehen. Mundle sieht in beiden Wendungen einen Genetiv der
Zugehörigkeit und folgert von daher: "Wie die ἔργα ihrem Wesen
nach dem Gesetz zugeordnet werden, das solche Werke fordert und
durch sie erfüllt wird, so gehört es eben zum Wesen der apostolischen Predigt, daß sie in den Hörern Glauben schafft und den
Glauben von ihnen fordert"[50]. Demnach müßte eine chiastische Entsprechung vorliegen: Gesetz und Verkündigung entsprechen einander
in ihrer Forderung an den Menschen, während Werke und Glauben ein-

---

47 SCHLIER, HThK VI, 312; ebenso WILCKENS, EKK VU/2, 277; vgl. auch BURCHARD,
    Formen, 317f; dagegen SCHLATTER, Gerechtigkeit, 314 (das Wort, das den
    Glauben wirkt) und MICHEL, KEK IV, 329 (das Wort, das vom Glauben handelt
    und ihn fordert), so auch BULTMANN, ThWNT VI, 210; Theologie, 393.
48 So MICHEL, KEK IV, 329.
49 Glaubensbegriff, 15.
50 Ebd.

ander darin entsprechen, daß sie jeweils die Erfüllung dieser Forderungen darstellen. Hätte Paulus das ausdrücken wollen, dann hätte
er die Wendung ἀκοὴ πίστεως in πίστις ἀκοῆς umkehren müssen, um die
Entsprechung zu verdeutlichen. So aber wie Paulus formuliert, ist
davon auszugehen, daß in Gal 3 einerseits πίστις und νόμος und
andererseits ἀκοή und ἔργα einander entsprechen. Demnach ist hier
mit πίστις die gegenüber dem Gesetz neue Heilsordnung bezeichnet,
deren spezifische Zugangsweise (analog zu den Werken) in der Reden
und Hören umfassenden Verkündigung zu sehen ist. Daß Paulus πίστις
in Gal 3 als Bezeichnung der neuen Heilsordnung verwenden kann,
zeigen vor allem die VV.23+25 (vgl. V.12). Die πίστις ist insofern
nicht allein Folge des Verkündigungsgeschehens, sondern auch dessen
Inhalt, so daß Paulus auch vom εὐαγγελίζεσθαι τὴν πίστιν reden kann
(Gal 1,23)[51].

Mithin liegt in Gal 3 eine gegenüber Röm 10 modifizierte Darstellung des Verhältnisses von Glaube und Verkündigung vor: War in
Röm 10 der Glaube als Folge der in der Verkündigung aktualisierten
Offenbarung des Erwählungshandelns Gottes gesehen, so bezeichnet
πίστις in Gal 3 primär die in der Verkündigung offenbarte neue
Heilsordnung. Damit sind die beiden äußeren Pole des paulinischen
Verständnisses von πίστις im Zusammenhang des Verkündigungsgeschehens umrissen. Die πίστις ist hier in zweifacher Hinsicht relevant: Die Eröffnung der πίστις in der Verkündigung (als Heilsordnung) ermöglicht allererst das πιστεύειν als Reaktion (zum Glauben
kommen) auf den Verkündigungsakt. Wie die ἀκοή den Sprecher
(κηρύσσειν) und die Hörer (ἀκούειν) umfaßt, so bildet im paulinischen
Verständnis auch die πίστις eine Klammer zwischen Apostel und Gemeinde, sie ist das Spezifikum des beide verbindenden Kommunikationsvorgangs. Nur dort, wo sich das Verkündigungsgeschehen mit
der πίστις (und zwar in ihrer doppelten Dimension als Heilsordnung
und als Annahme des Wortes) verbindet, wird die Wirkkraft des hinter der ἀκοή stehenden Gotteswortes manifest (Gal 3: πνεῦμα/ δυνάμεις
I Thess 2,13: λόγος θεοῦ ὃς ἐνεργεῖται ἐν ὑμῖν τοῖς πιστεύουσιν).

Wir hatten gesehen, daß schon im Judentum das hinter der prophetischen Botschaft stehende Gotteswort nur dann heilsam wirkt, wenn
es sich bei den Hörern mit dem Glauben an Gott verbindet. Paulus

---

51 Vgl. auch die Wendung περιτομὴν κηρύσσειν in Gal 5,11; vgl. FRIEDRICH,
    Glaube, 104ff, der ebenfalls in Gal 3 mit der πίστις die heilsgeschicht-
    liche, eschatologische Komponente zum Ausdruck gebracht findet; daß von da-
    her allerdings Glaube und Christus auswechselbare Größen seien, entspricht
    m.E. nicht der paulinischen Konzeption.

greift diese Konzeption auf, erweitert sie jedoch entscheidend in
der Weise, daß der Glaube bei ihm eine erst in der Predigt als
neue Heilsordnung eröffnete Möglichkeit des Zugangs zu Gott darstellt. Aber noch in einer weiteren Hinsicht steht Paulus in der
jüdischen Tradition vom 'Glauben aus dem Hören'. Auch er versteht
den Glauben als einen Akt des Gehorsams. Dies zeigt vor allem Röm
10,16. Dort wird zur Erläuterung des Jesaja-Zitats der Satz
οὐ πάντες ὑπήκουσαν τῷ εὐαγγελίῳ vorangestellt, so daß sich eine
parallele Stellung von ὑπακούειν und πιστεύειν ergibt (vgl. auch
II Thess 1,8: μὴ ὑπακούουσιν τῷ εὐαγγελίῳ als Opposition zu πιστεύειν
V.10)[52]. Von daher wird auch die Wendung ὑπακοὴ πίστεως (Röm 1,5;
16,25f) von den meisten Exegeten als genitivus epexegeticus interpretiert[53]. Von dem Ergebnis unserer Analyse her, daß der πίστις
im Verkündigungsgeschehen bei Paulus eine doppelte Dimension eignet,
erscheint jedoch die Frage berechtigt, ob die Wendung nicht auch
als genitivus objectivus verstanden werden kann. Zumindest war vor
dem Hintergrund der sonstigen Aussagen des Apostels über die πίστις
im Verkündigungsgeschehen für die Rezipienten ein Verständnis in
beide Richtungen möglich. Fraglich ist aber vor allem, ob man den
paulinischen Glaubensgehorsam im Sinne von Bultmann als Entscheidung für ein neues Selbstverständnis des Menschen verstehen darf.
Dies soll innerhalb des nächsten Abschnittes untersucht werden,
der sich mit dem charismatischen Charakter des Auftretens Pauli
und der Frage, wie man sich die Vermittlung von Glauben im Verkündigungsgeschehen konkret vorzustellen hat, beschäftigt.

    Fassen wir zunächst das bisher Erarbeitete zusammen, so ergibt
sich folgendes Bild: Das Gläubigwerden gründet für Paulus nicht
abstrakt im Inhalt der Verkündigung, sondern in einem Apostel und

---

52 Weitere Argumente bei BULTMANN, Theologie, 315-318. Auch neben Paulus ist
    im frühen Christentum der Glaube als Gehorsam verstanden worden: Hebr 11,8;
    I Clem 10,7; IgnRöm 7,2 (vgl. die verschiedenen Lesarten); JustDial 114,2.

53 Für genitivus epexegeticus oder appositionis:
    ALTHAUS, NTD 6, 8; BULTMANN, Theologie, 315f; ThWNT VI, 206; CRANFIELD,
    Romans I, 66f; EICHHOLZ, Theologie, 233; GRUNDMANN, Römerbrief, 19;
    KÄSEMANN, HNT 8a, 12; KÜHL, Römer, 13; LOHMEYER, Grundlagen, 127; OEPKE,
    Missionspredigt, 208f; SCHLATTER, Gerechtigkeit, 22f; SCHLIER, HThK VI,
    29; WEISS, KEK IV, 54; WILCKENS, EKK VI/1, 66f; ZAHN, KNT 6,45.
    Für genitivus objectivus:
    KUSS, Römer, 10; LIETZMANN, HNT 8, 26; SCHENK, Gerechtigkeit, 165f;
    BINDER, Glaube, 70.102.
    Für genitivus subjectivus:
    BARTSCH, Situation, 290; FRIEDRICH, Glaubensgehorsam, 118-123, versucht
    nachzuweisen, daß ὑπακοή in dieser Genitiv-Verbindung nicht Gehorsam,
    sondern Kunde/Botschaft heißt; er kann sich dabei aber nur auf zwei Beleg-
    stellen stützen (II Sam 22,36; EvPetr 10,42), so daß diese These auch vor
    dem Hintergrund der sonst engen Verbindung von Glauben und Gehorchen bei
    Paulus nicht zu überzeugen vermag.

Hörer umfassenden Geschehen personaler Begegnung. Hinter diesem
Kommunikationsvorgang steht die Autorität des göttlichen Wortes,
näherhin die Offenbarung des umfassenden Erwählungshandelns Gottes
in Christus. Ist die Verkündigung im Erwählungshandeln Gottes grundgelegt, der Apostel also als glaubwürdig legitimiert, so ist sie
zugleich aber auch die Weise, in der die Erwählung aller durch
Gott in der Welt wirksam wird. Der 'Glaube aus dem Hören' ist also
eng an die Heilstat Gottes gebunden, die sich im Offenbarungsgeschehen der Verkündigung für die Hörer aktualisiert. Πίστις hat
aber bei Paulus nicht nur die Dimension der Reaktion auf das verkündete Wort, sondern kann zugleich die in der Verkündigung offenbarte neue Heilsordnung selbst bezeichnen. Insofern ist πίστις in
doppelter Hinsicht das Spezifikum des Kommunikationsvorgangs zwischen
Apostel und Hörerschaft und bildet so die entscheidende Klammer
zwischen beiden[54]. Ist die Verkündigung in dieser Weise durch den
Glauben in seiner doppelten Dimension bestimmt, so handelt es sich
um eine gelungene Kommunikation, deren Ausweis die Manifestation
der Wirkkraft Gottes in den Gläubigen ist.

1.2. Verkündigung und Glaube als charismatisch-pneumatisches Geschehen

Wir hatten gesehen, daß Paulus die Verkündigung als Offenbarungsgeschehen versteht, in dem sich das Erwählungshandeln Gottes für
die Hörer aktualisiert, ja ihnen allererst nahekommt[55] und durch
den Glauben (in seiner doppelten Dimension) in ihnen wirksam wird.
Wir wollen nun weiter danach fragen, wie man sich diesen Vorgang
konkret vorzustellen hat, wodurch die Verkündigung als Offenbarungsgeschehen gekennzeichnet und für die Hörer als solches erkennbar
war. Dabei wird sich zeigen, daß die Wortverkündigung des Apostels
und das Bekenntnis der zum Glauben Gekommenen in der Tat nur die
"verbale Spitze"[56] eines umfassenden Wirkungsverhältnisses zwischen
dem Verkündiger und seinen Adressaten darstellt. Auszugehen haben
wir dabei von dem bereits angeschnittenen traditionellen pagan-
griechischen und jüdischen Verstehenshorizont.

---

54 Vgl. hierzu auch Röm 1,12.
55 Vgl. BURCHARD, Formen, 316f; LÜHRMANN, Offenbarungsverständnis, sowie
    FRIEDRICH, Glaube, 107: "Glaube wurzelt im Wort ... Glaube lebt im Wort ...
    Es muß jemand da sein, der als beauftragter Prediger das Wort ausruft".
56 BURCHARD, a.a.O., 317.

1.2.1. Pagan-griechischer und jüdischer Verstehenshorizont

Als konstitutiv für den pagan-griechischen wie auch für den jüdischen Literaturbereich hatte sich das Mißtrauen gegenüber dem
puren Wort ergeben. Nach der gemeinsamen Grundauffassung von Juden
und Griechen ist Glauben gegenüber einer Botschaft nur dann ange-
bracht, wenn deren Glaubwürdigkeit oder die Vertrauenswürdigkeit
des Künders durch das Hinzutreten von bestätigenden Faktoren, die
außerhalb der Botschaft selbst liegen, verbürgt wird. Sie gelten
als 'sichtbare' Beweise des Gehörten. So findet sich in Argumentationsgängen häufig die Wendung "εἰ ἀπιστεῖτε, ἴδετε.." o.ä.[57].
Nach Philo und Josephus ist der eigene Augenschein der sicherste
Beweis für die Glaubwürdigkeit von Sodoms Zerstörung durch himmlisches Feuer, denn der Betrachter sieht noch heute an der Stelle,
wo einst Sodom stand, Rauch aufsteigen (Philo, Abr 141) bzw. findet
in den Früchten der dort wachsenden Pflanzen Asche (JosBell IV 485)[58].

Tritt ein Verkündiger nicht in eigener Sache auf, sondern als
Bote eines anderen, so genügt, um seiner Botschaft Glaubwürdigkeit
zu verschaffen, nicht der Nachweis seiner Integrität, vielmehr bedarf es dann eines Legitimationszeichens, das ihn als Boten dessen,
der ihn gesandt hat, ausweist. Dies wird im profanen Bereich vor
allem im Handels- und Geldverkehr eine Rolle gespielt haben. Ein
Beispiel dafür findet sich in Tob 4,20-5,3.

Dieselbe Struktur gilt aber auch für den religiösen Bereich.
Zwar kommt dem Wort Gottes unbedingt Glauben zu, seine Boten sind
also insofern auf jeden Fall vertrauenswürdig, jedoch hängt auch
hier der Glaube von der Anerkenntnis ihres Gesandtseins durch Gott
ab. Wie schwierig der Aufweis der Gottesbotschaft sein konnte,
zeigt im AT z.B. die Auseinandersetzung zwischen Jeremia und Hanania
(Jer 28).

---

57 Epict Diss III 22,27(2x); Philostrat, Imagines 386,17; Plat Soph 259B; Phaed
    87A; Xenoph 8,7; Philostrat, Epist XXV (Hercher,p.475); Alciphron Lib II,
    Epist IV 15 (Hercher, p.66).

58 Vgl. neben den in Abschnitt 1.1.1. bereits genannten Texten auch Aristot,
    Meteor 372a32; Gen An 716a7; Demosth Or XXVI 27. In der Ideenlehre Platons
    gilt die πίστις als "diejenige Form der Erkenntnis, die im Bereich des
    ὁρατόν die höchste Stufe einnimmt" (SEIDL, ΠΙΣΙΤΙΣ,113; vgl. 104-132),
    sie ist "innerhalb ihres Bereiches, in diesem Falle des ὁρατόν, genauso
    wie die νόησις im Bereich des νοητόν letztlich und befriedigend" (SEIDL,
    a.a.O., 116); vgl. hierzu Plat, Resp VI 511D-E; VII 534A. Hier zeigt sich
    besonders deutlich, wie eng für griechisches Denken die πίστις an den
    Bereich des Sichtbaren gebunden ist.

Vor allem in der Mose-Tradition gilt die von Gott verliehene
Fähigkeit, Wunder zu tun, als Zeichen der Legitimität des Gottesboten[59]. Wir hatten bereits auf die Zeichen in Ex 4 hingewiesen,
die Mose als Offenbarungsempfänger ausweisen[60], damit die Wortverkündigung Aarons beglaubigen und so die Israeliten zum Glauben
führen. Interessant ist vor allem die Aufnahme dieser Tradition bei
Josephus. Die Wunderkraft, die Gott seinem Boten Mose verleiht,
hat hier eine doppelte Funktion: Zum einen dient sie entsprechend
der atl. Vorlage "πρὸς τὸ πιστεύεσθαι παρὰ πᾶσι" (JosAnt II 274).
Vornehmlich aber hat sie die Aufgabe, den Boten selbst zu überzeugen (JosAnt II 275f)[61]. Diese doppelte Funktion der Wunder-
zeichen wird besonders deutlich im Bericht über das Auftreten
Moses vor dem König von Ägypten: Zunächst teilt Mose dem König
mit, was ihm auf dem Berg Sinai widerfahren ist, wie Gott zu ihm
geredet und zur Bestätigung (πρὸς πίστιν) seines Befehls vor seinen
Augen Wunder (σημεῖα) vollbracht hat, und beschwört ihn dann, an
seine Sendung zu glauben (μὴ ἀπιστοῦντα) und sich dem Willen Gottes
nicht zu widersetzen (JosAnt II 283). Zweierlei wird an der Aufnahme der Mose-Tradition bei Josephus deutlich:

1. Die Fähigkeit, Wunder zu wirken, die Gott seinem Boten als
Zeichen seiner Legitimität verleiht, entspricht dem Handeln des
Senders selbst. Wie die Wunder und Machttaten Gottes ihn als Herrn
der Geschichte ausweisen und so zur Grundlage des Glaubens werden[62],
so wird auch die Glaubwürdigkeit seiner Boten durch Wunder verbürgt.

2. Wir hatten bereits gesehen, daß der Glaube als Wirkung der
prophetischen Botschaft sich nicht in erster Linie auf deren Inhalt, sondern - im Sinne der Bekehrung oder Umkehr - auf Gott selbst
richtet (Jon 3). Dementsprechend werden auch die Wunder, die die

---

59 Vgl. daneben JosAnt VIII 110.232; X 28; XIV 455; Bell VI 288.
60 Vgl. RENGSTORF, ThWNT VII, 210.
61 Vgl. JosAnt II 272.
62 Vgl. z.B. Jud 14,10; PsPhilo, De Jona (Siegert, p.24); meist als Anklage
    gegen Israel, so Num 14,11; vgl. Ps 77,21f.32 (LXX); Philo VitMos II 261;
    LibAnt XXV 6. Wo im AT von Zeichen und Wundern Gottes die Rede ist, er-
    innert die Wendung אותות ומופתים   fast immer an die Herausführung
    Israels aus Ägypten durch Mose; hieran wird deutlich, daß die Wunder und
    Zeichen Gottes nicht nur seine Geschichtsmacht erweisen, sondern auch er-
    wählenden Charakter haben (vgl. RENGSTORF, a.a.O., 214). Auch im griechisch
    sprechenden Judentum ist die Formel σημεῖα καὶ τέρατα   für die Wunder
    Gottes in der Mose-Zeit reserviert; vgl. Philo VitMos I 95; SpecLeg II
    218; das gleiche gilt auch für Josephus (RENGSTORF, a.a.O., 219.221.223).
    Für den pagan-griechischen Bereich vgl. Antiphon V 84: τὰ σημεῖα τὰ ἀπὸ
    τῶν θεῶν = πίστις σαφεστάτη.

Boten wirken, als Wunder Gottes begriffen; d.h. der Bote Gottes ist
dadurch als glaubwürdig erwiesen, daß in seinem Auftreten etwas von
der Identität dessen, der ihn gesandt hat, zum Tragen kommt.

So dienen die Wunder nicht nur zur Legitimation des Boten, sondern
machen zugleich deutlich, daß die Hörer im Verkündigungsgeschehen
der Macht Gottes selber begegnen[63]. Besonders deutlich zeigt sich
dies in Paral Jerem 7: Ein Adler überbringt als Bote einen Brief
Baruchs an Jeremia, der Worte Gottes enthält (6,22ff). Der Adler
trifft Jeremia in einem Beerdigungszug an und übermittelt seinen
Botenauftrag (7,12-16); danach läßt er sich auf dem Leichnam nieder,
was zur Folge hat, daß der Tote wieder lebendig wird (7,18); im
Anschluß daran heißt es: " Γέγονε δὲ τοῦτο, ἵνα πιστεύσωσιν.
Ἐθαύμασε δὲ πᾶς ὁ λαὸς ἐπὶ τῷ γεγονότι, λέγοντες ὅτι, Μὴ οὗτος
ὁ θεὸς ὁ ὀφθεὶς τοῖς πατράσιν ἡμῶν ἐν τῇ ἐρήμῳ διὰ Μωϋσέως, καὶ νῦν
ἐφάνη ἡμῖν διὰ τοῦ ἀετοῦ τούτου;" (7,19f)[64]. Deutlich ist hier das
Auftreten des Boten als Offenbarung Gottes selbst (ἐφάνη) gekennzeichnet[65].

Auch in der pagan-griechischen Literatur sind Glaube und Wunder
eng verbunden. Hier dominiert allerdings die Skepsis gegenüber dem
Wunder und der Spott über die Wundergläubigen. So rät Marc Aurel
zu "Ungläubigkeit gegenüber dem Gerede von Wundertätern und Zaube-
rern über Beschwörungen, Dämonenaustreibungen und dergleichen" (I 6).
Die Skepsis zeigt sich besonders deutlich in den Schriften Lukians;
so wird im 'Dialog der Toten' der Glaube an prophetisches Vorher-
wissen verspottet (339) und in Icaromenipp 2 macht sich der Freund
des Menippus darüber lustig, daß dieser von ihm Glauben erwartet
angesichts seines Berichts über eine Himmelsreise[66]. Spott und
Ironie wären jedoch ins Leere gestoßen, hätten die Wunder im grie-

---

63 Vgl. KELLER, Wort, 144, der die These vertritt, daß אות im AT ursprüng-
    lich soviel wie Offenbarungszeichen Gottes ist. Dagegen betont RENGSTORF,
    a.a.O., 211, daß "das Wort als solches mit Offenbarung selbst nichts zu tun"
    hat, sondern lediglich auf geschehende oder geschehene Offenbarung hinweist.
    Die in Anm. 62 aufgeführten Stellen zeigen jedoch, daß sich gerade in den
    Zeichen Gottes seine Geschichtsmächtigkeit offenbart.

64 Daß Gott es ist, der die Wunder wirkt, zeigen auch JosAnt II 327 und Ex
    14,31, vgl. RENGSTORF, a.a.O., 223.

65 Mose ist hier das Urbild des Gottesboten und erster Offenbarer Gottes
    (ὀφθείς).

66 Vgl. auch die Belege aus Luc Pseudolog bei THEISSEN, Wundergeschichten,
    133f, bes. die auch sonst im pagan-griechischen Bereich häufige Verbindung
    von 'sehen' und 'glauben' in Pseudolog 13+15.

67 A.a.O., 135.

chischen Raum nicht tätsächlich eine eminente Bedeutung für den
Glauben gehabt. An einigen Beispielen läßt sich zeigen, daß auch
hier wie im jüdischen Bereich die Reaktion auf ein Wunder eng verbunden war mit dem Glauben an die Götter. So heißt es bei Lukian
aus dem Munde eines Wundergläubigen: "Wenn du solches sagst, so
scheinst du auch nicht an Götter zu glauben, wenn du denn wirklich
meinst, daß Heilungen durch heilige Namen nicht geschehen können"
(Pseudolog 13). Und Jamblichus schreibt in seiner Pythagoras-Bio-
graphie: "Seiner Frömmigkeit entsprang auch sein Glaube an das,
was die Götter betraf. Gebot er doch stets, nichts Wunderbares, das
über die Götter gesagt würde, und auch keine der göttlichen Lehren
anzuzweifeln, da die Götter ja alles vermöchten" (VIII 148). Schließlich heißt es bei Plutarch, daß denen, die ὑπ' εὐνοίας καὶ φιλίας
πρὸς τὸν θεόν besonders zur Verwunderung neigen und nichts ver-
werfen oder leugnen können, das Wundersame (τὸ θαυμάσιον) μέγα
πρὸς πίστιν sei (Cor 232 D).

Theißen betont, daß im pagan-griechischen Bereich, anders als in
den ntl. Wundergeschichten, der Glaube nicht Voraussetzung, sondern
Folge des Wunders sei[67]. Gerade dies entspricht aber - wie auch die
Bindung an den Gottesglauben - der skizzierten atl. und frühjüdischen Konzeption der Verbindung von Wunder und Glaube.

Wir fassen zusammen: Der dem paganen Griechentum und dem Judentum gemeinsamen Konzeption, wonach einem gesprochenen/gehörten
Wort nur Glauben zukommt, sofern die Glaubwürdigkeit der Kunde
oder die Vertrauenswürdigkeit des Sprechers durch sichtbare Beweise verbürgt wird, entspricht die Forderung nach Legitimationszeichen bei Sprechern, die nicht in eigener Sache, sondern als Bote
eines anderen auftreten. Diese Forderung findet im AT und im Frühjudentum - vor allem innerhalb der Mose-Tradition - ihren Niederschlag darin, daß Gott seine Boten mit der Fähigkeit, Wunder zu
wirken, ausstattet. Die Wunder, die die Gottesboten vollbringen,
sind die ihrem Sender adäquaten Legitimationszeichen; sie verbür-
gen so die Vertrauenswürdigkeit der Verkündiger, kennzeichnen aber
zugleich die Verkündigung als ein Geschehen, in dem Gottes Macht
offenbar wird und Glauben wirkt[68]. Oder anders ausgedrückt: Dadurch, daß die Hörer im Verkündigungsgeschehen auf Gott selbst

---

67 A.a.O., 135.
68 Insofern heißt es Ex 14,31, daß die Israeliten an Gott und an Mose glaubten.
    Vom Glauben an Mose sprechen außerdem auch Ex 19,9; Philo, VitMos I 196;
    IV Esr 7,130 (vgl. II Chr 20,20; PsClemH VIII 5). Dies ist jeweils so ver-
    standen, daß im Glauben an Mose der Glaube an Gott zum Ausdruck kommt;

treffen, sind die Verkündiger als Gottesboten legitimiert[69]. Daß
sich diese Konzeption vor allem innerhalb der Mose-Tradition findet,
hat seinen Grund darin, daß sich in der Person des Mose zweierlei
verbindet: zum einen ist er als der Vollbringer der 'ägyptischen
Zeichen' eng mit dem Exodus als dem für Israel entscheidenden Ge-
schichtshandeln Gottes verbunden und so Repräsentant der für die
Erwählten heilvollen Geschichtsmächtigkeit Gottes; zum anderen ist
er als der Empfänger der Tora der für die Geschichte Israels zentrale Offenbarungsmittler. Beide Aspekte verbindet die Tatsache,
daß jeweils Gottes Erwählungshandeln im Hintergrund steht.

1.2.2. Die paulinische Konzeption

Paulus steht mit seinem Verständnis von Verkündigung in der Tradition dieser eng an Mose gebundenen Konzeption. Ein Blick auf die
Selbstdarstellung des Paulus in II Kor 3 zeigt, daß auch er sich
grundsätzlich auf einer Ebene mit Mose sieht, sich jedoch zugleich
durch die Kennzeichnung der eigenen Person als 'Diener des Geistes'
und die Qualifizierung Moses als 'Diener des Buchstabens' in charak-
teristischer Weise von ihm absetzt.

Die Zeichen des Apostels: II Kor 12,12; Röm 15,18

Zweimal verwendet Paulus die aus der Exodus-Tradition stammende
Wendung σημεῖα καὶ τέρατα im Hinblick auf seine Funktion als Apostel:
In II Kor 12,12 nennt Paulus als 'Zeichen des Apostels', die er für
sich reklamiert, σημεῖα, τέρατα und δυνάμεις und erweitert damit

---

vgl. MekhEx 14,31 (Traktat Beshallah 124-130): "Und sie glaubten an den
Herrn und an seinen Diener Mose. Wenn man sagt, sie glaubten an Mose, ist
dann nicht durch das Kal vahomer mit eingeschlossen, daß sie an Gott
glaubten? Dies sie dir eine Lehre: Glaube an den Hirten Israels ist dasselbe wie Glaube an Ihn, der durch sein Wort die Welt ins Sein rief". Im
Unterschied zu den Zeichen des Mose sind die prophetischen Zeichenhand-
lungen symbolische Akte; aber auch sie sind nicht nur pädagogische Ver-
anschaulichungen, vielmehr zeigt die Tatsache, daß sie als אות oder auch
als מופת bezeichnet werden können, "daß es sich in ihnen um selbständige
Akte nach der Art der göttlichen Zeichen handelt und daß sie daher auch
schon in sich die Qualität der Verkündigung haben" (RENGSTORF, a.a.O., 215f);
vgl. hierzu auch ROBINSON, Symbolism; FOHRER, Handlungen; ders., Gattung;
vRAD, Theologie II, 104-107.

69 In der apokalyptischen Literatur verlieren die Wunder als Legitimationszeichen ihren eindeutigen Charakter; auch vom Pseudo-Christus und seinen
Pseudo-Propheten gilt, daß sie die Fähigkeit, Wunder zu tun, besitzen und
damit die Gläubigen verführen; Mt 24,23f; Apk 13,13f; 16,14; 19,40; ApkEl
31,8; 38,1.10-14; grEsr 4,28f; auch der Satan kann Wunder vollbringen:
II Thess 2,9; Sib II 168f; III 69f.

die traditionell zweigliedrige Formel. Wie diese Erweiterung zu
verstehen ist, zeigt ein Blick auf die andere Stelle, an der Paulus
die Wendung aufnimmt: In Röm 15,18 betont der Apostel, daß er sich
in seiner Verkündigung[70] auf das beschränkt, was Christus durch ihn
wirkt. Dies bezieht sich auf sein gesamtes Auftreten (λόγῳ καὶ
ἔργῳ) und wird durch ἐν δυνάμει σημείων καὶ τεράτων (V.19a) näher
erläutert. Damit sind die Zeichen und Wunder, die der Apostel voll-
bringt, als die Weise der Wirksamkeit Christi in ihm gekennzeichnet,
so daß ihnen auch hier - analog zur Mose-Tradition - in zweifacher
Hinsicht Bedeutung zukommt: Sie sind Kennzeichen dafür, daß in
der Verkündigung des Apostels der, der ihn gesandt hat, mächtig
und offenbar wird, und dienen damit der Legitimation der apostolischen Vollmacht des Paulus[71]. Hatte sich bereits an der Voror-
nung des ῥῆμα Χριστοῦ vor die ἀκοή (Röm 10,17) und an deren Qualifikation als εὐαγγέλιον (10,16) gezeigt, daß Verkündigung im paulinischen Sinne Offenbarungsgeschehen ist[72], so läßt sich diese Aussage nun von Röm 15,18f her füllen: Offenbarung geschieht im Akt
der Verkündigung insofern, als Zeichen und Wunder elementare Be-
standteile dieses Geschehens sind. Zeichen und Wunder sind aber
nicht nur insofern bedeutsam, als sie die Weise der Offenbarung im
Verkündigungsgeschehen darstellen und damit das bisher Gesagte ver-
anschaulichen, wichtig ist vielmehr vor allem ihre typologische
Bedeutsamkeit. Dadurch, daß Paulus die in der Mose-Tradition verhaftete Formel σημεῖα καὶ τέρατα verwendet, kennzeichnet er seine
apostolische Tätigkeit als ein Geschehen, das in Analogie zu der
innerhalb der Geschichte Israels zentralen Offenbarung Gottes durch
Mose zu sehen ist. Dies entspricht der Paulus-Mose-Typologie in
II Kor 3. Bemüht sich Paulus dort aus aktuellem Anlaß seine Vorrangstellung als Diener des Geistes vor Mose als dem Diener des Buchstabens aufzuzeigen, so kommt in Röm 15,18f - nun in prinzipieller
Bedeutung - dasselbe zum Ausdruck: Durch V.19b ist die Wirksamkeit
Christi in den Zeichen und Wundern des Apostels näherhin als Macht
des Geistes qualifiziert[73]. Die Verkündigung des Paulus liegt also
insofern auf einer Ebene mit der des Mose, als sich in ihr Gott
durch Zeichen und Wunder offenbart, überbietet sie jedoch zugleich

---

70 "Das λαλεῖν meint im Zusammenhang nichts anderes als das εὐαγγελίζεσθαι
    (V.20)", SCHLIER, HThK VI, 431.
71 Vgl. KÄSEMANN, HNT 8a, 380.
72 S. o. Abschnitt 1.1.3.
73 Vgl. dagegen MICHEL, KEK IV, 459, der σημεῖα/τέρατα und πνεῦμα
    chiastisch auf das apostolische Werk und das apostolische Wort aufteilt.

dadurch, daß in diesem Offenbarungsgeschehen die Macht des Geistes Gottes[74] zur Wirkung kommt. Zeichen und Wunder haben für Paulus also keineswegs "nur nebengeordnete Bedeutung"[75], sie bilden vielmehr den zentralen Schlüssel zu seinem Verständnis von Verkündigung[76]. Die Verkündigung des Apostels ist so als ein pneumatischer Vorgang zu verstehen, in dem durch Zeichen und Wunder die Macht dessen, der ihn gesandt hat, offenbar wird[77]. Welche Relevanz dieses Verständnis von Verkündigung für die Rolle der πίστις innerhalb des missionarischen Aktes hat, läßt sich beispielhaft an zwei Texten zeigen, die sich in einer Reihe von Elementen ähneln: I Kor 2,1-5 und I Thess 1,5; 2,13.

I Kor 2,1-5

Der Kontext von I Kor 2,1-5 ist durch die antithetische Gegenüberstellung 'Weisheit/Kraft Gottes' und 'Weisheit der Menschen/der Welt/dieses Äons' (1,20f; 1,26-29/30; 2,5; 2,6f; 2,13; vgl. 3,19) gekennzeichnet. Paulus greift damit auf einen Topos der jüdisch-hellenistischen Polemik zurück, der seinen Sitz im Leben in der Auseinandersetzung jüdisch-hellenistischer Missionare mit paganen Magiern und Wundertätern hatte[78], und verwendet ihn im Kontext der Auseinandersetzung mit den Spaltungen in der korinthischen Gemeinde, also in einem analogen Interaktionsbereich[79]. Gegenüber der jüdisch-hellenistischen Tradition ist die Disqualifizierung der Lehre der Gegner bei Paulus noch insoweit radikalisiert, als die Weisheit Gottes hier mit dem Skandalon des Kreuzes identifiziert wird und es von daher nicht nur um die Überlegenheit der Gottesweisheit, sondern um deren radikale Verschiedenheit geht (Opposition σοφία - μωρία). Grundlage für diese Radikalisierung ist eine vor allem im

---

74 Zur Textkritik siehe SCHLIER, HThK VI, 432 Anm. 21 und MICHEL, KEK IV, 459 Anm.21.

75 KÄSEMANN, Legitimität, 63.

76 Zur Wendung 'Zeichen und Wunder' innerhalb der Verkündigung vgl. auch Hebr 2,4; nach RENGSTORF, a.a.O., 260, bildet auch hier Ex 4,1ff den biblischen Hintergrund; er verweist auf Mk 16,20 als Ansatzpunkt einer Interpretation; vgl. auch Hebr 6,5.

77 Vgl. auch II Kor 4,7; 6,7; 12,9; 13,3f und bes. Kol 1,24-29; vgl. auch Just, Dial 42,2; Apol 60,11.

78 BERGER, Exegese, 221-223; vgl. die dort gegebenen Belege; vgl. daneben noch Bar 3,23; in denselben Zusammenhang gehört auch die Opposition 'Scheinweisheit (Sophisterei) - Wahrheit/Weisheit' bei Philo, Praem 8; vgl. Congr 127; Decal 15.

79 BERGER, a.a.O., 223.

Bereich der frühchristlichen Literatur häufige Konzeption, die die
Verschiedenheit der Wertmaßstäbe bei Gott und den Menschen betont[80].
Der Ausdruck σοφία τοῦ θεοῦ bezeichnet als geprägte Wendung das
Weltregiment Gottes, das sich in der Geschichte offenbart[81].
Entsprechend ist für Paulus δύναμις θεοῦ Wechselbegriff für
σοφία τοῦ θεοῦ (1,18.24; 2,5)[82]. Paulus reklamiert die Weisheit
bzw. die Kraft Gottes für seine Verkündigung. Daß das missionarische
Wirken des Apostels das zentrale Thema des Abschnitts ist, zeigt
schon der einleitende V.17 (εὐαγγελίζεσθαι). Im Folgenden wird die
Verkündigung gemäß ihres Inhalts (1,18-25), gemäß ihrer Adressaten
(1,26-31), gemäß ihres Modus (2,1-5) und gemäß ihrer Aneignung
(2,6ff) dargestellt[83]. In 2,1 knüpft Paulus an 1,17 an (1.sing.)
und führt das dort thetisch vorangestellte εὐαγγελίζεσθαι οὐκ
σοφία λόγου in den folgenden Versen näher aus. Sein Auftreten in
Korinth war nicht durch überwältigende Beredsamkeit und Weisheit
gekennzeichnet (V.1.4). sondern durch den Aufweis von Geist und
Kraft (V.4). Das ist von Röm 15,18f und II Kor 12,12 her so zu verstehen, daß sich im Wirken des Apostels in Korinth die Macht und
der Geist dessen offenbarte, der ihn gesandt hat (vgl. 1,17:
ἀπέστειλέν με Χριστός). In I Kor 2,1-5 fehlt allerdings ein Hinweis auf 'Zeichen und Wunder' des Apostels[84]. Nun läßt sich zunächst
von Röm 15,18f her vermuten, daß Paulus auch in I Kor 2,1-5 Zeichen
und Wunder als die Weise voraussetzt, in der sich Macht und Geist
Gottes in seinem Boten offenbaren, und insofern auch hier seine
Verkündigungstätigkeit in Analogie zu der des Mose setzt. Daß dies
in der Tat wahrscheinlich ist, läßt sich auch abgesehen von der
Wendung σημεῖα καὶ τέρατα durch einen Vergleich mit JosAnt II 286
zeigen. Dort geht es um das im hellenistischen Judentum beliebte

---

80 PolIIPhil 5,2; Lk 16,15; Röm 2,28f; Röm 3,4; I Kor 14,2; Gal 1,1.12; vgl.
    auch Philo, SpecLeg II 34.

81 I Esr 8,8-24; II Esr 7,25; Sir 15,17f; Röm 11,33 (bezieht sich auf Gottes
    Handeln an Israel); Eph 3,10 (VV. 6-9 zeigen, daß Inhalt der Gottesweisheit
    die Erwählung der Heiden ist); vgl. daneben Ps 50,8 (LXX); Sir 42,21. An
    die Schöpfung oder Gottes Schöpfermacht ist nur Weish 9,2; 14,5; Jer 10,12;
    28,15 gedacht. WILCKENS, ThWNT VII, 520f + Anm. 215, meint, daß hinter der
    Wendung die jüdische Vorstellung von der Präexistenz der Weisheit als
    Schöpfungsmittlerin steht. Im Anschluß an WILCKENS, Weisheit, vermutet
    CONZELMANN, KEK V, 60f, einen aus Hen 42 erschlossenen Weisheitsmythos.

82 Vgl. WEISS, KEK V, 26, der zurecht meint, hier sei darauf angespielt, was
    der Inhalt der Verkündigung für die Hörer praktisch bedeutet: Erweis der
    Gottesmacht.

83 Zur Gliederung vgl. WEISS, a.a.O., 24.

84 Dies mag durch 1,22 bedingt sein; es wäre aber falsch, hinter V.22 eine grund-
    sätzliche Ablehnung von Zeichen zu sehen. Angegriffen wird vielmehr, daß die
    Juden die wahren Zeichen nicht erkennen, sondern als Skandalon betrachten;
    so auch CONZELMANN, a.a.O., 62.

Thema des Streites zwischen Mose und den ägyptischen Magiern. Mose
reagiert auf die Zaubereien der Magier, indem er zum König von Ägypten
sagt:

> "Ich verachte zwar die Weisheit der Ägypter (Αἰγυτίων σοφία)
> nicht, aber ich behaupte, daß meine Werke ihre magischen
> Künste ebenso übertreffen wie die Werke Gottes die der Menschen.
> Und ich will beweisen, daß meine Werke keine Gaukeleien sind
> und kein Betrug, sondern daß sie durch Gottes Einfluß und
> Kraft (θεοῦ δύναμις) geschehen".

Wie bei Paulus sind auch hier Menschenweisheit und der Nachweis
von Gottes Kraft und Einfluß einander gegenübergestellt. Die Tatsache,
daß innerhalb der jüdisch-hellenistischen Mose-Tradition die Zeichen-
und Wundertätigkeit des Gottesboten (um die es trotz des Fehlens der
typischen Formel in der Josephus-Stelle ja geht) als Erweis der Kraft
Gottes verstanden und gegen Menschenweisheit abgesetzt werden konnte,
läßt gemeinsam mit der Beobachtung, daß Paulus auch sonst sein Wirken
in Analogie zu dem des Mose sieht, den Schluß zu, daß der Apostel auch
in I Kor 2,1-5 an die Mose-Tradition anknüpft. Dies setzt allerdings
voraus, daß man ἐν ἀποδείξει πνεύματος καὶ δυνάμεις (V.4) als genitivus objectivus versteht[85], was sprachlich und sachlich durchaus möglich ist. Demnach wäre dann auch in I Kor 2,4f das charismatische Auftreten des Apostels als Vollbringer von Zeichen und Wundern im Blick[86],
die als Beweise der machtvollen Präsenz Gottes Paulus legitimieren[87].
Die πίστις wäre dann als Reaktion auf das Auftreten des Apostels in
einer Linie mit dem 'Wunderglauben' der Israeliten in der Mose-Tradition zu sehen. Hier wie dort gründet der Glaube in der Offenbarung
der Macht Gottes durch die zum Verkündigungsgeschehen hinzu gehörenden Zeichen und Wunder des Gottesboten und beinhaltet dementsprechend
nicht nur die Anerkenntnis der Legitimität des Boten und der Glaubwürdigkeit seiner Botschaft, sondern damit eben auch und vor allem
die Hinwendung zu Gott[88]. Der Unterschied zur Mose-Tradition liegt
hier wiederum darin, daß es Paulus nicht nur um die Überbietung der
Menschenweisheit durch die Kraft Gottes, sondern um deren radikale
Antithese geht. Das macht der Hinweis auf den gekreuzigten Christus

---

85 Dagegen WILCKENS, Weisheit, 51; ders., FS DINKLER, 505 (gen. subj.); nach
    CONZELMANN, a.a.O., 72, würde eine Interpretation als gen. obj. oder gen.
    poss. die Position der Korinther wiedergeben.

86 Dagegen WEISS, a.a.O., 50f, der meint, hier seien nicht Wunder, sondern die
    "hinreißende Persönlichkeits-Wucht" des Apostels gemeint.

87 Daß κήρυγμα nicht nur Wortverkündigung meint, sondern auch Zeichentätig-
    keit mit umschließen kann, zeigt JosBell VI 288. Nach FASCHER, ThHK VII/1,
    116, bezeichnen λόγος und κήρυγμα den Missionsauftrag nach Form und In-
    halt; dagegen zu Recht CONZELMANN, a.a.O., 71.

88 Vgl. die Doxologie der Neubekehrten in ActThom (ed. Bonnet) 69,16.

(nach 1,23 den Juden ein Skandalon und den Griechen eine Torheit)
als den Inhalt der Verkündigung deutlich. Zum anderen besteht ein
Unterschied darin, daß Paulus sich wie auch in Röm 15,18f und
II Kor 3 von der Verkündigung des Mose durch den Hinweis auf den
in seinem Auftreten zur Wirkung kommenden Geist Gottes absetzt.

Einen Aspekt aus I Kor 2,1-5, der noch weiteren Aufschluß über
den Modus der paulinischen Verkündigung geben kann, haben wir bisher unberücksichtigt gelassen: In V.3 heißt es, daß Paulus bei den
Korinthern "in Schwachheit und in Furcht und in großem Zittern"
aufgetreten ist. Diese Wendung ist psychologisch[89] und neuerdings
vor allem streng christologisch[90] gedeutet worden. Letzteres hat
angesichts der Tatsache, daß Paulus Kreuz und Auferweckung Jesu
auch mit den Begriffen 'Schwachheit' und 'Macht Gottes' belegen
kann (II Kor 13,4), sicherlich seine Berechtigung. Es ist aber
auch eine andere Interpretation möglich, wenn man den traditionsgeschichtlichen Hintergrund der drei zentralen Begriffe in den Blick
nimmt[91]. Ἀσθένεια, φόβος und τρόμος sind die "topische Reaktion
des Menschen, dem eine Epiphanie widerfährt" [92], gehören also in
die Theophaniesprache; gemeinsam mit πνεῦμα und δύναμις gehören
sie in ein Wortfeld und bilden einen festen Topos der Offenbarungsliteratur. Allen hier einschlägigen Texten ist gemeinsam, daß im
Mittelpunkt ein von Gott zur Verkündigung Beauftragter steht.
Folgende Struktur ist durchgängig zu finden[93]:
SCHWÄCHE/OHNMACHT/FURCHT/NIEDERFALLEN

- ausgelöst durch eine Erscheinung (Theophanie/Angelophanie/
  Vision)
- Zustand vor der eigentlichen Offenbarung

STÄRKUNG DURCH ENGEL/GEIST/KRAFT GOTTES

- Einleitung des eigentlichen Offenbarungsgeschehens
  (Himmelsreise/Deutung einer Vision/ Verkündigungsauftrag).

Aus der Fülle der Belege sei beispielhaft ApkAbr 10,2-7 genannt:

Abraham hat eine Engelserscheinung: "... und so erschrak mein
Geist, und meine Seele floh aus mir; ich wurde wie ein Stein

---

89 OEPKE, Missionspredigt, 14: die Furcht, die der Apostel durch die Konkurrenz
    anderer Propaganda empfand (vgl. a.a.O., 37); WEISS, a.a.O., 47f: mehr
    als Schüchternheit, mutlose Stimmung nach Mißerfolg in Athen.
90 WILCKENS, Weisheit, 48-50; CONZELMANN, a.a.O., 70f.
91 Meist wird ἀσθένεια von φόβος καί τρόμος mit dem Hinweis auf II Kor 7,15;
    Phil 2,12 und Eph 6,5 abgekoppelt, so z.B. bei WEISS, a.a.O., 47f; WILCKENS,
    Weisheit, 47; vgl. auch PEDERSEN, Furcht, 1-31.
92 WILCKENS, FS DINKLER, 505; vgl. hierzu auch SCHOTTROFF, Welt, 184 und die
    dort in Anm. 2 aufgeführten Belege.
93 Vgl. hierzu BERGER, Auferstehung, Anm. 299-306.

und fiel zu Boden, weil ich nicht mehr zum Stehen Kraft besaß.
Und wie ich mit dem Antlitz auf dem Boden liege, höre ich des
Heiligen Stimme reden: Geh, Javel, in meines unaussprechlichen
Namens Kraft! Heb jenen Mann mir auf! Laß ihn von seinem
Zittern sich erholen! Da kommt zu mir der Engel ... faßt mich
bei meiner Rechten, stellt mich auf meine Füße und spricht:
Abraham, steh auf! ...Ich bin zu dir gesandt, um dich zu
stärken". (94)

Liest man I Kor 2,3-5 von diesem Vorstellungszusammenhang her,
dann ergibt sich folgendes: Das missionarische Auftreten des Apostels
hat die Struktur des Offenbarungsempfangs; seine Schwachheit, seine
Furcht und sein Zittern kennzeichnen ihn als einen Visionär angesichts einer Erscheinung. Dieses Stadium geht der eigentlichen
Offenbarung voraus. Diese manifestiert sich durch die Macht und den
Geist Gottes. Im Unterschied zu der skizzierten Tradition vollzieht
sich dieses Geschehen in der Öffentlichkeit, d. h. die Adressaten
der paulinischen Verkündigung werden zu Zuschauern eines Offenba-
rungsvorgangs. In der Abfolge von Schwachheit und Stärke im Auftreten des Apostels wird die Präsenz von Geist und Kraft Gottes für
die Zuschauer 'handgreiflich' erfahrbar. Die πίστις als Reaktion
der Verkündigungsempfänger ist von daher als die bestätigende Kon-
statierung: Hier wirkt Gott! zu verstehen und ist damit zugleich
die Weise der Teilhabe an dem charismatisch-pneumatischen Geschehen
der Verkündigung. Trifft das Gesagte zu, dann ist damit ein Ansatzpunkt zum Verständnis der 'Zeichen und Wunder' des Apostels und des
'Wunderglaubens' der Hörer gegeben. Sofern sich Gottes Geschichtsmacht in der Verkündigung des Paulus offenbart, entspricht sein
Auftreten dem des Mose und kann insofern auch durch die Wendung
σημεῖα καὶ τέρατα gekennzeichnet werden. Zugleich überbietet das
missionarische Wirken des Apostels die Wundertätigkeit des Mose dadurch, daß er nicht nur aufgrund einer von Gott verliehenen Fähigkeit Wunder wirkt, sondern selbst - in seiner Person und seinem Auftreten - zum Medium der göttlichen Offenbarung wird[95]. Damit wird
durch sein Wirken Zugang zu und Teilhabe an dem sich offenbarenden
Geist Gottes in der πίστις möglich. Eine solche Deutung schließt
freilich die christologische Interpretation nicht aus. Weil Jesus
Christus die Weisheit Gottes ist, kann jedes weitere Offenbarungs-
handeln Gottes nur die Struktur Kreuz (Schwachheit) - Auferstehung

---

94 Vgl. Ez 2,1f; Dan 8,15-18(Th); 10,4-21; JosAs 14,2-9; EvBarth 4,13-15;
    ActPilati 15,6; EvPsMatth c.21; SlHen 21,3; KoptApkAdam (ed. A. BÖHLIG/
    P. LABIG) 78(72)=p.110; weitere Belege bei BERGER, Auferstehung, Anm.
    299-306. Von einer Stärkung des Apokalyptikers durch ein Gebet sprechen
    IV Esr 12,4-6; OdSal 18,1f.
95 Vgl. hierzu Philo, Virt 217.

(Kraft) haben. Von daher wird die Exklusivität der Offenbarung Gottes
und des Heils in Christus in der Verkündigungstätigkeit des Apostels
manifest, denn nur hier ist Zugang zu Gott und Teilhabe an seinem
Geist möglich. Man wird also von einer christologisch interpretie-
renden Aufnahme der traditionellen Vorstellung von der Stärkung des
Offenbarungsempfängers sprechen müssen. Die von Mose vermittelte
Offenbarung Gottes im Gesetz ist insofern uneinholbar überboten,
als Verkündigung und Glaube nun nicht mehr allein Zeichen und Anerkenntnis der abstrakten Mächtigkeit Gottes sind, sondern Teil-
gabe und Anteilnahme am Geist Gottes selbst.

Die weitere Argumentation in I Kor 2,6ff belegt die Richtigkeit
dieser Sicht[96]. In den VV.6-16 wird πνεῦμα zum entscheidenden Leit-
wort. Die antithetische Gegenüberstellung von 'Weisheit Gottes'
und 'Weisheit der Welt' (V.6f) wird in V.12 durch die Opposition
'πνεῦμα τοῦ κόσμου _ πνεῦμα τὸ ἐκ τοῦ θεοῦ' substituiert (vgl. V.13).
War der Geist in 2,4 selbst Gegenstand der Offenbarung, so ist er
nach 2,10 zugleich Mittler der Apokalypse des göttlichen Mysteriums[97].
Nur dem πνεῦμα τοῦ θεοῦ ist es möglich,τὰ τοῦ θεοῦ zu erkennen (V.11).
Damit ist zum einen die Exklusivität der Offenbarung herausgestellt:
sie wird nur von τοῖς τελείοις als solche erkannt[98]. Zum anderen
zeigt sich daran, daß 'Gläubigwerden' im paulinischen Verständnis
strikt an Person und Auftreten des Apostels gebunden ist; denn πίστις
als Weise der Anteilnahme am göttlichen Geist ist allein in der Begegnung mit der sich im apostolischen Wirken vollziehenden Offenbarung des Pneuma möglich. Damit sind Verkündigung und Bekehrung
insgesamt als ein Apostel und Hörer umfassender pneumatischer Vorgang gekennzeichnet. Die πίστις ist darin die Weise der Partizipation am pneumatischen Geschehen der Verkündigung.

Inhaltlich ist der mit πίστις bezeichnete Schritt der Hörer durch
"eine radikale Änderung ihrer Urteilsmaßstäbe" gekennzeichnet[99], denn

---

96 WILCKENS; FS DINKLER, 506-516, hat gezeigt, daß die VV.6-16 "keineswegs ein
    apologetisches Einschwenken des Apostels auf die Argumentationsebene seiner·
    Gegner, sondern nichts anderes als Interpretation des λόγος τοῦ σταυροῦ
    in gerader Fortführung des antithetischen Skopos der voranstehenden Argumen-
    tation" darstellen (Zitat: 513).

97 Dagegen unterscheidet SCHOTTROFF, a.a.O., 204, die Sophia als Gegenstand der
    Offenbarung und Inhalt der Verkündigung vom Pneuma als der göttlichen Wirk-
    samkeit, die den Zugang zum Gegenstand der Offenbarung ermöglicht.

98 WILCKENS; FS DINKLER, 507, zeigt, daß die τέλειοι die πνευματικοί sind.

99 WILCKENS, FS DINKLER, 516. WILCKENS faßt allerdings die πίστις aus V.5 als
    substantiviertes πιστεῦσαι und meint von daher, daß hier das Christsein
    der zum Glauben Gekommenen gemeint sei (506 Anm.11); so auch MUNDLE, Glaubens-
    begriff, 93 (dementsprechend binden beide den Geistempfang an die Taufe und
    nicht an den Verkündigungsakt). Dabei wird jedoch verkannt, daß es in 2,1-5

durch die damit verbundene Teilhabe am göttlichen Geist wird die
Torheit der Kreuzespredigt als Kraft und Weisheit Gottes und als
Grund der Rettung erkannt (1,21-24). Insofern waren die Korinther
- vom Standpunkt des Pneumatikers aus betrachtet - vor ihrer Bekehrung σάρκινοι und νήπιοι (3,1), weil in ihrem Urteil von menschlichen und nicht von göttlichen Wertmaßstäben abhängig, und werden
von Paulus immer noch als σάρκινοι angesprochen (3,3), sofern sie
nämlich in der Gefahr stehen, durch Eifersucht, Zank und Streit den
in der Bekehrung erreichten Stand zu verlieren. Sie sind im Begriff,
den mit πίστις bezeichneten Schritt der Aneignung der Wertmaßstäbe
Gottes rückgängig zu machen.

Ohne auf die Frage der Gegner des Paulus näher eingehen zu wollen,
kann folgendes festgehalten werden: Es geht hier um die Auseinandersetzung Pneumatiker - Intellektuelle[100]. Der 'Menschenweisheit' der
Intellektuellen gegenüber verteidigt Paulus sein pneumatisches Auftreten als Aufweis von Kraft und Weisheit Gottes. Dementsprechend
ist die πίστις als Teilnahme an einem Apostel und Hörer umfassenden pneumatischen Geschehen verstanden, das die Überschreitung aller
Wertmaßstäbe der Weltweisen beinhaltet. Ist die Existenz der Gemeinde in einem pneumatischen Geschehen grundgelegt, dann kann auch
ihr Fortbestehen nur diesen pneumatischen Charakter haben (3,5-17)
und darf nicht durch die erneute Orientierung an den Maßstäben der
Weltweisen gekennzeichnet sein.

I Thess 1,5

Die bisherigen Ergebnisse unserer Analyse lassen sich durch einen
Blick auf I Thess 1f erhärten[101]. Wie in I Kor 2 kennzeichnet Paulus
auch hier seine Verkündigung als ein Geschehen, das sich nicht allein
im Wort, sondern auch in Kraft (ἐν δυνάμει), heiligem Geist (ἐν
πνεύματι ἁγίῳ) und in großer Fülle (πληροφορίᾳ πολλῇ)[102] vollzieht
(1,5). Entsprechend geschah die Aufnahme des Wortes durch die Thessalonicher μετὰ χαρᾶς πνεύματος ἁγίου (1,6)[103]. Insofern sind auch hier

---

deutlich um das erste missionarische Auftreten des Paulus in Korinth geht,
πίστις von daher also das 'Gläubigwerden' meint.

100 Vgl. WILCKENS, FS DINKLER, 520.

101 DIBELIUS, HNT 11, 4, sieht in 1,4-10 und 2,1-16 zwei an die Gründung der
Gemeinde erinnernde Meditationen.

102 vDOBSCHÜTZ, KEK X, 71f, sieht hierin nicht drei selbständige Kraftbeweise,
vielmehr seien Geist und Zuversicht eng miteinander verbunden, als "geist-
gewirkte innere Zuversicht" des Apostels; vgl. MORRIS, Thessalonians, 57.

103 Δέχεσθαι τὸν λόγον steht hier für πιστεύειν; vgl. den parallelen
Gebrauch in 2,13!

Verkündigung und Bekehrung als ein pneumatisches Gesamtgeschehen
verstanden. Von daher wird die Tatsache, daß die Thessalonicher
die Verkündigung des Paulus nicht als Wort von Menschen, sondern
als Wort Gottes aufgenommen haben (2,13), im charismatisch-pneumatischen Charakter seines apostolischen Wirkens begründet liegen.
Zugleich zeigt 2,13, daß Paulus - analog zu seiner Argumentation
in I Kor 1-3 - auch hier seine Verkündigungstätigkeit auf der Folie
der Opposition zwischen menschlichen und göttlichen Wertmaßstäben
darstellt. In diese Richtung weisen auch 2,4 und 2,6. Grenzt Paulus
sich in I Kor 1-3 gegen intellektuelle Weisheitslehrer ab, so ist
hier die Frontstellung gegen habsüchtige Prediger, die die Gemeinde
ausnützen, im Blick (2,5). Beiden Argumentationen gemeinsam ist
der Wunsch, das apostolische Wirken vor Mißdeutungen zu schützen
und ihm seine Würde als Offenbarungsgeschehen zu bewahren[104].

Drei Aspekte, die in I Kor 1-3 nur anklingen, kommen in I Thess
1f deutlich zum Ausdruck:

- I Thess 1,4 zeigt, daß sich im Verkündigungsgeschehen das Erwählungshandeln Gottes aktualisiert. Insofern ist die Bekehrung als
Ergebnis eines erfolgreichen missionarischen Wirkens Zeichen der
Erwähltheit; in I Kor 1-3 kommt dies durch den Hinweis auf die
κλῆσις der Korinther zum Tragen (1,26-31; vgl. 1,24)[105].

- Die Parallelität von λόγος τοῦ κυρίου und πίστις in I Thess 1,8
macht deutlich, daß dem Glauben selbst missionarische Potenz eignet.
Dies wird nur verständlich, wenn die πίστις als Teilnahme am pneumatischen Verkündigungsgeschehen begriffen wird.

- Deutlicher als in I Kor 1-3 kommt in I Thess 2,13 zum Ausdruck,
daß die Kraft und der Geist Gottes, die sich in der Verkündigung
offenbaren (1,5), in den Gläubigen wirksam werden (ὃς καὶ ἐνεργεῖται
ἐν ὑμῖν τοῖς πιστεύουσιν)[106].

---

104 Der unterschiedlichen Briefsituation entspricht es, daß Paulus das Bild von
     der stillenden Mutter für sein missionarisches Auftreten in I Thess 2,7
     anders verwendet als in I Kor 3,2. Stand dort die Nahrung (Milch, keine
     feste Kost) im Mittelpunkt, so daß die Unfähigkeit, feste Nahrung bzw. die
     Offenbarung der Weisheit Gottes (mangels Geistbesitz) aufzunehmen das tertium
     comparationis bildete, so steht hier die Liebe der stillenden Mutter im Zen-
     trum, der die Lebensführung des Paulus in Thessalonich entspricht; vgl.
     FRIEDRICH, NTD 8, 224.

105 Vgl. vDOBSCHÜTZ, a.a.O., 70; MARXSEN, ZBK NT 11/1, 36; FRIEDRICH, a.a.O.,
     213; DIBELIUS, a.a.O., 4; SCHLIER, Apostel, 20f.

106 Vgl. MORRIS, a.a.O., 88. So ist auch in Gal 3,2+5 die ἀκοὴ πίστεως die
     Grundlage für den Besitz von Geist und Kraft (vgl. Hebr 4,2). Dem entspricht,
     daß Paulus den Glauben als Erfülltwerden mit Dynamis kennzeichnen kann: Röm
     1,16; 4,20; vgl. auch I Kor 13,2; Mk 11,22-24; Mt 17,20; Hebr 11,11.34; Act
     16,5; Eph 1,19; 3,16f.20; I Petr 1,5; IgnEph 14,2. Der Gedanke der Stärkung
     durch Glauben liegt wohl auch in II Tim 3,5 zugrunde. Für das hellenistische
     Judentum vgl. Philo VitMos I 225.

1.3. Zusammenfassung

Ist die Mission der 'Sitz im Leben' der paulinischen Theologie[107],
dann kann eine Untersuchung über das Verhältnis von apostolischer
Tätigkeit und Bekehrung nicht nur über den speziellen Aspekt des
'Gläubigwerdens', sondern über das Glaubensverständnis des Paulus
schlechthin Aufschlüsse geben.

Der Glaube gründet nach Paulus in einem umfassenden Akt personaler Begegnung. Sofern hinter diesem Kommunikationsvorgang die Autorität des göttlichen Wortes steht, hat er die Dimension eines Offenbarungsgeschehens, in dem sich das Erwählungshandeln Gottes aktualisiert und wirksam wird. Durch die Zeichen und Wunder des Apostels
wird die Offenbarung Gottes im Akt der Verkündigung manifest.

Vom pagan-griechischen Verstehenshorizont her ist diese paulinische Konzeption in mehrfacher Hinsicht begreifbar. Gilt dort
der Grundsatz, daß dem gesprochenen Wort nur dann Glauben geschenkt
wird, wenn die Kunde im Kontext des Auftretens des Verkündigers begriffen werden kann, so ist für pagan-griechische Rezipienten das
charismatische Wirken des Apostels (Zeichen und Wunder) ein 'sichtbarer' Beweis seiner eigenen Vertrauenswürdigkeit und der Glaubwürdigkeit der von ihm verkündeten Botschaft. Zudem kann die Wundertätigkeit des Paulus auf dem Hintergrund der engen pagan-griechischen
Verknüpfung von Wunder und Glaube verstanden werden. War hier die
Abfolge von Wunder und Glaube konstitutiv, so wird auch das durch
Zeichen und Wunder gekennzeichnete Auftreten des Apostels als Grundlage für den Glauben greifbar. Dies gilt vor allem deshalb, weil
in antiken Berichten die Wunder in großer Nähe zum Götterglauben
gesehen werden. Insofern hat das charismatische Wirken des Apostels
für griechische Rezipienten numinosen Charakter, so daß der göttliche Ursprung seiner Botschaft hervortritt. Einer Gottesbotschaft
aber kommt unbedingt Glauben zu, da die Anerkenntnis des göttlichen
Ursprungs eines Wortes schon die Überzeugung von der Vertrauenswürdigkeit des Sprechers in sich schließt.

Die jüdischen Leser der Paulusbriefe werden die Missionstätigkeit des Apostels vor allem auf dem Hintergrund der Mose-Tradition
verstanden haben. Der Grundsatz, daß einem Boten nur dann zu glauben
ist, wenn er sich durch ein Legitimationszeichen seines Auftrag-
gebers ausweisen kann, ist hier so aufgenommen, daß Gott seinem
Boten die Fähigkeit, Wunder zu wirken, verleiht. Insofern die

---

107 HENGEL, Ursprünge, 18.

Zeichentätigkeit des Mose dem Handeln Gottes selbst entspricht,
spiegelt sich in seinem Auftreten etwas von der Identität dessen,
der ihn gesandt hat. Seine Legitimität ist demnach dadurch erwiesen, daß die Hörer in seiner Verkündigung mit der Macht Gottes
selbst konfrontiert werden. Insofern auch in der Verkündigung des
Apostels die Macht Gottes durch Zeichen und Wunder offenbar wird, ist
sein Auftreten in Analogie zu dem des Mose zu verstehen. Damit ist
aber nicht nur seine Legitimität als Gottesbote erwiesen. Mose ist
ja als Vollbringer der 'ägyptischen Zeichen' und als Empfänger der
Tora zentraler Repräsentant der Erwählungsgeschichte Israels. Dementsprechend kann die Gleichsetzung des paulinischen Wirkens mit
dem mosaischen Auftreten von jüdischen Rezipienten nur so verstanden worden sein, daß Gott hier erneut erwählend in der Geschichte
handelt. Zugleich überbietet das missionarische Wirken des Apostels
die Wundertätigkeit des Mose aber in doppelter Hinsicht: Erstens
wird in seinem Auftreten der Geist Gottes manifest. Diese Manifestation äußert sich zweitens dadurch, daß der Apostel selbst
- in seiner Person und in seinem Auftreten - zum Medium der göttlichen Offenbarung wird. Durch die Abfolge von Schwachheit und Kraft
spiegelt und aktualisiert dieses Offenbarungsgeschehen das umfassende Erwählungshandeln Gottes in Kreuz und Auferweckung Jesu.
Daher ist auch das 'zum-Glauben-kommen' der Verkündigungsempfänger
nicht allein Anerkenntnis der Macht Gottes, sondern als Partizipation am charismatisch-pneumatischen Verkündigungsgeschehen
Teilhabe an dem sich hier mitteilenden Geist Gottes selbst und damit der menschliche Vollzug des Erwählungshandelns Gottes in Jesus
Christus. Damit ist sowohl die Exklusivität des Heils in Kreuz
und Auferweckung Christi herausgestellt als auch die Singularität
der πίστις als dem einzig möglichen Zugang zu diesem Heil. Das notwendige Bindeglied bildet die Verkündigung des Apostels, in der
sich das Heilshandeln Gottes charismatisch-pneumatisch aktualisiert.
Sofern die πίστις erst durch das Verkündigungsgeschehen als Möglichkeit eröffnet wird (Teilhabe am Geist Gottes kann nur da erlangt werden, wo dieser Geist offenbar wird), kann πίστις auch
- wie im Gal - für die neue Heilssetzung Gottes selbst stehen. Dem
entspricht, daß das Gläubigwerden als Erfülltwerden mit Geist und
Kraft Gottes selbst wiederum missionarische Ausstrahlungskraft besitzt (I Thess 1,8).
    Von hier aus betrachtet ist die Kennzeichnung der paulinischen
πίστις als Entscheidung für ein neues Selbstverständnis nicht nur
unzulänglich, sondern auch sachlich schief. Nicht um die Erlangung

eines neuen Selbstverständnisses geht es Paulus, sondern um den
direkten Kontakt mit der Geschichtsmacht Gottes in einem pneumatischen Geschehen, um Teilhabe am Geist Gottes und damit in der
Konsequenz um ein Leben in der heilvollen Nähe Gottes. Dies hat
freilich eine radikale Änderung der Wertmaßstäbe zur Folge, denn
in der πίστις stellt sich der Mensch auf die Seite Gottes und
überschreitet damit alle menschlichen Klassifikationen. Diese
Qualifikation der πίστις gewinnt ihre Konkretheit jedoch nicht
durch eine individualistische Interpretation im Sinne eines neuen
Selbstverständnisses, ihr Realbezug zeigt sich vielmehr erst vor
dem Hintergrund der soziologischen Struktur der christlichen Gemeinde.

G. Theißen hat gezeigt, daß im Hinblick auf Korinth weder die
romantische Vorstellung eines "proletaroiden Urchristentum"[108],
noch die These, die christliche Gemeinde in Korinth habe sich vornehmlich aus Angehörigen der Oberschicht zusammengesetzt[109], zutrifft, sondern daß mit einer sozialen Schichtung gerechnet werden
muß[110]. Daß Paulus die soziologische Struktur der Gemeinde bei
seinen Ausführungen über Verkündigung und Bekehrung mit im Blick
hatte, zeigt deutlich I Kor 1,26-29. Theißen betont, daß die Kategorien 'weise', 'mächtig' und 'wohlgeboren' soziologisch verstanden
werden müssen[111]. Daß es nicht viele Weise, Mächtige und Wohlge-
borene in der korinthischen Gemeinde gab, heißt aber nicht, daß die
Christen in Korinth sich hauptsächlich aus den unteren Schichten
rekrutierten[112]. Vielmehr läßt die Tatsache, daß die meist wohl-
habenden 'Gottesfürchtigen' diejenige Gruppe innerhalb der hellenistischen Gesellschaft bildeten, bei der die christliche Mission die
größten Erfolge verbuchen konnte[113], die Vermutung zu, daß sich in
der Gemeinde auch ein ansehnlicher Prozentsatz sozial Gutgestellter
befand, die ihrem Status entsprechend Einfluß besaßen[114]. Daß die
soziale Schichtung innerhalb der Gemeinde zu Problemen führte, ist
vor allem für die 44 v.Chr. als römische Kolonie neu gegründete und
somit relativ traditionslose, zugleich aber wirtschaftlich auf-

---

108 Vgl. DEISSMANN, Licht, 115.
109 So JUDGE, Gruppen, 59.
110 THEISSEN, Schichtung, 232-272 = ders., Studien, 231-271 (hiernach zitiert);
     ebenso auch GÜLZOW, Gegebenheiten, 189-226, bes. 220f.
111 A.a.O., 232f.
112 Vgl. THEISSEN, a.a.O., 234: "Das 'nicht viel' besagt nicht viel".
113 Vgl. HAHN, Verständnis, 18.
114 Vgl. THEISSEN, a.a.O., 234 u.ö.

strebende Stadt Korinth wahrscheinlich[115]. Theißen vermutet Angehörige der gehobenen Schichten als Protagonisten der von Paulus be-
kämpften Parteien[116]. Damit wäre nicht nur der Hintergrund der
Streitigkeiten in Korinth sozialer Natur, sondern auch die Argumentation des Paulus hätte dann eine spezifisch soziologische Spitze.
Das Überschreiten aller menschlichen Klassifikationen im Glauben
hätte so ganz konkrete gesellschaftliche Konsequenzen. Daß Gott
das Törichte, Schwache und Niedriggeborene erwählt hat, um die
Weisen, Mächtigen und Wohlgeborenen zuschanden zu machen, entspricht
nicht nur der Struktur der göttlichen Offenbarung (Schwachheit -
Kraft), sondern hat für die, die durch die πίστις Anteil an ihr
haben, eine ganz lebenspraktische Bedeutung.

Insofern ist es fraglich, ob die Kategorie des urchristlichen
Liebespatriarchalismus als Kennzeichnung der paulinischen Stellung
zur korinthischen Gemeinde zutrifft; zumal wenn im Anschluß an
Troeltsch als Grundidee des christlichen Patriarchalismus die willige
Akzeptierung der gegebenen Ungleichheiten und ihre Fruchtbarmachung
für die ethischen Werte der persönlichen Aufeinanderbeziehung angenommen wird[117]. Sieht man hinter den 'Weisen', 'Mächtigen' und
'Wohlgeborenen' eine Beschreibung der sozialen Wirklichkeit der
Gemeinde, dann kann das Ziel der paulinischen Argumentation nicht
nur eine Gleichstellung aller 'vor Gott' sein, vielmehr zielt sie
darauf, daß die, welche in der πίστις alle menschlichen Klassifikationen überschritten haben, im Rahmen ihrer Gemeinschaft entsprechend
der Struktur der an sie ergangenen Offenbarung 'das Schwache er-
wählen' und 'das Mächtige zuschanden machen'. Und das heißt ganz
konkret: sozialen Ausgleich schaffen.

---

115 Vgl. THEISSEN, a.a.O., 260-263.
116 A.a.O., 258.
117 THEISSEN, a.a.O., 268 Anm. 87; vgl. TROELTSCH, Soziallehren, 67-83,
     bes. 68.

2. Kapitel

TEILHABE AM GEIST GOTTES

Der Eintritt in die Gemeinschaft der Glaubenden

als Zugang zu Gott

Der Glaube entsteht aus dem Kontakt mit der sich im apostolischen Wirken offenbarenden Gegenwart Gottes. In der Teilnahme am charismatisch-pneumatischen Offenbarungsgeschehen der Verkündigung durch die πίστις gewinnt der Mensch Anteil am Geist Gottes und damit als Ausdruck seiner Erwähltheit Zugang zur heilvollen Nähe Gottes.

Von diesem Ergebnis unserer bisherigen Untersuchung aus sollen nun weiter die Spezifika der Beziehung von Glaube und Geist in der paulinischen Theologie in den Blick genommen werden.

Zunächst fragen wir wiederum nach den pagan-griechischen und frühjüdischen Voraussetzungen der paulinischen Konzeption, um diese dann unter traditionsgeschichtlichen und rezeptionskritischen Gesichtspunkten näher bestimmen zu können.

2.1. Πίστις und πνεῦμα in der pagan-griechischen Literatur

In der durch Konkordanzen und Indices erschlossenen pagan-griechischen Literatur ist die Verbindung von πίστις und πνεῦμα nur an einer einzigen Stelle belegt:

> "Es schwindet die Kraft der Erde, schwindet Lebenskraft, es
> stirbt die Treue (πίστις), doch Treulosigkeit (ἀπιστία)
> gedeiht,
> und weder zwischen Männern, die befreundet sind,
> weht stets derselbe Geist (πνεῦμα ταὖτον), noch zwischen
> Stadt und Stadt."(Soph Oed Col 610-613)

Πίστις und πνεῦμα sind hier als Größen zwischenmenschlicher Kommunikation gesehen, die in enger Abhängigkeit voneinander stehen: Herrscht nicht mehr derselbe Geist zwischen einander ehemals nahestehenden Menschen oder Gruppen, dann "stirbt" die πίστις und die ἀπιστία "gedeiht".

Diese eine Stelle gibt freilich im Blick auf den paulinischen Gebrauch der Wortverbindung noch nichts her. Wir müssen dazu weiter ausholen. Auch über den zweiten griechischen Terminus für "Geist",

---

1 Vgl. BEHM, ThWNT IV, 952; CROUZEL, RAC 9, 499; I Kor 2,12.15f in Abhängigkeit von dem Zitat aus Jes 40,13.

νοῦς, scheint ein Zugang nicht möglich zu sein. Trotz der aufgezeigten gelegentlichen Nähe der beiden Termini[1] handelt es sich im
paganen Griechentum, im hellenistischen Judentum und frühen Christentum bei πνεῦμα und νοῦς um zwei grundverschiedene Seinsweisen und
Wirkungsformen des Geistes. Νοῦς und πνεῦμα sind nicht nur dadurch
unterschieden, daß νοῦς das mehr theoretisch beschauende, πνεῦμα
aber das dynamisch mitreißende Element bezeichnet[2], sondern schließen
einander nach gemeinsamer Auffassung von Platon, Philo und Paulus
gegenseitig aus[3].

Aussichtsreicher erscheint dagegen eine nähere Betrachtung der
Rolle des πνεῦμα in der Mantik, besonders in der apollinischen In-
spirationsmantik. Pneuma bezeichnet in der griechischen "Religion,
Mantik und Magie das ... unpersönliche Medium, durch das ... von
Fall zu Fall die Kommunikation zwischen Göttlichem und Menschlichem,
Oben und Unten sich vollzieht"[4]. Hier anzusetzen erscheint vor
allem deshalb als sinnvoll, weil der "Charakter religiöser Mittler-
schaft ... als solcher ... auch in der christlichen Pneumatologie
festgehalten" ist[5].

Pneuma ist das Fluidum göttlicher Inspiration, das mit göttlicher Begeisterung erfüllt, und insofern eben πνεῦμα θεῖον oder
πνεῦμα θεοῦ[6], so daß die Wendung πλήρης θεοῦ als Synonym für das
Erfülltsein mit Pneuma verwendet werden kann (Poll, Onom I 15). Als
eine über den Menschen kommende Kraftwirkung[7] ist Pneuma das
Plektron, das die als Lyra vorgestellte Seele der Pythia zum Klingen
bringt[8]. Seinem göttlichen Ursprung entsprechend "erschließt, enthüllt und offenbart" es, "was sonst verschlossen, nicht gewußt
oder höchstens geahnt war"[9]. Seine Ankunft ist entweder durch akustische Phänomene gekennzeichnet[10], oder aber durch den sich ver-
breitenden göttlichen Wohlgeruch (Plut DefOrac 50; Eur Hipp 1391)[11].

---

2 Vgl. KLEINKNECHT, ThWNT VI, 355; CROUZEL, a.a.O., 496.

3 Plat Phaedr 265A+B; Philo Her 265; SpecLeg IV 49; vgl. All II 31 (ähnlich
   auch beim Empfang eines Offenbarungstraumes, Som I 2; II 232); I Kor 14,14.19.

4 KLEINKNECHT, a.a.O., 356f.

5 Ebd. Zum Verhältnis zwischen pagan-griechischem und ntl. Pneuma-Begriff vgl.
   BONHÖFFER, Epiktet, 67.160-164; PRÜMM, Handbuch, 199-201; VERBEKE, doctrine,
   511-544; POHLENZ, Stoa I, 409f. 420-422.425.

6 KLEINKNECHT, a.a.O., 336; CROUZEL, a.a.O., 496.

7 Plut Mor 438C.

8 Plut Mor 437D; vgl. Philo SpecLeg IV 49.

9 KLEINKNECHT, a.a.O., 344.

10 Vgl. die Belegstellen bei KLEINKNECHT, a.a.O., 343; im NT: Act 2,1-4; vgl.
   auch Joh 3,8

11 Die Vorstellung von 'Wohlgeruch' findet sich auch in der jüdischen und christlichen Literatur: TestAbr A16; slHen 22,9; Philo All I 42; II Kor 2,14-16.

Schon bei PLATON ist das dem Begriff πνεῦμα stamm- und sinnverwandte ἐπίπνοια religiöser Terminus (Men 99D)[12]. Die Legitimation und Autorität von Orakelsprüchen ergibt sich erst durch die
Mitwirkung der von den Göttern kommenden ἐπίπνοια (Leg V 738C).

Ist also für griechisches Denken das Wirken des göttlichen
πνεῦμα bzw. der ἐπίπνοια konstitutiv für ein Orakel, das eben durch
dessen Wirken erst seine Autorität als Verkünder von Gottessprüchen
gewinnt, dann können wir vom Glauben an Orakel(sprüche) her Aufschlüsse über den pagan-griechischen Vorstellungshorizont für die
paulinische Verbindung von πνεῦμα und πίστις erwarten.

Für die hier einschlägige Verbindung von μαντεία /μαντική und
χρησμός auf der einen und πίστις /πιστεύειν auf der anderen Seite
findet sich eine Fülle von Belegen[13]. Sie zeigen durchweg, daß die
πίστις die gewöhnliche Reaktion auf eine μαντική oder einen χρησμός
war. Auf dem Hintergrund der allgemeinen Anerkenntnis der Glaubwürdigkeit der Orakel kann allerdings dann auch im Einzelfall Zweifel
geäußert werden, der jedoch entweder die grundsätzliche Geltung von
Orakelsprüchen nicht in Frage stellt, oder aber getadelt und durch
das Eintreffen der Weissagung widerlegt wird.

Die Autorität von Orakeln ist noch nach LUKIAN so groß, daß
ihrem Spruch auch wider besseres Wissen Glauben zukommt (Alex 11)[14].
Auch bei ISOKRATES ist der Glaube an Orakel vorausgesetzt, wenn
von φῆμαι, μαντεῖαι und ὄψεις die Rede ist, denen gegenüber der
Redner sich nicht ἀπιστῶν verhält (IX 21)[15].

Von Zweiflern gegenüber Orakeln berichtet HERODOT: Psammetichus
sendet nach Buto, um das dortige Orakel von Leto, das als μαντήιον
ἀψευδέστατον in Ägypten gilt, zu befragen, wann er an seinen Feinden wird Rache nehmen können; auf die Antwort des Orakels reagiert
Psammetichus mit heimlichem Mißtrauen (ἀπιστίη μεγάλη ὑπεκέχυτο),
wird dann aber durch das Eintreffen des Geweissagten in seinem
Zweifel widerlegt (Hist II 152). Von Aristodicus heißt es, daß er,
weil ἀπιστέων τε τῷ χρησμῷ καὶ δοκέων τοὺς θεοπρόπους οὐ λέγειν
ἀληθέως , mit einer zweiten Delegation selbst zum Orakel geschickt
wird, um sich von der Glaubwürdigkeit des Spruches zu überzeugen
(Hist I 158). An beiden Stellen ist der Orakelglaube als selbst-

---

12 KLEINKNECHT, a.a.O., 336.341.345.
13 Auch die ἐπίπνοια   selbst kann Objekt des Glaubens sein: Plat Crat 399A.
14 Vgl. auch Dio C XLI 46,4: "ἐκ μαντείας ... καὶ παρὰ τὰ φαινόμενα πίστιν
    τῆς σωτηρίας ἐχέγγυον".
15 Vgl. auch Isoc VI 31.

verständlich und üblich vorausgesetz. Der Zweifel ist die besonders
berichtenswerte Ausnahme[16].

Daß hinter dem Orakel die Autorität des Göttlichen steht, zeigt
sich deutlich bei PLUTARCH, Mor 402E: Die Mahnung, die πάτριος
πίστις nicht aufzugeben, wird folgendermaßen präzisiert: " δεῖ γὰρ μὴ
μάχεσθαι πρὸς τὸν θεὸν μηδ' ἀναιρεῖν μετὰ τῆς μαντικῆς ἅμα τὴν
πρόνοιαν καὶ τὸ θεῖον ". Das gleiche kommt auch in Mor 434D zum Ausdruck: Der Schwachheit des Zweifels am Orakel (ἀσθένεια ἀπιστίας   )
entspricht eine zwiespältige Einstellung zum Göttlichen (ἀμφίδοξος
πρὸς τὰ θεῖα), d.h. ein eindeutiges Vertrauen auf die mantische
Offenbarung ist Kennzeichen des Götterglaubens, ein eindeutiges
Mißtrauen Ausdruck des Unglaubens, weil das Orakel durch das Wirken
des göttlichen Pneuma als Ort des Kontaktes mit der Sphäre des
Göttlichen verstanden wurde (vgl. z.B. Mor 437C).

Den genannten Belegen lassen sich noch weitere hinzufügen: Nach
Mor 419D reagiert Tiberius auf den Orakelspruch: 'Pan ist tot' mit
πιστεῦσαι τῷ λόγῳ. Nach Mor 398E bedarf es zur Weissagung der
Sibylle wie auch zum πιστεῦσαι der θειότης .

Ironisch heißt es bei PHILOSTRAT von der Tochter des Priamos,
daß sie χρησμούς τε ἀπιστουμένους sang (Imagines 356,1)[17].

In allen Belegen wird deutlich, daß der Glaube an Orakelsprüche
im pagan-griechischen Bereich grundsätzlich akzeptiert und anerkannt war. Darüber hinaus zeigt sich- besonders bei Plutarch -,
daß Orakelglaube und Götterglaube in enger Beziehung zueinander
gesehen wurden. Zwar läßt sich eine direkte Verbindung von πίστις
und πνεῦμα für die pagan-griechische Literatur nicht nachweisen
(mit einer Ausnahme), es ist jedoch aufgrund der traditionellen
Vorstellung, wonach das πνεῦμα μαντικόν/θεῖον das Orakel inspiriert,
und aufgrund der festen Verbindung von μαντεία / χρησμός und πίστις
wahrscheinlich, daß die Verknüpfung von πίστις und πνεῦμα für
pagan-griechische Hörer vor allem vom Orakelglauben her verstehbar war. Das Orakel bildet einen Schnittpunkt der traditionell mit
πίστις und πνεῦμα verbundenen Vorstellungsbereiche und kann so
zum Bindeglied der beiden üblicherweise nicht verbundenen Begriffe
werden.

Bildet der Orakelglaube so eine mögliche Verstehensgrundlage
für die griechischen Hörer der paulinischen Rede von πίστις und

---

16 Vgl. auch Herodot Hist V 92,7.
17 Ironisiert wird der Orakelglaube auch bei Luc DialMort 339. Das für und
    wider des Glaubens an μαντικὴ ἐν τοῖς ὕπνοις   wird in Aristot div
    somn 1, 462B 15 diskutiert; vgl. auch Soph Oed Col 1331.

πνεῦμα , so sind die folgenden mit dem Orakel verbundenen Aspekte
mit in Rechnung zu stellen:

1. Die Orakel sind zumeist als religiöse Institution lokal an bestimmte Kultstätten gebunden (Delphi, Leto). Daneben gab es jedoch auch wandernde, Offenbarungssprüche vermittelnde Propheten
und Prophetinnen[18].

2. Konstitutiv für die Tätigkeit der Orakel ist das Wirken des göttlichen Pneuma. Es verleiht dem Orakel Legitimation und Autorität.

3. Die Ankunft des Gottesgeistes ist ein sinnlich erfahrbares Geschehen (akustische Phänomene, 'Wohlgeruch'). Er äußert sich in
dem ekstatischen Zustand des Geistbegabten.

4. Das göttliche Pneuma enthüllt Verborgenes und Nicht-Gewußtes.
Die Vermittlung eines Orakelspruches ist also Offenbarungsgeschehen.

5. Der Orakelglaube ist das Resultat der Begegnung mit dem Fluidum
des Göttlichen und insofern eng mit dem Götterglauben verwandt.

Im alexandrinisch-hellenistischen Judentum - um das vorwegzunehmen -
ist die Verbindung von Orakelspruch und Glaube aufgenommen und
in der Weise modifiziert, daß die χρησμοί jetzt deutlich als
die Worte des einen Gottes gekennzeichnet und nicht an eine Ora-
kelstätte gebunden sind. Allerdings kann auch von bestimmten
Personen gesagt werden, daß sie χρησμοί übermitteln (Philo Virt
68 von Mose). Philo verwendet jedoch nur das allgemeinere
χρησμός und nicht das deutlich auf die Institution der Orakel
weisende μαντεία, ja setzt sogar den Gottesglauben in direkte
Opposition zum Glauben an die μαντική(VitMos I 284). Χρησμός
ist bei Philo exklusiv für Gottes Worte reserviert, so daß den
Anhängern der Mantik die χρησθέντα θεῖα λογία abgesprochen werden,
denn als solche geben sie nur ihre eigenen Erfindungen aus, um
πίστις ἀπάτης beim Volk zu finden (SpecLeg IV 50). In der philonischen Aufnahme der pagan-griechischen Verbindung von χρησμός
und πίστις spiegelt sich die Konkurrenzsituation, in der das
alexandrinische Judentum stand. Angesichts der Tatsache, daß
χρησμοί auch von anderen religiösen Gruppen angeboten wurden,
proklamiert Philo auch für das Judentum χρησμοί und reserviert
diesen Terminus zugleich exklusiv für die Worte des Gottes der
Juden. Dadurch wird die traditionell enge Verbindung von χρησμός
und μαντεία in der Weise aufgebrochen, daß nun der Glaube an den
einen Gott und seine χρησμοί in Opposition zu der μαντεία gesehen ist, der ἀπάτη unterstellt wird. Die Bindung an das mono-
theistische Bekenntnis (VitMos I 284) macht den apologetischen
Charakter der philonischen Äußerungen deutlich.

---

18 Vgl. DIHLE, RGG IV, 1664-66.

2.2. Die Verbindung πίστις - πνεῦμα im Judentum

Auch im jüdischen Literaturbereich sind die Belege für die Verbindung 'Glaube - Geist' äußerst spärlich. Im AT findet sie sich
überhaupt nicht[19]; ebensowenig sind πίστις und πνεῦμα in der LXX
nebeneinander gebraucht. Erst in frühjüdischen Texten finden sich
Belege für die Verbindung 'Glaube - Geist'[20]. Vor allem an Ez 36,26f;
37,14 und Joel 3,1f knüpft sich im Frühjudentum die Zukunftser-
wartung einer endzeitlichen Geistverleihung an Israel[21]. Von Joel
3,1f her überschneidet sich dabei die Vorstellung von der eschatologischen Geistmitteilung mit der Qualifizierung des Gottesgeistes
als "Geist der Prophetie": In der Endzeit werden die Israeliten
alle Propheten sein.

In Sib IV 40-46 ist die Vorstellung von der eschatologischen
Geistausgießung in den Kontext des endzeitlichen Gerichts eingetragen. Wenn Gott über die Menschen Gericht halten wird, dann wird
er die Frevler ins Feuer der Finsternis schicken, den Frommen aber
wird πνεῦμα, ζωή und χάρις verliehen. Daß die 'Frommen' (εὐσεβέες)
hier Synonym für die 'Glaubenden' sind, zeigt die Opposition
δύσπιστος (par: δυσσεβής, ἀσεβής). Hier wird also die endzeitliche
Geistmitteilung von der Frömmigkeit bzw. vom Glauben abhängig gemacht[22]. Daß dabei nicht allein an das Bekenntnis zu Gott gedacht
ist, in dem sich der Glaube ausspricht, sondern an Frömmigkeit im
umfassenden Sinne (die ethischen Konsequenzen des Glaubens mit ein-
schließend), zeigt die nähere Bestimmung des Ausdrucks δύσπιστος
γένος durch die Wendung ῥεξουσιν ἀτάσθαλα καὶ κακὰ ἔργα (IV 39).
Dies entspricht einer frühjüdischen Anschauung, nach der nur die
Gerechten den Geist als eschatologische Gabe erhalten[23].

---

19 Ausnahme: Prov 11,13.

20 äthHen 61,11; 68,6ff; Jub 20,8; IV Esr 6,26-28; Sib III 775; IV 40; PsPhilo
    De sampsone (Siegert, 67).

21 Vgl. TestJud 24,2; TestLev 18,11; Jub 1,23; für das rabbinische Judentum
    vgl. SCHÄFER, Vorstellung, 112-15. FOERSTER, Geist, vermutet, daß auch
    Stellen wie IV Esr 8,53 oder AssMos X 1, wo der Geist nicht genannt ist,
    aber vom Aufhören der Krankheit bzw. des Satans die Rede ist, dasselbe
    meinen wie die eschatologische Geistverleihung. An Joel 3,1f knüpft BemR
    15,25 an; vgl. auch ShirR 1,1 § 11; Pesiqta 165a; Tan קדושים 170b; שלחלך
    216a; Bill. II 134.615f; IV 915.

22 Zum jüdischen Charakter der Stelle vgl. BLASS in: KAUTZSCH II, 183, sowie
    ROST, Einleitung, 85; vgl. Sib III 75, hier allerdings νοῦς für πνεῦμα;
    vgl. als rabbinische Parallele den Pinchas bJair zugeschriebenen Kettenschluß
    in Sot 9,15; bAZ 20b.

23 Vgl. SJÖBERG, ThWNT VI, 383; CROUZEL, a.a.O., 503. So sagt z.B. R. Acha:
    "Wer (die Tora) studiert mit der Absicht, sie zu tun, verdient die Gabe
    des heiligen Geistes" (WaR 35,7 zu 26,3). Gerechtigkeit ist aber nicht

Auch in Mekh zu Ex 14,31 (Traktat Beshallaḥ) ist der Glaube
(אמונה) als Voraussetzung für den Empfang des heiligen Geistes
(רוח הקדש) genannt (131-138.160-164)[24]. In der Form einer rekur-
siven Argumentation wird hier die Ausgangsthese (Vergeltung für
den Glauben: heiliger Geist) durch eine Reihe historischer Beispiele für die zentrale Bedeutung des Glaubens vor Gott belegt.
Entscheidend für den Nachweis der Gültigkeit der Eingangsthese ist
ein Zwischenschritt (144-147), in dem durch die Kombination von
Ps 118,20 und Jes 26,2 die Identität von 'Glaubenden' und 'Gerechten' nachgewiesen wird. Von daher fügt sich dann auch Hab 2,4
als Beleg für die zentrale Bedeutung des Glaubens gut an (155).
Hier wird deutlich, in welcher Weise im Frühjudentum vom Glauben
als der Voraussetzung für den Empfang des heiligen Geistes ge-
sprochen werden kann, nämlich allein so, daß 'glauben' als eine
Weise von 'gerecht sein' verstanden wird, ein Verständnis, das
vor allem in der Traditionsgeschichte von Gen 15,6 und Hab 2,4
wurzelt[25].

So ist es nicht verwunderlich, daß sich die Verbindung von Glaube
und Geistverleihung auch innerhalb der Abraham-Tradition findet.
In der pseudophilonischen Schrift 'De Sampsone' (übers. von F.
Siegert) wird die Frage, wie Simson als Geistträger habe sündigen
können, mit dem an Jes 11,2 anknüpfenden Hinweis auf die Vielfalt
der Geister beantwortet. Simson besaß nur den 'Geist der Stärke',
nicht jedoch den 'Geist der Gerechtigkeit', unter dem er sich als
sündloser Mensch hätte erweisen müssen. Zur Erläuterung der verschiedenen Arten der Geister folgt eine historische Beispielreihe,
die mit Abraham beginnt: "Unser Urvater Abraham erhielt den Geist
der Gerechtigkeit. (Dieser) ließ ihn augenscheinlich voller Güte
sein, denn er glaubte an den Lebendigen" (Siegert, S. 66f). Unklar
ist der Bezugspunkt des letzten, auf Gen 15,6 weisenden Satzteils:
Gilt der Gottesglaube als Ausdruck der Güte Abrahams oder als Voraussetzung für die Verleihung des Geistes der Gerechtigkeit?
Letzteres legt sich von der Gen-Stelle her nahe. Dann ist auch hier
die Geistmitteilung Folge des Glaubens, weil dieser nach Gen 15,6
vor Gott als Gerechtigkeit gilt. Im Vordergrund steht in der pseu-

---

allein an das Tun der Gebote der Tora gebunden, sondern auch das Martyrium kann als Ausdruck der Gerechtigkeit die Gabe des Geistes zur Folge
haben (BemR 15,20 zu 11,11). In der rabbinischen Literatur gelten Gebotserfüllung, gute Werke, Hingabe für Israel, Studium und Verkündigung der
Tora als Grund für die Verleihung des heiligen Geistes; vgl. SCHÄFER, a.a.O.,
116-135.

24 Vgl. hierzu SCHÄFER, a.a.O., 50.127.
25 Vgl. Kapitel 4 dieser Arbeit.

dophilonischen Stelle jedoch ein anderer Aspekt der Geistverleihung:
Sie hat nicht nur ihren Grund in der Gerechtigkeit Abrahams, sondern
sie ist in erster Linie göttliche Befähigung zum Tun des Guten
(sündfrei leben), wie der 'Geist der Stärke' dem Simson Kraft verleiht.

Auch Philo verbindet innerhalb der Abraham-Tradition den Glauben
mit dem Geistbesitz. In Virt 216f heißt es, daß Abraham mit dem
Glauben, der sichersten Tugend, auch alle anderen Tugenden miter-
warb, so daß er von seinen Mitmenschen wie ein Herrscher geehrt
wurde. Die Vollkommenheit, die ihm diese Vorrangstellung gewährte,
wird zweimal damit begründet, daß er den Geist Gottes besaß. Zwar
ist der Glaube nicht explizit als Voraussetzung des Geistempfangs
genannt, jedoch stehen Glaube und Geist Gottes je als Ausdruck der
Vollkommenheit des Erzvaters auch hier in enger Verbindung. Obwohl
Philo nur Gen 15,6a zum Ausgangspunkt seiner Erwägungen macht, die
Anrechnung zur Gerechtigkeit also nicht erwähnt, kann aufgrund der
Bedeutung, die Gen 15,6 im Judentum hatte, vermutet werden, daß
auch er das Verständnis von 'glauben' als Weise von 'gerecht sein'
vorausgesetzt hat. Darauf deutet auch die Kennzeichnung der πίστις
als ἀρετή.

Als eschatologische Gabe erscheint der Geist auch in äthHen 61,11
im Kontext des endzeitlichen Gerichts. Wenn der Auserwählte des
Herrn der Geister zum Gericht erscheint, werden die Heiligen[26] und
Engel im 'Geist des Glaubens' Gott in Hymnen loben. Fraglich ist,
ob die Wendung 'Geist des Glaubens' im Sinne eines genitivus causae
(Glaube als Voraussetzung des Geistempfangs) verstanden werden muß,
oder ob nicht vielmehr an den Geist, der den Glauben ermöglicht,
gedacht ist. Die parallel genannten Geister der Weisheit, Geduld,
Barmherzigkeit, des Rechts, des Friedens und der Güte legen eher
ein Verständnis im Sinne einer göttlichen Befähigung zu Glauben,
Weisheit usw. nahe.

In dieser Weise ist der Geist auch in den Qumran-Schriften verwandt[27]. Der heilige Geist hat hier sündentilgende Funktion (1 QH
XVI 11f; vgl. XVI 7; 1 QS III 6-8). Die רוח אמת , die Gott wie
Reinigungswasser über die Gemeinde sprengt (1 QS IV 21), ist als
göttliche Befähigung zur אמת verstanden, denn mit der Verleihung
des heiligen Geistes wird der "Geist des Frevels" aus dem Inneren

---

26 Vgl. Lev 18,11.
27 Vgl. hierzu NÖTSCHER, Heiligkeit, bes. 162-172; ders., Geist, 175-187.

der Menschen getilgt (IV 20). Der heilige Geist hat demnach in der
essenischen Gemeinde die Funktion einer sittlichen Erneuerung. Wie
im äthHen der 'Geist des Glaubens' so ist auch in Qumran der heilige Geist לאמת gegeben (1 QS IX 3).

Die eschatologische Geistmitteilung ist demnach im Frühjudentum
nicht nur als Folge des (als Weise des Gerecht-Seins verstandenen)
Glaubens, sondern zugleich als sittliche Erneuerung des Menschen
durch Gott[28] gesehen, die zum Glauben befähigt. Dies wird auch in
IV Esr 6,26-28 deutlich: Mit Rückbezug auf Ez 36,26f wird hier gesagt, daß nach den endzeitlichen Katastrophen das Herz der Erdbe-
wohner verändert und zu einem neuen Geist verwandelt werden wird.
Als Folge dieser eschatologischen Erneuerung ist "das Böse ver-
tilgt und der Trug vernichtet; der Glaube in Blüte (florebit autem
fides), das Verderbnis überwunden; und die Wahrheit wird offenbar"
(6,27). In diesem Sinne ist der Glaube also erst eine eschatologische Realität (so auch IV Esr 7,34).

Dies steht nun scheinbar im Widerspruch zu der Konzeption, die
den Glauben als Voraussetzung des Geistempfangs sieht. Beide Vorstellungen dürfen jedoch nicht gegeneinander ausgespielt werden.
Vielmehr haben wir es hier mit einem höchst komplexen Verständnis
der Verbindung 'Glaube - Geist' zu tun, in dem zwei Aspekte der allgemeinen Geistvorstellung verbunden sind: Als Ausdruck der segens-
reichen Nähe Gottes wird der Geist den Gerechten - und deswegen
auch denen, die an Gott glauben (als Weise des Gerechtseins) - endzeitlich als Lohn verliehen. Zugleich wird die eschatologische Geistmitteilung von Ez 36,26f her als sittliche Erneuerung verstanden,
die allererst ein Leben in der Nähe Gottes ermöglicht. In seiner
'Blüte' ist der Glaube als Folge der endzeitlichen Geistverleihung
erst eschatologische Wirklichkeit. Als Weise des Gerechtseins aber
ist er auch schon gegenwärtige Möglichkeit. Auf das Eschaton beschränkt ist nicht der Glaube, sondern die Vollkommenheit des Glaubens ('Blüte')[29]. Ein solches Bild ergibt sich freilich erst aus der

---

28 Im Anschluß an Ez 36,26f, wo die Verleihung des neuen Geistes als Einpflanzung
    eines neuen Willenszentrums verstanden ist (parallel: 'fleischernes Herz');
    vgl. ALBERTZ/WESTERMANN, THAT II, 751; BERGER, Hartherzigkeit, 18-22.

29 Der Gottesgeist kann im Frühjudentum auch Objekt des Glaubens sein, so in
    äthHen 67,8-10. Der Glaube an den Geist ist hier der Glaube an Gott als den
    Herrn, die Anerkenntnis seines Gottseins. Schon in der Spätzeit des AT kann
    רוח synonym für 'Gott' verwandt werden (vgl. ALBERTZ/WESTERMANN, a.a.O.,
    752).
    Auch in der frühchristlichen Literatur kann der Geist Objekt des Glaubens sein:
    Analog zur Polemik gegen Götzen in Jub 20.8 in 1 Joh 4,1. Allein das πνεῦμα
    ἐκ θεοῦ kann Objekt des Glaubens sein. Dasselbe Verständnis liegt wohl auch
    in I Tim 4,1 zugrunde; vgl. auch Joh 6,63ff; IgnSmyr 3,2; Herm mand XI 7-21.

historischen Zusammenschau verschiedener im Frühjudentum vorkommen-
der Sichtweisen der Verbindung 'Glaube - Geist'.

2.3. Die Verbindung πίστις - πνεῦμα im Neuen Testament

Die Verbindung von Glaube und Geist hat im NT ihren Ort vor allem
in der Verkündigungssituation. Wir hatten bereits gezeigt, daß Paulus das Gläubigwerden als Akt der Teilnahme am charismatisch-pneumatischen Geschehen der Verkündigung versteht, in dem sich im Auftreten und der Person des Apostels der Geist Gottes offenbart und
denen, die durch die πίστις an diesem Offenbarungsakt partizipieren,
verliehen wird. Zum-Glauben-kommen ist damit zugleich Reaktion auf
und Partizipation am Geist Gottes und so konstitutiv an das Wirken
des Apostels verbunden.

Eine demgegenüber modifizierte Position findet sich in der APOSTEL-
GESCHICHTE. Zwar ist auch hier die Geistverleihung als Folge des
Gläubigwerdens verstanden(30) und exklusiv an die Apostel gebun-
den(31). Aber zum einen ist das missionarische Wirken der Apostel
nicht als Offenbarung des Gottesgeistes gesehen. Zum anderen sind
Gläubigwerden und Geistverleihung als zwei zeitlich z.T. weit aus-
einanderliegende Vorgänge gesehen (Act 19,1-7)(32). Für Lukas ist
die Geistmitteilung anders als für Paulus nicht an den Akt des
Gläubigwerdens, sondern an Taufe bzw. Handauflegung gebunden(33).
Diese Beobachtung berechtigt jedoch nicht zu dem Urteil, bei Lukas
bestimme der Geist nicht die Existenz der Gemeinde, sei nur zusätzliche, nicht aber heilschaffende geschichtliche Kraft für die Zeit
bis zur Parusie(34). Vielmehr liegt den Berichten der Act die Konzeption zugrunde, daß erst πίστις und πνεῦμα den ganzen Christen
ausmachen. Die Gabe des Geistes ist als göttliche Bestätigung der
erfolgten Bekehrung (πίστις/ πιστεῦσαι) verstanden und wird als
solche von Lukas kompositorisch vor allem zur Aufwertung der Heidenchristen verwendet. Durch den Hinweis auf das Fehlen des Geistes
hingegen werden Personen (Johannesjünger) als noch 'unvollständige'
Christen abgewertet(35).

---

30 Vgl. Act 15,7-12.

31 Eine Ausnahme ist Act 10,34-48; 11. Hier geht es jedoch um ein göttliches
   Wunder, das die Heidenmission legitimiert.

32 Vgl. Act 8,14-17.

33 Vgl. hierzu auch BERGER, Exegese, 142.

34 So SCHWEIZER, ThWNT VI, 410.413.

35 So dient wohl auch die nur in Act belegte Wendung πλήρης πίστεως καί
   πνεύματος (6,5), bzw. πλήρης πνεύματος ἁγίου καί πίστεως (11,24),
   je als Apposition zu Stephanus und Barnabas gesetzt, der besonderen Hervorhebung dieser beiden Männer; vgl. auch die Wendungen πλήρης πνεύματος καί
   σοφίας (6,3) und πλήρης χάριτος καί δυνάμεως (6,8). In verkürzter
   Form findet sich die Wendung in Herm mand V 2,1 und XII 5,4. An beiden
   Stellen geht es darum, daß die δοῦλοι τοῦ θεοῦ einer Versuchung (durch
   den Jähzorn/durch den Teufel) ausgesetzt werden. Die, die πλήρεις εἰσίν
   ἐν τῇ πίστει, sind dadurch, daß δύναμις τοῦ κυρίου mit ihnen ist,
   vor Verführungen sicher, während die Leeren und die Zweifler dem Teufel

Der paulinischen Position näher stehen die DEUTEROPAULINEN. In II Thess 2,13 realisiert sich die göttliche Erwählung εἰς σωτηρίαν für die Gemeinde ἐν ἁγιασμῷ πνεύματος (36) καὶ πίστει ἀληθείας ; πίστις und πνεῦμα aber werden durch das Verkündigungsgeschehen vermittelt (διὰ τοῦ εὐαγγελίου ἡμῶν). Auch in Eph 1,13 sind Glaube und Geistempfang als Aspekte des Verkündigungsgeschehens verstanden. Deutlich ist hier die Abfolge von 'hören', 'gläubig-werden' und 'Versiegelung mit dem heiligen Geist'. Daß es sich dabei um einen einzigen, alle drei Teilaktivitäten umfassenden Akt handelt, macht die sprachliche Gestaltung deutlich: Die beiden eng aufeinander bezogenen Satzteile Ἐν ᾧ (sc.Χριστῷ) und ἐσφρα-γίσθητε sind in Form eines Hyperbaton durch die Zwischen-stellung der beiden Parizipialwendungen ἀκούσαντες κτλ und πιστεύ-σαντες getrennt; sie rahmen dadurch den Satz und bilden zugleich einen wirkungsvollen Spannungsbogen vom Satzanfang zum Satzende. Durch diese syntaktische Struktur erscheinen auch die drei ge-nannten Aktivitäten semantisch als Aspekte eines umfassenden Vor-gangs. Durch die Wiederaufnahme des ἐν ᾧ in V.13b entsteht zu-dem eine gewisse Parallelisierung der Satzteile. Durch die Stel-lung am Satzanfang sowie durch die Anapher kommt dem Satzteil ἐν ᾧ besondere Betonung zu, was sich semantisch so auswirkt, daß Verkündigungsgeschehen, Gläubigwerden und Geistversiegelung als Elemente einer Einheit erscheinen, da sie alle ἐν Χριστῷ gesche-hen.
Die Vorstellung von der 'Versiegelung'(37) umfaßt traditionell zwei Bedeutungsvarianten: 1.) Verbunden mit Bekehrung und Initia-tion gilt die Versiegelung als göttliche Bestätigung einer erfolg-reichen Bekehrung. So wird in der rabbinischen Theologie die Be-schneidung als Siegel bezeichnet (ShemR 19,6; pBer 9,3; PRE 10; TgCant 3,8)(38). Auch Paulus kann σφραγίς in diesem Sinne verwen-den (Röm 4,11). In frühchristlichen Texten kann die göttliche Bestätigung der Bekehrung durch Versiegelung dann mit der Gabe des Geistes identifiziert werden (Eph 1,13; 4,30; II Kor 1,22; Herm sim IX 17,4; Pistis Sophia c.86). Mit der Taufe als dem christlichen Initiationsritus ist σφραγίς erst nachneutestament-lich verbunden(39). 2.) Das von Gott verliehene Siegel hat eine dämonische Schutzfunktion. Hier hat die Vorstellung einer escha-tologischen Versiegelung ihren Ort(40). Das Siegel verbürgt den Zugang zum endzeitlichen Heil(41).

Raum geben. An Stelle des Geistes steht hier die 'Kraft des Herrn' als eine von Gott kommende Stärkung; zu den 'Leeren', vgl. REILING, Hermas, 38-50, zum Erfülltsein mit Geist: 111-121; vgl. auch I Clem 2,2: πλήρης πνεύματος ἁγίου als captatio benevolentiae für die Gemeinde in Rom; ebenso IgnSmyr intr. In Lk 4,1 und Act 7,55 korrespondiert die Wendung πλήρης πνεύματος ἁγίου jeweils dem geöffneten Himmel und kennzeichnet so einen aktuellen Offenbarungs-empfang; in Lk 4,1 liegen wohl Anklänge an die Berufungsvision des Ezechiel (Ez 1-3,5) vor; vgl. LENTZEN-DEIS, Taufe, 107. In Act 7,55 ist der Offen-barungsempfang im Sinne einer göttlichen Stärkung des Märtyrers verstanden, vgl. MartJes 5,14.

36 Πνεύματος ist gen.auctoris; vgl. HERMANN, Kyrios, 100.

37 Vgl. hierzu FITZER, ThWNT VII, 939-954; DÖLGER, Sphragis.

38 Auch wenn das Siegel nicht mit der Beschneidung identifiziert wird, hat es im Frühjudentum die Bedeutung der göttlichen Bestätigung einer erfolgreichen Be-kehrung, so: TestIob 5,2; ApkEl 20,19; vgl. IV Makk 7,15.

39 II Clem 7,6; Herm sim IX 16,3f; ActThom 131f; ActPaul 20,10-14; vgl. 29,19-21; 39,18f; 56,11f; 58,7; 2. Buch Jeû c.45-47; Versiegelung durch Handauflegen Act Thom 49, durch Salbung mit Öl ActThom 26f.

40 Eph 4,30; Apk 7,2-4; 9,4; PsSal 15,6-9; CD 19,10-14 (in Anknüpfung an Ez 9,4); ApkEl 20,19; 35,4; negativ gewendet: Apk 13,16; 14,9.

41 Sib VIII 244ff; vgl. auch ShemR 19,6. Im gnostischen Naassenerpsalm ermöglicht das Siegel den Durchgang durch die Äonen (feindliche Mächte) zum Heil; zur

So ist die Geistversiegelung auch in Eph 1,13 sowohl göttliche
Bestätigung der Bekehrung ('hören', 'glauben') als auch Bürgschaft für die Erlangung des eschatologischen Erbes. Dies letztere kommt in der Kennzeichnung des Geistes als ἀρραβών zum Ausdruck.

Auch PAULUS kombiniert in Bezug auf die Geistmitteilung an die
Christen die Metaphern 'Siegel' und 'Angeld' (II Kor 1,22)[42]. Die
Wendung ἀρραβών τοῦ πνεύματος meint bei Paulus die im Bekehrungsgeschehen durch die πίστις erlangte Geistbegabung. Der Gottesfurcht
im Judentum als dem anfanghaften Tun, das auf die Weisheit hin-
führt, diese aber schon jetzt partiell repräsentiert[43], entspricht
bei Paulus die schwellenüberschreitende πίστις, die als Partizipation am Gottesgeist den ἀρραβών τοῦ πνεύματος verleiht und damit
als gegenwärtiger Teil grundlegende Bedeutung für die Erlangung des
eschatologischen Ganzen hat.

Insofern wird verständlich, daß in II Kor 5,7 die Wendung διὰ
πίστεως γὰρ περιπατοῦμεν, οὐ διὰ εἴδους dasselbe ausdrückt wie zwei
Verse vorher das ἀρραβών τοῦ πνεύματος. Denn wie das Angeld des
Geistes ist auch die πίστις als gegenwärtige Wirklichkeit erst Teil
(damit zugleich aber auch notwendige Voraussetzung) der eschatologischen Realität des εἴδος[44]. Durch die theologische Verwendung des
Wortes ἀρραβών verschärft Paulus die an den Metaphern 'Wurzel' und
'Erstling' orientierte Redeweise, denn nur durch ἀρραβών wird der
Gabecharakter des anfanghaften Teils deutlich. Das entspricht dem
paulinischen Verständnis von Verkündigung als Offenbarungsgeschehen,
in dem Gott sich durch seinen Geist selbst gibt. Zugleich wird von
der Metapher ἀρραβών her deutlich, daß Gott sich mit der Anfangs-
gabe des Geistes selbst verpflichtet, auch den Rest zu geben[45].

So läßt sich das bisher zum paulinischen Verständnis der Verbindung 'Glaube-Geist' Gesagte von hierher noch erweitern: Durch die
Verwendung der Metaphern 'Siegel' und 'Angeld'/'Unterpfand' im Hinblick auf den Geist macht Paulus deutlich, daß die πίστις nicht nur
gegenwärtige Partizipation am Gottesgeist und damit Zugang zur heilvollen Nähe Gottes ist, sondern daß der durch die πίστις in den

---

gnostischen Verwendung der Siegelvorstellung vgl. BOUSSET, Hauptprobleme,
286-289.

42 Πνεῦμα für ἀρραβών auch II Kor 5,5; vgl. Röm 8,23: ἀπαρχὴ τοῦ
πνεύματος.

43 Ps 110,10 (LXX); Prv 1,17; Sir 1,14; 1,20; vgl. Weish 15,3 und den synonymen
Gebrauch von "den Herrn fürchten" und "glauben" im Judentum: Ex 14,31; Prv
15,27a; Sir 1,14; syrBar 54,4f; vgl. I Clem 3,4; 6,4.

44 In diesem Sinne ist in IgnEph 14,1 von der πίστις als ἀρχὴ ζωῆς die Rede.

45 Vgl. die Definition des 'Angeldes' bei Chrysostomos, Res mort 8:" ὁ δὲ ἀρραβών
μέρος ἐστὶ τοῦ παντός , καὶ ὑπὲρ τοῦ παντὸς πιστός   (Bürge)".

Bereich Gottes Hineingekommene damit zugleich unter Gottes Schutz
vor eschatologischen Feinden steht ('Siegel') und somit der Erlangung des eschatologischen Heils gewiß sein kann (Angeld). Grundlegend bleibt dabei zum einen, daß die πίστις zwar dieses Geschehen
von der menschlichen Seite her beschreibt, im paulinischen Verständnis aber allererst durch die Offenbarung des Gottesgeistes in der
Verkündigung ermöglicht wird, insofern also vom Gabecharakter des
göttlichen Erwählungshandelns umschlossen wird, und so selbst für
die neue Heilsordnung stehen kann (Gal 3 und eben auch II Kor 5,7).
Zum anderen ist der im Glauben verliehene Geist bei Paulus exklusiv
auf Christus bezogen. Zwar verwendet der Apostel anders als spätere
christliche Autoren[46] die Metapher ἀρραβών noch nicht auf Christus
bezogen, jedoch gebraucht er das verwandte ἀπαρχή sowohl für den
Geist (Röm 8,23) als auch für Christus (I Kor 15,23). Beide sind
Unterpfänder der Auferstehungshoffnung. Insofern sind Verkündigung
als Offenbarung des Geistes und πίστις als Partizipation an diesem
Geschehen (und damit als Versiegelung und Empfang des ἀρραβών τοῦ
πνεύματος) die Weise, in der sich das Heilshandeln Gottes in Jesus
Christus als erwählendes Handeln aktualisiert, für die Menschen
realisiert und für die Zukunft wirksam wird.

2.3.1. Gal 3,1-14

Da der Glaube in diesem Sinne die gegenwärtige (teilhafte) und
die eschatologische (vollkommene) Zugehörigkeit zum Bereich Gottes
stiftet, ist er im strengen Sinne immer rechtfertigender Glaube
(Röm 14,17; I Kor 6,11). Wie dies vorgestellt ist, zeigt Gal 3,1-14.
Argumentationsziel des Paulus ist es hier zu zeigen, daß nicht der
νόμος, sondern die πίστις, die hier als Opposition zum Gesetz die
neue Heilsordnung bezeichnet, Grundlage des Pneuma-Besitzes der
Galater ist (V.2.5.14). Dies wird in zwei Argumentationsgängen nachgewiesen. Zunächst (V.6-9) zeigt Paulus durch die Kombination von
Gen 15,6 und Gen 12,3; 18,18, daß Gerechtigkeit durch Glauben erlangt wird, daß die an Abraham ergangene Segensverheißung prophetisch auf die Rechtfertigung der Heiden weist (V.8) und daß insofern der dem Abraham verheißene Segen den Glaubenden zukommt. Vor-

---

46 Polyk 8,1; Const Ap 5,19,7 (p.151); vgl. Const Ap 5,7,12 (p.133); 6,30,9
   (p.196).

ausgesetzt ist hier, daß Segen nur dem Gerechten zukommt[47]. In einem
zweiten Argumentationsgang (V.10-13) wird sodann nachgewiesen, daß
der νόμος - da von niemandem in allen seinen Geboten eingehalten -
nicht rechtfertigen kann und so im Gegensatz zur πίστις nicht Segen,
sondern Fluch zur Folge hat (Dtn 27,26). V.13 bildet den zentralen
Angelpunkt der gesamten Argumentation: Nur weil Christus uns vom
Fluch, den das Gesetz über alle verhängt hat, freigekauft hat,
können jetzt die aus Glauben Gerechtfertigten den Abraham-Segen
empfangen. Dieser wird in V.14 als πνεῦμα gedeutet, so daß sich der
Ausgangspunkt der Argumentation bestätigt: der Geist wird διὰ πίστεως
empfangen.

       Hier wird folgendes deutlich: Grundlegend ist der Loskauf vom
Fluch des Gesetzes durch Christus (vgl. 3,1). Dadurch ist jetzt die
Möglichkeit eröffnet, des Abraham-Segens bzw. des Geistes teilhaftig
zu werden. Da traditionell nur dem Gerechten Segen zukommt, ist der
Besitz des (mit dem Segen identifizierten) Geistes Zeichen der Gerechtigkeit, Geistmitteilung also - angesichts der Sündhaftigkeit
aller Menschen (Gal 2,16) - hier als ein Akt göttlicher Rechtfertigung zu verstehen. Der Glaube als der esklusive Weg, an diesem Geschehen zu partizipieren, ist insofern immer rechtfertigender Glaube,
denn er verleiht Sündern, was nur Gerechten zukommt: Segen, Geist
und damit Leben in der heilvollen Nähe Gottes.

       Da πίστις hier für die neue Heilssetzung steht, drückt in V.14
ἐν Χριστῷ Ἰησοῦ : εὐλογία dasselbe aus wie διὰ τῆς πίστεως : πνεῦμα,
nur geht es einmal um das objektive Heilsgeschehen und einmal um
dessen subjektive Adaption: Daß die Völker durch Christus des Segens
Abrahams teilhaftig werden, realisiert sich darin, daß sie durch die
πίστις am Gottesgeist partizipieren.

       2.3.2. Gal 3,26 - 4,7

       Werden in Gal 3,1-14 Glaube und Geistbesitz unter dem Aspekt des
Rechtfertigungshandelns Gottes beschrieben, so in Gal 3,26 - 4,7
unter dem Blickwinkel der Erwählung[48]. In 4,6 heißt es, daß Gott
den Galatern das πνεῦμα τοῦ υἱοῦ αὐτοῦ in die Herzen gesandt hat,

---

47   Ps 37,25f; äthHen 1,8; Jub 1,16; vgl. PsSal 9,7; Prov 10,7; äthHen 1,1;
     10,14-16; 41,8.

48   V.26 setzt mit der direkten Anrede an die Galater neu ein; die grundsätz-
     lichen Erwägungen sind also mit V.25 abgeschlossen.

weil sie Söhne (Gottes) (vgl. 3,26) sind[49]. 'Sohn Gottes' sein ist
Ausdruck der Erwähltheit[50], das Pneuma also Gabe an die Erwählten
und damit Erwählungszeichen. Im Kontext ist die υἱοθεσία der Galater
dreimal je unterschiedlich begründet. In 3,26 heißt es: Πάντες γὰρ
υἱοὶ θεοῦ ἐστε διὰ τῆς πίστεως ἐν Χριστῷ᾽Ιησοῦ . Das ἐν Χριστῷ
᾽Ιησοῦ gehört nicht zu διὰ τῆς πίστεως [51], sondern ist selbständige,
nachklappende adverbiale Bestimmung[52]. Die Gottessohnschaft der
Christen hat demnach im Glauben und in Christus ihren Grund. H.
Schlier löst diese Doppelung, indem er den Glauben als das Mittel
sieht, durch das die Christen in das Sein gebracht werden, in dem
sie Söhne Gottes sind, nämlich das Sein in Christus[53]. Ein solches
Verständnis legt sich vom folgenden Vers her nahe. Der Kontext läßt
aber auch noch eine andere Deutung zu. Paulus kann in den vorausgehenden Versen nahezu unterschiedslos vom Kommen Christi und vom
Kommen der πίστις schreiben (V.19.23-25). Wir hatten bereits gesehen, daß πίστις in Gal 3 für die neue Heilssetzung Gottes in
Christus stehen kann. Insofern könnten in Gal 3,26 durch die Wendung διὰ τῆς πίστεως ἐν Χριστῷ᾽Ιησοῦ   zwei Aspekte ein und derselben Sache gemeint sein: Die Gottessohnschaft der Galater hat ihren
objektiven Grund in Christus als dem umfassenden Erwählungshandeln
Gottes; ihren subjektiven Grund hat sie in der durch Gott eröffneten
Möglichkeit des Zugangs zu diesem Erwählungshandeln (πίστις). Ein
solches Verständnis wird auch durch die parallele Verwendung von
ἐν Χριστῷ ᾽Ιησοῦ und διὰ πίστεως in V.14 gestützt. Zudem deutet die
zweite Begründung, die Paulus für die Gottessohnschaft gibt, darauf:
In Gal 4,4f heißt es, daß Gott, als die Zeit erfüllt war, seinen
Sohn sandte, um die unter dem Gesetz (nämlich unter dessen Fluch,
Gal 3,13) Stehenden loszukaufen, damit sie so die υἱοθεσία erlangten.
Deutlich ist hier auf den Kreuzestod Jesu Bezug genommen (3,13). Insofern könnte auch in 3,26 mit ἐν Χριστῷ das Kreuz Christi als die

---

49 Das ὅτι ist kausal, nicht deklarativ zu verstehen; vgl. SCHLIER, KEK VII,
    197; HERMANN, Kyrios, 96. In Röm 8,14 allerdings scheint die Beziehung umge-
    kehrt zu sein. Aber auch hier ist nicht gemeint, daß der Geist die Gottes-
    sohnschaft begründet, vielmehr ist er ihr Zeichen (vgl. V.16). Der Geistbe-
    sitz der Christen erweist sie als Gotteskinder; vgl. OEPKE, ThHK 9, 133;
    SCHLIER, a.a.O., 200; anders WILCKENS, EKK VI/2, 138, der auch das ὅτι in
    Gal 4,6 deklarativ versteht (Anm. 579).

50 Das zeigt der traditionelle jüdische Sprachgebrauch.

51 Gegen MUNDLE, Glaubensbegriff, der meint, "daß ἐν einfach = εἰς zu nehmen
    ist" (124 Anm. 1; vgl. 74 Anm. 1).

52 Vgl. SCHLIER, a.a.O., 171; HERMANN, a.a.O., 94 Anm. 37; DEISSMANN, Formel,
    130f.

53 A.a.O., 172.

objektive Ursache der Sohnschaft der Galater gemeint sein. Freilich darf ein solches Verständnis nicht verabsolutiert oder gegen
die Interpretation des ἐν Χριστῷ als 'Sein in Christus' ausgespielt
werden. Daß Paulus mit ἐν Χριστῷ die Zugehörigkeit zu Christus meint,
zeigt ja deutlich V.29, wo das ἐν Χριστῷ (V.28) durch den genitivus
possesivus Χριστοῦ aufgenommen ist. Man wird also genauer sagen
müssen: Die πίστις ist insofern die subjektive Weise, die objektiv
im Kreuz Christi begründete Gottessohnschaft zu erlangen, als mit
ihr die Zugehörigkeit zu Christus gegeben ist. Oder anders ausgedrückt: Nur wer durch den Glauben Christus angehört, hat Anteil am
Erwählungshandeln Gottes in Christus und ist insofern 'Sohn Gottes'.

    Die dritte Begründung der Gotteskindschaft ist die umfassendste:
"εἰ...υἱός· εἰ δὲ υἱός, καὶ κληρονόμος διὰ θεοῦ " (4,7). In Gott
hat die Erwählung jedes Einzelnen[54] ihren Grund. Sie manifestiert
sich objektiv in der Sendung des Sohnes (4,4f), realisiert sich je
subjektiv in der πίστις(3,26) und wird wirksam in der Verleihung
des Pneuma (4,6). Das heißt, indem Gott sich in der Verkündigung
(vgl. 3,2.5 ἀκοὴ πίστεως) durch seinen Geist offenbart und damit
die Möglichkeit der Teilhabe am Pneuma eröffnet, handelt er nicht
nur rechtfertigend, sondern auch erwählend. Denn wie der Segen
Abrahams (=Geist) nur Gerechten zukommt, so wird der Geist nur den
Söhnen Gottes, d.h. den Erwählten zuteil. Beides aber ist erst möglich durch den Kreuzestod Jesu und den damit vollzogenen Loskauf
vom Fluch des Gesetzes (3,1.13; 4,5). Notwendiges Bindeglied zwischen
der objektiven Heilstat Gottes in Christus und dem Geistbesitz als
dem Ausdruck des Gerechtfertigt- bzw. Erwähltseins aber ist die
πίστις. Daß die πίστις in Gal 3 als die von Gott eröffnete Möglichkeit zum Glauben (neuer Heilsweg) verstanden ist, entspricht der
paulinischen Sicht, daß πίστις als Partizipation am Verkündigungsgeschehen abhängig von dem sich hier offenbarenden Gottesgeist ist.

2.3.3. Ekklesiologische Konsequenzen

    Ist in der πίστις durch die Mitteilung des Geistes der Eintritt
in den Bereich Gottes vollzogen, so hat dieser Vorgang nicht nur
eine soteriologische Dimension im Sinne der gegenwärtigen heilvollen Nähe zu Gott und der Bürgschaft eschatologischer Rettung,
sondern die Verleihung des Pneuma aus Glauben hat zugleich eminente

---

54 2.pers.sg. vgl. SCHLIER, a.a.O., 199.

ekklesiologische Konsequenzen[55]. Auch das wird an Gal 3,26ff deutlich. Die von Gott in Jesus Christus geschenkte und im Glauben erlangte Sohnschaft, deren Ausdruck die Geistbegabung der Erwählten
ist, bedeutet für das Verhältnis der Geistbegabten untereinander,
daß πάντες...ὑμεῖς εἷς ἐστε ἐν Χριστῷ 'Ιησοῦ (3,28b). Diese Aussage mag zum einen eine notwendige Brücke zwischen der gewaltsamen
paulinischen Deutung des kollektiven Singulars σπέρμα[56] auf Christus
(3,16) und der Zielaussage τοῦ 'Αβραὰμ σπέρμα ἐστέ (3,29) sein. Sie
hat aber, wie V.28a zeigt, nicht nur eine argumentative Funktion.
Vielmehr kommt hier zum Ausdruck: Der Eintritt in den Bereich Gottes
(πίστις) ist Eintritt in eine neue Wirklichkeit. Diese ist coram
deo durch die Sohnschaft gekennzeichnet, soziologisch aber dadurch,
daß jede διαστολή zwischen Menschen aufgehoben ist. Die neue Wirklichkeit, in die Gott die Menschen durch die Mitteilung seines
Geistes holt, bestimmt deren ganzes Sein und damit eben auch ihre
alltägliche Lebenspraxis. Ist die Taufe ein sinnfälliger Ausdruck
der individuellen Geistbegabung (3,27), so ist die Einheit der
Gemeinde Zeichen des kollektiven Geistbesitzes[57]. Beides ist nicht
voneinander zu trennen, wie die direkte Abfolge von Taufaussage
(V.27) und Hinweis auf die Einheit (V.28) zeigt. Mit dem Eintritt
in den Bereich Gottes ist zugleich der Eintritt in die soziologische
Größe 'Gemeinde' vollzogen. Beide Bereiche sind durch den Geist gekennzeichnet. Insofern ist die Gemeinde die erkennbare, soziologisch
abgrenzbare Form des Bereiches Gottes in der Welt. Glaube als die
exklusive Weise des Zugangs zu diesem Bereich ist damit also auch
Schritt zu einer neuen (pneumatischen) Praxis (Gal 5,25).

2.4. Die Verbindung 'Glaube - Geist' im Kontext von Einheits-
     mahnungen

So ist es nicht verwunderlich, daß sich die Verbindung 'Glaube -
Geist' im NT häufig im Kontext der Betonung der Einheit der Gemeinde
findet.

---

55 Auch in Qumran hat der heilige Geist eine soziologische Dimension, denn auch
    hier ist er nicht nur eschatologische Gabe, sondern schon gegenwärtige Wirk-
    lichkeit bei den Bundesmitgliedern (1 QS III 4-9); vgl. NÖTSCHER, Heiligkeit.
56 Gen 13,15; 17,8; 24,7.
57 Bereits MUNDLE, Glaubensbegriff, weist auf die soziologische Dimension des
    Glaubens als Eintritt in die Christusgemeinschaft hin, 114-149; vgl. 74
    Anm. 1.

Die hier einschlägigen Stellen sind zum Großteil durch die Text-
struktur der Reihenbildung und damit als instruktive Texte ge-
kennzeichnet(58). Als Bildungselemente der Reihen finden sich
einerseits εἷς /μία /ἕν (Eph 4,3ff; Phil 1,27) oder τὸ αὐτό (Phil
2,1f; I Kor 12,7ff), andererseits die Struktur 'der eine ... der
andere ...' (I Kor 12,7ff; Eph 4,11-13). Fast alle in Frage
kommenden Texte sind durch die Opposition 'alle-jeder einzelne'
gekennzeichnet (Eph 4,3ff.11-13; Phil 2,1ff; I Kor 12,7ff; Röm
12,3ff; Gal 3,26). Aufgrund dieser den Texten gemeinsamen Struktur läßt sich vermuten, daß wir es hier mit einer relativ festen
Form frühchristlicher Paränese zu tun haben, die die Gemeinde
zur Einheit (εἷς /μία /ἕν; τὸ αὐτό) in der Vielheit ('der eine ...
der andere') mahnt(59).

2.4.1. I Kor 12

Daß für Paulus der Geist eine die Einheit der Gemeinde wirkende
Größe ist - im Sinne des Fortfalls jeder διαστολή -, zeigte sich in
Gal 3f durch die Bindung des Pneuma an die Gottessohnschaft, die
die Grundlage der Gleichheit und Einheit aller im Raum der Gemeinde
bildet, wird aber auch in der Wendung κοινωνία πνεύματος (Phil 2,1;
II Kor 13,13)[60] deutlich. Der Geist umfaßt einend die Vielfalt der
Gnadengaben. So heißt es in I Kor 12,4: Διαιρέσεις δὲ χαρισμάτων
εἰσιν, τὸ δὲ αὐτὸ πνεῦμα. V.4 ist der erste Teil einer triadischen
Formel, die neben dem Pneuma den Kyrios (V.5) und Gott (V.6) als
einende Größen nennt. I. Hermann vermutet, daß es sich hierbei um
eine rhetorische Steigerung mit integrierender Klimax handelt[61]:
"die Wirksamkeit des Pneuma ist ein Teil der Wirksamkeit des Kyrios,
wie diese zum Allwirken des θεός gehört"[62]. Die vom Pneuma gewirkte
Einheit der Gemeinde ist demnach "die erfahrbare Außenseite jener
Einheit, deren Grund der erhöhte Kyrios ist"[63], so daß der synonyme
Gebrauch von Χριστός und πνεῦμα in I Kor 12,11-13 verständlich wird[64].

---

58 Vgl. BERGER, Exegese, 77f.

59 Am deutlichsten ist hier Eph 4; eine Diskussion dieser Stelle verbietet sich
    hier aus Platzgründen; vgl. aber vDOBBELER, Diss.masch. Heidelberg 1984,
    87-90.

60 In beiden Stellen ist πνεύματος gen.subj.; vgl. LOHMEYER, KEK IX/1, 83
    Anm. 2; dagegen WINDISCH, KEK VI, 428: gen.obj. Nach LOHMEYER meint κοινωνία
    πνεύματος die Gemeinschaft der Christen untereinander, die ihre Bedingung
    in der Partizipation am Geist Gottes hat; vgl. auch LIETZMANN, HNT 9, 162.

61 Kyrios, 72-76.

62 HERMANN, a.a.O., 75.

63 HERMANN, a.a.O., 85.

64 Vgl. auch das ἐν Χριστῷ in Gal 3,26.28; von daher wird auch verständlich,
    warum die Charismen bei Paulus sowohl vom Pneuma (I Kor 12,4.11) als auch
    von Gott gewirkt (I Kor 7,7; 12,28) werden, ebenso speziell das Charisma des
    Glaubens (vom Geist: I Kor 12,9; von Gott: Röm 12,3).

Christus ist die seinsmäßige Grundlage der Einheit der Glaubenden, das Pneuma dagegen die Befähigung, diese Seinswirklichkeit zu erfahren, d.h. deren konkrete Realisation[65].

Erstaunlicherweise erscheint die πίστις in I Kor 12 nun aber nicht als die Weise der Erlangung der pneumatischen Einheit, sondern als Charisma unter anderen, die alle durch τὸ αὐτὸ πνεῦμα verbunden sind (V.9). Bultmann vermutet dahinter mit Hinweis auf I Kor 13,2 und die folgenden Glieder einen wirkungskräftigen Wunderglauben[66]. Diese von Conzelmann noch verschärfte These (Fähigkeit, Wunder zu tun)[67] kann nur als Notlösung betrachtet werden. K. Berger hat gezeigt, daß sich die Frage, warum der Glaube hier als Einzelgabe erscheint, aus der Geschichte der Form der hier aufgenommenen Tradition erklärt[68]. Danach ist I Kor 12,8f im Rahmen der Traditionsgeschichte von Jes 11,2 zu sehen.

> Die im masoretischen Text genannten sechs Gaben des einen Geistes werden in der LXX durch die doppelte Aufnahme des letzten Gliedes (Furcht des Herrn) als Geist der Gottesverehrung und Geist der Furcht Gottes um ein Glied erweitert. Im hellenistischen Judentum zeigt sich aber allgemein eine Tendenz zur verstümmelnden Paraphrase der Jesaja-Stelle (PsSal 18,7; äthHen 49,3; 1 QSb 5,25; TestBenj 8,2). Die Umwandlung der ursprünglichen Form der Diärese mit anaphorischer Gestalt (LXX) in die Figur des Merismos ist auch für das hellenistische Judentum belegt (Ps-Philo, De Sampsone, Siegert, S. 65-67) und ist je auf die Notwendigkeit zur apologetischen Argumentation zurückzuführen.

Paulus teilt die jüdisch-hellenistische Tendenz zur verkürzten Wiedergabe von Jes 11,2: er nimmt von den sieben in der LXX vorgegebenen Gliedern der Reihe nur σοφία, γνῶσις, πίστις auf. Ihre Abfolge entspricht der vorgegebenen Reihe, denn diese beginnt mit 'Weisheit' und 'Verstehen' und endet mit 'Gottesverehrung' und 'Furcht Gottes'. Teilt man die Ansicht, daß das Prinzip der Kontextualität seine Grenzen durch die Priorität der Erklärung innerhalb der Geschichte der Form findet[69], so erklärt sich die außergewöhnliche Verwendung von πίστις erstens durch die exklusive Verwendung von πίστις für den Gottesglauben im frühen Christentum, zweitens durch die Synonymität von Glaube und Gottesfurcht im Judentum[70] und drittens durch die vorgegebene Form der aufgenommenen Tradition.

---

65 Vgl. HERMANN, a.a.O., 97f.

66 Theologie, 156; ähnlich auch WEISS, KEK V, 301.

67 KEK V, 246f.

68 BERGER, Exegese, 46f.

69 BERGER, a.a.O., 47.

70 S.o. Anm. 43.

Zudem hatten wir gesehen, daß πίστις bei Paulus auch sonst als Folge
des (sich in der Verkündigung offenbarenden) Geistes verstanden wird,
so daß die Vorordnung des Pneuma in I Kor 12,9 keineswegs der Konzeption des Apostels widerspricht. Allein die in der Ursprungsstelle
noch nicht vorgenommene Aufteilung der Geistesgaben auf verschiedene Personen(gruppen) durch die Figur des Merismos bewirkt eine
Differenz zu der allgemeinen paulinischen Sicht von Glaube und Geist,
denn hier kommt die sonst allen gemeinsame πίστις nur Einzelnen zu.
Daß Paulus diese Verschiebung in Kauf nimmt, zeigt, daß sein Inter-
essenschwerpunkt hier eindeutig auf der apologetischen Betonung der
Einheit der Gemeinde trotz verschiedener Gnadengaben und nicht auf
einer grundsätzlichen Bestimmung des Verhältnisses 'Glaube - Geist'
liegt.

2.4.2. Phil 1

Auch in Phil 1,27 sind πνεῦμα und πίστις im Kontext der Mahnung
zur Einheit der Gemeinde genannt. Die Paränese wird mit der Aufforderung eingeleitet, würdig des Evangeliums Christi zu wandeln.
Diese Mahnung ist durch den Hinweis auf die pneumatische Einheit
(στήκετε ἐν ἑνὶ πνεύματι) konkretisiert[71]. Zielpunkt der Paränese
ist in Phil 1,27ff nicht die Überwindung innergemeindlicher Gegensätze, sondern die Geschlossenheit gegen Widersacher, die von außen
die Gemeinde bedrohen (V.28). Gegenüber dieser Bedrohung fordert
Paulus zum Kampf gemeinsam mit der πίστις τοῦ εὐαγγελίου auf. Der
Glaube ist hier weder die Waffe noch der Gegenstand des Kampfes,
sondern der eigentliche, den Kampf führende Streiter[72]. Insofern
steht πίστις - wie in Gal 3 - für die von Gott in der Verkündigung
(εὐαγγέλιον) offenbarte neue Heilssetzung; Gott selbst ist es, der
durch die πίστις den Kampf mit den Widersachern führt. Die Christen
beteiligen sich als solche, die die in der πίστις eröffnete Möglichkeit ergriffen haben, an diesem Kampf, indem sie dem mit dem
Gläubigwerden vollzogenen Schritt durch die Einheit des Geistes
gerecht werden. E. Lohmeyers Satz: "Einigkeit ist die menschliche
Widerspiegelung jener alle bindenden und bildenden gleichsam fremden

---

71 Das parallele μιᾷ ψυχῇ mag die Vermutung nahelegen, daß Pneuma hier nicht
    im religiösen Sinn gebraucht ist, sondern die innere Geschlossenheit ver-
    bildlicht, so LOHMEYER, KEK IX/1, 75. Die im Umfeld stehenden Begriffe
    εὐαγγέλιον und πίστις lassen aber eher an die im Verkündigungsakt durch
    den Glauben erlangte Geistbegabung denken.

72 Vgl. LOHMEYER, KEK IX/1, 75f; vgl. auch BINDER, Glaube, der Lohmeyers These
    allerdings in unzulässiger Weise radikalisiert (12f.49f.102 Anm. 110).

Gewalt des Glaubens"[73] trifft das Gemeinte nur zum Teil, denn es
geht Paulus nicht allein um die 'innere Geschlossenheit'[74], sondern
um die Einheit, die durch den in der πίστις erlangten Geist konstituiert wird und die Geschlossenheit gegenüber Widersachern allererst
ermöglicht. Insofern diese pneumatische Einheit ihren Grund in der
von Gott in der Verkündigung eröffneten und von den Christen im
Akt des Gläubigwerdens ergriffenen πίστις hat, ist das feste Stehen[75]
ἐν ἑνὶ πνεύματι die Weise des Kampfes mit dem 'Glauben des Evangeliums'. Nur im standhaften Bewahren der Einheit des Geistes gegenüber äußeren Bedrohungen erweist sich die Pneumabegabung und damit
die Bekehrung der Christen als echt. Auch hier liegt also die Vorstellung zugrunde, daß Gläubigwerden als Partizipation am Pneuma
Gottes nicht allein individuelle Geistbegabung bedeutet, sondern
eo ipso Eintritt in die pneumatische Gemeinschaft der Glaubenden
ist.

> In II Kor 4,13 begegnet die bei Paulus singuläre Wendung τὸ αὐτὸ
> πνεῦμα τῆς πίστεως. Derselbe Geist des Glaubens eint Apostel
> und Gemeinde(76). Damit ist nicht nur gesagt, daß Paulus wie
> die Korinther aufgrund seiner Bekehrung den Geist besitzt(77),
> vielmehr ist der gemeinsame Glaube in seinem Vollzug (πιστεύομεν
> Präs! V.13c) die gegenwärtige Form der pneumatischen Einheit
> zwischen Apostel und Gemeinde (Röm 1,12). Auf diesem Hinter-
> grund der gemeinsamen πίστις sind die Aufgaben verschiedene:
> Aufgabe des Apostels ist das Reden (begründet mit Ps 115,1 LXX),
> Aufgabe der Gemeinde ist es, Dank zu sagen und Gott die Ehre zu
> geben (V.15). Beides ist Ausdruck des gemeinsamen Glaubens. Die
> πίστις ist aber nur die vorläufige Form der pneumatischen Ein-
> heit zwischen Paulus und den Korinthern (vgl. 5,7), endgültig
> wird sich der beide verbindende Geist in der Auferstehung aus-
> wirken (V.14). Die Wendung τὸ αὐτὸ πνεῦμα τῆς πίστεως verbindet
> also zweierlei: Den vor unterschiedliche Aufgaben stellenden
> Glaubensvollzug als die gegenwärtige Ausdrucksform des Apostel
> und Gemeinde einenden Geistes und die zukünftige, durch den
> Geist bewirkte, gemeinsame Auferstehung. Das Pneuma verbindet
> Paulus und seine Adressaten in doppelter Weise, präsentisch und
> eschatologisch, vorläufig und endgültig, in differenzierter Ge-
> meinsamkeit und unterschiedsloser Einheit.

---

73 LOHMEYER, a.a.O., 76.

74 So versteht Lohmeyer die Wendung στήκετε ἐν ἑνὶ πνεύματι, μιᾷ ψυχῇ,
    a.a.O., 75.

75 Vgl. Kapitel 5.

76 Vgl. den ständigen Wechsel von ἡμεῖς und ὑμεῖς im Kontext (12.14.15f);
    anders WINDISCH, KEK VI, 148 und BULTMANN, KEK-Sonderband, 123, die τὸ
    αὐτό auf das folgende Psalmzitat beziehen.

77 So WINDISCH, a.a.O., 148; BULTMANN, a.a.O., 123 meint, mit Pneuma sei
    schlicht die Art und Weise, das Wie des Glaubens gemeint.

2.5. Die neue pneumatische Praxis (Gal 5,1-6.13-26)

Weil die gemeinsame Partizipation an dem einen Geist Gottes, der
die Glaubenden verbindet, sich im Fortfall jeder διαστολή (Gal 3),
in der die Verschiedenheiten der Gnadengaben umgreifenden Einheit
(I Kor 12) und in der Geschlossenheit gegenüber Bedrohungen von
außen (Phil 1) äußert, ist der Glaube als Zutritt zu der so gekennzeichneten Gemeinschaft zugleich ein Schritt in eine neue pneumatische Praxis. Wir wollen nun anhand von Gal 5,1-6.13-26[78] untersuchen, welches das wesentliche Kennzeichen dieses neuen, der pneumatischen Wirklichkeit entsprechenden Lebens ist.

In dem programmatisch vorangestellten V.1 knüpft Paulus durch
die Opposition ἐλευθερία-δουλεία an den vorausgehenden Hagar-Sara-
Midrasch, darüber hinaus aber auch an die Gegenüberstellung von
'Sklave' und 'Sohn' in 4,1-7 an. Von daher ist die Befreiungstat
Christi zunächst im Sinne des Loskaufs (4,5) vom Fluch des Gesetzes
zu verstehen. Durch die figura etymologica τῇ ἐλευθερίᾳ ἠλευθέρωσεν
wird aber deutlich, daß die in Christus erlangte Freiheit im folgenden positiv bestimmt werden soll. In den VV.2-4 wird das in 3,10-12
über das Gesetz Gesagte wiederholt und zugleich radikalisiert. Wiederum bildet der Inhalt von Dtn 27,26 die Grundlage der Argumentation
(V.3), wird hier jedoch auf die Beschneidung bezogen. Jedem, der sich
beschneiden läßt, wird die Befolgung aller Gebote des Gesetzes aufer-
legt. Dadurch ist die Beschneidung als Initiationsritus gekennzeichnet.
Es geht also nicht um die Beschnittenheit, sondern um den Akt der Konversion zum Judentum[79]. Die Aussage von 3,10-12 ist hier noch dadurch verschärft, daß nicht allein der Fluch als faktisch einzig
mögliche Konsequenz des Gesetzes herausgestellt wird, sondern darüber hinaus den Christen, die sich als Losgekaufte wiederum unter
das Gesetz als Heilsweg stellen, der Verlust der Zugehörigkeit zu

---

78 V.7 markiert durch die Erinnerung an die positive Vergangenheit der Galater
    (Anamnesis) einen Einschnitt. In V.13 weist der Subjektwechsel, sowie die
    erneute Anrede ἀδελφοί auf den Beginn einer neuen Texteinheit, die jedoch
    durch die Wiederaufnahme der Stichworte ἐλευθερία und δουλεία (5,1) eng
    mit den VV.1-6 verbunden ist.

79 Hierin spiegelt sich vielleicht die Konkurrenz zwischen frühchristlicher
    und jüdischer Missionstätigkeit. Während die vollständige Konversion zum
    Judentum nur durch die Beschneidung und die Übernahme aller Gesetzesfor-
    derungen möglich war, die sog. Gottesfürchtigen, die nicht beschnitten und
    weitgehend von den Gesetzesvorschriften befreit waren, sich also nicht als
    vollgültige Juden betrachten konnten, eröffnete sich ihnen in der christ-
    lichen Mission die Möglichkeit, vollgültige Mitglieder einer Religionsge-
    meinschaft, die das atl.-jüdische Erbe bewahrte, zu werden, ohne damit zu-
    gleich alle jüdischen Gesetzesvorschriften übernehmen zu müssen; vgl. hier-
    zu GÜLZOW, Gegebenheiten, 194-198; THEISSEN, Schichtung, 263-265.

Christus und damit das Herausfallen aus der Gnade bescheinigt wird
(V.4). Wie in Gal 3 wird auch hier die πίστις als Bezeichnung der
neuen Heilssetzung dem νόμος antithetisch gegenüber gestellt[80].
Dies wird besonders an der Wiederaufnahme von δικαιοῦσθαι (V.4)
durch die Wendung ἐλπίδα δικαιοσύνης ἀπεκδεχόμεθα (V.5) deutlich[81].
Πίστις und νόμος haben also gemeinsam, daß sie beide auf Gerechtigkeit zielen; zugleich liegt darin aber auch ihre radikale Unterschiedenheit: während das Gesetz faktisch nur Fluch verhängen kann,
ist die im Glauben erlangte Hoffnung auf (eschatologische) Gerechtigkeit[82] im Geist begründet und damit zugleich als sicher verbürgt.
Das in der Verkündigung offenbarte und den Gläubigen als Angeld
verliehene Pneuma ist als Garant der eschatologischen Rechtfertigung zugleich das die christliche Existenz umfassend bestimmende
Element. Darin gilt weder Beschneidung noch Unbeschnittenheit etwas
(vgl. 3,28), sondern allein die πίστις δι'ἀγάπης ἐνεργουμένη (V.6).
Der im Akt des Gläubigwerdens vollzogene Zutritt zum pneumatischen
Bereich Gottes erweist sich erst dann als 'wirk-lich', wenn der
Glaube innergemeindlich in der Liebe 'wirk-sam' ist (vgl. I Kor
16,13f)[83]. D.h. die pneumatische Praxis der ἀγάπη ist die Realisation und damit die Verifikation des Bekehrungsaktes.

Dieser Gedanke wird in 5,13ff näher ausgeführt. V.13 nimmt die
die VV.1-6 rahmenden Stichworte ἐλευθερία und ἀγάπη wieder auf und
setzt sie in enge Beziehung zueinander[84]. Zugleich sind Freiheit und
Liebe in Opposition zu σάρξ gestellt. Von dem den folgenden Abschnitt
bestimmenden Gegensatz 'πεῦμα /σάρξ[85] her erscheint also die sich
im Liebendienst untereinander verwirklichende Freiheit als das Kennzeichen der pneumatischen Existenz der Christen, so daß die Wendungen
πνεύματι περιπατεῖτε (V.16) und πνεύματι καὶ στοιχῶμεν (V.25)[86]

---

80 Vgl. SCHLIER, KEK VII, 233.

81 Zwischen beiden Wendungen besteht kein Gegensatz, vgl. SCHLIER, a.a.O., 233.

82 SCHLIER, a.a.O., 234, spricht von der 'wartenden Rechtfertigung'.

83 Vgl. SCHLIER, a.a.O., 235.

84 Waren in 5,1 ἐλευθερία und δουλεία antithetisch gegenübergestellt, er-
    scheint nun das δουλεύειν als die Konsequenz der Freiheit, aber eben
    nicht als Knechtschaft gegenüber den Einzelgeboten des Gesetzes, sondern als
    Dienst aneinander durch die Liebe.

85 Nach BRANDENBURGER, Fleisch, 45, ist dieser Gegensatz bei Paulus durch seine
    "radikale Ausschließlichkeit" gekennzeichnet.

86 Στοιχέω ist allerdings nicht mit περιπατέω gleichzusetzen, sondern meint
    'mit jemandem die Reihe halten'; vgl. DELLING, ThWNT VII, 667. Dadurch ist
    der Geist stärker als eine den Menschen bestimmende Macht betont; vgl. Röm
    8,9.11; vgl. BRANDENBURGER, a.a.O., 45.

als Wiederaufnahme der Anfangsmahnung διὰ τῆς ἀγάπης δουλεύετε
ἀλλήλοις (V.13) verstanden werden können. In V.14 wird sodann die
ἀγάπη, in der der Glaube wirksam wird, als die Zusammenfassung des
ganzen Gesetzes bezeichnet[87].

> Paulus steht damit in der Tradition einer jüdisch-hellenistischen
> Tendenz zur Zusammenfassung des Gesetzes in wenigen Einzelgeboten.
> Diese Konzeption spiegelt sich z.B. in der Wertschätzung des
> Liebesgebotes in den TextXII(88) (z.B. TestGad 4,2), wird aber
> auch in der Weisheitsliteratur (Weish 6,18; Sir 35(32), 23; 19,17;
> 28,6f; 29,1) und bei Philo (Decal; Aet 124; SpecLeg II 61-63.233;
> IV 41.186f; Congr 120; Praem 2) deutlich(89).

Die, die vom Geist getrieben werden, sind also deshalb nicht unter
dem Gesetz (V.18), weil sie es durch die Liebe erfüllt haben. Auch
in der jüdisch-prophetischen Tradition gibt es - wie wir sahen - die
Vorstellung einer Geistverleihung, die als sittliche Erneuerung verstanden die Gebotserfüllung ermöglicht (Ez 36,26f; Jub 1,28ff; IV
Esr 6,26-28). Im Unterschied zu Paulus aber ist dort noch das dtn.
Gesetz im Blick, während der Apostel von der Zusammenfassung des
Gesetzes im Liebesgebot her denkt. Paulus kombiniert hier also zwei
jüdische Traditionen, Tendenz zur Reduzierung der Gesetzesgebote
und die prophetische Vorstellung einer durch Gottes Geist ermöglichten Gesetzeserfüllung.

Der den Abschnitt beherrschende Gegensatz von 'Fleisch' und
'Geist' wird in den VV.19-23 in einem zweiteiligen Katalog entfaltet.
Als erste Auswirkung des Geistes ist in V.22 die ἀγάπη genannt (vgl.
Röm 5,5). Vom Kontext her ist deutlich, daß sie nicht eine unter
anderen Auswirkungen des Geistes ist, sondern "Prinzip und Funda-
ment" aller anderen Geistwirkungen[90].

> Daß πίστις hier u.a. als Frucht des Geistes genannt ist, kann
> so verstanden werden, daß entsprechend der dominanten Stellung
> der ἀγάπη am Anfang der Reihe der sich in der Liebe verwirk-
> lichende Glaube gemeint ist, der aus der Offenbarung des Gottes-
> geistes in der Verkündigung entsteht. Dann würde πίστις aber
> völlig aus der Reihe der übrigen Begriffe herausfallen: Vermut-
> lich wird man - wie in I Kor 12 - eher formgeschichtlich argu-
> mentieren müssen: Es läßt sich zeigen, daß πίστις in katalog-
> artigen Reihen mit jedem der in 5,22f genannten Glieder kombi-
> niert wird(91). Damit ist nicht gesagt, daß πίστις von Paulus

---

87 Vgl. Röm 13,9 und bes. I Tim 1,5, wo die ἀγάπη als τέλος τῆς παραγγελίας
    Ausfluß des ungeheuchelten Glaubens ist.
88 Vgl. hierzu BECKER, Testamente, in KÜMMEL, Schriften III, 27f.
89 Vgl. zudem Sib III 234.246.275-279.
90 So SCHLIER, a.a.O., 257.
91 Herm sim IX 15,2; vis III 8,3-7; PsClemDeVirg VII 1; Weish 1,1f; I Clem 62,2;
    64; I Tim 6,11; II Tim 2,22; 3,10; Eph 6,23; I Petr 1,8; II Petr 1,5-7; Röm
    15,13; Corp Herm Frg IIB 2,7 u.ö.

hier im Sinne einer profanen Tugend verstanden ist, vielmehr
dominiert die Geschichte der Form die Aussageintention.

Der doppelgliedrige Katalog schließt in V.24 mit dem Hinweis,
daß die, die τοῦ Χριστοῦ sind, ihr Fleisch bereits gekreuzigt haben.
Mit dem genitivus possessivus τοῦ Χριστοῦ nimmt Paulus das ἐν Χριστῷ
'Ιησοῦ aus V.6 wieder auf (vgl. Gal 3,28f!). Die meisten Kommentatoren interpretieren das ἐσταύρωσαν als Hinweis auf das Taufge-
schehen[92]. Dies legt sich von Röm 6,6 her nahe. Dennoch steht hier
nicht die Taufe, sondern in zweifacher Hinsicht die πίστις im
Mittelpunkt. Der in der Liebe wirksame Glaube ist nach 5,6 Kennzeichen der Zugehörigkeit zu Christus. Insofern kennzeichnet die
Liebe als erste und eigentliche Frucht des Geistes (und als die
wirksame Form des Glaubens) die, die Christus angehören, als solche,
die nicht mehr unter der Macht der σάρξ stehen. Zudem ist von 5,5
her der Glaube (nicht die Taufe) der Grund des Pneumabesitzes der
Christen. Durch die Partizipation am Gottesgeist im Akt des Gläubigwerdens hat die σάρξ ihre Macht verloren[93], so daß nun in der Liebe
die Erfüllung des Gesetzes möglich ist.

R. Heiligenthal hat durch eine formgeschichtliche Untersuchung
nachgewiesen, daß Paulus die doppelgliedrige Katalogform in Gal
5,19ff verwendet, um die sichtbaren Einzeltaten als Erkennungszeichen der durch den Dualismus von Geist und Fleisch bestimmten
Wirklichkeit herauszustellen[94]. Die Liebe als die eigentliche und
alle anderen Wirkungen umfassende Frucht des Geistes ist von daher
das gegenwärtige Zeichen der erst endzeitlich offenbar werdenden
pneumatischen Existenz der Christen.

Die Analyse von Gal 5 hat deutlich gemacht, daß der Glaube als
Eintritt in die pneumatische Existenz zugleich den Eintritt in die
pneumatische Gemeinschaft der Glaubenden markiert, deren Praxis
durch die Liebe bestimmt ist. Ein isoliertes Gläubigwerden oder eine
individuelle Geistbegabung gibt es für Paulus nicht. Die Liebe ist
insofern nicht nur die ethische Konsequenz der Bekehrung. Sie ist
sowohl Frucht des Geistes als auch Wirklichkeit des Glaubens, so
daß man sagen kann: wo das ἀγαπᾶν ἀλλήλους fehlt, da ist weder Geist
noch (wirklicher) Glaube.

---

92 So z.B. SCHLIER, a.a.O., 263; OEPKE, ThHK 9, 183f.
93 Vgl. die Tilgung des 'bösen Triebes' bzw. des 'Geistes des Frevels' in
    TanBu zu P.חקת und 1 QS IV 20f.
94 HEILIGENTHAL, Werke, 201-207.

2.6. Rezeptionskritische Darstellung der paulinischen Aussagen
über Glaube und Geist

Im folgenden soll versucht werden, die paulinischen Aussagen
über das Verhältnis von Glaube und Geist vor dem Hintergrund der
pagan-griechischen und frühjüdischen Voraussetzungen zu verstehen.
Dazu sollen zunächst noch einmal die Hauptmerkmale der paulinischen
Sichtweise in einer knappen Zusammenfassung gebündelt werden. Ziel
einer solchen rezeptionskritischen Darstellung ist es, die Vorstellungsbereiche zu erhellen, in deren Rahmen die paulinischen Aussagen verstanden werden konnten, und dabei zu beobachten, in welcher
Weise die traditionellen Konzeptionen dadurch bestätigt oder modifiziert wurden, aber auch, ob und inwieweit auch die paulinische
Konzeption selbst durch ihre Eingliederung in bestimmte traditionelle
Vorstellungsbereiche in einem anderen Licht erscheint.

2.6.1. Grundzüge der Verbindung 'Glaube - Geist' bei Paulus

Die paulinische Verknüpfung von Glaube und Geist hat es mit dem
Anfang des Christseins zu tun. Ihr 'Sitz im Leben' ist das Verkün-
digungs- und Bekehrungsgeschehen. Darin bestimmt sich der Glaube
als Teilhabe an dem sich im Auftreten des Apostels offenbarenden
Geist Gottes. Ist die Offenbarung des Geistes exklusiv an das apostolische Wirken gebunden, so ist die πίστις auf der anderen Seite
der exklusive Zugang zu dem geoffenbarten Geist[95]. Erst von der
Teilhabe am Pneuma her erschließt sich der Inhalt der Verkündigung
- das Kreuz Christi - als rettende Weisheit Gottes und Kraft (I Kor
1f), so daß niemand κύριος Ἰησοῦς bekennen kann, außer im heiligen
Geist (I Kor 12,3). Insofern ist das Bekenntnis ein gegenüber der
Bekehrung sekundärer Akt.
Als Eintritt in eine neue, pneumatische Existenz ist der Glaube
in doppelter Hinsicht ein Schwellenphänomen. Erstens stiftet er
Bürgerschaft im Bereich der heilvollen Nähe Gottes. Durch die in der
πίστις verliehene Gabe des Geistes wird Gottes Rechtfertigungs- und
Erwählungstat in Jesus Christus für die Gläubigen gegenwärtig und
real. Der Besitz des Gottesgeistes weist sie als 'Söhne Gottes'
und vor Gott Gerechtfertigte aus (Gal 3f). Insofern ist der Glaube

---

95 WENDLAND, Wirken 464: "ohne Geist kein Glaube, ohne Glaube keine Möglichkeit,
   in die 'Dimension' des Geistes einzutreten"; anders BULTMANN, Theologie, 325.

als der von Gott eröffnete Eintritt in die 'Dimension' des Pneuma
rechtfertigender und erwählender Glaube. Als solche, die durch die
Teilhabe am Geist in den Bereich Gottes eingetreten sind, sind die
Gläubigen Eigentum Gottes und stehen unter seinem Schutz vor dämonischen und eschatologisch feindlichen Mächten (Siegel). Zugleich
ist ihnen das im Bekehrungsakt geschenkte Pneuma als Angeld des
eschatologischen Heils Bürgschaft ihrer zukünftigen Auferstehung.

Zweitens wird der Zugang zum Bereich Gottes für den zum Glauben
Kommenden konkret im Eintritt in die pneumatische Gemeinschaft der
Glaubenden. Die vor Gott erlangte Sohnschaft äußert sich faktisch
in der Gleichheit und Einheit der Glaubenden untereinander durch
den Fortfall aller trennenden Unterschiede (Gal 3+5), durch Einigkeit trotz verschiedener Gnadengaben (I Kor 12), durch die Geschlossenheit im Kampf gegen Widersacher (Phil 1,27), durch die Ver-
bundenheit von Apostel und Gemeinde (II Kor 4). Inhaltliches Kriterium der im Glauben erlangten Einheit ist die Liebe, die als Wirklichkeit des Glaubens und Frucht des Geistes die Erfüllung des
ganzen Gesetzes ist (Gal 5).

Ist die πίστις so in zweifacher Hinsicht ein schwellenüberschrei-
tender Akt, so meint dies nicht zwei voneinander zu trennende Vorgänge. Vielmehr ist im paulinischen Sinne der Eintritt in die Gemeinschaft der Glaubenden die einzig mögliche Form des Zugangs zu
Gott, die Einheit und Liebe der Glaubenden untereinander das einzig
mögliche Zeichen ihrer Geistbegabung und Gottessohnschaft, wobei
'Zeichen' nicht allein als Hinweis verstanden werden soll, sondern
im Sinne der partiellen Identität.

Von daher kann Gläubigwerden im paulinischen Verständnis nicht
auf das Erlangen eines neuen Selbstverständnisses reduziert werden.
Vielmehr impliziert die Bekehrung den als Zugang zu Gott interpre-
tierten Eintritt in eine konkrete, soziologisch abgrenzbare Gemeinschaft, die durch fest umrissene, von der 'Welt' verschiedene Sozial-
strukturen gekennzeichnet ist. Der Beitritt zu dieser Gemeinschaft
bedingt eine radikale Änderung des Sozialverhaltens entsprechend
dem pneumatischen Sein in der Nähe Gottes. Zum-Glauben-kommen ist
daher wesentlich ein Schritt zu einer neuen (pneumatischen) Gemein-
schaftspraxis.

Grundvoraussetzung der dargestellten paulinischen Konzeption ist
die exklusive Bindung des im Glauben erlangten Geistes an Jesus
Christus. Nur wenn der Geist als Aktualisierung des Christusge-
schehens, als Wirken des erhöhten Kyrios und identisch mit dem Auf-
erstehungsgeist Jesu begriffen wird, wird man Paulus gerecht.

2.6.2. Die frühjüdischen Rezeptionsmöglichkeiten der paulinischen
Aussagen über Glaube und Geist

Die frühjüdische Verbindung von Glaube und Geist hat ihren Ort
vor allem in der Tradition von der eschatologischen Geistausgießung.
Von Joel 3,1f ist der Geist dabei als "Geist der Prophetie" verstanden. Der Glaube kann entweder (als Weise des Gerechtseins) Voraussetzung der Geistmitteilung, oder aber (in seiner 'Blüte') Folge
der sittlichen Erneuerung durch den Gottesgeist sein.

Vor diesem Hintergrund stellen sich die paulinischen Aussagen
wie folgt dar: Das Wirksamwerden des Geistes im Verkündigungsgeschehen ist zunächst auf der Basis der Qualifizierung des Gottesgeistes als 'Geist der Prophetie' verstehbar, denn auch hier hat
der Geist ja Offenbarungscharakter. Das missionarische Auftreten
des Apostels wird von daher in der Tradition des prophetischen Wirkens begriffen worden sein. Darüber hinaus aber ist die Verkündigung der Ort, an dem sich Gottes Geist den Menschen mitteilt. Dies
ist von den frühjüdischen Voraussetzungen nur so verstehbar, daß
das apostolische Wirken selbst endzeitliches Geschehen ist, die
Verkündigung somit apokalyptischen und eschatologischen Charakter
hat.

Ist der Glaube von Paulus als die durch die Offenbarung des
Geistes von Gott eröffnete exklusive Weise der Partizipation am
Pneuma bestimmt, dann setzt dies für jüdische Rezipienten die Zusammenschau zweier traditionell auf Gegenwart und Zukunft verteil-
ter Aspekte der Glaubensvorstellung voraus: Glaube als gegenwärtige
Möglichkeit des Gerechtseins (eschatologisch mit dem Geist belohnt)
und Glaube als Folge der endzeitlichen pneumatischen Erneuerung
der Menschen.

Somit ergibt sich folgendes Bild: Die für die Zukunft erhoffte
Ausgießung des Gottesgeistes findet gegenwärtig in der Verkündigung
des Apostels statt. Ihre Adressaten sind aber nicht die aufgrund
der Gesetzeserfüllung Gerechten oder das erwählte Israel, sondern
alleiniges Kriterium der Teilhabe an dem jetzt geoffenbarten Geist
und der damit verbundenen sittlichen Erneuerung ist der auch traditionell als eine mögliche Voraussetzung des Geistempfangs gesehene
Glaube. Damit rückt der Glaube in das Zentrum des apokalyptisch-
eschatologischen Geschehens der Verkündigung: Er ist nicht nur
Zeichen der Rechtfertigung und Erwählung, sondern zugleich singu-
lärer Ausdruck der sittlichen Erneuerung. Beide Aspekte kumulieren
in der paulinischen Bestimmung der Geistesfrucht Liebe als Wirklich-

keit des Glaubens. Daß durch den in der Liebe wirksamen Glauben das
ganze Gesetz erfüllt wird, ist für jüdische Rezipienten von zwei
Voraussetzungen her verständlich: zum einen von der frühjüdischen
Tendenz zur Zusammenfassung der Gesetzesforderungen in wenige Einzelgebote (bes. das Liebesgebot), zum anderen von der Vorstellung der
Geistverleihung als Akt sittlicher Erneuerung. Beide Traditionen
sind dadurch verknüpfbar, daß die pneumatische Erneuerung der Menschen als Befähigung zum Halten der Gebote verstanden wurde (Ez 36,
26f; vgl. Jer 31,31f: Gesetz ins Herz geschrieben)[96].

Damit ist Gläubigwerden verstanden als Schritt zu einer neuen
Praxis, in der das Gesetz erfüllt wird. Da das Gesetz durch den in
der Liebe sich als echt erweisenden Glauben als ganzes erfüllt wird,
ist der Glaube die unüberbietbare Weise des Gerechtseins und führt
so in die heilvolle Nähe Gottes.

Von zwei Seiten her aber muß das bisher gezeichnete Bild noch
korrigiert werden. Zum einen wird das Verständnis des Verkündigungs-
und Bekehrungsgeschehens als eines eschatologischen Aktes durch die
paulinische 'Angeld'-Konzeption modifiziert. Das Eschaton ist noch
nicht Gegenwart, aber es reicht im Angeld des Geistes schon in sie
hinein.

Zum andern setzt die eschatologische Deutung von Verkündigung
und Bekehrung ein objektives endzeitliches Handeln Gottes voraus.
Dadurch daß Paulus seine pneumatische Wirksamkeit als Aktualisierung
des Christusereignisses interpretiert, ist erst ein Verständnis im
Sinne der endzeitlichen Geistausgießung möglich. Der in der Bekehrung verliehene Geist ist das in der Auferstehung Christi als Gabe
für die Menschen in die Welt gekommene Pneuma. Verkündigung und Bekehrung sind somit ein Vergangenheit und Zukunft umschließendes
Geschehen, denn der Glaube ermöglicht exklusiv die Teilhabe an dem
bereits vollzogenen Heilshandeln Gottes und ist damit zugleich
Garant der zukünftigen Rettung.

2.6.3. Die pagan-griechischen Rezeptionsmöglichkeiten der pauli-
nischen Aussagen über Glaube und Geist

Als möglicher Verstehenshorizont der griechischen Rezipienten
ergab sich der Orakelglaube. Das Orakel bildet einen Schnittpunkt

---

96 Vgl. hierzu auch die paulinische Gegenüberstellung von Pneuma und Gramma
    in II Kor 3 und Röm 7, die hier ihre traditionsgeschichtlichen Wurzeln
    hat.

der traditionell mit πίστις und πνεῦμα verbundenen Vorstellungsbereiche, da es seine Autorität durch das Wirken des göttlichen
Pneuma gewinnt und gerade deswegen Objekt des Glaubens ist. So kann
der Orakelglaube als Ausdruck des Gottesglaubens verstanden werden.

Wenn Paulus sein Wirken als Geistoffenbarung kennzeichnet, dann
war dies für pagan-griechische Rezipienten im Kontext der Orakel-
vorstellung zu verstehen. Hier wie dort geht es um das Wirken des
Gottesgeistes in einem Menschen, hier wie dort ist die Ankunft des
Pneuma sinnlich erfahrbar (akustische Phänomene, 'Wohlgeruch',
'Zeichen und Wunder'). Damit ist die Verkündigungstätigkeit des
Paulus zum einen als Ort der Begegnung mit dem Fluidum der göttlichen Präsenz begriffen, zugleich aber auch als Offenbarungsakt,
denn auch im griechischen Denken enthüllt Pneuma Verborgenes und
Nicht-Gewußtes. Insofern ist die paulinische These, daß allein im
Pneuma das Kreuz Christi als Weisheit Gottes erkannt und Jesus nur
im Geist als Kyrios bekannt werden kann, verständlich, denn hier
wird das menschlicher Einsicht verborgene wahre Wesen des Kreuzes-
geschehens enthüllt. Damit kommt dem apostolischen Wirken dieselbe
Autorität zu wie den Orakeln[97]. Insofern ist auch der Glaube als
Reaktion auf die Verkündigung begreifbar. Er ist die angemessene
Antwort auf den Kontakt mit der Offenbarung vermittelnden Präsenz
des Göttlichen und insofern eine Form des Gottesglaubens.

Über die traditionelle pagan-griechische Sicht des Pneuma im
Orakel hinaus führt die paulinische Kennzeichnung des Glaubens als
Weise der Partizipation am Gottesgeist. Einen Ansatzpunkt bildet
die bei Plutarch (Mor 398E) vertretene Auffassung, daß wie zum
Orakelspruch selbst so auch zum Glauben göttliche Inspiration nötig
ist. Dies hängt eng mit dem Offenbarungscharakter des göttlichen
Pneuma zusammen. Zwar geht es bei Plutarch - anders als bei Paulus -
um die Prophezeiung von Zukünftigem, Inhalt der Offenbarung ist
aber jeweils etwas, das sich dem menschlichen Erkenntnisvermögen
grundsätzlich entzieht.

Grundsätzlich aber ist das Wirken des Pneuma in der pagan-griechischen Sicht der Orakel auf den Verkündiger als das Medium der
göttlichen Offenbarung beschränkt. Daß im Glauben Anteil an Gottes
Geist möglich ist, ist demgegenüber neu und nur so zu verstehen,
daß das Kriterium der Geistmitteilung nun nicht mehr die Auserwählt-

---

97 Voraussetzung hierfür ist, daß auch im pagan-griechischen Raum die Ver-
    mittlung von Orakelsprüchen nicht ausschließlich an Lokalheiligtümern ge-
    bunden war, vgl. die von Celsus attackierten Wanderpropheten.

heit einzelner, sondern die in der Verkündigung allen eröffnete
πίστις ist. Im Unterschied zur traditionellen Orakelvorstellung
werden nach der paulinischen Konzeption die, die dem Orakel mit
Glauben begegnen, selbst zu direkten Empfängern pneumatischer Offenbarung. Damit ist der Ort der Präsenz des Göttlichen nicht mehr auf
das Orakel beschränkt, sondern auf alle, die glauben, ausgeweitet.
Insofern rückt auch für pagan-griechische Rezipienten die πίστις
in das Zentrum des Geschehens, denn sie ist jetzt nicht mehr nur
eine Form des Gottesglaubens, sondern die den pneumatischen Kontakt
mit der Gottheit und damit den eigenen Offenbarungsempfang stiftende
Größe.

Der damit signalisierte qualitative Unterschied zur üblichen
Orakelpraxis setzt eine Änderung der göttlichen Praxis der Selbst-
mitteilung voraus. Von daher wird die paulinische Bindung des Geistes
an das Christusgeschehen verständlich. Durch Christus und seit Christus offenbart sich Gott durch seinen Geist nicht mehr nur einzelnen
Orakeln, sondern allen Glaubenden. Daß der Glaube bei Paulus den
Eintritt in eine neue pneumatische Praxis bedeutet, wird für pagan-
griechische Rezipienten in der Weise verstehbar, daß mit dem Gläubigwerden der Zugang zu dem nicht mehr auf einzelne Kultstätten be-
schränkten, durch das Pneuma markierten Bereich der Heiligkeit Gottes
vollzogen ist, in dem die Handlungsnormen der 'Welt' nicht gelten.

3. Kapitel

TEILHABE AN SÜHNE UND SÜNDENVERGEBUNG
Der Sühnetod Jesu und der Glaube

Die eindeutig christologische Fundierung des paulinischen Glaubensverständnisses ist im bisherigen Gang unserer Untersuchung noch nicht ausdrücklich thematisiert worden. Wir wollen deshalb im folgenden Abschnitt nach der Rolle Christi innerhalb des Glaubensgeschehens, speziell nach der Bedeutung seines Todes fragen. Damit ist das Problem gegeben: Wie kann man in Beziehung zu diesem Ereignis treten bzw. Anteil an dem darin von Gott gewirkten Heil gewinnen?

Die Deutung von Röm 3,25 im Horizont kultischer Kategorien erwies sich für dieses Vorhaben als sinnvoll. Daß Paulus von der traditionell eng mit dem Sühnegedanken verbundenen Befreiung von der Sünde bzw. von der Aneignung dieses Geschehens durch die πίστις auch unter Absehung vom Sühnetod Jesu reden kann, wird an der Analyse von I Kor 15,12-19 deutlich werden.

'Sühne' vollzieht sich in der Begegnung des sündigen Menschen mit Gott. Tradtioneller Ort dieser Begegnung ist der Tempel, ihre traditionelle Form die kultische Begehung. Im nachexilischen Judentum bekommen kultische Sühnehandlungen besondere Bedeutung, der sühnewirkende Kult wird zum Zentrum gegenwärtiger Heilsteilhabe[1].

So ist es nicht verwunderlich, daß auch das frühe Christentum, wenn es von 'Sühne' spricht, dies nicht unter Absehung von dem traditionell kultischen Sitz im Leben tut. Man hat sich demgegenüber in der kultfeindlichen protestantischen Exegese[2] bemüht, besonders Paulus aus seinen jüdisch-kultischen Verstrickungen zu befreien. Dies geschieht neuerdings durch die Trennung zwischen vorpaulinischer Tradition und paulinischer Theologie: Opfermotiv und Sühnegedanke sind dem Apostel zwar durch frühchristliche Formeln vorgegeben, haben aber für seine eigene Konzeption keine wesentliche Bedeutung[3].

---

1 Vgl. KOCH, Sühne, 217-239; WILCKENS, EKK VI/1, 236-238.
2 Vgl. die Übersicht bei WILCKENS, a.a.O., 234f; siehe bes. DIBELIUS, Kultus.
3 So z.B. KÄSEMANN, Heilsbedeutung, 79.82.

Demgegenüber hat U. Wilckens den atl. Sühnekult als Horizont paulinischen Denkens und die Sühne-Vorstellung als integralen Bestandteil paulinischer Christologie hervorgehoben[4]. Allerdings gelingt
es auch Wilckens nicht, die Rolle des Glaubens innerhalb des Sühne-
Vorgangs zu definieren: Er wird als 'Heilsvertrauen auf Christus'
verstanden, als ein Glaube, der darauf setzt, daß Gott im Sühnetod
Christi die Sünde aufgehoben hat[5], und damit eben als ein dem kultischen Geschehen gegenüber sekundärer Vorgang gefaßt.

Im folgenden soll dagegen gezeigt werden, daß der Glaube als er-
wählungsstiftende Größe innerhalb des an den Tod Jesu gebundenen
Sühne-Gedankens selbst wesentliche Bedeutung hat.

3.1. Christus als ἱλαστήριον διὰ πίστεως: Röm 3,25

Seit R. Bultmann ist die These, daß Paulus in dem Abschnitt Röm
3,21-26, der "Basis" des Römerbriefes[6], ein Traditionsstück zitiert,
nahezu unbestritten geblieben[7]. Zwar ist die Abgrenzung der aufgenommenen traditionellen Formel umstritten, jedoch besteht darüber
Einigkeit, daß der uns besonders interessierende V.25 zum Traditionsstück hinzuzurechnen ist[8]. Zumeist wird die Wendung διὰ πίστεως,
die im Codex Alexandrinus fehlt, als paulinisches Interpretament
der aufgenommenen Tradition bewertet[9]. Wenn wir davon ausgehen, dann
hat die Wendung ganz besonderes Gewicht. Freilich darf eine solche
traditionsgeschichtliche Rekonstruktion nicht dazu verleiten, sich
mit dem Auseinanderreißen paulinischer und traditioneller Teile zu

---

4 WILCKENS, a.a.O., 233-243; vgl. die systematisch-theologische Rezeption
   der Ergebnisse Wilckens' bei STOCK, Gott, 254-256.

5 A.a.O., 194.202.

6 WILCKENS, a.a.O., 199.

7 BULTMANN, Theologie, 49; daß es sich in Röm 3,21-26 durchweg um eine paulinische Formulierung handele, meinen KUSS, Römer, 160; SCHLIER, HThK VI,
   107 Anm. 8; CRANFIELD, Romans I, 200f; FITZER, Ort, 164, schreibt dagegen
   die VV.24-26 Paulus zu bis auf den Gedanken der zuvor geschehenen Sünden,
   der die "Glosse eines primitiven Lesers" darstelle; so auch TALBERT, Fragment, 287-296.

8 Die These, daß das Traditionsstück die VV.24-26a umfasse, vertreten nach
   BULTMANN, Theologie, 49, u.a. KÄSEMANN, Verständnis, 96-101; ders., HNT 8a,
   89f; KERTELGE, Rechtfertigung, 48-53; THYEN, Studien, 164; CONZELMANN, Grundriß, 90.187; ZELLER, Sühne, 51-75, bes. 52; MICHEL; KEK IV, 147. Dagegen
   rechnen u.a. WENGST, Formeln, 82-87; LOHSE, Märtyrer, 149-154; STUHLMACHER,
   Exegese, 316 Anm. 5 und WILCKENS, a.a.O., 183f nur die VV.25+26a zum vor-
   paulinischen Traditionsstück.

9 So z.B. BULTMANN, a.a.O., 49; KERTELGE, a.a.O., 52; KÄSEMANN, Verständnis,
   100; vorsichtig WILCKENS, a.a.O., 194. Nach PLUTA, Bundestreue, 104-108,
   gehört die Wendung zur Formel hinzu.

begnügen, weil dann der Text leichter zu lesen ist. Vielmehr ist davon auszugehen, daß Paulus traditionelles Gut weder unbedacht aufnimmt, noch unüberlegt modifiziert, so daß man den Satz in seiner
überlieferten Form als Ausdruck paulinischen Denkens werten darf,
auch wenn vorgegebene Formeln mit verwandt sind.

V.24 führt die Rechtfertigung der Sünder auf die Gnade Gottes
zurück. Das Mittel dieses göttlichen Gnadenhandelns ist die 'Erlösung in Jesus Christus'[10]. Der frühchristliche Sprachgebrauch,
besonders die Parallelität zu der Wendung ἄφεσις ἁμαρτιῶν in Kol
1,14 und Eph 1,7 macht deutlich, daß ἀπολύτρωσις die Erlösung von
den Sünden meint[11]. In V. 25 wird diese knappe Aussage nun näher
erläutert: Durch Jesus Christus ist Erlösung von den Sünden möglich, weil Gott ihn öffentlich als ἱλαστήριον hingestellt hat[12].

'Ιλαστήριον und αἷμα weisen auf das alttestamentliche Sühneritual, wie es in Lev 4f und in Lev 16 beschrieben ist[13]. Von
zentraler Bedeutung ist hier der priesterliche Blutritus. Der Verstehenshorizont ist zum einen durch den Zusammenhang von Tun und
Ergehen gekennzeichnet. Die Konsequenz der sündigen Tat ist der
Tod des Sünders. Von dieser Folge seines frevlerischen Handelns
kann er nur bewahrt werden, wenn sie an einem anderen zur Auswirkung kommt. Insofern ist andererseits auch der Gedanke der Stellvertretung grundlegend für die atl. Sühnevorstellung[14].

Wichtig ist dabei, daß die Sühnung menschlicher Sünden durch
das Blut (Leben) eines Opfertieres eine von Jahwe geschaffene Möglichkeit ist, Jahwe also der Spender, nicht der Empfänger der sühne-
wirkenden Kulthandlung ist[15]. Der Priester, der die Vergebung als
Wirkung der Sühne zuspricht, fungiert von daher als Repräsentant
Gottes vor dem Sünder[16].

---

10 Vgl. WILCKENS, a.a.O., 189.

11 In diesem Sinne ist der Terminus wohl auch hier verwandt, vgl. KERTELGE,
    a.a.O., 53-55; vgl. auch Hebr 9,15; auch schon im AT sind Erlösung und
    Sündenvergebung verbunden: Jes 43,22-28; 44,21f; 48,9f; 50,1-3; 55,7; Dan
    4,34 (LXX: ἀπολύτρωσις). Bei Paulus sind auch sonst Rechtfertigung und
    Sündenvergebung verbunden: Röm 4,4-8; 4,25; vgl. auch das Nebeneinander
    von δικαιοσύνη, ἀπολύτρωσις in I Kor 1,30.

12 προτίθεσθαι ist in der LXX term.techn. für das öffentliche Auslegen der
    Schaubrote, also kultischer Begriff: Ex 29,23; 40,23; Lev 24,8; II Makk
    1,8.15; vgl. STUHLMACHER, Exegese, 328; WILCKENS, a.a.O., 192. Nach BÜCHSEL,
    ThWNT III, 322, bezeichnet προέθετο die apostolische Verkündigung. Dafür
    findet sich im Text jedoch keinerlei Anhaltspunkt, vielmehr entspricht die
    kultische Verwendung von προτίθεσθαι gut dem folgenden ἱλαστήριον,
    das ebenfalls Kultbegriff ist.

13 Vgl. zum Folgenden vor allem KOCH, Sühne; RENDTORFF, Studien; LYONNET, Sin;
    GESE, Sühne; vorher schon HERMANN, ThWNT III, 303-11.

14 Vgl. WILCKENS, a.a.O., 236; auch schon HERMANN, a.a.O., 302-311.

15 So KOCH, Sühne 231.

16 Vgl. WILCKENS, a.a.O., 236.

Daß Paulus in Röm 3,25 das atl. Sühneritual im Blick hat, wird
durch die Stichworte ἱλαστήριον und αἷμα deutlich: Das substanti-
vierte Neutrum des Adjektivs ἱλαστήριος ist in der LXX terminus
technicus für die über der Bundeslade liegende Kapporät[17]. Auch
Philo gebraucht ἱλαστήριον ausschließlich für den Aufsatz der Bundeslade[18]. Nach Ex 25,22; 30,6 und Num 7,89 ist die Kapporät der Ort
der Gegenwart Gottes im Heiligtum. Von daher rührt ihre zentrale
Bedeutung im Ritual des jom-kippur. In der Gegenwart Gottes ver-
sprengt der Priester das Blut des Opfertieres und erwirkt so Sühne
für das Volk. Durch die konstitutive Funktion von Kapporät und
Bluthandlung im Ritual des Versöhnungstages einerseits und durch
die Festlegung des Bedeutungsgehalts von ἱλαστήριον auf כפרת im
hellenistischen Judentum andererseits war - angesichts der Zusammenstellung von ἱλαστήριον und αἷμα in Röm 3,25 - die Assoziation des atl. Sühnerituals nicht nur für jüdische Leser, sondern
- wenn man die Bedeutung des jom-kippur in Rechnung stellt - auch
für Heiden, die der Synagoge nahestanden, nahezu zwingend[19].

3.1.1. "Διὰ πίστεως" im kultischen Kontext

Ist so deutlich, daß ἱλαστήριον und ἐν τῷ αὐτοῦ αἵματι in Röm
3,25 zusammengehören, wie auch in den Kommentaren allgemein anerkannt[20], so besteht eine Schwierigkeit darin, das zwischenstehende
διὰ πίστεως recht zu verstehen. Es wird als "geradezu störend"[21],

---

17   כפרת wird durchweg mit ἱλαστήριον übersetzt, das wohl die Kurzform
     für ἱλαστήριον ἐπίθεμα (Ex 25,16(17)) ist.
18   Cher 25; VitMos II 95.97.
19   Vgl. WILCKENS, a.a.O., 191. LOHSE, Märtyrer, 151, dagegen meint, daß Paulus,
     wenn er den Kultgegenstand im Sinn gehabt hätte, dies den römischen Heiden-
     christen durch einen Hinweis hätte verdeutlichen müssen; so auch KÜMMEL,
     Πάρεσις, 265 und KÄSEMANN, HNT 8a, 91. Eine Stütze dieses Einwands könnte
     in VitMosII 95 gesehen werden, wo Philo sich scheinbar genötigt sah, den
     Fachausdruck ἱλαστήριον durch ἐπίθεμα ὡσανεὶ πῶμα zu erläutern. Es
     darf jedoch nicht vergessen werden, daß Philo sich vornehmlich mit apologe-
     tischem Interesse an die Gebildeten unter den griechischen Verächtern des
     Judentums wandte, also gerade an eine Gruppe, die der Synagoge nicht nahe-
     stand. Den Gottesfürchtigen und den mit dem Judentum sympathisierenden
     Heiden aber wird der Fachterminus ἱλαστήριον durch seine feste Verankerung
     im jom-kippur-Ritual und durch die Hochschätzung dieses Festes geläufig
     gewesen sein.
20   Vgl. z.B. WILCKENS, a.a.O., 191; SCHLIER, HThK VI, 111; MICHEL, KEK IV,
     150; KÄSEMANN, HNT 8a, 91; KERTELGE, Rechtfertigung, 58; SEIDENSTICKER,
     Opfer, 161.
21   MICHEL, a.a.O., 150.

"quer gegen den theo-logischen Duktus des Satzes"[22] stehend, als
"gewaltsam ... hineingepreßt"[23] empfunden und von daher als paulinische Bearbeitung der übernommenen Tradition verstanden[24]. Was
ist mit dieser Wendung gemeint?

Für A. Plutas Auffassung, daß mit πίστις hier die Bundestreue
Gottes gemeint sei[25], finden sich weder in der atl. Sühnevorstellung,
noch im paulinischen Kontext Anhaltspunkte. Will Paulus, wie Schlier
meint, durch die Wendung deutlich machen, daß das Herausstellen
Jesu als ἱλαστήριον"nur auf dem Weg des Glaubens" eingesehen werden
kann[26]? Eine solche Deutung ist, wenn man in Rechnung stellt, daß
auch nach I Kor 1 das Skandalon des Kreuzes nur den Glaubenden als
Weisheit Gottes erkennbar ist, zumindest möglich. Dennoch erscheint
diese Interpretation für Röm 3,25 nicht treffend, weil Paulus sich
hier nicht wie in I Kor 1 mit gegensätzlichen Sichtweisen des
Kreuzes Christi (Skandalon/Torheit - Weisheit Gottes) auseinandersetzt. Daß er dennoch darauf hinweisen wollte, daß Jesus nur aus
der Sicht des Glaubens ἱλαστήριον ist, erscheint insofern als unwahrscheinlich, als für den Apostel das im Glauben Erkannte mit der
Wahrheit schlechthin identisch ist, der Zusatz διά πίστεως sich
also erübrigt hätte.

Einig ist man sich weitgehend darüber, daß mit der Wendung in
irgendeiner Weise die Aneignung der in Jesus Christus vollzogenen
Sühne gemeint ist[27]. Will man nicht mit Käsemann[28] διά πίστεως als
Parenthese verstehen, so daß sich die Frage nach der Beziehung zu
den anderen Satzteilen erübrigt, läßt der Duktus des Satzes, der
von Gottes Handeln spricht, in der Tat - wie Wilckens vorschlägt[29] -
eine Verwendung von πίστις vermuten, die der in Gal 3 entspricht.
Dort steht πίστις als Bezeichnung der neuen Heilssetzung und meint
die von Gott eröffnete Möglichkeit des Glaubens. In diesem Sinne
wird auch die Wendung διά πίστεως in Röm 3,25 zu verstehen sein.

Mit dieser Bestimmung ist aber noch nichts über das Verhältnis
der πίστις zu der aufgenommenen kultischen Tradition gesagt. Gerade
wenn man annimmt, erst Paulus habe die Wendung διά πίστεως in einen

---

22 WILCKENS, a.a.O., 194.
23 KÄSEMANN, Verständnis, 100.
24 Z.B. KÄSEMANN, HNT 8a, 92.
25 PLUTA, Bundestreue, 105ff.
26 SCHLIER, HThK VI, 111.
27 Vgl. z.B. LIETZMANN, HNT 8, z.St.; MICHEL, KEK IV, 152; vgl. die Übersicht
    bei KERTELGE, Rechtfertigung, 82 Anm. 92.
28 HNT 8a, 92.
29 A.a.O., 194.

vorgegebenen Zusammenhang eingefügt, stellt sich die Frage, warum
er es gerade so getan hat, daß sie von aufeinander bezogenen kultischen Termini gerahmt wird. Man könnte an eine Art paulinischer
Sprengkapsel denken, die den kultischen Rahmen der frühchristlichen
Formel sprengen soll. Aber wenn der Apostel den Bezug zum atl.
Sühneritual hätte vermeiden wollen, hätte er dann an einer so zentralen Stelle des Röm eine so deutlich kultisch geprägte Tradition
aufgenommen? Wahrscheinlicher ist demgegenüber, daß Paulus die Wendung διὰ πίστεως durch ihre Stellung in einen positiven Bezug zur
kultischen Sühnevorstellung setzen wollte. Dabei ist es unerheblich,
ob der Apostel die Wendung mit übernommen, eingefügt oder gar das
ganze Stück selbst formuliert hat.

Welche Rolle kann der Glaube innerhalb des Gedankens der kultisch vollzogenen Sühne spielen? Im Anschluß an die These H. Geses:
"Sühne geschieht durch die Lebenshingabe des in der Handauflegung
mit dem Opferherrn identifizierten Opfertieres" [30] hat K. Stock versucht, die Bedeutung des Glaubens als Identifikationsvorgang verständlich zu machen[31]. Im atl. Sühneritual geht es jedoch gerade
nicht um Identifikation, vielmehr ist hier das gedankliche Modell
des Tausches grundlegend. So wenig man atl. von einer 'inklusiven
Stellvertretung' im Sühneritual reden kann, so wenig meint πίστις
in Röm 3,25 einen Identifikationsvorgang.

Vielmehr kann ein Aspekt des atl.-jüdischen Sühnekultes, der bisher noch nicht zur Sprache kam, Aufschluß über die Dimension von
πίστις in Röm 3,25 geben. Wir hatten bereits gesehen, daß der
Priester Repräsentant Gottes vor dem Sünder ist. Damit ist jedoch
seine Funktion keineswegs vollständig beschrieben. Vielmehr deutet
Lev 4,3 darauf hin, daß der Priester in kultischer Hinsicht auch
das Volk vor Gott repräsentiert. Sündigt er, so fällt seine Tat auf
das Volk in seiner Gesamtheit zurück.

Philo deutet Lev 4,3 nach zwei verschiedenen Richtungen hin: Zum
einen genießt der Hohepriester die Gleichstellung mit dem Volk,
"weil er der Diener des Volkes ist, der den Dank der Gesamtheit
(τὰς κοινὰς εὐχαριστίας) in den heiligsten Gebeten und weihevollsten
Opfern für alle (ὑπὲρ ἁπάντων) zum Ausdruck bringt" (SpecLeg I 229).
Zum anderen wird in SpecLeg I 230 der Gedanke aus Lev 4,3, daß die
Sünde des Hohenpriesters auf das Volk zurückfällt, geradewegs umge-

---

30 GESE, Sühne, 97.
31 STOCK, Gott, 253 Anm. 48.

kehrt, wenn es dort heißt, daß der wahre Hohepriester frei von Sünden sei und daß, wenn er strauchelt, ihm dies nicht durch eigene
Schuld, sondern durch das Vergehen des ganzen Volkes widerfahre.
Beiden Deutungen ist gemeinsam, daß der Hohepriester kultisch nie
allein in eigener Sache handelt, sondern wenn er opfert, dann bringt
er damit 'für alle' den Dank zum Ausdruck, und wenn er sündigt, so
ist dies Ausdruck der Sünde des ganzen Volkes. D.h. was im Kult
durch den Hohenpriester geschieht, betrifft ganz Israel. Daß dies
auch für die kultische Entsühnung gilt, zeigt Lev 16,17.

Wie in heilsgeschichtlicher Dimension die Erzväter, so ist der
Hohepriester im kultischen Bereich der exklusive Repräsentant des
Volkes. Durch seine kultische Tätigkeit (Gebete, Opfer, Erflehen,
von Segen) schließt er alle Teile des Volkes zusammen, so daß sie
wie Glieder eines Leibes sind (SpecLeg III 131). Diese Sonderstellung des Hohenpriesters ist auf seine kultische Funktion beschränkt
(Som II 188f). Solange er im Heiligtum ist, ist er nach Philo eine
Art Mittelwesen zwischen Gott und Mensch (μεθόριός τις θεοῦ καὶ
ἀνθρώπου φύσις, ebd.)[32].

Ist der Hohepriester im hellenistischen Judentum, aber auch schon
im AT, kultischer Repräsentant ganz Israels, so ist damit zugleich
der Gültigkeitsbereich der Wirkung seiner Kulthandlungen abgesteckt.
Anders ausgedrückt: Erst die Zugehörigkeit des Einzelnen zu Israel
ermöglicht es, daß das, was im Kult rechtsgültig geschieht (z.B.
Entsühnung), für ihn relevant wird.

Damit ist die Frage nach der Aneignung kultisch vollzogener Sühne
in enge Beziehung zur Erwählung Israels gesetzt: Gott hat im Bereich
der Erwähltheit durch das Sündopfer (Lev 4f), vor allem aber durch
den großen Versöhnungstag (Lev 16) die Möglichkeit eröffnet, durch
das stellvertretende Vergießen des Blutes eines Opfertieres Sünden
zu sühnen. Die so vollzogene Sühne ist gültig für den ganzen Bereich
der Erwähltheit[33].

---

32 Dies wird durch die gewaltsame Umdeutung von Lev 16,17 bewiesen; aus: " καὶ πᾶς
    ἄνθρωπος οὐκ ἔσται ἐν τῇ σκηνῇ τοῦ μαρτυρίου εἰσπορευομένου
    αὐτοῦ ἐξιλάσασθαι ἐν τῷ ἁγίῳ, ἕως ἂν ἐξέλθῃ " wird bei Philo:
    ὅταν εἰσίῃ εἰς τὰ ἅγια τῶν ἁγίων ὁ ἀρχιερεύς, ἄνθρωπος οὐκ ἔσται
    (Som II 189).

33 Das wird besonders deutlich in II Makk 1,26. Daß in Philo, Som II 188 der
    Hohenpriester auch das gesamte Menschengeschlecht vertritt, widerspricht
    dem nicht. Seine Kulthandlung hat zwar universale Dimension, ihre Aneignung
    ist jedoch von dem Erweis der Erwähltheit, d.h. von der Zugehörigkeit zu
    Israel abhängig; die Sühnung aller Sünden der Erde durch das Opfer Noahs
    (Jub 6,2) entspricht der Situation nach der den ganzen Kosmos betreffenden
    Strafe und vor der Erwählung Israels.

Liest man Röm 3,25 vor diesem Hintergrund, dann ergibt sich eine
Möglichkeit, die Wendung διὰ πίστεως innerhalb des kultischen Rah-
mens, in dem sie steht, zu deuten:

Eine Grundvoraussetzung des paulinischen Glaubensverständnisses
ist die Sicht des Christusereignisses als eines erneuten - jetzt
universalen - Erwählungshandelns Gottes; von daher bestimmt die
πίστις sich wesentlich als Zeichen der Erwähltheit[34]. Daß auch in
Röm 3,25 πίστις in diesem Sinne gebraucht ist, zeigt zum einen die
antithetische Stellung zum Gesetz als der die Erwählung Israels
stiftenden Größe (V.21f), zum anderen die Betonung der Gleichheit
von Juden und Heiden, die - negativ in der gemeinsamen sündigen Vergangenheit begründet - ihre positive Entsprechung in dem "πάντας
τοὺς πιστεύοντας" (V.22f) findet. Von daher läßt sich V.25a folgendermaßen verstehen: Gott hat in Jesus Christus nicht nur umfassend
erwählend gehandelt, sondern er hat im Tod Christi zugleich in den
Bereich der Erwähltheit ein ἱλαστήριον gestellt - analog zur
Kapporät im Jerusalemer Tempel. Sofern allein durch die πίστις der
Eintritt in den Raum des erneuten Erwählungshandelns Gottes möglich
ist, ist der Glaube die exklusive Weise, Anteil an der ein für allemal vollzogenen Sühne zu erlangen, deren Wirkung entsprechend dem
atl. Sühneritual die Vergebung der Sünden ist (V.25b)[35].

3.1.2. Die Aufnahme der Sühnevorstellung in der jüdisch-
       hellenistischen Märtyrerliteratur

Zwei Einwände werden geltend gemacht gegen die These, daß Paulus
seine Konzeption vom Glauben als der Aneignung der Sühne vom Vorstellungsbereich des atl.-jüdischen Sühnekultes her entwirft. Der
erste ist grundsätzlicher Natur: Paulus kann nicht die Praxis des
Sühnopfers im Blick gehabt haben, da Jesus sonst Opferstätte
(ἱλαστήριον) und Opfer (αἷμα) zugleich sein müßte[36]. Der zweite
Einwand gesteht zwar zu, daß das Sühneritual im Hintergrund der
paulinischen Ausführungen steht, sieht aber den jüdischen Sühnekult
in der Sühnebedeutung des Kreuzes vergeschichtlicht[37]. Auch damit

---

34 Vgl. Kapitel 4.
35 Die Sündenvergebung ist ein fester Topos des Sühnerituals, vgl. Lev
    4,20.26.31.35; 5,6.10.13; 16,30.
36 So z.B. KÄSEMANN, HNT 8a, 91; LOHSE, Märtyrer, 151; WENGST, Formeln, 83;
    SCHRAGE, Bedeutung, 78 Anm. 91.
37 WILCKENS, a.a.O., 242.

ist im Grunde die kultische Dimension der paulinischen Aussage
- durch die Auflösung ins Geschichtliche - verneint.

Beide Einwände lassen sich m.E. von der jüdisch-hellenistischen
Märtyrerliteratur her widerlegen. Hier kommen vor allem zwei Stellen
aus IV Makk in Betracht. So heißt es in dem Gebet, das Eleazaros
unter Folterqualen kurz vor seinem Tod spricht:

> "Du, o Gott, weißt es: Ich hätte mich retten können, aber unter
> des Feuers Qualen sterbe ich um des Gesetzes willen. Sei gnädig
> deinem Volk (ἵλεως γενοῦ τῷ ἔθνει σου), laß dir genügen die
> Strafe, die wir um sie (ὑπὲρ αὐτῶν) erdulden. Zu einer Läute-
> rung laß ihnen mein Blut dienen (καθάρσιον αὐτῶν ποίησον τὸ
> ἐμὸν αἷμα) und als Ersatz (ἀντίψυχον) für ihre Seele nimm meine
> Seele" (IV Makk 6,27-29).

Und in IV Makk 17,22 heißt es:

> "Sind sie (sc.die Märtyrer) doch gleichsam ein Ersatz geworden
> für die Sünde des Volkes (ἀντίψυχον γεγονότας τῆς τοῦ ἔθνους
> ἁμαρτίας). Durch das Blut (διὰ τοῦ αἵματος) jener Frommen und
> ihren zur Sühne dienenden Tod (καὶ τοῦ ἱλαστηρίου τοῦ θανάτου
> αὐτῶν) hat die göttliche Vorsehung das vorher schlimm bedrängte
> Israel gerettet".

Beide Stellen zeigen deutlich, daß der Tod der Märtyrer in der
Dimension des Kultes verstanden wurde[38]. Darauf weist die Häufung
kultischer Termini: ἵλεως, καθάρσιον, αἷμα, ἀντίψυχον, ἱλαστήριον,
ὑπὲρ - Formel. Man kann darin mit Wilckens eine Transponierung des
kultischen Vorstellungszusammenhangs auf die geschichtlich-soziale
Ebene sehen[39]. Das berechtigt jedoch nicht dazu, die Konzeption
der Makkabäerbücher im Hinblick auf die Zuordnung zu Röm 3,25 alter-
nativ gegen die Tradition des Sühnekultes auszuspielen. Sowohl in
den Makkabäerbüchern als auch bei Paulus geht es nicht um die Ver-
flüchtigung des Kultischen in den Geschichtsablauf, sondern um die
Einbeziehung der Historie in den Kultus. Der Einwand, daß nur der
Vorstellungszusammenhang des atl. Sühnekultes, nicht aber die jüdisch-hellenistische Märtyrerkonzeption auf Röm 3,25 zu beziehen
sei, weil nur im Sühnekult Gott selbst - wie bei Paulus - die Sühne
vollziehe[40], läßt sich durch einen Blick auf die oben zitierte
Stelle IV Makk 17,22 leicht widerlegen: dort wird explizit gesagt,
daß es die göttliche Vorsehung ist, die Israel rettet[41].

---

38 Vgl. auch IV Makk 1,11; 18,4.
39 WILCKENS, a.a.O., 192f.
40 A.a.O., 193.
41 Insofern ist es auch nicht nötig, in Röm 3,25 zu ἱλαστήριον das Wort
    θῦμα zu ergänzen, um eine Verbindung zur Märtyrerkonzeption der Makk
    herzustellen, wie es LOHSE, Märtyrer, 152, vorschlägt.

Zudem zeigt sich in den zitierten Stellen dieselbe Verbindung
mit dem Erwählungsgedanken, wie wir sie innerhalb des Sühnerituals
beobachtet haben. Der Bereich der Gültigkeit der im Tode der Märtyrer kultisch vollzogenen Sühne ist identisch mit dem Bereich der
Erwähltheit: 'Israel', 'dein Volk' kommt in den Genuß der von der
göttlichen Vorsehung im gewaltsamen Tod dieser Menschen gewährten
Sühne. Die Märtyrerkonzeption des hellenistischen Judentums ist
also in einer Linie mit dem atl. Sühneritual zu verstehen und in
dieser Weise als Voraussetzung der paulinischen Aussage in Röm 3,25
zu werten. Man reißt eine falsche Alternative auf, wenn man versucht, Kultus und Historie antithetisch gegeneinander auszuspielen.

Auch der Einwand, Jesus könne in Röm 3,25 nicht zugleich Opferstätte und Opfer sein, läßt sich von der zitierten Stelle her entkräften[42]. Auch hier sind schon rituell unterschiedliche Funktionen
in einer Person verbunden. So heißt es im Anschluß an das zitierte
Gebet Eleazars:

"καὶ ταῦτα εἰπὼν ὁ ἱερὸς ἀνὴρ εὐγενῶς ταῖς βασάνοις
ἐναπέθανεν" (IV Makk 6,30).

Der Märtyrer steht also einerseits an der Stelle des Opfertieres,
andererseits läßt sich die Kennzeichnung als ἱερὸς ἀνήρ vielleicht
als Hinweis auf eine priesterliche Funktion des Eleazars verstehen.
Dafür spricht zum einen, daß im hellenistischen Judentum ἱερός
auf Personen angewandt vor allem für die dem Tempeldienst Geweihten
(Josephus) bzw. für die im Bereich der Heiligkeit Gottes dienenden
Engel (Philo) steht[43]. Zum anderen wird Eleazar in IV Makk 7,6
explizit als ἄξιε τῆς ἱερωσύνης ἱερεῦ angerufen. Von daher liegt
es nahe, auch in dem Ausdruck ἱερὸς ἀνήρ die Bezeichnung seiner
priesterlichen Funktion zu sehen[44].

Daran wird deutlich, daß bei der Einbeziehung der Historie in
die Dimension des Kultes nicht notwendig die vorgegebene Rollenver-
teilung ihre genaue Entsprechung finden muß. Das gilt in gleichem
Maße für die Makkabäerbücher wie auch für Paulus.

3.1.3. Zusammenfassung

Die Analyse des traditionsgeschichtlichen Hintergrunds der paulinischen Verbindung von Sühne und Glauben hat folgendes ergeben:

---

42 Zurecht betont WILCKENS, a.a.O., 191, daß moderne Logik nicht die angemessene
    Kategorie zur Deutung urchristlicher Typologie ist.
43 Vgl. SCHRENK, ThWNT III, 228.
44 Auch in Hebr bringt der Hohepriester Christus sich selbst dar.

Der Kultus ist der exklusive Ort der Sühne. Als Spender des
Kultes ist Gott selbst Subjekt und Herr des Sühnevollzugs. Die
kultisch gewährte Sühne gilt für den gesamten Bereich der göttlichen
Erwählung. Der Kultus und die Erwähltheit sind so die Determinanten
der atl.-jüdischen Sühnevorstellung. So mußte dort, wo der gewaltsame Tod von Menschen als Sühne für ganz Israel gedeutet wurde, die
Dimension des Kultischen notwendigerweise auf den Bereich der Historie ausgeweitet werden.

Auch Paulus kann von Sühne nur innerhalb des durch Kultus und
Erwähltheit abgesteckten Vorstellungsrahmens reden. Das spezifisch
Neue der paulinischen Konzeption liegt nicht in der Abrogation
oder in der Vergeschichtlichung des Kultischen, sondern in der Entschränkung des Bereichs der Erwähltheit durch das erneute Erwählungshandeln Gottes in Jesus Christus. War vorchristlich die Zugehörigkeit zu Israel die Voraussetzung des Anteils an der kultisch
vollzogenen Sühne, so ist seit Christus die Zugehörigkeit zum Bereich der Erwähltheit und damit der Anteil an der Sühne allein in
der von Gott als neue Heilssetzung eröffneten πίστις möglich und
so für alle - Juden wie Heiden - erlangbar. Der theologische Kern
der paulinischen Aussage liegt mithin in der Hervorhebung der
Selbigkeit des Handelns Gottes: Gott ist der, der seinen Erwählten
im Kult die Möglichkeit zur Sühne eröffnet. Zentral für Paulus ist
die doppelte Überbietung der traditionellen Sühnevorstellung im
Tode Jesu Christi: Durch ihn ist einerseits der Bereich der Erwähltheit entschränkt; andererseits sind hier universale Erwählung
und ein für allemal vollzogene Sühne in eins gesehen, so daß die
πίστις als Eintritt in den Bereich der Erwähltheit zugleich Aneignung der von Gott gewährten Sühne bedeutet.

3.2. Götzenglaube, Gottesglaube und die Vergebung der Sünden: I Kor 15,12-19

Als Wirkung der vollzogenen Sühne ist die Sündenvergebung ein
fester Topos des atl. Sühnerituals. Daß dieses Verständnis auch
für Paulus grundlegend ist, zeigt die Rahmung von Röm 3,25a durch
zwei Aussagen über die Sündenvergebung: Hintergrund der ἀπολύτρωσις
(V.24) ist die in Christi Tod vollzogene Sühne, deren Wirkung ist
die πάρεσις τῶν προγεγονότων ἁμαρτημάτων. Die Sündenvergebung ist
hier - wie es urchristlicher Tradition entspricht[45] - an den kul-

---

45 Vgl. THYEN, Studien, 152-194.

tisch gedeuteten Tod Jesu gebunden. Die zentrale Bedeutung des
Todes Jesu für Sühne und Sündenvergebung kommt in der Abendmahls-
überlieferung, in den traditionellen Formeln I Kor 15,3-5 und Gal
1,4 (vgl. Röm 4,25a), aber auch in der Rede vom Tod Christi ὑπὲρ
ἡμῶν[46] und in der Deutung seines Blutes als Sühnemittel[47] zum Ausdruck.

3.2.1. Die Struktur des Abschnitts

Wir hatten gesehen, daß der Glaube in Röm 3,25 als der Bereich
der Erwähltheit, in dem die in Jesu Tod vollzogene Sühne Gültigkeit
hat, Bedeutung gewinnt. Eine demgegenüber andere Ausrichtung haben
die paulinischen Aussagen in I Kor 15,12-19. Zum einen ist hier
nicht vom Sühnetod Jesu die Rede, zum anderen ist die πίστις deutlicher als in Röm 3,25 als Übertritt zum Christentum gekennzeichnet.
Der Abschnitt ist durch zwei parallel aufgebaute Kettenschlüsse
strukturiert, deren Anfangsglieder jeweils identisch sind: Den Ausgangspunkt bildet die These der korinthischen Gegner, daß es keine
Auferstehung der Toten gibt (V.13a.V.16a), deren Konsequenzen zunächst für den Apostel (VV.13-15), sodann für die Gemeinde (VV.16-
18) aufgezeigt werden. Wenn es eine Auferstehung der Toten nicht
gibt, somit auch Christus nicht auferweckt worden ist (V.13b.V.16b),
dann ist einerseits die Verkündigung des Apostels, deren Zentrum
der von den Toten auferweckte Christus ist (V.12), 'leer' (V.14a+b),
der Apostel selbst also als 'Falschzeuge' erwiesen (V.15a)[48]. Andererseits ist unter dieser Voraussetzung auch der Glaube der Gemeinde
'leer' (V.14c) und 'eitel' (V.17b), so daß die Gläubigen noch in
ihren Sünden sind (V.17c).

Das mit κενός sinnverwandte Adjektiv μάταιος [49] ist im jüdisch-
hellenistischen Literaturbereich terminus technicus für den Götzenglauben[50]. In dieser Bedeutung geht μάταιος auch in die frühchrist-

---

46 Röm 5,6-8; 8,32; 14,15; II Kor 5,14.21; Gal 3,13; Eph 5,2.25; Tit 2,14;
    I Petr 2,21.24; 3,18; I Clem 21,6; 49,6.

47 Vgl. neben der Abendmahlstradition: Röm 5,9; Kol 1,20; Eph 1,7; 2,13; Hebr
    9,12ff; 10,19.29; 11,24; 13,12.20; I Petr 1,2.19; Act 20,29; I Joh 1,7-2.2;
    Offb 1,5; 5,9; 7,14; 12,11.

48 Zur Diskussion um den Begriff ψευδόμαρτυς vgl. Conzelmann, KEK V, 314f
    Anm. 23-27.

49 Vgl. BALZ, EWNT II, 975.

50 So kann μάταιος in der LXX sowohl für das lügnerische Wort von falschen
    Propheten (Ez 13,6-9; Sach 10,2) als auch für die heidnischen Götzen und
    ihren Kult stehen (Hos 5,11; II Chr 11,15; Jer 2,5; vgl. Jub 20,8). Philo

liche Missionsterminologie ein, so z.B. in der Predigt, mit der
sich Paulus und Barnabas in Lystra gegen die heidnische Verehrung
ihrer eigenen Person zur Wehr setzen (Act 14,15).

Nach Wilckens entspricht Act 14,15-17 einem aus I Thess 1,9f und
Hebr 5,11-6,2 zu erschließenden Schema hellenistisch-christlicher
Missionspredigt[51]. Der Sache nach lasse sich aber auch die jüdische
Forderung an die Proselyten mit den Stichworten 'Umkehr vom Götzen-
dienst' und 'Glaube an den einen Gott' zusammenfassen[52].

Besonders interessant für die paulinische Verwendung von μάταιος
in I Kor 15,17 ist I Petr 1,18-21. Die μάταια ἀναστροφή meint hier
die heidnische Vergangenheit der Angesprochenen. Ihr ist antithetisch der Glaube an Gott, der Christus von den Toten auferweckt hat,
als Kennzeichen ihrer christlichen Gegenwart gegenüber gestellt.
Damit ist die Bekehrung als Schritt vom Götzenglauben zum Glauben
an den totenerweckenden Gott gekennzeichnet. Auch in I Kor 15,12-19
bildet die Auferweckung Jesu das Zentrum des Kerygmas und des Glaubens, und zwar nicht in erster Linie als notwendiges Korrelat zum
Sühnetod, wie Lietzmann vermutet[53]. Vielmehr ist hier wie auch in
I Petr 1 die Fähigkeit, Tote lebendig zu machen, zum Kriterium für
die Unterscheidung zwischen Gott und Götze erhoben. In der Auferweckung Jesu hat Gott seine Gottheit erwiesen. Trifft dies nicht zu,
dann ist die πίστις der Korinther ein Glaube an einen machtlosen
Götzen, dann ist Paulus nicht Apostel des wahren Gottes, sondern
Götzendiener, dann hat sich für die Korinther nichts geändert: sie
sind noch in ihren Sünden. Das Sein in Sünden steht hier also für
den heidnischen Zustand der Christen vor ihrer Bekehrung von den
Götzen zu Gott. Sündenvergebung ist demnach als Resultat der Bekehrung vom Götzenglauben zum Gottesglauben verstanden.

Die in I Kor 15,12-19 zugrundeliegende Anschauung von der Sündenvergebung ist demnach durch zwei Hauptmerkmale gekennzeichnet:

1. Die Vergebung der Sünden ist ein soziologisches Phänomen. Sie
vollzieht sich als Korrelat der Hinwendung zur Gemeinde/zu Gott bei

---

setzt μάταιος vor allem in Beziehung zu dem heidnischen Seher Bileam
(Cher 32; Det 71; Conf 159; Migr 113), aber auch zur Götzenverehrung allgemein (All III 46; Sacr 70). Auch im frühen Christentum können die Worte
von Falschpropheten und Götzendienern als μάταιος bezeichnet werden:
II Petr 2,18; Eph 5,6; vgl. I Tim 1,3-7; Tit 1,10f; 3,9; Jak 1,26f.

51 Missionsreden, 86-91.

52 A.a.O., 84. Innerhalb dieses der jüdischen Mission entlehnten doppel-
gliedrigen Umkehrrufs steht μάταιος auch in I Clem 7,2; 9,1; JustDial
91,3 für den Götzenglauben; vgl. JustDial 8,4.

53 HNT 9, 79.

der Bekehrung. Das entspricht der Funktion von πίστις in Röm 3,25:
Eintritt in den Bereich der Erwähltheit und damit Anteil an der
Sühne.

2. Der Tod Jesu spielt für die Sündenvergebung keine Rolle, ja
sie ist noch nicht einmal eindeutig christologisch zentriert, denn
die Betonung der Auferweckung Jesu dient hier primär dem Nachweis
der Mächtigkeit Gottes, Tote lebendig zu machen.

3.2.2. Der traditionsgeschichtliche Hintergrund

Die paulinischen Aussagen in I Kor 15,12ff stehen damit in der
Tradition der atl.-jüdischen Soteriologie. Danach ist die Vergebung
begangener Sünden aufgrund von Gottes Barmherzigkeit durch die Ab-
kehr vom Bösen, die Umkehr zu Gott und seinen Geboten und das Bekenntnis der eigenen Sünden möglich[54].

Im NT ist vor allem die lukanische Anschauung über die Sündenvergebung an dieser jüdischen Konzeption orientiert. Der Tod Jesu
ist für Lukas nur ein Nebenmotiv und hat für die Sündenvergebung
keine Relevanz. Er wird weder zu den Sünden noch zur Taufe in Beziehung gesetzt. Allein innerhalb der Abendmahlstradition (Lk 22,20)
und in Act 20,28 ist eine soteriologische Dimension des Todes Jesu
angedeutet. Grundlegend für die Sündenvergebung ist vielmehr die
Taufe. Dies gilt sowohl für die Johannes- als auch für die Jesus-
taufe, zwischen denen für Lukas im Hinblick auf ihre Wirkung - die
ἄφεσις ἁμαρτιῶν - kein Unterschied besteht[55]. Voraussetzung der
Taufe und damit der Sündenvergebung ist entsprechend dem atl.-jü-
dischen Schema die μετάνοια . Der Ruf zur Umkehr ist ein fester
Topos der Missionspredigten an die Juden (Act 2,38; 3,19; vgl. 5,31).
Ihm entspricht in den Predigten an die Heiden die Aufforderung zur
πίστις: Act 10,43; 13,38f; 26,18[56].

---

54 Zu den genannten Elementen können in dem entsprechenden Wortfeld hinzu-
    treten: Die Abwendung des Zornes Gottes, das Abwaschen bzw. nicht An-
    rechnen der Schuld sowie die Mitteilung der Sündenvergebung durch einen
    Mittler. Häufig sind Umkehr und Sündenvergebung in ein konditionales Ver-
    hältnis zueinander gesetzt. Folgende Texte gehören zu diesem semantischen
    Feld: Jes 1,16ff; 64,7-9; I Reg 8,33f; Jer 36(43),3; Ez 18,21f; 36-25-27;
    Hos 14,2ff; Ps 32(31),1f.5; 51(50),3ff; 130(129),3ff; OrMan 7; PsSal 9,6f;
    Jub 5,17f; 41,23-25; JosAs 12ff; TestAbr A 14; TestSeb 9,7f; ApkMos 32;
    Sib IV 165; Pesiqta 159a; Mekh Ex 19,2.

55 Dagegen SCHÜRMANN, HThK III/1, 91; vgl. auch 159.

56 In 28,20 werden auch die Heiden zur μετάνοια gerufen; evtl. hängt die
    Betonung der μετάνοια in den Predigten an Juden auch mit der Schuld
    der Jerusalemer am Tod Jesu zusammen.

Die singuläre Bedeutung Jesu für das Gottesverhältnis kommt in
der 'Taufe auf den Namen Jesu' zum Ausdruck: die Taufe steht in
Relation zu und ist Antwort auf den einzigen Mittler des Willens
Gottes. Die Rolle des Mittlers[57] nimmt Jesus wahr, indem er Sündenvergebung zuspricht (Lk 5,23; 7,48) und ankündigt (Lk 4,18f; Act
13,38).

Die gegenüber der atl.-jüdischen Tradition spezifisch neuen,
allein im Rahmen der Wirkungsgeschichte Jesu verständlichen Elemente bei Lukas sind: die Intensivierung des Appells zur Umkehr/zum
Glauben angesichts der Barmherzigkeit Gottes in der messianischen
Heilszeit vor dem Kommen der neuen Basileia, die Ausweitung des Angebots an alle (πίστις der Heiden) und der Zuspruch der Vergebung
durch Jesus als den vollmächtigen Boten Gottes selbst.

Ist die Sündenvergebung bei Lukas an die mit μετάνοια und πίστις
verbundene Initiation (Taufe) geknüpft, so entspricht das den paulinischen Aussagen in I Kor 15,12-19. Dennoch wird man sich vor
einer allzu schnellen Parallelisierung zu hüten haben. Zwar steht
die atl.-jüdische Polemik gegen den Götzenglauben und die Konzeption, wonach die Sündenvergebung durch Umkehr/Bekehrung zum wahren
Gott erlangt wird, im Hintergrund von I Kor 15,12ff, doch muß zweierlei beachtet werden:

Erstens ist die Sündenvergebung nicht das eigentliche Thema des
Paulus in I Kor 15,12ff; sie ist allenfalls Nebenmotiv. Die tech-
nische Wendung ἄφεσις ἁμαρτιῶν taucht nicht auf. In erster Linie
geht es Paulus hier um die Auferweckung Jesu und damit um den Nachweis der Gottheit Gottes. In der Konsequenz bedeutet das dann allerdings die Vergebung der Sünden für die, die sich zu Gott bekehren.

Zweitens ist hier lediglich die Tatsache der Sündenvergebung bei
der Bekehrung genannt, über ihren Modus jedoch nichts ausgesagt.
Da die Sündenvergebung nicht im Zentrum steht, kann Paulus ohne Bedenken auf die jüdische Tradition zurückgreifen. Dort wo Sühne und
Sündenvergebung selbst thematisiert sind, wie in Röm 3,25, sind sie'
deutlich an den Tod Jesu gebunden.

Analog ist in Röm 3,25 und I Kor 15,12ff die Rolle der πίστις
als exklusive Weise des Zutritts zum Gültigkeitsbereich der Vergebung.
Dies ist einmal vom kultischen Verständnis her als Eintritt in den
Raum der Erwähltheit, einmal vom missionarischen Kontext her als
Bekehrung zu dem wahren Gott akzentuiert.

---

57 Im Judentum zumeist von Engeln wahrgenommen, vgl. Jub 41,24; VitAdEv c.9;
    TestAbr A 14; vgl. auch Act 10,3ff.

EXKURS

Die Rezipierbarkeit der paulinischen Aussagen
für Heiden, die mit dem alttestamentlich-jü-
dischen Erbe nicht vertraut waren.

In der paganen Gräzität ist πίστις als Grundlage von Sühne oder
Sündenvergebung nicht belegt. Dennoch lassen sich Anhaltspunkte dafür finden, in welcher Weise Heiden, die mit dem Judentum nicht
vertraut waren, die paulinischen Aussagen verstanden haben könnten.
Wir gehen dabei nicht von der pagan-griechischen Bedeutung von
ἱλαστήριον = 'Weihgeschenk' (vgl. BÜCHSEL, ThWNT III 321) aus, da
auch eine Verbindung von ἴλεως und Derivaten mit πίστις im außer-
jüdisch-christlichen Literaturbereich nicht zu belegen ist, das
Verständnis von ἱλαστήριον als Weihgeschenk also allenfalls darauf
weisen kann, daß auch für griechische Hörer der kultische Rahmen,
in den Paulus seine Aussage in Röm 3,25 stellt, deutlich war. Über
die Rolle der πίστις im Sühnegeschehen ist damit aber noch nichts
gesagt.

Einen Anhaltspunkt kann eine Stelle bei Josephus bieten, in der
πίστις und ἀμαρτία, jeweils profan im Sinne von 'Treue' und 'Fehler'
gebraucht, in Beziehung zueinander gesetzt sind. In seiner Auto-
biographie berichtet Josephus, daß nach der Eroberung von Tiberias
durch seine Truppen die Autoritäten der Stadt zu ihm gekommen seien,
um ihn um Verzeihung wegen ihres aufrührerischen Verhaltens zu
bitten; im Text heißt es:

> "Die Tiberer kamen wiederum und baten, ihnen wegen ihres Ver-
> haltens zu vergeben (συγγινώσκειν), indem sie versprachen,
> die begangenen Fehler (ἀμαρτίας) durch zukünftige Treue zu mir
> (τῇ μετὰ ταῦτα πρὸς ἐμὲ πίστει) wieder gut zu machen." (Vit
> 333).

Drei Aspekte dieser Stelle sind für uns von Interesse:

1. Die Ungleichheit der Partner des berichteten Geschehens. Es
   geht nicht um die Verzeihung unter Freunden, sondern um die
   vergebende Huld des Siegers über Besiegte.
2. Die Treue der Untertanen gegenüber dem Herrscher bildet die
   Grundlage der Vergebung.
3. Die begangenen Fehler und die versprochene Treue sind vom
   Akt der Vergebung aus betrachtet auf Vergangenheit und Zukunft verteilt. Vergangene ἀμαρτίαι werden durch zukünftige
   πίστις gesühnt.

Alle drei genannten Punkte treffen auch auf die paulinischen Aussagen zu. Auch hier geht es ja um ein Geschehen zwischen ungleichen
Partnern (Gott-Mensch), in dem den niedriger Gestellten ihre vergangenen ἀμαρτίαι aufgrund von zukünftiger πίστις vom höher Gestellten vergeben werden. Es entsprechen einander aber nicht nur
das Verhältnis der Aktanten und die Struktur der Beziehung von
'Fehler'-'Treue'-'Vergebung', sondern auch die Situation, in der
das Geschehen angesiedelt ist: Angesichts einer ausweglosen Lage
(Eroberung der Stadt/Offenbarung des Zornes Gottes) bleibt als
einzige Möglichkeit, Vergebung zu erlangen, die πίστις.

Wenn es auch unmöglich ist, aufgrund einer einzigen Stelle defi-
nitive Aussagen zu machen, so läßt sich doch von JosVit 333 her zumindest vermuten, daß pagan-griechische Hörer die paulinische Konzeption in Analogie zu dem bei Josephus berichteten Geschehen verstanden haben. Grundvoraussetzung hierfür ist die Transponierung
innerweltlich-zwischenmenschlicher Vorgänge auf die Ebene des Verhältnisses zwischen Gott und den Menschen. Das Hauptanliegen der
paulinischen Aussagen, nämlich die Exklusivität der πίστις als Mög-

lichkeit, Zugang zu und Anteil an einem mit einer konkreten Person
verknüpften, einmaligen historischen Akt zu gewinnen, damit Vergebung zu erlangen und den Zorn Gottes abzuwenden, wäre bei einem
Verständnis vor dem aufgezeigten Horizont jedenfalls gesichert.

ZUSAMMENFASSUNG
DES ERSTEN HAUPTTEILS

Der Glaube gründet nach Paulus in einem umfassenden Akt personaler Begegnung. Weil hinter diesem Kommunikationsvorgang die Autorität Gottes steht, hat er die Dimension eines Offenbarungsgeschehens, in dem sich Gottes Erwählungshandeln aktualisiert und zur Wirkung kommt. Zum Glauben kommen bestimmt sich so als Partizipation am pneumatisch-charismatischen Verkündigungsgeschehen. Demgegenüber ist das Bekenntnis erst ein sekundärer Akt. Die personale Vermittlung in der apostolischen Verkündigung bildet das notwendige Bindeglied zwischen der Exklusivität des Heils in Kreuz und Auferstehung Jesu und der πίστις als dem singulären Weg zum Heil. Als jüdischer Hintergrund dieser Konzeption ließ sich die Mose-Tradition wahrscheinlich machen, deren Grundstrukturen jedoch in doppelter Weise überboten werden, weil in der apostolischen Tätigkeit nicht nur Zeichen und Wunder, sondern der Geist Gottes zur Wirkung kommt und der Apostel selbst zum Medium der göttlichen Offenbarung wird.

Als Akt der Partizipation am Offenbarungsgeschehen der Verkündigung stellt der Glaube auf die Seite Gottes und bewirkt so eine radikale Änderung der Wertmaßstäbe, und zwar nicht individualistisch im Blick auf das eigene Selbstverständnis, sondern im Kontext der Gemeinde als Versuch der internen Aufhebung sozialer Unterschiede.

Die durch πίστις mögliche Teilhabe an dem sich im Verkündigungsgeschehen offenbarenden Gottesgeist kennzeichnet den Glauben in zweifacher Hinsicht als Schwellenphänomen: Er stiftet Bürgerschaft im Bereich der heilvollen Nähe Gottes und ist insofern immer schon als rechtfertigender Glaube verstanden. Er bedeutet zugleich den Eintritt in die pneumatische Gemeinschaft der Glaubenden. Beides ist im paulinischen Sinn nicht zu trennen. Der im Verhältnis zu Gott erlangten Sohnschaft entspricht die sich in der Liebe äußernde Gleichheit und Einheit der Glaubenden. An diesem Punkt wurde besonders deutlich, daß der in der πίστις eröffnete Zugang zu Gott für den zum Glauben Kommenden im Eintritt in die Gemeinde real wird, unsere Gliederung insofern künstlich ist, weil sie auseinanderreißt, was für Paulus zusammengehört. Die beiden Hauptabschnitte unserer Untersuchung stellen im Grunde zwei Seiten einer Medaille dar.

Ist in der πίστις Teilhabe am Heilshandeln Gottes möglich, so
bedeutet dies inhaltlich in erster Linie die Aneignung der im Tod
Christi vollzogenen Sühne. Auch für Paulus bleiben Kult und Erwählung die Determinanten der Sühnevorstellung. Seine Position
unterscheidet sich von der atl.-jüdischen Sicht der Sühne nicht
durch die Abrogation oder Vergeschichtlichung des Kultischen, sondern durch die Ausweitung des Gültigkeitsbereichs der endgültig
vollzogenen Sühne auf alle Glaubenden.

Im Glauben ist Teilhabe an der Offenbarung, am Geist Gottes und
an der ein für allemal vollzogenen Sühne möglich. Das Charakteri-
stische an diesem Partizipationsvorgang ist, daß Menschen als Ver-
mittler im Mittelpunkt stehen (Apostel/Jesus). Insofern läßt sich
sagen: πίστις betrifft nicht nur meine Seele und Gott, ist nicht
nur ein intellektueller Akt, sondern ein interpersonales Geschehen,
in dem zugleich die Dimension des Göttlichen zum Tragen kommt.

ZWEITER HAUPTTEIL

GLAUBE ALS TEILHABE IM BLICK AUF DIE GEMEINDE DER
ERLÖSTEN

Im zweiten Hauptabschnitt unserer Untersuchung wollen wir näher
in den Blick nehmen, was die Teilhabe am Handeln Gottes beim Menschen
bewirkt, und zwar speziell in seiner sozialen Verfaßtheit als Gemeinde.

Dabei haben wir uns zunächst mit der dem frühen Christentum vorgegebenen Gemeinschaftsgröße Israel und dem darin für das Gottesverhältnis geltenden Gemeinschaftsbegriff der Sedaka auseinanderzusetzen. In welcher Weise wird der Bezugsrahmen (Raum der Erwähltheit) für das durch Gerechtigkeit qualifizierte Gottesverhältnis
transformiert, wenn πίστις zur Grundlage der δικαιοσύνη wird? Dabei kommt gegenüber dem ersten Hauptteil, der sich mit dem Eintritt
in den Glauben beschäftigte, dann auch die Frage nach der zeitlichen Dauer, dem durativen Wert der πίστις in den Blick. Welche
Bedeutung hat der Glauben für die christliche Existenz zwischen
präsentischer und futurischer Rechtfertigung? Kann man von einer
ethischen Relevanz von πίστις für die gesetzesfreie Gemeinde sprechen
und wie verhält sich das zur Kennzeichnung des Glaubens als eines
Schwellenphänomens? M.a.W. inwieweit wird die Überschreitung der
Schwelle zugleich zum Prinzip des Handelns?

Demnach wäre christliches Sein von seinem Anfang her zu bestimmen, der als Teilhabe an der Offenbarung des Gottesgeistes prinzipiell nicht wiederhol- oder einholbar ist. Von diesem Anfang her,
dem nahe zu bleiben Kennzeichen des durativen Aspekts von πίστις
ist, fließt die Kraft für den dauerhaften Stand in der Nähe Gottes
bzw. in der Gemeinde.

Hierin wird ein struktureller Unterschied zwischen πίστις und der
jüdischen Tradition von Gottes Gedenken an den Bund mit den Vätern
deutlich, denn die Ersetzung des Abstammungsprinzips durch den Glauben beinhaltet a) die Kraft zur Bewahrung, b) den Grund der Hoffnung und c) die Befreiung von der Sündenmacht.

Das Augenmerk liegt im folgenden also auf den ekklesiologischen
Implikationen paulinischer Glaubensaussagen, die wir auf dem Hintergrund des Verstehenshorizonts der Rezipienten zu ermitteln versuchen.

4. Kapitel
TEILHABE AN GERECHTIGKEIT UND ERWÄHLUNG

Wir beginnen den zweiten Hauptabschnitt unserer Untersuchung mit der Erörterung über das Verhältnis von Glaube und Gerechtigkeit, denn Gerechtigkeit ist sowohl im pagan-griechischen Verständnis (Zwei-Tugend-Kanon) als auch vom AT her gesehen (Sedaka) ein Gemeinschaftsbegriff. Damit ist gesagt, daß Gerechtigkeit fest umrissene Grenzen hat, sich immer auf ein bestimmtes Feld personaler Kommunikation richtet. Im Blick auf das Verhältnis zu Gott sind diese Grenzen des Gültigkeitsbereichs von Gerechtigkeit nach der atl. Tradition durch Israel als Erwählungsgröße markiert. Demgegenüber tritt im frühen Christentum der Glaube als Grundlage der Gerechtigkeit in den Mittelpunkt. Es wird also zum einen nach der Erwählung stiftenden Funktion von πίστις, zum anderen aber auch nach der Bedeutung der Rechtfertigung aus Glauben für die Gemeinschaft der Glaubenden zu fragen sein, denn die Rechtfertigung ist kein individueller Schatz, sondern Befähigung und Aufgabe, Gemeinschaft zu verwirklichen. Inwiefern kann der Glaube zur Gerechtigkeit angerechnet werden? Gibt es in der atl.-jüdischen Tradition Voraussetzungen für die Sicht des Glaubens als einer Weise des Gerechtseins, ohne daß auf das Gesetz Bezug genommen wird? Wir wollen diese Frage an der Analyse der beiden für Paulus zentralen atl. Glaubensstellen (Gen 15,6 und Hab 2,4) und deren jüdischer Rezeptionsgeschichte zu klären versuchen, um dann zu untersuchen, in welcher Weise Paulus diese Tradition in seiner Konzeption der Glaubensgerechtigkeit verarbeitet. Dabei kommen auch die paulinische Sicht des Verhältnisses von Glaube und Werken, sowie seine Beurteilung des νόμος im Gegenüber zur πίστις in den Blick.

Zunächst fragen wir aber nach der Bedeutung, die πίστις im pagan-griechischen Literaturbereich im Blick auf die δικαιοσύνη haben konnte. Gibt es hier Sprachkonventionen und daran geknüpfte Assoziationskomplexe, die ein Verständnis der paulinischen Konzeption ermöglichten, aber eben auch eventuell gegenüber jüdischen Rezipienten modifizierten? Dieser Frage wollen wir abschließend durch eine rezeptionskritische Darstellung der paulinischen Rede von Glaube und Gerechtigkeit nachgehen, in der die Intention des Apostels, das frühjüdische und das pagan-griechische Verständnis, so wie es sich auf-

grund der Rezeptionsvoraussetzungen rekonstruieren läßt, einander
gegenübergestellt werden. Auf diesem Hintergrund ist dann die Erörterung der soziologischen Implikationen der Verbindung 'Glaube -
Gerechtigkeit' bei Paulus möglich.

4.1. Das Verhältnis von πίστις und δικαιοσύνη in der pagan-griechischen Literatur

Die Verbindung der Wortgruppen πιστεύειν/πιστός/πίστις und δίκη/
δίκαιος/δικαιοσύνη ist in pagan-griechischen Texten durchgängig vom
5. vorchristlichen bis zum 3. nachchristlichen Jahrhundert zu belegen. Dennoch sind die Belege im Vergleich zu der Bedeutung, die
Gerechtigkeitsvorstellungen im griechischen Denken hatten, recht
spärlich.

Es erscheint von daher sachdienlich, zunächst in groben Zügen die
Verwendung von δικαιοσύνη in der Pagangräzität zu skizzieren, um die
für unsere Fragestellung einschlägigen Texte vor diesem Hintergrund
besser einordnen und verstehen zu können. Wir werden uns hierbei
darauf beschränken, die Grundmotive der griechischen Gerechtigkeitsvorstellung längsschnittartig aufzuzeigen, ohne auf die spezifischen
Ausprägungen, die der Gerechtigkeitsbegriff bei einzelnen Autoren
erfahren hat, näher einzugehen.

4.1.1. Grundmotive der griechischen Gerechtigkeitsvorstellung

Φυσικὸν δίκαιον und νομικὸν δίκαιον

Grundlegend für die pagan-griechische Gerechtigkeitsvorstellung
ist die Tatsache, daß seit frühester Zeit zwischen der juristisch-
moralischen und der kosmischen Dimension von Gerechtigkeit nicht
geschieden wird(1). Personifiziert in der Göttin Dike(2) herrscht
sie über die Götter- und die Menschenwelt(3). Von daher wird dann
das z.T. mit den Maßstäben der Gerechtigkeit nicht konforme Handeln der Götter zum Problem(4). In der Sophistik führt diese
Aporie zur Verneinung des transzendenten Ursprungs der Gerechtigkeit und zur Verweigerung der Gottesverehrung(5). Gerechtigkeit
existiert für die Sophisten nur νόμῳ und hat lediglich den Sinn,
den natürlichen Egoismus so zu begrenzen, daß Sozietät ermöglicht
wird(6). Dem - allein in der Sophistik bestrittenen - umfassenden

---

1 Vgl. DIHLE, RAC X, 249.
2 Hes, Op 256ff.
3 Vgl. DIHLE, a.a.O., 238.249.
4 Soph Trach 1277f; Eur Ion 1313; 1556f.
5 Thrarymachos, VS 85 B 8.
6 Vgl. DIHLE, a.a.O., 250 und NILSSON, Griechengötter, 193-210.

kosmisch-moralischen Gerechtigkeitsbegriff entspricht es, daß
sich das Bewußtsein dafür, daß die δικαιοσύνη im zwischenmenschlichen Bereich nicht einfach identisch mit den jeweiligen νόμοι
ist, stets wachgehalten hat. Zwar sind die Gesetze jeweils als
Ausfluß aus der umfassend gedachten Gerechtigkeit verstanden, jedoch kann rechtes Handeln im Sinne der δικαιοσύνη sich im Zweifelsfall eben auch gegen die herrschenden νόμοι richten(7). So treten
das νομικὸν δίκαιον und das φυσικὸν δίκαιον in Konkurrenz zueinander. Die tatsächliche Unvollkommenheit der Gerechtigkeit im
empirisch faßbaren Bereich (sowohl in den Gesetzen, als auch in
den einzelnen Handlungen der Menschen) wird einerseits durch kul-
turpessimistische Geschichtskonzeptionen erklärt, wonach von dem
urzeitlichen Goldenen Zeitalter der Weg bis zur Gegenwart durch
einen ständigen Abstieg gekennzeichnet ist, der schließlich dazu
führt, daß Αἰδώς und Νέμεσις zum Olymp fliehen(8). Daneben hielt
sich aber auch die fortschrittsgläubige Konzeption, nach der mit
Beginn der Zeusherrschaft ein düsteres Zeitalter abgeschlossen
wurde und die Geschichte sich seither auf Vollkommenheit hin be-
wegt(9). Beide Entwürfe wurden in einer an die jüdisch-christliche
Apokalyptik erinnernden Weise so kombiniert, daß vor der Wiederkehr des ewigen Friedens und der vollkommenen Gerechtigkeit eine
Periode des Unheils und der Ungerechtigkeit erwartet wurde(10);
dies läßt sich noch für den spätantiken Neuplatonismus nach-
weisen(11).

Gerechtigkeit als höchste Tugend

Aufgrund des umfassenden Charakters der kosmisch-sittlichen Dimension von Gerechtigkeit im pagan-griechischen Denken gilt die
δικαιοσύνη , die traditionell zum Kanon der vier Kardinaltugenden
zählt(12), als Tugend schlechthin, die alle anderen Tugenden in
sich schließt oder sie anführt(13). Nach Platon obsiegt die
δικαιοσύνη im Wettstreit mit den anderen drei Tugenden σωφροσύνη,
ἀνδρεία und φρόνησις (Resp 433b-e)(14), die jeweils einem der
drei Seelenteile zugeordnet sind, während die Gerechtigkeit allen
drei Seelenteilen (und so auch den drei Gesellschaftsständen)
insgesamt gilt. Diese Sonderstellung als höchste der Tugenden
kommt der Gerechtigkeit vor allem deswegen zu, weil sie als einzige der vier Kardinaltugenden sozialen Charakter trägt(15). Von
der Gerechtigkeit als Inbegriff der Tugend (αὕτη μὲν οὖν ἡ
δικαιοσύνη οὐ μέρος ἀρετῆς ἀλλ'ὅλη ἀρετή ἐστιν , Eth Nic V 1130b)
unterscheidet Aristoteles die δικαιοσύνη δικαστική (Pol IV 1291a);
sie steht als ἡ ἐν μέρει ἀρετῆς δικαιοσύνη (Eth Nic V 1130a) neben
anderen Tugenden(16).

---

7   Eur, Frg 1049 N.

8   Hes Op 197-201; vgl. Arat, Phainomena 91-136; Marc Aurel V 33,3.

9   Vgl. DIHLE, a.a.O., 239.

10 Ebd.

11 Amm Marc 22,10; vgl. Synes Aegypt 2,5.

12 Vgl. Aesch Theb 610.

13 Theognis, Eleg I 147; Aristot Eth Nic V 1129b.

14 Vgl. Cic Rep 3,7; Atticus bei Eus Praep Ev 15,4,17f. Philo nennt die
    δικαιοσύνη die ἡγεμονὶς ἀρετῶν (Abr 27); vgl. Cl Al Strom VII
    17,3.

15 Aristot Eth Nic V 1129b; Plat Resp 433b; auch Cicero schätzt die iustitia be-
    sonders hoch ein, weil sie "foras tota promineat, et ad bene faciendum prona
    sit, ut quam plurimis prosit (Rep 3,7).

16 Z.B. im Tugendkatalog Rhet I 1366b 1.

Vergeltungsprinzip und Gleichheitsgedanke

Inhaltlich ist die Gerechtigkeit durch das Vergeltungsprinzip und
den Gleichheitsgedanken qualifiziert(17). Das Gleichheitsprinzip
prägt vor allem die aristotelische Gerechtigkeitsvorstellung. Da
Aristoteles die δικαιοσύνη als eine ἀρετὴ πρὸς ἕτερον definiert,
gilt ihm nicht jeder Normverstoß als Ungerechtigkeit, sondern in
erster Linie die Schädigung des anderen, denn dadurch wird das
ἴσον, das Grundprinzip der Gerechtigkeit gestört (Eth Nic V
1129a)(18). Eben weil Gerechtigkeit als ein Zustand der Gleichheit
bzw. der durch Vergeltung geschehenen Unrechts wiederhergestellten
Gleichheit begriffen wird und so als soziale Tugend die Grundlage
für jedes störungsfreie menschliche Zusammenleben bildet, gilt
der Friede als wesentliche Folge der δικαιοσύνη. So heißt es bei
Arat über das Goldene Zeitalter, in dem die Göttin Dike auf
Erden weilte, daß die Menschen zu jener Zeit sich noch nicht auf
Hader, scheltende Auseinandersetzung und Waffenlärm verstanden
(Phainomena 108f)(19).

Gerechtigkeit und Frömmigkeit

Als soziale Tugend ist die Gerechtigkeit deutlich geschieden vom
Verhältnis der Menschen zu den Göttern. Hier ist ὁσιότης/εὐσέβεια
gefordert. Die Wortverbindung ὅσιος (εὐσεβής) - δίκαιος wird so
zum Ausdruck der vollkommenen Tadelsfreiheit eines Menschen(20).
Obwohl das sich in den Gesetzen niederschlagende δίκαιον als un-
zureichend für den numinosen Bereich betrachtet wird, gilt die
Frömmigkeit weithin als Teil der Gerechtigkeit in ihrer alle
Tugenden umfassenden Dimension. So ist für Platon das ὅσιον Teil
des δίκαιον, und auch für Aristoteles ist die εὐσέβεια Teil oder
Wirkung der δικαιοσύνη (21). Daneben findet sich aber auch ein
paralleler Gebrauch von ὁσιότης und δικαιοσύνη (z.B. bei Epict
Diss III 26,32)(22).

---

17 Schon für Hesiods Gerechtigkeitsgedanken ist der Vergeltungsgrundsatz zentral:
    Op 265f; Frg 286 (ed. Merkelbach-West). Als jenseitige Bestrafung der Seelen
    taucht der Vergeltungsgedanke in dem interpolierten Büßerkatalog in Homers
    Unterweltbeschreibung auf (Od XI 576-600); so auch Plat Gorg 523a-526d; Resp
    614b-621d.

18 Vgl. Eth Nic VI 1131a 9f. Neben Aristoteles macht vor allem der Stoiker Zeno
    die Gleichheit zum Grundprinzip seiner Gerechtigkeitsvorstellung (SVF I Nr.
    250); vgl. auch Philo, SpecLeg IV 231 und LegGai 85, wo die ἀνισότης als
    ἀρχὴ ἀδικίας und die ἰσότης als πηγὴ δικαιοσύνης bezeichnet wird;
    vgl. daneben auch Plant 122; Her 163.

19 Vgl. Max Tyr Diss 24,2 und dann auch Cl Al Strom IV 161,2f.

20 Man kann geradezu von einem Zweitugendkanon sprechen; als Ausdruck der voll-
    kommenen Tadelsfreiheit ist das Wortpaar auch in der Zeit des philoso-
    phischen Synkretismus (1.Jh.v.Chr.) noch konstitutiv (vgl. DIHLE, RAC X, 271).
    Auch im NT wirkt dieser Zweitugendkanon noch nach: Eph 4,24; Tit 2,12; I Thess
    2,10; in erweiterter Form I Tim 6,11; vgl. auch II Petr 1,6.

21 Plat Euthyphr 12c-e; Aristot Virt et Vit 1250b 22f; vgl. SVF III Nr. 264; Cic
    Fin V 65; Diog L 3,83. Auch Sextus Empiricus betont noch (2.Jh.n.Chr.), daß
    die Frömmigkeit ein Teil der Gerechtigkeit sei (Math 9,124). Auch im christ-
    lichen Schrifttum wird die aus platonischer Tradition stammende Subordination
    der Frömmigkeit unter die Gerechtigkeit übernommen (z.B. Cl Al Strom VII 80,7).

22 Vgl. Isoc De pace 33; Cic Nat Deor III 153. In späthellenistischer Zeit wird
    die Trennungslinie zwischen Frömmigkeit und Gerechtigkeit aufgeweicht; so
    nimmt im Corp Herm die εὐσέβεια (= τὸ γνῶναι τὸ θεῖον καὶ μηδένα
    ἀνθρώπων ἀδικῆσαι) die Stelle der Gerechtigkeit als oberste Tugend ein
    (X 19-21); vgl. Oracula Chaldaica (ed. KROLL), S. 64f.

Ἐπιείκεια – φιλία – φιλανθρωπία

Aber nicht nur im Verhältnis zu den Göttern galt das δίκαιον als unzureichend, vielmehr entwickelte sich schon früh das Bewußtsein dafür, daß die dem Vergeltungs- und Gleichheitsgedanken verhaftete Gerechtigkeit als Gestaltungsprinzip menschlicher Sozietät nicht hinreicht. Dem liegt die Erkenntnis zugrunde, daß für ein gedeihliches Zusammenleben Verhaltensweisen wie Mitleid, Verzeihung, Hilfsbereitschaft oder Freundlichkeit, die ja einen partiellen Verzicht auf Gleichheits- und Vergeltungsforderungen voraussetzen, ebenso wichtig sind wie die prinzipielle Geltung und Achtung des δίκαιον. Das hierfür entscheidende Stichwort ist seit dem 5.Jh. ἐπιείκεια(23). In der aristotelischen Ethik wird dem ἐπιεικής, der im Zweifelsfall auf seinen Rechtsanspruch verzichtet(24), das Recht zuerkannt, das νομικὸν δίκαιον nach den Maßstäben des φυσικὸν δίκαιον zu korrigieren(25). Von daher kann Aristoteles die ἐπιείκεια als eine Art jener umfassenden, alle Tugenden in sich schließenden Gerechtigkeit kennzeichnen (Eth Nic V 1137a 31–1138a 3). Das entscheidende ethische Regulativ zur strikten Anwendung des δίκαιον liegt für Aristoteles in der Freundschaftsethik begründet. Die φιλία, die vom Vergeltungsprinzip abzusehen vermag (Eth Nic VIII 1163b 15), gilt ihm als der Gerechtigkeit gleich oder ähnlich (Eth Eud VII 1234b 31)(26) und ist für den Bestand menschlicher Gemeinschaft wichtiger als die Gerechtigkeit im engeren Sinne (Eth Nic VIII 1155a 22–24). An diese Korrektur der Gerechtigkeitsvorstellung von der Freundschaftsethik her anknüpfend tritt in hellenistischer Zeit die φιλανθρωπία mehr und mehr an die Stelle der δικαιοσύνη. Bedingt durch die Auflösung der Polis, dem zuvor konstitutiven Rahmen aller ethischen Entwürfe, kommt der Freundlichkeit als Verhalten in der Kosmopolis ein höherer Stellenwert zu als der alten Bürgertugend Gerechtigkeit(27). So kann in späthellenistischer Zeit das traditionelle Wortpaar ὅσιος(εὐσεβής) – δίκαιος durch ὅσιος (εὐσεβής) – φιλάνθρωπος ersetzt werden(28).

---

23 Vgl. DIHLE, RAC X, 253 und die dort gegebenen Belege. Neben ἐπιείκεια kann auch μέτριος als Ausdruck des Wohlwollens verwandt werden (Thuc IV 81,2.105,2).

24 Vgl. die Konzeption Platons, nach der es für die Seele (und damit nach platonischer Analogie auch für den Staat) besser ist, Unrecht zu erdulden als ungerecht zu handeln (Gorg 474b.479b; Resp 332d).

25 Vgl. DIHLE, a.a.O., 262.

26 Hierin greift Aristoteles auf traditionelles Vorstellungsgut zurück: φιλία und dann auch ὁμόνοια gelten schon früh als Faktoren, ohne die der Bestand einer Gesellschaft gefährdet ist, und kennzeichnen so die Ergänzungsbedürftigkeit der Gerechtigkeit, vgl. DIHLE, a.a.O., 242f.

27 Vgl. DIHLE, a.a.O., 272f.

28 Vgl. DIHLE, Kanon, 13.32f.37–40. Die Kombination θεοφιλῶς / φιλανθρώπως findet sich schon im 4.Jh.v.Chr. bei Isoc Paneg 29; Euag 43; vgl. Demosth Or XXI 12. Bei Philo Abr 208 wird die vollkommene Tadelsfreiheit Abrahams sowohl durch das Wortpaar εὐσεβής / φιλάνθρωπος als auch durch die Kombination ὁσιότης πρὸς θεόν / δικαιοσύνη πρὸς ἀνθρώπους ausgedrückt; zur Verwendung des Zweitugendkanons im traditionellen Sinn (fromm/gerecht) vgl. auch SpecLeg I 304; Virt 47; zur Kombination εὐσέβεια / φιλανθρωπία: Decal 110. Kombiniert sind die beiden Formen des Zweitugendkanons in SpecLeg II 63.

4.1.2. Die Verbindung πίστις - δικαιοσύνη

Auf dem Hintergrund dieser kurzen Übersicht über die Gerechtigkeitsvorstellungen in der pagan-griechischen Literatur soll nun versucht werden, die verschiedenen Verwendungsmöglichkeiten der Verbindung πίστις - δικαιοσύνη näher in den Blick zu bekommen.

Das Material: Πίστις und δικαιοσύνη als Elemente von Reihen-
bildungen

Überblickt man alle in Frage kommenden Belegstellen, so fällt
zunächst auf, daß πίστις und δικαιοσύνη (oder die entsprechenden
Adjektive) häufig als Elemente mehr oder weniger umfangreicher Reihen-
bildungen auftreten. Zu einem Teil handelt es sich dabei um erweiterte Formen des traditionellen Zweitugendkanons (ὅσιος - δίκαιος).
So heißt es z.B. in einem kurzen Enkomion des Gorgias (B 6, VS II,
286, 12-15) über die Gelobten:

σεμνοὶ μὲν πρὸς τοὺς θεοὺς τῶι δικαίωι,
ὅσιοι δὲ πρὸς τοὺς τοκέας τῆι θεραπείαι,
δίκαιοι δὲ πρὸς τοὺς ἀστοὺς τῶι ἴσωι,
εὐσεβεῖς δὲ πρὸς τοὺς φίλους τῆι πίστει.

In Platons 'Staat' (IX 580a) steht ἄπιστος zur Charakterisierung
des Tyrannen parallel zu ἄδικος und ἀνόσιος[29], und bei Aristoteles
ist das traditionelle Paar 'Gerechtigkeit - Frömmigkeit' (εὐσέβεια
erscheint hier als Teil oder Mitstreiterin der δικαιοσύνη) dadurch
erweitert, daß der δικαιοσύνη neben ὁσιότης, ἀλήθεια und μισοπονηρία
auch die πίστις als Tugend zugeordnet ist (Virt et Vit 1250b 17-24).
Auch einer Inschrift aus dem 1.Jh.v.Chr. liegt der Zweitugendkanon
zugrunde; dort heißt es: ἄνδρα ἀγαθὸν γενόμενον καὶ διενένκαντα
πίστει καὶ ἀρετῇ καὶ δικαιοσύνη καὶ εὐσεβείαι (Dittenberger, OGIS
II 438,8)[30].

Daneben erscheinen πιστός und δίκαιος als Reihenelemente aber
auch in Texten, die nicht in die Tradition des Zweitugendkanons ein-
geordnet werden können. In diesen Fällen tritt zumeist neben die
Gerechtigkeit noch eine zweite Kardinaltugend. So kritisiert z.B.
Plutarch (Mor 1062 E/F) die Diskrepanz zwischen Lehre und Wandel
der Stoiker, indem er ihnen vorhält, daß sie denen die sie für

_____

29 Vgl. Eur Hel 1148; Hec I 234f; Xenoph Hier V 2; Isoc XXI 12.
30 Vgl. auch das Chrysipp-Zitat bei Sen Ben II 31 (SVF III Nr. 507), in dem
    pietas, fides und iustitia als Tugenden nebeneinander genannt sind. Auch die
    berühmte Theognis-Stelle (1135ff) gehört in diesen Zusammenhang: Die Flucht
    der Pistis von der Erde beeinträchtigt Gerechte und Fromme; vgl. auch PPar
    63 VIII 12ff, wo πιστεύειν τοῖς θεοῖς parallel zu πολιτεύεσθαι ὁσίως καὶ
    δικαίως πρὸς τοὺς θεούς   gebraucht ist.

κακοὺς καὶ ἀδίκους καὶ ἀπίστους καὶ ἄφονας halten, Geld, Ämter und
selbst ihre Töchter anvertrauen; und bei Dion Chrysostomos heißt es:
"Ein Segen wäre es, wenn die Zeit den Menschen, wie sie ihn zum Greis
macht, auch vernünftig (φρόνιμον), gerecht (δίκαιον) und glaubwürdig
(πιστόν·) machen könnte"[31]. Bei Isokrates kann aber auch das Wortpaar πιστός/δίκαιος allein Ausdruck vollkommener Tugendhaftigkeit
sein (III 57.64). Dabei ist das Verhältnis von δίκαιος und πιστός
so vorgestellt, daß das Gerechtsein nach außen tretendes Zeichen der
Treue als einer Seeleneigenschaft ist: λόγος ἀληθὴς καὶ νόμιμος καὶ
δίκαιος ψυχῆς ἀγαθῆς καὶ πιστῆς εἴδωλόν ἐστιν (III 7 = XV 255).

Einen Spezialfall stellen Texte dar, in denen πίστις und δίκη
als personhafte Größen nebeneinandertreten. So werden im Prooemium
zu den orphischen Hymnen Πίστις und Δίκη gemeinsam als Göttinnen angerufen (Hymn Orph proem 25 ed.Abel, 58). Bei Marc Aurel findet sich
eine hypostasierte Verwendung von Recht und Treue (V 33,3)[32] im Kontext der oben skizzierten kulturhistorischen Konzeption, nach der
die Geschichte seit dem Ende des Goldenen Zeitalters durch einen
ständigen Niedergang gekennzeichnet ist. Als Folge der Flucht von
Treue, Achtung, Recht und Wahrhaftigkeit ist das gegenwärtige Leben
faul und leer, gilt guter Ruf nichts mehr und ist in der Seele nur
eine Ausdünstung aus Blut zu erkennen - was bleibt, ist, die Götter
zu verehren und den Menschen Gutes zu tun[33].

Wir wollen die Bestandsaufnahme der einschlägigen Textstellen
hier zunächst unterbrechen und versuchen, eine Antwort zu finden auf
die Frage nach Funktion und Stellenwert der πίστις in den genannten
Texten und damit auch nach der spezifischen Bedeutung der Verbindung von πίστις und δικαιοσύνη.

Die Freundschaftsethik als Kontext der Verbindung πίστις - δικαιοσύνη

Einen möglichen Ausgangspunkt zur Beantwortung dieser Frage bildet die pagan-griechische Vorstellung von der Ergänzungsbedürftigkeit der Gerechtigkeit. Wir hatten gesehen, daß vor allem Aristoteles die φιλία als ethisches Regulativ zur strikten δικαιοσύνη her-
vorhebt (Eth Nic VIII 1155a 22-24; 1163b 15; Eth Eud VII 1234b 31).
Als ein Grundzug, ja sogar als notwendige Voraussetzung von Freund-

---

31 Vgl. Dio C LXII 19,2; Demosth Or XX 164.
32 Vgl. Epict Diss III 14,13.
33 Eine ähnliche Konsequenz wird auch bei Theognis Eleg I 1135ff aus der Flucht
    von Πίστις, Σωφροσύνη und Χάριτες gezogen; vgl. auch Eur Med 410-15.

schaft und Solidarität gilt dem griechischen Denken durchweg die
πίστις. Dies läßt sich an einer Fülle von Texten zeigen, von denen
hier nur die wichtigsten vorgeführt seien. So heißt es bei Aristoteles (Eth Eud VII 1237b 13):

οὐκ ἔστι δ' ἄνευ πίστεως φιλία[34],

und entsprechend in der Ethica Magna:

ἡ μὲν γὰρ φιλία ἐν πίστει καὶ βεβαιότητι(II 1208β 24).

Xenophon betont, daß es für Liebende (οἷς γε μὴν κοινὸν τὸ
φιλεῖσθαι) geradezu notwendig ist, einander zu vertrauen (πιστεύειν
δὲ καὶ πιστεύεσθαι) (Sym VIII 18).

Das Vertrauen, das man Freunden gegenüber hegt, geht so weit,
daß man ihnen selbst Unglaubliches glaubt (τοῖς δὲ φίλοις καὶ τὰ
ἄπιστα πιστεύειν), Feinden dagegen auch in Bezug auf Glaubhaftes
mißtraut (Plutarch, Mor 160 E)[35].

In einem zur Tradition der Sieben Weisen gehörenden fingierten
Briefwechsel zwischen Peisistratos und Solon schreibt Peisistratos:
εἰ δὲ ἀξιώσεις τῶν ἐμῶν φίλων εἷς εἶναι, ἔσῃ ἀνὰ πρώτους·
οὐ γάρ τι ἐν σοὶ ἐνορῶ δολερὸν ἢ ἄπιστον (Diog L I 53).

Wie Freundschaft in der Treue gründet, so wird sie durch Treu-
losigkeit zerstört: Feinde greift man im Kampf an, τοῖς δὲ φίλοις
δι' ἀπιστίαν (Pollux VI 135).

Aus diesem Grund gilt Josephus die ἀπιστία als schlimmster Frevel
und bildet so die Opposition zum Schönsten, der φιλία (Bell III
349)[36].

Deswegen besitzen Tyrannen, denen immer φιλοτιμία und ἀπιστία
eigen sind, zwangsläufig keine wahren Freunde (Dio C XL 15).

Und auch für Jamblichus gilt noch:

ἐκ φιλίας μηδέποτε ἐξαιρεῖν πίστιν μήτε παίζοντας μήτε
σπουδάζοντας (VitPyth.XXII 102 = XXXIII 232)[37].

---

34 Vgl. Jos Ap II 134.207.
35 Deswegen gilt als paradox: ἀπιστεῖν δὲ τοῖς φίλοις, πιστεύειν δὲ
    τοῖς ἐχθροῖς (Herodes Atticus, Pol.35); vgl. Theophr Char IV 2. Dieses
    Paradoxon wird häufig als Vorwurf an den Gegner im politischen Meinungs-
    kampf verwandt: Demosth Or IX 35; XIV 3; XV 33; Isoc III 58; vgl. Jos Ant
    VI 285.
36 Vgl. Plutarch, der die ἀπιστία als ständigen Wechsel (μεταβολή) von
    Freundschaft und Feindschaft kennzeichnet (VitCrass 565 e).
37 Vgl. daneben noch Epict Diss II 4,1-10; Herodot III 74; Demosth Or XIX 27;
    Eur El 83; Gnomilogium Epictetum Stobaei 39; Stob 93,31. Auch der, der sich
    nur den Anschein gibt, Freund zu sein, kann Vertrauen erlangen (Demosth
    XIV 7). Vor solcher Täuschung warnt Dion Chrysostomos und rät unter Hinweis
    auf die Schlechtigkeit der Menschen: μὴ τοίνυν πίστευε τοῖς εὐνοεῖν
    φάσκουσι καὶ μηδέποτε (ἂν) ἐγκαταλιπεῖν τὴν πρὸς σὲ φιλίαν

Von diesem Tatbestand her läßt sich vermuten, daß der parallele
Gebrauch von πίστις (πιστός) und δικαιοσύνη (δίκαιος) in Reihen
eine Ausdrucksform für die Ergänzungsbedürftigkeit der Gerechtig -
keit durch die Freundschaft darstellt und so in dieselbe Richtung
weist wie die theoretischen Erwägungen des Aristoteles. Daß diese
Vermutung einige Wahrscheinlichkeit für sich hat, zeigen Texte, in
denen Freundschaft, Treue und Gerechtigkeit gemeinsam vorkommen.

Hier scheint es zunächst so, als seien Freundschaft, Gerechtigkeit und Treue nahezu austauschbar, und zwar insofern sie alle in
dieselbe Richtung weisen. So erscheint es Isokrates geradezu ana-
chronistisch, die, die Unrecht tun (ἀδικοῦντας), für vertrauenswürdig (πιστούς) und nicht vielmehr für Feinde (ἐχθρούς) zu halten
(XXI 12). Sind hier Ungerechtigkeit und Feinschaft einander zugeordnet und in Opposition zur Treue gestellt, so sind bei Dio Cassius
Unrechttun, Bruch von Freundschaft und Treue in einer Art synonymem
Parallelismus nebeneinander gestellt; als tugendhaft gilt hier der,
der erlittenes Unrecht vergibt und trotz des Freundschafts- und
Treuebruchs weiter φίλος und πιστός bleibt (LXXI 26,2f)[38]. Auch in
der Charakteristik der Tyrannen bei Platon (Resp IX 580a) scheinen
ἄπιστος, ἄδικος und ἄφιλος synonym verwandt zu sein; hier zeigt sich
freilich auch, daß Synonymität nicht im Sinne von Deckungsgleich-
heit mißverstanden werden darf: ein paar Abschnitte vor der genannten Stelle heißt es nämlich, daß man Tyrannen, weil sie wahrer
Freundschaft unkundig sind, zu Recht als ἄπιστοι und als ἄδικοι
bezeichnet (Resp IX 576a+b). Die φιλία ist demnach als eine Gerechtigkeit und Treue umfassende Größe vorgestellt.

In ähnlicher Weise sind auch bei Aristoteles gegenseitiges Vertrauen (τὸ πιστεύειν) und der Verzicht auf Ungerechtigkeit (τὸ
μηδέποτ'ἂν ἀδικῆσαι) der Freundschaft als deren Hauptmerkmale untergeordnet. Insofern ist es für Epiktet auch einerlei, ob man jemanden
als Freund oder als treu und gerecht bezeichnet (Diss II 22,29)[39].

(Or LXXIV 8; vgl. LXXIV 1.4 u.ö.). Auch wenn in dieser pessimistischen Sicht-
der Zusammenhang von Freundschaft und Vertrauen relativiert wird, wird er
doch als allgemein gültig (und gerade deswegen so gefährlich) vorausgesetzt.
Die Liste der Belege ließe sich mühelos noch verlängern, es sei hier jedoch
nur noch auf den häufig gebrauchten Ausdruck φίλος πιστός hingewiesen
(z.B. Plat Phaedr 233 D u.ö.; siehe auch Sir 6,14-16).

38 Vgl. Röm 3,3-5, wo in ähnlicher Weise von Gott gesagt wird, daß er gegenüber Unrecht und Untreue Israels seine Gerechtigkeit und Treue bewahrt!

39 Daß auch in der folgenden Aussage (Diss II 22,30), wonach sich φιλία nur
dort findet, wo πίστις , αἰδώς und δόσις τοῦ καλοῦ ist, die Gerechtigkeit nicht bewußt als Element der Freundschaft ausgeschieden wird,
zeigt ein Vergleich mit Diss III 14,13, wo anstelle der δόσις τοῦ καλοῦ
die δικαιοσύνη in einer Reihe mit πίστις und αἰδώς genannt ist.

Von der Freundschaft her gesehen stellen Treue und Gerechtigkeit
also Teile einer übergeordneten Einheit dar. So ist auch die aristotelische These von der φιλία als dem ethischen Regulativ des strengen δίκαιον eher im Sinne einer Ergänzung als einer Korrektur zu
verstehen: Freundschaft ist deswegen wichtiger als Gerechtigkeit
(Eth Nic VIII 1155a 22-24), weil in ihr neben dem δίκαιον auch das
πιστόν zum Tragen kommt. Zu beachten ist hier, daß eine solche
Trennung von Gerechtigkeit und Treue nur theoretisch vollziehbar
ist (Aristoteles hat die Gerechtigkeit im engeren Sinne im Blick),
da sie als Elemente einer höheren Einheit eng miteinander verflochten sind, ja einander sogar bedingen. So wie die δικαιοσύνη
als ἀρετή πρὸς ἕτερον (Eth Nic V 1129b), so gehört auch die πίστις
als Ausdruck einer personalen Beziehung in den Bereich der sozialen
Tugenden. Die wechselseitige Abhängigkeit von Treue und Gerechtigkeit kann daher so vorgestellt sein, daß eigenes Rechttun das Vertrauen anderer bewirkt oder aber entgegengebrachtes Vertrauen zum
gerechten Verhalten gegenüber dem Vertrauenden führt. So ist es
nicht verwunderlich, wenn πίστις in Filiationsreihen der δικαιοσύνη
untergeordnet ist (z.B. Aristot Virt et Vit 1250b 24).

Für Plutarch, CatoMinor 781B, ist es die Wirkung der Gerechtigkeit, die sie vor anderen Kardinaltugenden auszeichnet: während
die ἀνδρεία bei anderen τίμη oder φόβος bewirkt[40], die φρόνησις
aber θαυμάζειν oder ἀπιστία, führt die δικαιοσύνη zum φιλεῖσθαι
und zum πιστεύεσθαι, ihr folgt (ἕπεται) δύναμις καὶ πίστις παρὰ
πολλῶν. Derselbe Gedanke liegt auch zugrunde, wenn Demosthenes die
alten Zeiten lobt, in denen die Polis erkannte, wenn jemand nicht
seinem Charakter nach (φύσει), sondern aus Hinterlist (ἐπιβουλεύων)
gerecht handelte, um sich Vertrauen zu erschleichen (XXIV 133). Wie
die Vertrauenswürdigkeit in der Gerechtigkeit gründet, so gilt
umgekehrt natürlich auch, daß dem, der ungerecht handelt, Mißtrauen
entgegengebracht wird[41].

Daß dem Vertrauenden Gerechtigkeit widerfährt, wird zwar aufgrund der Wechselbeziehung von πίστις und δικαιοσύνη prinzipiell

---

Deutlich wird hieran freilich, daß die Treue in höherem Maße als die Gerechtigkeit als konstitutiv für Freundschaft gilt. Die Hinzufügung der
αἰδώς ist als typisch stoische Erweiterung anzusehen (vgl. Marc Aurel
V 33,3).

40 Vgl. Herodot VII 52.

41 So beklagt Demosthenes (Or IX 35), daß die Bürger einander mißtrauen
(ἀπιστοῦντες ἀλλήλοις) und nicht dem, der ihnen Unrecht zufügt (τῷ
πάντας ἡμᾶς ἀδικοῦντι). Die gleiche Verirrung wird in Xenoph Hier V 2
den Tyrannen vorgeworfen, die die Tapferen (ἀλκίμους), Weisen (σοφούς)
und Gerechten (δικαίους) nicht bewundern, sondern fürchten; die ἄδικοι,
ἀκρατεῖς und die ἀνδραποδώδεις gelten ihnen dagegen als πιστευόμενοι;
vgl. Isoc XXI 12.

vorausgesetzt. Da jedoch der, der grundlos Vertrauen schenkt, in
hohem Maße eine Vorleistung erbringt, ist hier die Gefahr eines
mißbräuchlichen Umgangs mit dem geschenkten Vertrauen besonders groß.
So warnt Isokrates davor, Schmeichlern zu vertrauen, denn πιστευθέντες
τοὺς πιστεύσαντες ἀδικοῦσιν (I 30); und denen, die auf ein Söldner-
heer vertrauen, widerfährt häufiger Unrecht, als daß es zu ihrer
Rettung führt (Isoc Epist II 19). Selbst in der Freundschaft verleitet vorweg erhaltenes Vertrauen zur ἐξουσία ἀδικημάτων (Pollux
VI 135).

Ob Vertrauen mit Gerechtigkeit beantwortet wird, liegt also
allein an der charakterlichen Integrität dessen, dem vertraut wird.
Deswegen kommt dem, der οὐδ' ὁτιοῦν...τὸν πιστεύσαντα ἀδικήσας
besonderes Lob zu (Aristid Panathenaikos 201)[42].

Zusammenfassung

Als Ergebnis der bisherigen Untersuchung ist festzuhalten: Die
Verbindung von πίστις und δικαιοσύνη in der pagan-griechischen Literatur ist weithin auf dem Hintergrund der Freundschaftsethik zu verstehen. Als konstitutive Elemente wahrer φιλία bezeichnen πίστις
und δικαιοσύνη nicht eigentlich charakterliche Attribute, sondern
ein zwischenmenschliches Geschehen. Insofern sind sie eng miteinander verflochten und bedingen sich wechselseitig in der Weise, daß
sich die Frage nach der uranfänglichen Voraussetzung, nach dem ersten
Glied der Bedingungskette so nicht stellt, obwohl natürlich die
Gerechtigkeit z.B. je und je als Ursache (aber eben auch als Wirkung) des Vertrauens erfahren wird[43].

In diesem Sinne hat die Verbindung πίστις – δικαιοσύνη einen
festen Platz in Tugendkatalogen (Erweiterungen des 'Zweitugendkanons'; Kombination mit anderen Kardinaltugenden). Die besondere
Wertschätzung der Treue und Gerechtigkeit umfassenden Freundschaft
gründet darin, daß sie Ausdruck eines intakten zwischenmenschlichen
Verhältnisses ist, das nicht nur durch das Gleichheits- und Vergeltungsprinzip des strikten δίκαιον, sondern eben auch durch das
Solidaritätsprinzip gekennzeichnet ist. Eine Form dieser Wertschätzung ist in den Personifikationen Πίστις und Δίκη zu sehen. Zugleich
kommt hier jedoch zum Ausdruck, daß das mit Treue und Gerechtigkeit
bezeichnete Geschehen zwischen Menschen stets unvollkommen bleibt.

---

42 Daß umgekehrt auch Mißtrauen zu Ungerechtigkeit führt, zeigt Plut Pomp 660F.
43 Vgl. Plat Leg 77f; Isoc XIII 5; Theophr Char XVIII.

4.1.3. Die Formel 'πιστεύειν τῷ δικαίῳ'

In Gerichtsreden des 5. und 4. vorchristlichen Jahrhunderts findet sich eine von dem bisher Beschriebenen völlig unterschiedliche
Verbindung der Stämme πιστ- und δικ-: Die Wendung πιστεύειν τῷ
δικαίῳ ist hier eine stehende Formel. Fragen wir nach dem Stellenwert dieser Formel innerhalb der Gerichtsreden, so fällt zunächst
auf, daß das Vertrauen auf die Gerechtigkeit regelmäßig für die
eigene Rechtspartei reklamiert, der Gegenpartei jedoch abgesprochen
wird und somit polemischen Charakter hat. Dem semantischen Gehalt
der Wendung kommt man näher, wenn man sowohl die mit ihr verbundenen
Elemente als auch das dem Rechtskontrahenten vorgeworfene, gegen-
sätzliche Verhalten genauer in den Blick nimmt. In den meisten der
in Frage kommenden Belegstellen gilt das πιστεύειν τῷ δικαίῳ als
Motivation des eigenen Erscheinens vor Gericht; so z.B. Demosth Or
XLIV 4:

εἰ μὴ τῷ δικαίῳ ἐπιστεύομεν, οὐκ ἄν ποτ' εἰσήλθομεν
εἰς ὑμᾶς (sc. δικαστάς)[44].

Die so argumentierende Partei bringt damit eine grundsätzliche
Einstellung zum eigenen Rechtsbewußtsein wie auch zur Gerichtsinstanz
zum Ausdruck. Πιστεύειν τῷ δικαίῳ meint zunächst das Vertrauen in
die Rechtmäßigkeit der eigenen Handlungsweise. Der Kläger oder Be-
klagte stellt sich als lauter dar und bekennt sich zu einem guten
Gewissen (Antiphon V 93).

So kann die Formel πιστεύειν τῷ δικαίῳ auch durch die Wendung
πιστεύειν μηδὲν ἀδικεῖν ersetzt werden[45]. Das gute Gewissen dessen,
der 'auf Gerechtigkeit vertraut', zeigt sich auch darin, daß er
freiwillig vor Gericht erscheint:

πρῶτον μὲν ἐνθυμηθῆναι ὅτι νῦν ἐγὼ ἥκω οὐδεμιᾶς μοι
ἀνάγκης οὔσης παραμεῖναι, οὔτ' ἐγγυητὰς καταστήσας
οὔθ' ὑπὸ δεσμῶν ἀναγκασθείς, πιστεύσας δὲ μάλιστα μὲν
τῷ δικαίῳ (Andocides I 2).

Zugleich kommt in der Formel πιστεύειν τῷ δικαίῳ aber auch ein
Lob des Gerichts zum Ausdruck, auf dessen gerechtes Richten ver-
traut wird und von dem deswegen erwartet wird, daß es dem eigenen
Rechtsanspruch Geltung verschaffen wird[46].

---

44 Vgl. Demosth Or XLVII 45; Antiphon V 93; Andoc I 2+3.
45 Demosth Or XLVII 45; vgl. Andoc I 3.
46 Vgl. Die Fortsetzung der zitierten Andocides-Stelle: πιστεύσας δὲ μάλιστα

Im selben Zuge werden der Gegenpartei im Rechtsstreit unlautere
Motive unterstellt, die dem schlechten Gewissen entspringen, sich
illegaler Mittel bedienen und dadurch die Würde des Gerichts miß-
achten. So wirft Demosthenes dem Dionysodoros vor, er sei nicht als
einer, der auf Gerechtigkeit vertraut, vor Gericht erschienen,
sondern nur, um bei den Richtern sein Glück zu versuchen (Or LVI 18).
Und im Rechtsstreit gegen Lakritos heißt es, daß der nur auf seine
Redekunst vertraue (πιστεύειν τῷ λόγῳ) und sich nicht auf die Gerechtigkeit verlasse (πιστεύειν τῷ δικαίῳ) (Or XXXV 40f). In einem
Erbschaftsprozeß schließlich hält Demosthenes der Gegenpartei vor,
sie bediene sich der Intrige (παρασκευή) und wende viel auf (ἀνάλωμα),
um falsche Zeugen (μαρτυρήσοντες τὰ ψευδῆ) zu kaufen, während die
eigene Partei arm (πενία) und unerfahren (ἰδιώτης) und nur auf das
Recht trauend vor Gericht erschienen sei (Or XLIV 3f)[47].

Regelmäßig beschuldigt Demosthenes die Prozeßgegner der Begehrlichkeit auf anderer Leute Hab und Gut[48]. Selbst in rechtlich zu-
lässigen Mitteln wie dem Verlangen nach Aufschub des Gerichtstermins
aufgrund eines Eides (ὑπόμνυμαι) oder dem Einwand gegen die Klage
des Kontrahenten (παραγράφω) werden Zeichen des Schuldbewußtseins
gesehen (Demosth Or XLVII 45)[49]. Wer sich seiner Unbescholtenheit
bewußt ist und auf Gerechtigkeit (die eigene und die der Richter)
vertraut, bedarf solcher Winkelzüge nicht, ja er kann sogar überhaupt von der Verteidigung absehen (Antiphon III 4).

Die Formel πιστεύειν τῷ δικαίῳ beinhaltet demnach:
a) das Vertrauen in die Rechtschaffenheit der eigenen Person bzw.
   in die Berechtigung des eigenen Anspruchs,
b) das Vertrauen in die Gerechtigkeit der Richter und aufgrund dieser
   beiden Punkte

μὲν τῷ δικαίῳ, ἔπειτα δὲ καὶ ὑμῖν, γνώσεσθαι τὰ δίκαια καὶ μὴ
περιόψεσθαί με ἀδίκως ὑπὸ τῶν ἐχθρῶν τῶν ἐμῶν διαφθαρέντα,
ἀλλὰ πολὺ μᾶλλον σώσειν δικαίως κατά τε τοὺς νόμους τοὺς
ὑμετέρους καὶ τοὺς ῞ορκους οὓς ὑμεῖς ὀμόσαντες
μέλλετε τὴν ψῆφον οἴσειν(I 2); vgl. auch Aristot Eth Nic V 1132 a
20-22; einen Sonderfall bildet Demosth Or LIV 27, wo mit πιστεύειν τῷ
δικαίῳ das Vertrauen auf die Folter (βάσανος) als Mittel der Urteils-
findung ausgedrückt ist.

47 Die hier im Hintergrund stehende Forderung, das Gericht solle keinen Unter-
    schied zwischen Arm und Reich machen, ist ein Grundmotiv auch der bib-
    lischen Sicht des gerechten Richters, der die Person nicht ansieht; vgl.
    Dtn 1,17; Mal 2,9; Jak 2,9; Jud 16; von Gott: Dtn 10,17; II Chr 19,7; Eph
    6,9; Kol 3,25; I Petr 1,17 (Röm 2,11 und Act 10,34 in Bezug auf Juden
    und Heiden).

48 Or XXXV 40; XLIV 3; LVI 18. Darin ist ein Angriff auf das Gleichheits-
    prinzip der Gerechtigkeit zu sehen.

49 Deswegen muß sich Isokrates mit der Frage verteidigen ῏Αρα μικρῷ τῷ
    δικαίῳ πιστεύων τὴν παραγραφὴν ἐποιησάμην ...; (XVIII 20).

c) das Vertrauen darauf, daß der eigene Rechtsanspruch bzw. die
eigene Unschuld im Urteil des Gerichts öffentlich anerkannt
wird.

Die darin zum Ausdruck kommende Haltung, die allein würdig ist,
einem Mann, der sich keiner Schuld bewußt ist, zu helfen (Antiphon
V 93), ist zudem gekennzeichnet durch den Verzicht auf Beweise,
explizite Verteidigung usw. Πιστεύειν ist hier also eine Form des
vertrauensvollen Sich-Auslieferns an eine Gerichtsinstanz, das von
der Hoffnung getragen ist, daß diese Haltung zur eigenen Rettung
(σώσειν) und nicht zur Vernichtung (διαφθείρειν) führt (Andoc I 2).
Demgegenüber müssen dann Rhetorik und Beweisführung als raffinierte
Winkelzüge dessen erscheinen, der sich schuldig fühlt und seine
Hoffnung so auf unlautere Tricks setzen muß.

Für unseren Zusammenhang bleibt festzuhalten, daß es in der
paganen Gräzität eine dem Genos dikanikon zuzuordnende Verbindung
von πιστεύειν und δίκαιον gibt, die als stehende Formel im Verzicht
auf eigene Rechtfertigung und im vertrauensvollen Sich-Ausliefern
an eine als gerecht erkannte Gerichtsinstanz den Grund zur Hoffnung auf Rettung (positiven Ausgang der Rechtssache) sieht.

4.2. Die Verbindung πίστις - δικαιοσύνη in der frühjüdisch-hellenistischen Literatur

Gen 15,6 und Hab 2,4 sind für Paulus die beiden zentralen atl.
Belegstellen für seine Konzeption der Glaubensgerechtigkeit. Beide
Stellen sind auch im Judentum häufig rezipiert worden. Dieser inner-
jüdischen Rezeptionsgeschichte soll im folgenden für jede der beiden Stellen gesondert nachgegangen werden, um vor diesem Hintergrund das Verhältnis von Tradition und Innovation in der paulinischen
Interpretation von Gen 15,6 und Hab 2,4 näher bestimmen zu können.
Zunächst soll jedoch in einer kurzen Übersicht das sonstige frühjüdische Material zum Verhältnis Glaube - Gerechtigkeit vorgestellt
werden.

4.2.1. Übersicht über das Material

Abgesehen von Texten, die in der Tradition von Gen 15,6 und Hab
2,4 stehen, ist die Verbindung der Stämme πιστ- und δικ- im
hellenistischen Frühjudentum nur sehr schmal belegt. In der LXX
finden sich - außerhalb der Abraham-Tradition - nur 17 Stellen,
an denen πιστ- und δικ- nebeneinander gebraucht sind, und auch

in der zwischentestamentlichen Literatur sind die Belege für die
Kombination 'Glaube - Gerechtigkeit' recht spärlich. Der Tatsache, daß in der LXX zwar einerseits für Bildungen vom Stamme
'mn fast ausnahmslos Formen der Wurzel πιστ- stehen, andererseits
aber אמת und אמונה in den meisten Fällen mit ἀλήθεια /ἀληθινός
übersetzt werden(50), entspricht es, daß sich die Verbindung der
Stämme πιστ- und δικ- in der LXX so selten findet(51); nur an
sechs Stellen liegen im Hebräischen die Wurzeln 'mn und ṣdq zu-
grunde(52). Von diesem Befund her wird der Einfluß des hebräischen
AT auf die Verknüpfung von Glaube und Gerechtigkeit in frühjüdischen Texten nicht allzu hoch eingeschätzt werden dürfen. Vielmehr wird zu fragen sein, inwieweit die pagan-griechische Verwendung von πίστις und δικαιοσύνη hier als Interpretationsraster
dienen kann.

Wie in der pagan-griechischen Literatur sind πίστις und δικαιοσύνη
(und die entsprechenden Adjektive) auch in frühjüdisch-hellenistischen Texten häufig parallel gebraucht. Als Elemente von Tugend-
und Lasterkatalogen können sie nebeneinander treten; so nennt
Philo ἀπιστία und ἀδικία u.a. als Filiationen aus ἡδονή (Sacr 22)
und in TestLev 8,2 heißt es:

"'Αναστὰς ἔνδυσαι τὴν στολὴν τῆς ἱερατείας, καὶ τὸν στέφανον
τῆς δικαιοσύνης,...καὶ τὸ πέταλον τῆς πίστεως..."(53).

So können Treue und Gerechtigkeit auch von Gott ausgesagt werden
(Jer 49,5; Dtn 32,4). Häufig stehen hier Ausdrücke des Erbarmens
parallel; so heißt es PsSal 8,24-34 vom θεὸς τῆς δικαιοσύνης,
daß er Israel seine Güte und sein Erbarmen (ἔλεος, χρηστότης),
seine Treue (πίστις) und sein Wohlwollen (εὐδοκία) zuwendet, so
daß er als κύριε σωτὴρ ἡμῶν angerufen wird(54).

Πίστις und δικαιοσύνη bezeichnen aber auch im Frühjudentum nicht
einfach von einander gänzlich zu trennende Eigenschaften, sondern
vielmehr verschiedene Aspekte eines interpersonalen Geschehens.
Die beiden Begriffe kommen sich dabei semantisch so nahe, daß
ἀδικία als Opposition zu πίστις verwandt werden kann (Sir 40,12)
(55). Näherhin läßt sich die semantische Verwandtschaft von πίστις
und δικαιοσύνη in der Weise bestimmen, daß Treue als der vorzüglichste Ausdruck des Gerechtseins gilt (Prov 12,17)(56).

50 Πίστις steht sechsmal für אמת und zwanzigmal für אמונה ; dagegen
    wird אמונה 22mal und אמת 87mal mit ἀλήθεια (12mal mit ἀληθινός)
    übersetzt; vgl. BULTMANN, ThWNT VI, 197f Anm. 149; WILDBERGER, THAT I, 201.

51 Dtn 32,4; I Reg 26,23; Jes 1,21; Jer 49,5; Hos 2,21f; Prov 12,17; 14,5;
    15,28; 17,7; Hi 15,14f; Weish 1,1f; PsSal 8,24-34; Sir 40,12; I Makk 14,35;
    II Makk 3,12; 8,13; Hab 2,4.

52 Viermal liegt hier אמונה zugrunde (Dtn 32,4; I Sam 26,23 = I Reg 26,23;
    Hos 2,21f; Prov 12,17), je einmal das ni (Jes 1,21) und das hi von אמן
    (Hi 15,14f). Dagegen in Jer 49,5 δίκαιος / πιστὸς für נאמן/אמת ;
    Prov 14,5 ἄδικος / πιστός für שקר /אמונים ; Prov. 15,28 δίκαιος/
    πίστεις für צדיק / -- . In den späteren griechischen Übersetzungen
    Aquila und Symmachus (A und Σ) findet sich die Verbindung πίστις -
    δικαιοσύνη noch an fünf weiteren Stellen: Jes 11,5; 33,5f; Ps 33,4.
    Hier liegt für πίστις jeweils אמונה , für δικαιοσύνη entweder צדק
    oder צדקה zugrunde; alle diese Angaben beziehen sich nur auf die
    Stellen, die nicht in der Tradition von Gen 15,6 oder Hab 2,4 stehen.

53 Vgl. I Makk 14,35; Sib I 269; als Vergeltungsaussage I Reg 26,23; vgl.
    auch die parallele Verwendung von Glauben (Treue) und Gerechtigkeit in dem
    paränetisch gewendeten Peristasenkatalog in slHen 66,6.

54 Vgl. Hos 2,21f und äthHen 39,6 (vom Messias).

55 Vgl. Prov 14,5; auch Sib V 426f zeigt die nahezu synonyme Verwendung von
    πιστός und δίκαιος .

56 Vgl. Prov 15,28; Jes 1,21.26; auch in Prov 17,7 läßt sich im Umkehrschluß
    folgern, daß dem δίκαιος die χείλη πιστά zukommen; vgl. Memar Marqah

Besonders interessant ist dies, wenn das mit Treue und Gerechtigkeit beschriebene interpersonale Geschehen auf das Verhältnis
der Menschen zu Gott angewandt wird. So wird in Weish 1,1f die
Mahnung zu Gerechtigkeit, Güte und Herzenseinfalt durch die Zusage motiviert, daß der Herr gefunden wird von denen, die ihn
nicht versuchen, und sich offenbart τοῖς μὴ ἀπιστοῦσιν αὐτῷ (57).

Vornehmlich in apokalyptischen Endgerichtsschilderungen wird
der Gottesglaube als Konkretion des Gerechtseins verstanden. In
TestBen 10,7-9 wird die Auferstehung zum Gericht beschrieben:
Die einen werden zur Herrlichkeit (δόξα), die anderen zur Ent-
ehrung (ἀτιμία) auferstehen. Zuerst werden die Israeliten gerichtet werden wegen ihrer ἀδικία, die darin besteht, daß sie
παραγενάμενον Θεὸν ἐν σαρκὶ ἐλευθερωτὴν οὐκ ἐπίστευσαν (V.8;
analog V.9 über die Heiden). Zwar handelt es sich hier vermutlich um einen christlichen Zusatz, aber LibAnt XXIII 6 zeigt,
daß auch schon in der jüdischen Tradition die im Endgericht als
gerecht gelten, die an Gott glauben:
"... locum ignis, in quo expientur opera facientium iniquitatem
in me (sc. deum), et faculas ostendi ignis, unde illuminabun-
tur iusti qui crediderunt mihi (sc. deo)".
In ähnlicher Weise wird wohl auch äthHen 46,3-8 zu verstehen
sein: Der Menschensohn wird richten "alle, deren Taten Ungerechtigkeit offenbaren, und alle, deren Taten Ungerechtigkeit
ist, ... und ihr Glaube (hajmanotomu) ist auf Götter (gerichtet),
die sie mit ihren Händen gemacht haben, und sie haben den Namen
des Herrn der Geister geleugnet". Eher als an unterschiedliche
Personengruppen ist hier wohl an verschiedene Aspekte des Verhaltens derer, die gerichtet werden, gedacht. Ihre Ungerechtigkeit äußert sich im Verhältnis zu Gott durch Götzenglauben und
Leugnung des Herrn der Geister. Dieses Verständnis wird auch
durch den folgenden Satz gestützt: "Sie werden aus den Häusern
seiner Versammlungen und der Gläubigen vertrieben werden". Die
Gläubigen stehen hier als Opposition zu denen, die Ungerechtigkeit tun und an Götzen glauben, umfassend als Synonym für "die
Gerechten"(58).

4.2.2. Gen 15,6 und die Rezeptionsgeschichte

Gen 15,6 gehört zu den zentralen atl. Belegstellen für die paulinische Verhältnisbestimmung von πίστις und δικαιοσύνη. Auch für

---

IV § 9: Die Gerechtigkeit (personifiziert) sagt zu Jakob: Vertraue auf den
Herrn!

57 Vgl. Philo Her 94; Hi 15,14f.

58 Auch in äthHen 108,13-15 ist mit den 'Guten', denen, 'die Gottes Namen lieben',
den 'Treuen' und den 'Gerechten' wohl immer dieselbe Personengruppe gemeint,
vgl. äthHen 58,5; 61,1-5; nach IV Esr sind die Zeichen für das Ende dieser
Welt das Fehlen von Wahrheit (veritas) und Glaube (fides) und die Menge der
Ungerechtigkeit (iniustitia) (4,51-5,2; vgl. I Clem 3,4), während die
kommende Welt u.a. dadurch gekennzeichnet ist, daß es keinen Unglauben
(incredulitas) mehr gibt und Gerechtigkeit (iustitia) und Wahrheit (veritas)
herrschen (7,113f; ebenso: 7,34f). Auch hier geht es wohl um die Beschreibung des gesamten Verhältnisses der Menschen untereinander und zu Gott.
Vgl. auch Sib III 367-380, wo πίστις als Filiation aus εὐδικίη erscheint.
Der Text erinnert an die pagan-griechische Tradition, die vor der endzeitlichen Wiederkehr der vollkommenen Gerechtigkeit eine Zeit des Unheils und
der Ungerechtigkeit erwartet; vgl. Sib IV 149-161; vgl. auch IV Esr 4,51-5,2
in Verbindung mit 7,113f.

die frühjüdische Diskussion über Glaube und Gerechtigkeit ist diese
Stelle von hervorragender Bedeutung gewesen.

Wir wollen im folgenden Gen 15,6 vor allem unter rezeptionsge-
schichtlichem Aspekt betrachten und dabei versuchen, Strukturen
aufzuzeigen, die für die Rezeption dieser Stelle bestimmend waren.
Dies gibt uns dann die Möglichkeit, die paulinische Interpretation
im Kontext der jüdischen Überlieferung von Gen 15,6 zu verstehen.

Gerhard von Rad vermutet hinter Gen 15,6 die Tradition einer
priesterlich-deklaratorischen Formel, die entweder innerhalb des
Opferkultus oder im Zusammenhang mit der Torliturgie anzusiedeln
sei[59]. Der ursprünglich kultische Rahmen sei jedoch in Gen 15,6
zerrissen, ja die Formel habe jetzt revolutionären und polemischen[60],
zumindest aber generalisierenden und subjektivierenden Charakter[61].
Die "sorgsam ausgewogene theologische Formel"[62] ersetze nämlich die
zur Anrechnung von Gerechtigkeit notwendigen Kulthandlungen durch
den Glauben Abrahams, der - verstanden als ' sich in Jahwe festmachen' - in das rechte Verhältnis zu Gott setze und die Leistung
des gesamten Lebens Abrahams wiedergebe[63].

---

59 Anrechnung; vRAD rechnet das Verb חשב unter Hinweis auf Lev 7,11ff; 17,4
    und Num 18,27 zu der "konventionierten Sprache des Kultus" (130).

60 A.a.O., 133; dagegen mit Recht MICHEL, Begriffsuntersuchung, der darauf ver-
    weist, daß s^edaqa nomen actionis/unitatis zu der Wurzel sdq ist und dement-
    sprechend mit Rechterweisungstat oder Rechterweisungstun zu übersetzen ist
    (80). Von daher sei auch das Vertrauen Abrahams als Rechtschaffenheitstat
    anzusehen. "Gen 15,6 ist also nicht polemisch gegen die kultische Anrech-
    nung gemeint; eher könnte man sagen, daß der Kreis dessen, was als s^edaqa
    anzusehen ist, erweitert wird"(31).

61 A.a.O., 134.

62 A.a.O., 130; auch WESTERMANN, BKAT I/2, 263, meint, daß "der abschließende
    Satz V.6 eine theologische Reflexion darstellt, die der Zeit des Verfassers
    dieser nachgeahmten Erzählung (sc. Gen 15,1-6) angehört". WESTERMANN sieht
    in Gen 15,1-6 eine Rückprojektion, die eine "bestimmte Einstellung zu Gott,
    die in einer Konstellation der späteren Geschichte Israels wichtig wurde,...
    ... auf Abraham, den Vater des Volkes übertragen" hat (263). Die spezifische
    Ausprägung des Glaubensbegriffs durch Jesaja sei in Gen 15,6 bereits vor-
    ausgesetzt (ebd); ebenso schon SMEND, Geschichte, 284-290, bes. 287 und 290.
    H.H. SCHMID, Gerechtigkeit, 399, sieht in Gen 15,6 "aller Wahrscheinlich-
    keit nach nicht nur Jes 7, sondern bereits das deuteronomische, bzw. deute-
    ronomistische Glaubensverständnis" vorausgesetzt.

63 A.a.O., 130; vgl. KOCH, ThAT II, 522; so auch schon HEIDLAND, Anrechnung,
    der dieses Glaubensverständnis allerdings für die frühjüdische Interpreta-
    tion von Gen 15,6 reserviert. Auch WILDBERGER, THAT I, 191 sieht im Glauben
    Abrahams, daß seine Stellung zu Gott "in Ordnung" ist; ein meritum sei
    der Glaube jedoch nicht, ebenso will auch vRAD, obwohl er von der Lebens-
    leistung Abrahams spricht, den Glauben gerade nicht als Handlung "im strengen
    und gesetzlichen Sinn des Wortes" verstanden wissen. Auch H.H. SCHMID,
    a.a.O., 408, betont, daß der Glaube in Gen 15,6 nicht als Leistung ver-
    standen werden dürfe, da dieser gerade von der Einsicht ausgehe, "daß jede
    Basierung von Gerechtigkeit auf dem menschlichen Verhalten sich als unmög-
    lich erwiesen hat". Demgegenüber bleibt zu betonen, daß es sich bei der
    s^edāqā um ein nomen actionis handelt, also auch der Glaube Abrahams als
    Rechtschaffenheitstat zu verstehen ist, vgl. MICHEL, a.a.O., 31.

Die Interpretation vRads hat in der Forschung fast allgemein Zustimmung gefunden(64). Im Gegensatz dazu sieht Lohfink die Praxis
des Heilsorakels im Hintergrund von Gen 15,6(65). Kritisiert
worden ist vRads kultische Deutung auch von Seybold, der bezweifelt, daß חשב ein terminus terchnicus der priesterlichen An-
rechnungspraxis ist, der große theologische Relevanz hat(66).
Neuerdings hat Oeming schwerwiegende Bedenken gegen vRads Interpretation angemeldet(67). Aufgrund einer genauen Konkordanz-
arbeit (kultische Bedeutung hat חשב nur im Niphal, nicht im Qal,
das Gen 15,6 vorliegt) und aufgrund einer Strukturanalyse des
Textes kommt Oeming zu dem Schluß, daß V.6 im Sinne eines synthe-
tischen parallelismus membrorum zu verstehen und folgendermaßen
zu übersetzen ist: "Abraham glaubte in, an, durch Jahwe und er
(Abraham) achtete es (Nachkommensverheißung) ihm (Jahwe) als Gerechtigkeit"(68). Vom masoretischen Text her ist eine solche
Deutung zumindest möglich. Es wäre dann freilich davon auszugehen,
daß die gesamte jüdische und christliche Rezeption Gen 15,6 falsch
verstanden hätte, denn ein Verständnis im Sinne der von Oeming
vorgeschlagenen Übersetzung findet sich weder im jüdischen noch
im christlichen Literaturbereich. Ob dafür allein die LXX-Version
von Gen 15,6 verantwortlich zu machen ist, wie Oeming behauptet
(69), ist fraglich. Für unseren Zusammenhang ist es aber vor
allem interessant, mit welchem Bedeutungsgehalt der Vers im
jüdischen und christlichen Überlieferungsbereich tradiert wurde.

Sowohl der relativ unanschauliche Charakter der theologisch re-
flektierten Formel, als auch die Qualität des Abrahamglaubens als
Reflex einer ganzen Lebensleistung lassen es verständlich erscheinen,
daß die Geschichte der Rezeption von Gen 15,6 gekennzeichnet ist
durch die Kombination mit anderen Aspekten der Abraham-Tradition,
die jeweils zur Konkretion der für sich genommen sehr abstrakten
Aussage dienten[70].

Auch wenn in Gen 15,6 der Rahmen des Kultischen gesprengt ist,
so bleibt doch die Struktur der im Hintergrund stehenden Kulthandlung und das damit verbunde Verständnis von ṣedāqā, wie es Klaus
Koch beschrieben hat, für die Rezeption dieser Stelle grundlegend:

---

64 Vgl. KAISER, Untersuchung, 118; HERMISSON, Sprache, 58f; SCHOTTROFF, THAT I,
    645; H.H. SCHMID, Gerechtigkeit, 400 Anm. 20; WESTERMANN, BKAT I/2, 264.
    Auch KOCH, THAT II, 507-530 versteht Gen 15,6 als auf die Tempeleinlaßlitur-
    gie zurückblickend: der bejahenden Antwort auf die priesterliche Frage nach
    rechtschaffenem Lebenswandel folgt das deklaratorische Urteil: er ist ge-
    recht (521).

65 Landverheißung, 57ff; ähnlich auch WILDBERGER, THAT I, 177-209, der jedoch
    unter Einbeziehung von Hab 2,4 auch mit einer deklaratorischen Formel in der
    Orakelantwort rechnet (191f).

66 ThWAT III, 256f.

67 Beleg.

68 A.a.O., 191.195.197; zu einem ähnlichen Ergebnis kam auch schon GASTON,
    Abraham.

69 A.a.O., 195f.

70 Dies entspricht insofern der Ausgangsstelle, als das Perfekt consecutivum
    והאמין als frequentatives Perfekt zu verstehen ist, "der Glaube Abrahams
    (also) nicht als eine einmalige Tat mißverstanden werden darf, sondern als
    eine sich je und je neu aktualisierende Grundhaltung Abrahams aufgefaßt
    werden muß" (OEMING, a.a.O., 190).

"nur wer im Alltag sich als saddīq benommen hat, wird durch die
ṣaédaeq-Tempeltore eingelassen ... und empfängt ... Segen und
s^edāqā"[71].

Die hier beschriebene 'Zirkulation' bleibt für das Verständnis
der Glaubensgerechtigkeit Abrahams in der jüdischen, aber auch in
der frühchristlichen Tradition strukturbestimmend: Auf ein bestimmtes
Verhalten Abrahams hin, das als charakteristisch für seine Lebensleistung, der sein Glaube entspricht, erachtet wird, schenkt Gott
dem Abraham Heil[72].

Zwei Dinge sind hierbei jedoch immer mit zu bedenken:
- Abrahams Handeln geschieht immer innerhalb und als Zeichen seiner
  Erwähltheit[73].
- Dem Heilsgeschenk Gottes an Abraham liegt kein Automatismus zu-
  grunde, sondern indem Gott den Umschlag von der ṣdq-Tat zum ṣdq-
  Ergehen bewirkt, erweist er sich als ṣaddīq[74]. Grundlage bleibt
  also immer die heilvolle Gemeinschaftstreue Gottes.

Die folgende Tabelle gibt einen Überblick über die verschiedenen
inhaltlichen Füllungen der zugrundegelegten Strukturen der Rezeption
von Gen 15,6. Dabei ist die frühchristliche Aufnahme der Stelle
(außer der paulinischen Rezeption) mit aufgelistet, um so deutlich
zu machen, daß es sich hier um eine Judentum und Christentum (auch
inhaltlich) verbindende Tradition handelt.

Die schematische Erfassung der Rezeptionsgeschichte von Gen 15,6
zeigt deutlich eine breit belegte Tradition, die in dem Bestehen von
Versuchungen das vorzüglichste Merkmal der Lebensleistung Abrahams
sieht[75]. Diese Interpretation der Genesis-Stelle findet sich sowohl

---

71 A.a.O., 520.

72 Vgl. BERGER, TRE I, 374.

73 Ebd; zur Erwählung/Berufung Abrahams vgl. Jes 41,8; 51,2; II Esr 19,7f;
    MTeh zu 18,25; TanB § 18; bSan 105a; Philo Virt 214; Barn 13,7; Just Dial
    119; IV Esr 3,13.

74 KOCH, a.a.O., 522.

75 Daneben lassen sich noch folgende Beobachtungen machen:
    a) Nur bei Philo findet sich die Vorstellung, daß das Heil, das Gott dem
       Abraham schenkt, eben in der πίστις πρὸς θεόν besteht, die gewöhn-
       lich die Grundlage des göttlichen Heilsgeschenkes ist (Virt 211-219;
       Praem 27; Migr 44). Dahinter steht die Sicht des Glaubens als der
       βασιλὶς τῶν ἀρετῶν (Abr 270); deswegen ist Gen 15,6 zum Lobe
       Abrahams gesagt (Her 90; Abr 262).
    b) Der Aufnahme des Abraham-Beispiels durch Justin ist eigentümlich zum einen
       die Parallelität von Glaube und gerechtem Handeln/Frömmigkeit (Dial 23,
       3-5; 46), die der aufgezeigten 'Zirkulation' entspricht (vgl. auch I Clem
       31,2; dort ist allerdings das Tun von Gerechtigkeit und Wahrheit, das zum
       Segen führt, Ausfluß der πίστις Abrahams). Zum anderen bestreitet Justin
       radikal die Relevanz von Beschneidung und Einhalten der Sabbat- und ande-
       rer Gebote für die Anrechnung zur Gerechtigkeit (dagegen Sir 44,19-21;
       CD 3,2; bNed 32a).

Auf ein bestimmtes Verhalten Abrahams hin   schenkt Gott Heil

	Glaube	Bestehen in Versuchungen/Geduld	Gastfreundschaft	Gerecht handeln/sein	Beschneidung	Gebote/Gesetz beachten	Bekehrung	Gerechtigkeit	Bund/Verheißung/Erbe	"Freund Gottes"	Segen	Lohn	Rettung/Schutz	Geist	Glaube als Tugend
• II Esr 19,8	(x)	(x)							x						
I Makk 2,52		x						x					(x)		
• Sir 44,19-21		x		x	x				x		x				
Jub 14,6	x							x							
• Jub 18,14-16	(x)	x							x		x				
• Jub 19,8f	(x)	x								x					
• Av 5,3f		x									x				
• ARN 33		x									x				
• MTeh 18,25		x									x	x			
• BerR 55,1		x									x				
• bNed 32a						x			x						
ShemR 23	x							x	(x)						
Mekh 40b	x							x	x					x	
• CD III 2						x			x						
Philo All 228	x								x						
Philo Her 90ff	x			x					x						
Philo Mut 177ff	x								x						
Philo Virt 211-219							x							x	x
• Philo Praem 27							x								x
• Philo Migr 44	x														x
Ps-Philo,De S (Siegert p.66f)	x								x					x	
• Hebr 6,13-15	x	x							x						
• Hebr 11,17-19	x	x							x						
Jak 2,21-25		x						x		x					
Barn XIII 7	x							x	x						
• I Clem 9,4-10,2	(x)	(x)								x					
I Clem 10,6f	x	x	x						x						
• I Clem 31,2	x			x								x			
Just Dial 23,3-5	x			x	0				x			x			
• Just Dial 27,3-5	x				0				x						
• Just Dial 44,1f	x				(0)				x						
• Just Dial 46				x		0							x		
Just Dial 92	x					0		x							
Just Dial 119	x							x	x						
• Vg Jdt 8,21ff	(x)	x								x					

Die mit einem • versehenen Textstellen zitieren Gen 15,6 nicht ausdrücklich, lassen aber durch den Kontext oder durch bestimmte Formen der Anspielung einen Bezug zu dieser Stelle deutlich erkennen. Zudem kommt Gen 15,6 innerhalb der Abraham-Tradition eine so zentrale Stellung zu, daß der Vers wohl auch an Stellen, die eine Anknüpfung nicht deutlich erkennen lassen, als mitgedacht vorausgesetzt werden darf.

0: Verhalten Abrahams, das als irrelevant für das göttliche Heilsgeschenk bezeichnet wird.

in jüdisch-hellenistischer und rabbinischer Literatur als auch in
ntl. und außerkanonischen frühchristlichen Texten. Man wird von
daher kaum von einer 'jüdischen Tradition' in Abgrenzung zur christlichen Rezeption von Gen 15,6 sprechen können.

Das gängigste Beispiel für eine Versuchungssituation, in der Abraham sich als treu und gehorsam erweist, ist der göttliche Befehl
zur Opferung Isaaks (Gen 22)[76]. Daneben hat sich vor allem in rabbinischen Texten die Lehre von den zehn Versuchungen Abrahams heraus-
gebildet[77].

Wie die Erprobung und Standhaftigkeit Abrahams im Verhältnis zu
seiner Erwählung und zur Anrechnung zur Gerechtigkeit zu verstehen
ist, zeigt Jub 19,8f:

> "Dies (sc. der Tod und das Begräbnis Saras) ist die zehnte Ver-
> suchung, mit der Abraham versucht wurde, und er wurde als gläu-
> big (und) geduldigen Geistes erfunden ... und wurde als Freund
> Gottes auf die himmlischen Tafeln geschrieben(78)."

---

c) Eine besondere Wertschätzung der Gastfreundschaft Abrahams (Gen 18,1-15)
findet sich in I Clem (10,6f; 12,1 von Rahab). WARD, Works, 283-290,
sieht auch die Rechtfertigung Abrahams aufgrund von Werken in Jak 2 auf
dem Hintergrund seiner Gastfreundschaft; vgl. auch CHADWICK, Justification, 281-286. In eine ähnliche Richtung deuten auch TJII zu Gen 18,17
und Philo Sobr 56, wo Abraham nach der gastlichen Aufnahme der drei
Männer von Gott 'mein Freund' genannt wird.

d) Nur schmal bezeugt, aber in Hinblick auf Gal 3 interessant ist die Verleihung von Geist aufgrund des Glaubens (Ps-Philo; Mekh 40b) bzw. der
Bekehrung (Philo Virt 211-219).

e) Daß mit Abrahams Glauben seine gesamte Lebensleistung im Blick ist, zeigt
besonders deutlich die Kombination der Topoi 'Standhaftigkeit in Versuchungen', 'Beschneidung' und 'Gesetzesobservanz' in Sir 44,19-21. Es
handelt sich also nicht um isolierte Traditionsstränge, vielmehr ist
auch in Texten, die nur einen der genannten Topoi zur Grundlage des von
Gott geschenkten Heils machen, immer das ganze Leben Abrahams im Blick;
der Unterschied liegt lediglich in der verschiedenen Gewichtung der
einzelnen Abrahamsgeschichten. Gegeneinander ausgespielt werden die verschiedenen Aspekte der Abrahamüberlieferung erst in christlich-jüdischer
Auseinandersetzung (Just Dial; Röm 4; Gal 3). Dort geht es aber weniger
um die Herabsetzung bestimmter Verhaltensweisen Abrahams als vielmehr
um die Frage der wahren Abrahamkindschaft.

76 So BerR 55,1; Jub 17,15-18; 18; Hebr 11,17-19; Jak 2,21; I Clem 10,6. Auch
Philo gilt die Opferung Isaaks als Zeichen des festen und unerschütter-
lichen Glaubens Abrahams: Abr 167ff; Immut 94; vgl. auch IV Makk 16,19f und
Hippolyt, Comm.in.Dan. II 37,5, wo der Hinweis auf Abrahams Gehorsam bei
der Opferung Isaaks als Motivation zum Martyrium dient, ähnlich auch schon
IV Makk 17,2-4.

77 Av 5,3f; ARN 33; PRE 26; MTeh zu 18,25; ShemR 44,4; Jub 19,8. Neben der
Opferung Isaaks werden als Versuchungen in wechselnder Reihenfolge genannt:
Der Auszug Abrahams aus seiner Heimat, die Gefährdung der Ahnfrau, die Ver-
stoßung der Hagar, die Vertreibung Ismaels, die Macht der Könige, der Bund,
die Hungersnot, Saras Tod und Begräbnis, Saras Unfruchtbarkeit.

78 Der Titel 'Freund Gottes' findet sich in der Abraham-Tradition häufig: er
geht vermutlich zurück auf Jes 41,8 und II Chr 20,7, so STÄHLIN, ThWNT IX,
165 Anm. 180 und DIBELIUS, KEK XV 212. Die Verleihung des Freundestitels
wird als göttliche Bestätigung des rechten Verhaltens Abrahams verstanden:

Das Aufgeschriebenwerden auf die himmlischen Tafeln ist gewöhn-
lich mit Erwählung und Bekehrung identisch[79]. Erst mit dem Bestehen
in Versuchungen also ist Abrahams Bekehrung als echt erwiesen und
wird von Gott durch das Aufschreiben auf die himmlischen Tafeln bestätigt. Daß das "Aufgeschrieben-werden-als-Freund" in einer Linie
mit der "Anrechnung zur Gerechtigkeit" zu sehen ist, zeigt Jub 30,
17-23. Dort heißt es von Levi, daß er, nachdem die Engel über seine
Gerechtigkeit berichtet haben (Tötung der Sichemiten), als Freund
und Gerechter auf die himmlischen Tafeln geschrieben wird; parallel
dazu wird von den Söhnen Jakobs (Simeon und Levi) gesagt, daß ihnen
die Tötung der Sichemiten zum Segen (V.23) und zur Gerechtigkeit
(V.17) angeschrieben wurde. Die Parallelität der Wendungen "als
Freund auf die himmlischen Tafeln geschrieben werden" und "zur Gerechtigkeit angeschrieben werden" zeigt, daß es in Jub 19,9 um die
interpretierende Rezeption von Gen 15,6 geht. Zudem macht der Hinweis auf das Buch des Lebens, in das nach JosAs 15,4 der sich zu
Gott Bekehrende eingetragen wird, deutlich, daß Bekehrung erst nach
dem Erweis ihrer Echtheit als abgeschlossen betrachtet und durch
Gott bestätigt wird.

Wie sich die Echtheit der Erwählung Levis beispielhaft in dem Vollzug der Rache an Sichem zeigt, so ist im Verständnis der hier besprochenen Tradition die Standhaftigkeit Abrahams in Versuchungen
das markanteste Zeichen seiner gesamten Lebensleistung, in der sich
die Aufrichtigkeit seiner Bekehrung erweist und auf die zurück-
blickend es in Gen 15,6 heißt: Abraham glaubte Gott, und das wurde
ihm zur Gerechtigkeit angerechnet.

Der Glaube Abrahams umfaßt also im Sinne dieser Tradition Bekehrung und Echtheitserweis der Bekehrung, und ist damit das Ver-

---

Abraham wird Freund Gottes genannt, weil er gehorsam gegen Gottes Wort war
(I Clem 10,1), ein tugendhaftes Leben führte (Philo, Abr 50 gemeinsam mit
Isaak und Jakob), Gott glaubte (Philo, Abr 273; Jak 2,23 verbunden mit dem
Bestehen der Versuchung), die Gebote Gottes hielt (CD 3,2), Gott suchte
(ApkAbr 9,6), in Prüfungen standfest blieb (VgJdt 8,21ff; vgl. Jak 2), wegen
seines Glaubens und seiner Gastfreundschaft (ClAlStrom IV 17,105,3 unter
Rückgriff auf I Clem 10). Als Apposition zu Abraham erscheint der Titel
'Freund Gottes' ApkAbr 10,6; TestAbr B 13; TJII zu Gen 18,17; Philo Sobr 56.
Abraham hat damit ein großartiges Zeugnis von Gott empfangen (I Clem 17,2).
Neben Abraham wird der Freundestitel auch Jakob (JosAs 23,10), Levi (Jub
30,20) und Mose (Sib 2,245; Philo VitMos I 156; Her 21) beigelegt und gilt
schließlich auch jedem, der sich mit dem Gesetz um seiner selbst willen
beschäftigt (AV 6,1; vgl. Philo, Her 21: σοφοὶ πάντες φίλοι θεοῦ ; ähnlich auch Weish 7,27: die Weisheit schafft Freunde Gottes und Propheten;
vgl. Philo Fug 58; Jub 30,21).

79 So BERGER, a.a.O., 373 mit Hinweis auf JosAs 15,4 und MartMatthaei 28.

halten, das dem durch die göttliche Erwählung gestifteten ṣᵉdāqā -
Verhältnis zwischen Gott und Mensch angemessen ist, und wird als
solches von Gott durch die Anrechnung zur Gerechtigkeit bzw. durch
das Aufschreiben auf die Himmelstafeln bestätigt.

Dasselbe Verständnis liegt auch den Texten zugrunde, die nicht
in der Standhaftigkeit Abrahams, sondern im Beachten der Gebote
(CD 3,2; Sir 44,19-21), in der Beschneidung (bNed 32a; Sir 44,
19-21), in der Gastfreundschaft (I Clem 10,6f; ClAlStrom IV 17,
105,3) oder in seinen gerechten Taten (I Clem 31,2; Just Dial,
23,3-5; 46) den deutlichsten Echtheitsbeweis seiner Bekehrung
sehen. Hier sind lediglich die Akzente verschoben. Bei Philo ist
dieses umfassende Glaubensverständnis aufgespalten: Abraham erlangt aufgrund seiner Bekehrung als ἆθλον die πίστις πρὸς θεόν
(Praem 27; Virt 211-19; Migr 44), die βασιλὶς τῶν ἀρετῶν (Abr 270).
Gleich bleibt hier aber, daß durch den Glauben Abrahams das heilvolle Verhältnis zu Gott erhalten bleibt, δίκαιον γὰρ οὐδὲν
οὕτως, ὡς ἀκράτῳ καὶ ἀμιγεῖ τῇ πρὸς θεὸν μόνον πίστει κεχρῆσθαι.

Abraham hat damit paradigmatischen Charakter. Der Erzvater dient
der Tradition jedoch nicht einfach als moralisches Vorbild, vielmehr ist Abraham immer als Stammvater, als Ausgangspunkt und Garant
der Erwählungsgeschichte Israels im Blick (IV Esr 3,13-15; vgl. Jub
12,24; 14,7).

Als Sproß des Gottesfreundes Abraham ist auch Israel erwählt und
hat in Gott, der es nie verlassen wird, Stärke, Hilfe und eine
Stütze (Jes 41,8-10). Um Abrahams, Isaaks und Jakobs willen wird
Gott die Israeliten, die wegen ihres Ungehorsams, ihrer Gottlosig-
keit und ihrer Gesetzesübertretung zerstreut sind, wieder sammeln
(TestAss 7,7)[80].

Abraham wird so zum Kristallisationspunkt des Glaubens an die
bleibende Treue Gottes, die auch durch den Ungehorsam Israels in
ihrem Grunde nicht in Frage gestellt wird[81].

Eine Beziehung zur Tradition von Gen 15,6 zeigen auch die Texte,
die bestimmten Verhaltensweisen Abrahams, die als Echtheitserweise
seiner Bekehrung galten, soteriologische Dimension beimessen. So
heben nach ShemR 44,4 die zehn Versuchungen, die Abraham bestanden
hat, Israels Übertretung der zehn Gebote auf und besänftigen den
Zorn Gottes. Auch die Beschneidung Abrahams kommt seinen Nachkommen

---

80 Vgl. TestLev 15,4; LibAnt 30,7; CD 1,4f; vgl. auch Lk 19,9 und Hebr 2,16.

81 So ist die Verherrlichung Abrahams in der jüdischen Tradition zu verstehen
und nicht als "eudämonistische Verzerrung des Erwählungsbewußtseins"
(SCHMITZ, Abraham, 99-123, Zitat: 116). Die Verbindung zu der skizzierten
Traditionsgeschichte von Gen 15,6 wird besonders deutlich in ShemR 23;vgl.
auch BerR 44,16 (die Verdienste Abrahams werden Israel nützen) und ShemR
28,1 (im Verdienst Abrahams wird Mose die Tora gegeben); JosAnt 11,169;
philo Praem 166; die soteriologische Funktion der Väter ist hier verknüpft
mit dem Topos 'Fürbitte der Väter für ihre Nachkommen', die von Gott er-
hört wird. Die Vorstellung findet sich auch in TestAbr A 14.

(ShirR 4,6), aber auch den Proselyten (Mekh 101b) zugute; sie wird
zum eigentlichen Kriterium der Abrahamskindschaft und damit zum
Zeichen der Erwählten, die die Verheißungen Abrahams erben werden[82].
Die Partizipation der Abrahamskinder am Heil des Vaters bildet
so den Rahmen, in dem die Rezeption von Gen 15,6 zu verstehen ist.
Dies gilt auch dort, wo aus paränetischen Gründen die soteriologische Bedeutung der Väter für einige aus Israel bestritten wird[83],
nur sind hier die Abrahamskinder nicht mehr einfach mit Israel
deckungsgleich[84]. Teilhabe am Heil der Väter ist demnach nicht durch
die fleischliche Abstammung erlangbar, sondern gilt nur dem, der den
Vätern gleicht. Die Ähnlichkeit mit dem Erzvater wird so zur Voraussetzung und zum Merkmal wahrer Abrahamskindschaft[85]. Unter dem Einfluß der christlichen Heidenmission ist dann vor allem die Relevanz
der Beschneidung für die Zugehörigkeit zu den Abrahamskindern bestritten worden[86]. Dem entspricht es, daß auch für die Rechtfertigung Abrahams die Beschneidung dann keine Rolle mehr spielte[87]. An
die Stelle der Beschneidung tritt hier der 'Glaube in der Unbeschnittenheit' als Grundlage sowohl der Rechtfertigung Abrahams als
auch der Zugehörigkeit zu den Kindern Abrahams[88]. Daß damit aber der

---

82 Vgl. Jub 15,25f: nur die Kinder Israels, nicht aber die Kinder Ismaels sind
    erwählt (Jub 15,30). Nach BerR 48,7 rettet Abraham am Eingang zu Hölle
    sitzend die Sünder unter seinen Nachkommen. Wessen Sünde jedoch zu groß ist,
    dem gibt er seine Vorhaut zurück (d.h. der ist dann kein Abrahamskind mehr)
    und läßt ihn in die Hölle fahren. Die Vorstellung, daß die Väter ihren
    Nachkommen nützen, ist auch für das pagane Griechentum belegt. So war nach
    Dio LVII 48 Scipio durch die Reputation seines Vaters (und seines Onkels)
    in der Lage, Vertrauen einzuflößen; sein Ruf basierte nämlich auf ererbter
    Tugend (ἀπ' ἀρετῆς ἐκ γένους) und nicht auf zufälligem Glück; vgl.
    dazu den Stolz auf die edle Abstammung bei Philo Virt 187; 197; Jos 216.

83 Ez 33,24; IV Esr 7,106-115; syrBar 85,12; LibAnt 33,5; slHen 53,1; II Clem
    6,8f; vgl. hierzu und zum folgenden BERGER, TRE I, 377.

84 Vgl. neben den bereits genannten Stellen auch die frühchristliche Abraham-
    Rezeption: Just Dial 80,4; 140,1f; II Clem 6,8f.

85 Vgl. TestAbr B 9; LibAnt 33,5; Joh 8,39f; Just Dial 44,1f; 119,5f; 140,1f;
    II Clem 60,4; 62,2. In Mt 3,9/Lk 3,8 und in I Clem 31,1-32,4 wird die Ähn-
    lichkeit mit den Vätern durch Gottes Erwählungshandeln konstituiert. In
    I Makk 2,51-64 dient die Aufzählung der "Werke der Väter" dazu, zum Eifer
    für das Gesetz zu motivieren. Wie die Vorstellung vom Nutzen der Väter für
    die Kinder so ist auch die Betonung der Notwendigkeit, den Vätern zu gleichen,
    pagan-griechisch belegbar (Lyc Or in Leocr 31,127). Wie in den oben aufge-
    führten Beispielen, handelt es sich auch hier um einen paränetischen Text
    (Ermahnung an die Richter). Wer das Vermögen der Väter erben will, muß
    sich auch zum anderen Teil der Erbschaft bekennen und sich als Erbe auch
    des Verhaltens der Väter den Göttern gegenüber verstehen. Ganz ähnlich
    liest sich TestHiob 15,6-8.

86 Barn 9,6f; 13,6f; vgl. Just Dial 92.

87 Just Dial 23,3-5; 27,3-5; 46; 92; Röm 4,9-12.

88 Barn 13,6f; Just Dial 92; Röm 4,9-12; vgl. Gal 3,7.9.

Glaube nicht von vornherein gegen 'jüdisches Verdienstdenken' ab-
gehoben werden soll, sondern daß die Relativierung der Beschneidung
lediglich im Sinne einer verstärkten Kritik der Zugehörigkeit zu
verstehen ist, zeigt sich darin, daß auch im christlichen Bereich
der Beschneidung Abrahams durch unterschiedliche Formen der Umdeutung Rechnung getragen wurde (Barn 9,4f.7f; Just Dial 16,1f; 19,
3-5; 22; Röm 4,11).

Wir fassen zusammen: Bestimmend für die Rezeptionsgeschichte von
Gen 15,6 ist die Struktur der 'Zirkulation': mit der Erwählung setzt
sich Gott in ein Verhältnis der heilvollen Gemeinschaftstreue zu
Abraham; dem entspricht Abraham durch seine Bekehrung und seine gesamte Lebensleistung, was ihm von Gott durch die Anrechnung zur Gerechtigkeit bestätigt wird. Demzufolge wird der Glaube Abrahams umfassend als Zusammenschau von Bekehrung und Echtheitserweis der
Bekehrung verstanden. Die paradigmatische Funktion Abrahams ist dabei nicht die eines moralischen Vorbilds, sondern von dem Gedanken
der Partizipation der Kinder am bleibenden Heil der Väter her zu
verstehen. Teilhabe am Bund und an den Verheißungen Abrahams ist
aber nur denen erreichbar, die dem Erzvater gleichen. Das Prinzip
der Ähnlichkeit mit dem Vater bleibt auch für das frühe Christentum bestimmend. Hier wird jedoch durch die Relativierung der Beschneidung der Zugang zur Abrahamskindschaft für alle eröffnet:
Die Ähnlichkeit mit dem Erzvater besteht jetzt in der πίστις ἐν
ἀκροβυστίᾳ.

4.2.3. Hab 2,4 und die Rezeptionsgeschichte

Die neben Gen 15,6 für die paulinische Sicht der Glaubensgerechtigkeit wichtigste Schriftstelle des AT ist Hab 2,4b. Übereinstimmend
kennzeichnen die Ausleger die VV.1-4 als Offenbarungsbericht[89]. V.4
bietet die Quintessenz der in V.2f angekündigten Schauung[90], die die
göttliche Antwort auf die in Kap.1 vorgetragene Klage darstellt. Nach
Wildberger gehört Hab 2,1-4 zur Gattung der Heilsorakel[91]und steht

---

89 Umstritten ist die Abgrenzung nach hinten: ELLIGER, ATD 25, 38-41, sieht den
    Offenbarungsbericht in V.4 abgeschlossen und in V.5 den Beginn einer Reihe
    von Wehe-Rufen; RUDOLPH, KAT XIII/3, 211-217, dagegen zieht V.5 zu den VV.
    1-4 hinzu, so auch KUSS, Römerbrief I, 24f.
90 ELLIGER, a.a.O., 40; dagegen RUDOLPH, a.a.O., 216: VV.4+5 als eigentlicher
    Gottesbescheid.
91 WILDBERGER, "Glauben", 139; ders., THAT I, 191.

damit in einer Linie mit Jes 7,9 und Gen 15,6. Traditionsgeschichtliche Grundlage dieser drei Stellen sei "die allgemein altorienta-
lische Form eines Heilsorakels an einen König in Kriegsnot ..., zu
dessen Elementen auch der Aufruf zum Glauben gehört. Das Bindeglied
bildet die sogenannte Kriegsansprache innerhalb der Tradition vom
Heiligen Krieg"[92]. Zwei Traditionselemente sind in Hab 2,4 verbunden:

a) das Heilsorakel, das dem Glaubenden die Verheißung des Lebens
   zuspricht, und
b) die aus dem Kontext der Tempeleinlaßliturgie stammende deklaratorische Formel צדיק הוא חיה יחיה (Ez 18,9)[93].

Insofern wird der Begriff des Gerechten hier entscheidend durch
den Glauben qualifiziert; der Glaube ist nach Hab 2,4 das konstitutive Merkmal eines ṣaddīq. Dasselbe Gerechtigkeitsverständnis
liegt auch Gen 15,6 zugrunde; auch dort ergeht das Urteil צדיק הוא
über den, der seinen Glauben bewährt hat[94].

Hab 2,4 gehört damit - wie Gen 15,6 - in den Kreis der vom jesajanischen Glaubensbegriff bestimmten Texte. Glaube ist hier nicht
in erster Linie Glaube an Gott oder das Fürwahrhalten (oder Befolgen) seines Wortes[95], sondern die Bewährung des Glaubenden in
bedrohlicher Situation[96]. Interessant für unseren Zusammenhang ist
vor allem die formgeschichtliche und inhaltliche Verwandtschaft von
Hab 2,4 und Gen 15,6.

Die LXX übersetzt Hab 2,4: "ὁ δὲ δίκαιος ἐκ πίστεώς μου ζήσεται"
und kennzeichnet damit V.4 deutlicher als der masoretische Text als
Gottesrede. Zugleich ist mit der Einfügung des μου der Sinn der
Stelle in zweifacher Hinsicht verändert[97]: Zum einen ist jetzt
nicht mehr der Glaube des Gerechten, sondern die Treue Gottes Grundlage der Lebensverheißung; zum anderen ist die Kennzeichnung des

---

92 WILDBERGER, "Glauben", 136; zu den altorientalischen Heilsorakeln vgl.
    KAISER, Untersuchung, 107-126 und CAZELLES, Connexions, 321-349; zur Ver-
    haftung im Gedankenkreis des Heiligen Krieges vgl. vRAD, Krieg, 7ff.
93 WILDBERGER, "Glauben", 140f.
94 WILDBERGER, "Glauben", 140.145.
95 So im deuteronomistischen Glaubensverständnis, z.B. Dtn 9,23; vgl. WILD-
    BERGER, a.a.O., 153f.
96 Vgl. WILDBERGER, a.a.O., 132. In den Kreis dieser Texte gehört auch Jes
    28,16: auch dort ist der Glaube Kriterium wahrer religiöser Haltung und
    Voraussetzung weiteren Bestands. Glaube liegt auf einer Ebene mit Recht
    und Gerechtigkeit, wie ein Vergleich mit V.17 zeigt; die LXX hat hier
    allerdings ἐλεημοσύνη für צדקה , so daß diese Stelle für unsere
    Fragestellung nur bedingt in Betracht kommt.
97 Vorausgesetzt ist ein Verständnis des μου als gen.subj.; eine Verbindung
    πίστις + gen.obj. ist zwar im zeitgenössischen hellenistischen Judentum
    (Philo Vit Mos II 288; SpecLeg IV 50; Jos Ant V 52; XVII 179 u.ö.), nicht
    aber in der LXX belegt.

Glaubens als konstitutivem Merkmal des Gerechten durch diese Übersetzung zurückgenommen[98]. Mit dieser Interpretation hat die LXX
eine Sonderstellung innerhalb der frühjüdischen Rezeption der Habakuk-Stelle. Nirgends sonst wird die Bundestreue Gottes in den Vers
eingetragen.

Vielmehr läßt sich innerhalb der Traditionsgeschichte von Hab
2,4 eine Tendenz beobachten, die wir schon bei der jüdischen Rezeption von Gen 15,6 bemerkten. Dort war der Glaube Abrahams umfassend
als dessen gesamte Lebensleistung verstanden worden, so daß bei der
Rezeption die Möglichkeit bestand, verschiedene Ereignisse aus dem
Leben Abrahams als Konkretionen des Glaubens einzutragen. Ähnliches
läßt sich auch für die jüdische Traditionsgeschichte von Hab 2,4
zeigen. Im Targum heißt es:

> "Die Gerechten, wegen ihrer Geradheit/Wahrheit (קושטון)
> werden sie leben".

MidrQoh 3,9 (17b) sieht im Handwerk (d.h. in der Gebotserfüllung)
des Gerechten die Grundlage der Lebensverheißung. Im Habakuk-Kommen-
tar aus Qumran schließlich sind es die Treue zum Lehrer der Gerechtigkeit (אמנתם מורה הצדק) und die Mühsal (um das Gesetz)[99]
(עמלם), die allen Tätern des Gesetzes (עושי התורה) Rettung im Endgericht verheißen (1 QpHab VII 17 - VIII 3a).

Angesichts des in Hab 2,4 (MT) zugrundeliegenden umfassenden
Glaubensverständnisses sind die genannten Interpretationen als Konkretionen des in der Ursprungstelle Gemeinten zu betrachten. Zugleich leuchtet aufgrund des relativ unkonkreten Charakters von Hab
2,4 ein, warum solch beispielhafte Aktualisierungen notwendig waren.
Grundlegend für die Rezeptionsgeschichte der Habakuk-Stelle bleibt
die Struktur, nach der nur dem Gerechten die Lebensverheißung gilt.
Allein in der Frage, worin Gerechtigkeit besteht, unterscheiden sich
die Texte. Es gibt verschiedene Weisen der Gerechtigkeit bzw. des
Gerechtseins: die Geradheit/Wahrheit (Targum), die Gebotserfüllung
(MidrQoh), die Treue zum Lehrer (1 QpHab). Diese verschiedenen Akzentsetzungen sind jedoch nicht gegeneinander auszuspielen, denn sie
verstehen sich je als aktualisierende Konkretion dessen, was in
Hab 2,4 umfassend mit אמונה (πίστις) bezeichnet ist.

---

98 Die jüngeren Übersetzungen Aquila und Symmachus bleiben dem Sinn des maso-
    retischen Textes treu: A: καὶ δίκαιος ἐν πίστει αὐτοῦ ζήσεται;
    Σ : ὁ (δὲ) δίκαιος τῇ ἑαυτοῦ πίστει ζήσει.

99 Nach Jeremias, Lehrer, 142-146, zeigt 1 QpHab X 12, daß mit עמל   das
    Sich-Abmühen um die Tora gemeint ist.

Durch die Deutung des Glaubens als persönliche Bindung an den
Lehrer der Gerechtigkeit unterscheidet sich der essenische Kommentar von allen anderen jüdischen Interpretationen der Habakuk-Stelle[100].
Diese Tatsache darf nicht dadurch verwischt werden, daß die Bindung
an den Lehrer als Treue zu dessen Tora-Auslegung interpretiert wird[101].
Zwar bezieht sich 'mn (hi) in 1 QpHab ansonsten immer auf den Bund
oder die Gebote Gottes (II 4.6.14f), doch kann aufgrund dieser Beobachtung der Unterschied zwischen Satzungstreue und persönlicher
Loyalität gegenüber einem konkreten Menschen nicht einfach nivelliert
werden. Der Lehrer der Gerechtigkeit läßt sich nicht auf die Ver-
körperung einer bestimmten Tora-Auslegung reduzieren. Er hat vielmehr aufgrund seiner Stellung als autoritativer Tora-Ausleger - ähnlich wie Mose - die Funktion eines Mittlers. Entsprechend ist auch
der Glaube an ihn (die Treue zu ihm) - analog zur Mose-Tradition -
Ausdruck des Gottesglaubens.

Daneben unterscheidet sich 1 QpHab von der jüdischen Überlieferung auch dadurch, daß Hab 2,4 hier deutlich in den Kontext des
eschatologischen Gerichts gerückt ist[102]. Damit ist die Treue zu
einer konkreten historischen Person als Ausdruck des Gottesglaubens
nicht nur Zeichen der Zugehörigkeit zu einer soziologisch faßbaren
Gruppe (Qumran), nicht nur eine Weise des Gerechtseins, sondern hat
dadurch zudem eschatologische Erlösungsfunktion[103].

Zweimal innerhalb der jüdischen Rezeptionsgeschichte von Hab 2,4
ist die Stelle in enge Beziehung zu Gen 15,6 gesetzt. Beide Male
handelt es sich um einen Kommentar zum Lied der Kinder Israels nach
ihrer Flucht aus Ägypten (Ex 14,31; 15,1). So heißt es in ShemR 23
(85a):

> "Und in wessen Verdienst werden die Israeliten ein Lied singen!
> Im Verdienste Abrahams, der an Gott geglaubt hat, wie es heißt
> Gen 15,6: 'Er glaubte dem Ewigen'. Und dieser Glaube steht den
> Israeliten bei der Besitzergreifung bei und von ihm steht ge-
> schrieben Hab 2,4: 'Der Gerechte lebt in seinem Glauben'".

---

100 Auch nach atl. Verständnis kann sich der Glaube auf Personen richten: Ex
     14,31; 19,9 (Mose); II Chr 20,20 (Propheten); vgl. Philo VitMos I 196;
     IV Esr 7,120; PsClemH VIII 5.

101 So JEREMIAS, a.a.O., 144.

102 Darauf weist nicht nur die Interpretation der Lebensverheißung als Rettung
     aus dem Hause des Gerichts, sondern auch die Auslegung von Hab 2,4a.

103 Vgl. STROBEL, Untersuchungen, 176 Anm.5; 177. GRUNDMANN interpretiert 1 QpHab
     VIII 2f auf dem Hintergrund von Bund und Erwählung als Akte göttlicher
     Gnade. Danach ist der Anschluß an den Lehrer der Gerechtigkeit als Annahme
     der göttlichen Bundeserneuerung verstanden, während die Mühe um das Gesetz
     der Verpflichtung eines jeden Erwählten zum Halten der Bundessatzung ent-
     spricht (Lehrer, 246).

Hier ist die Beziehung der beiden Stellen so gesehen, daß Hab 2,4
zum Zeugnis des soteriologisch weiterwirkenden Abraham-Glaubens
wird.

In loserer Verbindung finden sich die beiden Stellen in Mekh zu
Ex 14,31 (Traktat Beshallah 124-164). Hier ist die Interpretation
der Exodus-Stelle zu einer Lobrede auf den Glauben ausgestaltet.
Die Ausgangsthese:

> "Great indeed is faith before Him who spoke an the world came
> into being"(104)

wird in drei Argumentationsgängen veranschaulicht. Gezeigt werden
soll, daß die Israeliten den Heiligen Geist, unter dessen Einfluß
sie das Lied sangen, als Vergeltung für den Glauben empfingen, mit
dem sie dem Herrn und seinem Diener Mose geglaubt hatten (Ex 14,31).
Von daher bildet die Wendung 'Als Vergeltung für den Glauben, mit
dem er (sie) glaubte(n), empfing(en) er (sie) ...' das durchgängige
Strukturelement der drei Argumentationsgänge. Gen 15,6 und Hab 2,4
werden u.a. als Beispiele für solchen Glaubenslohn angeführt. Getrennt sind die beiden Stellen durch einen Zwischenabschnitt, der
im Syllogismus-Verfahren die Identität von Glaubenden und Gerechten
nachweist (durch die Kombination von Ps 118,20 und Jes 26,2), so
daß Hab 2,4 ohne weitere Erläuterung als Beispiel für die göttliche
Vergeltung des Glaubens durch Leben angeführt werden kann.

Die so aufgezeigte große Bedeutung des Glaubens vor Gott wird am
Schluß des Textes zur Grundlage der Hoffnung darauf, daß Gott in
der Zukunft den Glauben der Israeliten mit der Rückführung aus der
Diaspora vergelten wird[105].

Dieser Text ist vor allem deswegen interessant, weil hier nicht
nur Gen 15,6 und Hab 2,4 verknüpft sind, sondern beide Stellen zudem innerhalb der Mose-Tradition (Glaube an Mose) verwandt werden.
Dabei wird folgendes deutlich:
1. Der Glaube an Personen (Mose/Propheten) ist Ausdruck des Gottesglaubens (125-130.153f).
2. Solcher Glaube kennzeichnet den Gerechten (144-147).

---

104 Übersetzung von LAUTERBACH, Mekilta de-Rabbi Ishmael.

105 Die zentrale Bedeutung, die der Glaube in diesem Mekhilta-Abschnitt hat,
     kommt auch in bMak 23b.24a zum Ausdruck. Die dort berichtete sukzessive
     Reduktion der Tora-Gebote mündet schließlich in Hab 2,4 als der Zusammen-
     fassung des Gesetzes in einem Gebot; vgl. Mekh 29b: Der Glaube Abrahams
     (der Israeliten) bewirkt, daß das Meer sich teilt; Mekh de R. Simon ben
     Jochai, p.48. "According to this view the choice of Israel as God's chosen
     people is to be ascribed to Israel's faith in God", MARMORSTEIN, Doctrine,
     37 Anm.3; vgl. BerR 74,9: Rettung aufgrund der Verdienste des Glaubens und
     der Tora; ShemR 2,22: Gottes Schechinah weilt in Israel aufgrund des Ver-
     dienstes des Glaubens.

3. Deshalb wird solcher Glaube von Gott durch die Verleihung von
Heilsgütern (Heiliger Geist u.a.) vergolten.

4. Von diesem Glauben sprechen Gen 15,6 und Hab 2,4.

Die Interpretation des Glaubens als Treue zum Lehrer der Gerechtigkeit in 1 QpHab ist demnach für jüdisches Verständnis weder
illegitim noch abrupt, sofern sie in Analogie zum Glauben an Mose
gesehen wird. Denn auch in Mekh zu Ex 14,31 bildet ja der Glaube
an den Mittler (als Ausdruck des Gottesglaubens) den Ausgangspunkt,
unter den dann sowohl Gen 15,6 als auch Hab 2,4 ohne Schwierigkeiten
subsumiert werden. In Qumran ist diese Verbindung freilich in der
Weise aktualisiert, daß nun die Loyalität gegenüber dem Lehrer -
und das heißt faktisch die Zugehörigkeit zur Gruppe der Qumran-
essener - zum entscheidenden Kriterium für die Rettung im Endgericht
erhoben wird.

4.2.4. Zusammenfassung

Die Verbindung πίστις - δικαιοσύνη in der frühjüdisch-hellenistischen Literatur ist nicht eindeutig auf die atl. Verknüpfung von
אמונה / אמת und צדקה / צדק zurückzuführen[106].

Einen Anhaltspunkt bietet die pagan-hellenistische Konzeption.
So sind πίστις und δικαιοσύνη in frühjüdisch-hellenistischen Texten
- analog zu deren Verwendung in der paganen Gräzität - als Aspekte
eines interpersonalen Geschehens zu verstehen. Daraus ergibt sich
eine relative semantische Nähe der beiden Begriffe. Waren πίστις
und δικαιοσύνη in der pagan-griechischen Literatur als Teile der
übergeordneten Einheit φιλία gesehen, so bilden sie auch im Judentum gemeinsam die Grundlage einer intakten sozialen Kommunikation[107].
Näherhin ist das Verhältnis von Glaube und Gerechtigkeit - besonders
wenn die Beziehung 'Mensch - Gott' im Blick ist - in der Weise bestimmt, daß im Glauben (der Treue) ein vorzüglicher Ausdruck der
Gerechtigkeit gesehen wird.

In diesem Rahmen lassen sich auch Gen 15,6 und Hab 2,4 und die
jüdische Überlieferung dieser Stellen verstehen. Über die formge-

---

106 Dafür hat die LXX meistens 'δικαιοσύνη - ἀλήθεια'.

107 Vgl. den Titel 'Freund Gottes', der Abraham aufgrund seines Glaubens in
     frühjüdischen und urchristlichen Texten erhält: Jub 19,8f; CD III 2; Jak
     2,21-25; I Clem 9,4-10,2; VgJdt 8,21ff; s. auch Anm. 78.

schichtliche Verwandtschaft (deklaratorische Formel als traditionsgeschichtlicher Hintergrund) hinaus entsprechen sich Gen 15,6 und
Hab 2,4 auch inhaltlich: 'Glaube' ist hier jeweils im umfassenden
Sinne als Zusammenschau einer Lebensleistung gebraucht und entsprechend dem jesajanischen Glaubensbegriff als Bewährung des Glaubenden in bedrohlichen Situationen, als standhaftes Festhalten an
Jahwe verstanden. Insofern ist der Glaube als Entsprechung eines von
Gott begonnenen ṣdq-Verhältnisses das entscheidende Merkmal des Gerechten, bzw. schlechthin die Weise des Gerechtseins. Dies kommt
in Gen 15,6 durch die Struktur der 'Zirkulation', d.h. durch die
göttliche Bestätigung Abrahams als Gerechter, in Hab 2,4 in der
Qualifikation des Gerechten durch seinen Glauben zum Ausdruck.

Dem relativ abstrakten Charakter des Glaubensbegriffs in Gen 15,6
und Hab 2,4 entspricht in der Überlieferungsgeschichte der beiden
Stellen die Tendenz zur aktualisierenden Konkretion. Dadurch wird
in einer je spezifischen Situation ein Moment der als 'Glaube' um-
schriebenen Lebensführung hervorgehoben (z.B. Treue in der Versuchung:
Gen 15,6/Gen 22; Loyalität dem Mittler gegenüber: Hab 2,4/Mose-Tradi-
tion). Der in diesem umfassenden Verständnis von 'Glauben' ange-
legten Möglichkeit zur aktualisierenden Konkretion verdanken diese
beiden Stellen nicht zuletzt ihre breite Rezeption im Frühjudentum
und im frühen Christentum.

Darüber hinaus wird aufgrund der im Hintergrund stehenden dekla-
ratorischen Formel der als Ausdruck von Gerechtigkeit verstandene
Glaube in der Rezeptionsgeschichte von Gen 15,6 und Hab 2,4 regelmäßig zur Grundlage der Verheißung eines nicht-eschatologischen
oder eschatologischen Heilsgutes (Leben, Segen, Geist u.a.).

Diese Struktur läßt sich auch für Texte zeigen, die nicht in
der Tradition dieser beiden Stellen stehen. Es handelt sich hier
fast ausschließlich um apokalyptische Texte. So wird den Treuen/
Gerechten in äthHen 108,13-15 Veklärung, Ehre und Glanz im Endgericht verheißen (vgl. äthHen 58,1-5) und nach slHen 66,6f
werden die, die in Glauben und Gerechtigkeit wandeln, Erben des
endlosen Aeons werden (vgl. Sib V 426f). Umgekehrt gilt deswegen
auch, daß die Israeliten aufgrund ihrer ἀδικία, die darin besteht, daß sie nicht glauben, am Ende der Zeiten nicht zur δόξα,
sondern zur ἀτιμία auferstehen werden (TestBen 10,7-9)(108).

---

108 So auch Sib IV 152-161. In diesen Zusammenhang gehören auch die Texte, in
     denen dem Glauben, ohne daß er ausdrücklich als Weise der Gerechtigkeit ge-
     kennzeichnet ist, eschatologische Belohnung verheißen wird, so ParJer 6,7
     (vgl. Herm mand IV 2,3.6.10); Sib IV 45f (vgl. auch die allerdings eindeu-
     tig christlichen Stellen Sib VIII 244f.255); syrBar 59,2 (vgl. 42,2 und 51,
     1-7 in Verbindung mit 54,21; IV Esr 7,33-38.83; Weish 3,14; äthHen 63,7-9;
     als profane Parallele: JosAnt XI 217). Nach IV Esr 13,23 werden aus der
     endzeitlichen Drangsal die gerettet, die "Werke haben und Glauben an den

4.3. Das Verhältnis von πίστις und δικαιοσύνη in der Theologie
     des Paulus

In der hohen Würdigung des Erzvaters Abraham steht das frühe
Christentum in einer Linie mit der atl. und frühjüdischen Tradition.
Zugleich hat sich an der Art der Rezeption der Abraham-Tradition
das Verhältnis des Christentums zum Judentum wesentlich geklärt und
entschieden[109].

So bekommt Abraham auch innerhalb des paulinischen Denkens dort
besondere Bedeutung, wo Paulus sich am deutlichsten gegen jüdische
Positionen absetzt, nämlich in der Rede von der Rechtfertigung der
Juden und Heiden aufgrund des Glaubens an Jesus Christus. An den
beiden für das paulinische Verständnis der Glaubensgerechtigkeit
zentralen Stellen im Gal und Röm greift Paulus auf die Abraham-Tradition, speziell auf Gen 15,6 zurück. Die Aufnahme des Abraham-Beispiels geht dabei weit über die Funktion eines Schriftbeweises hinaus; vielmehr treibt Paulus seine Argumentation erst durch die
Rezeption und Interpretation von Gen 15,6 zur vollen Klarheit und
Prägnanz. Die Figur des Abraham erweist sich hierfür als besonders
geeignet. Denn zum einen nimmt Abraham in mehrfacher Hinsicht eine
'Zwischenstellung' ein:

Er verbindet in seiner Person περιτομή und ἀκροβυστία, Gerechtsein und Gesetzlosigkeit und gilt zudem als der Prototyp des Proselyten[110]. Abraham hat dadurch in Bezug auf die beiden angesprochenen
Gruppen (Juden/Heiden)   i n t e g r a t i v e   F u n k t i o n.

Zum anderen bietet die Abraham-Tradition eine Möglichkeit, die
Verbindung von πίστις/πιστεύω und δικαιοσύνη/δικαιόω klar herauszuarbeiten, und hat damit   e x e m p l a r i s c h e n   C h a -
r a k t e r.

Schließlich hat Abraham aufgrund seiner traditionellen Bewertung
als Prototyp des Proselyten   V o r b i l d c h a r a k t e r   als
Leitfigur rechten Glaubens.

Allerhöchsten und Allmächtigen" (vgl. 9,7; BerR 74,9). Die Rettung aufgrund von Glauben ist auch in nicht-eschatologischem Kontext belegt: so
werden aufgrund ihres Glaubens Ananja, Asarja und Misael aus dem Feuerofen
(I Makk 2,59) und Daniel aus der Löwengrube (Dan Θ 6,24) gerettet (vgl.
auch Jes 7,9 und davon abhängig II Chr 20,20 und Jes 28,16). In weisheit-
lichen Texten findet sich häufig die Struktur, daß Gott aufgrund von Glauben/
Treue seine Gnade walten läßt und erwählt, so Prov 3,3f. In Weish 3,9 ist
der Glaube zugleich Kennzeichen der Erwähltheit. Ebenso heißt es von Mose:
"Wegen seiner Treue und Milde heiligte er ihn, er wählte ihn aus von allen
Menschen"(Sir 45,4).

109 Vgl. BERGER, TRE I, 372.
110 JosAnt I 155; Philo Virt 216-219.

4.3.1. Die paulinische Aufnahme der Abraham-Tradition in Röm 4

Auf dem Hintergrund der erarbeiteten Überlieferungsgeschichte
von Gen 15,6 soll nun zunächst versucht werden, die Spezifika der
paulinischen Rezeption der Abraham-Tradition in Röm 4 zu erkennen.
Folgende Gliederung wird dem Text zugrunde gelegt:
- Röm 4,1-8   : Abraham als Beispiel für die, die keine 'lohnbrin-
                 genden' Werke vorzuweisen haben und auf die Gnade
                 Gottes angewiesen sind
- Röm 4,9-12   : Abraham als Beispiel eines unbeschnittenen Gerechten
- Röm 4,13-17 : Abraham als Beispiel für einen 'gesetzlosen' Ver-
                 heißungsempfänger
- Röm 4,18-22 : Abraham als Beispiel des rechten, unerschütterlichen
                 Glaubens
- Röm 4,23-25 : Anwendung auf die christliche Gemeinde

Röm 4,1-8: Abraham als Beispiel für die, die keine 'lohnbringen-
den' Werke vorzuweisen haben und auf die Gnade Gottes angewiesen
sind.

Das paulinische Verständnis von Gen 15,6 in den VV.1-8 ist gekennzeichnet durch das Eintragen des Gegensatzpaares 'Gnade - Werke'
(V.4f). Eine Interpretation der Genesis-Stelle durch diese aus der
jüdischen Tradition übernommene Opposition[111] ist dadurch möglich,
daß für beide Vorstellungsbereiche die Kategorie der Erwählung
grundlegend ist: Einerseits vollzieht sich das Handeln Abrahams nach
traditioneller Sicht "innerhalb der Erwähltheit, ist Zeichen davon"[112],
auf der anderen Seite bildet die Erwähltheit Israels die Grundlage
dafür, daß denen, die keine substantia operum bonorum haben, die
göttliche Gnade zukommt[113]. Insofern Paulus in der πίστις Abrahams
die adäquate Reaktion auf die göttliche Erwählung sieht, bleibt er
im Rahmen der aufgezeigten Traditionsgeschichte von Gen 15,6. Indem
er jedoch die Anrechnung zur Gerechtigkeit als einen Akt göttlicher
Gnade interpretiert, dem auf der Seite des Menschen ein Mangel an
guten Werken entspricht, modifiziert er gegenüber der Tradition das
Verständnis des Abrahamglaubens in entscheidender Weise. Da Abraham

---

111 IV Esr VIII 32-36; OrMan; grApkEsr 1,12-17; ähnlich auch MTeh zu Ps 141,1.
     Eine zweite "Wurzel" hat die Opposition 'Gnade - Werke' in der jüdisch-
     alexandrinischen Schöpfungstheologie (vgl. Philo All III 76-88); zum Ganzen
     vgl. BERBER, Gnade, 1-25, bes. 14.

112 BERGER, TRE I, 374.

113 Das wird in IV Esr VIII durch V.26 deutlich: "Ne aspicias populi tui delicta".
     Daß die Gnade den Erwählten zukommt, zeigt auch Weish 3,9.

in der paulinischen Sicht eben nicht zu den besonders Gerechten
zählt[114], ihm folglich weder Ruhm (V.2) noch μισϑὸς κατὰ ὀφείλημα
(V.4) zustehen und er sogar indirekt als ἀσεβής (V.5) bezeichnet
werden kann, ist das traditionelle Verständnis der πίστις als Reflex
der gesamten Lebensleistung des Erzvaters nicht mehr möglich. Für
Paulus reduziert sich der Glaube Abrahams auf den Akt der Bekehrung[115].
Dies ist nun freilich nicht so zu verstehen, als gelange Abraham
in seiner Bekehrung zu einem neuen Selbstverständnis, das durch einen
radikalen Verzicht auf Leistung gekennzeichnet ist[116]. Nicht weil
Abraham sein Verhältnis zu Gott auf die Werke gründet, sondern gerade
aufgrund der Tatsache, daß Abraham die Leistung (der guten Werke)[117]
schuldhaft nicht erbracht hat, bezeichnet ihn Paulus indirekt als
Gottlosen. Insofern ist der Glaube Abrahams als Bekehrung eines
Sünders verstanden, der auf Gottes Gnade und Sündenvergebung (V.6-8)
angewiesen ist. Die Pointe der paulinischen Interpretation von Gen
15,6 liegt also nicht in einer grundsätzlichen Antithese von Glaube
und Werken, sondern ergibt sich vom Aspekt der Gnade her, unter dem
der Apostel die Genesis-Stelle sieht. Paulus denkt und argumentiert
auch hier viel eher christozentrisch als anthropologisch[118]. Die
χάρις bekommt insofern eine Schlüsselstellung, als sie nicht nur in
der Erwählung Abrahams manifest vorausgesetzt wird, sondern eben
auch die Anrechnung zur Gerechtigkeit entscheidend qualifiziert.

---

114 V.2 ist als Irrealis zu verstehen. Das ἀλλά   ist Trennungspartikel zwischen
     irrealer Annahme und realem Befund. V.2 ist demzufolge zu übersetzen: "Wenn
     Abraham nämlich aus Werken gerechtfertigt worden wäre, dann hätte er Grund
     zum Rühmen, aber (den hat er) nicht vor Gott". Diese Deutung entspricht der
     gedachten Antwort "Nichts!" auf die in V.1 gestellte Frage, was Abraham
     nach dem Fleisch gefunden habe.

115 Das zeigt die Wendung πιστεύειν ἐπί τινα (V.5). JEREMIAS, Gedanken-
     führung 269-272, hat darauf hingewiesen, daß damit der Akt der Bekehrung
     beschrieben sei. Dies wird durch den Gebrauch der Wendung in Act bestätigt
     (9,42; 11,17; 16,31; in 22,19 ist allerdings kaum an Bekehrung gedacht;
     vgl. auch Mt 27,42 und Hebr 6,1). Auch die einzige Belegstelle der LXX weist
     in diese Richtung (Weish 12,2). Die Bedeutung "Glaubensentschluß/Bekehrung"
     wird so auch für Paulus zugrundezulegen sein.

116 Vgl. BULTMANN, Theologie, 315-331, bes. 316.324f; ähnlich auch MICHEL, der
     in der Ablehnung einer Einstellung, die das Verhältnis zu Gott auf die
     stellt, das Wesen der πίστις sieht (KEK IV, 163).

117 Zu recht weist HAHN, FS vRad, 102, darauf hin, daß die Wendung μὴ
     ἐργάζεσθαι an dem Begriff der ἔργα νόμου orientiert ist. Ἐργάζεσθαι
     und ἔργον   lassen sich in Röm 4 aber nicht exklusiv im Sinne von 'Ge-
     setzeswerken' verstehen. Unter den verschiedenen 'lohnbringenden' Werken,
     die Paulus für die Person des Erzvaters negiert, spielt die Gesetzesobser-
     vanz in der Traditionsgeschichte von Gen 15,6 nur eine relativ kleine
     Rolle (nur in CD 3,2 und Sir 44, 19-21).

118 Vgl. DOUGHTY, Priority, der die Dimension der Christologie für die pau-
     linische Theologie im Gegenüber zu Bultmanns anthropozentrischer Inter-
     pretation betont.

Ebenso wie in Röm 4 wird in PsSal 18,1-9 und TestJud 24 die Erlangung von Gerechtigkeit auf die Gnade Gottes zurückgeführt,
und zwar als eschatologisches, mit der Ankunft des Messias sich
vollziehendes Geschehen. Da die paulinische Sicht der Rechtfertigung Abrahams als Akt der göttlichen Gnade durch den zuvor beschriebenen Gnadencharakter der Offenbarung der Gottesgerechtigkeit in Jesus Christus bedingt ist (Röm 3,21ff), Paulus insofern
auch innerhalb des Abraham-Beispiels zwar nicht eschatologisch,
so aber doch christologisch denkt, ist Röm 4,4f in einer Linie
mit den beiden oben genannten Texten zu verstehen. Zudem korres-
pondieren - analog zur πίστις bei Paulus - dem göttlichen Gnadenhandeln in TestJud 24 auf seiten des Menschen das Anrufen des
Herrn, in PsSal 18 die Gottesfurcht. Paulus greift hier also
auf eine jüdisch-apokalyptische Tradition zurück, die vor allem
für das Verständnis von Röm 3,21-26 grundlegend ist, von daher
aber auch für Röm 4 relevant wird(119).

Erwählung und Rechtfertigung sind somit als Akte göttlicher Gnade
nicht mehr grundsätzlich von einander geschieden. Wo die Tradition
zwischen Erwählung und dem endgültigen Unter-die-Gerechten-Gerechnet-
werden eine Phase der Bewährung sah, in der die Echtheit der Bekehrung
erwiesen werden muß, kann Paulus unter dem Aspekt der Gnade beides
in eins sehen. Kristallisationspunkt der beiden Gnadenhandlungen
Gottes ist die πίστις, die, verstanden als Bekehrung des Sünders,
sowohl Ausdruck der Erwähltheit des Erzvaters (so auch traditionell),
als auch als πιστεύειν ἐπὶ τὸν δικαιοῦντα τὸν ἀσεβῆ Grundlage der
Rechtfertigung ist. In dieser Zusammenschau von Erwählung und
Rechtfertigung in der Gnade Gottes, der auf seiten des Menschen die
πίστις korrespondiert, liegt die entscheidende paulinische Innovation gegenüber der Traditionsgeschichte von Gen 15,6.

Röm 4,9-12: Abraham als Beispiel eines unbeschnittenen Gerechten

Der Aussageschwerpunkt dieses Abschnitts liegt deutlich in den
VV.11+12. Die innovatorischen Aspekte, die Paulus in das traditionelle
Bild einträgt, werden in V. 11f in narrativer Form vorgetragen.
Röm 4,9-12 entspricht von daher eher einer midraschartigen Kommen-
tierung der Abrahamtradition als einer argumentativen Auseinander-
setzung anhand eines Schriftzitats.

Durchgängiges Gestaltungsprinzip dieses zweiten Abschnitts ist
die variierende Wiederholung. Das Begriffspaar περιτομή/ἀκροβυστία
wird in V.9-12 insgesamt sechsmal genannt und dabei grammatisch,
syntaktisch und semantisch variiert.

---

119 In nicht-eschatologischem Kontext findet sich die Verbindung 'Gnade - Ge-
     rechtigkeit' in 1 QH 13,16f, hier schöpfungstheologisch begründet; ähn-
     lich auch Philo Sacr 52-72 in einem Midrasch zu Gen 4,3. Wie bei Paulus,
     so ist auch für Philo die näherhin als Glaube qualifizierte Gottesver-
     ehrung die einzig angemessene menschliche Reaktion auf göttliches Gnaden-
     und Erwählungshandeln.

Entscheidend für den Gang der Diskussion ist aber vor allem das
Verhältnis der beiden Begriffe zueinander. Περιτομή und ἀκροβυστία
sind in den VV.9+10 als einander per definitionem ausschließende
Alternativen gebraucht. In den folgenden beiden Versen werden sie
dann jedoch, ohne dabei ihre Gegensätzlichkeit zu verlieren, unter
dem Oberbegriff der πίστις synthetisch verbunden. Durch diese sprach-
lich-gedankliche Konstruktion bekommen die VV.9-12 auch gemeindesoziologische Relevanz. Paulus kann nicht nur zeigen, daß die Beschneidung nicht die Ursache für Abrahams Glaubensgerechtigkeit war;
durch die Doppeldeutigkeit des Begriffpaares περιτομή/ἀκροβυστία
(als individuelle Eigenschaften Abrahams und als Chiffren für Juden
und Heiden) ist es ihm zudem möglich, in den VV.11f in der Person
Abrahams einen historisch-soteriologischen Kristallisationspunkt
und in der πίστις einen aktuellen soteriologischen Kristallisationspunkt für die Identitätsfindung einer Gemeinde zu liefern, die sich
aus traditionell verfeindeten Gruppen zusammensetzt.

Die abschließende Bezeichnung Abrahams als πατὴρ ἡμῶν faßt die
beiden Gruppen (Juden- und Heidenchristen) unter der einen Vaterschaft Abrahams zusammen. Zugrunde liegt der Gedanke, daß die Abrahamkindschaft eine soteriologische Dimension hat. Zudem ist die
paulinische Argumentation orientiert an der Konzeption, nach der
Partizipation am Heil der Väter nur durch Ähnlichkeit mit diesen zu
erlangen ist.

Paulus verwendet diesen Gedanken jedoch nicht - wie sonst üblich -
paränetisch; er dient ihm vielmehr zur Grundlage seiner These von
der universalen Vaterschaft Abrahams für alle Glaubenden. Entsprechend
der Tatsache, daß Paulus die πίστις zum entscheidenden Merkmal der
Ähnlichkeit mit dem Erzvater erhebt, besteht die Teilhabe am Väterheil in erster Linie in der Erlangung der δικαιοσύνη πίστεως (vgl.
V.11b: εἰς τὸ λογισθῆναι καὶ αὐτοῖς τὴν δικαιοσύνην).

Röm 4,13-17: Abraham als Beispiel für einen 'gesetzlosen' Verheißungsempfänger

Paulus bindet die ἐπαγγελία/κληρονομία an die πίστις; das ist in
der Traditionsgeschichte von Gen 15,6 grundgelegt. So ist Abraham
nach Mekh 40b aufgrund seines Glaubens dieser und der zukünftigen
Welt Erbe. Entsprechend der Tatsache, daß Abrahams Treue in Versuchungen als vorzüglichster Ausdruck seines Glaubens verstanden
wurde, wird in mehreren Texten im Anschluß an Gen 22,16 die (Segens-
und Land-)Verheißung an den Erzvater darauf zurückgeführt, daß er

angesichts des göttlichen Befehls zur Opferung Isaaks als treu er-
funden wurde (Jub 18,14-16; Sir 44,20f; II Esr 19,8). Diese Konzeption liegt auch in Hebr 6,11-15 zugrunde. Die Wendung ὸ θεός...
ὤμοσεν καθ' ἑαυτοῦ(V.13) und das nachfolgende Zitat aus Gen 22,17
zeigen deutlich, daß hier ebenfalls Abrahams Verhalten bei der
Opferung Isaaks als Grundlage der göttlichen Verheißung gesehen ist.
Dementsprechend heißt es in V.15, daß der Erzvater aufgrund seiner
μακροθυμία die Verheißung erhielt. Anders als in den oben genannten
Texten wird diese Tradition in Hebr 6 jedoch paränetisch verwendet.
Entsprechend dem Prinzip der zur Erlangung des Heils notwendigen
Ähnlichkeit mit den Erzvätern mahnt V.12: μὴ νωθροὶ γένησθε, μιμηταὶ
δὲ τῶν διὰ πίστεως καὶ μακροθυμίας κληρονομούντων τὰς ἐπαγγελίας.
Das Prinzip der Ähnlichkeit der Erben mit dem Verheißungsempfänger
ist auch für die paulinische Argumentation bestimmend. Das tertium
comparationis zwischen dem gläubigen Abraham und seinen Nachkommen
liegt für Paulus jedoch nicht in dessen μακροθυμία, sondern gemäß
der traditionellen Bindung der Verheißung an den Besitz von Gerechtigkeit (syrBar 14,12f; IV Esr 7,119f) in der δικαιοσύνη des
Erzvaters. Wesentlich neu gegenüber der Tradition ist nun aber die
antithetische Gegenüberstellung der als δικαιοσύνη πίστεως qualifizierten Gerechtigkeit Abrahams und des Gesetzes.

Durch die Aussagen von V.15 stehen sich zwei Reihen antithetisch
gegenüber:

πίστις bewirkt δικαιοσύνη πίστεως bewirkt ἐπαγγελία/κληρονομία

νόμος bewirkt παράβασις νόμου   bewirkt ὀργή

Ging es Paulus in V.1-8 um die Entschränkung der Erwählung, nicht
aber um eine grundsätzliche Herabwürdigung menschlicher Werke, so ist
auch hier nicht die Desavouierung des Gesetzes intendiert, sondern
der Gnadencharakter der Verheißung wird betont, damit die ἐπαγγελία
für den "ganzen Samen" Abrahams (Juden, Juden- und Heidenchristen)
sichergestellt ist[120].

Diese Antithese darf also nicht in der Weise verstanden werden,
als sei mit der Glaubensgerechtigkeit "die gegenüber der Gabe des
Gesetzes verschiedene Heilssetzung Gottes"[121] im Blick; vielmehr
ist die δικαιοσύνη πίστεως für Paulus die im Gesetz (nämlich in der
Abrahamsgeschichte) bezeugte (vgl. 3,21.31) und angesichts der Sündhaftigkeit aller Menschen (von der her das Gesetz Zorn bewirkt)

---

120 So auch MUSSNER, Samen, 213-217, bes. das Schaubild, 215.
121 So WILCKENS, EKK VI/1, 270.

einzig gangbare Möglichkeit, Erbe der Verheißung zu werden. Bestimmend bleibt auch hier das Verständnis der πίστις als Bekehrung
des Sünders, auf die hin Gott aus Gnade Gerechtigkeit zurechnet,
dies durch Versiegelung bestätigt und mit der - dementsprechend auch
κατὰ χάριν ergehenden - Zusage eines 'Erbteils' belohnt. Paulus bedient sich damit zur Interpretation von Gen 15,6 eines auch unabhängig von der Abraham-Tradition im NT belegten 'Bekehrungsschemas';
das zeigt ein Vergleich mit Eph 1,13f:

Eph 1	Röm 4
ὑμεῖς ἀκούσαντες τὸν λόγον τῆς ἀληθείας... ἐν ᾧ πιστεύσαντες (V.13)	ἐπίστευσεν δὲ Ἀβραὰμ τῷ θεῷ (V.3)
ἐσφραγίσθητε τῷ πνεύματι τῆς ἐπαγγελίας τῷ ἁγίῳ (V.13)	σημεῖον ἔλαβεν περιτομῆς σφραγῖδα τῆς δικαιοσύνης τῆς πίστεως (V.11)
ὅ ἐστιν ἀρραβὼν τῆς κληρονομίας ἡμῶν (V.14)	κληρονόμον αὐτὸν εἶναι κόσμου (V.13)

Paulus modifiziert dieses Schema lediglich in der Weise, daß er
von 3,21-26 (und der in der Abraham-Tradition vorgegebenen Verbindung von Glaube und Gerechtigkeit) her die Bekehrung als Rechtfertigung κατὰ χάριν qualifiziert.

Röm 4,18-22: Abraham als Beispiel des rechten, unerschütterlichen
Glaubens

War im vorigen Abschnitt der Glaube Abrahams als Grund für die
Verheißung genannt, so kommt πιστεύειν jetzt als Reaktion des Erzvaters auf die gegebene Verheißung in den Blick. Diese veränderte
Blickrichtung ist durch die Thematik des vierten Abschnitts bedingt,
der nach Wesen und Eigenart des Abrahamglaubens fragt.

Die auf die zweite Vershälfte reduzierte Wiederaufnahme des Zitats
aus Gen 15,6 (LXX), mit der Paulus den vierten Abschnitt beschließt
(V.22), zeigt für das gesamte Kapitel eine zyklische Argumentations-
struktur:

Durch Rückbezug auf den Ausgangspunkt (V.3), der jetzt auf einer
anderen Verstehensebene wieder erscheint, wird der Kreis geschlossen.
Das einleitende διό kennzeichnet V.22 als Folgerung aus den vorangehenden Versen. Paulus bleibt damit im Rahmen der für die Traditionsgeschichte von Gen 15,6 bestimmenden Rezeptionsstruktur, wonach
Gott auf ein bestimmtes Verhalten Abrahams hin Heil schenkt. Für
den Apostel bildet jedoch nicht die in der Abraham-Tradition so
häufig als vorzüglichste Glaubensleistung des Erzvaters hervorge-
hobene Standhaftigkeit angesichts von Versuchungen das entscheidende

Kennzeichen des Abrahamglaubens, sondern die enge Bindung an die
ἐπαγγελία: der Abrahamsglaube ist Verheißungs- (Offenbarungs-)glaube
und als solcher wird er dem Erzvater zur Gerechtigkeit angerechnet.

Eventuell handelt es sich bei dem Gedanken der gottgewirkten
Stärkung durch den Glauben um eine 'Popularisierung' jenes Topos'
der Offenbarungsliteratur, der schon dem paulinischen Verständnis
von Verkündigung und Bekehrung in I Kor 2,1-5 zugrunde lag. Danach befällt den Apokalyptiker aufgrund einer Erscheinung (Theo-
phanie, Angelophanie, Vision) Schwäche, Ohnmacht und Furcht,
worauf er durch den Geist, durch einen Engel oder durch die
Kraft Gottes gestärkt wird. Die Begriffe ἀσθενεία und δύναμις
gehören fest zum Wortfeld dieser Vorstellung aus der apokalyptischen Literatur. Eine Verbindung der beschriebenen apokalyptischen Tradition und der Vorstellung der gottgewirkten Stärkung
- wie sie in Röm 4 zum Ausdruck kommt - könnte die paulinische
Sicht von Verkündigung und Bekehrung in I Kor 2,3-5 bilden. Paulus
charakterisiert dort - wie wir sahen - seine Verkündigung durch
die Abfolge von Schwachheit (ἀσθενεία) und Kraft (δύναμις) und
qualifiziert sie so als Offenbarungsgeschehen. Dementsprechend
ist der Glaube dort verstanden als die menschliche Partizipation
an einer göttlichen Offenbarung, durch die Gottes Kraft zur Wirkung kommt. Nun ist in Röm 4,20 nicht von einer Offenbarung,
sondern von der ἐπαγγελία die Rede. Jedoch legen Gen 15,1.5.13
die Sicht Abrahams als eines Apokalyptikers nahe, und so hat die
jüdische Tradition den Erzvater auch häufig gesehen(122). Zudem
hat Paulus ja von Röm 3,21 her die Offenbarung der Gottesgerechtigkeit immer mit im Blick (vgl. auch 1,17). Trifft die Vermutung
zu, daß der Stärkung durch den Glauben in Röm 4,20 die Vorstellung
der Stärkung des Apokalyptikers im Offenbarungsgeschehen zugrunde
liegt, dann handelt es sich hier - analog zu I Kor 2,3-5 - insofern um eine 'Popularisierung' dieser Tradition, als der esote-
rische Charakter zugunsten einer Universalisierung aufgegeben
ist. Die Offenbarung der Gerechtigkeit Gottes hat kosmische Dimension und ist somit allen (über die Verkündigung) zugänglich.
Durch den Glauben, der als Reaktion auf die Offenbarung zugleich
Bekehrung zu Gott ist, stärkt Gott die Offenbarungs-/Verheißungs-
empfänger und bewahrt sie damit vor erneutem Abfall. Die Partizipation an der göttlichen Kraft durch den Glauben hat also - darin wird die Akzentverschiebung gegenüber I Kor 2,3-5 deutlich -
nicht nur im Bekehrungsgeschehen ihren Ort, sondern darüber hinaus stabilisierende Funktion für das Leben im Glauben.

Wohl geht es Paulus auch um den Aspekt der Bewahrung des Glaubens; er
greift dafür jedoch gerade nicht - was nahe gelegen hätte - auf das
Versuchungsmotiv zurück. Es ist vielmehr der dem augenscheinlich
Möglichen widersprechende Charakter des göttlichen Verheißungswortes[123],
angesichts dessen Abraham Glauben bewahrt. Die Bewahrung des Glaubens

---

122 Vgl. Berger, TRE I, 376.

123 Die nicht im menschlich Wahrscheinlichen begründete, ja sogar im Wider-
     spruch zum Augenschein stehende Hoffnung ist auch im pagan-griechischen
     Bereich der entscheidende Zug des Orakelglaubens; so beschreibt Dio Cassius
     in seiner Geschichte des römischen Reiches, daß Caesar aufgrund eines
     Orakelspruchs (ἐκ μαντείας) auch gegen den Augenschein (καὶ παρὰ τὰ
     φαινόμενα) fest an seine Sicherheit glaubte (πίστις τῆς σωτηρίας
     ἐχέγγυον) (XLI 46,4).

vollzieht sich in dem überzeugten Festhalten (πληροφορηθείς) an
der Verheißung Gottes. Dies ermöglicht die (gottgewirkte) Stärkung
durch den Glauben, die den Bekehrten vor erneutem Abfall bewahrt.

Eine ähnliche Beschreibung des Abrahamglaubens findet sich bei
Philo Migr 43f: Auch hier richtet sich die πίστις auf ein göttliches
Verheißungswort (Gen 12,1) und ist als solche wesentlich durch die
ἐλπίς qualifiziert (vgl. ἐπ'ἐλπίδι   Röm 4,18)[124], die allein wegen
der Verläßlichkeit des Verheißenden (vgl. Röm 4,21b) auch das, was
noch nicht da ist, als unzweifelhaft betrachtet (vgl. παρ'ἐλπίδα
Röm 4,18). Anders als bei Paulus besteht bei Philo das göttliche
Heilsgeschenk jedoch nicht in der Anrechnung zur Gerechtigkeit, sondern darin, daß Abraham als Kampfpreis das ἀγαθὸν τέλειον (den
Gottesglauben nämlich) erlangt (vgl. Praem 27; Her 90ff; Abr 262-
270; Virt 211-219).

Die gegenüber dem vorigen Abschnitt verschiedene Blickrichtung der
VV.18-22 (Glaube als Reaktion auf die Verheißung) darf nicht dazu
verleiten, den hier beschriebenen Aspekt des Abrahamglaubens auf
die Zeit nach der Bekehrung zu beschränken. Vielmehr zeigen die Aufnahme von Bekehrungsterminologie (δοὺς δόξαν τῷ θεῷ) und die abschließende Zitation von Gen 15,6b (LXX), daß die paulinische Charakterisierung des Abrahamglaubens als Verheißungs-(Offenbarung-)glaube
Bekehrung und Glaubensbewahrung umfaßt.

Ein entscheidender Unterschied zu den vorangehenden Texteinheiten
besteht darin, daß Abraham in den VV.18-22 nicht in erster Linie
Beispielcharakter oder integrative Funktion hat, sondern als Vorbild rechten Glaubens gezeichnet ist, an dem sich die christliche
Gemeinde orientieren kann und soll. Der vierte Abschnitt ist von daher der Gattung 'biographisches Exemplum' zuzuordnen. Dem symbouleu-
tischen Charakter der VV.18-22 entspricht es, daß der implizite
Leserbezug durch die Kennzeichnung Abrahams als πατὴρ ἡμῶν [125] hier
fehlt und durch die explizite Anwendung auf die christliche Gemeinde
in den VV.23-25 ersetzt ist.

Röm 4,23-25: Die Anwendung des Abraham-Beispiels auf die christliche Gemeinde

Die VV.23-25 liefern in äußerst komprimierter Form den Schlüssel
für das Verständnis der gesamten Abraham-Diskussion des Paulus. Zu-

---

124 Vgl. dazu Kap. 6 dieser Arbeit.
125 Vgl. V.1.12.16; in V.18 wird Abraham lediglich πατὴρ πολλῶν ἐθνῶν
     (nicht ἡμῶν) genannt.

nächst wird die Verbindung zwischen Abraham und den Christen noch
deutlicher als bisher herausgestellt: Es ist der eine Gott, der die
entscheidende Klammer darstellt. Er ist als der, der Tote lebendig
macht, gemeinsames Glaubensobjekt Abrahams und der Christen, er
weist in seinem Zeugnis über den Erzvater (Gen 15,6) zugleich prophetisch auf die christliche Gemeinde hin, die ihre Existenz von daher
als im göttlichen Heilsplan begründet begreifen kann.

Die entscheidende Gemeinsamkeit zwischen Abraham und den Christen
aber, die die gesamte bisherige Diskussion erst als schlüssig erweist, nennt Paulus zum Schluß. Da die Bekehrung des Erzvaters, die
ihm zur Gerechtigkeit angerechnet wird, im Sinne des Paulus einzig
und allein Ausdruck und Zeichen seiner gnädigen Erwählung ist, stellt
sich Gemeinsamkeit mit Abraham nur für die her, die wie er aus Gnaden
erwählt sind. Damit wird Jesus Christus zum Angelpunkt der ganzen
Argumentation. Denn in ihm hat Gott alle Menschen aus Gnaden erwählt,
und diese Erwählung äußert sich für die, die ihr durch ihre Bekehrung Ausdruck verleihen, wie für Abraham in Sündenvergebung und
Rechtfertigung.

Die Wendung οἷς μέλλει λογίζεσθαι (V.24) ist nicht eindeutig.
Eine mögliche Deutung besteht darin, das μέλλει λογίζεσθαι als lo-
gisches Futur zu verstehen, so daß eine Zukunft aus der Sicht Abrahams gemeint ist, die für Paulus und seine Adressaten Gegenwart ist[126];
dann müßte es jedoch sprachlich korrekt ἔμελλεν λογίζεσθαι heißen;
zudem leuchtet unter dieser Voraussetzung nicht ein, warum Paulus
in dem folgenden τοῖς πιστεύουσιν , das aus der Sicht des Abraham
ja auch in der Zukunft liegt, die Präsensform wählt. Wahrscheinlicher erscheint die von Schlatter vorgeschlagene und zuletzt von
Käsemann, Schlier und Michel vertretene eschatologisch-forensische
Deutung[127], die freilich im Widerspruch zu Röm 5,1 δικαιωθέντες
οὖν ἐκ πίστεως zu stehen scheint. Wir sahen jedoch, daß Paulus auch
das Abraham-Geschehen unter verschiedenen Aspekten betrachten kann:
War in den VV.1-12 die Rechtfertigung des Erzvaters in direkten Zusammenhang mit seiner Bekehrung gerückt und damit mit der Erwählung
aus Gnaden in eins gesehen, so wird nach VV.18-22 erst der Glaube,
der sich bewährt hat, zur Gerechtigkeit angerechnet.

---

126 So KUSS, Römerbrief I, 193; LUZ, Geschichtsverständnis, 113 Anm.367 und
     zuletzt WILCKENS, EKK VI/1, 277.

127 SCHLATTER, Gerechtigkeit, 172; KÄSEMANN, HNT 8a, 120; SCHLIER, HThK VI,
     135; MICHEL, KEK IV, 127. Der von ZAHN, KNT 6, 239 Anm.88, vorgeschlagenen
     Deutung, Paulus denke missionarisch, und das μέλλει λογίζεσθαι sei
     von daher auf die noch zu Bekehrenden gerichtet, widerspricht das δι'ἡμᾶς.

Die VV.18-24 können insgesamt als Midrash pescher zu Gen 15,5f
gelten und sind von daher auch als ein einziger Abschnitt faß-
bar: V.18 nimmt die Verheißung aus Gen 15,5c auf, interpretiert
sie von Gen 17,5 her und setzt sie in Beziehung zu der Glaubensaussage von Gen 15,6a. Diese wird dann in den VV.19-21 ausführlich kommentiert. Schließlich erläutern die VV.22-24 Gen 15,6b,
zunächst in Bezug auf Abraham (V.22+23a), durch die prophetische
Deutung dann aber auch in Hinblick auf die christliche Gemeinde
(V.23b+24). Von daher ist in V.24 die in den vorangehenden Versen
für Abraham beschriebene Rechtfertigung aufgrund von Glaubens-
bewährung im Blick, die für die Christen noch zukünftig ist, die
aber - wie die Ersetzung des einfachen Futur durch μέλλειν + Infini-
tiv zeigt - von Paulus als sicher erwartet wird(128).

Präsentische und futurische Rechtfertigung sind nicht gegeneinander auszuspielen, sondern haben ihren gemeinsamen Grund im gnädigen
Erwählungshandeln Gottes. So ist auch Abraham in den VV.18-22 im
Unterschied zur traditionellen Betonung seiner Standhaftigkeit in
Versuchungen nicht moralisches Vorbild; vielmehr ist seine Glaubens-
bewährung seiner Bekehrung entsprechend als Ausdruck seiner bleibenden Erwähltheit zu verstehen.

Zusammenfassung

Zur Klärung des Verhältnisses von πίστις und δικαιοσύνη angesichts
der Offenbarung der Gerechtigkeit Gottes (Röm 3,21ff) greift Paulus
in Röm 4 auf die Abraham-Tradition, speziell auf die auch in der
jüdischen Tradition zentrale Stelle Gen 15,6 zurück. Die ausführliche Weise, in der sich der Apostel mit dem Glauben des Erzvaters
auseinandersetzt, eröglicht es, die Spezifika der paulinischen Interpretation des Abraham-Geschehens zu erkennen und damit einen Zugang
zum Verständnis der Verbindung 'Glaube - Gerechtigkeit' in der paulinischen Theologie überhaupt zu gewinnen.

Bestimmend für die jüdische Traditionsgeschichte von Gen 15,6 war
die Abfolge von Erwählung, Bekehrung sowie Echtheitserweis der Bekehrung (z.B. in der Versuchung) und endgültiger Anrechnung zur
Gerechtigkeit. Die entscheidende paulinische Innovation demgegenüber
liegt in der Zusammenschau von Erwählung und Rechtfertigung, die der
Apostel gleich zu Anfang seiner Interpretation herausarbeitet und
die für das gesamte Abraham-Kapitel bestimmend bleibt. Durch die
Aufnahme der traditionellen Opposition 'Gnade - Werke' gelingt es

---

128 Die präsentische Form von μέλλειν + Inf. ist im klassischen Griechisch
     nicht gebräuchlich; in der Volkssprache verlor der Infinitiv Futur jedoch
     an Bedeutung, so daß μέλλειν + Inf. im Präsens zu einer Form des Futur
     wurden. Im Unterschied zum einfachen Futur gibt diese Zukunftsform das
     an, was als sicher erwartet wird, was gemäß dem göttlichen Ratschluß ge-
     schehen wird, vgl. BAUER, Wörterbuch zum NT.

Paulus, Erwählung und Rechtfertigung als Wirkungen der Gnade Gottes,
denen auf menschlicher Seite die πίστις korrespondiert, in eins zu
sehen. Vom Aspekt der Gnade her tritt der Abrahamglaube dann, als
Ausdruck der Erwähltheit zugleich Grundlage der Anrechnung zur Gerechtigkeit, in Opposition zu den Werken: Er ist verstanden als die
Bekehrung dessen, der keine guten Werke hat und von daher in Hinblick auf die Rechtfertigung auf dieselbe (sündenvergebende, V.6-8)
Gnade angewiesen ist, mit der Gott erwählt.

Durch die Reduktion des Glaubens auf den Akt der Bekehrung unterscheidet sich Paulus wesentlich vom jüdischen Verständnis des Glaubens als der Zusammenschau einer ganzen Lebensleistung. Demzufolge
bekommt auch die jüdische Sicht des Glaubens als einer Weise des
Gerechtseins bei ihm einen anderen Aspekt: Da es sich um die Bekehrung des Sünders handelt, ist die göttliche Anerkenntnis als Gerechtigkeit ein Akt κατὰ χάριν und insofern mit der Erwählung in
eins zu sehen.

Die Reduktion des Glaubensbegriffs auf den Bekehrungsakt ist als
aktualisierende Konkretion von Gen 15,6 zu verstehen, da Paulus
in erster Linie missionarisch denkt. Deshalb gewinnt für ihn der
Aspekt der Bekehrung innerhalb der Abraham-Tradition besonderes
Gewicht. Zudem bietet diese Akzentsetzung die Möglichkeit, die
Öffnung gegenüber den Heiden durch die Abraham-Tradition zu legitimieren. Demgegenüber steht der Jak mit seiner Interpretation
von Gen 15,6 (2,20-26) bereits in einer fortgeschrittenen Situation, in der sich andere Probleme stellen. Hier steht nicht mehr
die Frage der Bekehrung im Mittelpunkt, sondern das Zusammenleben der Bekehrten, das Gemeindeleben betreffende, praktische
Probleme wie der Umgang mit der eigenen Begehrlichkeit (Versuchung)
(1,13ff) und der Umgang mit Armen, bzw. die Gastfreundschaft
ihnen gegenüber (2,1ff). Dementsprechend sind hier das Bestehen
der Versuchung (2,21) und die Gastfreundschaft (2,25 am Beispiel
Rahabs) als Aspekte der Abraham-Tradition besonders hervorgehoben. Der Jak steht damit der jüdischen Überlieferung von Gen 15,6
näher als der paulinischen Interpretation. Beide Interpretationen
lassen sich aber als unterschiedliche Akzentsetzungen innerhalb
einer gemeinsamen Traditionsgeschichte verstehen, die durch die
je verschiedene Situation herausgefordert sind.

Die Zusammenschau von Erwählung und Rechtfertigung bestimmt auch
die paulinische Aufnahme des aus der jüdisch-paränetischen Tradition
stammenden Prinzips der Ähnlichkeit mit den Vätern. Gründet nach
dieser Konzeption die Partizipation am Väterheil im Besitz von Gerechtigkeit, so ist es für Paulus eben die mit der Erwählung in eins
gesetzte δικαιοσύνη πίστεως, die eine Berufung auf Abraham als Vater
allererst ermöglicht. Die Beschneidung ist von daher weder Grundlage der Rechtfertigung Abrahams, noch Merkmal der Abrahamskindschaft (als göttliches Bestätigungs- und Schutzzeichen (σφραγίς) hat
sie freilich eine durchaus positive Bedeutung). Die Ähnlichkeit der
Abrahamskinder mit ihrem Vater liegt darin begründet, daß sie, als

Sünder von Gott erwählt, wie Abraham ihrer Erwählung in der Bekehrung
Ausdruck verleihen und so ihre Gerechtigkeit der Gnade Gottes verdanken. Von daher kann Paulus die ursprünglich paränetische 'Ähnlich-
keits-Konzeption' dazu verwenden, den Erwählungsgedanken zu uni-
versalisieren (Die Grundlage dieses Gedankengangs bilden die Thesen
von der Sündhaftigkeit aller und von der Erwählung aller in Jesus
Christus).

So bildet die mit der Erwählung in eins gesetzte und in der Bekehrung erlangte Anrechnung zur Gerechtigkeit auch die Voraussetzung
sowohl für den Verheißungsempfang Abrahams als auch für die Erb-
schaft der an den Erzvater ergangenen Verheißungen. Das Gesetz kann
angesichts der Universalität der Sünde nur die Schuldhaftigkeit
aller aufdecken, den Zorn Gottes wirken und von daher eben nicht
Grundlage der Verheißungen sein.

Die in der Erwählung Gottes grundgelegte δικαιοσύνη πίστεως
stellt eben nicht nur eine gegenüber der Gabe des Nomos andere Heilssetzung dar, sondern die einzige Möglichkeit, dem Zorn Gottes zu
entgehen und des verheißenen Heils teilhaftig zu werden. Auch hier
steht der Gedanke der universellen Erwählung auf dem Hintergrund
der Universalität der Sünde im Mittelpunkt.

Erst im letzten Abschnitt seines Abraham-Midrasch (damit aber
in direkter Nähe zu den 'anwendenden' VV.23-25 und so für die christliche Gemeinde in besonderer Weise relevant) betrachtet Paulus das
Verhältnis von πίστις und δικαιοσύνη unter dem Aspekt der Glaubensbewahrung. Wesentlich als Verheißungs-(Offenbarungs-)glaube gekennzeichnet bewährt sich der Abrahamsglaube angesichts der allem
menschlich Wahrscheinlichen widersprechenden Zusage Gottes im überzeugten Festhalten am göttlichen Verheißungswort und ist so vor
erneutem Abfall geschützt (gottgewirkte Stärkung durch den Glauben).
Wird nach V.22 der sich bewährende Glaube zur Gerechtigkeit angerechnet, so ist damit keineswegs die bisher grundlegende enge Verbindung von Erwählung (Bekehrung) und Rechtfertigung relativiert;
vielmehr macht Paulus durch die veränderte Blickrichtung deutlich,
daß in der auf die Bekehrung folgenden Anrechnung der Gerechtigkeit
zwar eine gültige, nicht aber die endgültige Rechtfertigung durch
Gott zu sehen ist. Diese endgültige Rechtfertigung steht auch für
die christliche Gemeinde, auf die Gen 15,6 prophetisch hinweist,
noch aus. Präsentische und futurische Rechtfertigung sind allerdings nicht als unterschiedliche Handlungen Gottes zu sehen, sondern:
wie die Glaubensbewahrung die Bekehrung nicht überbietet, vielmehr
wie diese Ausdruck der Erwähltheit ist, so sind auch präsentische
und futurische Rechtfertigung Ausdruck der einen erwählenden Gnade

Gottes. Damit steht für Paulus das Erwählungshandeln Gottes im Zentrum des Abraham-Geschehens. So ergibt sich auch erst für den von
Gott aus Gnade erwählten Sünder eine Verbindung zum Erzvater. Von
daher bekommen die VV.24+25 eine für das gesamte Abraham-Kapitel
entscheidende hermeneutische Funktion. Nur weil Gott im Tod und in
der Auferstehung Christi jetzt alle sündenvergebend erwählt hat,
können sich alle (Juden wie Heiden), die dieser universalen Erwählung in ihrem Glauben an Christus Ausdruck verleihen, als gerechtfertigt, als Abrahamskinder und als Erben seiner Verheißung verstehen
und auf die endgültige eschatologische Anrechnung zur Gerechtigkeit
hoffen[129].

4.3.2. Die paulinische Aufnahme von Gen 15,6 in Gal 3

Während Paulus in Röm 4 Gen 15,6 zum zentralen Leitfaden seiner
Argumentation macht, hat das Zitat in Gal 3,1-14 nur den Charakter
eines Zwischenglieds innerhalb einer Beweiskette[130].

Überblicken wir die gesamte Texteinheit, so wird deutlich, daß
Gen 15,6 und der Gedanke der Rechtfertigung aus Glauben für Paulus
hier nicht im Zentrum stehen. Einerseits wird die Anrechnung des
Glaubens zur Gerechtigkeit nicht in den zusammenfassenden Schluß-
teil (V.13f) einbezogen, gilt also nicht als wichtiges Ergebnis der
argumentatio. Zum andern taucht die uns interessierende Verbindung
von Glaube und Gerechtigkeit nur in dem Textabschnitt auf, in dem
die zentralen Stichworte Χριστός und πνεῦμα fehlen (V.6-12)[131].

Im Zentrum steht für Paulus vielmehr der Gedanke, daß im Kreuz
Christi alle von der Folge ihres gesetzesbrecherischen Tuns (Fluch)
befreit sind und so (aus Glauben) des Geistes teilhaftig werden
können, dessen Empfang als Erfüllung der an Abraham ergangenen
Segensverheißung für die Völker verstanden ist[132].

---

129 Zur Diskussion um die 'Heilsgeschichte bei Paulus' vgl. WILCKENS, Recht-
     fertigung; ders., Antwort; KLEIN, Idee; ders., Probleme; ders., Individual-
     geschichte; LUZ, Geschichtsverständnis; GOPPELT, Paulus, sowie den Exkurs
     'Heilsgeschichte bei Paulus' in vDOBBELER, Diss.masch., 236-238.

130 Vgl. hierzu die Abschnitte 1.1.3. und 2.3. dieser Arbeit; zur Gliederung
     der VV.1-14 nach den Kriterien antiker Rhetorik vgl. BERGER, Exegese, 43-45.

131 Die argumentatio ist auch grammatisch durch Tempuswechsel von den übrigen
     Textabschnitten geschieden: in den VV.6-12 finden sich - abgesehen von den
     Zitaten - nur präsentische Verbformen, während in den VV.1-5 und 13f Verb-
     formen der Vergangenheit vorherrschen.

132 Inwiefern die Völker den Segen Abrahams ἐν Χριστῷ erlangen, wird erst
     durch die folgende exklusive Deutung des σπέρμα 'Αβραάμ auf Christus
     (v.16) deutlich. DAUBE, Interpretation, 227-230, vermutet, daß Paulus mit
     der gewaltsamen Deutung des Samens Abrahams auf Christus von einer Haggada-

Die Verbindung von 'Glaube' (Treue) und 'Segensverheißung' findet sich schon in der jüdischen Abraham-Tradition: Sir 44,20f und Jub 18,14-16. Beide Stellen beziehen die Treue Abrahams auf dessen Standhaftigkeit in der Versuchung. Dies ist zwar als Interpretation von Gen 15,6 in der jüdischen Tradition nicht ungewöhnlich, jedoch lassen sich Sir 44,20f und Jub 18,14-16 eher als direkter Rückbezug auf Gen 22,18 (LXX), denn als bewußte Kompilation von Gen 15,6, Gen 12,3 (18,18) und Gen 22 verstehen. Die Interpretation der Segensverheißung für die Völker (Gen 12,3; 18,18) von Gen 15,6 her muß von daher als spezifisch paulinische Innovation gelten(133).

Gen 15,6 dient hier lediglich dem Nachweis, daß sowohl für Abraham als auch für die Völker der Glaube (und dessen Anrechnung zur Gerechtigkeit) Voraussetzung für den Segensempfang ist und daher auch der Geistbesitz der galatischen Gemeinden im Glauben und nicht in Gesetzeswerken gründet (V.2+5).

Aus dieser dienenden Rolle, die Gen 15,6 in Gal 3 spielt, kann sicherlich nicht geschlossen werden, daß in der Theologie des "frühen" Paulus der Gedanke der Rechtfertigung aus Glauben nur periphere Bedeutung gehabt habe (dagegen spricht schon Gal 2,16ff); die Unterordnung des Rechtfertigungsgedankens unter die Frage nach dem Geistempfang mag wohl eher der konkreten Briefsituation zuzuschreiben sein.

4.3.3. Die urchristliche Rezeption von Hab 2,4 und ihre Relevanz für die paulinische Rede von der Glaubensgerechtigkeit

Wie in der pagan-griechischen und frühjüdisch-hellenistischen Literatur so findet sich auch in urchristlichen Texten ein paralleler Gebrauch von πίστις und δικαιοσύνη in paränetischen Reihen. So sind

---

Tradition zu Gen 1,27 und 5,1f abhängig ist. Der an beiden Gen-Stellen vorliegende Wechsel von Singular und Plural habe die Rabbiner veranlaßt, hinter dem Plural nicht zwei verschiedene Wesen zu sehen und dementsprechend 'Mensch' nicht als Kollektivbegriff zu verstehen, sondern vielmehr in dem ersten Geschöpf Gottes ein androgynes Wesen zu vermuten. Von dieser Beobachtung ausgehend folgert DAUBE: "Just as the rabbis demonstrated the oneness of Adam, father of all, by turning a generic singular into a specific, so Paul demonstrated the oneness of Jesus, the bearer of the promise, by turning a generic singular into a specific. This may be more than a mere coincidence." (230).

133 Genau andersherum formuliert HAHN, FS vRad, 99: "Für Paulus ist also die erfüllte Verheißung des Segens für die Völker aus Gen 12,3; 18,18 der eigentliche Schlüssel für das Verständnis von Gen 15,6". Daß die Segensverheißung für die Völker jetzt erfüllt ist, ist jedoch gerade Beweisgegenstand und nicht Beweismittel. Auch in I Clem 31,2 wird die Segnung Abrahams auf dessen Glauben zurückgeführt, jedoch ist hier - im Unterschied zu Paulus - das Tun von Gerechtigkeit und Wahrheit (διὰ πίστεως) und nicht die Anrechnung des Glaubens zur Gerechtigkeit Voraussetzung für den Segen.

Glaube und Gerechtigkeit als Teile der Waffenrüstung genannt, zu
der im Eph am Ende der Homilie für die Gemeinde (4,17-6,17) aufge-
rufen wird (6,11.13-17)[134].

Auch darin, daß Glaube und Gerechtigkeit als eng ineinander grei-
fende Größen vorgestellt sind, unterscheidet sich das frühe Christentum nicht grundsätzlich von der griechischen und jüdischen Verwendung des Wortpaares. So kann Paulus in I Kor 6 dieselbe Personengruppe (nämlich die Nicht-Christen) sowohl mit ἄδικοι (V.1) als
auch mit ἄπιστοι (V.6) bezeichnen[135], und in PolPhil 9,1f gelten die
der Gemeinde vor Augen geführten Vorbilder deswegen als beispielhaft, weil sie οὐκ εἰς κενὸν ἔδραμον , ἀλλ' ἐν πίστει καὶ δικαιοσύνῃ
(= Ausdruck vollkommenen Lebenswandels). Vor allem der Hebr steht
in der Tradition der frühjüdischen Konzeption, wonach im Glauben
eine vorzügliche Weise des Gerecht-Seins zu sehen ist. Dies zeigt
sich besonders deutlich am Anfang der 'Glaubensreihe der Urzeit'[136],
wo von Abel, der nach der palästinensischen Tradition als Urbild
der Gerechtigkeit galt[137], gesagt wird, daß er durch seinen Glauben[138]
als Gerechter bezeugt ist (11,4). Dasselbe Verständnis liegt wohl
auch zugrunde, wenn es in V.7 von Noah heißt, daß er aufgrund seines
Glaubens τῆς κατὰ πίστιν δικαιοσύνης ἐγένετο κληρονόμος [139].

Hebr 10,37f

In dieser Linie ist auch die Aufnahme von Hab 2,4 in Hebr 10,37f
zu verstehen. Das Zitat steht in einer der symbuleutischen Gattung
Anamnesis[140] zuzurechnenden Texteinheit, die zum Aufrechterhalten
von παρρησία und ὑπομονή mahnt (V.32-39). Die Paränese ist durchgängig mit der Aussicht auf Belohnung motiviert; insofern entsprechen

---

134 Vgl. TestLevi 8,2 (Einsetzung ins Priesteramt) und die paränetische Reihe
     in PsClemDeVirg VIII, 1. Glaube als Teil der Waffenrüstung auch in I Thess
     5,8 und IgnPol 6,2; vgl. besonders Philo,VitMos I 225; vgl. auch die charak-
     teristische Änderung des Zitats aus Jes 60,17 (LXX) in I Clem 42,5.

135 Vgl. II Kor 6,14, wo δικαιοσύνη als Bezeichnung für die christliche
     Gemeinde in Opposition zu den ἄπιστοι gesetzt ist. Ebenfalls scheinen
     in Röm 3,3-5 ἀπιστία und ἀδικία auf Seite der Menschen und πίστις
     und δικαιοσύνη auf Seiten Gottes Wechselbegriffe zu sein; vgl. Herm m
     I 9; II Clem XI 1.

136 MICHEL, KEK XIII, 252.

137 Ebd.

138 δι' ἧς bezieht sich auf πίστει , nicht auf θυσίαν , so auch MICHEL,
     a.a.O., 253.

139 Hier scheint eine Anlehnung an die Struktur von Gen 15,6 vorzuliegen; darauf
     weist auch das in der Abraham-Tradition häufige eschatologische Motiv der
     Erbschaft; vgl. IgnEph 1,1. Daß u.a. der Glaube Ausweis der Gerechtigkeit
     ist, steht auch im Hintergrund von I Clem 3,4.

140 Kennzeichen dieser Gattung ist die Motivierung der Paränese durch Erinnerung
     an Vergangenes, vgl. V.32.

μισθαποδοσία (V.35), ἐπαγγελία (V.36), ζήσεται (V.38) und περιποίησις ψυχῆς (V.39) einander. Von daher wird deutlich, daß für den Hebr παρρησία und ὑπομονή auf einer Ebene mit der πίστις des Habakuk-Zitates liegen. Glaube ist hier also als zuversichtliches Standhalten verstanden und kommt damit dem atl. Sinn des Prophetenwortes sehr nahe[141].

> Diesem Verständnis entsprechen auch die Änderungen, die der Hebr sowohl gegenüber der LXX als auch gegenüber dem masoretischen Text vornimmt: Zum einen sind die beiden Vershälften von Hab 2,4 umgestellt, so daß ὑποστείληται sich jetzt auf ὁ δίκαιος bezieht, während in der ursprünglichen Anordnung der Vershälften 'der, der feige zurückweicht' als Opposition zu 'der Gerechte' verstanden ist. Zum anderen wird durch die Einfügung des μου zwischen δίκαιος und ἐκ πίστεως ein Mißverständnis im Sinne der Übersetzung 'der aus Glauben Gerechte' vermieden. Dadurch bilden nicht mehr 'der Gerechte' und 'der Zurückweichende' das Gegensatzpaar, vielmehr sind nun ὑποστέλλομαι und πίστις als alternative Äußerungsformen des Gerechten in einen antithetischen Parallelismus gesetzt(142), den der Autor in V.39 durch die Opposition ὑποστολή-πίστις weiterführt.

Die πίστις im Sinne des zuversichtlichen Standhaltens ist die einzig mögliche Art, in der sich der Gerechte angesichts der Leidenssituation (V.32-34) und der kurzen Zeit bis zur Wiederkunft des Messias verhalten kann. Damit wird er der Lebensverheißung teilhaftig. Wenn er dagegen feige zurückweicht, ist das ein Zeichen mangelnder Gerechtigkeit und er wird zugrundegehen (ἀπώλεια, V.39). Dem Hebr geht es also darum, durch die gegenwärtige Glaubenstreue die nahe Zukunftserlösung zu sichern[143]. Darauf liegt der Ton; daß der Standhafte aufgrund seines Glaubens als Gerechter zu qualifizieren ist, entspricht zwar dieser Aussageintention, steht hier aber nicht im Mittelpunkt. Der δίκαιος des Zitats taucht in der kommentierenden Rahmung (V.35.36.39) nicht auf. Viel eher als zu zeigen, daß der Glaube das entscheidende Merkmal des Gerechten ist, liegt dem Hebr daran zu betonen, daß dem in seinem Glauben Gerechten in naher Zukunft Belohnung, Erfüllung der Verheißungen und Leben zukommt. Damit steht der Hebr in der Linie der jüdischen Rezeption von Hab 2,4.

Gal 3,1-14

Paulus zitiert Hab 2,4 zweimal im Kontext seiner Rede von der Rechtfertigung von Juden und Heiden aufgrund des Glaubens (Röm 1,17;

---

141 Vgl. GRÄSSER, Glaube, 44.

142 Daneben ist Hab 2,3b durch die Hinzufügung des Artikels vor ἐρχόμενος deutlich auf das Kommen des Messias hin interpretiert; vgl. GRÄSSER, a.a.O., 43.

143 Vgl. STROBEL, Untersuchungen, 175.

Gal 3,11). In Gal 3,1-14 bilden die VV.10-12 einen zweiten Argumentationsgang, in dem Paulus, nachdem er in den VV.6-9 nachgewiesen
hat, daß 'die aus dem Glauben' unter dem Segen stehen, zu zeigen
versucht, daß 'die aus den Gesetzeswerken' unter dem Fluch sind. Der
Apostel bedient sich dazu mehrerer traditioneller 'Versatzstücke':
1. Ein zweifaches Zeugnis der Schrift über das Gesetz: Dtn 27,26;
   Lev 18,5
2. Ein Zeugnis der Schrift über den Glauben: Hab 2,4
3. Die frühjüdisch exhomologetische Tradition von der Sündhaftigkeit
   aller Menschen vor Gott[144].

Hab 2,4 und Lev 18,5 entsprechen einander in der Lebensverheißung
(ζήσεται). Das Gesetz ist aber, wie Dtn 27,26 zeigt, eine ambivalente
Größe; es kann zum Leben oder zum Fluch. führen, beides ist von der
Schrift bezeugt. Demgegenüber ist das atl. Zeugnis über die πίστις
eindeutig: Der Glaube führt als Merkmal des Gerechten zum Leben. Damit zeigt Paulus zunächst, daß die Schrift selbst von zwei möglichen
Wegen zum Leben weiß, von denen der eine jedoch aufgrund der Fluchandrohung ambivalenten Charakter hat. Νόμος und πίστις sind also
insofern analoge Größen, als sie den Weg zum Leben eröffnen, sie
unterscheiden sich jedoch dadurch, daß das Gesetz die Gebotserfüllung
zur Voraussetzung der Teilhabe an der Lebensverheißung macht, während
eine solche Voraussetzung auf Seiten der πίστις fehlt oder anders
ausgedrückt: Der νόμος begründet zwar als Zeichen der Erwählung die
Rechtfertigung (durch Gebotserfüllung) und eröffnet so einen Weg
zu eschatologischem Heil, in der πίστις aber sind Erwählung und
Rechtfertigung in eins gesetzt. Die Bekehrung[145] als menschliches
Zeichen der Erwähltheit ist zugleich Ausdruck von Gerechtigkeit.

Insofern ist das Gesetz nicht aus Glauben (V.12a), weil es eine
ambivalente Größe ist und nur durch Gebotserfüllung zum Leben führt
(V.12b)[146]. Damit hat die πίστις, wie auch sonst in Gal 3, die Dimension einer Heilsordnung[147] und ist zugleich, weil eindeutig, als
eine den Nomos überbietende Größe vorgestellt.

---

144 Ps 142,2 (LXX); grApkEsr 5,26; IV Esr VII 46; VIII 35; äthHen 81,5; vgl.
     1 QH 9,14f; Pssyr III 8; bei Paulus außerdem in Gal 2,16; Röm 3,9.20.23.
145 Vgl. die Wendung der Missionssprache ἀκοὴ πίστεως in V.2+5 und die
     paulinische Interpretation von Gen 15,6.
146 Es geht Paulus in V.12 also nicht um die Opposition 'Glaube - Werke', sondern
     um die Verschiedenheit von Glaube (eindeutig) und Gesetz (ambivalent); an-
     ders SCHLIER, KEK VII, 134f.
147 Vgl. V.23 und V.25, wo vom Kommen der πίστις die Rede ist; vgl. BINDER,
     Glaube, der seine These von der πίστις als einer transsubjektiven Macht
     vor allem auf Gal 3,23.25 stützt, bes. 39-82.

Die Unterschiedenheit der πίστις gegenüber dem νόμος und ihre Prävalenz in Bezug auf das eschatologische Heil wird von Paulus nun noch dadurch radikalisiert, daß er die traditionelle These von der faktischen Sündhaftigkeit aller Menschen vor Gott mit dem Gesetz verbindet (V.11a). Damit hat nun auch das Gesetz eine eindeutige Ausrichtung: angesichts der Tatsache, daß niemand sich durch Gebotserfüllung als Gerechter erwiesen hat, kann das Gesetz nur über alle Fluch verhängen (Dtn 27,26)[148]. Von daher ist die πίστις nicht nur eine das Gesetz überbietende, sondern faktisch die einzige Möglichkeit, der Lebensverheißung teilhaftig zu werden. Die volle Bedeutung der πίστις als des singulären Wegs zum Heil wird aber erst von den VV.13f her deutlich. Allein dadurch, daß der vom Gesetz über alle verhängte Fluch in Christus zu seiner Auswirkung gekommen ist, ist jetzt für alle die Möglichkeit eröffnet, aufgrund des Glaubens das Leben (V.11), bzw. den Segen Abrahams (V.9.14) bzw. den Geist (V.2.5.14) zu erlangen.

Paulus macht hier also die frühjüdische Tradition, die auch im Glauben eine Möglichkeit des Gerechtseins und damit der Teilhabe an eschatologischem Lohn sah, durch die Zitation von Lev 18,5 und Hab 2,4 zur Grundlage seiner Argumentation und erreicht durch die Kombination mit Dtn 27,26 und der exhomologetischen Tradition von der Sündhaftigkeit aller die exklusive Zuordnung von Gesetz und Fluch auf der einen und Glauben und Leben auf der anderen Seite.

Seit Theodor Beza wird in der Forschung diskutiert, ob ἐκ πίστεως im paulinischen Verständnis wie in der jüdischen und judenchrist-lichen (Hebr) Rezeption zu ζήσεται zu ziehen ist(149) oder ob Paulus das Substantiv δίκαιος durch ἐκ πίστεως näher bestimmt sehen wollte. Letztere Deutung, die von den meisten Kommentatoren vorgezogen wird(150), setzt voraus, daß Paulus (eschatologisches) Leben nur für den "aus Glauben Gerechten", nicht aber für einen "aus Gesetzeswerken Gerechten" garantiert sah. Es geht Paulus aber gerade nicht um eine prinzipielle Abwertung des Gesetzes als Weg zur Gerechtigkeit, bzw. der Gerechtigkeit aus Gesetzes-werken (vgl. V.12.21)(151). Maßgebend für ihn ist nicht die Oppo-sition 'Gerechter aus Glauben - Gerechter aus Gesetzeswerken',

---

148 Dieser Gedanke kommt besonders deutlich in V.21f. zum Ausdruck: Es ist die Sünde, die verhindert, daß das Gesetz Leben schafft; insofern gibt es fak-tisch keine Gerechtigkeit aus dem Gesetz. Daß hier keine grundsätzliche Desavouierung des Nomos gemeint ist, zeigt V.21a; vgl. Röm 8,1-11!

149 Dafür entscheiden sich u.a. SCHLATTER, Gerechtigkeit, 43; ALTHAUS, NTD 6, 13; MICHEL, KEK IV, 91; SCHLIER, HThK VI, 46; KÄSEMANN, HNT 8a, 29, meint, daß in Gal 3,11 ἐκ πίστεως noch zum Verb zu ziehen sei, in Röm 1,17 dagegen zu δίκαιος.

150 Vgl. u.a. SCHWEITZER, Mystik, 204; LIETZMANN, HNT 8, 30; FEUILLET, Citation, 52f.62f.76; BULTMANN, Theologie, 319; NYGREN, Römerbrief, 67ff; LAGRANGE, ETB, 20; KUSS, Römerbrief I, 24f; CRANFIELD, Romans I, 102; WILCKENS, EKK VI/1, 90; HAHN, FS vRad, 98 Anm. 41.

151 Vgl. dazu CAVALLIN, Righteous, 33-43, bes. 38ff.

sondern der Gegensatz 'Gerechter' (Leben) - 'Ungerechter' (Fluch).
Insofern ist ἐκ πίστεως entsprechend der Tradition auch bei Paulus
zu ζήσεται zu ziehen(152). Die paulinische Wiedergabe von Hab 2,4
unterscheidet sich sowohl vom Wortlaut des masoretischen Textes
als auch von der Version der LXX. Paulus vermeidet damit eine
eindeutige Festlegung in die eine (Glaube des Gerechten) oder
andere Richtung (Treue Gottes). Die Analyse der VV.10-12 legt ein
Verständnis von Hab 2,4 im Sinne der Ursprungsstelle und deren
frühjüdischer Rezeption (Glaube als Weise des Gerechtseins) auch
für Paulus nahe. Zugleich hatten wir gesehen, daß πίστις in Gal 3
die Dimension einer Heilsordnung zukommt, die ihren Ursprung bei
Gott hat, so daß V.11b auch im Sinne der LXX-Übersetzung von Hab
2,4 verstanden werden kann. Der paulinische Wortlaut ὁ δίκαιος ἐκ
πίστεως ζήσεται und der Kontext in Gal 3 lassen Assoziationen
in beide Richtungen zu. Es wird schwerlich zu klären sein, ob
Paulus hier bewußt doppeldeutig formuliert hat. Deutlich ist aber,
daß für die Adressaten des Gal sowohl auf der Basis der frühjüdischen Tradition, als auch aufgrund der paulinischen Argumentation beide Verständnisweisen möglich waren, so daß sich eine eindeutige Festlegung verbietet.

Röm 10,4-12

In ähnlicher Weise wie in Gal 3 beschreibt Paulus das Verhältnis
Glaube - Gesetz in Bezug auf die Gerechtigkeit auch in Röm 10,4-12.
Zwar greift Paulus hier nicht auf Hab 2,4 als Schriftzeugnis über
den Glauben zurück, sondern zitiert Jes 28,16, thematisch gehört
jedoch auch diese Stelle in den Zusammenhang unserer Fragestellung.
Deutlicher noch als im Gal ist hier die Struktur der Überbietung
der Gesetzesgerechtigkeit durch die Glaubensgerechtigkeit herausgestellt. Wiederum zitiert Paulus Lev 18,5, um das Gesetz als
möglichen Weg zu Gerechtigkeit und Heil zu kennzeichnen. Gilt
hier die Gebotserfüllung als notwendige Voraussetzung für die
Partizipation am verheißenen Leben, so heißt es von der Glaubensgerechtigkeit, daß sie den Menschen nahe ist in Mund und Herz
(V.8), daß der Glaubende (voraussetzungslos) nicht zuschanden
wird (V.11). Dem ζήσεται (Lev 18,5) entspricht das οὐ κατ-
αισχυνθήσεται(Jes 28,16). Auch hier sind also zunächst Gesetz
und Glaube als zwei Weisen, Gerechtigkeit und Leben zu erlangen,
nebeneinandergestellt. Damit bleibt Paulus insofern noch im Rahmen der frühjüdischen Tradition, als auch dort das Gesetz als
Weg zum Leben und der Glaube als Form des Gerechtseins gesehen
wurden; das Judentum sah darin allerdings - anders als Paulus -
keine strikt voneinander zu trennenden bzw. gegeneinander aus-
spielbaren Möglichkeiten. Lag die entscheidende paulinische Innovation in Gal 3 in der Verknüpfung der These von der Sündhaftigkeit aller mit dem Gesetz (und dessen Fluchandrohung), so liegt
sie hier in der gewaltsamen Umdeutung von Dtn 30,12f. Ausgehend
von der Eingangsthese, daß Christus das τέλος νόμου(153) ist,

---

152 Auch in Röm 1,17 wird dieses Verständnis zugrunde zu legen sein.

153 WILCKENS, EKK VI/2, 221f, nennt als eine mögliche Übersetzung von τέλος
     'Vollendung', 'Ziel' oder 'Ende'. Die meisten Ausleger übersetzen mit 'Ende
     des Gesetzes', so KÄSEMANN, HNT 8a, 272f; MICHEL, KEK IV, 326; bes. BULTMANN,
     Christus. Das Verhältnis von Christus und Gesetz ist aber im paulinischen
     Sinne nicht einfach als zeitliches Nacheinander zu verstehen; vielmehr kommt
     das Gesetz in Christus, insofern durch ihn jeder, der glaubt, Gerechtigkeit
     erlangt, zu seinem eigentlichen Ziel. Das Gesetz ist durch Christus nicht
     aufgehoben, sondern überboten und damit allerdings im Sinne des Paulus nicht
     mehr relevant.

wird das in Dtn 30,12f über die Tora Gesagte, daß diese nämlich
den Israeliten im Gottesdienst nahe sei(154), jetzt auf Christus
bezogen. War in Gal 3 die πίστις sowohl als Bekehrung, als auch
im Sinne einer Heilsordnung verstanden und als solche in Opposition zum Gesetz getreten, so ist hier die Opposition 'Christus -
Gesetz' konstitutiv. Paulus trennt in Röm 10 deutlich zwischen
der mit Christus gesetzten neuen Heilsordnung und der Bekehrung
als deren Aneignung(155). Wie sich angesichts des Gesetzes derjenige als gerecht erweist, der die Gebote hält, so besteht Gerechtigkeit und die damit gegebene eschatologische Rettung angesichts der mit Christus gesetzten neuen Heilsordnung in dem
Bekenntnis κύριος 'Ιησοῦς und im Glauben an seine Auferweckung
(V.9f). Auch hier geht es also um die Überbietung des in seinen
Wirkungen ambivalenten Gesetzes: Jetzt ist nicht mehr die Erfüllung aller Gebote der Tora notwendige Voraussetzung für Gerechtigkeit und Leben, sondern allein der Glaube an Christus.
In Christus ist das Ziel des Gesetzes, zu Gerechtigkeit und
Leben zu führen, für jeden, der glaubt, eingelöst. Die Überbietung des Nomos wird - wie in Gal 3 - noch dadurch verschärft,
daß die Gebotserfüllung als der vom Gesetz geforderte Weg zum
Leben (Lev 18,5) jetzt nurmehr als theoretische Möglichkeit gilt
angesichts der Tatsache, daß Israel, das dem Gesetz der Gerechtigkeit nachtrachtete, seine Gerechtigkeit nicht durch die Erfüllung des Gesetzes hat erweisen können (9,31f). Insofern ist
auch hier die πίστις die faktisch einzige Möglichkeit, Gerechtigkeit und Rettung zu erlangen, und zwar sowohl für Heiden, die
sich nicht durch Gebotserfüllung Gerechtigkeit erwerben konnten,
weil sie das Gesetz nicht hatten, als auch für die Juden, die die
vom Gesetz geforderten Werke schuldhaft nicht getan haben (9,30-
32; 10,12). Im Gegensatz zu Gal 3,10-12 ist die πίστις in Röm 10 deutlich als Glaube an Christus (und seine Auferweckung von den Toten)
gekennzeichnet (V.9.11). Zugleich zeigt die parallele Wendung
ὑποτάσσεσθαι τῇ δικαιοσύνῃ θεοῦ   (V.3), daß Paulus den Glauben
- in Analogie zu den vom Gesetz geforderten Werken - als die
Forderung der mit Christus gesetzten neuen Heilsordnung an den
Menschen versteht (vgl. Röm 8,7: τῷ γὰρ νόμῳ τοῦ θεοῦ οὐχ
ὑποτάσσεται), deren Erfüllung Rechtfertigung und eschatologische
Rettung verbürgt(156).

Röm 1,17

Die bisherige Analyse der paulinischen Rezeption von Hab 2,4
zeigte, daß Paulus das Zitat im Kontext seiner Auseinandersetzung
mit dem Nomos als der alten Heilsordnung verwendet, um deren Überbietung durch die neue Heilssetzung (πίστις) auf der Basis der These
von der Sündhaftigkeit aller Menschen vor Gott zu verdeutlichen.

Davon ist in Röm 1,16f zunächst nicht die Rede. Bezieht man aber
den weiteren Kontext mit ein, so lassen sich die folgenden Abschnitte
(1,18-3,20) als ausführliche Form dessen verstehen, was in Gal 3,11a

---

154 Vgl. WILCKENS, EKK VI/2, 225.

155 Darauf, daß Paulus wie in Gal 3 (ἀκοὴ πίστεως) auch hier Mission und Be-
     kehrung im Blick hat, deutet ῥῆμα τῆς πίστεως in Verbindung mit κηρύσσειν
     (V.8), sowie die Anspielung auf die urchristliche Taufliturgie in V.9; vgl.
     SEEBERG, Katechismus, 162.182.

156 Vgl. das Futur σωθήσῃ V.9. Wie in Gal 3,8 so dient auch hier der Hinweis
     darauf, daß die Heiden Gerechtigkeit erlangt haben (9,30), zur Motivierung
     Israels, dem Beispiel der ἔθνη zu folgen.

in einem knappen Satz ausgedrückt war. Ein Unterschied besteht allerdings darin, daß der in Gal 3 speziell gegen die Juden gerichtete
Vorwurf der Sündhaftigkeit[157] hier für Juden und Heiden angeführt
wird.

Die Darstellung des Gesetzes als einer in ihrer Wirkung ambivalenten Größe, die die Grundlage der paulinischen Argumentation in
Gal 3 und Röm 10 bildete, findet sich auch im Kontext von Röm 1,16f:
In Röm 2,12f ist der Gedanke, daß das Gesetz alle, die nicht beharren "in allem, was im Buch des Gesetzes geschrieben steht", unter
Fluch stellt (Dtn 27,26), denen aber, die die Gebote halten, Leben
verheißt (Lev 18,5), exakt wiedergegeben, und zwar jetzt auch auf
die Heiden bezogen. Auch hier ist die Gesetzeserfüllung (2,23.25.27)
das maßgebliche Kriterium, das über Gerechtigkeit oder Ungerechtigkeit, über eschatologische Rettung oder Vernichtung entscheidet[158].
Der in Gal 3 nur angedeutete Gedanke, daß innerhalb der alten Heilsordnung die Rechtfertigung der Erwählung nur unter der Voraussetzung
der Gebotserfüllung folgt, ist in Röm 2,17-3,8 breit ausgeführt:
Die Erwählungszeichen Israels (Gesetz und Beschneidung) sind in bezug auf Rechtfertigung und eschatologisches Heil irrelevant, ja
sie verlieren sogar ihren Charakter als Erwählungszeichen für den
Übertreter des Gesetzes (V.25)[159]. Insofern entspricht Röm 1,18ff
der These aus Gal 3,11a: ἐξ ἔργων νόμου οὐ δικαιωθήσεται πᾶσα σάρξ
ἐνώπιον αὐτοῦ (sc. θεοῦ)(vgl. Röm 3,20).

Nur vor diesem Hintergrund kann das Zitat aus Hab 2,4 in Röm 1,17
richtig verstanden werden. Auch hier ist also die in 1,16f und
3,21ff thematisierte neue Heilsordnung nicht nur die das Gesetz
in seiner Ambivalenz überbietende, sondern die - angesichts der
Strafwürdigkeit aller Welt vor Gott (3,19) - einzige Möglichkeit,
Gerechtigkeit und Heil zu erlangen.

Noch in einer weiteren Hinsicht ist Röm 1,16f mit Gal 3 und Röm 10
vergleichbar. Wir hatten gesehen, daß dort die Abgrenzung der neuen
Heilssetzung gegen das Gesetz eng verbunden war mit Verkündigung
und Bekehrung[160] und daß der als Bekehrung verstandene Glaube - in
Analogie zu den vom Gesetz geforderten Werken - die innerhalb der
neuen Heilsordnung gültige Art, Gerechtigkeit zu erlangen, darstellte.

---

157 Durch die Einfügung von ἐν νόμῳ in die These von der Sündhaftigkeit aller;
    ebenso sind in Röm 9,30-32 in erster Linie die Juden im Blick.

158 Vgl. die Futurformen ἀπολοῦνται, κριθήσονται (V.12) und δικαιω-
    θήσονται (V.13).

159 Umgekehrt gilt, daß auch die nichterwählten Heiden, wenn sie die Forderungen
    des Gesetzes erfüllen, als erwählt gelten, V.26f.

160 Vgl. Gal 3,2+5: ἀκοὴ πίστεως ; Röm 10,8: ῥῆμα πίστεως und κηρύσσειν
    sowie die Taufliturgie in V.9; vgl. V.14-17.

Dasselbe gilt auch für Röm 1,16f. Auch hier ist das Habakuk-Zitat
in den Kontext der neuen Heilsordnung (Offenbarung der Gerechtigkeit Gottes) einerseits und der Verkündigung und Bekehrung (V.16:
εὐαγγέλιον als Terminus der Missionssprache)[161] andererseits gestellt. Auch die Wiedergabe von Hab 2,4 in Röm 1,17 weicht sowohl
vom masoretischen als auch vom LXX-Text ab und unterscheidet sich
von der Zitation in Gal 3,11b nur durch ein eingefügtes δε. Aufgrund der Tatsache, daß πίστις in Gal 3 nicht nur die Bekehrung,
sondern - als Opposition zu νόμος - auch die neue Heilssetzung selbst
bezeichnete, war dort ein Verständnis von Hab 2,4 sowohl im Sinne
der masoretischen wie auch der LXX-Version möglich gewesen. Ob dies
auch für Röm 1,17 gilt, hängt neben dem Wortlaut ὁ δὲ δίκαιος ἐκ
πίστεως ζήσεται , der beide Interpretationen zuläßt, entscheidend
vom engeren Kontext und damit vom Verständnis der Wendung ἐκ πίστεως
εἰς πίστιν ab. Über diese Formel ist viel gerätselt worden[162]. Die
vergleichbaren Wendungen in der LXX (Jer 9,2; Ps 83,2; 89,2) und
bei Paulus (II Kor 2,16: ἐκ θανάτου εἰς θάνατον/ἐκ ζωῆς εἰς ζωήν;
vgl. II Kor 3,18; 4,17) legen es in der Tat nahe, die Wendung als
rhetorische Plerophorie zu verstehen[163]. Es stellt sich dann aber
die Frage, was verstärkt werden soll, das ἐκ πίστεως des Habakuk-
Zitats oder, wie Wilckens annimmt, das πάντι τῷ πιστεύοντι aus
V.16[164]?

Ist in der Formel eine plerophorische Vorwegnahme des ἐκ πίστεως
aus Hab 2,4 zu sehen, dann kann sie als Erläuterung zu der doppelten
Interpretationsmöglichkeit von V.17b verstanden werden. Demnach
wären dann die beiden, vom paulinischen Wortlaut des Habakuk-Zitats
her möglichen Assoziationen (Treue Gottes/Glaube des Gerechten) in
der Wendung ἐκ πίστεως. εἰς πίστιν nebeneinander gestellt.

Daß dies zumindest möglich ist, zeigt nicht nur die Verwendung
von πίστις im Sinne der Heilssetzung in Gal 3, sondern auch der

---

161 Zum traditionsgeschichtlichen Hintergrund dieses Begriffs vgl. STUHLMACHER,
     Evangelium.

162 WEISS, KEK IV, 75f, versteht ἐκ πίστεως als gläubige Annahme des Evange-
     liums, die die Voraussetzung für die Offenbarung der Gerechtigkeit Gottes
     bildet,während εἰς πίστιν für die Wirkung der Gottesgerechtigkeit stehe
     und das Heilsvertrauen in Christus meine. In ähnlicher Weise sieht HATCH,
     Idea, 48 Anm. 4, mit der Formel das Wachstum des Glaubens ausgedrückt; so
     auch KUSS, Römerbrief II, 22f; daran angelehnt wohl auch MICHEL, KEK IV,
     54, der hier Grund und Ziel des Glaubens ausgedrückt sieht und die Formel
     für eine Kurzform von ἐξ ἀκοῆς πίστεως (Gal 3,2), εἰς ὑπακοὴν πίστεως
     (Röm 1,5) hält.

163 So MUNDLE, Glaubensbegriff, 136 Anm. 2; so auch FRIEDRICHSEN, Glauben;
     LIETZMANN, HNT 8, z.St.; KÄSEMANN, HNT 8a, 27f; CRANFIELD, Romans I, 99f;
     SCHLIER, HThK VI, 45: Diese Formel "gibt sozusagen die Dimension an, in
     der sich diese Offenbarung der Gerechtigkeit Gottes ereignet"; vgl. STUHL-
     MACHER, Gerechtigkeit, 83.

164 WILCKENS, EKK VI/1, 88.

parallele Gebrauch von πίστις θεοῦ und δικαιοσύνη θεοῦ in Röm 3,3+5.
Dementsprechend wäre πίστις dann auch hier umfassend als neue Heilsordnung <u>und</u> als die Weise ihrer Aneignung verstanden. Dafür, daß
Paulus Hab 2,4 in dieser Weise verstanden hat, läßt sich auch - als
argumentum e silentio - das Fehlen des Habakuk-Zitats in Röm 10
anführen. Wie wir sahen trennt Paulus dort terminologisch zwischen
der neuen Heilssetzung (Christus als Opposition zum Gesetz) und der
Weise ihrer Aneignung (πίστις/πιστεύειν). Nimmt man an, daß Paulus
Hab 2,4 in dem skizzierten umfassenden Sinn verstanden hat, dann
leuchtet ein, warum er in Röm 10 nicht das wegen seiner Analogie
zu Lev 18,5 (ζήσεται) viel passendere Habakuk-Zitat, sondern Jes
28,16 benutzt. Jes 28,16 geht ganz unmißverständlich auf den Glauben des Menschen (ὁ πιστεύων ἐπ' αὐτῷ) und entspricht damit der in
Röm 10 vorgenommenen terminologischen Trennung zwischen Heilsordnung und Aneignung besser als das in der paulinischen Version zwei-
deutige Zitat aus Hab 2,4.

Zusammenfassung

Die paulinische Aufnahme von Hab 2,4 umfaßt die gesamte Band-
breite der frühjüdischen Rezeption dieser Stelle. Zum einen greift
der Apostel auf eine nicht nur in der Hab 2,4-Überlieferung belegte
frühjüdische Tradition zurück, die im Glauben einen Weg zu eschatologischem Heil sah, und versteht die πίστις aus Hab 2,4 von daher als Weise von Gerechtigkeit.

Indem er allerdings Glaube und Gesetz deutlich von einander trennt
und so in ein Verhältnis der Überbietung setzt, daß der Glaube als
der faktisch exklusive Weg zu Gerechtigkeit und Heil erscheint,
und indem er darüber hinaus den Glauben als Bekehrung kennzeichnet,
unterscheidet er sich freilich deutlich von der Ursprungsstelle
und deren judenchristlicher Rezeption (Hebr 10,37f).

Andererseits lassen sowohl der Wortlaut des Zitats bei Paulus,
als auch der jeweilige Kontext ein Verständnis im Sinne von Hab 2,4
(LXX) zu (ἐκ πίστεως μου). Die LXX-Interpretation der Habakuk-Stelle
ist im Kontext einer frühjüdischen Konzeption zu verstehen, die in
Gottes Gnade (1 QH XIII 16f; IX 14f; 1 QS XI 9-12; grApkEsr 1,12-17;
IV Esr 8,31-36) und Gerechtigkeit (1 QS XI 2f; vgl. 9-12; 1 QH IV
34-37; Ps 142,2 (LXX)) oder in der Tatsache der Erwähltheit Israels
(1 QSb IV 22; Jes 45,24f; Est 10,3) die Grundlage für die Rettung
im Endgericht sah. Diese Tradition findet sich fast ausschließlich
in exhomologetischen Texten und ist dort sehr häufig mit dem auch
von Paulus im Zuge der Rezeption von Hab 2,4 verwandten Topos von

der Sünde aller verbunden[165].

Von daher läßt sich vermuten, daß neben der an Gen 15,6 und Hab 2,4 gebundenen jüdischen 'Glaubenstradition' eine zweite Wurzel der paulinischen Rede von der Rechtfertigung aus Glauben in der Tradition der frühjüdischen Exhomologese zu sehen ist[166]. Darauf weisen auch Texte, in denen Ausdrücke wie ἐπικαλέομαι τὸν κύριον, φόβος θεοῦ oder μετάνοια an der Stelle stehen, an der bei Paulus die πίστις ihren Ort hat; so heißt es z.B. in TestJud 24,6, daß der Messias kommen wird, um κρῖναι καὶ σῶσαι πάντας τοὺς ἐπικαλουμένους Κύριον[167].

Paulus basiert also mit seinem Verständnis von Hab 2,4 in vielfältiger Hinsicht auf frühjüdischer Tradition. Die eigentliche Innovation demgegenüber ist nicht so sehr in der Bindung der an eine konkrete Person, die Mittlerfunktion hat (Christus in Röm 10), zu sehen. Neu ist vielmehr die Abgrenzung der Glaubensgerechtigkeit gegenüber dem Gesetz. Dies geschieht zum einen dadurch, daß der Glaube in seiner eindeutigen Ausrichtung auf das Heil als Überbietung des ambivalent wirkenden Gesetzes dargestellt wird, zum anderen aber vor allem dadurch, daß die These von der Sündhaftigkeit aller Menschen mit dem Gesetz verbunden wird, so daß der Glaube als der faktisch singuläre Weg zu Gerechtigkeit und Heil erscheint. Das Gesetz ist also für Paulus im doppelten Wortsinn überholt. Diese Argumentation des Apostels wird jedoch erst schlüssig auf dem Hintergrund der Offenbarung einer neuen Heilsordnung in Christus, durch die alle von dem über sie verhängten Fluch befreit sind (Gal 3,13f), und in der Ursprung (Treue Gottes) und Aneignung (Glaube/Bekehrung) einander entsprechen.

4.4. Rezipientenbezogene Darstellung der paulinischen Rechtfertigungslehre

Der rezipientenbezogenen Darstellung vorangestellt werden im folgenden zunächst die Ergebnisse der bisherigen Analysen zum pauli-

---

165 1 QH IX 14f; IV Esr 8,31-36; Ps⁻ 142,2 (LXX); vgl. 1 QH IV 34-37; 1 QS XI 9-12.

166 Vgl. STROBEL, Untersuchungen, 201. STROBEL versucht nachzuweisen, daß Paulus bei der Zitation von Hab 2,4 den atl. Kontext dieser Stelle in der messianisch-eschatologischen Interpretation des Frühjudentums mit im Blick habe, Hab 2,4 in Röm 1,17 demnach zentraler Ausdruck einer umfassenden messianisch-eschatologischen Zeitanalyse sei. Daß Paulus hier die Parusieverzögerung im Blick hat, vermag STROBEL allerdings nur "zwischen den Zeilen" zu erkennen. Vor allem weil Paulus nirgendwo direkt auf Hab 2,3 zurückgreift, muß STROBELS These, daß hierin gerade der Schlüssel zum Verständnis der paulinischen Rezeption von Hab 2,4 liegt, fragwürdig bleiben; vgl. 173-202.

167 Vgl. PsSal 9,1-11; OrMan; PsSal 18,6-9 und im NT: Act 10,35; Lk 18-13f und

nischen Verständnis der Verbindung πίστις - δικαιοσύνη. Dabei sollen
sie an den bisher noch nicht besprochenen Texten auf ihre Richtigkeit hin überprüft werden. Sodann soll gezeigt werden, welche 'Anknüpfungspunkte' sich von der Basis der frühjüdischen und pagan-
griechischen Tradition her zum Verständnis der paulinischen Konzeption ergeben, oder anders ausgedrückt: welche Assoziationen sich
für die jüdischen und griechischen Adressaten der paulinischen Briefe
von ihrem Verstehenshorizont her nahelegen. Schließlich soll von daher nach der soziologischen Dimension der paulinischen Rechtfertigungslehre, also nach deren ekklesiologischen Konsequenzen gefragt
werden.

4.4.1. Grundelemente der paulinischen Verbindung von πίστις
       und δικαιοσύνη

Paulus erläutert sein Verständnis der Verbindung von Glaube und
Gerechtigkeit vor allem durch die Rezeption und Interpretation von
Gen 15,6 und Hab 2,4. Grundlegend ist von daher für seine gesamte
Konzeption die Sicht des Glaubens als Weise des Gerechtseins. In
diesem Sinne sind auch die Wendungen δικαιοσύνη πίστεως (Röm 4,11.13),
δικαιοσύνη ἐκ πίστεως (Röm 9,30; 10,6), δικαιοῦν / δικαιοῦσθαι ἐκ
πίστεως (Röm 3,30; 5,1; Gal 2,16; 3,8.24) zu verstehen. Zugleich
ist der inhaltlich als Bekehrung (Röm 4; Gal 3,1-4; Röm 10,8f) gekennzeichnete Glaube Zeichen der Erwähltheit. Dies wird besonders
an der Frage der Partizipation am Heil der Väter deutlich, die
Paulus neben den bereits besprochenen Stellen (Röm 4,11ff und Gal
3,7.9.14) vor allem in Röm 11 diskutiert. Grundlage ist hier die
These, daß Gnadengaben und Berufung Gottes unwiderruflich sind (V.29;
vgl. Röm 3,3-5); insofern sind die Juden um der Väter willen Geliebte
Gottes (V.28). Während aber das Heil zu den Heiden gekommen ist(V.11)
aufgrund ihres Glaubens (V.20), haben die Juden aufgrund ihres Unglaubens (V.20) jetzt keinen Teil am Väterheil und werden nur dann
gerettet werden (V.26), wenn sie den Heiden nacheifern (V.11) und
die Echtheit ihrer Erwählung dadurch erweisen, daß sie nicht im Unglauben verharren (V.23). Aufgrund der Tatsache, daß sich allein
im Glauben die göttliche Erwählung als echt erweist, werden Unterschiede durch das traditionelle Erwählungszeichen der Beschneidung
irrelevant (vgl. neben Röm 4,11f auch Gal 5,6 und Röm 3,29f).
    Als Möglichkeit, Gerechtigkeit zu erlangen, und als Zeichen der
Erwählung tritt der Glaube in Konkurrenz zum Gesetz. Während der

---

besonders Mt 21,28-32 (paralleler Gebrauch von μεταμέλομαι und πιστεύω!);
vgl. das Zitat aus Joel 3,5 bei Paulus (Röm 10,13).

Nomos in seiner Wirkung ambivalent ist, weil er nur dem Täter des
Gesetzes Gerechtigkeit zuspricht und Leben verheißt (Röm 2,13; 10,5;
Gal 3,12) und auch nur für den, der die Gebote hält, Erwählungszeichen ist, (Röm 2,17ff), ist die πίστις in ihrer Ausrichtung auf
Gerechtigkeit und Leben eindeutig. Angesichts der Strafwürdigkeit
aller Welt vor Gott kann das Gesetz nur Fluch verhängen, so daß
gilt: ἐξ ἔργων νόμου οὐ δικαιωθήσεται πᾶσα σάρξ (Gal 2,16; vgl. Röm
3,20; Gal 3,11; Röm 2,12). Insofern ist die πίστις nicht nur eine
den νόμος überbietende, sondern faktisch die einzige Möglichkeit
der Rechtfertigung und damit der Erlangung eschatologischen Heils.
Πίστις hat damit - als Opposition zu νόμος - die Dimension einer
Heilsordnung (Gal 3; Röm 1,17). Sie ist Ausdruck der Gnade Gottes
(Röm 3,24; 4,4.16; 11,5f; Gal 2,21; Tit 3,4-7), weil in ihr die,
welche die Forderungen des Gesetzes nicht erfüllen und somit keine
guten Werke vorzuweisen haben, erwählt und gerechtfertigt werden
(Röm 3,28; 4,2-5). Dem gnädigen Erwählungs- und Rechtfertigungs-
handeln Gottes entspricht auf der Seite der Menschen der Erweis von
Erwähltheit und Gerechtigkeit in der als Bekehrung gekennzeichneten
πίστις. So gründet die πίστις in doppelter Weise in der Gnade Gottes:
Sie ist als die von Gott gesetzte neue Heilswirklichkeit Ausdruck
seiner erwählenden Gnade und zugleich als Bekehrung dessen, der
keine guten Werke hat, die Weise der Aneignung der χάρις, d.h. die
Weise, in der angesichts der neuen Heilsordnung Gerechtigkeit und
Echtheit der Erwählung erwiesen werden (analog zu den Werken unter
der Heilsordnung des Gesetzes).

Insofern hat die Gerechtigkeit der Christen ihren Grund sowohl
in Gott, als auch in der Bekehrung (Phil 3,9). Grundvoraussetzung
dafür ist, daß der vom Gesetz über alle verhängte Fluch in Christus
zu seiner Auswirkung gekommen ist (Gal 3,13f; vgl. Röm 4,25).

Das Ausgeführte läßt sich an Röm 3,21-26 nochmals verdeutlichen:
Durch die Vergebung der Sünden im Sühnetod Jesu (V.25) hat Gott
jetzt einen Zugang zum Bereich seiner Heiligkeit[168] ohne das Gesetz
eröffnet, der vom Gesetz (Gen 15,6) und den Propheten (Hab 2,4) bezeugt ist (V.21). Voraussetzung für den Zutritt zum Raum der Heiligkeit Gottes ist Gerechtigkeit[169]. Die Tatsache, daß diese Gerechtigkeit jetzt für alle, die durch die Übertretung der Gebote unter dem

---

168 Zum Verständnis von δικαιοσύνη θεοῦ als Bereich der Heiligkeit Gottes
     vgl. BERGER, Material; vgl. die davon unterschiedlichen Interpretationen
     bei BULTMANN, ΔΙΚΑΙΟΣΥΝΗ, (Gabe Gottes); KÄSEMANN, Gottesgerechtigkeit,
     und STUHLMACHER, Gerechtigkeit, (apokalyptische Dimension/Macht und An-
     spruch); WILLIAMS, Righteousness, (Treue Gottes zu sich selbst); WILCKENS,
     EKK VI/1, 202-233.
169 BERGER, ebd.

Fluch des Gesetzes stehen, vom Gesetz also gerade nicht als Gerechte, sondern als Sünder erwiesen sind (V.20), erlangbar ist, liegt in der erwählenden Gnade Gottes begründet[170]. Kennzeichen des durch Gottes Gnade jetzt eröffneten Zugangs zum Bereich seiner Heiligkeit ist die πίστις; und zwar wiederum in doppelter Hinsicht. Dies wird vor allem an dem in V.25 aufgenommenen Traditionsstück[171] deutlich. In der Tat stellt sich ein Verständnis von διὰ πίστεως im Sinne von 'Glauben/ Bekehrung' hier "quer gegen den theo-logischen Duktus des Satzes"[172]. Von daher liegt es nahe, die Wendung auch analog zu den anderen Satz- teilen, die von Gottes Heilsaktion reden, zu verstehen. Dies ist umso wahrscheinlicher, als wir auch schon bei der paulinischen Re- zeption von Hab 2,4 eine solche Begriffsvariante als möglich er- kannt hatten. Demnach bezeichnet πίστις auch hier sowohl die Grund- lage der neuen Heilsordnung von Gott her, als auch das vom Menschen geforderte, Gerechtigkeit verleihende Verhalten, d.h. die Weise ihrer Aneignung (V.20.26)[173].

Ist damit allen, die sich zu Christus bekehren[174], aufgrund der Gnade Gottes Gerechtigkeit und damit Zugang zu Gott ermöglicht, so verbürgt die Bewahrung des Glaubens zugleich auch das eschatologische Heil (Röm 1,17b; Gal 3,11b; Röm 4,24; 5,1-11[175].17-19; Gal 5,5). Die Glaubensbewahrung vollzieht sich im überzeugten Festhalten an dem Verheißungswort Gottes, auch wenn es dem augenscheinlich Möglichen widerspricht, und ist durch die (gottgewirkte) Stärkung durch den Glauben, die den Bekehrten vor erneutem Abfall bewahrt, möglich[176].

---

170   Vgl. Röm 8,28ff. Zielaussage ist hier V.33. Auch der Kettenschluß in V.29f zeigt, daß die Gerechtigkeit der Christen in der Erwählung Gottes gründet; vgl. V.32.

171   Zur Abgrenzung des Traditionsstücks vgl. vor allem WENGST, Formeln, 87.

172   WILCKENS, a.a.O., 192; die meisten Ausleger rechnen deswegen mit einem paulinischen Einschub in das traditionell vorgegebene Stück, so z.B. MICHEL, KEK IV, 152, der dahinter eine paulinische 'Kampfformel' sieht, KERTELGE, Rechtfertigung, 51-53, der daneben auch noch δωρεάν und τῇ αὐτοῦ χάριτι als spezifisch paulinische Wendungen aus dem Traditionsstück ausscheidet.

173   Vgl. Abschnitt 3.1.1.; vgl. Röm 5,1.

174   Vgl. die Wendungen πίστις Ἰησοῦ , εἰς Ἰησοῦν , ἐν Ἰησοῦ, Χριστοῦ εἰς Χριστόν Röm 3,22.26; Gal 2,16; 3,22.26; Eph 3,12; Phl 3,9; Kol 1,4; 2,5; I Tim 3,13; II Tim 1,13; 3,15; Jak 2,1; Apk 2,13; 14,12, sowie πιστεύειν εἰς Χριστόν u.ä. Gal 2,16; Phl 1,29; I Joh 5,10.13; vgl. auch Röm 10,9; I Thess 4,14; I Joh 5,1.5.

175   Vgl. hierzu WOLTER, Rechtfertigung.

176   Vgl. Herm mand V 2,1; nach Gal 5,6 ist die ἀγάπη die Weise, in der der Glaube sich in der Hoffnung auf endgerichtliche Gerechtigkeit bewährt; vgl. Herm mand VI 3-10.

4.4.2. Die paulinische Verbindung von πίστις und δικαιοσύνη
im Rahmen des jüdischen Verstehenshorizonts

Wir hatten gesehen, daß Paulus bei der Darstellung seiner Rechtfertigungslehre in vielfältiger Weise auf atl. und frühjüdische
Traditionen zurückgreift. Wir wollen nun versuchen darzustellen, in
welcher Weise die jüdischen Leser der Paulusbriefe die Rede von der
Rechtfertigung aus Glauben auf dem Hintergrund ihrer sprachlichen
und religiösen Tradition verstehen konnten. Dabei kommen nur die
Stücke jüdischer Tradition in den Blick, die als 'Anknüpfungspunkte'
für das Verständnis der paulinischen Konzeption dienen konnten.
Drei Traditionselemente bilden die Basis für die jüdische Rezeption
der paulinischen Gedanken:

1. Die enge Verknüpfung von Treue und Gerechtigkeit als ineinander-
    greifende Aspekte eines interpersonalen Geschehens(177).

2. Die Sicht des Glaubens als eines möglichen Weges zu Gerechtig-
    keit(178).

3. Der Glaube vollzieht sich innerhalb der Erwähltheit und ist
    deren Zeichen(179).

Die Sicht von Treue und Gerechtigkeit als Kennzeichen einer intakten zwischenmenschlichen Beziehung verbindet das Frühjudentum
mit der pagan-hellenistischen Tradition. Waren dort jedoch Treue
und Gerechtigkeit als einander wechselseitig bedingende Elemente
gesehen, so unterscheidet sich davon die frühjüdische Verhältnisbestimmung der beiden Begriffe dadurch, daß in der πίστις ein vorzüglicher Modus der δικαιοσύνη gesehen wird. Insofern begründet
der Glaube auch gegenüber Gott ein Gerechtigkeitsverhältnis (Hab
2,4; Gen 15,6). Dies gilt jedoch nur unter dem Vorbehalt, daß der
Glaube Reflex der göttlichen Erwählung ist. Wenn Paulus von der
Rechtfertigung aller aus Glauben spricht, dann setzt das für jüdische Hörer ein alle umfassendes Erwählungshandeln Gottes voraus.

Daß die paulinische Konzeption nur auf dieser Grundlage verständlich war, läßt sich noch auf einem anderen Weg zeigen: Die
von Paulus aufgenommene Opposition 'Gnade - Werke' setzt im jüdischen
Verständnis die Gültigkeit der Erwählung Israels unabhängig von guten
Werken voraus, denn die Gnade und das Erbarmen kommt denen, die
keinen Schatz an guten Werken haben, ja nur deswegen zu, weil sie

---

177 Sir 40,12; Prov 14,5; Sib V 426f.
178 Gen 15,6; Hab 2,4; 1 QpHab VIII 2f; Weish 1,1f; LibAnt XXIII 6; äthHen
     46,3-8; vgl. daneben auch äthHen 58,5; 61,1-5; 108,13-15; IV Esr 4,51-5,2,
     7,34f.113f; Sib III 367-380; IV 149-161.
179 Vgl. die Rezeptionsgeschichte von Gen 15,6.

zu dem von Gott erwählten Volk gehören[180]. Da sich Paulus nun aber
die in paränetischen Gattungen des Judentums vorgegebene Konzeption,
daß Gerechtigkeit die Voraussetzung für eine Berufung auf die Väter
ist[181], zu eigen macht und so die Gerechtigkeit zum Kriterium für
die Heilsfunktion der Erwählung überhaupt erhebt (Röm 2,17-29), kann
angesichts der Tatsache, daß alle Welt vor Gott strafwürdig ist[182],
die Erwählung Israels keine gnadenbegründende Dimension mehr haben.
Wenn Gott jetzt in allen, die keine guten Werke haben, gnädig handelt, dann setzt auch das im jüdischen Verständnis eine erneute Erwählung voraus.

Die Anerkennung eines neuerlichen Erwählungshandeln Gottes ist
also in doppelter Hinsicht Verstehensvoraussetzung für die jüdischen
Rezipienten des Paulus. Dadurch daß Paulus dieses Geschehen als Offenbarung der Gerechtigkeit Gottes qualifiziert, ist das Erwählungshandeln Gottes in den Kontext endzeitlicher Vorgänge gerückt[183] und als
dessen richterliches Eingreifen gekennzeichnet, in dem sich die
Menschen mit dem Bereich der fordernden Heiligkeit Gottes konfrontiert sehen[184]. Von diesen Voraussetzungen her ist die zentrale
Stellung, die Paulus der πίστις angesichts der Offenbarung der Gottesgerechtigkeit zuweist, für zeitgenössische Juden nur so zu verstehen,
daß der Glaube das angesichts der Gottesgerechtigkeit geforderte,
Gerechtigkeit verleihende und damit den Bestand im Bereich der göttlichen Heiligkeit und Rettung im Gericht ermöglichende Verhalten
des Menschen ist. Als der von Gott her eröffnete Weg in seine Nähe
ist die πίστις zugleich Ausdruck der erwählenden Gnade Gottes.

Anknüpfungspunkte für dieses Verständnis bilden einerseits die
frühjüdische Tradition, die - auch ohne direkten Bezug auf das Gesetz - im Glauben eine Form von Gerechtigkeit und damit die Grundlage für eschatologischen Lohn sieht; andererseits die traditionelle
Bindung endzeitlicher Rettung an die Gnade Gottes, in deren Kontext
die LXX-Version von Hab 2,4 zu sehen ist. Von daher läßt sich das

---

180 Vgl. IV Esr 8,31-36, bes. V. 26. Entsprechend gehen die Texte, die den Vätern
     eine Heilsfunktion für das sündige Israel zuschreiben, von der ungebrochenen
     Gültigkeit der Erwählung aus: IV Esr 3,13-15; Jub 12,24; Jes 41,8-10; TestAss
     7,7; TestLev 15,4; LibAnt XXX 7; CD 1,4f; ShemR 23; BerR 44,16; JosAnt 11,169;
     Philo, Praem 166; TestAbr A 14; ShemR 44,4; ShirR 4,6; Jub 15,26f; BerR 48,7;
     anders dort, wo die Opposition 'Gnade - Werke' schöpfungstheologisch begrün-
     det wird: hier sind auch die Heiden mitgemeint (vgl. Philo, LegAll III 77ff).

181 TestAbr B 9; LibAnt 33,5; Beca 32b; vgl. auch Ez 33,24; IV Esr 7,106-115;
     syrBar 95,12; slHen 53,1-3.

182 Ps 142,2 (LXX); IV Esr 8,35; 7,68; grEsrApk V 26; äthHen 81,5; 1 QH 9,14f;
     Pssyr III 8.

183 Vom Offenbarwerden der Gerechtigkeit Gottes am Ende sprechen 1 QH XIV 15f;
     Tg Jes 45,8; 56,1; 61,11; nichteschatologisch: PsSal 8,25; Philo, VitMos II
     228.

184 Vgl. z.B. TestAbr A 13; weitere Belege bei BERGER, Material.

Verhältnis der paulinischen Konzeption zur frühjüdischen Tradition
nicht hinreichend damit erklären, daß Paulus das Gesetz aus dem vorgegebenen Zusammenhang von Gerechtigkeit, Gesetz und Glaube löse[185],
denn auch das Judentum kannte schon die direkte Bindung der Gerechtigkeit an den Glauben. Das entscheidend Neue der paulinischen These
liegt vielmehr darin, daß dieser Weg jetzt durch ein endzeitliches
Erwählungshandeln Gottes für Juden und Heiden eröffnet ist und als
Forderung Gottes zugleich die einzige Möglichkeit darstellt, dem
Zorn Gottes zu entgehen. Das Gesetz ist in doppelter Hinsicht überholt, nämlich sowohl als Zeichen der partikularen Erwählung Israels,
als auch als Weg zu Gerechtigkeit und eschatologischem Leben.

Inhaltlich ist der Glaube im Verhältnis zur jüdischen Tradition
nicht in erster Linie durch die Bindung an eine konkrete Person neu
bestimmt[186], als vielmehr durch das paulinische Verständnis des Glaubens als Bekehrung auf eine neue Offenbarung hin. War der Glaube
in der jüdischen Tradition als standhaftes Ausharren in bedrohlicher
Situation (Hab 2,4) und damit als Erweis einer erfolgreichen Bekehrung (Glaube Abrahams als dessen Lebensleistung) verstanden worden,
so ist Glaube im paulinischen Sinne ein 'Schwellenphänomen': Zutritt
zu dem von Gott eröffneten Bereich seiner Heiligkeit, der - sofern
er eben ein von Gott eröffneter Zugang ist - zugleich als Eintreten
und Hineingenommenwerden, als Erlangung und Verleihung neuer Zugehörigkeit gekennzeichnet ist. Jüdischer Verstehenshintergrund ist
von der Rezeptionsgeschichte von Gen 15,6 her die Struktur der Zirkulation: Gott setzt sich durch die Erwählung in ein heilvolles Verhältnis zum Erwählten; dem entspricht der Erwählte durch seine Bekehrung und den Echtheitserweis seiner Bekehrung in bedrohlichen
Situationen (= Glaube), was ihm Gott durch die endliche Anrechnung
zur Gerechtigkeit bestätigt. Demgegenüber sind bei Paulus, wie wir
sahen, Erwählung und Rechtfertigung in eins gesetzt. Dennoch hat
das traditionelle jüdische Glaubensverständnis auch in der paulinischen Konzeption seinen Ort, und zwar in der Phase zwischen präsentischer Rechtfertigung in der Bekehrung und futurischer Rechtfertigung im Endgericht, die für Paulus die Bewahrung des Glaubens
durch überzeugtes Festhalten an der göttlichen Offenbarung voraussetzt (Röm 4,19ff). Dies war für die jüdischen Adressaten der Paulusbriefe nur in Analogie zur Standhaftigkeit Abrahams zu verstehen.
Daß auch hierbei göttliche und menschliche Aktivitäten ineinander-
greifen ist von den jüdischen Vorstellungen einer Stärkung durch

---

185 So LÜHRMANN, Pistis, 37.
186 Vgl. 1 QpHab VIII 2f.

den Glauben einerseits und einer göttlichen Stärkung des Apokalyptikers im Offenbarungsgeschehen andererseits her verständlich.

4.4.3. Die paulinische Verbindung von πίστις und δικαιοσύνη
im Rahmen des pagan-griechischen Verstehenshorizonts

Grundlegend für griechisches Denken ist die Sicht der Gerechtigkeit als einer zugleich kosmischen und juristisch-moralischen Größe,
die in ihrer umfassenden Dimension die Basis für jedes störungsfreie
menschliche Zusammenleben bildet und damit alle anderen Tugenden in
sich schließt[187]. Den Haftpunkt der Gerechtigkeit im empirisch faßbaren Bereich bilden die Gesetze, die zwar als Ausfluß der umfassend
gedachten Gerechtigkeit gelten, mit dieser aber nicht deckungsgleich
sind und insofern kein hinreichendes Kriterium für ein ethisches Urteil über 'gerecht' oder 'ungerecht' bilden[188]. Die Einsicht in die
tatsächliche Unvollkommenheit der kosmischen Gerechtigkeit im menschlichen Bereich (sowohl in den Gesetzen, als auch in den Handlungen
der Menschen) bildet den Verstehenshintergrund für die paulinische
These, daß aus Werken des Gesetzes kein Mensch gerecht wird. Daß dies
gerade auch im Verhältnis zu Gott gilt, wird für griechische Hörer
einerseits dadurch einsichtig, daß sich die Unvollkommenheit der
durch das Halten der Gesetze erlangbaren Gerechtigkeit erst vor dem
Hintergrund der umfassenden kosmischen - in der Göttin Dike personifizierten - δικαιοσύνη ergibt, andererseits aber auch durch die Tatsache, daß das sich in den Gesetzen niederschlagende δίκαιον als unzureichend für den numinosen Bereich betrachtet wurde. Der Unzulänglichkeit des νομικὸν δίκαιον ist im pagan-griechischen Bereich durch
die Einführung der ἐπιείκεια und der φιλία Rechnung getragen. Dadurch
wird das νομικὸν δίκαιον vom φυσικὸν δίκαιον her korrigiert[189]. In
diesem Sinne ist auch die Verbindung πίστις - δικαιοσύνη zu verstehen.

---

187 Vgl. die aristotelische Definition der δικαιοσύνη als ἀρετὴ πρὸς
ἕτερον (Eth Nic V 1129b) und ihre Sonderstellung als oberste Tugend (ebd.
V 1130a); vgl. Theogn I 147; Plat Resp 433 b-e; Cic Rep 3,7; Atticus (bei
Euseb, Praep Ev 15,4,17f) und für den jüdisch-hellenistischen Bereich Philo,
Abr 27.

188 Vgl. die Unterscheidung von νομοκὸν δίκαιον und φυσικὸν δίκαιον ,
so z.B. in der aristotelischen Differenzierung zwischen der Gerechtigkeit
als Inbegriff der Tugend und der Gerechtigkeit im engeren Sinne (Eth Nic V
1130a; Pol IV 1291a).

189 Vgl. Aristot Eth Nic V 1137a31 - 1138a3; VIII 1163b15; Eth Eud VII 1234b 31;
Eth Nic VIII 1155a 22-24; Plat Gorg 474b.479b; Resp 332d und weitere Belege
bei DIHLE, RAC X, 253.

Wenn Paulus nun die πίστις in das Zentrum der Frage nach Gerechtigkeit vor Gott stellt, so ergibt sich für griechische Leser folgendes
Bild: Indem Gott seine Beurteilung der Menschen nicht allein am Gesetz und dem darin waltenden Vergeltungsprinzip orientiert, erweist
er sich als ἐπιεικής und damit im Sinne des φυσικὸν δίκαιον als gerecht (ἔνδειξις τῆς δικαιοσύνης αὐτοῦ Röm 3,25+26; εἰς τὸ εἶναι
αὐτὸν δίκαιον Röm 3,26).

Die Tatsache, daß die πίστις zum zentralen Kriterium erhoben ist,
kennzeichnet das Verhältnis zwischen Gott und Mensch als Verhältnis
wahrer φιλία, in dem nach griechischem Denken neben dem strikten
δίκαιον eben auch Verhaltensweisen wie Mitleid, Verzeihung, Freundlichkeit und damit eben partieller Verzicht auf Vergeltungsforderungen
konstitutiv sind. Insofern ist die paulinische Konzeption nur durch
die Transponierung einer im zwischenmenschlichen Bereich gültigen
Größe (φιλία) auf das Verhältnis Gottes zu den Menschen verstehbar.
Indem Gott neben dem δίκαιον jetzt der πίστις in seiner Beziehung
zu den Menschen Geltung verschafft, erweist er sich als Freund und
schafft so die Voraussetzung für eine störungsfreie Kommunikation.
Sein Handeln ist in diesem Sinne nicht nur Ausweis seiner Gerechtigkeit (im Sinne des φυσικὸν δίκαιον), sondern, sofern damit nämlich
ein Freundschaftsverhältnis eröffnet wird, in dem freiwilliger Verzicht auf Rechtsansprüche konstitutiv ist, eben auch Ausdruck seiner
erwählenden Gnade.

Die so eröffnete Möglichkeit der Freundschaft zwischen Gott und
Mensch wird jedoch nur dort real, wo göttliches und menschliches
Verhalten einander entsprechen, nur wenn die Menschen ihre Beziehung
zu Gott ebenfalls an der πίστις orientieren, ist diese Beziehung im
Sinne einer Freundschaft heilvoll. Der Treue Gottes zu den Menschen
entspricht die Treue der Menschen zu Gott, die nach Paulus ihren
Ausdruck in der Bekehrung zum Glauben an Jesus Christus findet. Insofern in der pagan-griechischen Tradition πίστις und δικαιοσύνη
als konstitutive Elemente wahrer φιλία eng miteinander verflochten
sind und sich wechselseitig bedingen, ist die paulinische These,
daß die πίστις von Gott zur Gerechtigkeit angerechnet wird, auch
für griechische Rezipienten verständlich und einleuchtend. Zugleich
wird durch die Sicht der Gerechtigkeit als einer interpersonalen
Beziehung, die sowohl durch das Vergeltungs-, als auch durch das
Solidaritätsprinzip gekennzeichnet ist, deutlich, daß auch die als
Freundschaft eröffnete Beziehung Gottes zu den Menschen fordernden
Charakter behält. Das Vergeltungsprinzip des strikten δίκαιον ist
nicht einfach aufgegeben, sondern wird jetzt lediglich von der πίστις

her korrigiert. Der νόμος behält Gültigkeit als Maßstab der Gerechtigkeit (Röm 3,20: διά...νόμου ἐπίγνωσις ἁμαρτίας) und Gott bleibt der
vergeltende Richter (Röm 2,6-11: Gericht nach den Werken; Röm 1,18;
2,5: Zorn Gottes), nur ist sein Handeln jetzt nicht mehr allein vom
strikten δίκαιον her bestimmt, so daß er im Interesse einer heilvollen Gemeinschaft mit den Menschen (Freundschaft) auf gültige Rechtsansprüche verzichtet.

Die Begegnung der Menschen mit Gott bleibt also die Begegnung
mit dem Richter. Insofern bekommt πιστεύειν als das vom Menschen geforderte Verhalten gegenüber Gott für die griechisch denkenden Rezipienten der Paulusbriefe noch eine weitere Bedeutungsvariante. Wir
hatten gesehen, daß die Wendung πιστεύειν τῷ δικαίῳ in der paganen
Gräzität ihren Sitz im Leben im Gerichtsverfahren hat und dort das
vertrauensvolle Sich-Ausliefern an eine als gerecht erkannte Gerichtsinstanz mit der Hoffnung auf Rettung meinte[190]. Angesichts
der Tatsache, daß Paulus das πιστεύειν als das einzig Rettung verheißende menschliche Verhalten gegenüber Gott darstellt und Gott
bei ihm zugleich als gerechter Richter gilt, war eine Assoziation
in Richtung der genannten Wendung für griechische Hörer zumindest
denkbar. Voraussetzung hierfür war allerdings wiederum die Transponierung eines zwischenmenschlichen Geschehens auf das Verhältnis
Mensch-Gott, oder anders ausgedrückt die metaphorische Interpretation einer Wendung aus dem Bereich des Rechtslebens. Als tertium
comparationis konnte dabei sowohl die Tatsache, daß es sich hier
wie dort um das Gericht als Handlungsfeld handelte, als auch die
identische Betonung des πιστεύειν als des einzigen Wegs zur Rettung
in den Blick kommen. Von daher wäre dann das Beharren auf der ἰδία
δικαιοσύνη (Röm 10,3; Phil 3,9) für griechische Rezipienten im
Sinne der traditionellen Opposition zur Wendung πιστεύειν τῷ δικαίῳ
zu verstehen, also als raffiniertes Taktieren dessen, der sich schuldig fühlt, seine Hoffnung auf unlautere Tricks setzt und damit die
Würde des Gerichts mißachtet[191].

Daß Paulus die Eröffnung des Freundschaftsverhältnisses durch
Gott als Offenbarung der Gerechtigkeit Gottes kennzeichnet, macht
es möglich, das Handeln Gottes im Rahmen der pagan-griechischen
Tradition zu sehen, wonach die kosmische Gerechtigkeit - personi-
fiziert als Göttin Dike - am Ende des Goldenen Zeitalters von den
Menschen flieht[192], seither im Himmel weilt und für die Zukunft

---

190 Demosth Or XLIV 4; XLVII 45; LVI 18; XXXV 40f; Antiphon V 93; III 4; Andoc
     I 2+3.
191 Vgl. Röm 10,3: τῇ δικαιοσύνῃ τοῦ θεοῦ οὐχ ὑπετάγησαν.
192 Vgl. Arat Phainomena 91-136; MAnt V 33,3.

wiedererwartet wird[193]. Demnach wäre das von Paulus verkündigte
gegenwärtige Heilshandeln Gottes als die eschatologische Wiederkehr
der vollkommenen Gerechtigkeit verstanden worden, als deren wesentliche Folge der Friede galt (so Arat, Phainomena 108 und entsprechend
Röm 5,1)[194].

4.4.4. Soziologische Implikationen der paulinischen Verbindung von πίστις und δικαιοσύνη

Nachdem die 'Anknüpfungspunkte' aufgezeigt wurden, die sich von
der Basis der frühjüdischen und der pagan-griechischen Tradition
aus zum Verständnis der paulinischen Rechtfertigungslehre ergaben,
soll nun versucht werden, die Funktion zu erhellen, die die paulinische Konzeption für das soziale Leben der frühchristlichen Gemeinden hatte.

Nach R. Scroggs(195) ist die 'Sekte' das adäquate soziologische
Modell zur Beschreibung der ersten christlichen Gemeinschaften.
Als Hauptmerkmale der 'Sekte' nennt Scroggs:
1. Beginn als Protestbewegung
2. Zurückweisen des herrschenden Wirklichkeitsverständnisses
3. Gleichheit der Sektenmitglieder untereinander
4. Angebot von Liebe und Anerkennung innerhalb der Gemeinschaft
5. Freiwilligkeit der Mitgliedschaft
6. Absolute Verpflichtung der Mitglieder gegenüber der Gemein-
   schaft(196).

Scroggs gesteht selbst zu, daß das Modell der 'Sekte', so wie er
es verwendet, ein intellektuelles Konstrukt ist, das in seiner
idealtypischen Form keinem historischen Phänomen gleicht, sondern
lediglich heuristische Funktion hat(197). Es ist jedoch äußerst
fraglich, ob die Verwendung idealtypischer Modelle, die per
definitionem ahistorisch sind, im Blick auf historische Phänomene
erhellend sein kann; zumal wenn dabei ein derart vorbelasteter
soziologischer Terminus wie der der 'Sekte' zur Anwendung kommt.
Das frühe Christentum war keine Sekte in unserem modernen Verständnis - wie etwa die Zeugen Jehovas. Eine solche Parallelisierung, die in der Tendenz des Ansatzes von Scroggs liegt,
negiert unkritisch die historische Distanz und wirkt so nur ver-
nebelnd, weil sie dazu verleitet, geschichtliche Kontingenz und
Diskontinuität im historischen Prozeß durch die Kontinuität und
Konstanz des Idealtypos zu verdecken. Wenn wir uns im folgenden
dennoch an den von Scroggs aufgelisteten Hauptmerkmalen orientieren, so geschieht dies unter dem Vorbehalt, daß geschichtliche
Phänomene - entsprechend dem Analogiebegriff des Thomas von
Aquin(198) - zwar vergleichbar, jedoch gerade in dem Punkt ihrer
Vergleichbarkeit verschieden sind (diversa proportio). M.a.W.

---

193 Vgl. Amm Marc 22,10; Synes Aegypt 2,5; DIHLE, a.a.O., 239.280.
194 Vgl. Max Tyr Diss 24,2; ClAl Strom IV 161,2f.162,1.
195 Communities, 1-23.
196 A.a.O., 3-7.
197 A.a.O., 2 Anm. 4, im Anschluß an Max WEBER.
198 THOMAS vAQUIN, Summa Theologiae I, 1, Art. 13.Q.5.

Wir legen kein hinter der jeweiligen historischen Erscheinungs-
form liegendes ahistorisches Modell zugrunde, sondern betrachten
die von Scroggs genannten 'Hauptmerkmale' als hilfreiches In-
strumentarium zur Kennzeichnung der spezifischen soziologischen
Gegebenheiten frühchristlicher Gemeinschaften. Dabei können nicht
alle sechs Merkmale in den Blick kommen; vielmehr soll nur auf
die Charakteristika des von Scroggs angenommenen soziologischen
Modells eingegangen werden, die für die Ergebnisse unserer Analyse
aufschlußreich sein können.

Die Ablehnung des allgemeinen Wirklichkeitsverständnisses hat die
Konsequenz, daß innerhalb der Gemeinschaft die Normen und Grenz-
ziehungen der 'Welt' nicht gelten, insofern also auch die Unterschiede der Mitglieder vor der 'Welt' innergemeindlich aufgehoben
sind. Von daher ist der Grundsatz der Gleichheit aller zu verstehen.

Die christlichen Gemeinschaften, an die die Briefe des Paulus gerichtet sind, sind von ihren Mitgliedern her gesehen vor der 'Welt'
vor allem durch sozio-kulturelle Unterschiede gekennzeichnet. Von
daher spielt das Verhältnis von Juden und Heiden innerhalb der ersten
christlichen Gemeinden eine entscheidende Rolle. Beide Gruppen waren
ja nicht nur durch unterschiedliche religiöse Gebräuche voneinander
getrennt, sondern unterschieden sich auch in der alltäglichen Lebensführung[199]. Ein Ziel der paulinischen Rede von der Rechtfertigung
aus Glauben ist es, die unterschiedslose Gleichheit dieser beiden
traditionell verfeindeten Gruppen innerhalb der christlichen Gemeinschaften nachzuweisen und damit die zum Überleben der Gemeinden notwendige Einheit zu fördern. Dies geschieht im Röm zunächst in nega-
tiver Hinsicht durch die Gleichstellung von Juden und Heiden im
Hinblick auf ihre Strafwürdigkeit vor Gott (1,18-3,20). Vor allem
kann aber die für die paulinische Rechtfertigungslehre zentrale Auseinandersetzung mit Gen 15,6 (Röm 4) für das Zusammenleben der beiden unterschiedlichen Gruppen eine Funktion gehabt haben.

Zum einen nämlich gewinnt Paulus durch die Kennzeichnung Abrahams
als 'Vater aller' einen historischen Kristallisationspunkt für Juden
und Heiden. Die Heiden sind dadurch in die Erwählungsgeschichte
Israels mit einbezogen, und den Juden bietet der Hinweis auf Abraham,
den Prototyp der Proselyten, der in seiner Person Unbeschnittenheit
und Beschneidung, Gesetzlosigkeit und Gerechtigkeit verbindet, eine
Hilfe auf dem Weg einer Verbindung mit den gesetzlosen Unbeschnittenen.

Zum anderen bietet Paulus Juden und Heiden durch die πίστις einen
aktuellen Kristallisationspunkt, von dem aus erst die historische

---

199 Dies wird im NT besonders an der Frage des Genusses von Götzenopferfleisch
    deutlich, vgl. Röm 14; I Kor 8.

'Klammer' Abraham in ihrer Exklusivität für die christliche Gemeinde
deutlich wird. Der Glaube ist nicht nur gemeinsames Kennzeichen von
Judenchristen und Heidenchristen in Abgrenzung gegenüber der 'Welt',
sondern allein von ihm her wird auch eine Berufung auf Abraham als
Vater möglich.

Beide Kristallisationspunkte haben zudem eine soteriologische
Bedeutung, verbinden Juden und Heiden also nicht nur historisch und
aktuell, sondern auch im Hinblick auf ihr zukünftiges Ergehen im
Endgericht. Damit hat die paulinische Konzeption der Glaubensgerechtigkeit eine konkrete soziologische Funktion. Die alte These
Wredes, Paulus habe seine Rechtfertigungslehre situativ im Kontext
seiner Missionstätigkeit als "Kampfeslehre" entwickelt, gewinnt von
daher erneut Gewicht[200]. Zwar wird man nicht von einer explizit antijüdischen Ausrichtung dieser "Kampfeslehre" ausgehen können, denn
Paulus geht es - wie wir sahen - darum, durch seine Konzeption Juden
und Heiden den Weg zueinander zu öffnen. Deutlich ist aber, daß sich
der Apostel mit seiner Rede von der Glaubensgerechtigkeit dem zentralen Problem der Mission und des Gemeindeaufbaus stellt und damit
eben nicht nur grundsätzlich-theologisch, sondern auch situations-
bedingt mit einer spezifisch gemeinde-soziologischen Ausrichtung
spricht[201].

Dies läßt sich auch an Gal 3,26-29 zeigen: Aufgrund der πίστις
sind alle Unterschiede, die die 'Welt' macht, aufgehoben (vgl. I Kor
1), und zwar nicht nur religiöse und lebenspraktische Verschiedenheiten, sondern eben auch soziale, ja sogar geschlechtliche Unterschiede verlieren ihre Relevanz. Vielmehr gilt durch die πίστις als
dem gemeinsamen Merkmal der verschiedenen Gemeindemitglieder allen
der Titel υἱοὶ θεοῦ, der wiederum soteriologische Funktion hat[202].
Von daher läßt sich fragen, ob die These von der Gerechtigkeit aus
Glauben für Gesetzlose und Gesetzesbrecher nur im Hinblick auf die
Gleichstellung von Juden und Heiden Konsequenzen hatte, oder ob
dadurch nicht auch generell Kriminellen oder von der 'Welt' aufgrund
ihres Standes oder Gewerbes Kriminalisierten der Weg zur Gleichstellung innerhalb der christlichen Gemeinde geöffnet wurde (vgl.
I Kor 6,11). Die soziale Schichtung in den frühchristlichen Gemeinden bot ja, wie Theißen am Beispiel Korinths gezeigt hat[203], genau-
soviel Konfliktpotential wie die Konfrontation von Juden und Heiden.

---

200 WREDE, Paulus, 67-69.
201 Vgl. die der abgewandelten Situation entsprechende unterschiedliche Kon-
     zeption des Jak.
202 Vgl. auch Röm 10,12; I Kor 12,13; Eph 2,11-22; 4,3f; Kol 3,5-11; vgl. da-
     neben auch Röm 3,29; I Kor 1,26-30.
203 THEISSEN, Schichtung.

Wenn diese Beobachtungen zutreffen, dann hat der Friede als Folge
der Rechtfertigung aus Glauben (Röm 5,1) eben nicht nur in der Beziehung der Menschen zu Gott seinen Ort, sondern zeitigt auch innergemeindlich durch das friedliche Zusammenleben in der 'Welt' verfeindeter Gruppen Konsequenzen.

Dies gilt vor allem auch vom pagan-griechischen Verstehenshorizont
her. War dort die Rechtfertigung aus Glauben als Eröffnung eines
Freundschaftsverhältnisses zwischen Gott und den Menschen verstanden
worden, die christliche Gemeinde also als Gemeinschaft der Freunde
Gottes gesehen, so wird damit zugleich auch die innergemeindliche
Struktur gekennzeichnet; d.h. auch die Beziehung der Gemeindemit-
glieder untereinander ist von daher als Freundschaft zu qualifizieren
(Gal 4,12ff)[204]. Dies wird besonders dort deutlich, wo Paulus die
Christen als πιστοί und δίκαιοι (ἅγιοι) anspricht im Unterschied
zu den außerhalb der Gemeinde stehenden ἄπιστοι/ἄδικοι (I Kor 6,7;
II Kor 6).

Die Tatsache, daß Paulus πίστις primär im Sinne von Bekehrung
(bzw. der von Gott eröffneten Möglichkeit zur Bekehrung) versteht,
zeigt, daß die Konzentration auf den Glauben bei dem Bemühen um
Einigung der verschiedenen Gemeindegruppen als Rekurs auf den gemeinsamen Anfang zu verstehen ist. Der Eintritt in die Gemeinde bekommt damit eine über den Beginn weit hinausreichende Bedeutung.
Die πίστις hat als 'Schwellenphänomen' eben auch eminentes Gewicht
für den Gemeindeaufbau und von daher immer schon auch eine soziologische Dimension. Ist in der Bekehrung Teilhabe an Erwählung und
Gerechtigkeit möglich, so bestimmt dieser anfanghafte Akt der Partizipation auch das Zusammenleben der Gemeindemitglieder als die
vor Gott (im Hinblick auf Erwählung und Gerechtigkeit) Gleichgestellten. Es geht also nicht allein um ein neues Selbstverständnis,
sondern um ein spezifisch neues, von der 'Welt' unterschiedenes
Gruppenverständnis.

Insofern also die soziologische Dimension der paulinischen Rechtfertigungslehre in dem Bemühen um die Gleichheit aller zu sehen ist,
läßt sich Scroggs' These von der Ablehnung der 'weltlichen' Wirk-
lichkeitssicht stützen. Zugleich läßt die paulinische Konzeption
noch in einer weiteren Hinsicht die Berechtigung der von Scroggs
postulierten Hauptmerkmale frühchristlicher Gemeinden erkennen. Dadurch daß der Glaube von Paulus zum alleinigen Kriterium der Gerechtigkeit vor Gott und damit auch der Zugehörigkeit zur Gemeinde

---

204 Vgl. BETZ, Galatians, z.St.

erhoben wird, ist die Mitgliedschaft für jeden, der sich bekehrt,
möglich. Weder biologische Abstammung (Herkunft) noch sozialer Status
bilden hier Schranken. Voraussetzung ist allein der Akt freiwilliger
Hinwendung. Insofern können die frühchristlichen Gemeinden als
'voluntary associations' gekennzeichnet werden[205].

---

205 SCROGGS, a.a.O., 6.

5. Kapitel

TEILHABE AN KRAFT UND GNADE
Das 'Stehen' im Glauben

Der Glaube markiert als Bekehrung zu Jesus Christus den Zutritt
zu Gott und den Eintritt in die Gemeinde, ist also in doppelter Hinsicht ein Schwellenphänomen. Als anfanghafter Akt der Partizipation
hat die πίστις aber auch eminente Bedeutung für die Folgezeit. Wir
haben im letzten Kapitel zu zeigen versucht, daß die paulinischen
Aussagen über Glaube und Gerechtigkeit auf die Einheit der Gemeinde
zielen und insofern eine gemeindesoziologische Spitze besitzen: die
Gleichstellung vor der 'Welt' unterschiedener Gruppen in der Gemeinschaft der Glaubenden.

Im folgenden wollen wir versuchen, die über den Akt der Bekehrung
hinausreichende Bedeutung der πίστις näher in den Blick zu bekommen.
Wir greifen dabei zurück auf einen Aspekt der paulinischen Glaubensaussagen in Röm 4: die Stärkung des Bekehrten durch die πίστις
(4,19f), die Bestand ermöglicht und vor Abfall schützt.

"Der Glaube ist und soll auch sein ein Standfest des Herzens,
der nicht wankt, wackelt, bebet, zappelt noch zweifelt, sondern
fest steht und seiner Sache gewiß ist". Mit diesen Worten hat Martin
Luther den Glauben als das Zentrum christlicher Existenz beschrieben[1]. Der Glaube ist Mittel- und Fixpunkt nicht allein des religiösen Seins, sondern der gesamte Lebenspraxis der Christen, er ist
sozusagen der archimedische Punkt, von dem aus sich alles übrige
bewältigen läßt. Im NT ist diese fundamentale Bedeutung des Glaubens
für das Leben der Christen in der Welt durch die Wendung 'Stehen
im Glauben' zum Ausdruck gebracht. Zwei Aspekte sind hierbei wichtig:

- Auch für die Bestand ermöglichende πίστις ist der Gemeinschafts-
  aspekt zentral. Die Mahnung zum Stehen ergeht nur im Plural,
  kommt nur im Bereich der Gemeinde in den Blick. Es geht nicht um
  die Stärkung des frommen Individuums.

- Die durative Funktion des Glaubens ist in dem punktuellen Akt der
  Bekehrung (Zugang zu Gott) grundgelegt: das Stehen vor Gott hat
  dieselbe Kraftquelle wie der Widerstand gegen satanische Mächte.

---

1 WA LIV 32,22.

5.1. Der Widerstand gegen satanische Mächte: I Kor 16,13

Paulus spricht nur dreimal explizit vom 'Stehen im / bzw. durch den Glauben' (I Kor 16,13; II Kor 1,24; Röm 11,20)[2]; aber auch dort, wo vom 'Stehen im Herrn' (I Thess 3,8), 'in der Gnade' (Röm 5,2), 'im Evangelium' (I Kor 15,1), 'in einem Geist' (Phil 1,27) oder vom 'Stehen' absolut (II Thess 2,15; Gal 5,1; vgl. Eph 6,10-20) die Rede ist, spielt die πίστις im Kontext eine wichtige Rolle[3].

Am deutlichsten ist die Mahnung in I Kor 16,13: "Γρηγορεῖτε, στήκετε ἐν τῇ πίστει, ἀνδρίζεσθε, κραταιοῦσθε". Die Mahnung ist zwischen die am Briefschluß üblichen persönlichen Mitteilungen eingeschoben und zeigt keinerlei Verbindung zum näheren oder weiteren Kontext[4], so daß sich die Interpretation der Wendung στήκετε ἐν τῇ πίστει zunächst nur auf die übrigen drei Imperative stützen kann[5].

5.1.1. Die Mahnung zur Wachsamkeit

Die Aufforderung 'wachet!' ist im Kontext einer frühchristlichen, der synoptischen Tradition und der neutestamentlichen Briefliteratur gemeinsamen Konzeption zu verstehen. Die Imperative γρηγορεῖτε und νήψατε bilden den Grundbestand der eschatologischen Paränese des frühen Christentums[6]. Konstitutiv ist hierbei die Betonung des

---

2 Vgl. II Kor 13,5.

3 Vgl. zudem noch I Petr 5,9. Ohne direkten Bezug zum Glauben spricht Paulus vom 'Stehen im Herrn' in Phil 4,1 (vgl. Röm 14,4); vgl. I Petr 5,12: 'Stehen in der Gnade'; zum absoluten Gebrauch von 'Stehen' vgl. I Kor 10,12; Kol 4,12; II Petr 3,17.

4 V.14 ist noch zu dem paränetischen Wort hinzuzurechnen, betrifft aber im Unterschied zu den vorangehenden vier Imperativen das innergemeindliche Verhalten. LIETZMANN, HNT 9, meint, Paulus habe den Brief hier schon beenden wollen, das Folgende seien Nachträge (89). Literarkritische Operationen schließt CONZELMANN, KEK V, 356, zu Recht aus.

5 Das aus dem Perfekt von ἵστημι gebildete στήκω verwendet Paulus häufig, meist appellativ (I Kor 16,13; Gal 5,1; Phil 1,27; 4,1; II Thess 2,15), vgl. WOLTER, EWNT II, 508; GRUNDMANN, ThWNT VII, 635f.

6 Vgl. WEISS, KEK V, 385; CONZELMANN, KEK V, 357; LÖVESTAM, Wakefulness, 55, weist darauf hin, daß auch schon im AT die Mahnungen zur Wachsamkeit und zur Nüchternheit in religiösem Kontext metaphorisch verwendet werden: Jes 29,9f; vgl. 51,17-52,2; vgl. als paganen Beleg der metaphorischen Verwendung von νήφειν den von Lukian überlieferten Ausspruch eines der Sieben Weisen: " νῆφε καὶ μέμνησο ἀπιστεῖν " (Hermotimus 47). Über die Verbindung 'wachen', 'nüchtern sein' heißt es weiter bei Lövestam: "Both give expression to man's abandonment to and absorption in this world apart from the true Divine realities ... Γρηγορεῖν and νήφειν have a clear eschatological orientation" (56). "As expressions for the life and conduct ... the wakefulness and sobriety... imply readiness for the parousia of the Lord." (57). Im Vordergrund steht nicht ein asketisches Ideal der Weltverneinung,

nahen Endes   bzw. der Plötzlichkeit der Parusie, deren Zeitpunkt
ungewiß ist (Bild vom 'Dieb in der Nacht'), und die daraus abgeleitete Forderung, stets bereit zu sein. Während in der synoptischen
Tradition damit die Bilder von den brennend zu haltenden Lampen
und von der Hochzeit verbunden sind[7], dominieren in der Briefliteration-
tur die einer Kampfsituation entsprechenden Bilder der Waffenrüstung und des Widerstands[8]: angesichts aufziehender oder bereits be-
stehender Gefahr wird zum Widerstand gegen die Feinde und zur Standhaftigkeit ermahnt. Auf eine enge Verbindung der neutestamentlichen
Mahnung zum 'Stehen' mit dieser frühchristlichen Konzeption eschatologischer Paränese weist nicht nur die parallele Stellung der Imperative γρηγορεῖτε und στήκετε in I Kor 16,13; die Übersicht auf
der folgenden Seite zeigt eine Reihe von Elementen, die die beiden
Konzeptionen verknüpfen.

Die Übersicht macht deutlich, daß es sich bei den Mahnungen zu
Wachsamkeit und zum Stehen um zwei unterschiedliche Formen der
Paränese handelt, denen je verschiedene Wortfelder entsprechen.
Daß beide Konzeptionen jedoch in einer gewissen Nähe zueinander zu
sehen sind, zeigen die drei Texte, in denen sich die beiden Wortfelder überschneiden: I Petr 5,8-11; Eph 6,10-20, I Kor 16,13. Sie
bilden sozusagen die 'Nahtstelle' zwischen den beiden traditonellen
Formen frühchristlicher Paränese. Hier sind die Hauptmerkmale beider Konzeptionen miteinander verquickt. Die formgeschichtliche Verwandtschaft der drei Texte legt es nahe, die knappe Mahnung in
I Kor 16,13 im Kontext von I Petr 5,8-11 und Eph 6,10-20 zu sehen
und zu interpretieren. Wir wenden uns deshalb zunächst diesen beiden Texten zu.

I Petr 5,8-11

In I Petr 5,8-11[9] mahnt der Autor zur Nüchternheit und zum Wachen
angesichts der Leidenssituation der Adressaten (V.9f), die den Hintergrund des gesamten Briefes bildet (1,6f; 3,13ff). Der Verfasser des

---

sondern: "to 'keep awake' means an exhortation to the Christians not to
let themselves be spiritually stupefied and shocked by absorption in the
present age of night, but ... being ... ready for the parousia of the Lord"
(58). Im NT stehen die Mahnungen zur Wachsamkeit und Nüchternheit in I Thess
5,6ff; I Petr 5,8-11; Lk 21,34-36 (vgl. IgnPol 1,3; 2,3) parallel.

7   Lk 12,35-40; Mt 25,10ff; Did 16,1-5.

8   I Thess 5,6ff; Röm 13,11-14; Eph 6,10-20.

9   Die VV.8-11 sind deutlich gegenüber dem Kontext abgesetzt. Zwischen V.7 und
    V.8 markieren die Imperative γρηγορεῖτε und νήψατε , die traditionell
    die eschatologische Paränese einleiten, einen Einschnitt und ab V.12 be-
    ginnt der eigentliche Briefschluß; vgl. auch BROX, EKK XXI, 237.

	Lenden gürten	beten	Lampen	Hochzeit	nahes Ende (/=unerwartetes, plötz. Ende)	nüchtern sein	wachen	Waffen(rüstung)	Widerstand/Kampf	Gefahren (Verfolgung, Versuchung, Irrlehrer)	Stehen (* = Fallen)	im Glauben (* = Glaube im Kontext)	im Geist	im Evangelium	im Herrn	in der Gnade	ἀνδρίζομαι, κραταιόω, κρατέω	Berufung/Erwählung
Lk 12,35-40	x		x		/		x											
Mt 25,10ff			x	x	/		x											
Did 16,1-5	x		x		/		x											
I Thess 5,6ff					/	x	x	x			*							
Mk 14,38 par		x					x			x								
Pol Phil 7,2		x				x				x								
Ign Pol 1,3; 2,3		x				x	x		x									
Lk 21,34-36		x			/	(x)	x				x							
Kol 4,2		x					x											
Röm 13,11-14						x	x	x										
Apk 3,2f					/		x											
Apk 16,15					/		x											
Act 20,31							x			x								
I Petr 1,13	x				(x)	x												x
I Petr 4,7		x			x	x												
I Petr 5,8-11					(x)	x	x		x	x	x	*						x
Eph 6,10-20	x	x			x		x	x	x	x	x	*						
I Kor 16,13							x		(x)		x	x					x	
II Kor 1,24											x	x						
Röm 11,20											*	x						
Gal 5,1									x		*	*				(x)		
II Thess 2,15											x	*					x	x
Phil 1,27										x	x	*	x					
I Kor 15,1											x	*		x				
Röm 5,2											x	*				x		
I Thess 3,8										x	x	*			x			
II Tim 2,19										x	x	*						
Phil 4,1										x	x				x			
I Kor 10,12										x	*				x			
Röm 14,4											*				x			
I Petr 5,12											x					x		
Kol 4,12		x							x		x							
II Petr 3,17											*							

I Petr reagiert mit seinem Schreiben auf eine aktuelle Krise der
Kirche, die weniger die Glaubenslehre, als vielmehr die gläubige
Existenz betrifft[10]. Dem Leiden, das die Leser erdulden müssen, be-
gegnet der I Petr in dreifacher Hinsicht:

Erstens durch den Hinweis auf die Solidarität der überall lei-
denden Kirche (5,9). Die gegenwärtige Verfolgung trifft nicht die
Adressaten allein, sondern die christliche Kirche als ganze.

Zweitens durch die Betonung des nahen Endes und der dementsprechend
kurzen Zeit der noch zu erduldenden Leiden (1,6f; 4,7; 5,10).

Drittens schließlich durch die Mahnung zu einem dieser Situation
angemessenen Verhalten (1,13; 4,7; 5,8ff)[11]. Dabei dienen der Hinweis auf die Gemeinsamkeit der Leiden und besonders die Naherwar-
tung dem Trost der Gemeinde, vor allem aber der Motivation der
Paränese[12].

Nach I Petr 5,8-11 stellt sich die Leidenssituation der Christen
als ein Bedrängtwerden durch den Teufel selbst dar, der "wie ein
brüllender Löwe" umhergeht und nach Beute sucht. Dementsprechend
tritt neben die die Nähe des Endes reflektierende Mahnung zu Nüchternheit und Wachsamkeit die Aufforderung zum Widerstand gegen den Feind.
Das Zentrum dieses Widerstandes bildet die Festigkeit im Glauben[13].
Die πίστις ist die Kraft, die zum widerstehen befähigt, zugleich
aber auch das zu verteidigende Gut (vgl. 1,6f) und steht so im
Mittelpunkt des Kampfes, der in der kurzen Zeit bis zur Parusie angesichts der teuflischen Attacken das einzig angemessene Verhalten
ist. Der Gedanke des Kampfes dominiert und prägt die Paränese in
I Petr 5,8ff; ihm sind auch die Imperative νήψατε und γρηγορεῖτε
dienstbar gemacht. Geht die Mahnung zu Wachsamkeit und Nüchternheit
üblicherweise (vor allem in der synoptischen Tradition) darauf, jeder-
zeit auf das plötzlich kommende Ende vorbereitet zu sein, so ist

---

10 Vgl. ELLIOT, Home; vgl. BROX, a.a.O., 253; LÖVESTAM, a.a.O., 60.

11 Daß auch in I Petr 1,13 und 4,7 der Verfasser auf die frühchristliche Tradi-
    tion eschatologischer Paränese zurückgreift, zeigt die Aufnahme des Bildes
    vom 'Lendengürten' (1,13) und die Mahnung zur Nüchternheit (1,13;4,7). Zur
    Verbindung von σωφρονεῖν und νήφειν in I Petr 4,7 vgl. IgnPol 1,3, aber
    auch schon Philo, Jos 73; VitMos II 162; Som II 160-162; Post 175f. In der
    Wendung νήψατε εἰς προσευχάς sieht LÖVESTAM, a.a.O., 70, ein Echo der
    Mahnung Jesu an seine Jünger im Garten Gethsemane zu wachen und zu beten
    (Mk 14,32ff par).

12 Vgl. LÖVESTAM, a.a.O., 67, SCHRAGE, NTD 10, 108f. (vgl. 73); BROX, a.a.O.,
    203.

13 Vgl. BROX, a.a.O., 240: "Der Glaube ist das Mittel, dem Löwenrachen zu ent-
    kommen." Der Dativ τῇ πίστει ist wohl instrumental zu verstehen und nicht
    lokal, wie SCHRAGE, a.a.O., 116, vermutet; vgl. die Stärkung durch den
    Glauben in Röm 4,20; Apg 16,5; Hebr 11,11; Gal 3,5; Eph 1,19 u.ö.

demgegenüber hier die ständige Kampfbereitschaft und -fähigkeit bis
zur nicht mehr fernen Parusie im Blick[14].

Eph 6,10-20

Noch deutlicher steht in Eph 6,10-20 das Motiv des Kampfes im
Mittelpunkt. Auch in diesem Abschnitt handelt es sich um eine dem
eigentlichen Briefschluß direkt vorangestellte 'Grundmahnung' an
die Glieder jener östlichen Kirchen, an die der Autor des Eph sein
Schreiben richtet[15]. Wie in I Petr 5,8ff ist es auch hier der Teufel
selbst, der mit den Seinen die christlichen Gemeinden in ihrer Existenz bedroht(11f). Der Widerstand gegen die Anschläge der satanischen Mächte, zu dem der Text wiederholt auffordert[16], ist als
militärische Auseinandersetzung aufgefaßt. Darauf weisen sowohl die
Verben ἐνδύεσθαι (V.11) und ἀναλαμβάνειν (V.13.16), die vom Anlegen
der Waffen gebraucht werden[17], als auch die πανοπλία, die "Voll-
rüstung des schwerbewaffneten Fußsoldaten"[18], sowie die Liste der
Waffen[19] in den VV.14-17. Schließlich deutet auch die viermalige
Aufforderung zum 'Standhalten' in diese Richtung. In dieser Bedeutung gehört ἵστημι zur Militärsprache, wie sich an einer Reihe
von Belegen zeigen läßt:

1. Thukydides V 101-104 (Melierdialog):

> Die Athener fordern die Melier auf, sich ihnen freiwillig zu
> ergeben.
>
> (101) Athener: "... Nicht um Mannesehre geht der Kampf für euch
> von gleich zu gleich, daß ihr nicht in die Schan-
> de fallt, sondern um euer Leben geht die Beratung,
> daß ihr den weitaus Stärkeren euch nicht wider-
> setzt (πρὸς τοὺς κρείσσονας πολλῷ μὴ ἀνθίστασθαι)."
>
> (102) Melier: "Wir wissen aber, daß sich im Krieg manchmal die
> Geschicke gleichmäßiger verteilen, als es dem
> Unterschied der beiden Stärken entspräche; und

---

14 Auch in Röm 13,11-14 (Waffen des Lichts) und I Thess 5,6ff (Panzer des Glau-
    bens und der Liebe/Hoffnung als Helm) ist die Mahnung zur Wachsamkeit und
    Nüchternheit durch das Kampfmotiv überlagert.

15 Vgl. SCHLIER, Epheser, 288.

16 Viermal begegnen im Text Formen von ἵστημι : V.11 (στῆναι); V.13
    (ἀντιστῆναι / στῆναι); V.14 (στῆτε). Überall liegt die Bedeutung
    'widerstehen' zugrunde; anders SCHLIER, der das στῆναι in V.13b als 'Stehen
    vor Gott' deutet und deswegen annehmen muß, daß der Imperativ στῆτε οὖν
    in V.14a sich auf das στῆναι von V.11 zurückbezieht (a.a.O., 293f). Auf ein
    Stehen vor Gott deutet aber im Kontext nichts hin.

17 Vgl. für ἐνδύεσθαι   Röm 13,12; I Thess 5,8; für ἀναλαμβάνειν Dtn 1,41;
    Jdt 6,12; 7,5; 14,3; II Makk 10, 27; Jer 26,3 und im pagan-griechischen
    Bereich Herodot III 78; DittSyll III 742,45.49.

18 Vgl. SCHLIER, a.a.O., 289; zum atl.-jüdischen Hintergrund der Vorstellung
    einer 'geistlichen Waffenrüstung' vgl. SCHLIER, a.a.O., 298-300.

19 Eine Unterscheidung in Schutz- und Angriffswaffen überstrapaziert das Bild,
    vgl. SCHLIER, a.a.O., 294.

für uns heißt sofort nachgeben die Hoffnung auf-
geben, handeln wir aber, ist auch noch Hoffnung,
aufrecht zu stehen (στῆναι ὀρθῶς)."

(103) Athener: "Hoffnung, eine Trösterin in Gefahr, mag den, der
im Wohlstand ihr vertraut, wohl einmal schädigen,
doch nicht verderben. Wer aber alles, was er hat,
an einen Wurf setzt (denn Verschwendung ist ihr
Wesen), der erkennt sie im Sturz, und zugleich
behält er nichts übrig, weshalb er vor der durch-
schauten sich noch wahren sollte. Seht zu, daß
es euch nicht auch so geht, ihr Schwachen (ὑμεῖς
ἀσθενεῖς) ..."

(104) Melier : "Schwer dünkt es allerdings auch uns, wißt wohl,
gegen eure Macht (πρὸς δύναμίν τε τὴν ὑμετέραν)
und das Schicksal, wenn es so ungleich steht,
anzukämpfen (ἀγωνίζεσθαι). Dennoch trauen wir
(πιστεύομεν), daß das Geschick uns um der Gottheit willen nicht benachteiligt, weil wir rein
(ὅσιοι) und gegen Ungerechte stehen (πρὸς οὐ
δικαίους ἱστάμεθα), und unseren Mangel an Macht
(δύναμις) der Spartanische Bund ergänzt ..."

Hier wird folgendes deutlich:

a. Ἵστασθαι ist Wechselbegriff für ἀγωνίζεσθαι; es geht um das
Standhalten, bzw. den Widerstand (ἀνθίστασθαι) im m i l i t ä -
r i s c h e n   K o n f l i k t.

b. Standzuhalten ist das Ziel der sich gegen fremde Übergriffe
v e r t e i d i g e n d e n,   s c h w ä c h e r e n   Partei
(ἀσθενεῖς - δύναμις).

c. Die militärische Schwäche wird kompensiert durch das Bewußtsein
der   m o r a l i s c h e n   S t ä r k e; die Angegriffenen verteidigen sich als die Reinen (ὅσιοι) gegen Ungerechte (οὐ δίκαιοι).

d. Die Bereitschaft zum Standhalten entspringt dem
V e r t r a u e n   a u f   d i e   G o t t h e i t   (πιστεύειν).

2. Ex 14,13 (LXX):

Die Israeliten fürchten sich vor der Übermacht der herannahen-

den Ägypter. Mose ermutigt sie mit folgenden Worten:

"Fürchtet euch nicht (θαρσεῖτε), haltet stand (στῆτε), so werdet
ihr sehen, wie der Herr euch heute helfen wird ... Der Herr
wird für euch streiten."

Auch hier ergeht die Mahnung zum Standhalten an die schwächere

Partei, die angegriffen bzw. verfolgt wird und vor einem militä-

rischen Konflikt mit einer übermächtigen Armee steht. Und wiederum

ist es das Vertrauen auf den Beistand Gottes, das zur Motivation

dient.

3. Xenophon, An 1,10,1:

"καὶ οἱ μὲν μετὰ Ἀριαίου οὐκέτι ἵστανται, ἀλλὰ
φεύγουσι διὰ τοῦ αὐτῶν στατοπέδου εἰς τὸν σταθμὸν
ἔνθεν ὡρμῶντο".

4. Xenophon, An 4,8,19:

"οἱ δὲ πολέμιοι, ὡς ἦρξαντο θεῖν, οὐκέτι ἔστησαν
ἀλλὰ φυγῇ ἄλλος ἄλλη ἐτράπετο".

ʹΙστάναι ist hier innerhalb von Schlachtenbeschreibungen als
Opposition zu φεύγειν gebraucht (so auch schon bei Homer, Od 6,199).
Auch hier wird deutlich, daß das Standhalten im militärischen Kon-
flikt sich gegen eine Übermacht richtet und die einzig mögliche
Alternative zur Flucht darstellt. Daß das 'Stehen' für die schwächere
Partei in der Schlacht das rechte Verhalten im Gegensatz zur ehr-
losen Flucht ist, zeigt

5. Dionysios von Halikarnaß IX 50,4f:

Hier wird berichtet, daß die Soldaten des Appius sich aus Haß
gegen ihren Feldherrn weigern zu kämpfen und ins Lager fliehen
(ἔφευγον), woraufhin sie Appius wegen ihrer ehrlosen Flucht
(ἄδοξος φυγή) zur Rede stellt und ihnen mit dem Kriegsgericht
droht, wenn sie der Gefahr gegenüber nicht standhalten (στήσονται
παρὰ τὰ δεινά) (vgl. IX 28,2)(20).

6. Nah 2,9 (LXX):

Hier wird Ninive mit einem Teich verglichen, von dem gesagt
wird: "τὰ ὕδατα αὐτῆς ... φεύγοντες οὐκ ἔστησαν". Auch hier
liegt die Opposition von Standhalten und Fliehen zugrunde. Die
Prophezeiung geht auf die Niederlage Ninives im militärischen
Konflikt.

Wenn der Eph also ἵστημι im Kontext militärischer Metaphern verwendet, ist damit die Existenz der christlichen Gemeinde in der Welt
in Analogie zur Situation eines schwachen Heeres gesehen, das - mit
einem übermächtigen Feind konfrontiert - vor einem Verteidigungskampf steht, als Ziel in diesem Konflikt deshalb nur das Standhalten (nicht den Sieg) anstrebt und die Kraft, die es braucht, um
nicht zu fliehen, aus dem Bewußtsein der eigenen moralischen Stärke
bzw. aus dem Vertrauen auf Gottes Hilfe bekommt[21]. Diese Hilfe wird
in Kürze erwartet. Darauf, daß auch in Eph 6 die Paränese unter dem
Vorzeichen des baldigen Endes steht, deutet die Wendung ἐν τῇ ἡμέρᾳ
τῇ πονηρᾷ (V.13). Zwar meint der 'böse Tag' wohl kaum den Tag der
Parusie[22], wohl ist damit aber auf die letzten Kämpfe angespielt;
die dem Ende und der Parusie vorausgehen[23]. So wird die gegenwärtige
Erfahrung des Angegriffen- und Verfolgtseins zum Zeichen des nahen
Endes.

Wie in I Petr 5 dominiert auch hier das Motiv des Kampfes (des
Verteidigungskrieges) die Mahnung zum Wachen. Es geht nicht in erster
Linie um das Bereitsein am Tag der Parusie, sondern um die durch
die ständigen Angriffe des Feindes erforderliche fortwährende Wach-

---

20 Vgl. auch Polyb IV 61.
21 Vermischt mit dem Bild vom Soldaten ist das des Wettkampfes (πλάνη =
    Ringkampf, V.12).
22 Vgl. MUSSNER, ÖTK 10, 168.
23 Vgl. SCHLIER, a.a.O., 292.

samkeit. Selbst wenn der Autor in V.18 nächtliche Gebetsvigilien im Blick haben sollte[24], ist dies innerhalb des militärischen Bildes zu verstehen. "Die Wache gehört wesentlich zum Soldaten"[25].

Wie der Autor des I Petr reagiert auch der Verfasser des Eph auf die Leidenssituation christlicher Gemeinden mit der Mahnung zu standhaftem Kampf und Widerstand gegen den Feind und weist zum Trost und zur Motivation seiner Paränese auf die Nähe des Endes hin[26].

Auch im Eph steht die πίστις im Zentrum des die Existenz der Christen bestimmenden Kampfes. Unabhängig davon, ob sich ἐν πᾶσιν (V.16a) auf das folgende ἀναλαβόντες bezieht und dann die Bedeutung 'in allen Fällen', 'unter allen Umständen' hat, oder ob - was wahrscheinlicher ist - ἐν πᾶσιν auf die zuvor genannten Waffen weist, der Glaube ist in jedem Fall durch diese Wendung gegenüber den anderen Waffen hervorgehoben. Er ist die "unabdingbare Waffe"[27]. Die besondere Bedeutung der πίστις innerhalb der Waffenrüstung kommt auch dadurch zum Ausdruck, daß von ihr als einziger Waffe die Wirkung genannt ist: der Schild des Glaubens löscht die Pfeile des Bösen. Wer nicht mit dem Glauben ausgestattet ist, der wird die Angriffe des Widersachers nicht überstehen. Die πίστις ist mithin deutlich als defensive Waffe gekennzeichnet. Das entspricht dem 'Standhalten' als Aufgabe im Verteidigungskampf. Die Wirkung der übrigen Waffen hängt entscheidend von dem Vorhandensein der πίστις ab.

Im Gegensatz zum I Petr, wo der Glaube die zum Widerstand notwendige Kraft und deshalb auch das zu bewahrende Gut darstellt, scheint in Eph 6 die πίστις allein als Waffe gesehen zu sein. Man würde das Bild der Waffenrüstung aber wohl überstrapazieren, wollte man von hierher einen Unterschied zur Konzeption des I Petr konstruieren. Wichtig ist vor allem, daß der Glaube hier wie dort als die Kraftquelle des Widerstands gesehen ist.

5.1.2. Die Mahnung zu Mannhaftigkeit und Stärke

Wie die Mahnung στήκετε, die in der Bedeutung 'standhalten', 'widerstehen' zum Bereich der Militärsprache gehört und die Auf-

---

24 Vgl. SCHLIER, a.a.O., 301; vgl. MUSSNER, a.a.O., 171.

25 SCHLIER, a.a.O., 302; vgl. I Makk 12,27.

26 Auch das Motiv der Solidarität im Leiden ist in Eph 6 aufgenommen: der Autor ist wie die Adressaten der Verfolgung ausgesetzt: er liegt in Ketten (V.20) und ist durch den Freimut seiner Rede Vorbild für das Standhalten im Leid.

27 SCHLIER, a.a.O., 296.

forderung zur Wachsamkeit in I Kor 16,13 dominiert, so weisen auch
die beiden folgenden Imperative ἀνδρίζεσθε und κραταιοῦσθε auf das
Bild des Kampfes. Die Verben ἀνδρίζεσθαι und κραταιοῦσθαι sind schon
in der LXX als Aufforderung an Soldaten vor der Schlacht appellativ
nebeneinander gebraucht. So ermahnt Davids Feldherr Joab seinen
Bruder Abisai, den er mit einem Teil des israelitischen Heeres in
die Schlacht gegen die Ammoniter schickt, mit den Worten:
"ἀνδρίζου καὶ κραταιωθῶμεν ὑπὲρ τοῦ λαοῦ ἡμῶν καὶ περὶ τῶν πόλεμων
τοῦ θεοῦ ἡμῶν" (II Sam 10,12 LXX).

Und nach I Sam 4,9 LXX ermutigen sich die Philister ähnlich vor
dem Kampf gegen Israel, indem sie zueinander sagen:
"κραταιοῦσθε καὶ γίνεσθε εἰς ἄνδρας, ἀλλόφυλοι, μήποτε
δουλεύσητε τοῖς Εβραίοις, καθὼς ἐδούλευσαν ἡμῖν, καὶ
ἔσεσθε εἰς ἄνδρας καὶ πολεμήσατε αὐτούς"(28).

Vergleichbar ist auch die Stelle aus der Kriegsrolle, die die
Aufgabe des Priesters vor der Schlacht beschreibt:
"Dann geht der Priester, der für den Zeitpunkt der Rache bestimmt ist,
hin nach Weisung aller seiner Brüder und stärkt (ihre Hände zum
Kampf) und hebt an und spricht: Seid stark (חזק) und fest (אמץ)
und werdet tapfere Männer. Fürchtet euch nicht und er(schreckt)
nicht, und euer (Herz erweiche nicht). Seid nicht bestürzt und er-
schreckt nicht vor ihnen, und wendet euch nicht zurück und (fliehet)
nicht (vor ihnen)" (1 QM XV 6-9).

Die Mahnung, in der zu schlagenden Schlacht Stärke und Festigkeit zu zeigen, ist hier verbunden mit der Aufforderung nicht zu
fliehen. Dies entspricht dem militärischen Ziel des 'Standhaltens'
in den oben zitierten Belegen[29].

5.1.3. Die Funktion der πίστις für den Widerstand

Die bisherigen Beobachtungen machen es wahrscheinlich, daß auch
Paulus in der knappen Paränese in I Kor 16,13 in militärischen Kategorien denkt. Die christliche Gemeinde ist demnach als eine Armee
gesehen, die gegenüber den Angriffen eines übermächtigen Feindes
mannhaft, stark und wachsam ihren Stand behaupten muß[30].

---

28 Daneben können die beiden Verben auch in nichtmilitärischem Zusammenhang
    angesichts schwieriger Situationen Mut und Trost zusprechen, so in den auf
    die Klage folgenden Heilsorakeln in Ps 26,14 (LXX); 30,25 (LXX); vgl. auch
    die Antwort der Israeliten auf die Rede Josuas, die mit den Worten " ἴσχυε
    καὶ ἀνδρίζου " endet (Jos 1,18).

29 Ein weiterer Aspekt ist hier interessant: wie in I Petr 5 und Eph 6 sind
    auch hier die Mannen des Teufels die Gegner im Kampf, vgl. V.2f.

30 Vgl. ROBERTSON/PLUMMER, ICC, 393; GRUNDMANN, ThWNT VII, 652.

Es ist auffällig, daß sich diese Form der Paränese in drei ntl. Briefen jeweils am Ende, sozusagen als Schlußmahnung findet (I Petr 5; Eph 6; I Kor 16). Es scheint sich hier demnach um einen früh-christlich-paränetischen Topos der Briefliteratur zu handeln, der seinen festen Ort am Briefschluß hat. Eventuell hängt die Schluß-stellung auch mit der formgeschichtlichen Eigenart der Paränese zusammen. Wie wir sahen handelt es sich in allen drei Stellen um die Verknüpfung zweier traditioneller Formen eschatologischer Paränese ('Wachsamkeit'/'Stehen'). Das Motiv des Kampfes dominiert hier zwar jeweils die Mahnung zur Wachsamkeit, es ist jedoch be-merkenswert, daß sich der eschatologische Weckruf auch häufig in der Schlußposition findet (Mt 25; Lk 21; Mk 14; Did 16; I Thess 5). Von daher ist zu erwägen, ob die Stellung am Briefschluß in I Petr, Eph und I Kor nicht eine Konsequenz der Aufnahme der eschatologischen Wachsamkeitsparänese in die nur in der Brief-literatur belegte und als solche nirgendwo in der Schlußposition stehende Mahnung zum Stehen ist. Jedenfalls bekommt die Mahnung zu Wachsamkeit und Stand in I Petr, Eph und I Kor durch die Schlußstellung besonderes Gewicht.

Inhaltlich ist die Paränese folgendermaßen zu kennzeichnen: Der Kampf, in den hinein die Christen in der Welt gestellt sind, ist als militärische Auseinandersetzung geschildert. Die Pflichten der Ge-meindeglieder entsprechen denen von Soldaten, die angesichts eines übermächtigen Feindes dazu ermahnt werden, sich zu verteidigen, den Angriffen standzuhalten, sich nicht überwältigen zu lassen oder zu fliehen. Den Christen obliegt es nicht, den Sieg zu erringen, denn der wird von der Wiederkunft des Herrn erwartet. Es genügt, wenn sie die Zeit bis zur Parusie ihren Stand halten. Die Position be-drängter Christengemeinden wird dadurch in dreifacher Hinsicht ge-stärkt:

- Das Bewußtsein, daß es in den gegenwärtigen Auseinandersetzungen nicht um dies oder das, sondern ums Ganze geht, setzt Energien frei und ermöglicht das Durchhalten.
- Das Wissen darum, daß hinter den Gegenspielern die satanischen Mächte stehen, impliziert die Bestimmung der eigenen Position durch die Formel 'Gott mit uns' und damit das Bewußtsein des end-lichen Sieges (vgl. das Gegenüber der Reinen und Ungerechten im Melierdialog des Thukydides).
- Die faktische Schutzlosigkeit der christlichen Gemeinden wird an-gesichts der Tatsache, daß es sich bei den gegenwärtigen Kämpfen um den Beginn des kosmischen Endzeitdramas handelt, irrelevant, da in diesem Kampf andere Waffen als die aus Eisen geschmiedeten zählen (vgl. II Kor 10,4).

Von daher bestimmt sich auch die zentrale Rolle der πίστις im Kampf. Entscheidend ist die Frage nach der Ermöglichung des Wider-stands. Nach I Petr 5 und Eph 6 gilt der Glaube als unabdingbare Voraussetzung für den Bestand in der Konfrontation mit Satans Mächten (vorzüglichste Waffe/zu bewahrendes Gut). In I Kor 16,13 heißt es στήκετε ἐν πίστει. Grundmann schlägt vor, das ἐν im Sinne des naturwissenschaftlichen Begriffs des 'Kraftfeldes' als Bezeichnung

sowohl des Ortes als auch der Kraft zu verstehen[31]. In der Tat
kann πίστις bei Paulus sowohl den Raum der Erwähltheit und der Nähe
Gottes als auch die Kraft bezeichnen, die den in diesen Bereich Ein-
getretenen zu stärken vermag. In I Kor 16,13 geht es jedoch um ein
Stehen im Sinne des militärischen Widerstands, für das nicht ein
bestimmter Standort, sondern die Kraft, die solches Stehen ermöglicht, wichtig ist. Die Belege für den militärischen Gebrauch von
ἵστημι haben gezeigt, daß das Standhalten das Ziel der schwächeren
Partei ist, deren Position durch einen Mangel an Kraft (δύναμις)
gekennzeichnet ist, so daß Flucht oder Kapitulation naheliegen.
Wer dennoch stehen will, braucht dazu Kraft. Bei Paulus entspricht
dem Gegensatz 'stehen - fliehen' die Opposition 'stehen - fallen'
(Röm 11,20; 14,4; I Kor 10,12; Gal 5,1). Auch hier geht es also
darum, daß der, der nicht fallen, sondern Stand behalten will, einer
besonderen Stärkung bedarf. Der Gedanke einer Stärkung durch den
Glauben, die den Bekehrten vor dem Abfall schützt, - in Röm 4 am
Beispiel Abrahams auf die individuelle Situation der Versuchung
bzw. des Zweifels angewandt - ist in I Kor 16,13 auf den Bereich der
Gemeinde ausgeweitet und für deren Kampfessituation fruchtbar ge-
macht. Die πίστις verleiht der Gemeinde als ganzer die Kraft, ihren
Stand gegen die übermächtigen Angriffe des Satans zu behaupten.

5.1.4. Das Stehen im Geist, im Evangelium, im Herrn, in der Gnade

Paulus spricht nicht nur vom Stehen im Glauben, sondern daneben
auch vom Stehen im Geist, im Evangelium, im Herrn, in der Gnade.
Wie ist das Verhältnis dieser verschiedenen Wendungen untereinander
zu verstehen? Auffällig ist, daß fast überall der Glaube im Kontext
eine gewichtige Rolle spielt, auch wenn er nicht direkt auf das
Stehen bezogen ist. In welcher Weise dies geschieht, soll im Einzelnen gezeigt werden.

Phil 1,27

In Phil 1,27 mahnt Paulus: "στήκετε ἐν ἐνὶ πνεύματι". Der Kontext
ist deutlich durch das Bild des Kampfes gekennzeichnet. Darauf
weisen das Verb συναθλέω (V.27), die Erwähnung der Widersacher
(V.28) und des Leidens der Christen (V.29), die Kennzeichnung der

---

31 A.a.O., 651 Anm. 36.

Lage der Gemeinde als ἀγών (V.30) und schließlich auch der Imperativ στήκετε selbst. Die Einheit des Geistes bezeichnet hier entweder den Modus des Stehens ('stehet als solche, die durch einen Geist verbunden sind, d.h. in innerer Geschlossenheit')(32) oder das zu verteidigende Gut ('stehet fest im Hinblick auf die Geisteseinheit'). Die Kraft aber, die den Kampf erst ermöglicht, ist auch hier die πίστις. Ob man sie nun als die Waffe sieht, 'mit' der die Christen kämpfen, oder aber - wie Lohmeyer - personifiziert als den eigentlichen Streiter, 'mit' dem zusammen die Christen den Kampf führen(33), deutlich bleibt, daß die πίστις eine über Stand oder Fall entscheidende, Kraft spendende Funktion hat.

I Kor 15,1

Das Stehen bezieht sich hier auf das Evangelium, das Paulus den Korinthern verkündigt hat und das diese angenommen haben. Die Annahme des Evangeliums durch die Gemeinde wird in V.2 durch die Aorist-Form ἐπιστεύσατε ('ihr seid zum Glauben gekommen') wieder aufgenommen. Auch hier geht es zwar um das Bewahren eines Standes, der im Glauben bzw. im Gläubigwerden grundgelegt ist, das Interesse liegt aber wohl eher - ähnlich wie in II Thess 2,15 - auf dem Festhalten am Inhalt des vom Apostel verkündeten Evangeliums, wie die VV.3ff zeigen.

I Thess 3,8; Phil 4,1

Vom 'Stehen im Herrn' spricht Paulus in I Thess 3,8 und Phil 4,1. In I Thess 3,8 ist das 'Stehen im Herrn' nahezu synonym mit dem guten Glaubensstand der Gemeinde. Das zeigt die sachliche Parallelität der Aussagen in V.7 und V.8. Auch hier ist das Bewahren des mit der Bekehrung erlangten Standes in gefahrvoller Situation im Blick. Vom Glaubensstand der Gemeinde hängt es ab, ob sie sich ἐν ταῖς θλίψεσιν ταύταις betören läßt (V.3) oder vom Versucher versuchen läßt (V.5). Das 'Stehen im Herrn' meint den vorzüglichen Zustand des Glaubens der Gemeinde. Als Resultat ihres Gläubigwerdens ist das Sein bzw. Stehen im Herrn(34) zugleich Ausdruck ihres fortwährenden Gläubigseins. "Der Glaube der Thessalonicher besteht darin, daß sie im Herrn stehen"(35).

Auch in Phil 4,1 erfolgt die Mahnung στήκετε ἐν κυρίῳ vor dem Hintergrund gegenwärtiger Not (3,18f). Zwar spielt hier die πίστις im engeren Kontext keine Rolle, die knappe Paränese in 4,1 kann jedoch als Wiederaufnahme der paulinischen Mahnung in 1,27 verstanden werden(36), so daß es auch in 4,1 um das Bewahren des im Glauben erlangten und allein durch den Glauben zu verteidigenden Standes geht.

Röm 5,1f; Gal 5,1

War das Bild der militärischen Auseinandersetzung in den drei zuletzt behandelten Stellen (I Kor 15,1; I Thess 3,8; Phil 4,1)

---

32   so LOHMEYER, KEK IX/1, 75.

33   A.a.O., 76.

34   Vgl. z.B. Gal 3,26f; dazu MUNDLE, Glaubensbegriff, 114-140. Daß Paulus hier vom Stehen und nicht vom Sein im Herrn spricht, hängt wohl mit der Situation der Gemeinde (θλίψις/πειρασμός) zusammen, die Widerstand erfordert.

35   MUNDLE, a.a.O., 159; vgl. auch GRUNDMANN, a.a.O., 636.

36   Vgl. LOHMEYER, a.a.O., 164.

nicht dominant, so gilt dies auch für das 'Stehen in der Gnade' (Röm 5,1f; Gal 5,1). Hier spielt das Motiv des Kampfes keine Rolle. Denn χάρις meint keinesfalls allgemein den 'Christenstand', wie Lietzmann vermutet(37), sondern die Verbindung mit dem Gedanken des Zutritts deutet darauf, daß dem 'Stehen' hier die kultische Komponente des 'Stehens vor Gott' eignet(38). Es fehlt in Röm 5,1f jeder Hinweis auf ein Kampfesgeschehen. Gemeint ist nicht das Standhalten oder der Widerstand gegen Feinde, sondern das Stehen im "Sanctissimum Gottes"(39). Auch das Stehen in der Nähe Gottes hat seinen Grund offenbar in der πίστις: "Τὴν προσαγωγὴν ἐσχήκαμεν τῇ πίστει εἰς τὴν χάριν ταύτην ". Entsprechend kann man auch aus der Gnade 'herausfallen' (Gal 5,4), wenn man den in der πίστις erlangten Stand zugunsten des Versuchs, durch das Gesetz gerechtfertigt zu werden, und der Übernahme des Knechtschaftsjochs der Beschneidung aufgibt. Das einleitende absolut gebrauchte στήκετε οὖν in Gal 5,1 ist daher sachlich wohl eher auf die Gnade als auf die Freiheit zu beziehen. Jedenfalls ist hier das στήκετε wohl auch nicht als militärischer Befehl zu verstehen(40).

Wir wollen im folgenden den in Röm 5,1f beobachteten Aspekt des 'Stehens vor Gott' und die Bedeutung des Glaubens dabei näher in den Blick nehmen und von daher nach dem Verhältnis von (militärischem) Widerstand gegen Feinde und Stand vor Gott fragen.

5.2. Das Stehen vor Gott: Röm 11,20; II Kor 1,24

Im Unterschied zu I Kor 16,13 sind Röm 11,20 und II Kor 1,24 nicht durch das Kampfmotiv bestimmt. Dementsprechend mahnt Paulus hier nicht, sondern spricht bestätigend vom 'Stehen' bestimmter Gruppen. In Röm 11,20 und II Kor 1,24 ist ἵστημι nicht im militärischen Sinn für 'Widerstand leisten' gebraucht. Im Hintergrund stehen hier vielmehr zwei bei Philo und in Qumran belegte Konzeptionen über den Stand vor Gott.

5.2.1. Röm 11,20

In Röm 11,20 formuliert Paulus zu den Heidenchristen gewandt: "σὺ δὲ τῇ πίστει ἕστηκας". Der Dativ τῇ πίστει ist instrumental zu verstehen[41]. Wie der Unglaube der Juden der Grund dafür ist, daß

---

37 LIETZMANN, HNT 8, 58.

38 Vgl. dazu WOLTER, a.a.O., 506.509; ders. Rechtfertigung, 107ff.

39 WILCKENS, EKK VI/1, 289.

40 So MUSSNER, HThK IX, 343; zum 'Stehen in der Gnade' vgl. auch I Petr 5,12; BERGER, Apostelbrief, 192f, meint daß mit χάρις hier der Briefinhalt gemeint sei, d.h. die Adressaten sollen (στῆτε = imp.aor.) die Mahnungen des Autors beherzigen; ähnlich auch BROX, a.a.O., 246f.

41 Vgl. SCHLIER, HThK VI, 334; WILCKENS, EKK VI/1, 247; GRUNDMANN, a.a.O., 650f.

Gott sie als Zweige ausgebrochen hat, so ist der Stand der Heiden allein in ihrem Glauben begründet. Die Tatsache, daß Gott als Subjekt des Ausbrechens und Einpfropfens der Zweige betont herausgestellt ist (V.21-23), zeigt, daß Paulus hier analog zu Röm 5,1f an ein Stehen vor Gott denkt.

Auch bei Philo bezeichnet 'Stehen' das Ziel des in die Nähe Gottes führenden 'königlichen Weges'[42]. Im Unterschied zu allem Geschaffenen steht allein Gott unerschütterlich fest (Post 23; Gig 49; Conf 30f). So ist die Annäherung an ihn nur im Streben nach στάσις möglich (Cher 19; Post 23; Gig 49). Mit Rückgriff auf Dtn 5,28 und Gen 18,22 weist Philo nach, daß nur das 'Stehen' (στῆναι) und die Unwandelbarkeit der Seele es ermöglichen, der Macht Gottes näher zu treten (Cher 19; Gig 49; Conf 30)[43]. Auch hier ist es Gott, der dem Menschen festen Stand verleiht (Post 28). In Conf 30 ist dieser Gedanke mit dem Glaubensmotiv verknüpft. Die πίστις ist hier als Gegensatz zu dem schwankenden Zweifel Ausdruck des festen Standes, der ein Sein in der Nähe Gottes ermöglicht. Dieser Konzeption scheint die paulinische Sichtweise in Röm 11,20 sehr nahe zu stehen; hier wie dort sind das Stehen vor Gott und der Glaube in enge Beziehung zueinander gesetzt. Während aber für Philo die πίστις als seelische Verfassung Ausdruck des festen Standes und damit mit der στάσις identisch ist, bildet für Paulus der Glaube die Kraft, die sowohl den Zutritt zu Gott (im Akt der Bekehrung) als auch das Bestehen in seiner Nähe ermöglicht. Bildet für Philo die πίστις das Ziel menschlichen Bemühens auf dem königlichen Weg zu Gott, so stellt Paulus das Gnadenhandeln Gottes in den Mittelpunkt. Deswegen ist eine Überheblichkeit der Heidenchristen über die Juden nicht statthaft. Denn es steht Gott anheim, auch die Juden schließlich zum Heil zu führen. Und wie die Heidenchristen jetzt aufgrund ihres Glaubens in der Nähe Gottes stehen, so können sie auch wieder ausgebrochen werden[44]. Das Stehen impliziert die Möglichkeit des Fallens (I Kor 10,12; Röm 14,4; Gal 5,4), und nur wer aus der πίστις seine Kraft bekommt, kann seinen Stand vor Gott bewahren und ist vor dem Fall geschützt.

Wie in I Kor 2,3-5 und Röm 4,19f so steht wohl auch hier die Vorstellung von der Stärkung des Apokalyptikers im Visionsdialog im Hintergrund. Um vor Gott Bestand zu haben, braucht man Kraft, die

---

42 Vgl. hierzu PASCHER, ΟΔΟΣ.

43 Vgl. auch All III 9; hier ist 'stehen' Opposition zu 'fliehen'. Der Gedanke des Stehens vor Gott ist verbunden mit dem Gedanken der Gerechtigkeit: der Gerechte kann vor Gott stehen, der Gottlose flieht.

44 Man kann also keineswegs von einem "beständigen Heilsbesitz" sprechen, wie MICHEL, KEK IV, 351, es tut. Der Stand der Heidenchristen ist kein irreversibler Besitzstand; vgl. WILCKENS, EKK VI/2, 247.

nur Gott selbst verleihen kann. In der πίστις hat Gott eine all
erreichbare Kraftquelle eröffnet, die das Stehen in seiner Nähe ermöglicht. Diese Kraft, die der Glaube darstellt, ist so etwas wie
die Kraft der Gerechtigkeit; denn nur der Gerechte kann vor Gott
stehen (Philo All III 9). Weil in der πίστις Gerechtigkeit vor Gott
erlangbar ist, ist sie auch die Größe, die im Angesicht Gottes bestehen läßt.

5.2.2. II Kor 1,24

In II Kor 1,24 bestätigt Paulus den Korinthern ihren Stand im
Glauben. Von den meisten Kommentatoren wird der Dativ τῇ πίστει
als Dativ der Sphäre gedeutet[45], d.h. im Bereich des Glaubens hat
die Gemeinde einen festen Stand, weswegen Paulus auch nicht bean-
sprucht, Herr über den Glauben der Korinther zu sein[46]. Es scheint
jedoch aufgrund der bisherigen Beobachtungen wahrscheinlicher, daß
πίστις auch hier die Kraft bezeichnet, die zum Stehen notwendig ist.
Wie in Röm 11,20 ist das 'Stehen' nicht näher spezifiziert. Deutlich ist aber, daß nicht der Widerstand gegen Feinde der Gemeinde
im Blick ist, sondern der Heilsstand der Christen in Korinth. Mithin wird auch diese Stelle im Sinne des Stehens vor Gott zu verstehen sein.

Die Selbstbezeichnung des Paulus als συνεργός weist auf seine
Verkündigungstätigkeit in Korinth (vgl. I Kor 3,9). Es läßt sich
von daher vermuten, daß Paulus den Stand der korinthischen Christen
in ihrem Eintritt in die Gemeinde beim Akt der Bekehrung grundgelegt sieht.

In ähnlicher Weise wird auch in den Qumran-Schriften die Möglichkeit des Stehens vor Gott mit dem Eintritt in die essenische Gemeinschaft begründet. Zugrunde liegt auch hier der Gedanke, daß
das 'Stehen' vor Gott ein Geschenk göttlicher Gnade ist, weil der
Mensch aufgrund seiner Sündhaftigkeit von sich aus vor Gott nicht
bestehen kann[47]. Weil nur der Gerechte vor Gott Bestand hat und
nicht fliehen muß, ist nur dem, dessen Sünden beim Eintritt in die
mit der Bundesgemeinde identifizierte Gemeinschaft getilgt werden,
ein Stehen vor Gott möglich (1 QH 18,28f). Auch hier bildet also

---

45 HEINRICI, KEK VI, 86; WINDISCH, KEK VI, 77; BULTMANN, KEK-Sonderband, 49.
46 BULTMANNS Interpretation, die Korinther seien als "selbständige Christen"
   angesprochen (a.a.O., 49) ist zu vage. Der feste Stand, den Paulus der
   Gemeinde bestätigt, bezieht sich nur auf den Bereich des Glaubens.
47 Z.B. 1 QH 2,22.25; vgl. GRUNDMANN, Stehen, 147-166, bes. 151.161.

die 'Kraft der Gerechtigkeit', an der Partizipation durch Gemeinde-
beitritt möglich ist, die unabdingbare Grundlage des Standhaltens
im Angesicht Gottes.

Für Paulus wie für die Qumran-Essener ist Zutritt zu Gott verbunden mit dem faktischen Eintritt in die Gemeinschaft. Durch die
Gnade Gottes ist so die 'Kraft der Gerechtigkeit' erlangbar, die
Bestand in der Nähe Gottes gewährt. Für Paulus steht im Zentrum
dieses Geschehens die πίστις, weil sie als die von Gott eröffnete
Möglichkeit der Partizipation an Gerechtigkeit und Erwählung mit
dem Eintritt in die Gemeinde auch den Zugang zu Gott gewährt und
als solche die Kraft darstellt, die ein Stehen vor Gott ermöglicht.

5.3. Zusammenfassung

Der Glaube ist die Kraftquelle, die der Gemeinde der Bekehrten
Bestand ermöglicht. Dies gilt in zweifacher Hinsicht. Vor Gott kann
nur der Gerechte stehen, der Gottlose muß fliehen (Philo All III 9).
Weil die πίστις der von Gott für alle eröffnete Weg zu Gerechtigkeit ist, ist durch sie im Akt der Bekehrung Zugang zu Gott möglich.
Als solche verleiht die πίστις die 'Kraft der Gerechtigkeit', die
auch ein Stehen im Angesicht Gottes ermöglicht. Traditionsgeschicht-
lich stehen hier im Hintergrund die philonische Konzeption des
königlichen Wegs, die Konzeption einer Stärkung durch den Glauben
sowie die Vorstellung einer Kraftverleihung im Offenbarungsgeschehen.

Ist die Kraft, die das Stehen vor Gott erlaubt, im Akt der Bekehrung, also des Eintritts in die Gemeinde grundgelegt, Bestand
vor Gott also nur im Bereich der Gemeinschaft möglich, so entspricht dies der Konzeption der Qumran-Gemeinde. Paulus und die
Essener stimmen darin überein, daß das Stehen vor Gott ein Geschenk
göttlicher Gnade ist. Insofern ist die πίστις , die Teilhabe an
der Kraft verleiht, bei Paulus auch die Größe, die den Zugang zur
Gnade eröffnet (Röm 5,1f).

Πίστις als die Bestand vor Gott sichernde 'Kraft der Gerechtigkeit' ist zugleich die Kraft, mit der die Gemeinde den Angriffen
der satanischen Mächte widerstehen kann. Paulus bringt dies in der
formgeschichtlich mit I Petr 5 und Eph 6 verwandten, an die eschatologische Wachsamkeitsparänese anknüpfenden Schlußmahnung στήκετε
ἐν τῇ πίστει zum Ausdruck. Auch der Widerstand gegen den Satan ist
nur im Bereich der Gemeinde möglich. Durch die Aufnahme militärischer

Termini sind die Christen als Soldaten gekennzeichnet, die einem
übermächtigen Feind entgegenstehen und deren Aufgabe das Standhalten
ist. Da der Teufel selbst hinter den Widersachern steht, der gegenwärtige Kampf also schon im Rahmen der endzeitlichen Auseinandersetzungen zu sehen ist, in denen andere Waffen als die aus Eisen
geschmiedeten notwendig sind, kann die christliche Gemeinde trotz
ihrer faktischen Schutzlosigkeit standhalten, weil sie in der Kraft
des Glaubens 'steht'.

Ist der Glaube im paulinischen Sinne so in doppelter Hinsicht
eine Bestand verleihende Größe, so ist Bultmann darin zuzustimmen,
daß dem paulinischen Glaubensbegriff auch das Moment der Treue
eignet[48]. Das paulinische Glaubensverständnis steht damit zwar in
der Nähe zu dem des Hebr, unterscheidet sich jedoch auch in charak-
teristischer Weise: Während für den Hebr πίστις selbst 'Standhaftigkeit' bedeutet[49], ist für Paulus der Glaube die Kraft, die festen
Stand ermöglicht. So ist Bultmann zuzustimmen, wenn er schreibt:
"πίστις bedeutet nicht als solche Treue; sie ist vielmehr der Glaube,
dem man treu sein soll"[50]. Jedoch ist das eben nur die halbe Wahrheit. Die für Paulus zentrale Komponente ist darin nicht gesehen:
der Glaube ist nicht nur zu bewahrendes Gut, sondern zu allererst
die Kraft, die den Christen Stand verleiht, Widerstand ermöglicht.
So ist bei Paulus die Dimension der πίστις als Eintritt in die
christliche Gemeinde nie aus dem Blick verloren. Von daher ist auch
dort, wo der Apostel vom Stehen im Herrn, im Geist, im Evangelium,
in der Gnade spricht, der Glaube bzw. das Gläubigwerden als Grundlage dieses Stehens vorausgesetzt[51].

---

48 ThWNT VI, 208.

49 Vgl. GRÄSSER, Glaube, bes. 13-63.

50 ThWNT VI, 208.

51 Sachlich hat GRUNDMANN recht, wenn er das Jesaja-Wort: "Glaubt ihr nicht,
    so habt ihren keinen Stand" (Jes 7,9) im Hintergrund der paulinischen Kon-
    zeption vermutet; vgl. auch EBELING, Jesus, 75.

6. Kapitel

TEILHABE AM UNSICHTBAREN

Der Glaube in der Zeit - Glauben und Hoffen

Wir hatten gesehen, daß der Glaube im paulinischen Verständnis
eine Kraft wirkende, Bestand ermöglichende Größe ist. Weil durch
die πίστις Teilhabe an Gerechtigkeit und Erwählung erlangbar ist,
befähigt sie als 'Kraft der Gerechtigkeit' zum Stehen vor Gott und
damit auch zum Widerstand gegen satanische Mächte. Die Bestimmung
des Glaubens als einer Kraft ist so im Akt der Bekehrung (Rechtfertigung, Zugang zu Gott), also in der Vergangenheit grundgelegt.

Zugleich ist jedoch deutlich geworden, daß sich die Existenz
der christlichen Gemeinde wesentlich von der Zukunft, vom eschatologischen Sieg über die dämonischen Feinde her bestimmt: Die Mahnung zum Stehen ist Bestandteil eschatologischer Paränese (Wachsam-
keitsruf). Von daher soll im folgenden Abschnitt die Frage der Relevanz jener eschatologischen Zukunft für die Gegenwart der Gläubigen
näher untersucht werden. M.a.W. es wird danach gefragt, inwieweit
es die ἐλπίς als die Größe, die die Brücke zwischen Gegenwart und
Zukunft schlägt, vermag, der πίστις durative Qualität zu verleihen.
Wir knüpfen dabei an die Stärkung Abrahams durch den Glauben (Röm 4)
an und fragen nach der Relevanz der ἐλπίς für dieses Geschehen. Insgesamt kommen vor allem Situationen in den Blick, in denen das Durchhalten des Glaubens für die Gemeinde problematisch wird aufgrund
der Unaufweisbarkeit, Unsichtbarkeit dessen, worauf sich die πίστις
stützt.

Es geht uns mithin nicht nur um eine Bestimmung des Begriffsin-
halts der Konstellation 'πίστις - ἐλπίς' bei Paulus, sondern um
die Frage: Welche Bedingungen müssen erfüllt sein, damit die πίστις,
die an sich initial-grundsätzlichen Charakter hat und als solche
die Grundlage des Bestands der Gemeinde bildet, selbst Dauer haben
kann? Ob und inwieweit bedarf es des Hinzutretens der ἐλπίς als
einer eigenständigen Größe, damit der Glaube und durch ihn der
Stand der Gemeinde auf Dauer gesichert ist?

Bultmann unterscheidet zwischen zwei Formen von Hoffnung, der
pagan-griechischen ἐλπίς, deren Kennzeichen der vom Mensch ausgehende Entwurf eines Zukunftbildes sei, und der atl. Hoffnung,
die kein Zukunftsbild entwirft, sondern nur ganz allgemein auf
Gottes Schutz und Hilfe ziele, deswegen aber auch im Unterschied
zur griechischen ἐλπίς stets positiv bestimmt sei. Paulus und

das gesamte frühe Christentum stehen nach Bultmann in der Tradition des atl. Hoffnungsbegriffs(1). Voraussetzung für eine solche Bestimmung der frühchristlichen Hoffnungsvorstellung ist, daß derselbe Begriff ἐλπίς im Griechentum und im jüdisch-christlichen Bereich diametral unterschiedliche Bedeutungsgehalte gehabt hat:
- der Verzicht auf den eigenen Zukunftsentwurf im Vertrauen auf Gott (= Glaube)
- der Selbstentwurf der Zukunft durch den Menschen (= Unglaube).

Es ist nun freilich nicht zu leugnen, daß der semantische Gehalt eines Wortes kontextabhängig ist; genauso unzweifelhaft ist allerdings, daß bestimmte Bedeutungsgehalte auch bei unterschiedlichstem Kontext "mittransportiert" werden. Dies gilt in besonderem Maße, wenn es sich nicht um einzelne Vokabeln, sondern um eine Wortverbindung (πίστις - ἐλπίς) handelt. Versteht man mit Bultmann ἐλπίς ganz allgemein als ein vertrauensvolles Harren auf Gottes Hilfe, dann legt es sich nahe, den Hoffnungsbegriff vollständig vom Glauben her zu entwerfen. Diese Konsequenz zieht Bultmann speziell für die paulinische Theologie(2). Da sich der Glaube auf Inhalte richte, die zukünftig sind, sei ἐλπίς ein Wesenselement der πίστις. Im Zentrum des paulinischen Hoffnungsbegriffs steht somit für Bultmann die existentielle Situation des Hier und Jetzt, das gegenwärtige Offensein für Künftiges. Die Zukunft als eigene Dimension der Zeit wird so ausgeblendet; wichtig ist nur die augenblickliche Befindlichkeit des Menschen, sein gegenwärtiges Selbstverständnis, das, wo es durch den Glauben bestimmt ist, dann eben auch auf den Selbstentwurf von Zukunft verzichtet und dadurch erst wirklich frei für die Zukunft (die in Gottes Sorge steht) wird(3). Demgegenüber ist zu fragen, ob ἐλπίς wirklich nur eine vom Glauben bestimmte Form der (Selbst-) Erkenntnis ist, oder ob nicht vielmehr Hoffnung als eigenständig zum Glauben hinzutretende Größe zu verstehen ist(4) und so nicht allein die punktuelle Situation des gegenwärtigen Augenblicks, sondern darüber hinaus gerade auch die Gegenwart und Zukunft umgreifende, durative Dimension im Blick hat. Ergeben sich von dieser Sicht her Verbindungslinien zwischen pagan-griechischem und jüdisch-christlichem Verständnis des Verhältnisses von πίστις und ἐλπίς, die die von Bultmann behauptete Unterschiedenheit des griechischen und biblischen Hoffnungsbegriffs zu relativieren vermögen? Diesen Fragen soll im folgenden nachgegangen werden. Wir beginnen mit einer Analyse des pagan-griechischen Verständnisses der Verbindung πίστις - ἐλπίς.

---

1 ThWNT II 515ff; m.E. zurecht vermutet NEBE, Hoffnung, 10f, "als direkt oder als unterschwellig leitend" für diese Gegenüberstellung zweier Hoffnungsbegriffe "sowohl eine Antithetik auf dem Boden der dialektischen Theologie mit ihrer Religionskritik, Kulturkritik u.ä. als auch das Gegenüber beim Objektivierungsproblem, wie es besonders über M. Heidegger für Bultmann wichtig geworden ist".

2 Theologie, 315ff.

3 Ähnlich urteilt auch CONZELMANN, Grundriß, 207.

4 Darauf weist auch NEBE hin, der in seiner Studie versucht, die Eigenständigkeit der ἐλπίς in der paulinischen Theologie herauszuarbeiten. Dieser sinnvolle Ansatz führt dann freilich bei ihm dazu, daß die Beziehung der Hoffnung zum Glauben gar nicht mehr ausführlich inhaltlich thematisiert wird. Gegen die Auffassung, daß die Hoffnung bei Paulus nur ein Moment des Glaubens sei, richtet sich bereits ZÖCKLER, notione. Wie BULTMANN subsumiert auch KUSS, Glaube, 201, die Hoffnung unter den Glauben.

6.1. Die Verbindung πίστις - ἐλπίς in der pagan-griechischen Literatur

Nach Plato und Aristoteles entsprechen den drei Zeitebenen Vergangenheit, Gegenwart und Zukunft unterschiedliche Formen der Wahrnehmung: wie die αἴσθησις Gegenwärtiges, die μνήμη Vergangenes, so nimmt die ἐλπίς Künftiges auf[5]. Die ἐλπίς ist die Wahrnehmungsfähigkeit im Hinblick auf die Zukunft, oder besser vielleicht noch: die ἐλπίς ermöglicht die Wirkung von Zukünftigem auf die gegenwärtige menschliche Existenz. Gemeint ist nicht in erster Linie das Ausgerichtet-Sein des Menschen auf Zukunft, sondern eine im Bereich der menschlichen Möglichkeit liegende Fähigkeit, Künftigem bereits in der Gegenwart Raum und Wirkung und damit Wirklichkeit zu geben. Von der ἐλπίς her erscheint die Zukunft nicht als eine eigene, von der Gegenwart abgegrenzte Zeitdimension, sondern vielmehr als das noch ausstehende Offenkundigwerden von grundsätzlich, d.h. zeitlos, also auch gegenwärtig Gültigem.

Die Zukunft wird dadurch nicht im Sinne der exakten Erkenntnis schon gegenwärtig verfügbar, denn wie αἴσθησις und μνήμη so birgt auch die ἐλπίς die Gefahr der Täuschung in sich; wohl aber bestimmt die Zukunft, so wie sie sich durch die ἐλπίς gegenwärtig darstellt, das Urteil und damit auch das Handeln.

ʼΕλπίς ist demnach als eine Art Kraft zu verstehen, die allein eine ganz bestimmte Praxis ermöglicht[6].

Dieses Verständnis ist auch dort grundlegend, wo ἐλπίς und πίστις in Beziehung zueinander gesetzt sind. In der Mehrzahl der einschlägigen Belegstellen ist diese Beziehung so verstanden, daß die πίστις in der ἐλπίς gründet[7]. Dabei ist ἐλπίς als die Kraft gesehen, die eine gegenüber der αἴσθησις veränderte, ihr z. T. sogar widersprechende Sicht der Dinge und von daher auch Vertrauen zu Personen

---

5 Vgl. Plat Phileb 39e; Aristot, De Memoria 1 p 449b 27f.

6 So ist es nach Heraklit allein das Hoffen auf das, was über alle Erwartung hinausgeht, das ein Auffinden des Unzugänglichen ermöglicht (Frg.18, Diels I, 81,61f).

7 Anders dagegen Philostrat, Gymnastik 24. Nebeneinander gebraucht sind ἐλπίς und πίστις bei Marc Aurel, ohne daß eine Stufung oder Abhängigkeit erkennbar wäre (I 14). Hier könnte allenfalls die Reihenfolge εὔελπι - πιστευτικόν auf eine Fundierung der πίστις durch die ἐλπίς deuten. Gleiches gilt auch für Jambl Myst V 26. Auch bei Isokrates sind ἐλπίς und πίστις parallel gebraucht; allerdings hat πίστις hier die Bedeutung 'Garantie', 'Bürgschaft' (V 91). Als Gottheiten begegnen ʼΕλπίς und Πίστις bei Theognis (I 1135-1138). Für die Bestimmung des Verhältnisses ἐλπίς - πίστις gibt diese Stelle nichts her. Allenfalls läßt sich sagen, daß Hoffnung als 'Basistugend' verstanden ist, die auch dort möglich bleibt, wo πίστις nicht mehr gegeben ist.

und Sachen ermöglicht, das nur in der grundsätzlichen Gültigkeit des Künftigen gründet, aus der gegenwärtigen Situation heraus aber nicht ohne weiteres ableitbar ist.

Den deutlichsten Beleg hierfür bietet Dio Cassius; für ihn ist das feste Vertrauen auf Rettung, wo es in direktem Widerspruch zu allem gegenwärtig Erkennbaren steht, allein als Folge der ἐλπίς verständlich:

"τοιοῦτον μὲν δὴ φρόνημα καὶ τοιαύτην ἐλπίδα ἤτοι τὴν ἄλλως ἢ καὶ ἐκ μαντείας τινός εἶχεν ὥστε καὶ παρὰ τὰ φαινόμενα πίστιν τῆς σωτηρίας ἐχέγγυον ποιεῖσθαι"(41,46,4)[8].

Deutlich ist hier die ἐλπίς als das Element verstanden, das die Gültigkeit des Orakelspruchs bereits gegenwärtig zur Wirkung bringt, so daß Vertrauen (πίστις) auf die vorhergesagte Rettung und ein Handeln im Lichte dieses Vertrauens möglich wird.

In ähnlicher Weise ist das Verhältnis ἐλπίς - πίστις auch in Dio Cassius 57,1 bestimmt: Während die Hoffnung (εὔελπι) alle Menschen entschlossener und sicherer macht im Vertrauen (πίστις) darauf, im Kampf zu gewinnen, wirft Hoffnungslosigkeit (δύσελπι) in Mutlosigkeit und Verzweiflung[9] und raubt Zuversicht und Kraft (ῥώμη). Deutlich ist hier vor allem der Charakter der ἐλπίς als einer Kraft wirkenden Größe.

Daß der ἐλπίς Kraft eignet, wird ausdrücklich auch von Thukydides betont; ihr wird ἡ ἰσχὺς ἐν τῷ ἀπόρῳ zugesprochen (II 62,4f). Insofern kann sie auch das Vertrauen auf die eigene Überlegenheit über die Gegner (πιστεύειν τῶν ἐναντίων περιέχειν) motivieren.

In welcher Weise ἐλπίς die gegenwärtige Sicht der Dinge verändert und damit Urteil und Praxis bestimmt, wird in Thuc V 113 deutlich: Die Athener werfen den Meliern vor, daß diese ihr Vertrauen (πιστεύειν) und ihre risikoreiche Handlungsweise auf die τύχη und die ἐλπίς gründen, da sie das Künftige (τὰ μέλλοντα) für sicherer erachten als das Sichtbare (τὰ ὁρώμενα) und das (noch) Unsichtbare schon als gegenwärtiges Geschehen (ὡς γιγνόμενα ἤδη) betrachten[10]. Wie bei Dio Cassius so ermöglicht die ἐλπίς auch hier ein πιστεύειν παρὰ τὰ φαινόμενα, indem sie die Gültigkeit des noch in der Zukunft liegenden Unsichtbaren auch gegen das gegenwärtig Sichtbare verbürgt; d.h. die ἐλπίς ermöglicht πίστις auch dort, wo sie keine Rechtfertigung zu besitzen scheint.

---

8 Die parallele Stellung von φρόνημα und ἐλπίς deutet darauf, daß ἐλπίς weniger emotional als vielmehr rational im Sinne der Erkenntnis- oder Wahrnehmungsfähigkeit zu verstehen ist.

9 Auch bei Plutarch ist ἀπογνῶναι τὴν σωτηρίαν Ausdruck einer nur noch schwachen Hoffnung (ἐλπίς ἀσθενής), die Vertrauen (πιστεύειν) nicht mehr ermöglicht (Tim 241 ·A).

10 Vgl. Thuc V 101-104.

Dieser Aspekt kommt auch bei Diodorus Siculus zur Geltung. In
einer Rede zur Rettung feindlicher Soldaten, die sich ergeben haben
und an denen jetzt Rache genommen werden soll, wird betont, daß
sich in ihrem Handeln das Vertrauen auf die Güte der Besieger
(πιστεύσαντες τῇ εὐγνωμοσύνῃ) spiegele und daß ein solches Vertrauen
in der Hoffnung auf Rettung (ἐπ' ἐλπίδι σωτηρίας) gründe (XIII 21,7).
Die Wirklichkeit ihrer künftigen Rettung erscheint den Soldaten durch
die ἐλπίς derart präsent, daß sie in die Lage versetzt werden, ihren
Feinden zu vertrauen und sich ihnen mit Leib und Leben auszuliefern;
ein nicht unerhebliches Wagnis, wie der Rachewunsch der Sieger zeigt,
auf dessen guten Ausgang zu vertrauen nur die ἐλπὶς σωτηρίας ermöglicht.

Wie Hoffnung in kritischer Lage allererst Vertrauen fundiert,
so erscheint es umgekehrt dort unmöglich Vertrauen zu schenken, wo
die Hoffnung auf Sicherheit fehlt. Nichts ermutigt dann zur πίστις
sondern im Vordergrund stehen Vorkehrungen zum Schutz vor Unheil
und Leid (Thuc III 83,2)[11].

Welches Potential an Vertrauen dagegen die ἐλπίς gerade in einer
Situation bevorstehender großer Gefahr freizusetzen vermag, wird
nochmals bei Dio Cassius deutlich: Die Größe der zu erwartenden Gefahr (προσδοκώμενος κίνδυνος) führt zwar zur Überzeugung (νομίζειν),
daß ein äußerst rauhes Schicksal zu gewärtigen ist, trotzdem ermöglicht die Hoffnung (ἐλπίζειν), mit der eigenen Unbesiegbarkeit
zu rechnen, und erlaubt von daher auch ein Vertrauen (πιστεύειν)
auf Opferhandlungen und deren Wunderwirkung für den Kampf (57,7).
Einen solchen in der ἐλπίς gründenden Wunderglauben allerdings hält
Dio Cassius für gefährlich, ja παρὰ τὸ κρεῖττον gerichtet (ebd.).
Dieser Bewertung liegt die Einschätzung zugrunde, daß durch die
ἐλπίς Zukunft eben weder exakt vorhergesehen noch verfügbar werden
kann, daß die Wahrnehmung von Künftigem durch die ἐλπίς vielmehr
die Gefahr der Täuschung in sich birgt. So widersprechen auch nach
Dio Cassius 44,25,7 τὸ ἀφανὲς τῆς ἐλπίδος und ἐχέγγυος πίστις einander. Die Gefahr einer allein in der ἐλπίς gegründeten πίστις liegt
darin, daß sie zu einer verhängnisvollen Überschätzung der eigenen
Stärke und zu einem Gefühl der Unbesiegbarkeit verleitet, sich aber
in der konkreten Konfliktsituation häufig nicht durchhalten läßt
(Dio C 57,1f).

Die Betonung der Gefährlichkeit der ἐλπίς bzw. der durch sie
bewirkten πίστις findet sich genauso auch schon bei Thukydides:

---

11 Vgl. auch Thuc I 6,95; Herodes Atticus, Pol 8.

ein solches Vertrauen bedeutet ein erhebliches Risiko (παραβεβλημένα)
und führt wahrscheinlich in den Untergang (σφαλήσεσθε) (V 113).[12]
Das Vertrauen, das sich auf von anderen geweckte Hoffnungen stützt,
hat schon mehr als einen Staat zugrunde gerichtet (διὰ τὸ πιστεῦσαι
ἔφθειραν) (I 69,5). Deswegen entspricht es der καταφρόνησις auch
eher, aufgrund der γνώμη, die eine sicherere Voraussicht ermöglicht,
als aufgrund der ἐλπίς darauf zu vertrauen, dem Gegner überlegen
zu sein (πιστεύειν τῶν ἐναντίων περιέχειν) (II 62,4.5)[13].

Die Merkmale der Verbindung πίστις - ἐλπίς in der pagan-griechischen Literatur lassen sich in folgenden fünf Punkten zusammenfassend benennen:

1. Die Verbindung begegnet hauptsächlich in der historiographischen
    Literatur (Thukydides 5.Jh.v.Chr., Diodorus Siculus 1.Jh.v.
    Chr., Dio Cassius 2./3.Jh.n.Chr.). Ihr "Sitz im Leben" ist
    die Beschreibung eines Kampfes, einer kriegerischen Ausein-
    andersetzung.

2. Die Situation, in der die ἐλπίς im Hinblick auf die πίστις
    wichtig und wirksam wird, ist gekennzeichnet durch eine un-
    mittelbar bevorstehende große Gefahr (ein zu erwartender An-
    griff u.ä.) und die davon ausgehende Furcht (vgl. z.B. Dio C
    57,7).

3. In einer solchen Lage ermöglicht ἐλπίς das Vertrauen auf die
    eigene Stärke (Unbesiegbarkeit) bzw. auf die Stärke und Ver-
    läßlichkeit von Verbündeten und verleiht damit Mut und Kraft
    für den Kampf (ῥώμη, ἰσχύς, δύναμις).

4. Ἐλπίς kann dies leisten, weil sie - die Perspektive künftiger
    Rettung (σωτηρία) zur Geltung bringend - eine veränderte Sicht
    der Dinge, ein anderes Urteil ermöglicht. Dort, wo aufgrund
    der gegenwärtig möglichen Analyse nur Verzweiflung Platz
    greifen kann, motiviert ἐλπὶς σωτηρίας die πίστις auch παρὰ
    τὰ φαινόμενα.

5. Im Kommentar der Geschichtsschreiber kommt der ambivalente
    Charakter der ἐλπίς und der auf sie gegründeten πίστις zum
    Ausdruck: ἐλπίς schützt zwar vor Mut- und Kraftlosigkeit, führt
    aber oft zu einer gefährlichen Überschätzung der eigenen Stärke,
    so daß ein auf sie gegründetes Vertrauen (πίστις) sich als
    erhebliches Risiko darstellt. Sowohl die Stärke als auch die
    Gefährlichkeit einer durch ἐλπὶς σωτηρίας bzw. εὔελπι moti-

---

12 Vgl. Thuc V 103.
13 Vgl. Dio C 43,15.

vierten πίστις liegen darin begründet, daß der auf Hoffnung
hin Vertrauende von dem sicheren Eintreffen der in der ἐλπίς
geschauten Zukunft überzeugt ist und die Möglichkeit der Täuschung nicht in Rechnung stellt.

Weil ἐλπίς nicht das gegenwärtig Vorfindliche, sondern das
(jetzt noch) Unsichtbare, Unzugängliche als grundsätzlich - also
auch präsentisch - gültig wahrnimmt, ermöglicht sie das Durchhalten
der πίστις auf Rettung und Sieg auch dort, wo alles gegenwärtige
Erkennen dem widerspricht, und verleiht damit Kraft gegen die aus
Furcht und Hoffnungslosigkeit geborene Verzweiflung und Mutlosigkeit.

6.2. Die Verbindung πίστις - ἐλπίς in der LXX und im früh-
     jüdisch-hellenistischen Schrifttum

Der Sprachgebrauch der LXX zeigt, daß ein eindeutiges und durchgängiges hebräisches Äquivalent für ἐλπίς nicht existiert. Vielmehr stehen ἐλπίς und ἐλπίζειν in der Hauptsache für vier Stämme:
בטח, חסה, קוה, יחל[14]. Interessant ist, daß für בטח und חסה neben
ἐλπίζειν häufig auch πεποιθέναι, für קוה und יחל auch ὑπο (ἀνα-,
περι-) μένειν steht.

'Υπομονή und πεποίθησις können so als semantische Eckdaten des
jüdisch-hellenistischen ἐλπίς-Gebrauchs angesehen werden, die
durch ihre nahe Verwandtschaft je das Verständnis von ἐλπίς prägen,
ohne - wie im Hebräischen - damit schon identisch zu sein.

Auch im AT und im Frühjudentum gilt die Hoffnung als Konstitu-
tivum menschlichen Lebens[15]. Wo sie fehlt, ist gesichertes Leben
nicht mehr möglich, steht der Tod vor Augen[16]. Im Unterschied zum
Griechentum gilt die Hoffnung nicht als trügerisch, weil sie sich
auf Gottes Schutz und Hilfe richtet. Nur die ἐλπίς der Gottlosen
ist leer und unsicher (Weish 3,11; II Makk 7,34). Weil die Hoffnung

---

14 Daneben aber auch für שבר , כסל , מבט u.v.a.; vgl. BULTMANN, ThWNT II,
    518.

15 Hi 11,17f; Hoffnung bedeutet gesicherte Zukunft: Prv 23,18; 24,14; nach
    Philo ist der, der nicht auf Gott hofft, kein eigentlicher Mensch (Det 138f;
    Abr 7-14; Praem 11-14); vgl. zum Ganzen BULTMANN, ThWNT II, 256; FOHRER,
    Glaube, bes. 5-7.

16 Thr 3,18; Ez 37,11; Hi 17,14f; vgl. Hi 7,6. Hoffnung schafft Kraft zum Aus-
    harren: Hi 6,8-11; sie endet erst im Tode: Jes 38,18; PsSal 17,2; vgl. Sir
    14,2. Bei Philo findet sich wie im paganen Griechentum die Korrespondenz der
    ἐλπίς zu μνήμη und αἴσθησις (All II 42f; vgl. Migr 154).

von Gott herkommt (Thr 3,18)[17], kann sie Kraft (Hi 6,8-11) und
Sicherheit (Hi 11,17f) zum Leben verleihen.

6.2.1. Die Mahnrede in Sir 2

So ist die Hoffnung besonders in Situationen der Versuchung, An-
fechtung und Not von Bedeutung. Dieser Aspekt kommt deutlich in
der Mahnrede Sir 2 zum Ausdruck; πιστεύειν und ἐλπίζειν werden hier
innerhalb einer paränetischen Reihe parallel gebraucht.

Die Mahnrede hat einen klar gegliederten Aufbau: Die Einleitung
nennt das generelle Ziel der Paränese: "Wenn du dem Herrn dienen
willst ..." (V.1). Es folgt eine Reihe von Mahnungen (V.1-9), deren
erster Abschnitt (V.1-6) in direkter Anrede (imp.sg.) den Einzelnen
im Blick hat, während der zweite Teil (V.7-9) durch den Wechsel
zum imp.pl. sowie durch die Partizipialwendung οἱ φοβούμενοι τὸν
κύριον die Ebene der Konkretheit z.T. zugunsten einer stärkeren Betonung des allgemein Gültigen verläßt.

Kennzeichnend für die Mahnungen ist es, daß sie Situationen der
Gefährdung, Versuchung oder Not vor Augen haben (πειρασμός V.1;
ἐπαγωγή V.2; ταπείνωσις V.4+5) und dementsprechend zu Bereitschaft,
Geduld, zum Nichtabfallen und Standhalten auffordern. Beide Abschnitte der paränetischen Reihe werden durch die Mahnung zum
πιστεύειν und ἐλπίζειν zusammenfassend abgeschlossen.

Zur Motivation der Paränese dienen zum einen die in die Mahnrede eingestreuten Hinweise auf zu erwartenden Lohn, zum anderen
aber auch die in drei rhetorischen τίς-Fragen (V.10-11) zum Ausdruck kommende Erfahrung vergangener Geschlechter und die daraus
abgeleiteten Wehe-Rufe in den VV.12-14. Drittens schließlich wird
die Paränese durch grundsätzliche Aussagen über Gottes Barmherzigkeit, Güte und Bereitschaft zu Hilfe (V.11+18) motiviert.

Die VV.15-17 fassen das Gesagte indikativisch zusammen; die
Wendung φοβούμενοι κύριον wird wieder aufgenommen, aber nicht mehr
mit der direkten Anrede verbunden (3.pers.pl.). Dieser Abschnitt
dient der generalisierenden Zusammenfassung; dem entspricht auch,

---

17 Gott ist die Hoffnung: Jer 17,7; Ps 70,5 (LXX); PsSal 15,2; vgl. Ps 13,6;
    21,10; 60,4 (LXX). FOHRER, Glaube, 4-7, sieht Glaube und Hoffnung als atl.
    Prinzipien der Weltbewältigung und Weltgestaltung unter den Gesichtspunkten
    der Gottesherrschaft und Gottesgemeinschaft. Das dementsprechend gültige
    Modell sei das der vorexilischen großen Einzelpropheten (im Unterschied
    zur eschatologischen Prophetie und restaurativen Tendenzen), das von der
    Wandlung des Menschen durch Umkehr oder Erlösung ausgehe und zur Umge-
    staltung des ganzen Lebens des Menschen führe (15-21).

daß hier nicht mehr ausschließlich Gefährdungssituationen im Blick sind.

Abgeschlossen wird die Mahnrede schließlich durch einen Aufruf im kommunikativen Plural ("laßt uns in Gottes Hände fallen" V.18). Folgendes wird hier deutlich:

Πιστεύειν und ἐλπίζειν sind die der Versuchungs- bzw. Gefährdungssituation adäquaten Formen des "dem-Herr-Dienens".

Glaube und Hoffnung richten sich auf Gott, bzw. auf die von ihm ausgehende Hilfe.

Die Weherufe (schlaffe Herzen und Hände, mutlose Herzen) zeigen, daß es in den Mahnungen um die Bewahrung von Kraft zum Durchstehen der Gefährdungssituation geht (καρτερήσον, εὔθυνον). Glauben und Hoffen sind demnach Größen, die Kraft zum Durchhalten verleihen und damit in Gefahr, Versuchung u.ä. Schutzfunktion haben. Dies ist besonders für πιστεύειν deutlich (V.13).

Die Imperative πιστευσον/πιστεύσατε und ἔλπισον/ἐλπίσατε machen deutlich, daß es sich hierbei nicht um verliehene Eigenschaften, sondern um dem Menschen zu Gebote stehende Möglichkeiten der Stärkung handelt, welche eingesetzt werden müssen.

Die Stärke einer durch πιστεύειν und ἐλπίζειν gekennzeichneten Position ergibt sich aus der Fähigkeit, Erfahrungen vergangener Geschlechter mit Gottes Hilfe einerseits und die Aussicht auf künftige Rettung andererseits im Kontext der immerwährenden Güte und Hilfe Gottes zu sehen, also als grundsätzlich (nicht nur in der Vergangenheit oder Zukunft) - so eben auch in der akuten Gefährdungssituation - gültig zu erkennen.

Glauben und Hoffen sind demnach besonders dort von Bedeutung, wo das feste Rechnen mit der Gültigkeit des Tun-Ergehen-Zusammenhangs zum Problem wird (Gefahr, Not, Versuchung)[18]. Deswegen fehlen πιστεύειν und ἐλπίζειν auch in den VV.15-18, weil es dort nicht mehr speziell um eine solche Situation geht.

Die Verwendung von πιστεύειν in den VV.10-14 (ἐλπίζειν fehlt hier) zeigt, daß das Schwergewicht auf dem Glauben liegt. Die Mahnung zum Glauben wird dort durch die Mahnung zum Hoffen ergänzt, wo es um den durativen Aspekt des Glaubens, die Bewahrung der mit dem Glauben gewonnenen Position geht.

---

18 Vgl. auch Sir 49,10.

6.2.2. Psalm 77 (LXX)

Daß es bei parallelem Gebrauch von πιστεύειν und ἐλπίζειν um
den durativen Aspekt des Glaubens geht, wird auch in Ps 77 (LXX)
deutlich.

Die Gefährdungssituation, der gegenüber sich der Glaube als be-
ständig erweisen muß, ist hier die Wüstenwanderung Israels. In
einer solchen durch Schutzlosigkeit, Hunger und Durst gekennzeichneten Lage ist das Vertrauen darauf, daß Gottes Hilfe und Fürsorge
denen, die seine Gebote befolgen, gewiß ist, unaufweisbar. Die
Sünde (V.17.32) der Israeliten, die sich in Halsstarrigkeit, Ungehorsam und dem Nichtbeachten der Gebote äußert, hat ihren Grund
darin, daß sie οὐκ ἐπίστευσαν ἐν τῷ θεῷ οὐδὲ ἤλπισαν ἐπὶ τὸ σωτήριον
αὐτοῦ (V.22). Der Glaube an Gott wird dann problematisch und läßt
sich in einer Notsituation nicht mehr durchhalten, wenn die grundsätzliche, immerwährende Gültigkeit der Tatsache, daß Gott der
Retter ist, bezweifelt wird. Das Versagen Israels besteht darin,
daß es die vergangenen Rettungstaten Gottes vergessen hat (V.11).
Die ἐλπίς ist demgegenüber als eine Größe verstanden, die in die
Lage versetzt, Gottes Heilshandeln nicht als vergangen im Sinne
der Abgeschlossenheit gegenüber der Gegenwart, sondern als Zeichen
der immerwährenden Gültigkeit seiner Hilfe zu sehen. Insofern
gründet ἐλπίς in der Verkündigung (ἀπαγγέλλω) der Großtaten Gottes
(V.6f). Weil sie es vermag, vergangene Taten Gottes nicht zu vergessen, d.h. sie als prinzipiell (also auch gegenwärtig und zukünftig) gültig anzuerkennen, verleiht ἐλπίς die Kraft, auch in
Situationen der Gefahr den Glauben an Gott und das von ihm her-
kommende Heil und ein dementsprechendes Handeln durchzuhalten (Halten der Gebote, Gehorsam).

Die Hoffnung ist insofern nicht ein Gefühl vager Erwartung, sondern die Aneignung einer Relation, deren Stabilität in der grundsätzlich gültigen Aufeinanderfolge von Ursache und Wirkung (Gott
ist denen, die seine Weisungen befolgen, ein Retter) besteht.

6.2.3. Philo von Alexandrien

Nach All III 164 ist auch für Philo die Zeit der Wüstenwanderung
ein Beispiel für eine nur durch Glaube und Hoffnung durchzustehende
Phase. Die Verordnung,vom himmlischen Manna immer nur soviel zu
sammeln, daß es für einen Tag reicht, kann nur befolgen, wer in Gott

den treuen Schatzmeister sieht, der auch künftig genügend zuteilen
wird. Wer aber alles auf einmal genießen will, zeigt damit δυσελπιστία,
ἀπιστία und ἄνοια (ebd.).

Das Durchhalten des Glaubens angesichts von Gefährdungen äußert
sich hier im Bestehen der Versuchungssituation (immer nur für einen
Tag sammeln). Grundlage für dieses Durchhalten ist die Gewißheit,
daß Gott nicht nur jetzt (νῦν), sondern immer (ἀεί) den Würdigen
seine Gaben zuteilt, d.h. die Gewißheit der grundsätzlichen Geltung des Tun-Ergehen-Zusammenhangs, die durch Gott als den treuen
Schatzmeister gewährleistet wird.

πίστις und ἐλπίς stehen hier gleichwertig nebeneinander, erscheinen fast als Wechselbegriffe. In der Tat geht es um zwei Seiten
einer Sache: Der Glaube, der mit der immerwährenden Fürsorge Gottes
rechnet und so auch in der Versuchung durchgehalten werden kann,
ist der durch ἐλπίς fundierte Glaube; die Hoffnung, daß Gott auch
künftig helfen wird, setzt den Glauben voraus und verleiht ihm
Beständigkeit.

Der parallele Gebrauch von ἄνοια zeigt, daß es sich bei der
Hoffnung und dem durch sie beständigen (durativen) Glauben nicht
um vage Gefühle, sondern mehr oder weniger um Erkenntnisvorgänge
handelt, um das Wahr-nehmen der generellen, von Gott verbürgten
Gültigkeit der durch die Abfolge von Tat und Ergehen gekennzeichneten
Relation.

Deutlicher noch ist das philonische Verständnis der Verbindung
πίστις - ἐλπίς in Migr 43f beschrieben: Die Tatsache, daß sich
Gottes Verheißung an Abraham auf die Zukunft richtet (".... ein
Land, das ich dir zeigen werde", Gen 12,1) und nicht bereits aus
gegenwärtig Vorfindlichem zu erschließen ist, dient nach Philo zum
Zeugnis für den Glauben Abrahams (Gen 15,6); denn πίστις entsteht
nicht aufgrund vollendeter Tatsachen (ἐκ τῶν ἀποτελεσμάτων), sondern aufgrund der Erwartung des Kommenden (ἐκ προσδοκίας τῶν
μελλόντων). Die ἐλπίς ist dabei als die Kraft verstanden, die es
ermöglicht, als bereits vorhanden anzusehen, was (noch nicht) vorhanden ist (ἤδη παρεῖναι τὰ μὴ παρόντα), und bildet damit die notwendige Voraussetzung der πίστις. Insofern kann Philo sagen, daß
eine Seele, die sich vollständig von der ἐλπίς abhängig macht, die
πίστις als ἀγαθὸν τέλειον erlangt hat. Die ἐλπίς kann in dieser
Weise wirksam sein aufgrund der βεβαιότης Gottes und seiner Verheißung.

Auch hier wird auf eine Situation Bezug genommen, in der die
Gültigkeit von Gottes Zusage unaufweisbar ist. Die ἐλπίς erlaubt

in dieser Situation eine veränderte Sicht der Gegenwart aus der
Perspektive zukünftiger Erfüllung und wird so Grundlage der πίστις.
Das zugrundeliegende Zeitverständnis trennt Gegenwart und Zukunft
nicht streng voneinander. Wie für jüdisches Denken Gottes geschicht-
liches Heilshandeln immer auch gegenwärtig ist (vgl. Ps 77), so
sind auch seine Verheißungen bereits gegenwärtig gültig. Dies ist
begründet in der zeitlich nicht bgrenzten Treue und Festigkeit Gottes,
in der grundsätzlichen Gültigkeit seines Wortes und Handelns. Die
ἐλπίς ist die Größe, die dies für die Gegenwart zur Geltung bringt
und so einen Glauben, der im gegenwärtig Vorfindlichen keinen Anhaltspunkt hat, fundiert[19].

6.2.4. Märtyrertradition

Die Sicht der ἐλπίς als einer Kraft zur Bewahrung des Glaubens
angesichts von Gefahren u.ä. ist auch in der Märtyrertradition von
Bedeutung gewesen. Ein Beispiel hierfür ist das Testament des
Mattatias in I Makk 2,51ff. Die Paränese wird eingeleitet durch die
Mahnung, der Werke der Väter zu gedenken; es folgt eine Reihe historischer Exempla, denen gemeinsam ist, daß es jeweils um das Standhalten in ausweglos erscheinenden Situationen geht. Die Reihe wird
abgeschlossen durch die Mahnung, daraus zu erkennen, daß πάντες οἱ
ἐλπίζοντες ἐπ' αὐτὸν (θεὸν) οὐκ ἀσθενήσουσιν [20]. Diese Folgerung
gilt nicht nur für die Vergangenheit, sondern grundsätzlich, also
auch für die gegenwärtige Generation und vermag so die Bereitschaft
zum Martyrium zu wecken.

Die Erfahrungen der Väter zeigen, daß die, welche aufgrund der
ἐλπίς standhaft bleiben, des Lohnes, bzw. der rettenden Hilfe Gottes
gewiß sein können.

---

19 Insofern kann Philo in Abr 268 die πίστις, das μόνον ἀψευδὲς καὶ βέβαιον
   ἀγαθόν, u.a. auch durch das πλήρωμα χρηστῶν ἐλπίδων , die vollkommene
   Fähigkeit, die eigene Existenz und die eigene Gegenwart im Lichte der von
   Gott verheißenen Zukunft zu sehen, kennzeichnen. Anders ist das Verhältnis
   von πίστις und ἐλπίς in Her 206 bestimmt: πίστις und ἐλπίς gehen
   beide vom λόγος θεοῦ aus, der an der Grenze zwischen Schöpfer und Geschöpfen stehend Gott und den Menschen gegenseitig Bürgschaft ablegt; dem
   Schöpfer dient er πρὸς πίστιν , daß die Schöpfung niemals insgesamt
   rebelliert, den Geschöpfen dient er πρὸς εὐελπιστίαν , daß der barm-
   herzige Gott sein eigenes Werk niemals vergessen wird. Πίστις ist hier
   also als das Vertrauen Gottes in seine Schöpfung verstanden. Die Zeit-
   adverbien μή ... πότε und μήποτε deuten darauf, daß auch hier wieder
   die zeitlose, grundsätzliche Dimension des Verhältnisses Gott-Mensch im
   Blick ist.

20 Die Wendung ἐλπίζω ἐπί + Akk. gibt die Person oder Sache an, auf welche
   die Hoffnung sich gründet; vgl. LXX: Ps 41,6.12; 42,5 u.ö.; NT: I Tim
   5,5; I Petr 1,13; weitere Belege bei BAUER, Wörterbuch.

Auch hier ist wohl vorausgesetzt, daß ἐλπίς in dieser Weise
Kraft wirken kann, weil sie auch die aussichtsloseste Lage im Lichte
der Retterhilfe Gottes zu sehen vermag.

Die Kraft, die ἐλπίς wirkt, äußert sich u.a. im Treusein in der
Versuchung (πιστὸς ἐν πειρασμῷ, Abraham) und im Glauben (πιστεύειν)
der drei Männer im Feuerofen. Dabei kommt es jeweils auf den durativen Charakter dieser Verhaltensweisen an.

So ist die ἐλπίς auch hier die Größe, die, weil sie nicht schwach
werden läßt, die Dauer und den Bestand der πίστις fundiert.

Zur Motivation der Mahnung, auch im Martyrium standhaft zu bleiben, wird auch in IV Makk 16,21f auf die drei Männer im Feuerofen
verwiesen. Hervorgehoben wird hier ihre ὑπομονή. Daß auch hier die
Standhaftigkeit des Glaubens im Blick ist, zeigt V.22: "καὶ ὑμεῖς
οὖν τὴν αὐτὴν πίστιν πρὸς τὸν θεὸν ἔχοντες μὴ χαλεπαίνετε".

Die Mutter, die ihre sieben Söhne mit diesen Worten dazu ermahnt,
"eher zu sterben, als das Gebot Gottes zu übertreten", erweist selbst
den "Adel ihres Glaubens" (τὴν τῆς πίστεως γενναιότητα, 17,2), indem sie sich in den Scheiterhaufen stürzt, wie ihre Söhne also das
Martyrium bereitwillig auf sich nimmt.

Die Entschlossenheit (θαρρέω), derer es dazu bedarf, verleiht die
ἐλπίς τῆς ὑπομονῆς βέβαια πρὸς τὸν θεὸν(17,4). Sie verbürgt, daß die
Rettung der drei Männer aus dem Feuerofen kein einmaliger, vergangener Akt der Hilfe Gottes war, sondern daß diese Hilfe grundsätzlich gilt, daß zu jeder Zeit die, welche um Gottes willen sterben,
Gott leben (16,25; vgl. 7,19), bei Gott in Ehren stehen und eine
feste Stätte im Himmel haben(17,5).

Auch hier ermöglicht die ἐλπίς, das Rettungshandeln Gottes an
den Vorfahren nicht als vergangen im Sinne der Abgeschlossenheit,
bzw. der historischen Einmaligkeit, sondern als Zeichen des immerwährenden Heilswillens Gottes anzusehen, und verleiht so die zum
Durchhalten des Glaubens notwendige Kraft.

Die jüdisch-hellenistische Verbindung von πίστις und ἐλπίς läßt
sich zusammenfassend wie folgt kennzeichnen:

Πίστις und ἐλπίς, bzw. πιστεύειν und ἐλπίζειν werden meist dort
nebeneinander gebraucht, wo es um das Durchhalten in Gefährdungs-
situationen geht. Der 'Sitz im Leben' dieser Verbindung ist die
Mahnung zum Standhalten in Not, Versuchung u.ä. Von daher wird die
Verbindung vor allem in der Märtyrer- und Proselytentradition
(Abraham) bedeutsam.

Zur Motivation der Paränese wird auf das Vorbild der Väter verwiesen. Ihre Standhaftigkeit ist mit Gottes Hilfe belohnt worden

(bzw. ihr Abfall ist bestraft worden: Wüstenwanderung). Daß sie
nicht schwach wurden, lag in ihrer ἐλπίς begründet. So ist auch
gegenwärtig die ἐλπίς die Kraft, die das Durchhalten ermöglicht.

ʼΕλπίς kann solche Kraft zum Durchhalten wirken, weil sie auch
die ausgweloseste Not- oder Versuchungssituation im Licht der immerwährenden Retterfunktion Gottes zu sehen vermag. Sie verleiht damit
die Kraft, die die Aneignung der Abfolge von Tun und Ergehen als
einer grundsätzlich gültigen Relation ermöglicht.

Insofern bildet ἐλπίς die Grundlage der πίστις. Sie ist die
Größe, die, weil sie nicht schwach werden läßt, auch dem Glauben
Dauer und Festigkeit verschafft. Daß Gott denen, die seinen Willen
tun, ein Retter ist, vermag die ἐλπίς nicht nur als vergangenes,
historisch einmaliges Geschehen, sondern als grundsätzlich gültig
w a h r   zu nehmen, und ermöglicht so, die mit dem Glauben gewonnene Position positiver Gottesbeziehung auch dort durchzuhalten,
wo diese im gegenwärtig Vorfindlichen keinen Anhaltspunkt findet.

Im Unterschied zur pagan-griechischen Konzeption gilt die ἐλπίς
als Grundlage der πίστις in ihrer Wirkung nicht als ambivalent. Die
Gültigkeit des in der Hoffnung Wahrgenommenen wird nicht bezweifelt,
weil sie in der Treue Gottes gründet.

6.3. Πίστις und ἐλπίς in den Paulusbriefen

In dem paulinischen "Definitionsansatz"[21] zur Hoffnung in Röm
8,24f kommt zweierlei zum Ausdruck:

Erstens steht 'Hoffnung' im Gegensatz zu 'Sehen', sie richtet
sich auf Unsichtbares[22]. Die für die Hoffnung entscheidende Dimension ist somit nicht eine zeitliche[23], sondern ergibt sich von
der Wahrnehmbarkeit der Objekte des Hoffens her. Zwar ist auch Zukünftiges der sinnlichen Wahrnehmung entzogen und insofern unsichtbar; aber darauf liegt hier nicht der Akzent. Darin gerade
unterscheidet sich die Hoffnung der Christen (8,23-25) von der der
κτίσις (8,19-22), daß ihr nicht allein die zeitliche Struktur (vgl.

---

21 NEBE, a.a.O., 91.

22 Zur Textkritik von V.24b vgl. LIETZMANN, HNT 8, 85f; WILCKENS, EKK VI/2,
    159f. Mit Hinweis auf II Kor 5,7 wird häufig die Parallelität von πίστις
    und ἐλπίς betont, so z.B. bei MUNDLE, Glaubensbegriff, 27. Dies ist
    aber eine rein formale Parallelität, denn die ἐλπίς nimmt im Unterschied
    zur πίστις ja gerade das Unsichtbare wahr.

23 BULTMANN, ThWNT II, 527, reduziert den Gegensatz 'sichtbar - unsichtbar'
    auf die Opposition 'Gegenwärtiges - Zukünftiges'.

V.18) zugrunde liegt[24]. Die Bestimmung der ἐλπίς vom Gegensatzpaar
'Sichtbar - Unsichtbar' her erinnert zum einen an die pagan-griechische Abgrenzung der ἐλπίς gegenüber der αἴσθησις, zum anderen an
die jüdisch-apokalyptische Vorstellung der unsichtbaren, aber im
Himmel vorhandenen Heilsgüter[25]. Es geht mithin nach Paulus bei der
christlichen Hoffnung um die Wahrnehmung einer Wirklichkeit, die
- dem natürlichen Erkenntnisvermögen entzogen - dennoch gegenwärtig
und gültig ist. Was aussteht, ist lediglich ihr Offenbarwerden.

Damit eng zusammen hängt die zweite Beobachtung, die sich von
Röm 8 her machen läßt: Die Hoffnung der Christen unterscheidet sich
von der der Schöpfung dadurch, daß die Christen das 'Angeld des
Geistes' empfangen haben (8,23.26). Die Gabe des Angelds hat den
Charakter einer Bürgschaft dafür, daß der (noch ausstehende) Rest
auch gegeben wird. Christliche Hoffnung lebt mithin von den Gütern,
auf die sie sich richtet und von denen bereits ein Angeld gegeben
ist. Was nicht sichtbar ist, stellt die ἐλπίς vor Augen: nämlich
das endgültige Geschick derer, die bereits jetzt die ἀπαρχή τοῦ
πνεύματος empfangen haben, und ermöglicht so ein Erwarten δι'
ὑπομονῆς (V.25b). Insofern ist die ἐλπίς eine Größe, die (ebenso
wie der Geist, V.26) unserer Schwachheit angesichts der Unsichtbarkeit und Unaufweisbarkeit des zu erwartenden Heils abhilft, also
eine kraftwirkende Größe.

Von dieser grundsätzlichen Bestimmung christlicher Hoffnung her
werden wir die Verbindung πίστις - ἐλπίς im paulinischen Schrifttum in den Blick zu nehmen haben. Hierfür kommen vor allem Röm 4,18;
15,13; Gal 5,5f sowie die triadischen Wendungen in I Kor 13,13;
I Thess 1,3 und 5,8 in Betracht.

6.3.1. Röm 4,18

Wie Philo kennzeichnet auch Paulus den Glauben Abrahams durch
die Verbindung πίστις - ἐλπίς (vgl. Migr 43f). Hier wie dort bildet
die göttliche Verheißung die Grundlage, der gegenüber sich der Glaube des Erzvaters als vorbildhaft erweist. Charakteristisch ist dabei, daß die Verheißung Gottes gegenwärtig völlig unaufweisbar ist.
Der Zusage, daß Abraham Vater vieler Völker sein werde (Röm 4,17/
Gen 17,5), steht das hohe Alter Abrahams und die Unfruchtbarkeit

---

24 Darauf weist auch der Aorist ἐσώθημεν in V.24a; vgl. auch das Gegenüber
    von V.18 (μέλλουσα δόξα) und V.30 (ἐδόξασεν).
25 Vgl. NEBE, a.a.O., 91.

Saras entgegen[26]. Paulus beschreibt deswegen den Glauben, den der
Erzvater bewahrt, als ein παρ' ἐλπίδα ἐπ' ἐλπίδι πιστεύειν (4,18).
Daß Abraham ἐπ' ἐλπίδι glaubte, ist nicht allein Ausdruck dafür,
daß sich sein Glaube auf Zukünftiges richtete. Der Gebrauch der
Wendung ἐπ' ἐλπίδι in Röm 8,2 zeigt vielmehr, daß damit die Fundie-
rung gegenwärtigen Tuns durch den Blick auf Künftiges, gegenwärtig
Unaufweisbares gemeint ist[27].

Demnach ist der Glaube Abrahams nach Paulus (wie auch nach Philo)
in der ἐλπίς grundgelegt. Für Philo ist ἐλπίς die notwendige Voraussetzung des Glaubens, weil sie es ermöglicht, als bereits vorhanden anzusehen, was noch nicht vorhanden ist (ἤδη παρεῖναι τὰ μὴ
παρόντα, Migr 43f); sie kann in dieser Weise aufgrund der βεβαιότης
Gottes wirksam sein (ebd.).

Diese beiden Gedanken finden sich bei Paulus kombiniert in der
Kennzeichnung Gottes als des καλοῦντος τὰ μὴ ὄντα ὡς ὄντα (4,17).
Hier geht es jeweils um die Sicht des (noch) nicht Vorhandenen, deswegen auch Unaufweisbaren, aber in der Stetigkeit, bzw. Schöpfer-
macht Gottes als seiend Verbürgten. Diese Sicht fundiert - durch
die ἐλπίς ermöglicht - den gegenwärtigen Glauben, vor allem aber
seinen durativen Bestand. Dem Glauben entgegen steht in Röm 4 das
κατανοεῖν. Es stehen einander also zwei unterschiedliche Wahrneh-
mungsformen gegenüber:

- das κατανοεῖν, das nur das gegenwärtig bzw. dem menschlichen
  Erwarten Faßbare im Blick hat, und
- die ἐλπίς, die W a h r nehmung des (noch) nicht Sichtbaren, Unaufweisbaren.

Während jenes zum διακρίνεσθαι τῇ ἀπιστίᾳ führt, ermöglicht
dieses das ἐνδυναμοῦσθαι τῇ πίστει.

Mithin ist die ἐλπίς hier - wie auch bei Philo und in der jüdischen Tradition überhaupt - als die Größe verstanden, die dem
Glauben angesichts der Unaufweisbarkeit göttlicher Verheißung Dauer
und bleibende Kraft verleiht.

Die paulinische Charakterisierung des Abrahamglaubens durch die
Wendung ἐπ' ἐλπίδι entspricht demnach weithin dem philonischen Verständnis der πίστις des Erzvaters, wie es sich in Migr 43f zeigt.

---

26 Bei Philo: das gegenwärtig noch nicht sichtbare Land.
27 Vgl. auch Röm 5,2: καυχώμεθα ἐπ' ἐλπίδι τῆς δόξης τοῦ θεοῦ ; Tit
    1,2 sowie Dio S XIII 21,7.

6.3.2. Röm 15,13

In äußerst gedrängter Form sind in dem Gebet in Röm 15,13 Begriffe, die das Heil in seinen verschiedenen Formen beschreiben,
kettenartig aneinandergereiht[28]. Im Zentrum der paulinischen Fürbitte steht die Hoffnung[29]; auf das 'Überfließen' der ἐλπίς zielt
der Gebetswunsch.

Grundgelegt ist dieser überfließende Reichtum in der Gabe von
χαρά und εἰρήνη, den Formen, in welchen der Heilige Geist in der
Gemeinde konkret wird[30]. Paulus hebt hier besonders Freude und
Friede als Wirkungen des Geistes hervor, weil diese beiden Größen
für den Zusammenhalt der Gemeinde von besonderer Bedeutung sind[31].
Nach V.10 verbindet die Freude Heiden und Gottesvolk, und εἰρήνη
betrifft das konfliktträchtige Verhältnis von Juden- und Heidenchristen in der römischen Gemeinde.

Nach Röm 14,17 sind χαρά und εἰρήνη als zur βασιλεία τοῦ θεοῦ
gehörig strikt eschatologische Größen. Wenn sie dennoch bereits
jetzt gegeben werden, dann hat die Hoffnung darin einen Anhalt.
So sind χαρά und εἰρήνη hier mit dem Geist verbunden, weil dieser
auch sonst als 'Angeld' fungiert. Ἐλπίς lebt von den Gütern, auf
die sie sich richtet und von denen bereits jetzt ein Angeld (χαρά +
εἰρήνη) gegeben ist. Insofern geht die Hoffnung über das normale
Maß, das die Hoffnung von der Zukunft hat, hinaus (περισσεύειν).

Sprachlich eigenartig ist die Wendung ἐν τῷ πιστεύειν in den
Gebetswunsch eingeschoben[32] und bekommt damit besonderes Gewicht.
Gemeint ist, daß der Glaube die Grundlage für die gegenwärtige Verleihung der eschatologischen Geistgaben χαρά und εἰρήνη bildet[33]
und so auch die Voraussetzung jener Hoffnung ist, die in ihrem
überfließenden Reichtum Ziel christlicher Existenz ist. Zudem bildet die πίστις das die beiden Gruppen der Juden- und Heidenchristen
einende Element. Πίστις ist hier also - vermittelt durch die Geistwirkungen Freude und Friede - Basis für den Reichtum der Hoffnung.

---

28 Vgl. MICHEL, KEK IV, 450 und Anm. 29.

29 Darauf weist die Prädikation Gottes als θεὸς τῆς ἐλπίδος ; vgl. MICHEL,
    ebd.; SCHLATTER, Gerechtigkeit, 383.

30 Vgl. Gal 5,22: χαρά und εἰρήνη als Früchte des Geistes; ebenso auch
    Röm 14,17.

31 Vgl. MICHEL, a.a.O., 451.

32 DFG bm; Spec lassen die Wendung aus; WILCKENS, EKK VI/3, 109 Anm. 527, ver-
    mutet eine Haplographie.

33 Vgl. MICHEL, a.a.O., 451; SCHLIER, HThK VI, 426; SCHLATTER, Gerechtigkeit,
    383.

Eine demgegenüber unterschiedliche Konzeption liegt im Hebr vor. In Hebr 11,1 werden Glauben, Hoffen und Nicht-Sehen in Bezug zueinander gesetzt. Die entscheidenden Schlüsselworte sind hier ὑπόστασις und ἔλεγχος. Es besteht weitgehend Einigkeit darüber, daß ἔλεγχος nicht entsprechend dem LXX-Gebrauch (Widerrede, Zurechtweisung), sondern wie im paganen Griechentum mit "Beweis, Überführung, Nachweis" zu übersetzen ist(34). Die πίστις hat mithin Beweischarakter im Blick auf die Dinge, die wir nicht sehen (gen.obj.). Ὑπόστασις meint im (jüdisch-) hellenistischen Schrifttum "die dahinter stehende, grundlegende Wirklichkeit"(35), "eine absolut gültige, eine objektive Wirklichkeit, die durch nichts in Frage gestellt ist, sondern dauerhaft besteht"(36). Nach Hebr 11,1 i s t (ἔστιν!) die πίστις eine solche ὑπόστασις und von daher ein ἔλεγχος. Der Glaube wird definiert als "die Wirklichkeitsgrundlage für das, worauf man hofft, der Nachweis von Dingen, die man nicht sehen kann"(37). Während es für Paulus und Philo gerade die ἐλπίς ist, die Abraham die Kraft zum Durchhalten des Glaubens in der Unaufweisbarkeit verleiht, argumentiert der Hebr umgekehrt: die πίστις ist der Wirklichkeitsgrund, der Anhaltspunkt, die Garantie des Unaufweisbaren und so Grundlage des Hoffens (11,8.11). Verglichen mit der paulinischen Konzeption in Röm 15 steht der Glaube im Hebr als Wirklichkeitsgrundlage der Hoffnung funktional an der Stelle, an der bei Paulus der Geist (als Angeld) bzw. die jetzt schon gegebenen eschatologischen Geistgaben χαρά und εἰρήνη stehen(38).

Die Tatsache, daß Hoffnung in Röm 15,13 als quantifizierbare Größe begriffen wird, sowie die Verbindung mit δύναμις zeigen, daß ἐλπίς auch hier als eine Form von Kraftwirkung, als das die christliche Existenz stabilisierende Element verstanden ist.

Die Relation πίστις - ἐλπίς stellt sich allerdings völlig anders dar als in Röm 4. War dort die ἐλπίς Grundlage der in der Unaufweisbarkeit durchzuhaltenden πίστις, so bildet in Röm 15,13 umgekehrt gerade die πίστις die Basis des περισσεύειν ἐν τῇ ἐλπίδι.

Die Frage, wie diese scheinbare Widersprüchlichkeit zu verstehen ist, soll zunächst zugunsten der Analyse der Verbindung von πίστις und ἐλπίς in Gal 5,5f zurückgestellt werden.

---

34 Vgl. BÜCHSEL, ThWNT II, 473f; SCHLATTER, Glaube, 528f; GRÄSSER, Glaube, 51f. 126-128; DAUTZENBERG, Glaube, 170; MICHEL, KEK XIII, 374f.

35 KÖSTER, ThWNT VIII, 581 mit Bezug auf die LXX.

36 DÖRRIE, ZNW 46, 197.

37 BERGER, Bibelkunde, 454.

38 Vgl. auch Hebr 10,19-25: Dort geht es um das Durchhalten eines bestimmten Verhaltens (ἀγάπη / ἔργα καλά), speziell um das Bleiben in der Gemeinde. Dazu bedarf es der Stärke, die durch die πληροφορία πίστεως verliehen wird. Ἐλπίς ist zentrales Kennzeichen des Bleibens in der Gemeinde. Sie gründet auf einem zweifachen Fundament: auf der πίστις dessen, der verheißt (V.23), und auf der πληροφορία πίστεως der Christen (V.22). Die Treue Gottes und der Glaube der Christen ermöglichen ein Festhalten an der ὁμολογία τῆς ἐλπίδος , weil beide die Gültigkeit der (unaufweisbaren) Verheißung garantieren; das Festhalten an dem Bekenntnis der Hoffnung wiederum verleiht die Kraft, bei der Liebe und den guten Werken (und bei der Gemeinde) zu bleiben.

6.3.3. Gal 5,5f

In Gal 5,5 wird ἐλπίς zumeist als Hoffnungsgut verstanden[39]. Das
Verb ἀπεκδέχεσθαι deutet jedoch darauf, daß auch die präsentische
Haltung des Erwartens im Blick ist. Darüber hinaus ist zu erwägen,
ob ἐλπίδα nicht als Akkusativ des inneren Objekts zu ἀπεκδεχόμεθα
zu verstehen ist. Dies liegt auch deshalb nahe, weil ἐλπίς bei Paulus sonst nirgendwo als Hoffnungsgut verstanden wird[40]. Demnach
wäre dann hier zu übersetzen: "einen Anlaß haben, etwas zu erwarten",
"als Konsequenz erwarten", "als Folge betrachten".

Wie in Röm 15 bildet die πίστις - vermittelt durch die Gabe des
Geistes - die Grundlage der ἐλπίς. Entscheidend für das Verständnis der Beziehung zwischen πίστις und ἐλπίς ist in Gal 5,5 die
durch die paulinische Argumentation in Gal 2,15ff vorbereitete Relation von πίστις und δικαιοσύνη. Danach sind Glaube und Gerechtigkeit einander fest zugeordnet, δικαιοσύνη die mit Recht zu erwarten-
de Folge der πίστις. Man kann nahezu von einem 'Rechtsanspruch'
sprechen, auf den Paulus in Gal 5,5 rekurriert.

Dieser 'Rechtsanspruch' ist freilich kein solcher, der sich jeder-
zeit - also auch gegenwärtig - einklagen ließe, wohl kann er bereits
gegenwärtig wahrgenommen werden, nämlich in dem Sich-Einlassen auf
eine Relation, deren Stabilität begründet ist in der grundsätzlichen
- zeitlich nicht festlegbaren - Notwendigkeit der Aufeinanderfolge
von Ursache (πίστις) und Wirkung (δικαιοσύνη).

Eben dies meint ἐλπίς hier: eine Größe, die es erlaubt, die
Gültigkeit des Folgezusammenhangs πίστις- δικαιοσύνη bereits präsentisch zur Geltung zu bringen. Insofern ist ἐλπίς die einzige Möglichkeit, die von Paulus in Gal 2+3 aufgestellte These von der Zurechnung von Gerechtigkeit allein aus Glauben in der Zeit bis zur
endgültigen Einlösung durch Gott als gültig anzuerkennen und dementsprechend zu handeln.

Solches Handeln ist nach Gal 5,6 durch die Liebe qualifiziert.
Die Liebe ist aber als Wirklichkeitsform des Glaubens zugleich ein
zusätzliches Indiz für den Folgezusammenhang, auf den sich ἐλπίς
bezieht.

Von hier aus kann nun auch versucht werden, die scheinbare Widersprüchlichkeit in der paulinischen Verhältnisbestimmung von πίστις

---

39 Vgl. BULTMANN, ThWNT II, 528; OEPKE, ThHK 9, 157; MUSSNER, HThK IX, 350;
    LÜHRMANN, ZBK NT 7, 79ff; NEBE, a.a.O., 22; differenzierter KERTELGE,
    Rechtfertigung, 150, der in der Verbindung von ἀπεκδέχεσθαι und ἐλπίς
    einen Pleonasmus sieht; ähnlich auch schon LIETZMANN, HNT 10, 37 (Ver-
    mischung zweier Wendungen).
40 Auch in Röm 8,23ff dominiert die spes qua speratur; vgl. NEBE, a.a.O., 92.

und ἐλπίς zu klären. Deutlich ist es in Gal 5,5 die πίστις in ihrer
rechtfertigenden Dimension, die die Grundlage der ἐλπίς bildet. D.h.
ἐλπίς setzt insofern die πίστις voraus, als durch die πίστις - im
Sinne des Gläubigwerdens - der Folgezusammenhang, den die ἐλπίς
bereits gegenwärtig zur Wirkung kommen läßt, konstituiert wird. Dabei können die im Glauben grundgelegten Gaben des Geistes (als Angeld), bzw. der Freude und des Friedens (als Wirkungen des Geistes)
als Größen angesehen werden, die ἐλπίς zusätzlich fundieren.

Dagegen bildet die ἐλπίς dort, wo es um den durativen Aspekt des
Glaubens geht, eben deshalb die Basis, weil sie die Form der präsen-
tischen W a h r nehmung einer Relation ist, deren faktische Realisierung noch aussteht, deswegen gegenwärtig nicht aufweisbar ist.

Der standhaltende Glaube gründet in der Erwartung dessen, was
aufgrund der prinzipiellen Gültigkeit des Folgezusammenhangs πίστις-
δικαιοσύνη erwartbar ist.

6.3.4. Die Verbindung πίστις - ἐλπίς in triadischen Wendungen

I Kor 13,13

Seit Reitzenstein hat man sich die paulinische Zusammenstellung
von Glaube, Hoffnung und Liebe in I Kor 13,13 mit dem Hinweis auf
eine Formel zu erklären versucht, die Paulus hier zitiere. Die
Trias sei die Antwort auf eine gnostische Viererformel, die in
Korinth gebräuchlich gewesen sei[41]. Dagegen hat Oda Wischmeyer zurecht eingewandt, daß erstens die Trias in I Kor 13,13 innerhalb
des paulinischen Schrifttums eine Vorstufe in I Thess 1,3(5,8) hat,
die Annahme der polemischen Umformung einer nur zu erschließenden
und erst bei Porphyrios (3. Jh.!) belegten, gnostischen Viererformel
von daher unwahrscheinlich ist, und daß zweitens auch für I Thess
der Rückgriff auf eine festgeprägte Formel nicht anzunehmen ist,
da sich die Trias im strikten Sinne weder in vor- oder außerchristlich jüdischen, noch in paganen Parallelstellen findet[42]. Wahrscheinlicher sei vielmehr, daß Paulus auf die in der jüdischen Gedulds-,
Leidens- und Glaubenstheologie belegte Verbindung πίστις - ἐλπίς -
ὑπομονή zurückgegriffen und diese durch die von ihm zum zentralen
theologischen Begriff erhobene ἀγάπη ergänzt und damit inhaltlich
verändert habe[43].

---

41 REITZENSTEIN, Formel; ders., Historia, 100ff; 242ff; vHARNACK, Ursprung;
    BRIEGER, Trias; Überblick über den Forschungsstand bei CONZELMANN, KEK V,
    270f.
42 Vgl. WISCHMEYER, Weg, 148.
43 WISCHMEYER, a.a.O., 151.

Für sich genommen gibt die berühmte Trias πίστις - ἐλπίς - ἀγάπη in I Kor 13,13 keinen Aufschluß über das paulinische Verständnis der Beziehung πίστις - ἐλπίς. Glaube und Hoffnung erscheinen als einander gleichgeordnete Größen innerhalb einer Wertepyramide, deren Spitze die ἀγάπη bildet. Nominale Reihungen dieser Art haben formgeschichtlich ihren Ursprung in der Personenbeschreibung (Ekphrasis)[44]. Die soziologische Dimension der Kennzeichnung bestimmter Personen(-gruppen) durch Auflistung ihrer typischen Eigenschaften bleibt auch dort erhalten, wo sich solche Reihen zu nicht mehr direkt an Personen gebundenen Katalogen verselbständigen. Man kann von daher vermuten, daß Paulus Glaube, Hoffnung, Liebe nicht allein als abstrakt-theologische Größen, sondern als typische Gruppenmerkmale christlicher Gemeinde, als deren Existenz bestimmende Faktoren zusammenstellt[45]. Näherhin kann V.13 formgeschichtlich als Wertepriamel gekennzeichnet werden[46]. Insgesamt werden Glaube, Hoffnung und Liebe als Höchstwerte unter der Frage: 'was bleibt?', 'was hat Bestand?' gegenüber Prophetie, Zungenrede und Erkenntnis ἐκ μέρους (V.8-12) herausgestellt und haben damit kritische Funktion (vgl. V.1-3). Innerhalb der Trias wird die Liebe nun nicht kritisch dem Glauben und der Hoffnung entgegengestellt, wohl aber innerhalb einer positiven Reihe an deren Spitze gesetzt. Glaube und Hoffnung haben mithin für die gegenwärtige christliche Existenz als Gruppenmerkmale grundsätzlich gleichwertige Bedeutung. Man könnte allenfalls aus der Reihenfolge πίστις - ἐλπίς auf eine für die Hoffnung grundlegende Bedeutung des Glaubens schließen.

Auch nach I Kor 13,7 sind πιστεύειν und ἐλπίζειν gleichgeordnete Modi der ἀγάπη[47]. Die Reihe στέγειν , πιστεύειν, ἐλπίζειν, ὑπομένειν

---

44 Einen Schnittpunkt von Ekphrasis und doppelgliedrigem Katalog markiert Xenophon, Mem II 1,27-97 (Prodikos-Fabel); vgl. auch Philo Sacr 20-33.

45 Von daher legt sich auch ein temporales Verständnis des einleitenden νυνὶ δέ nahe. Glaube, Hoffnung und Liebe kennzeichnen die christliche Gegenwart, weil sie 'bleiben', d.h. im Eschaton nicht vernichtet werden; vgl. WISCHMEYER, a.a.O., 153-155.

46 Vgl. WISCHMEYER, a.a.O., 217.

47 Im Unterschied zu V.13 handelt es sich in den VV.4-7 um eine Ekphrasis der personifiziert gedachten Agape. Nach WISCHMEYER haben die VV.4-7 dagegen ihren Ursprung in der atl. Gattung der Bekenntnisreihe (a.a.O., 210-212; vgl. dazu auch vRAD, Vorgeschichte, 153-168), von der aus sich drei Strukturelemente des Abschnitts erklären lassen: 1. daß nicht definitorisch Aussagen über eine abstrakte Größe gemacht, sondern ihr menschliche Handlungs- und Verhaltensweisen beigelegt werden, 2. daß es sich um eine Kette von Negationen handelt, 3. der summarisch positive Schluß. Die drei genannten Strukturelemente widersprechen jedoch keineswegs einer Qualifizierung des Abschnitts als Ekphrasis (vgl. ad 1. Xenoph Mem II 1,27-97; Philo Sacr 20-33; ad 2. Max Tyr 20,2).

knüpft mit ihren letzten drei Gliedern an die jüdische Märtyrertradition an (IV Makk 16,21 - 17,5). Wie wir sahen, war dort ἐλπίς
als die Größe verstanden worden, die der πίστις auch in auswegloser
Situation Dauer verschafft (ὑπομονή).

Die Verbindung Glaube - Geduld hat darüber hinaus ihren Ort auch
in der jüdischen Proselytentradition (am Beispiel Abrahams: VgJdt
8,22; Jub 17,18; 19,8). Dort geht es um die Bewahrung des neuer-
worbenen Glaubens angesichts von Versuchungssituationen; Paulus
(Röm 4) und Philo (Migr 43f) nehmen dieses Element durch die Verknüpfung πίστις - ἐλπίς in die Interpretation des Abrahamglaubens
auf.

Läßt sich die Dreiergruppe πιστεύειν, ἐλπίζειν, ὑπομένειν so
als Rückgriff auf die jüdische Märtyrer- und Proselytentradition
verstehen, so kann vermutet werden, daß das Verhältnis von πιστεύειν
und ἐλπίζειν innerhalb dieser Reihe analog zu den zugrundeliegenden
Traditionen zu deuten ist: dementsprechend wäre das Hoffen auch hier
die Größe, die, weil sie das endliche Geschick des Gerechten vor
Augen stellt, der πίστις angesichts von θλῖψις oder πειρασμός Dauer
ermöglicht (ὑπομένειν)[48].

Hinzu tritt in I Kor 13,7 στέγειν als erstes Glied der Kette.
Es mag sein, daß dahinter ein Rückbezug auf die Ausführungen über
das Apostolat in I Kor 9,12 zu sehen ist, wie O. Wischmeyer vermutet[49]. Allerdings paßt sich auch ohne diese Annahme στέγειν gut
in den Kontext ein.

Anders als ὑπομένειν meint στέγειν nicht das Ertragen von θλῖψις,
sondern das Aushalten eines Mangels[50]. Insofern läßt sich einerseits
sagen, daß die Viererreihe durch στέγειν und ὑπομένειν steigernd
gerahmt wird. Andererseits kann man vermuten, daß στέγειν - während
ὑπομένειν auf die Märtyrertradition weist - stärker Bezug auf die
Proselytentradition nimmt. Hier ist ja die Bedrohung regelmäßig als
Versuchung durch den Mangel an Aufweisbarkeit der göttlichen Zusage
verstanden. Πίστις und ἐλπίς spielen in beiden Traditionen eine
zentrale Rolle; dem entspricht ihre Mittelpunktstellung in der paulinischen Viererreihe. Durch die Rahmung mit στέγειν und ὑπομένειν

---

48 Nach WISCHMEYER ist πιστεύειν hier profan als 'überzeugt sein, anerkennen'
    zu verstehen (a.a.O., 106). Analog sei das Substantiv πίστις in Gal 5,22
    als Tugend, als allgemeiner Haltungsbegriff (Vertrauen) zu verstehen (ebd.).
    Wir haben dagegen zu zeigen versucht, daß πίστις für Paulus bereits ein
    derart geprägter Begriff war, daß selbst dort, wo ein profaner Gebrauch
    vermutet werden kann (Röm 14,23; Gal 5,22) die spezifisch christlich-theo-
    logische Bedeutung (Glauben) maßgebend ist; vgl. dazu die Kapitel 1 und 7.

49 A.a.O., 105.

50 I Kor 9,12: Mangel an Versorgung durch die Gemeinde; I Thess 3,5: Mangel an
    Wissen über den Stand der Gemeinde; Philo, Flacc 64: Mangel an Nahrung.

werden die Bereiche, in denen das durch die ἐλπίς mögliche Durchhalten der πίστις wichtig wird (Versuchung/Martyrium) angedeutet
und zudem zueinander ins Verhältnis der Steigerung gesetzt. Der
Akzent liegt deutlich auf dem ὑπομένειν als dem letzten Glied der
Reihe.

Im Verhältnis πιστεύειν - ἐλπίζειν bildet, abgesehen von der her-
vorgehobenen Sonderstellung der ἀγάπη, die nach V.13 die höchste
Verwirklichungsform von πίστις ist und als solche πίστις und ἐλπίς
enthält (V.7), die Hoffnung das paränetisch entscheidende Element.
Dies wird in V.7 durch die Schlußstellung des traditionell auf ἐλπίς
bezogenen ὑπομένειν verdeutlicht. Unzweifelhaft liegt aber der
Hauptakzent auf der ἀγάπη als der entscheidenden 'Basistugend';
deswegen nimmt sie in V.13 die Schlußstellung ein.

Ausgehend von der Tatsache, daß nach der antiken Rhetorik das
paränetisch entscheidende Element jeweils am Schluß, die Voraussetzung am Anfang einer Reihe steht, läßt sich die Trias in I Kor
13,13 folgendermaßen verstehen: Der Glaube bildet die Grundvoraussetzung, die Hoffnung deren konkrete Gestalt und die Liebe deren
konkrete (einzige) Verwirklichungsform. Dabei ist das Verhältnis
von Voraussetzung (πίστις) und konkreter Gestalt (ἐλπίς) im Sinne
der jüdischen Proselyten- und Märtyrertradition verstanden (V.7).

I Thess 1,3

In I Thess 1,3 erscheint die 'Trias' in einer anderen Reihenfolge und zudem mit einer zweiten triadischen Reihe verknüpft. Die
Reihe ἔργον, κόπος, ὑπομονή ist nach dem Prinzip der sich steigernden Konkretion aufgebaut und erscheint so auch in Apk 2,2. Nach
O. Wischmeyer handelt es sich hierbei um "eine zufällige parallele
Diktion". Als Argument führt sie u.a. an, daß die Reihe ἔργον -
κόπος - ὑπομονή in I Thess 1,3 keine glatte Trias bilde, weil die
Wendung ὑπομονή τῆς ἐλπίδος eine eigene theologische Tradition
habe (IV Makk 17,4)[51].

Es mag sein, daß die traditionelle Verknüpfung von ἐλπίς und
ὑπομονή im Hintergrund der paulinischen Formulierung gestanden hat;
dies ist dann aber eher in der Weise zu interpretieren, daß dadurch
eine Möglichkeit gegeben war, die beiden triadischen Reihen in I Thess
1,3 zu verknüpfen. Darüber hinaus lassen sich noch andere Binde-
gliedfunktionen aufzeigen, die die spezifische Form und Reihenfolge
der paulinischen Wendung in I Thess 1,3 erklären, wie zu zeigen sein
wird.

---

51 A.a.O., 151f; Zitat 152.

Zunächst aber ist deutlich, daß im Zusammenhang von I Thess 1 die Klimax der Reihe auf dem Schlußglied, d.h. sowohl auf der ὑπομονή als auch auf dem durch ἐλπίς angegebenen durativen Aspekt überhaupt liegt.

Die Verknüpfung der zweiten, nach dem Prinzip der sich steigernden Konkretheit aufgebauten, triadischen Formel (ἔργον - κόπος - ὑπομονή) deutet darauf, daß es Paulus in der Reihe πίστις - ἀγάπη - ἐλπίς um die Konkretisierung des mit der Voraussetzung πίστις begonnenen Christseins geht. Galt nach I Kor 13 die ἀγάπη als die wichtigste Form der gegenwärtigen Realisierung von Christsein (sicherlich nicht ohne Anlaß in der korinthischen Gemeinde), so realisiert sich nach I Thess 1,3 der mit der πίστις begonnene Weg vor allem in der ὑπομονή τῆς ἐλπίδος.

Die Abfolge von Glaube und Liebe ergibt sich hier vom Stichwort Werke her (vgl. Gal 5,6)[52]. Vorgegeben sind mithin erstens die Verbindung πίστις - ὑπομονή - ἐλπίς aus der jüdischen Märtyrertradition und zweitens die Verbindung πίστις - ἔργον - ἀγάπη (Gal 5,6; vgl. Anm. 52). Die triadische Formel ἔργον - κόπος - ὑπομονή bietet die Möglichkeit die beiden traditionell vorgegebenen Verbindungen zu verknüpfen:

Semantisch verknüpft sind die beiden triadischen Reihen dadurch, daß jeweils das erste Glied (ἔργον - κόπος - ὑπομονή) als spezifische Verwirklichungsform des zweiten Glieds (πίστις - ἀγάπη - ἐλπίς) verstanden ist. Da darüber hinaus das Prinzip der sich steigernden Konkretheit für die Gestaltung der gesamten Wendung maßgebend ist, läßt sich sagen, daß Paulus auf die Realisierung der mit πίστις begonnenen Existenz in der ὑπομονή zielt. Es geht mithin um das Durchhalten des Glaubens, der in der Liebe als dem vorzüglichsten Werk wirksam wird. Ein solches Durchhalten ermöglicht ent-

---

52 Bereits im pagan-griechischen Bereich sind πίστις und ἀγάπη verbunden (Plut Amat 23,7: ἀγάπησις ἀλλήλων καὶ πίστις). Diese Verbindung wird in der jüdisch-hellenistischen und der frühchristlichen Literatur so rezipiert, daß Liebe jeweils als Verwirklichung des Glaubens (bzw. der Treue) verstanden wird: vgl. neben Gal 5,6 auch Weish 3,9; I Tim 1,5; IgnEph 14,1. Besonders aufschlußreich sind Kettenreihen, in denen Glaube als das erste, Liebe als das letzte Glied erscheint; ein Spezialfall ist die Vorstellung vom Glauben als der Mutter, aus der eine Generationenfolge von Töchtern geboren wird (II Petr 1,5ff; Herm vis 3,8; sim 9,15; Polykarp 2 Phil 3,3; vgl. auch Makarios Hom 37). Auch die Liebe zu Gott kann als Entfaltung des Glaubens an ihn verstanden werden (Jub 17,18; I Petr 1,5-8). Nahe verwandt sind auch Stellen, die Liebe und Werk zusammenbringen (Gal 5,6; Apk 2,2.4.5; Hebr 6,10; 10,24; Barn 1,6; IgnEph 1,1f).

sprechend der jüdischen Tradition und auch nach Röm 4,18 die ἐλπίς,
weil sie die Größe ist, die dem Gerechten sein Ende vor Augen stel-
lend das Darinstehen in einer Tat-Folge-Beziehung ermöglicht.

I Thess 5,8

In I Thess 5,8 ist die 'Trias' mit dem Bild von der Waffenrüstung
verbunden. Der Kontext ist geprägt von dem eschatologisch begründeten Dualismus 'Tag - Nacht'. Sowohl das Bild von der Waffenrüstung, als auch die 'Trias' haben die gesamte christliche Existenz
im Blick. Es geht mithin in I Thess 5,8 um eine umfassende Bestimmung des Christseins in der Gegenwart, die sich herleitet von der
eschatologisch begründeten Zugehörigkeit der Christen zum 'Tag'.

Das Bild von der Waffenrüstung geht zurück auf den ersten Teil
der in Jes 59,17 beschriebenen Waffenrüstung Gottes[53].

Dieser atl. Vorlage näher als I Thess 5,8 steht Eph 6,14-17;
hier werden neben anderen Rüstungsteilen auch der θώραξ τῆς
δικαιοσύνης und die περικεφαλαία τοῦ σωτηρίου aufgeführt. Paulus
ersetzt dagegen in I Thess 5,8 δικαιοσύνη durch πίστις καὶ ἀγάπη[54]
und erweitert den zweiten Teil durch ἐλπίς. Darin zeigt sich deutlich die Absicht, die drei 'Grundwerte' christlicher Existenz in
das Waffenrüstungsbild einzutragen. Dadurch werden diese 'Grundwerte' aber zugleich auch in einer bestimmten Weise qualifiziert.
In Eph 6 wird deutlich, daß die Waffenrüstung der Christen die
Funktion hat, das Stehen gegenüber den Ränken des Teufels zu ermöglichen (V.11). Insofern kann vermutet werden, daß Paulus Glaube,
Liebe und Hoffnung in I Thess 5,8 mit der Waffenrüstung kombiniert,
um diese 'Grundwerte' als antidämonische Kräfte zu qualifizieren.
Darauf deutet auch die Aufforderung zur Nüchternheit, die nach I Petr
5,8 ebenfalls der Abwehr des Teufels dient.

Die Tatsache, daß ἐλπίς allein einem Rüstungsteil zugeordnet ist,
während πίστις und ἀγάπη gemeinsam dem Brustpanzer beigestellt sind,
und ἐλπίς als einzige der drei Größen ein direktes Objekt erhält
(σωτηρίας), zeigt, daß der Hauptakzent entsprechend der eschatologischen Ausrichtung des Kontextes auf der Hoffnung liegt. Nach
Nebe entspricht die Reihenfolge der Einzelglieder in I Thess 5,8
der zeitlichen Abfolge (Glaube bezieht sich auf das im Kerygma
vermittelte, vergangene Heilsgeschehen, Liebe auf das gegenwärtige Verhältnis zum Nächsten, Hoffnung auf die eschatologische
Zukunft)[55]. Dagegen spricht einerseits, daß nach V.9 die Zugehörig-

53 Vgl. auch Weish 5,18f.
54 Vgl. Gal 5,5f.
55 A.a.O., 101.

keit der Christen zum Heil als ein von Gott bereits vollzogener Akt
(Aorist ἔθετο) verstanden wird, andererseits auch die parallel zu
ἐλπίς σωτηρίας gebrauchte Wendung περιποίησις σωτηρίας (V.9), die
einen Prozeßcharakter der Rettung signalisiert[56] und damit eine
ähnliche Funktion hat wie die Rede vom Angeld des Geistes, bzw. der
gegenwärtigen Gabe eschatologischer Größen (Friede/Freude in Röm
15). Es geht auch hier weniger um ein rein zukünftig gedachtes Heils-
gut, als vielmehr um das, was der Gerechte als solcher erwarten kann.
Von daher wird auch deutlich, inwiefern die ἐλπίς antidämonische
Kraft für die gegenwärtige christliche Existenz besitzt: sie ermöglicht den Stand derer, die dem 'Tag' angehören, weil sie bereits
gegenwärtig das wahrnimmt, was dem Gerechten grundsätzlich zukommt
(σωτηρία) und was schon jetzt ansatzweise gegeben ist (περιποίησις).
Sie gründet insofern auf der πίστις, als diese im Sinne des Gläubigwerdens Voraussetzung für die Zurechnung von Gerechtigkeit ist
(πίστις und ἀγάπη ersetzen hier die δικαιοσύνη der atl. Vorlage!).

Die Tatsache, daß ἐνδυσάμενοι κτλ als Erläuterung von νήφωμεν
imperativisch zu verstehen ist, zeigt, daß die Kraft der ἐλπίς sich
erst durch ihre Realisierung stabilisiert, daß 'Hoffnung' keine
visionär-ekstatischen Züge trägt, sondern eher als Grundlage der
Ethik zu verstehen ist und von daher eminente Bedeutung für die
gegenwärtige christliche Existenz hat.

6.4. Zusammenfassung

Ein Ziel dieses Abschnitts war es, Bultmanns Unterscheidung
zwischen einem pagan-griechischen und einem biblischen Hoffnungsbegriff kritisch zu befragen. Im Gegenüber zu der von Bultmann vorgenommenen Trennung ergab unsere Untersuchung, daß sich - sofern
es um die Verbindung πίστις - ἐλπίς geht - sehr wohl Verbindungslinien zwischen pagan-griechischem und jüdisch-christlichem Verständnis aufzeigen lassen:

Grundlegend ist in beiden Literaturbereichen die Sicht der ἐλπίς
als einer Größe, die (im Unterschied zur αἴσθησις) noch Unsichtbares bereits gegenwärtig als real wahrzunehmen vermag. Insofern
ist ἐλπίς nicht allein zukünftig ausgerichtet, sondern verklammert
Zukunft und Gegenwart, indem sie das jetzt noch nicht Sichtbare
schon gegenwärtig zur Wirkung bringt.

---

56 Das konzidiert auch NEBE, a.a.O., 103.

Im Hinblick auf die πίστις wird die ἐλπίς von daher vor allem in Situationen wichtig, in denen der Glaube (bzw. das Vertrauen) keine aufweisbare Grundlage besitzt, also in konkreter Bedrohung oder Gefährdung (pagan-griechisch: bevorstehender Kampf; jüdisch-christlich: Martyrium/Versuchung).

In einer solchen Lage ermöglicht ἐλπίς das Durchhalten der πίστις. 'Ελπίς ist eine Kraft wirkende Größe, die es erlaubt, die durch πίστις gekennzeichnete Position auch in Gefährdungssituationen aufrecht zu erhalten. Sie vermag dies, weil sie die (noch) nicht aufweisbare Grundlage der πίστις bereits gegenwärtig als gültig   w a h r zu- nehmen in der Lage ist. Sie verleiht die Kraft, auch παρὰ τὰ φαι- νόμενα zu glauben (bzw. Vertrauen zu schenken).

Ein grundsätzlicher Unterschied zwischen dem pagan-griechischen und dem jüdisch-christlichen Verständnis besteht darin, daß im Grie- chentum die Wirkung der ἐλπίς, weil sie die Gefahr der Täuschung in sich birgt, als ambivalent eingeschätzt wird (sie schützt vor Mut- und Kraftlosigkeit, führt aber auch zur Überschätzung der eigenen Kräfte), während in der jüdisch-christlichen Literatur die Gültig- keit des mit der ἐλπίς Wahrgenommenen nicht bezweifelt wird, da sie als Form der Adaptation eines Tat-Folge-Zusammenhangs verstanden wird, dessen Stabilität Gott garantiert.

Eine zweite Frage, auf die dieser Abschnitt zu antworten ver- suchte, war, ob sich innerhalb der paulinischen Theologie ἐλπίς unter die πίστις subsummieren läßt, wie Bultmann u.a. vorschlagen, oder ob Hoffnung nicht vielmehr als eine gegenüber dem Glauben eigen- ständige Größe zu verstehen ist. Hier ergab die Untersuchung fol- gendes:

Auch Paulus versteht ἐλπίς als eine Kraft wirkende Größe; durch sie bekommt die bei ihm sonst initial-grundsätzlich verstandene πίστις durative Qualität (Röm 4). Damit steht Paulus in einer Linie mit dem pagan-griechischen und besonders mit dem jüdisch-hellenis- tischen (Abraham-Interpretation Philos) Verständnis der Verbindung πίστις - ἐλπίς.

Wie das hellenistische Judentum versteht auch Paulus ἐλπίς als Form der Aneignung einer Tat-Folge-Beziehung. Darin unterscheidet sich ἐλπίς grundsätzlich von der πίστις, die als Adaptation einer personalen Beziehung (Gott - Mensch) verstanden wird.

Ein Unterschied gegenüber dem jüdischen Literaturbereich ergibt sich für die paulinische Position dadurch, daß sich ἐλπίς immer auf die Abfolge von (initialer) πίστις und δικαιοσύνη bezieht, die

πίστις (im Sinne des Gläubigwerdens) insofern grundsätzlich die
Voraussetzung der Hoffnung bildet.

Dies kommt besonders darin zum Ausdruck, daß die aufgrund des
Zutritts zum Glauben schon jetzt verliehenen Geistgaben (Freude/
Friede) die Hoffnung in überreichem Maße fundieren (anders im Hebr;
dort ist es der Glaube selbst).

Über den kirchengeschichtlich-soziologischen Ort der Verbindung
πίστις - ἐλπίς lassen sich nur Vermutungen anstellen. Einen Ansatzpunkt bildet die im Hintergrund stehende jüdische Märtyrer- und
Proselytentradition. War dort der 'Sitz im Leben' dieser Verbindung
die Mahnung zum geduldigen Durchhalten angesichts von konkreter
Lebensgefahr bzw. Versuchung, so läßt sich ähnliches auch für die
frühchristlichen Gemeinden erwägen.

Die Verbindung deutet mithin auf die der Missionierung folgende
Phase der Konsolidierung bzw. Identitätsbewahrung christlicher
Gemeinden. Die grundsätzliche Unaufweisbarkeit dessen, worauf sich
der Glaube im Akt der Bekehrung stützt, wird in dieser Phase zum
Problem. Die gesellschaftliche Sonderstellung frühchristlicher Ge-
meinden, die von ihrer spezifischen Sozialstruktur sowie von der
innergemeindlich praktizierten neuen Ethik herrührt, führt mit der
Zeit zu wachsendem sozialen Druck bzw. konkreter Bedrohung, ange-
sichts derer sich ein Glaube, der im gegenwärtig Vorfindlichen keine
Grundlage besitzt, nur schwer durchhalten läßt.

In dieser Situation ermöglicht die ἐλπίς die   W a h r nehmung
der grundsätzlichen Gültigkeit des in der Bekehrung grundgelegten
Folgezusammenhangs und verleiht so die Kraft, die πίστις auch παρὰ
τὰ φαινόμενα durchzuhalten. Die christliche Gemeinde vermag es so,
ihre Existenz von der noch verborgenen, aber bereits gegenwärtig
gültigen eschatologischen Zukunft her zu begreifen. Das Unsichtbare,
nicht das Sichtbare ist das, was gilt.

7. Kapitel

GLAUBE ALS TEILHABE AN EINEM LEBEN AUSSERHALB
DER SÜNDENMACHT

Im vorigen Kapitel haben wir anhand der Verbindung πίστις - ἐλπίς nach der Kraft gefragt, die dem Glauben Bestand gibt. Im folgenden soll nun weiter untersucht werden, in welcher Weise aus paulinischer Sicht das Leben im Glauben zu kennzeichnen ist. Welche Bedeutung hat die Sünde im Leben der aus Glauben Gerechtfertigten, und welche Funktion hat hier der Glaube? Den Ausgangspunkt der folgenden Überlegungen bildet die sentenzenhafte Aussage des Apostels in Röm 14,23b:

"Alles aber, was nicht aus Glauben (geschieht), ist Sünde."

In einem ersten Abschnitt soll durch eine kurze Übersicht über den Kontext dieser Aussage deren Funktion innerhalb des Argumentationsganges des Paulus geklärt werden. Sodann soll nach den möglichen traditionsgeschichtlichen Voraussetzungen gefragt werden, und zwar sowohl im Hinblick auf das atl. und frühjüdische Verständnis des Verhältnisses von Glaube und Sünde, als auch im Blick auf etwaige Verbindungslinien zur Ethik der Stoa. Drittens sollen dann die paulinischen Aussagen in Röm 14 gegen sachlich ähnlich gelagerte Abschnitte in der ntl. Briefliteratur abgesetzt werden (I Kor 8-10; Tit 1,10-16). Viertens wird die paulinische Rede von Stärke und Schwäche, vom Maß und vom Wachsen der Pistis näher in den Blick genommen werden. Zuletzt soll nach der ekklesiologischen Dimension der paulinischen Konzeption gefragt werden.

7.1. Röm 14,1-15,13

Es gibt Formen, die für das Gemeinschaftsleben von Menschen konstitutiv sind. Dazu gehört das gemeinsame Essen. Die Verweigerung der Tischgemeinschaft ist - zumal in ntl. Zeit - eine der schärfsten Formen der Distanzierung.

Das problematische Verhältnis von Vegetarien und Fleischessern, mit dem sich Paulus in Röm 14,1ff beschäftigt, ist also keineswegs eine Bagatelle. Welch große Bedeutung der Apostel dieser Frage beimißt, zeigt sich nicht nur an der ausführlichen Form der Erörterung,

sondern vor allem auch daran, daß Paulus von Anfang an die Streitigkeiten als Glaubensproblem auffaßt und von daher argumentiert. Beiden Gruppen[1] wird zugestanden, daß sie das, was sie tun, vor dem
Hintergrund ihres Glaubens tun (14,1)[2].

Zwei Gesichtspunkte sind für die Argumentation leitend: Erstens
steht es keinem Christen zu, seinen Bruder zu verurteilen. Sowenig
ein Hausklave über einen anderen zu Gericht sitzt, sowenig darf
sich ein Christ ein Urteil über seinen Bruder erlauben. Beide stehen
oder fallen allein ihrem Herrn; der aber hat sie angenommen (V.3;
vgl. V.15), und so werden sie stehen (V.4). Zudem hat sich im Endgericht jeder allein für sein eigenes Tun zu verantworten (V.12).
Deswegen soll jeder "in seinem eigenen Sinne völlig überzeugt sein"
(πληροφορείσθω V.5), denn wer gegen seine Überzeugung handelt, ist
bereits verurteilt (V.23a); wer dagegen sich selbst nicht verurteilen muß, in dem, was er sich zu tun entscheidet, ist glücklich zu
preisen (V.22). Diese Mahnung richtet sich in erster Linie an die
'Schwachen', die entweder ihr enthaltsames Leben zum Glaubensdogma
erheben und von dort aus alle anderen verurteilen, oder aber gegen
ihre eigene Überzeugung handeln, indem sie sich den laxen Essens-
gewohnheiten der 'Starken' anpassen und so im Streit mit sich selbst
leben[3]. Beidesmal widersprechen sie damit dem Herr-Sein Christi
(V.9):Entweder maßen sie sich ein Urteil an, obwohl er allein Richter
ist, oder aber sie können das, was sie tun, nicht für den Herrn tun,
weil sie es selbst für Sünde halten (V.8.14.20).

Den 'Starken' gegenüber gilt in gleicher Weise, daß sie aus
fester Überzeugung heraus und damit 'für den Herrn' handeln sollen.
Aber hier kommt noch ein Zweites hinzu: Führt ihr Handeln dazu, daß
ein 'Schwacher' Anstoß nimmt und verleitet wird, gegen sein Dafürhalten zu handeln, dann sollen sie nicht ihrer eigenen Überzeugung,
sondern dem Nächsten zu Gefallen leben (15,2), denn sonst vernichten
sie den, für den Christus gestorben ist (14,15) und zerstören das
Werk Gottes (14,20), anstatt der οἰκοδομή zu dienen (14,19; 15,2).

Für die 'Starken' ist also ein Sittlichgutes (καλόν), was den
'Schwachen' gerade ein Übel (κακόν) wäre: ein Handeln, das sich
nicht an der eigenen Überzeugung, sondern am Anderen orientiert.
Und umgekehrt kann das, was den 'Schwachen' ein Sittlichgutes ist,

---

1 Der von Paulus verwendete Singular ist generisch zu verstehen; s.Röm 15,1;
   so auch WILCKENS, EKK VI/3,81, Anm. 417; MICHEL, KEK IV, 422, Anm. 6.

2 WILCKENS, a.a.O., 81, und MICHEL, a.a.O., 442, vermuten, daß τὸν ἀσθε-
   νοῦντα τῇ πίστει die Bezeichnung der 'Schwachen' durch die 'Starken' in
   Rom wiedergibt. Selbst wenn dem so ist, ist der Stellenwert, den Paulus der
   πίστις beimißt, demgegenüber neu.

3 DAUTZENBERG, EWNT I, 734.

die Tat aus fester Überzeugung, für die 'Starken' ein Übel sein,
wenn dadurch nämlich 'Schwache' verleitet werden, gegen ihr Dafürhalten zu handeln.

   Dies alles faßt Paulus in V. 23b zusammen mit der These 'Alles,
was nicht aus Glauben geschieht, ist Sünde'. Wie ist dieser Satz
von dem besprochenen Kontext her zu verstehen? Zunächst fällt auf,
daß Paulus das Handeln eng an die dahinterstehende Überzeugung bindet.
Jede Tat ist für ihn das Resultat einer gedanklichen Ausrichtung
(φρονεῶ V.6), einer bestimmten Entscheidung (δοκιμάζω V.22), eines
Wissens (οἶδα V.14) oder Überzeugtseins (πληροφορέομαι V.5; πέ-
πεισμαι V.14). Für die ethische Beurteilung einer Tat ist nicht in
erster Linie wichtig, was einer tut, sondern ob er aus voller Überzeugung, in Übereinstimmung mit seinem gedanklichen Urteil handelt.
Die Maxime des Handelns tritt also nicht von außen an den Menschen
heran, sondern ist in seiner subjektiven Sicht der Wirklichkeit begründet. In unserem konkreten Fall heißt das: Wer etwas für unrein
hält, dem ist es auch unrein (V.14) und er handelt, wenn er sein Tun
nicht an dieser Überzeugung ausrichtet, subjektiv und damit auch
objektiv schlecht (V.20). Einen objektiven ethischen Wert einer Tat
gibt es nicht an sich, vielmehr ergibt er sich erst von der han-
delnden Person und der sie tragenden Überzeugung her.

   Von daher ließe sich V.23b so verstehen, daß der Apostel alles,
was nicht aus Überzeugung[4], aus klarer innerer Gewißheit[5] getan
wird, als Sünde bezeichnet. Diese Interpretation ist aber in mehrfacher Hinsicht problematisch. Zum einen muß man fragen, warum Paulus, wenn es ihm nur um die Übereinstimmung von Überzeugung und Tat
ging, mit πίστις einen Begriff wählte, der sonst bei ihm durchweg
religiösen Charakter im Sinne von 'Glauben' trägt. Zum anderen fällt
auf, daß Paulus nur hier von 'Sünde' spricht, während er vorher profane Moralbegriffe wie κακόν (V.20), καλόν (V.21) und ἀγαθόν (V.16)
verwendet. Sünde aber betrifft das Verhältnis des Menschen zu Gott,
nicht seine psychologische Verfaßtheit. Schließlich ist ein Verständnis von πίστις = Überzeugung in V.23b nur dann möglich, wenn
sich der Satz ausschließlich an die 'Schwachen' richtet. Das legt
sich zwar von V.23a her nahe[6], jedoch deuten sowohl das einleitende
πᾶν als auch die sentenzartige Form auf die Allgemeingültigkeit des
Satzes[7]. Hat V.23b aber auch für die 'Starken' Gültigkeit, dann kann

---

4 Vgl. LIETZMANN, HNT 8, 118; VIELHAUER, Oikodome, 100; MERK, Handeln, 170.

5 So ALTHAUS, NTD 6, 122.

6 Vgl. WILCKENS, a.a.O., 97, Anm. 478.

7 Nach MICHEL, KEK IV, 439, Anm. 39 ist V.23b der äußeren Form nach ein Lehr-
   spruch.

πίστις unmöglich mit 'Überzeugung' wiedergegeben werden, denn ihnen
rät Paulus ja gerade, im Zweifelsfall ihre Überzeugung nicht zum
Prinzip ihres Handelns zu machen. Die Forderung nach Übereinstimmung
von gedanklichem Urteil und faktischem Tun ist nur dann als ethisches
Postulat des Apostels richtig verstanden, wenn die Liebe als das
entscheidende Korrektiv dieser Maxime (V.15) nicht unterschlagen wird.

Die Treue zur eigenen Überzeugung allein kann also mit der generellen Formulierung in V.23b nicht gemeint sein. Man wird deshalb
πίστις hier mit 'Glauben' übersetzen müssen. Das Verständnis von
V.23b hängt darüber hinaus davon ab, ob die negative Formulierung
implizit eine positive Regel enthält[8]. A.E.S. Nababan hält den Satz
für nicht umkehrbar und sieht ἁμαρτία nicht als Subjekt, sondern als
nähere Bestimmung[9]. Man könnte also aus der paulinischen Aussage
nicht folgern, daß eine Handlung, die aus Glauben geschieht, keine
Sünde ist, weil der Bereich der Sünde durch die πίστις nicht vollständig abgesteckt ist. Eine solche Deutung ist aber vom Kontext
her nur dann vertretbar, wenn πίστις als 'Überzeugung' verstanden
wird, denn dann läßt sich in der Tat sagen, daß es auch ein Handeln
ἐκ πίστεως gibt, daß Sünde ist. Πίστις beinhaltet aber, wie wir
sahen, mehr. Der Appell, aus Glauben zu handeln, um keine Sünde zu
tun, der sich als positive Regel folgern läßt, ist nur dann sinnvoll, wenn damit ein Handeln gemäß des Christseins gemeint ist. Das
beinhaltet ein Zweifaches: Zum einen ein Leben für den Herrn, das
nur möglich ist, wenn man das nicht tut, was man selbst für Sünde
hält; zum anderen ein Leben gemäß der Liebe, das nur möglich ist,
wenn man den anderen weder verurteilt noch zu Handlungen nötigt,
die ihm sündig erscheinen, und ihn so daran hindert, dem Herrn zu
leben. Daß es auch bei einem Handeln gemäß des Christseins Unterschiede gibt (Schwache/Starke) und welche Beziehung zur paulinischen
Rede vom 'Maß des Glaubens' in Röm 12,3 bestehen, wird noch zu er-
örtern sein. Zunächst bleibt festzuhalten, daß Paulus Glaube und
Sünde hier in der Weise gegeneinander abgrenzt, daß es für Christen
nur ein Kriterium für Sünde gibt. Wer sich selbst und nicht dem
Herrn lebt oder der Liebe zum Bruder zuwiderhandelt, handelt nicht
ἐκ πίστεως , begibt sich damit seines Christseins und sündigt deshalb, d.h. er entfernt sich von Gott.

Man darf sich durch den Rigorismus dieser Position nicht schrecken
lassen. Zwar ist es richtig, daß Paulus hier nicht speziell das Verhältnis zu den Nichtchristen im Blick hat[10], dennoch berechtigt V.23b

---

8   So SCHWEITZER, Glaube, 138.
9   Bekenntnis, 103, Anm. 239; 107, Anm. 249.
10 Vgl. NABABAN, a.a.O., 107, Anm. 249; MICHEL, KEK IV, 439, Anm. 39.

zu der Aussage, daß auch der edelste und sittlich hochstehenste
Heide sündigt, eben weil er als Ungläubiger nicht ἐκ πίστεως handelt[11]. Der Exklusivität der πίστις in der Soteriologie entspricht
ihre Exklusivität in der Ethik. Die sich daraus ergebenden ekklesiologischen Konsequenzen werden noch zu besprechen sein. Zunächst soll
aber untersucht werden, in welchem Umfang Paulus hier auf atl.,früh-
jüdische und pagan-griechische Traditionen zurückgreift.

7.2. Traditionsgeschichtliche Voraussetzungen

7.2.1. Altes Testament und Frühjudentum

Das Phänomen der Sünde ist im AT nur selten Thema theoretischer
Reflexion; im Zentrum des Interesses steht die Faktizität der Sünde,
wie sie sich je und je in verschiedenen Situationen zeigt[12].

In welcher Weise 'Glaube' und 'Sünde' in Beziehung zueinander gesetzt werden konnten, läßt sich exemplarisch an Ps 78(77) und Weish
12 zeigen.

Ps 78(77)

In Ps 78(77) (13) heißt es, daß die Israeliten trotz der Wunder,
die Gott in Ägypten und während der Wüstenwanderung getan hatte,
an ihm sündigten (V.17: חטא / LXX: ἁμαρτάνειν). Ihre Sünde äußert sich in der zweifelnden Frage, ob Gott in der Lage sei,
seinem Volk in der Wüste den Tisch zu decken (V.19f). Damit wird
dokumentiert, daß sie "an Gott nicht glaubten" (V.22: לא האמינו /
LXX: οὐκ ἐπίστευσαν ἐν τῷ θεῷ) und nicht auf seine Hilfe hofften.
Auch als der Zorn und die Strafe Gottes die Israeliten getroffen
hatte (V.31), sündigten sie wieder (V.32: חטאו / LXX: ἥμαρτον ἔτι).
Wiederum besteht ihre Sünde darin, daß sie an Gottes Wunder nicht
glaubten (V.32b: לא האמינו / LXX: οὐκ ἐπίστευσαν ἐν τοῖς θαυμα-
σίοις αὐτοῦ), ihn zwar mit ihren Worten betörten (V.34-36), aber
doch mit ihrem Herzen nicht fest zu ihm hielten und seinem Bund
untreu waren (V.37: לא נאמנו /LXX: οὐδὲ ἐπιστώθησαν ἐν τῇ διαθήκη
αὐτοῦ). Sünde ist hier verstanden als Unglaube gegenüber Gott und
seiner Geschichtsmächtigkeit. Dieser Unglaube drückt sich in
direktem Zweifel und in unwahrhaftiger Heuchelei aus.

Für unseren Zusammenhang ist wichtig, daß die Sünde hier in enger
Verbindung mit dem Bundesgedanken (V.10; V.37) einerseits und als
Gegensatz zum Glauben an Gott und seine Wundertaten andererseits
(V.7.8c.22.32) gesehen ist. Der Glaube an Gott ist die Vorausset-
zung für die Treue zu dem Bund, sein Fehlen bedeutet eo ipso Sün-
de.

---

11 Insofern kann sich Augustin auf Paulus berufen, wenn er meint, im Handeln
    der Heiden fehle der entscheidende Glaube (Aug.c.Jul IV 32).

12 Vgl. vRAD, Theologie I, 167-169.276ff; VRIEZEN, RGG VI, 480f; QUELL,
    ThWNT I, 278.

13 Vgl. auch Ps 106(105), 6.12.24.39.

Weish 12

Auch in Weish 12,2 steht die Sünde in direkter Opposition zum
Gottesglauben. Der Kontext handelt vom Erbarmen Gottes über die
Sünder, das in seiner Liebe zu seinen Geschöpfen gründet (11,24.
26). Das Ziel der göttlichen Schonung ist die Umkehr (11,23),
die Loslösung vom Bösen (12,2c), deren Ausdruck es ist, nicht
mehr zu sündigen, sondern an Gott zu glauben. Auch hier scheint
der Unglaube als die entscheidende Voraussetzung der sündigen
Tat gesehen zu sein. Nur deswegen kann der Glaube als Buße des
Sünders gelten, weil in der Konsequenz des Gottesglaubens keine
Handlung liegt, die Sünde ist. Wenn die göttliche Erinnerung
an begangene Sünden zum Glauben an Gott führt, dann bedeutet das,
daß es eben der Glaube ist, der dem Sünder bisher gefehlt hat,
und daß dieser Mangel für sein Sündigsein verantwortlich war.
In Weish 12,2 spiegelt sich demnach ein ähnliches Sündenverständ-
nis wie in Ps 78(77): Hier wie dort ist der Glaube an Gott die
Voraussetzung für ein sündloses Handeln. Im Unterschied zu Ps
78(77) steht in Weish 12,2 jedoch nicht der Bundesgedanke, sondern die Betonung des Schöpfer-Seins Gottes und seiner Liebe zur
Schöpfung im Hintergrund. Glaube an Gott bedeutet hier also nicht
ein Verhalten im Sinne der Bundestreue, sondern die Anerkenntnis
Gottes als Schöpfer und Weltenherrscher (vgl. 11,21f). Ps 78(77)
und Weish 12,2 bilden eine zu schmale Textbasis, um Rückschlüsse
auf das atl. Verständnis der Beziehung zwischen Glaube und Sünde
ziehen zu können. Die beiden Stellen geben jedoch einen Hinweis
darauf, wie von verschiedenen Ausgangspunkten aus das Verhältnis
von Glaube und Sünde bestimmt werden konnte.

So sehr im Frühjudentum das Gesetz als Maßstab in den Vordergrund
rückt(14), die Entscheidung darüber, ob ein Mensch sündigt oder
nicht, fällt schon vor den Einzelhandlungen und liegt in seiner
grundsätzlichen Einstellung begründet. Diese Konzeption drückt
sich in den Qumran-Texten dadurch aus, daß es der von Gott verliehene Geist ist, der ein Halten der Gebote und damit ein sündloses Handeln ermöglicht(15). Dem entspricht in den TextXII die
Lauterkeit und Geradheit als Voraussetzung einer rechten Sicht
der Gottesgebote und damit der Möglichkeit, sie zu beachten(16).

---

14 Das Gesetz als Maßstab ermöglicht es, den Einzelnen bei seinem sündhaften
    Tun zu behaften, so daß an die Stelle der kollektiven Schuldverfallenheit
    mehr und mehr das sündige Individuum rückt, eine Tendenz, die bereits in
    Ez 18,2ff angelegt ist; vgl. syrBar 54,15; vgl. BRAUN, Radikalismus I, 2.

15 Eine Konsequenz der Orientierung des Sündenbegriffs am Gesetz liegt in der
    Qualifizierung aller Heiden als Sünder. In verschärfter Form findet sich
    diese Vorstellung in Qumran. Dort gilt jeder Mensch, auch ein Jude, außer-
    halb der Gemeinschaft als Sünder; vgl. BRAUN, a.a.O., 133-135. Nur dem in
    die Gemeinschaft Eintretenden ist es durch Sündenvergebung und Geistver-
    leihung möglich, den Geboten Gottes gemäß zu leben (vgl. 1 QS III 6-12).

16 Die Notwendigkeit einer guten Gesinnung wird z.B. in TestBen V 1-3 betont;
    vgl. TestGad V 3. Vgl. auch die häufige Ermahnung zur ἁπλότης (TestRub
    IV 1; TestLev XIII 1; TestSim IV 5; TestIss IV 1.6; V 1). Der Herzenseinfalt
    (ἁπλότης) als der Gesinnung, der die gute Tat entspringt, steht die
    innere Zerrissenheit, die Zwiespältigkeit (διπλοῦν) gegenüber (TestBen
    VI 5-7; vgl. TestAss VI 1f und äthHen 91,3f). Zwar bilden auch in den Test
    XII die Gebote den Maßstab für Sünde, sie sind jedoch nur ein formales
    Kriterium. Das materiale Prinzip der Ethik ist die im Hintergrund stehende
    Gesinnung. Denn sie allein sieht die Gebote Gottes im rechten Licht (TestIss
    IV 6). Vgl. auch die Vorstellung vom "bösen Trieb" (z.B. Qid 306; Sir 21,11);
    siehe dazu BOUSSET-GRESSMANN, Religion, 403f.

Philo

Von dem Gedanken, daß alle guten Handlungen ihre Wurzel in einer
einheitlichen Gesinnung haben, geht auch Philo aus. Ihm gilt der
Glaube an Gott als die alleinige Voraussetzung guten Handelns.
Im Zusammenhang seiner Interpretation von Gen 15,6 stellt er dies,
ausgehend von dem stoischen Gedanken, daß es nur ein einziges Gut
gibt, und unter Verwendung pagan-griechischer Moralbegriffe, am
Beispiel Abrahams dar (Abr 268). Dem Gottesglauben gegenüber steht
bei Philo das Vertrauen auf die körperlichen und äußerlichen Dinge,
das ein schlüpfriger und schwankender Grund ist und den Menschen
straucheln läßt. Der dagegen, der den Weg des Glaubens geht, kann
gar nicht straucheln (Abr 269). Der Gottesglaube und das Sich-
Verlassen auf die Objektwelt schließen bei Philo einander in
gleicher Weise aus wie die einheitlich gute Gesinnung und die
Zwiespältigkeit bei den TestXII. Das Vertrauen auf geschöpfliche
Dinge bedeutet Unglauben gegenüber Gott, wie umgekehrt der Glaube
an Gott ein Sich-Verlassen auf alles Geschaffene ausschließt(17).
Glaube und Unglaube sind streng voneinander geschieden und allein
in der Konsequenz des Glaubens an Gott liegt die 'Fülle des Guten'
und das 'Fehlen alles Bösen'. Zwar bezeichnet Philo nicht explizit
jedes Handeln, das nicht aus Glauben an Gott geschieht, als Sünde - der Begriff ἀμαρτία kommt in Abr 268f nicht vor -, der Sache
nach entspricht die zitierte Stelle jedoch einer solchen Aussage.
Zumindest ist die πίστις πρὸς θεόν aber exklusiv als Voraussetzung fehlerlosen Handelns und damit als einziger Garant der Eudämonie herausgestellt.

syrBar

In direkter Opposition zur Sünde erscheint der Glaube in syrBar
54,15f.21. Dort wird einem deterministischen Verständnis der
Glaubensaussage, daß Adam durch seine Sünde über alle den vorzeitigen Tod gebracht hat (vgl. IV Esr 7,118), gewehrt, indem
betont wird, daß "von denen, die aus ihm geboren sind, ein jeder
auch sich selbst (sc. durch seine Sünde) zukünftige Strafe be-
reitet (hat). Und also wählte ein jeglicher auch für sich selbst
die künftige Herrlichkeit. Denn wahrlich, wer da glaubt, wird
Lohn empfangen" (54,15f). Über das endzeitliche Ergehen der Menschen entscheidet nicht die Sünde des Urvaters, sondern die Taten
eines jeden Einzelnen: "... einst am Ende der Welt wird man Vergeltung fordern für das, was frevelnd sie nach ihrer Ungerechtigkeit getan haben. Verherrlichen wirst du indes die Treuen
ihrer Treue gemäß" (54,21; vgl. 42,2). Das der Sünde Adams entsprechende frevelhafte Tun und der als Treue interpretierte Glaube
bilden den für das endzeitliche Ergehen entscheidenden Gegensatz.
Gedacht ist wohl auch hier an die dem Gottesglauben entspringen-
den Handlungen. Für den Autor der Apokalypse drückt sich der
Glaube an Gott in einem Leben nach dem Gesetz Gottes aus (59,2),
entsprechend der zentralen Stellung des Gesetzes im Frühjudentum.
So läßt sich einerseits sagen, daß der Gläubige eben deshalb zukünftigen Lohn empfangen wird, weil in der Konsequenz seines
Glaubens das gesetzmäßige Handeln liegt. Andererseits wird wiederum deutlich, daß das Gesetz nur ein formales Kriterium ist;
ob ein Mensch sündigt oder nicht, hängt ausschließlich davon ab,
ob der Glaube an Gott die Basis seines Handelns ist(18).

---

17 Vgl. All II 89; III 228f; Sacr 70; Her 92f; Abr 262f; Praem 28.

18 In ähnlicher Weise bilden Glaube und Sünde auch in IV Esr 6,5 ein Gegensatz-
    paar; vgl. auch IV Esr 6,27f.

Wie im AT gilt auch im Frühjudentum jede Tat als Folge einer bestimmten geistigen Disposition. Insofern kann nur der sündfrei handeln, der den von Gott geschenkten Geist (Qumran), Herzenseinfalt
und Lauterkeit (TestXII) oder den Glauben an Gott (Philo, syrBar)
besitzt. Das Fehlen einer solch einheitlich guten Gesinnung führt
notwendig zur Sünde, die sich im Unterschied zum AT nicht nur allgemein als Untreue gegenüber dem Bund, sondern konkret als Übertretung der Einzelgebote des Gesetzes äußert. Das Gesetz ist somit
der formale Leitfaden sündfreien Handelns. Sinnvoll ist dieser Leitfaden jedoch nur für den, der eine gute Gesinnung besitzt, denn
nur er sieht die Gesetze Gottes unverfälscht und kann danach handeln.

Für unsere Zusammenfassung bleibt festzuhalten, daß sowohl im
AT als auch im Frühjudentum neben dem formalen Kriterium des Gesetzes der Glaube an Gott als materiales Prinzip der Ethik gelten
kann. Der Glaube wird dann verstanden als die alleinige Voraussetzung sündfreien Handelns, wobei Voraussetzung nicht im Sinne von
Vorstufe zu verstehen ist, sondern so, daß im Glauben an Gott schon
die entsprechenden Taten 'enthalten' sind (Philo), so daß 'glauben'
den direkten Gegensatz zu 'sündigen' bilden kann.

7.2.2. Die Stoa

Das werdende Christentum hatte sich mit einer paganen Umwelt auseinanderzusetzen, deren Weltbild und Moral entscheidend geprägt
waren durch die Gedanken der Stoiker[19]. Gegenseitige Beeinflussungen
und Überschneidungen sind vom historischen Prozeß her wahrscheinlich. Daß diese Annahme auch speziell für Paulus nicht unbegründet
ist, zeigen auffällige inhaltliche Ähnlichkeiten (vgl. z.B. Röm
2,12f; I Kor 7,29-31).

Entsprechend den historischen Konstellationen und den inhaltlichen Konvergenzen sind die Beziehungen des Apostels zur Stoa schon
mehrfach untersucht worden[20]. Die Ergebnisse der Untersuchungen
stimmen darin überein, daß von einem wirklichen Einfluß der Stoa
auf Paulus nicht die Rede sein kann, daß trotz gewisser Ähnlichkeiten fundamentale Unterschiede bestehen. Obwohl in der Tat erhebliche Differenzen den Apostel von den stoischen Systemen trennen,
ist es doch möglich, daß sich ein modifiziertes Bild ergibt, wenn

---

19 Vgl. DIHLE, RAC VI, 671; vgl. 666.
20 BONHÖFFER, Epiktet; POHLENZ, Paulus; SCHRAGE, Stellung.

man zur Darstellung der paulinischen Theologie nicht allein die
Person des Autors und deren Intention, sondern auch die Wirkungsgeschichte der paulinischen Gedanken, d.h. deren Sicht mit den Augen der Rezipienten (speziell der pagan-griechischen) als konstitutiv ansieht. Wir wollen durch eine kurze Darstellung der stoischen
Ethik zunächst den Boden beschreiben, auf den der paulinische Gedanke aus Röm 14,23 möglicherweise gefallen ist, um dann zu untersuchen, in welcher Weise er dort fruchtbar werden konnte.

Κατόρθωμα und ἁμάρτημα

Das Ziel der stoischen Ethik besteht in der Eudämonie, die dann
erreicht ist, wenn der Mensch sein Handeln in steten Einklang mit
dem Logos als dem ἡγεμονικόν der Seele bringt. Zenon hat dieses
Ziel mit der Formel 'ὁμολογουμένως ζῆν' (Stob II 75,11)[21] beschrieben. Die geforderte Homologie besteht in der Einheit von Denken,
Streben und Handeln. Da das einzige Gut in dem ὁμολογουμένως ζῆν
liegt, gibt es für die Stoa kein sittlich irrelevantes Handeln. Jede
Tat ist entweder eine vollkommene Handlung (κατόρθωμα)[22]oder eine
Sünde (ἁμάρτημα)[23]. Dieses strikte Prinzip gilt auch für die sogenannten 'mittleren Handlungen', die καθήκοντα[24], denen man ver-
nünftigerweise nachkommen muß. Ein καθῆκον wird je nachdem, wer
der Täter ist, entweder eine vollkommene Tat oder eine Sünde sein[25].
Es kommt allein auf den Geist an, in dem eine Tat vollbracht wird.

Dem, der in Einklang mit dem Orthos Logos lebt, ist jede Handlung, mag sie auch noch so unbedeutend sein, ein κατόρθωμα , während
der ohne Einsicht Handelnde eigentlich nur sündigen kann (SVF III
520)[26]. Wenn zwei dasselbe tun, hat es noch lange nicht den gleichen
moralischen Wert. Es gibt für die Stoa keine außerhalb des Menschen
und seiner Natur liegende, absolut gültige sittliche Norm[27].

Der Grund jeder fehlerhaften Tat liegt in einem Nichtwissen begründet. Wer um seine naturgemäße Bestimmung nicht weiß, kann nicht
im Einklang mit dem Logos als dem leitenden Prinzip seines Wesens
leben (Diog L VII 93.110; Epict I 11,14). Er gerät in einen inneren Widerspruch zwischen dem faktischen Begehren und Tun und dem

---

21 Vgl. die Modifikationen dieser Telosformel bei Kleanthes (Stob II 75) und
   Chrysipp (Diog L VII 88; Stob II 75).
22 Vgl. hierzu SVF III 11.500-543; bes. 507.508.511.517.518.531.
23 Vgl. Epict I 28,20.
24 Zu den καθήκοντα vgl. SVF III 491-499. Nach SVF I 230 (= III 493) geht
   dieser Terminus auf Zenon zurück.
25 Vgl. BONHÖFFER, Ethik, 211f; POHLENZ, Stoa, 130.
26 Vgl. auch Epict IV 4,41.
27 Vgl. POHLENZ, a.a.O., 116; BONHÖFFER, a.a.O., 204.

grundsätzlichen Wunsch nach Glückseligkeit, dem durch die aktuelle
Tat unbewußt zuwidergehandelt wird[28].

Auch wenn die Unwissenden objektiv im Widerspruch zu ihrer Bestimmung leben, so handeln sie doch ihrer - wenn auch falschen -
Überzeugung gemäß und sind damit nach Epiktet den Wissenden überlegen,
die zwar die richtigen Anschauungen haben, aber nicht danach han-
deln und sich so wissentlich in Widerspruch zu ihrem Wesen setzen
(III 16,7f; vgl. IV 6,36ff). Rechte Erkenntnis, die sich nicht im
Handeln niederschlägt, ist wertlos[29]. Der schroffe Intellektualis-
mus der stoischen Ethik wird bei Kleanthes durch die Einführung des
Begriffs der 'seelischen Stärke' (ἰσχύς /κράτος) abgemildert. Die
Tugend ist ihm die Spannkraft (τόνος) der Seele, die ihr die Stärke
verleiht, gemäß der gewonnenen Erkenntnis zu handeln (Frg. 563).
Das Begriffspaar 'stark - schwach' dient den Stoikern auch zur sittlichen Würdigung des Prokopton, des 'Fortgeschrittenen', der im
strikten Sinne noch Sünder, weil noch nicht vollkommen im Einklang
mit seiner Natur handelnd, ist. Ihm billigt Epiktet zu, daß seine
Moralität materiell eigentlich ganz vollkommen ist; es fehlt ihm
nur noch an der absoluten Festigkeit und Stetigkeit (II 8,24).

Für Bonhöffer erscheinen stoische und christliche Ethik von daher "vollständig kongenial"[30]. Beide gehen von dem Gedanken aus,
daß "das Leben des Menschen nicht als Summe von einzelnen guten
und schlechten Handlungen, sondern als eine innere Einheit aufzu-
fassen ist, die von einem einheitlichen Prinzip ... beherrscht ist"[31].
Und wie das Christentum den fundamentalen Unterschied zwischen Bekehrten, die zwar nicht gerecht sind, aber den Titel des Gerechten erhalten, und Unbekehrten betont, so hebt auch die Stoa den 'Fortgeschrittenen', der den Titel des Weisen noch nicht verdient, gegenüber dem Ungebildeten hervor.

Die von Bonhöffer betonte Kongenialität stoischer und christlicher Ethik betrifft zunächst nur die formale Struktur der ethischen
Aussagen. In dieser Hinsicht sieht auch Pohlenz Verbindungslinien
zwischen der paulinischen Aussage in Röm 14,23 und der Stoa: "Bei
Paulus herrscht der Glaube, bei Zenon die sittliche Erkenntnis.
Aber beide haben das gleiche Ziel: sie wollen mit schärfster Ein-
dringlichkeit den Menschen auf das Eine was not tut hinweisen, auf
den einen Geist, der über das ganze Leben entscheidet"[32]. Stimmen

---

28 Vgl. Stob II 75.106; Epict II 26,1; daneben auch Stob II 26,5; III 23,24.
29 Vgl. BONHÖFFER, a.a.O., 210.
30 A.a.O., 212.
31 Ebd.
32 Stoa I, 129.

stoische und christliche Ethik demnach in ihrem Grundprinzip überein, so ist es nach Pohlenz doch gerade der Begriff des Glaubens,
und zwar in seiner inhaltlichen Füllung als Glaube an den Aufer-
standenen, der den paulinischen Gedanken grundsätzlich von der
griechischen Philosophie und speziell von der stoischen Ethik
trennt[33]. In der Tat können rein formale Konvergenzen zwischen Stoa
und Christentum allenfalls von phänomenologischem Interesse sein.
Etwas anderes ist es, wenn sich zeigen läßt, daß der Begriff πίστις,
der für Pohlenz das Kernstück der Unterschiedenheit stoischer und
paulinischer Gedanken ist, bereits in der stoischen Ethik eine entscheidende Funktion hat. Ein solcher Nachweis ist - zumindest für
die Schriften Epiktets - in der Tat möglich.

Die πίστις in der Ethik Epiktets :

Die Telosformel 'ὁμολογουμένως ζῆν' meint ein Leben in Einklang
mit der menschlichen Natur, dem Wesen des Menschen. Was macht das
Wesen des Menschen aus? Nach Epict II 4,1f ist der Mensch zur Treue
geboren (ὁ ἄνθρωπος πρὸς πίστιν γέγονεν); wer der Treue zuwider
handelt, handelt gegen seine wesensmäßige Bestimmung (τὸ ἴδιον τοῦ
ἀνθρώπου), denn zur Treue sind wir von Natur aus bestimmt (τὸ πιστόν,
πρὸς ὃ πεφύκαμεν). In dieselbe Richtung deutet auch Epict IV 5,13f:
Der Mensch ist nicht deswegen unglücklich, weil er keine Löwen er-
würgen kann (denn dazu hat ihm die Natur keine Fähigkeit gegeben),
sondern er ist dann unglücklich, wenn er seine edele Gesinnung (τὸ
εὔγνωμον) und seine Treue (τὸ πιστόν) verliert. Zur Treue ist der
Mensch demnach von Natur aus angelegt[34]. Dementsprechend macht der
Fortschritte, der mit der Natur völlig übereinstimmt und das heißt:
erhaben, frei, keinem Widerstand und Hindernis unterworfen, treu
(πιστός) und bescheiden ist (I 4,18). Sich auf das zu konzentrieren,
was einem eigen ist, ist Epiktets Antwort auf die Frage nach ethischen
Maximen, und dieses Eigene ist eben τὸ πιστόν und τὸ αἰδῆμον(I 25,4)[35].
Entsprechend gilt auch umgekehrt:
    "οὐκ ἔστι πιστὸν τὸ τοῦ φαύλου ἡγεμονικόν" (II 22,25)[36].

---

33 Paulus, 81.

34 Vgl. Epict Diss IV 1,125f.133; II 8,23.

35 Vgl. Epict Diss II 22,27-29: Da das ἀγαθόν nur in der προαίρεσις
    liegt, nicht aber in äußeren Dingen, sind die, die ihren Nutzen in solch
    äußeren Dingen sehen, nicht als treu (πιστός) zu bezeichnen. Nach Diss
    III 14,13 sind αἰδώς , πίστις und δικαιοσύνη Kriterien dafür, wer
    unter den Menschen der bessere und wer der schlechtere ist, denn die drei
    genannten Größen sind Merkmale der natürlichen Bestimmung des Menschen;
    vgl. auch Diss IV 3,7.

36 Vgl. Stob II 102,23.

In Epict II 14,13 wird der Gedanke, daß die Treue zur wesens-
mäßigen Bestimmung des Menschen gehört, metaphysisch fundiert und
bekommt dadurch einen religiösen Aspekt. Da es dem Menschen unmöglich ist, sein Tun, Begehren und Denken vor Gott zu verbergen, muß
er, um ihm wohlgefällig zu sein und ihm zu gehorchen, erkennen, wer
Gott ist und sein Reden und Tun danach ausrichten: "Ist die Gottheit treu (πιστόν), so muß auch er (sc. Mensch) treu (πιστός) sein".
Hier ist das Prinzip des naturgemäßen Lebens als 'imitatio dei'
interpretiert. Ist ansonsten die Treue bei Epiktet ein vorzüglicher
Wesenszug des Menschen und insofern ethische Maxime, so ist sie
hier die an erster Stelle (!) genannte Eigenschaft Gottes und damit
für den Sittlichguten Objekt der Nachahmung.

7.3. Die paulinische Position im Lichte der jüdischen und
     pagan-griechischen Voraussetzungen

Auffällig ist zunächst eine gewisse Konvergenz der formalen Struk-
tur ethischer Aussagen bei Paulus, im Judentum und in der Stoa:
In seinem Handeln ist der Mensch wesentlich bestimmt von seiner
Gesinnung, deren Voraussetzung wiederum ein bestimmtes Wissen bzw.
Nichtwissen ist.
Unterschiede zeigen sich freilich sowohl im Blick auf den Er-
kenntnisweg, als auch im Blick auf den Inhalt des ethisch relevanten
Wissens.
Die stoische Ethik zielt auf ein Handeln im Einklang mit der
naturgemäßen Bestimmung des Menschen. Voraussetzung ist hier also
menschliche Selbsterkenntnis, die jedem aufgrund seiner natürlichen
Anlagen möglich ist. Ist nach Epiktet die Treue (πίστις) ein Grundzug menschlichen Wesens, so kann eine Handlung, die der πίστις
zuwiderläuft, dem stoisch-ethischen Grundsatz entsprechend nur als
ἀμάρτημα gelten. Demnach konnte der paulinische Satz aus Röm 14,23
von einem mit stoischem Gedankengut vertrauten Rezipienten als eine
spezielle Anwendung der stoischen Ethik auf das Phänomen der Treue
verstanden werden.

  Auch die paulinische Unterscheidung von 'Starken' und 'Schwachen'
  im Glauben läuft einem solchen Verständnis nicht unbedingt zuwider, denn die Stoiker konnten ja auf eben dieses Begriffspaar
  'stark - schwach' zurückgreifen, um den Prokopton gegenüber dem
  Phaulos aufzuwerten. Für den im Hintergrund der pln Paränese
  stehenden Hinweis auf die richterliche Funktion Gottes bzw.
  Christi mag die metaphysische Begründung der Ethik bei Epiktet,
  die ein gottwohlgefälliges Leben zur ethischen Maxime erhebt,
  als Verstehenshilfe gedient haben.

Gegenüber der Stoa geht es der jüdisch-frühchristlichen Tradition
nicht um die jedem erlangbare Selbsterkenntnis. Handlungsrelevant
ist hier vielmehr das Wissen um die Beziehung zwischen Gott und
Mensch, das nur durch göttliche Offenbarung eröffnet wird.

Solches Wissen kann im AT und im Frühjudentum 'glauben' genannt
werden. Sünde bestimmt sich demnach als ein Handeln, das die im
Schöpfungs- bzw. Bundesgedanken ausgesagte Beziehung Gottes zu den
Menschen nicht in Rechnung stellt. Insofern können Glaube und Sünde
in direkten Gegensatz treten. Glaube ist dabei nicht nur als Vorstufe menschlichen Handelns zu sehen. Zugrunde liegt vielmehr ein
ganzheitliches Menschenbild, das Wollen und Tun, Denken und Handeln
zusammenschaut. Glaube ist von daher als die Art der Gottesbeziehung
zu bestimmen, die ein gottwohlgefälliges Handeln bereits notwendig
in sich schließt.

> Dies wird besonders bei Philo deutlich (Abr 268). Zudem zeigt
> sich hier auch die Orientierung dieses Glaubensverständnisses
> an der Abraham-Tradition. Dort war der Glaube Abrahams als Re-
> flex seiner gesamten Lebensleistung verstanden worden, mit der
> er seinen Status als Erwählter Gottes bewährt. Dasselbe Glaubens-
> verständnis scheint auch in syrBar 54 zugrundezuliegen. Zugleich
> belegt diese Stelle die frühjüdische Tendenz zur Individuali-
> sierung des Sündenbegriffs. Glaube ist in diesem Zusammenhang
> als der dem Menschen von Gott eröffnete Weg zu verstehen, der
> Herrschaft der Sünde zu entkommen.
> Die häufig vertretene These, daß der Sündenbegriff des Frühjuden-
> tums wesentlich am Gesetz orientiert sei, erscheint von daher
> als eine zu formale Bestimmung. Nicht die mechanische Befolgung
> der Gebote steht im Mittelpunkt, sondern die Wurzel sündfreien
> Handelns liegt in der geistigen Disposition des Menschen (Gottes-
> geist/Lauterkeit/Glaube).

Für Paulus bedeutet der Satz "Alles, was nicht aus Glauben geschieht, ist Sünde", daß jeder, der sich seines Christseins begibt,
zum Sünder wird. Der Apostel greift damit auf das umfassende Glaubensverständnis des Frühjudentums zurück. Auch für ihn ist der Glaube als Reflex auf ein Handeln Gottes (V.20: τὸ ἔργον τοῦ θεοῦ) ein
den Menschen in seinem Denken und Tun ganzheitlich bestimmendes
Phänomen. Zugrunde liegt hier jedoch nicht Gottes Schöpfertätigkeit
oder Bundesgedanke, sondern Gottes Tat in Jesus Christus. Das Wissen
darum, daß Christus aufgrund seines Todes und seiner Auferstehung
der Herr ist (V.9), wurde im Akt des Gläubigwerdens, der im paulinischen Sinn ein Offenbarungsakt ist, grundgelegt. Insofern ist
der Glaube als Möglichkeit für alle, der Macht der Sünde zu entgehen,
erst seit Christus und allein aufgrund des sich in der apostolischen
Verkündigung vollziehenden Offenbarungshandelns Gottes gegeben. Was
Glaube und Sünde ist, bestimmt sich von daher gegenüber der frühjüdischen Konzeption neu. Glauben umfaßt das der erneuten Offen-

barung Gottes gemäße und damit den Menschen vor Gott bewährende Handeln, ein Leben für den Herrn Jesus Christus, konkret:

- das nicht tun, was man selbst für Sünde hält, denn dann ist
  ein aufrichtiger Dienst nicht mehr möglich;
- den Bruder nicht verurteilen, denn Gott bzw. Christus allein
  ist der Richter;
- niemanden verachten oder zu etwas verführen, was diesem als
  Sünde erscheint, und ihn so daran hindern, für den Herrn zu
  leben.

Sünde ist demnach jede Handlung, die nicht im Kontext des Lebens
für den Herrn steht.

Trotz der aufgezeigten Differenzen war die paulinische Konzeption sowohl für jüdische als auch für (stoisch beeinflußte) griechische Rezipienten als Modifikation von bereits Bekanntem verstehbar. Dies gilt sowohl für die formale Struktur, als auch für die
zentrale Stellung der πίστις, ja im Hinblick auf das Frühjudentum
sogar für die Bestimmung des Glaubens als eines den Menschen ganzheitlich bestimmenden Phänomens. Die entscheidenden Unterschiede
liegen zum einen in der paulinischen Sicht des Glaubens als einer
allein im Offenbarungsakt der Verkündigung eröffneten Möglichkeit,
ein Leben außerhalb der Macht der Sünde zu führen, zum anderen in
der sich von Gottes Tat in Jesus Christus her ergebenden neuen inhaltlichen Bestimmung des Glaubens als 'Leben für den Herrn'.

7.4. Die paulinischen Aussagen über den Glauben und die
     Sünde im Verhältnis zu I Kor 8,1-11,1 und Tit 1,10-16

7.4.1. I Kor 8,1-11,1

Die Argumentation des Paulus in I Kor 8-10 ähnelt in vielfacher
Hinsicht seinen Ausführungen in Röm 14f(37). Die Analyse dieses
Abschnitts ist für unseren Zusammenhang jedoch nur insofern bedeutsam, als sie näheren Aufschluß über die paulinische Verhältnisbestimmung von Glaube und Sünde in Röm 14 zu geben vermag. Wir beschränken uns daher auf die für unser Anliegen wich-
tigen Passagen. Auszugehen ist dabei trotz scheinbarer Spannungen
und gedanklicher Widersprüchlichkeit, "welche literarkritische
Operationen herausfordern"(38), von der Kohärenz des Abschnittes
I Kor 8,1-11,1, wie von Soden überzeugend gezeigt hat(39).
Zunächst fällt auf, daß in I Kor 8,1ff die πίστις keine Rolle
spielt; die entscheidenden Begriffe sind hier die γνῶσις der
Starken und die συνείδησις der Schwachen. Eine Schwierigkeit

---

37 Vgl. die Auflistung der Entsprechungen bei WILCKENS, EKK VI/3, 115.
38 CONZELMANN, KEK V, 162.
39 Sakrament.

dieses Abschnitts liegt darin, daß γνῶσις und συνείδησις einander nicht vollständig entsprechen. Von der Gnosis der 'Starken' aus gesehen unterscheiden sich die 'Schwachen' ja nicht in erster Linie dadurch, daß sie ein schwaches Gewissen haben, sondern durch ihren Mangel an Gnosis (8,7). An der Stelle der Erkenntnis des einen Gottes steht bei den Schwachen das Gewöhntsein an die Götzen, also in gewissem Sinne ebenfalls eine - wenn auch andere und auf anderem Weg gewonnene - Erkenntnis. Erst als Folge dieses unterschiedlichen Erkenntnisstandes ergibt sich die Kennzeichnung des Gewissens derer, die an der Existenz von Götzen festhalten, als schwach, da ihre συνείδησις bereits durch Handlungen befleckt wird, durch die das Gewissen derer, die die Existenz von Götzen leugnen, noch in keiner Weise verletzt wird. Man wird also das 'schwache Gewissen' nicht als besondere Sensibilität im Hinblick auf das rechte Verhalten oder als hohes Maß an Selbstkritik verstehen dürfen(40) und ebensowenig bei den 'Starken' von Gewissenlosigkeit sprechen können. Nicht das schwache Gewissen widerspricht der Gnosis der 'Starken'(41), sondern das durch συνήθεια erlangte Wissen.

Paulus liegt nicht daran, den Konflikt zwischen beiden Wissensinhalten zu entscheiden. Obwohl deutlich wird, daß er die These der 'Starken' favorisiert, hält er ein gewohnheitsmäßiges Festhalten an der Existenz von (dämonischen) Wesen, die andere für Götter halten, für innerhalb der Gemeinde tolerierbar. Jedenfalls spielt der unterschiedliche Wissensstand der beiden Gruppen im Blick auf die Sünde keine Rolle. Zentrales Kriterium ist vielmehr die Ehre Gottes: "Mögt ihr nun essen oder trinken oder sonst etwas tun, so tut alles zur Ehre Gottes!" (10,31). Dem entspricht in Röm 14 das 'Leben für den Herrn' als alleiniger Maßstab des Handelns (V.6-8). Hier wie dort wird zunächst derjenige diesem Anspruch nicht gerecht, der das tut, was er selbst für sündig hält, d.h. der seiner Überzeugung zuwiderhandelt bzw. sein Gewissen befleckt. Ein solches Verhalten führt zur Verteilung (Röm 14,23) bzw. ins Verderben (I Kor 8,11). Sofern man unter συνείδησις "das Mitwissen im Sinne des Mitwissers (versteht), dem gegenüber wir nichts verbergen oder verleugnen können" und das "die Aufrichtigkeit unseres Sagens und Tuns" kontrolliert (42), ist den 'Starken' in dieser Hinsicht nichts vorzuwerfen. Sie handeln ja von ihrem Standpunkt aus gesehen aufrichtig und äußerst konsequent. Dennoch greift Paulus gerade sie an und wirft ihnen Sünde gegen Christus vor (8,12). Sowenig wie eine bestimmte Gnosis, sowenig ist eben auch ein unbeflecktes Gewissen allein schon hinreichend für ein sündfreies Handeln. Ein gottwohlgefälliges Leben - nach Röm 14 ein Leben, das sich ἐκ πίστεως vollzieht - verlangt mehr als ein Handeln, das sich an einer richtigen Gnosis oder an einem guten Gewissen orientiert. Das Verhältnis von γνῶσις und συνείδησις auf der einen und πίστις auf der anderen Seite läßt sich von daher nicht - wie A.E.S. Nababan vorschlägt - in der Weise bestimmen, "daß sowohl γνῶσις

---

40 Vgl. VIELHAUERS Interpretation der συνείδησις als "zartes" Gewissen, Oikodome, 94.

41 So VIELHAUER, a.a.O., 94.

42 vSODEN, a.a.O., 341f, Anm. 3; vgl. dagegen WILCKENS, der die συνείδησις bei Paulus als "eine Stimme, die von seinem (sc. des Menschen) eigenem Wollen und Urteilen unterschieden ist", als "Repräsentant des Willens Gottes im Menschen" versteht und mit dem ins Herz geschriebenen Gesetz gleichsetzt (EKK VI/I, 138f). Ein schwaches Gewissen zu haben würde dann heißen: die Stimme des Willens Gottes nur leise in sich zu vernehmen. Das aber wirft Paulus den Schwachen keineswegs vor.

als auch συνείδησις jeweils in verschiedener Weise in der πίστις
hervortreten", nämlich einerseits als 'Annahme des Kerygmas' und
andererseits als 'Ausgerichtetsein auf das, was man tun soll'(43).
Vielmehr bildet die πίστις als das umfassende Lebensprinzip den
kritischen Maßstab für jedes Wissen und Gewissen. Dieser Gedanke
kommt in I Kor 8-10, obwohl die πίστις hier nicht erwähnt ist,
in zweifacher Hinsicht zum Tragen: Im Hinblick auf die Gnosis
der 'Starken' bemängelt Paulus, daß sie nicht erkannt haben καθὼς
δεῖ γνῶναι . Die rechte Weise des Erkennens besteht in der Liebe
zu Gott und im Erkanntwerden durch ihn (8,3). Indem die 'Starken'
aus ihrer Erkenntnis, daß es nur einen Gott und einen Herrn gibt,
die Exusia folgern, an Götzenopfermahlzeiten teilnehmen zu dürfen
(8,10), leugnen sie zwar die Existenz von Götzen, werden damit
aber der Forderung nach der Liebe zu Gott bzw. der Ehrung Gottes
noch nicht gerecht. Gott bzw. Christus als Herrn ehren kann niemand, der mit seinem Handeln denjenigen ins Verderben führt, für
den Christus gestorben ist (8,11). In einem solchen Fall gilt es
vielmehr auf die 'an sich' berechtigte Exusia zu verzichten, zumal ein solcher Verzicht ja keineswegs den Verlust der eigenen
Aufrichtigkeit und damit ein beflecktes Gewissen bedeutet.

Im Hinblick auf die συνείδησις bedeutet das: Die Reinheit des
eigenen (starken) Gewissens kann nicht alleiniger Maßstab des Handelns sein, sondern daneben steht der Anspruch, das Gewissen des
anderen (10,29)(44), das aufgrund seines Wissensstandes leichter
verletzbar ist als das eigene, nicht zu beflecken.

So gilt sowohl für γνῶσις als auch für συνείδησις: Man kann alles
zur Ehre Gottes tun (10,31), nur nicht den Bruder ins Verderben
führen. Eben dieser Gedanke liegt auch der paulinischen Argumentation in Röm 14 zugrunde und ist in dem ἐκ πίστεως aus V.23 zusammengefaßt. Die πίστις hat wesentlich Christus als den Herrn
(bzw. Gott) und dessen Verhältnis zum Bruder im Blick. Als Phänomen der Schwellenüberschreitung in die Nähe Gottes, die durch
das Herrsein Christi gekennzeichnet ist, bestimmt sie die gesamte Existenz des Gläubigen, in seinem Sein vor Gott wie in
seinem Verhalten zum Bruder.

Es ist von daher kaum im Sinne des Paulus, das Gewissen als das
Subjekt des Glaubens zu verstehen, so daß zwar der Glaube immer
Gewissenssache, das Gewissen aber nicht immer Glaubenssache ist,
wie Wilckens im Anschluß an Schlier vermutet(45), und von daher
Röm 14f als "Elementarisierung" des in I Kor 8-10 Gesagten zu
sehen(46). Das Verhältnis beider Passagen läßt sich vielmehr
so bestimmen, daß Paulus das im I Kor Gesagte im Röm durch
tiefere Reflexion auf den Begriff (πίστις) bringt.

7.4.2. Tit 1,10-16

Ob im Hintergrund der Paränese in Tit 1,10-16 ein konkreter Gemeindekonflikt steht oder ob es sich - wie die spärliche Charakteri-

---

43 Bekenntnis, 104-107; Zitat: 107.

44 Der ἕτερος in I Kor 10,29 ist nicht der auf den offiziellen Charakter des
    Opfermahls hinweisende heidnische Gastgeber aus V.28, sondern der schwache
    christliche Bruder; vgl. vSODEN, a.a.O., 352.

45 SCHLIER, HThK VI, 418; WILCKENS, EKK VI/3, 97.

46 So WILCKENS, EKK VI/3, 98.

sierung vermuten läßt - um eine typische Konfliktsituation handelt, mag dahingestellt sein. Dem Autor kommt es vor allem auf
die richtige Reaktion des Bischofs in diesem oder ähnlichen
Fällen an. Er soll die Ungehorsamen mit Strenge überführen, damit einerseits die Hausgemeinden vor weiterer Zerrüttung geschützt, andererseits aber auch die 'Widerspenstigen' selbst
'gesund' werden ἐν τῇ πίστει.

Es handelt sich hier wohl um eine innergemeindliche(47), juden-
christliche(48) Opposition, die für sich Lehrautorität bean-
sprucht (V.11). Der Text sagt wenig zur Charakteristik dieser
'Widerspenstigen'. V.15 deutet darauf hin, daß ihre Lehre inhaltlich durch die Unterscheidung von 'rein' und 'unrein' gekennzeichnet ist, die kultische Reinheit - z.B. durch Einhal-
tung bestimmter Speisevorschriften(49) - also das Ziel ihrer
Unterweisungstätigkeit war.

Die Formel πάντα καθαρά τοῖς καθαροῖς, die im Sinne des Ver-
fassers den Gegnern entgegenzuhalten ist, ist uns bereits aus
Röm 14,14.20 bekannt (vgl. I Kor 10,23), und zwar als die - von
Paulus grundsätzlich akzeptierte - Parole der 'Starken'. Wurde
im Röm und im I Kor die Gültigkeit dieser These als Handlungs-
maxime von der kritischen Instanz der πίστις her eingeschränkt,
so steht sie dem Autor des Tit als Teil der gesunden Lehre nicht
mehr in Frage. Paulus gesteht den 'Starken' und 'Schwachen' in
Rom und Korinth zu, daß der Glaube im Hintergrund ihres Verhaltens steht, und mahnt sie von daher, die πίστις als Kriterium
für das, was Sünde ist, ernst zu nehmen. Im Tit dagegen stehen
einander die durch den Glauben Gesunden und die Ungläubigen, die
Götzendiener(50) gegenüber. Zwar noch zur christlichen Gemeinde
gehörig qualifizieren sich die 'Widerspenstigen' durch ihre
Lehre als Ungläubige(51).

Wie der Tit so argumentiert auch Paulus mit νοῦς und συνείδησις,
und zwar jeweils im Hinblick auf die 'Schwachen' mit dem Ziel
der Übereinstimmung von Denken und Handeln. Die Grundlage der
geforderten Übereinstimmung bildet dabei die Ansicht der 'Schwachen'
über kultische Reinheit bzw. über die Existenz von Götzen. Nur
wenn sie dieser Ansicht entsprechend handeln, bleibt ihr Gewissen
unbefleckt. Sie ehren Gott bzw. leben für den Herrn, indem sie
Nahrungsaskese treiben bzw. sich von Opfermahlzeiten fern halten,
und handeln so ἐκ πίστεως. Auch für den Tit ist ein beflecktes

---

47 Vgl. HASLER, ZBK NT 12, 89. HOLTZ, ThHK 13, 214; SPICQ, Epitres, 245, ver-
    mutet hinter den Gegnern "hommes sans mandat".

48 Zur Wendung οἱ ἐκ τῆς περιτομῆς   vgl. z.B. Röm 4,12; auch dort sind
    Judenchristen gemeint. Daß der Verfasser des Tit hier nur traditionelle
    Topoi der Ketzerbekämpfung aufnahm, so daß die Charakterisierung jeder
    historischen Grundlage entbehrt, wie HASLER, a.a.O., 89f vermutet, er-
    scheint zweifelhaft, zumal es von dem zentralen Inhalt der innergemeind-
    lichen Kontroverse (nämlich den Reinheitsvorschriften) her naheliegt, an
    Judenchristen zu denken.

49 Vgl. HASLER, a.a.O., 90; HOLTZ, a.a.O., 214f; vgl. auch I Tim 4,3-5.

50 Die Bezeichnung ματαιολόγοι kennzeichnet die Gegner als Götzendiener.
    Μάταιος ist im jüdisch-hellenistischen Literaturbereich terminus techni-
    cus für den Götzenglauben, vgl. Ez 13,6-9; Sach 10,2; Hos 5,11; II Chr
    11,15; Jer 2,5; Jub 20,8; Philo, All II 46; Sacr 70; Cher 32; Det 71; Conf
    159; Migr 113; für das frühe Christentum vgl. Act 14,15; I Clem 7,2; 9,1;
    Just Dial 91,3; 8,4; vgl. auch I Tim 4,1ff: Nahrungsaskese als 'Abfall
    vom Glauben'.

51 Sie stellen sich damit selbst außerhalb der Gemeinde; vgl. SPICQ, a.a.O.,
    247.

Gewissen durch das Auseinanderfallen von Worten und Taten gekennzeichnet (V.16)(52). Anders als bei Paulus gibt es allerdings
für den Verfasser des Tit ein objektives Kriterium für die Beurteilung der Gewissensreinheit. Wer feierlich erklärt, Gott
zu kennen, der bekennt sich damit im Sinne des Tit zur 'gesunden
Lehre'. Der Inhalt dieser Lehre ist fest umrissen und besagt u.a.,
daß, weil Gott Schöpfer des gesamten Kosmos ist(53), alles rein
ist. Eine Unterscheidung zwischen kultischer Reinheit und Unrein-
heit kommt somit einer Leugnung Gottes gleich und qualifiziert
als ungläubig.

Gerade das, was Paulus empfiehlt, daß nämlich die 'Starken' von
ihrer Exusia keinen Gebrauch machen und sich gegen ihr eigenes
Dafürhalten von 'Unreinem' oder 'Götzenopferfleisch' fernhalten,
um die 'Schwachen' nicht zu verführen, gerade das ist nach dem
Tit als Ungehorsam gegenüber der gesunden Lehre zu bekämpfen.
Zwar ist auch für den Tit der Glaube als Grundlage der 'Gesund-
heit' und 'Reinheit' (V.15) das zentrale Kriterium rechten Handelns, jedoch hat πίστις hier schon eine gegenüber der paulinischen Verwendung veränderte Bedeutung. Wir hatten gesehen, daß
bei Paulus mit dem Handeln ἐκ πίστεως gerade nicht das Handeln
gemäß einer bestimmten Überzeugung gemeint war, sondern daß der
Apostel mit dieser Wendung vielmehr ein Leben gemäß des Christseins meint, näherhin ein Handeln, das Christus als den Herrn
und den 'Schwachen' als den von Gott angenommenen Bruder bekennt.
Sowohl für 'Starke' als auch für 'Schwache' ist so trotz ihrer
unterschiedlichen Überzeugungen ein Handeln ἐκ πίστεως möglich.
     Für den Tit ist dagegen die πίστις identisch mit einem fest
umrissenen Wissen, der gesunden Lehre(54). Die Anerkenntnis dieser
Lehre und das daher abgeleitete Handeln machen im Sinne des Tit
das Christsein aus. Es stehen sich demnach gegenüber πίστις als
umfassende Existenzbestimmung des Menschen (Ehre Gottes/Christi,
Liebe zum Bruder) und πίστις als inhaltlich festgelegtes Credo.
Während Paulus aufgrund seines Glaubensverständnisses integrativ
argumentieren kann, liegt in der Konsequenz des πίστις-Begriffs
des Tit die deutliche Ausgrenzung einer bestimmten Gruppe aus
der Gemeinde. Die von Paulus in Röm und im I Kor bekämpfte Position der 'Starken' ist nahezu identisch mit der Position, von
der aus der Verfasser des Tit einen ähnlich gelagerten Gemeindekonflikt zu entscheiden sucht. Die 'Schwachen' sind hier zu
Gegnern gestempelt.

Es läßt sich vermuten, daß sich die paulinische Konzeption angesichts massiver innergemeindlicher Auseinandersetzungen als nicht
tragfähig erwies und so eine klare Parteinahme überlebensnot-
wendig für die christliche Gemeinde wurde. Eine solche Polari-
sierung ließ die für Paulus zentrale Frage nach der heilsge-
schichtlichen Kontinuität zwischen Israel als dem Heilsvolk Gottes
und der christlichen Kirche in den Hintergrund treten. An die
Stelle der theologischen Bemühung um Integration tritt die Sicht
der Kirche als ausschließlicher Besitzerin der Wahrheit und des
Christentums als der einzig wahren Religion(55); eine Tendenz,
die sich deutlich im Wandel des Glaubensverständnisses widerspiegelt.

---

52 Vgl. vLIPS, Glaube, 60f.
53 Vgl. SPICQ, a.a.O., 247; HOLTZ, a.a.O., 215; DIBELIUS, HNT 3/2, 209.
54 Vgl. vLIPS, a.a.O., 30f.52.
55 Vgl. HASLER, a.a.O., 90.

7.5. Schwäche und Stärke, Mangel und Wachstum, Maß des Glaubens

Ist für Paulus der Glaube die im Offenbarungsakt der Verkündigung grundgelegte Größe, die den Menschen in seinem Denken und Handeln ganzheitlich bestimmt, und damit alleiniger Maßstab für ein
Tun, das der Offenbarung Gottes in Christus gemäß ist und den Menschen vor Gott bestehen läßt, so ist zu fragen, in welchem Sinne
Paulus von 'Schwachen' und 'Starken' im Glauben sprechen kann. Wir
beschränken uns dabei nicht auf Röm 14f, sondern beziehen einerseits
die Vorstellung von der gottgewirkten Stärkung durch den Glauben
(Röm 4,19ff) sowie vom Stehen im Glauben, zum anderen aber auch die
Rede vom Mangel (I Thess 3,10), vom Wachstum (II Kor 10,15; II Thess
1,3) und vom Maß des Glaubens (Röm 12,3) zu einem besseren Verständnis der paulinischen Konzeption mit ein[56].

Selbst wenn wir davon ausgehen, daß sich in der Wendung ἀσθενῶν
τῇ πίστει die polemische Bezeichnung der Vegetarier durch die Fleischesser widerspiegelt, so ist doch deutlich, daß Paulus sich diese
Formulierung zueigen macht[57]. In welcher Weise kann Paulus von einem
Stark- oder Schwachsein im Glauben reden?

Bereits im Akt des Gläubigwerdens wird der Glaube als Kraft erfahren (I Kor 2,1-5)[58]. Als solcher ermöglicht er nicht nur den Zutritt zum Bereich der Nähe Gottes, sondern auch das 'Stehen' in diesem
Bereich, und zwar sowohl im Sinne des Widerstands gegen irdische und
kosmisch-eschatologische Gefahren, als auch im Sinne des Bestehenkönnens vor Gottes Heiligkeit[59]. Diese Vorstellungen bilden den Hintergrund für die Aufnahme des Gegensatzpaares 'stark - schwach' im
Hinblick auf den Glauben.

7.5.1. Stärke durch den Glauben: Röm 4,19-21

Bereits in Röm 4,19-21 spricht Paulus vom Schwachsein bzw. vom
Erstarken im Glauben. Dort heißt es von Abraham, daß er im Blick
auf den Glauben nicht schwach war (V.19)(60). Dies wird näher
erläutert dahingehend, daß er nicht durch ἀπιστία in innere Zerrissenheit gestürzt wurde (διεκρίθη), sondern durch πίστις gestärkt wurde(61). Die Situation, in der dies von Abraham gesagt

---

56 Vgl. zudem II Kor 8,7.
57 Darauf deutet auch 15,1: ἡμεῖς οἱ δυνατοί.
58 Vgl. hierzu Abschnitt 1.2.
59 Vgl. Kapitel 5.
60 Τῇ πίστει ist hier wie auch in Röm 14,1 als Dativ der Beziehung zu verstehen.
61 Die Passivform διεκρίθη und ἐνεδυναμώθη deuten darauf, daß die Dative
    ἀπιστίᾳ und πίστει hier instrumental zu verstehen sind.

wird, ist durch das Auseinanderklaffen von göttlicher Verheißung
und menschlich zu Erwartendem als Anfechtungs- oder Versuchungssituation gekennzeichnet. Weil Abraham durch den Glauben Kraft
gewinnt und nicht im Streit mit sich selbst liegt, ist er in der
Lage, auch gegen alles menschlich Wahrscheinliche völlig davon
überzeugt zu sein (πληροφορηθείς), daß Gott seine Verheißung erfüllt.

Die Tatsache, daß Paulus in Röm 14 nicht nur die Wendung ἀσθενῶν
τῇ πίστει (14,1/ἀσθενήσας τῇ πίστει : 4,19), sondern daneben auch
διακρίσεις (14,1/διεκρίθη: 4,20) und πληροφορείσθω (14,5/πληρο-
φορηθείς : 4,21) aufnimmt, legt die Vermutung nahe, daß er sich
in seiner Stellungnahme zum römischen Gemeindekonflikt bewußt
auf das in c.4 über Abraham Gesagte bezieht. Es scheint von daher legitim, Röm 14 im Lichte von Röm 4 zu interpretieren. Demnach wären die römischen Vegetarier nicht deswegen glaubensschwach,
weil sie der Überzeugung sind, sich von bestimmten Nahrungsmitteln
fernhalten und bestimmte Festtage einhalten zu müssen, sondern nur
insofern, als sie sich durch die Praxis der Fleischesser in innere
Zerrissenheit stürzen lassen. Ebenso sind die Fleischesser deswegen 'stark', weil sie sich von ihrer Einstellung her nicht so
leicht in διακρίσεις stürzen lassen. Von Röm 4 her ist die Pistis
nicht nur der gegenüber jeder Überzeugung kritische Maßstab für
ein gottwohlgefälliges Handeln, d.h. für ein Leben außerhalb der
Macht der Sünde, sondern sie allein ermöglicht als erfahrene Kraft
ein sündfreies Leben. Es liegt in der Entscheidung des Menschen,
in welchem Umfang er die gottgewirkte und in der Pistis erfahrene
Kraft an sich zur Wirkung kommen läßt. Eben deswegen ist Abraham
auch Vorbild, weil er sich durch die Pistis stärken ließ. Die
Vegetarier bedürfen in höherem Maße dieser Kraft, weil sie leichter
als die 'Starken' in inneren Widerspruch zu sich selbst geraten;
und wenn sie die von Gott in der Pistis geschenkte Kraft nicht
genügend zur Wirkung kommen lassen, so daß Zweifel ihr Handeln
bestimmt, dann sind sie im paulinischen Verständnis 'schwach im
Blick auf den Glauben'. So ist die Pistis in bezug auf beide
Gruppen das zentrale Kriterium der paulinischen Kritik. Den
Schwachen wirft er vor, daß sie die in der Pistis erfahrene Kraft
nicht in vollem Umfang zur Wirkung kommen lassen, den Starken,
die dies tun, hält er die Pistis als Norm im Sinne des Herrseins
Christi und der Liebe zum Bruder entgegen.

7.5.2. Mangel und Wachstum des Glaubens: I Thess 3,10;

II Kor 10,15; II Thess 1,3

Wenn der Glaube im paulinischen Verständnis als Kraft erfahren
wird, die ihrem Ursprung nach göttlich, in ihrer Wirkung aber
vom Menschen abhängig ist, so läßt sich von daher auch die Rede
vom Wachsen (αὐξάνω II Kor 10,15; ὑπεραυξάνω II Thess 1,3)
und dem Mangel des Glaubens (I Thess 3,10) verstehen. Was letzteres angeht, so muß zunächst betont werden, daß es Paulus in
I Thess 3,10 nicht um einen Mangel   a n   Glauben geht(62), sondern um einen Mangel, den der Glaube selbst leidet (gen.subj.)(63).
Auf ein solches Verständnis der Genitivverbindung τὰ ὑστερήματα

---

62 So DIBELIUS und DOBSCHÜTZ z.St.; V.6 zeigt dagegen, daß der Glaubensstand
    der Thessalonicher gut ist.

63 Vgl. WILCKENS, ThWNT VIII, 598.

τῆς πίστεως deutet auch der sonstige Sprachgebrauch des NT(64). Es geht demzufolge darum, daß der Glaube der Verkündigung, Lehre und Paraklese durch den Apostel und der Stärkung durch Gott bedarf(65). Nicht ein Zuwenig an Glauben macht den Besuch des Apostels nötig, sondern die grundsätzliche Bedürftigkeit der πίστις. Der Glaube wird nicht nur im Bekehrungsgeschehen als Gotteskraft erfahren, sondern bleibt als "dynamische" Größe stets auf die göttliche Stärkung angewiesen. Darüber hinaus macht I Thess 3,10 aber auch deutlich, daß die im Verkündigungs- und Bekehrungsakt grundgelegte Verbindung zwischen Apostel und Gemeinde auch für die Folgezeit konstitutiv bleibt. Der Glaube bedarf im paulinischen Verständnis des bleibenden Bezugs zum Verkündiger.

Daß dieser personale Bezug und damit der Rückbezug auf den Anfang des Gläubigseins für den Glauben zentral bleibt, zeigt auch II Kor 10,15. Paulus macht die Weiterführung seiner Missionstätigkeit davon abhängig, daß "euer Glaube in euch wächst". Solange dies noch nicht erreicht ist, bedürfen die Korinther noch des ständigen Kontakts zum Apostel. Mit der Mehrung des Glaubens, die Paulus bei den Korinthern erhofft und für die er in II Thess 1,3 dankt, ist in der Tat - wie G. Heinrici formuliert - ein "christliches Fortschreiten" gemeint(66). Dies ist jedoch nicht als Wachsen der Erkenntnis zu verstehen, die "der Glauben seinem Wesen nach ... in sich schließt", wie Mundle vorschlägt(67). In II Kor 10,15 wie auch in II Thess 1,3 geht es vielmehr um den Glauben in seiner ethischen Dimension, den wirkenden Glauben (68). Darauf deutet an beiden Stellen der Kontext: In II Thess 1,3 ist der zweite Teilsatz als Erläuterung des ersten zu verstehen; das überreiche Wachstum des Glaubens der Thessalonicher zeigt sich in der Mehrung der Liebe, die sie untereinander üben. Auch in II Kor 10,15 steht ein bestimmtes Verhalten im Mittelpunkt: Der erhofften Mehrung des Glaubens entspricht die noch ausstehende Vollendung des Gehorsams (V.6). Rechtes Verhalten untereinander, wie auch im Gegenüber zum Apostel aber ist nicht allein die Folge ausreichender Erkenntnis; vielmehr bedarf es dazu der inneren Kraft. Als die gottgewirkte Kraft ermöglicht die Pistis nicht nur ein 'Stehen' gegenüber Gefährdungen und Versuchungen, sondern verleiht auch dem, der sie in sich zur Wirkung kommen läßt, die Fähigkeit zu gottwohlgefälligem Tun. Gott ist nicht nur im Bekehrungsakt Ursprung und Spender der in der Pistis erfahrenen Kraft, er ist auch das Subjekt des 'Wachsens'.

Das Bild vom 'Wachsen' deutet in frühjüdischer und frühchristlicher Zeit regelmäßig auf Gottes eschatologische Aktivität(69). Daß auch Paulus das Bild in diesem Sinne verwendet, zeigt besonders deutlich I Kor 3,5ff: Gott ist der, der das Gedeihen schenkt. Auch das 'Pflanzen' und 'Begießen' als Aufgabe der Apostel ist sinnlos ohne die göttliche Aktivität. Als Mittler der

---

64 In der geprägten Wendung (προσ-) ἀναπληρόω τὸ ὑστέρημά τινος bezeichnet der Genitiv die Person, der es mangelt; vgl. I Kor 16,17; Phil 2,30; WILCKENS, ThWNT VIII, 597.

65 WILCKENS, a.a.O., 598.

66 HEINRICI, KEK VI, 306.

67 Glaubensbegriff, 23-25.

68 Vgl. DELLING, ThWNT VIII, 520.

69 Vgl.z.B. IV Esr IX 31f (VII 114; VIII 6); 1 QS VIII 5f; CD I 7; 1 QH VIII 4ff; OdSal 38,17ff; vgl. auch die 'Pflanze der Gerechtigkeit' in der Zehn-Wochen-Apokalypse in äthHen 93; für den frühchristlichen Bereich vgl. vor allem die Bildsprache der Gleichnisse (Mt 13,22; Lk 13,19); daneben aber auch Mt 6,28 und Lk 17,5f.

göttlichen Offenbarung ist die Funktion des Apostels konstitutiv, jedoch nur deswegen, weil "Gott das Gedeihen gegeben hat". Gott steht als Handelnder sowohl hinter der Pflanzung (zum Glauben kommen) als auch hinter dem Wachstum (im Glauben stehen). Die Rolle des Apostels bestimmt sich in diesem Geschehen als die des für die Gemeinde notwendigen Mittlers.

Auch die paulinische Rede vom Wachstum des Glaubens läßt sich also von dem Verständnis der Pistis als einer im Menschen zur Wirkung kommenden Dynamis Gottes her begreifen. Im Zentrum steht hier sowenig wie in Röm 14 die Quantität, sondern vielmehr die Qualität des Glaubens, und zwar speziell in seiner ethischen Dimension.

7.5.3. Das Maß des Glaubens: Röm 12,3

Als eine den Glauben quanitifizierende Aussage wird zumeist auch die Wendung μέτρον πίστεως (Röm 12,3) verstanden, die Paulus im Rahmen der Mahnung zur ἀνακαίνωσις τοῦ νοός gebraucht. Die Erneuerung des Sinnens soll es ermöglichen zu prüfen, τί τὸ θέλημα τοῦ θεοῦ (12,2), und findet ihren Ausdruck zunächst in einer richtigen Selbsteinschätzung. Es geht darum, sich nicht zu überschätzen(70), sondern in der Sicht der eigenen Person die rechte Mitte (σωφροσύνη) zu finden, so daß ein Sich-Verstehen als Glied unter Gliedern des einen Leibes (12,5) möglich wird. Woran hat sich ein solches φρονεῖν auszurichten? Faßt man πίστεως als genitivus partitivus, dann ist zum einen ein Verständnis der πίστις als Charisma (wunderkräftiger Glaube, vgl. I Kor 12)(71), zum anderen eine Deutung möglich, die davon ausgeht, daß Gott jedem in unterschiedlichem Maße Glauben (fides qua) zugeteilt hat(72). Folgt man einer dieser beiden Deutungen, so ergibt sich für die von Paulus geforderte rechte Sicht der eigenen Person, daß sie sich an dem Besitz des Glaubenscharismas bzw. an dem individuellen Maß des Glaubens auszurichten hat. Im Blick auf Röm 14 würde das besagen, daß die 'Schwachen' sich in ihrer Selbsteinschätzung an dem geringen Maß ihres Glaubens auszurichten hätten, von sich also geringer zu denken hätten als von den 'Starken', wogegen sich die 'Starken' mit Recht über die 'Schwachen' erheben könnten. Gerade gegen eine solche Selbsteinschätzung der 'Starken' aber polemisiert Paulus. Es ist von daher kaum paulinisch, die Sicht der eigenen Person und des Verhältnisses zu anderen von einer individuell unterschiedlichen Quantität von πίστις abhängig zu machen. Auch der Kontext in Röm 12 widerspricht in dreifacher Hinsicht einem solchen Verständnis:

Zum einen ergibt sich - geht man von einem unterschiedlichen Maß an Glauben aus - ja gerade nicht die von Paulus anvisierte Selbsteinschätzung als Glied unter Gliedern, sondern allenfalls die rechte Einordnung in eine nach der Quantität der πίστις gestaffelte Hierarchie. Zum anderen sind in Röm 12,3 alle Mitglieder der römischen Gemeinde angeredet (παντὶ τῷ ὄντι), so daß kaum an einen charismatischen Wunderglauben gedacht sein kann, der dem einen gegeben ist, dem anderen nicht. Drittens schließlich

---

70 Μὴ ὑπερφρονεῖν geht auf die Selbsteinschätzung der Christen, nicht auf ein grundsätzliches Gesinntsein; vgl. CRANFIELD, Romans II, 613; ders., METPON, 349.

71 So ZAHN, KNT 6, 542; LAGRANGE, ETB, 296; BARRETT, BNTC, 235.

72 So SCHLIER, HThK VI, 367; MICHEL, KEK IV, 296f.

muß die Wendung κατὰ τὴν ἀναλογίαν τῆς πίστεως in V.6 mitbe-
dacht werden. Die Mahnung, die verschiedenen Charismata in Entsprechung zum Glauben zu gebrauchen, meint ja nicht ein Verhalten
in Analogie zum eigenen, von anderen unterschiedenen Glaubens-
maß, sondern zu dem einen alle verbindenden Glauben(73).

Von daher ergibt sich auch ein anderes Verständnis des μέτρον
πίστεως. Auch in V.3 ist πίστις qualitativ im Sinne des einen,
für alle gleichermaßen eine Richtschnur bildenden Glaubens gemeint. Das setzt voraus, daß der Genitiv πίστεως als Apposition
verstanden wird und μέτρον mit Maß im Sinne von Norm zu übersetzen ist. Diese zuerst von Cranfield vorgeschlagene Deutung(74)
entspricht zum einen dem direkten Kontext und ermöglicht zum
anderen eine sinnvolle Verbindung zu Röm 14. Demnach wäre die
eine, von Gott jedem Einzelnen zugeteilte Pistis das Kriterium,
an dem sich sowohl die Selbsteinschätzung wie auch der Umgang
mit den eigenen Gnadengaben zu messen hätte. Die Pistis hat hier
also denselben normativen Charakter wie in Röm 14. Inhaltlich
ist Pistis als Norm durch das Herrsein Christi (der eine Leib)
und die dementsprechende Sicht des Bruders gekennzeichnet (Röm
14: Liebe zu dem von Gott angenommenen Mitsklaven/ Röm 12: Selbstverständnis als Glied unter Gliedern). Wie Christus die Christen
als der eine Leib verbindet und als der Herr in ihrem Handeln
bestimmt, so verbindet und bestimmt auch die Pistis die Glaubenden.

Auch in Röm 12,3 kann also kein Beleg für ein quantifizierendes
Verständnis der Pistis gesehen werden, so daß sich eine solche
Deutung auch für Röm 14 nicht nahelegt. Das Verhältnis der beiden
Stellen bestimmt sich vielmehr wie folgt: Mit Röm 12 beginnt der
paränetische Teil des Röm. Paulus stellt die Pistis dezidiert
an den Anfang dieses Abschnitts, um so deutlich zu machen, daß
für die gesetzesfreie Gemeinde (c.1-11) Pistis das entscheidende
Kriterium für gottwohlgefälliges Handeln darstellt. Von dieser
Voraussetzung her diskutiert Paulus dann in Röm 14 den römischen
Gemeindestreit und kann in Übereinstimmung mit Röm 12,3 die
These vertreten, daß alles, was nicht aus Glauben geschieht,
Sünde ist(75).

7.6. Die ekklesiologischen Konsequenzen der paulinischen Kon-
zeption

Das soziale Bezugsfeld der paulinischen Paränese in Röm 14f ist
die Gemeinde der Christen in Rom, nicht die Gesamtkirche oder der
einzelne Christ. Die Mahnungen des Apostels richten sich an diese
konkrete, überschaubare Anzahl von Menschen, die - an einem Ort
lebend - durch eine gemeinsame religiöse Ausrichtung sowie durch

---

73 Anders SCHLATTER, Glaube, 613.

74 CRANFIELD, METPON; ders., Romans II, 613-616.

75 Gemeint ist mit πίστις nicht die fides quae (gegen BULTMANN, ThWNT VI,
   214; KÄSEMANN, HNT 8a, 326; SCHLIER, HThK VI, 370; WILCKENS, EKK VI/3,
   14), sondern die fides qua creditur, das Gläubigsein im Sinne des Lebens
   für den Herrn (so auch CRANFIELD, Romans II, 621).

verschiedene Formen gemeinschaftlichen Lebens (Gottesdienste, Mahl-
zeiten usw.) verbunden sind, und nur hier beanspruchen sie Gültigkeit und Autorität.

Die paulinische Paränese ist insofern ein Beispiel für die Ethik
der Spätantike, in der die Gemeinde "zur kleinsten normativen
Einheit im Bereich des Sittlichen (wird), zumal dann, wenn der
Unterschied zwischen Geweihten und Eingeweihten, Gläubigen und
Ungläubigen als besonders stark empfunden ... wird"(76).

Fragt man von dieser rein phänomenologischen Beobachtung ausgehend
nach den ekklesiologischen Konsequenzen des paulinischen Grundsatzes
'Alles, was nicht aus Glauben geschieht, ist Sünde', so ergeben sich
zunächst zwei das Feld möglicher Antworten begrenzende Grundaus-
sagen:

- Christsein bedeutet eo ipso Zugehörigkeit zu einer konkreten
  Gruppe von Menschen und Lebensgemeinschaft mit den Mitgliedern
  dieser Gruppe;
- von daher ist die Ethik nicht ein gegenüber dem Gottesverhältnis
  des Einzelnen sekundäres, aus diesem erst zu deduzierendes Element christlicher Existenz, sondern vielmehr konstitutiv für die
  Zugehörigkeit zur christlichen Gemeinde und damit für das Christsein.

Es ist somit nicht möglich, soziale und religiöse Motive in der
paulinischen Argumentation voneinander zu trennen und gegeneinander
auszuspielen, wie R.J. Austgen es vorführt[77].

Austgen geht aus von J. Leclercqs phänomenologischer Differenzierung zwischen 'l'impératif social', 'l'impératif religieux'
und 'le précepte (l'impératif moral)'(78) und versucht, diese
für die Exegese von Röm 14f fruchtbar zu machen. Das Gemeinde-
problem, mit dem sich Paulus auseinanderzusetzen hat, ist nach
Austgen "social rather than religious"(79). Dementsprechend seien
auch die religiösen Aspekte der paulinischen Argumentation gegenüber seinem eigentlichen, das Sozialverhalten der römischen
Christen betreffenden Interesse eher sekundär als normativ(80).
Im Mittelpunkt stehe vielmehr "a social altruistic concern"(81).

Ganz abgesehen von den generellen Schwierigkeiten, die sich bei
der Anwendung solch idealtypischer, auf phänomenologischem Weg
gewonnener Differenzierungen auf konkrete Texte ergeben(82), erscheint gerade in Bezug auf Röm 14f eine Trennung von sozialen
und religiösen Aspekten unmöglich. Dies zeigt sich in Austgens
Analyse zum einen durch die Reduktion des Religiösen auf den Bereich religiöser Wahrheiten, zum anderen darin, daß die zentrale
Rolle der Pistis im paulinischen Argumentationsgang völlig unbe-
achtet bleibt.   •

---

76 DIHLE, RAC VI, 680.
77 AUSTGEN, Motivation.
78 LECLERCQ, Lignes, 10.
79 A.a.O., 99.
80 A.a.O., 100.
81 A.a.O., 100.
82 LECLERCQ gesteht selbst ein: "Les trois impératifs sont le plus souvent
    mélangés", a.a.O., 11.

In der Tat geht es in Röm 14f um "das rechte Zusammenleben"[83],
aber dadurch daß Paulus das römische Problem von Anfang an vom Glauben her diskutiert, macht er deutlich, daß es in seinem Verständnis
eben keinen Bereich gibt, in dem das Religiöse nur sekundäre Funktion hat. Wir hatten gesehen, daß Paulus unter einem Handeln ἐκ
πίστεως das 'Leben für den Herrn', oder generell das Christsein
versteht, πίστις sich von daher definiert als eine den Menschen
ganzheitlich in seinem Sein und Tun bestimmende Größe, die im Hinblick auf das je konkrete Verhalten zugleich Kraft (im Sinne der
Befähigung) und Norm ist. In diesem Sinne ist Pistis das die Gemeinde als soziales Feld konstituierende Element, d.h. Pistis ist
das wesentliche Kennzeichen dieser Gruppe und von daher auch das
alleinige Kriterium der Abgrenzung. Da der Glaube im paulinischen
Sinn nicht auf das Bekenntnis zu reduzieren ist, sondern sowohl
das Verhältnis zu Gott als auch das zum Bruder umfaßt, kann ein bestimmtes Verhalten, nämlich πᾶν ὃ οὐκ ἐκ πίστεως, per se aus der
christlichen Gemeinde ausgrenzen. Von daher stände 'Sünde' dann
in Röm 14,23b auch für den von der christlichen Gemeinde verschiedenen Bereich der Welt. Allein durch die Pistis und in Einklang mit
ihr, d.h. allein im Raum der christlichen Gemeinde ist ein Leben
außerhalb der Macht der Sünde möglich. Durch die Pistis hat Gott
den Zugang zu und den Bestand in einer 'sündfreien Enklave' inmitten
der universellen Herrschaft der Sünde ermöglicht; diese Enklave
ist deckungsgleich mit der christlichen Gemeinde.

Der Rigorismus des paulinischen Ansatzes hat demnach noch eine
speziell soziologische Spitze. Hier wird ja nicht nur hinsichtlich
des Einzelnen Sünde durch das Fehlen von Pistis definiert, sondern
darüber hinaus - eben weil Christsein nur in der Lebensgemeinschaft
mit anderen Christen möglich ist - eine radikale Abgrenzung der
christlichen Gemeinde gegenüber der Welt (=Sünde) vollzogen.

Darauf daß Paulus hier in der Tat diesen soziologischen Aspekt
im Blick hat, deutet schon die erste Mahnung in Röm 14,1: Nach
Michel ist προσλαμβάνομαι im Sinne einer rechtlichen Maßnahme der
Gemeinde zu verstehen, nämlich der 'Anerkennung als Bruder' und
'Zulassung zur Gemeinde und ihrem Mahl'[84]. Richtet sich die Mahnung
in 14,1 an die 'Starken', die die 'Schwachen' aufnehmen sollen, so
ist sie in 15,7 an beide Gruppen mit dem Ziel der gegenseitigen Aufnahme gerichtet. Wenn Michel recht hat, dann geht es in Röm 14f
also nicht nur um innergemeindlichen Streit, sondern darüber hinaus

---

83 NIEDER, Motive, 73.
84 MICHEL, KEK IV, 422.

um die Frage der Aufnahme   bzw. des Ausschlusses aus der christlichen Gemeinde. Die Mahnung zur Aufnahme der 'Schwachen' wird in
V.3 damit begründet, daß Gott den 'Schwachen' bereits aufgenommen
hat. Dieses Argument ist jedoch nur aufgrund der Tatsache schlüssig,
daß Paulus sowohl den Fleischessern als auch den Enthaltsamen grundsätzlich Pistis zugesteht. Durch die Pistis sind 'Starke' wie
'Schwache' in den Bereich der heilvollen Nähe Gottes aufgenommen
und werden darin Bestand haben (V.4); insofern kann auch keiner der
beiden Gruppen der Zugang zur christlichen Gemeinde als der empirisch faßbaren Form des Bereichs der Gottesnähe verwehrt werden.
Diese im Hinblick auf den Streit zwischen 'Starken' und 'Schwachen'
Integration fördernde Argumentation hat damit aber zugleich aus-
und abgrenzenden Charakter: da nur die Pistis zum 'Stehen' befähigt,
ist die einzig mögliche Konsequenz für den, der sein Handeln nicht
auf die in der Pistis erfahrene Kraft gründet und von daher normieren
läßt, der Fall, und zwar sowohl das Nicht-Bestand-Haben vor Gott,
als auch der Ausschluß aus der christlichen Gemeinde, d.h. aber
der Rückfall in die Sünde.

8. Kapitel
TEILHABE AN DER GEMEINDE DER ERWÄHLTEN

Wir hatten gesehen, daß die ekklesiologischen Konsequenzen der paulinischen Verhältnisbestimmung von Glaube und Sünde in Röm 14 in einer radikalen Abgrenzung der Gemeinde gegenüber der Welt bestehen. Der πίστις kam dabei die doppelte Funktion der innergemeindlichen Integration unterschiedlicher Positionen einerseits und der Abgrenzung nach außen andererseits zu. Es legt sich von daher nahe, im folgenden die Rolle der πίστις als soziologischem Identifikationsmerkmal der frühchristlichen Gemeinden näher in den Blick zu nehmen. Dabei liegt der Augenmerk nicht in erster Linie auf der Frage des Eintritts in die Gemeinschaft der Glaubenden, sondern untersucht werden soll, ob und inwieweit die πίστις im paulinischen Sinne die Gruppenidentität frühchristlicher Gemeinden konstituiert und das zur Abgrenzung gegenüber anderen religiösen Gemeinschaften notwendige Erkennungszeichen bildet.

Die Grundvoraussetzung für ein sinnvolles Fragen in diese Richtung ist die paulinische Sicht des Glaubens als einer erst in der christlichen Verkündigung für alle eröffneten Möglichkeit.

Die Identität einer Gruppe macht sich häufig fest an einem Gruppennamen, der das alle Gruppenmitglieder verbindende Element enthält. Ein solch verbindlicher Gruppenname existiert für Paulus noch nicht. Die Bezeichnungen der christlichen Gemeinden schwanken zwischen Ausdrücken, die die Sonderstellung gegenüber der Welt betonen (ἅγιοι, ἐκλεκτοί), solchen, die ein Spezifikum der innergemeindlichen Struktur offenbaren (ἀδελφοί) und solchen, die ein gemeinsames Merkmal der Gruppenmitglieder signalisieren (πνευματικοί, πιστοί, πιστεύοντες). Der Name Χριστιανοί , der seinen Ursprung in der antiochenischen Gemeinde hat (Act 11,26), ist für Paulus noch nicht relevant[1].

---

[1] Der antiochenische Bischof Ignatius dagegen verwendet Χριστιανοί bereits häufig als Gruppenname: IgnEph 11,2; Trall 6,1; Magn 4,1; Röm 3,2; Pol 7,3; im NT erscheint diese Bezeichnung nur in Act (11,26; 26,28) und in I Petr 4,16. Interessant ist die Verwendung von Χριστιανός in IgnRöm 3,2; dort wird diese Selbstbezeichnung näher durch die Wendung πιστὸς εῖναι erläutert. Vielleicht deutet die Stelle einen Übergang von dem ursprünglicheren πιστός zur spezifisch antiochenischen Selbstbezeichnung Χριστιανός an. Jedenfalls kann Ignatius auch πιστός und ἄπιστος ohne weiteres als Kennzeichnung für Christen und Nichtchristen verwenden (Trall 10,2; Magn 5,2; Eph 8,2)

Im NT sind das Adjektiv πιστός (bzw. ἄπιστος) und Partizipial-
formen von πιστεύειν bereits häufig im technischen Sinne als Bezeichnung für die Christen verwandt[2]. Um der Frage nach dem Stellenwert der πίστις als Identifikationsmerkmal näher zu kommen, werden
wir vor allem Texte, in denen es um die Abgrenzung und den Unterschied zwischen 'drinnen' und 'draußen' geht, in den Blick nehmen
müssen.

8.1. Warnung vor der Gemeinschaft mit Heiden

8.1.1. II Kor 6,14-7,1

Thema dieses paränetischen Abschnitts ist die Identität der Gemeinde, derer sie sich durch deutliche Abgrenzung gegen Nicht-
Glaubende bewußt werden soll[3].

V.14 nimmt die mit 5,21 eingeleitete[4] und in 6,1 begonnene Paränese nach dem zwischengeschalteten Peristasenkatalog wieder auf.
Es geht demnach in den VV.14ff um die Abwendung der in 6,1 angesprochenen Gefahr, daß die Korinther die Gnade Gottes umsonst (ver-
geblich) empfangen haben. Dies wäre der Fall, wenn sie sich mit
vor das fremde Joch heidnischer Bestrebungen und Lebensart spannen
ließen[5].

Die Anfangsmahnung (V.14a) wird dann durch fünf parallel aufgebaute rhetorische Fragen, von denen die ersten vier je paarweise
zusammengefaßt sind, begründet, wobei die Anfangsopposition 'ihr -
die Ungläubigen' variiert wird. Heinrici weist zu Recht darauf hin,
daß logisch gesehen die vierte Frage keine Beweiskraft, sondern das
Beweisthema selbst enthält[6]. Demnach wird die Anfangsopposition 'ihr -
- die Ungläubigen' in V. 15 durch den Gegensatz 'πιστός - ἄπιστος'
wiederholt. Während in den Gegensatzpaaren 'δικαιοσύνη - ἀνομία'
(V.14b), 'φῶς - σκότος' (V.14c), 'Χριστός - Βελιάρ' (V.15a)[7] und
'ναὸς θεοῦ - εἴδωλα' (V.16a) die Beweiskraft für die Anfangsmahnung

---

2 Vgl. Act 15,5; 18,27; 19,18; 21,20.25; I Thess 1,7; 2,10; Hebr 4,3; I Kor
   7,12-15; 10,27; 14,22.

3 Vgl. BERGER, Bibelkunde, 386.

4 Beachte auch dort schon die 'dualistische Struktur' (Gerechtigkeit - Sünde).

5 Nach HEINRICI, KEK VI, 240, geht es nicht einfach um Gemeinschaft mit Heiden, sondern um "eine Gemeinschaft, in welcher der ungläubige Theil mass-
   gebend, für die Denk- und Handlungsweise des christlichen Theils bestimmend
   ist".

6 A.a.O., 242.

7 Beliar meint den 'Antimessias'; vgl. LIETZMANN, HNT 9, 129.

im Vordergrund steht, dient die Opposition 'πιστός - ἄπιστος' zur
Kennzeichnung der beiden zu trennenden Gruppen.

Bilden Gerechtigkeit und Gesetzlosigkeit, Licht und Finsternis,
Christus und Beliar, Gott und die Götzen sozusagen "natürliche"
Gegensätze, so daß sich Gemeinschaft unter ihnen per se ausschließt,
so gilt dies eben für den Gegensatz 'πιστός - ἄπιστος' nicht von
vornherein; dazu vielmehr bedarf es der Mahnung. In der Tat s o l l
die Trennung zwischen den πιστοί und den ἄπιστοι im paulinischen
Sinne so radikal und ausschließlich sein wie die zwischen Licht und
Finsternis usw. Denn das Ziel der Paränese ist die Bewährung der
Heiligkeit (7,1).

Das Thema 'keine Gemeinschaft' durchzieht den gesamten Abschnitt.
Die sprachliche Variation, derer sich der Apostel dabei bedient,
signalisiert die Radikalität seiner Forderung. Gemeinschaft mit den
Ungläubigen soll es weder als ἑτεροζυγεῖν , noch als μετοχή, κοινωνία , συμφώνησις, μερίς oder συγκατάθεσις , d.h. eben in keiner
Form geben. Vielmehr geht es um das ἐξελθεῖν ἐκ τοῦ μέσου αὐτῶν. Es
mag sein, daß der Gedanke kultischer Reinheit zugrunde liegt[8], er
steht für Paulus aber wohl nicht im Mittelpunkt. Zentrales Anliegen
ist ihm vielmehr, die Konsolidierung der frühchristlichen Gemeinschaft als einer unter den vielen religiösen Vereinen identifizier-
baren Gruppe nicht durch Anpassung oder Vermischung zu gefährden.
Hier wird ein soziales Anliegen mit theologischen Kategorien vorgetragen.

Für unseren Zusammenhang wichtig ist die Tatsache, daß sich der
Apostel der Begriffe πιστός und ἄπιστος zur Kennzeichnung der zu
trennenden Gruppen bedient. Dadurch wird deutlich, daß er in der
πίστις das zentrale Identifikationsmerkmal der christlichen Gruppen
sieht und dies auch bei seinen Hörern voraussetzt. Die πίστις ist
demnach das die einzelnen Glieder der Gemeinde verbindende, zugleich aber auch das die Gemeinschaft als ganze nach außen abgrenzen-
de Element.

Daß Paulus die Tatsache, daß auch außerhalb der Gemeinde Stehende
in irgendeiner Form "gläubig" sind, außer acht läßt, ist nicht dadurch zu erklären, daß für ihn πιστός hier inhaltlich auf das Bekenntnis zu Jesus Christus festgelegt ist, so daß sich ein Gegensatz 'Christusgläubige - Andersgläubige' ergeben würde. Dafür findet
sich im Text kein Anhaltspunkt; πιστός ist absolut gebraucht. Die
ἄπιστοι sind im paulinischen Sinne in jeder Hinsicht ungläubig. Es

---

8 So HEINRICI, a.a.O., 240.

geht bei der Trennung nicht nur um unterschiedliche Glaubensinhalte,
vielmehr ist πίστις als Zutritt zur Nähe Gottes und damit als Grundlage der Heiligkeit, die es zu bewahren gilt, eine außerchristlich
(d.h. ohne apostolische Verkündigung) nicht verfügbare Größe[9] und
kann nur deshalb zu einem Identifikation ermöglichenden Gruppennamen werden.

8.1.2. I Kor 5,9-6,11

Zunächst scheint hier die Forderung zur Abgrenzung weniger radikal zu sein als in II Kor 6,14ff. Die in einem früheren Brief ausgesprochene Mahnung[10], keine Gemeinschaft mit den πόρνοι zu haben,
bezieht sich - so stellt Paulus klar - nur auf Gemeindeglieder, da
ein genereller Verzicht auf den Umgang mit Unzüchtigen, Habsüchtigen
und Götzendienern den Auszug aus der Welt bedeuten würde (5,10).
Was in II Kor gefordert wird, der 'Auszug aus ihrer Mitte', wird
in I Kor als Konsequenz einer Fehlinterpretation einer früheren
Mahnung bezeichnet. Trotz dieses offenkundigen Unterschieds geht es
auch in I Kor 5f grundsätzlich um die Bewahrung der gefährdeten
Heiligkeit (Abgesondertheit) der Gemeinde; nur tritt hier ein zu-
sätzlicher Aspekt (die innergemeindliche Ordnung) hinzu.

Abgrenzung wird in zweifacher Hinsicht gefordert: nämlich einmal
gegenüber Gemeindegliedern (τις ἀδελφὸς ὀνομαζόμενος, 5,11), die
unzüchtig leben; ihnen gegenüber gilt: ἐξάρατε τὸν πονηρὸν ἐξ ὑμῶν
αὐτῶν (5,13/Dtn 17,7; vgl. 5,5). Andererseits wird trotz der ein-
schränkenden Bemerkung in 5,10 eine deutliche Absonderung von denen,
die "draußen sind" gefordert[11]. Dies wird expliziert an der Frage
der Zuständigkeit heidnischer Gerichte für innergemeindliche Rechtsstreitigkeiten. Der Apostel steht mit der radikalen Ablehnung der
Verquickung von innergemeindlichem Streit und heidnischer Gerichts-
barkeit innerhalb der jüdischen Tradition[12], deren Hintergrund die
Exklusivität Israels ist[13].

Der Gattung nach ist der Abschnitt 6,1-11 eine Anklagerede[14].
Gegenstand der Anklage ist die Praxis der korinthischen Gemeinde

---

9 Vgl. Kapitel 1.

10 Vgl. FASCHER, ThHK VII/1, 165; CONZELMANN, KEK V, 120, Anm. 55; WEISS, KEK
   V, 138.

11 οἱ ἔξω ist auch sonst technischer Ausdruck für die außerhalb der Gemeinde
   stehenden Heiden: I Thess 4,12; Kol 4,5; I Tim 3,7; Mk 4,11; vgl. WEISS,
   a.a.O., 144.

12 Vgl. Bill III, 362f.

13 Vgl. CONZELMANN, a.a.O., 126.

14 Vgl. BERGER, Bibelkunde, 369.

in Rechtsfragen, die ihrem Status der Heiligkeit nicht entspricht.
Die Betonung der Heiligkeit bildet den Rahmen der Paränese: Das
Attribut ἅγιοι, mit dem Paulus in V.1 die Gemeindeglieder betont
kennzeichnet, ist grundgelegt in dem in der Taufe geschehenen
ἁγιάζεσθαι (V.11). Gegenüber der von Paulus angegriffenen Praxis
der Korinther erhebt der Apostel eine doppelte Forderung: Rechts-
händel unter Brüdern sollen innergemeindlich geschlichtet (διακρῖναι,
6,5) und nicht vor heidnischen Gerichten entschieden werden[15]. Darüber hinaus geht die Forderung, Rechtsstreitigkeiten unter Brüdern
überhaupt zu vermeiden, weil dadurch ein Rückfall in die heidnische
Vergangenheit der Gemeindeglieder droht. Damit kommt ein dritter
Aspekt der Abgrenzungsforderung in den Blick: der radikale Bruch
mit der eigenen Vergangenheit, das "Beseitigen des dem neuen Status
unangemessenen alten Rests"[16].

Es gibt demnach eine dreifache Abgrenzungsfront: gegen "Brüder",
die πόρνοι usw. sind, gegen die, die "draußen" sind, und gegen den
Rückfall in die durch ἀδικία gekennzeichnete eigene Vergangenheit.

Für unseren Zusammenhang ist interessant, wie Paulus die zu
trennenden Gruppen terminologisch faßt. Die Gemeinde bezeichnet der
Apostel mit den Begriffen ἀδελφοί, οἱ ἔσω und ἅγιοι. Demgegenüber
werden die Außenstehenden als οἱ ἔξω, ἄδικοι und ἄπιστοι bezeichnet[17],
die von der Gemeinde verachtet werden (6,4). Sie unterscheiden sich
wesentlich weder von den "Brüdern", die sich dem Titel Bruder nicht
entsprechend verhalten, denn die Aufforderung: Schafft sie aus eurer
Mitte! ist nur die Konsequenz ihrer eigenen Ausgrenzung aus der
Gemeinde; durch ihr Verhalten stellen sie sich den Außenstehenden
gleich. Noch unterscheiden sich die, die draußen sind, wesentlich
von denen, die in ihre heidnische Vergangenheit zurückfallen, denn
diese werden wie jene ἄδικοι genannt.

Die πίστις als Identifikations- und Abgrenzungsmerkmal kommt hier
terminologisch weniger deutlich zum Tragen als in II Kor 6,14ff:
zum einen fehlt πιστός, πιστεύοντες o.ä. als Bezeichnung für die
christliche Gemeinde, zum anderen ist die Bezeichnung ἄπιστοι für

---

15 Dies wird mit der eschatologischen Richterfunktion der Heiligen über Welt
    und Engel begründet, während gegenwärtig Gott die richtet, welche draußen
    sind (5,12f), sind die Christen eschatologisch an Gottes bzw. Christi
    Richten beteiligt.

16 BERGER, Bibelkunde, 369: Paulus spielt hier auf das zur Abgrenzung gegen-
    über der eigenen Vergangenheit geläufige Einst-Jetzt-Schema an (vgl. Röm
    7,5f; 11,30; Gal 1,23; Eph 5,8; I Petr 2,10); vgl. CONZELMANN, a.a.O., 129.

17 Mit den ἄδικοι   sind die Außenstehenden gemeint; vgl. CONZELMANN, a.a.O.,
    126; dieselbe Gruppe ist auch mit ἄπιστοι   gemeint; vgl. WEISS, a.a.O.,
    150; V.4b ist als Erläuterung zu ἐπὶ ἀδίκων   (V.1) aufzufassen; vgl.
    WEISS, a.a.O., 149.

die Außenstehenden eine unter anderen (ἄδικοι, οἱ ἔξω), so daß zunächst nur beobachtet werden kann, daß Paulus auch hier im Kontext
der Forderung nach Abgrenzung ἄπιστοι ohne jeden Zusatz als Kennzeichnung der Außenstehenden verwenden kann. Zwei Argumente können
jedoch diese Beobachtung in ihrem Gewicht noch verstärken. Zum einen
nimmt Paulus am Schluß der Paränese deutlich Bezug auf den Beginn
des Christseins der Korinther, auf deren Bekehrung und Taufe. Der
Akzent liegt hier zwar auf der darin grundgelegten Heiligkeit der
Gemeinde, vorausgesetzt ist aber doch - sowohl für den Apostel als
auch für die Hörer -, daß dieser Schritt über das Gläubigwerden,
über die πίστις als Schwellenphänomen vollzogen wurde, so daß sich
die Bezeichnung der nicht zum Bereich der Heiligkeit gehörenden als
ἄπιστοι problemlos ergibt. Zum anderen ist in der Kennzeichnung der
heidnischen Richter als ἄδικοι nicht nur paulinische Polemik zu
sehen. Vielmehr gelten sie aus der Sicht der Christen deshalb als
ungerecht, weil sie die πίστις und die darauf gründende Auffassung
von δίκη nicht kennen[18]. Deswegen ist die Tatsache, daß sie sich als
ἄπιστοι von der Gemeinde, deren Merkmal die πίστις ist, unterscheiden, die Grundlage für ihre 'Ungerechtigkeit'.

8.2. Das Verhältnis zu Israel: Röm 11,17-24

Anders als das Verhältnis zu den Heiden bestimmt Paulus die Beziehung zwischen christlicher Gemeinde und Israel nicht allein durch
Abgrenzung, sondern im Sinne einer differenzierten Identität. Dabei
ist der aktuelle Zustand der Trennung allein vor dem Hintergrund
der grundsätzlichen Einheit zu sehen, die in der Kontinuität der
Treue Gottes (Röm 3,3f) und der Gültigkeit seiner Erwählung (Röm 11,1)
grundgelegt ist. Dies kommt beispielhaft in Röm 11,17-24 zum Ausdruck. Der Zielpunkt dieses Abschnitts liegt in der an die Heidenchristen gerichteten Warnung μὴ κατακαυχῶ τῶν κλάδων (V.18). Die
Begründung hierfür bildet der Inhalt des Doppelgleichnisses aus
V.16, dessen zweite Hälfte Paulus in den VV.17ff näher ausführt:
"Israel bleibt wegen der Heiligkeit der Väter ein heiliges Volk"[19].
Das Bild von Israel als Ölbaum geht zurück auf Jer 11,16 und findet
sich in manchen Abwandlungen in der atl.-jüdischen Überlieferungsgeschichte häufig als Ausdruck der Erwähltheit Israels[20]. Der Gedanke

18 Vgl. FASCHER, a.a.O., 169.
19 BERGER, Abraham, 84.
20 Z.B. Israel als Weinstock: Hos 10,1; Jer 2,21; Ez 15,1ff; 19,10ff; Ps
    80,9ff; LibAnt XII 8f; XVIII 10f; XXIII 12; XXVIII 4; XXX 4; XXXIX 7;
    IV Esr 5,23; vgl. Bill II, 495. 564f; vgl. auch das Bild von der "Pflan-
    zung Gottes" für die Qumrangemeinde in 1 QS 8,5; 11,8; 1 QH 6,15; 8,5-10.

aber, daß die Heiligkeit des Baumes in der Wurzel gründet, wird erst
von dem vorangehenden Bild der Teighebe her verständlich[21].

Erst vor dem Hintergrund der bleibenden Heiligkeit Israels ist
die faktische Trennung zwischen christlicher Gemeinde und Israel im
Sinne des Paulus recht zu verstehen. Diese Trennung macht sich, wie
auch die Absonderung gegenüber der heidnischen Umwelt, an der Opposition 'πίστις - ἀπιστία' fest. Auch hier ist die πίστις nicht explizit christologisch bestimmt.

Anders als in den zur Absonderung von Heiden mahnenden Texten
hat der Glaube hier jedoch eine doppelte Funktion: er trennt nicht
nur vom ungläubigen Israel, sondern - und darauf liegt der Ton - er
stiftet die Verbindung zur Wurzel, d.h. zu den Erzvätern und damit
zur Partizipation an dem ihnen verheißenen Heil. Dieselbe Funktion
hatte πίστις auch in dem paulinischen Abrahams-Midrasch in Röm 4.
Dort war der Glaube zur notwendigen Grundlage jeder Berufung auf
Abraham als Vater und der Teilhabe an seinen Verheißungen erhoben[22].
Röm 11,29 läßt sich so als Wiederaufnahme des in Röm 4 Dargestellten
in kürzester Form verstehen. Von daher ist Rengstorfs These, Paulus
meine mit der Wurzel Abraham (auch in TestJud 24,5 wird Abraham als
'Wurzel' bezeichnet), durchaus berechtigt[23]. Legt man den Gedanken-
gang von Röm 4 für Röm 11 zugrunde, dann ist es nicht die christliche (aus Juden und Heiden bestehende)Gemeinde, die sich abgrenzt:
sie steht vielmehr durch die πίστις in der Kontinuität des den Erzvätern verheißenen Heils (eben weil die πίστις auch schon für Abraham Grundlage für Rechtfertigung und Verheißungsempfang war). Israel
dagegen bricht durch seine ἀπιστία aus der gemeinsamen Geschichte
aus. Der πίστις und der ἀπιστία entsprechen Güte und Strenge Gottes
(V.22). Das Verharren bei der Güte, das Paulus den Heiden anrät,
meint also das Bleiben in der πίστις. Darauf deutet auch die opposi-
tionelle Wendung ἐπιμένειν τῇ ἀπιστίᾳ (V.23).

Zentrales Anliegen ist dem Apostel demnach nicht die Mahnung zur
Abgrenzung (allenfalls in dem Hinweis, beim Glauben zu verharren),
sondern die Erklärung der aktuellen Trennung, die in dem Ausscheren
Israels aus der durch die πίστις konstituierten Verbindung mit den
Erzvätern und den an sie ergangenen Verheißungen ihren Grund hat.
Paulus erreicht dadurch, daß sich die christliche Gemeinschaft nicht

---

21 Vgl. BERGER, Abraham, 84.

22 Vgl. Abschnitt 4.3.1.

23 Vgl. RENGSTORF, Ölbaum-Gleichnis, 138-140; so auch BERGER, Abraham, 84.
    Röm 11,28 (πατέρες) zeigt freilich, daß grundsätzlich an alle Erz-
    väter gedacht ist.

als neue Gruppe legitimieren muß, sondern den Legitimationsdruck an
die nichtchristlichen Juden weitergeben konnte. Demgegenüber bleibt
festzuhalten, daß es Paulus nicht in erster Linie um die Desavouierung der nichtgläubigen Juden geht, nicht wie gegenüber den Heiden
um strikte Abgrenzung, sondern vielmehr darum, die gegenwärtige Trennung zwar einerseits auf den Ausbruch der Juden aus der gemeinsamen
Heilstradition zurückzuführen, andererseits aber auch als temporäre
Erscheinung auf dem Weg zur endlichen Einheit darzustellen. Für
unseren Zusammenhang bleibt festzuhalten, daß Paulus auch in der Abgrenzung gegenüber den nicht-christlichen Juden die πίστις zum zentralen Identifikationsmerkmal christlicher Gemeinde macht. Darüber
hinaus dient die πίστις der Identitätsfindung der frühchristlichen
Gemeinschaften auch dadurch, daß sie in die Kontinuität der Heiligkeit Israels stellt. Auch hier wird also der Status der Heiligkeit
(Abgesondertheit) einzig und allein auf die πίστις zurückgeführt.

> Auch in den Sibyllinischen Weissagungen markiert die πίστις die
> Trennung zwischen Christen und Juden. Hier ist der Unglaube Israels
> der Ausdruck für Gottes strafendes Handeln. Weil Israel "einem
> Trunkenen gleich" nicht zur Besinnung gekommen ist, "die Ohren
> durch Taubheit verschlossen" das himmlische Kind des Herrn miß-
> handelt hat, bricht der Zorn des höchsten Gottes rasend auf die
> Hebräer und nimmt ihnen den Glauben weg (Sib I 360-364).
>
> Während für Paulus die endliche Einheit mit dem durch seine Wur-
> zel heilig bleibenden Israel im Mittelpunkt steht, läuft die Argu-
> mentation der sibyllinischen Orakel auf eine endgültige Trennung
> hinaus. Israels Fehler liegt nicht in seinem augenblicklichen Un-
> glauben, sondern in der Mißhandlung des Herrn, dessen Folge das
> strafende Gerichtshandeln Gottes ist, das mit der Wegnahme der
> πίστις beginnt. Zwar ist die christliche Gemeinde auch in Sib I
> als "neuer Trieb" (βλαστὸς νέος) bezeichnet, aber dieser wird
> nicht in den heiligen Baum Israel eingepfropft, sondern erblüht
> ἐξ ἐθνῶν (Sib I 383f).
>
> In dieser gegenüber Paulus unterschiedlichen Konzeption dokumen-
> tiert sich der seit der Synode zu Jamnia (90 n.Chr.) endgültig
> vollzogene Bruch des Judentums mit dem Christentum(24). Die auf
> Einheit gerichteten Hoffnungen des Paulus haben sich nicht er-
> füllt; deswegen wird die πίστις jetzt auch gegenüber den Juden
> ih der Weise gebraucht, in der sie Paulus gegenüber den Heiden
> verwandte: um die Trennung zu markieren.
>
> Auch im Frühjudentum kann das Oppositionspaar 'Glaube - Unglaube'
> zur Abgrenzung Israels von den Heiden gebraucht werden. So wird
> in IV Esr im Kontext der Klage über das Geschick Israels sowohl
> die Erwählung des Volkes als auch das dem entsprechende Verhalten
> (Glaube) zur Unterscheidung von den Völkern hervorgehoben: Israel
> glaubt - die Heiden leugnen (IV Esr 3,31f; vgl. 7,24.34-37).
> Auch in IV Esr 5,23-30 wird die Erwähltheit und der Glaube Israels
> dem Widerspruch der Heiden gegenübergestellt.

---

24 Nach KURFESS ist die Entstehungszeit der Bücher I+II der Sib in der Periode
    kurz nach Hadrian, um 150 n.Chr., anzusetzen (HENNECKE/SCHNEEMELCHER, II,
    501).

Die Sonderstellung Israels wird hier u.a. mit dem Bild des einen
Weinstocks, den Gott sich erwählt hat, ausgedrückt; dasselbe
Bild findet sich auch in LibAnt XII 8f in Kombination mit dem
Glauben als dem der Erwählung adäquaten Verhalten.
Auch für Philo dienen πίστις und ἀπιστία zur abgrenzenden Kennzeichnung Israels und der Heiden. Das wird in Ebr 36-40 deutlich,
wo Philo den Bericht über die mißglückte Bekehrung Jethros (!)
durch Mose umstilisiert. Daß es sich hier um einen Bekehrungs-
bericht handelt, darauf weisen die Stichworte 'ἀναπείθεναί',
'ἀποστῆναι τῶν κενῶν δοξῶν', 'ἀκολουθῆσαι', sowie die Gegenüberstellung von κενὸς τῦφος und ἐπιστήμη, von δόκησις und ἀλήθεια
und die geschickte Einbindung des Zitates "Komm mit uns, so wollen
wir Gutes an dir tun" (Num 10,29). Die Ablehnung dieses Angebots
und den Wunsch, in das eigene Land zurückzuziehen, interpretiert
Philo als Rückzug εἰς τὴν συγγενῆ ψευδοδοξοῦσαν ἀπιστίαν, ἐπειδὴ
τὴν ἀληθεύουσαν ἀνδράσι φίλην πίστιν οὐκ ἔμαθε . Das von Gott
für sein Volk verheißene Land wird zur Metapher für die πίστις,
weil eben die, die das Land bewohnen, das auserwählte Israel,
durch den Glauben qualifizierbar sind, während die nicht zu
Israel Gehörenden durch die ἀπιστία gekennzeichnet sind, die bei
Philo für das Heimatland Jethros (Hobabs) steht. So wie das verheißene Land für Israel reserviert ist, so ist die πίστις dem
auserwählten Volk vorbehalten und zeichnet es vor anderen Völkern
aus. Paulus konnte demnach in seiner Abgrenzungsstrategie auf
eine, wenn auch nur schmal belegte, frühjüdische Abgrenzungskon-
zeption zurückgreifen.

8.3. Die "Hausgenossen des Glaubens": Gal 6,10

"Demnach lasset uns nun, wie wir Gelegenheit haben, das Gute vollbringen gegen jedermann, am meisten aber gegen die Hausgenossen des
Glaubens (οἰκείους τῆς πίστεως)!" Mit diesem Aufruf beendet Paulus
die den paränetischen Teil des Gal abschließende Mahnrede (5,25 -
6,10), die verschiedene konkrete Einzelanweisungen beinhaltet.
Sprachlich ist diese Mahnrede durch den kommunikativen Plural am
Anfang (5,25f) und am Schluß (6,9f) gerahmt. Die Überschrift, die
die Einzelmahnungen inhaltlich verbindet, ist das 'Gesetz Christi'
(6,2), das es zu erfüllen gilt, indem Sünder im Geist der Sanftmut
zurechtgewiesen werden (6,1), einer des anderen Last trägt (6,2),
Gemeinschaft gehalten wird zwischen Lehrendem und Belehrtem in allen
Gütern[25] (6,6) und nicht nachgelassen wird im Tun des Guten (6,9f).

---

25 Ob damit nun die materielle Unterstützung des Lehrers durch den Schüler
    gemeint ist oder die Gemeinschaft, die beide im Tun des Guten verbinden
    soll, ist für unseren Zusammenhang nicht wichtig; die Mehrzahl der Forscher
    entscheidet sich für die erste Lösung: vgl. ZAHN, KNT 9, 272f; LIETZMANN,
    HNT 10, 42; SCHLIER, KEK VII, 275; MUSSNER, HThK IX, 402f; LÜHRMANN, ZBK
    NT 7, 97; HAUCK, ThWNT III, 798ff.809; BEYER, ThWNT III, 639; BORSE, Stand-
    ort, 37. Für die zweite Lösung entscheiden sich SIEFFERT, KEK VII, 338-
    340; OEPKE, ThHK 9, 191-193; für die erste Lösung sprechen u.a. die Paral-
    lelen in Barn 19,8 und Did 4,8. MUSSNER geht sogar soweit anzunehmen, Paulus
    denke hier an die Kollekte für die Armen der Urgemeinde; darauf weist seiner

Die Mahnung steht im Licht des Endgerichts; darauf deuten das eschatologische Futur in den VV.4.5.7b.8.9b, sowie die Stichworte καύχημα und θερίζειν. Von daher gilt einerseits, daß bei der Erfüllung des Gesetzes Christi jeder für sein eigenes Tun verantwortlich ist, weil auch im Gericht nur die eigenen Werke zählen (VV.4.5. 7b.8), andererseits daß nur noch eine bestimmte Frist (καιρός, V.10) dafür zur Verfügung steht. Der Kairos, in dem es jetzt zu handeln gilt, meint aber nicht nur die zeitliche Begrenztheit, sondern benennt eine positiv durch den Geistbesitz qualifizierte Epoche (vgl. 5,25). Aufgrund des Geistbesitzes ist es in der Zeit bis zum Endgericht möglich, das Gesetz Christi zu erfüllen, und nur der, der auf Geist sät, wird Leben ernten (6,8). Dem Kairos des Tuns des Guten entspricht der Kairos der Ernte; was der Mensch in dieser Zeit sät, wird er in jener ernten. Seine Chance besteht in der Gabe des Geistes an ihn.

Der hauptsächliche Wirkungsbereich des Gesetzes Christi ist von daher die Gemeinde der Geistbegabten; es geht um das Verhältnis der Christen untereinander (6,1.2.6.10; vgl. 5,14).

In der Schlußmahnung differenziert Paulus deutlich zwischen einem weiteren und einem engeren Geltungsbereich: 'alle' und die 'Hausgenossen des Glaubens'. Der Apostel bedient sich mit οἰκεῖος eines spezifisch soziologischen Terminus' zur Abgrenzung der Christen von 'allen'. Οἰκεῖος hat die Grundbedeutung "zu den Hausgenossen gehörig, in Beziehung stehend"[26], meint also das weitere Umfeld eines Hauses, das Klientel, das sich einem Haus zugehörig fühlt. Die bisherigen Versuche, die paulinische Wendung zu verstehen, nahmen ihren Ansatzpunkt stets bei der πίστις; die Bezeichnung οἰκεῖοι kam dabei lediglich als austauschbare Metapher für die Zugehörigkeit zur christlichen Gemeinde in den Blick[27]. Πίστις wird dabei zumeist mit

---

Ansicht nach auch die Wendung οἰκεῖοι τῆς πίστεως in V.10; dort ist aber zweifellos das Tun des sittlich Guten (καλόν, ἀγαθόν) und nicht die materielle Unterstützung, die freilich mit zum Tun des Guten gehören kann, allein gemeint.

26 Vgl. MICHEL, ThWNT V, 136.

27 Vgl. SIEFFERT, KEK VII, 346; ZAHN, KNT 9, 276; LIETZMANN, HNT 10, 43; MUSSNER, HThK IX, 407; MUNDLE, Glaubensbegriff, 93; die Wendung wird hier zumeist von der metaphorischen Bezeichnung der Christenheit als οἶκος θεοῦ her verstanden; die soziologische Dimension der Wendung vorsichtig andeutend: OEPKE, ThHK 9, 197; LÜHRMANN, ZBK NT 7, 98f. BINDER, Glaube, 56ff, meint hinter der Wendung stehe die Vorstellung, daß der Mensch in der πίστις wohnt (im Unterschied zu der umgekehrten Vorstellung in II Tim 1,5, die demgegenüber sekundär sei). In diesem Sinne ist der Genitiv aber wohl kaum auflösbar; Binder preßt die Wendung, um seine Interpretation der paulinischen πίστις als eines transsubjektiven Bereichs auch in Gal 6,10 bestätigt finden zu können.

'Christentum' oder 'Christsein' gleichgesetzt[28], so daß die Wendung
in Analogie zu οἱ ἐκ πίστεως (Gal 3,7.9; Röm 3,26) gesehen[29] oder
schlicht als Bezeichnung für die 'Mitchristen' verstanden wird[30].
Einig ist man sich darin, daß Paulus auf den abgegrenzten Bereich
der christlichen Gemeinde abzielt, der durch den Glauben als ein
neues, von Gott begründetes Gemeinschaftsverhältnis[31] qualifiziert
wird. An der Berechtigung dieser Interpretation besteht kein Zweifel;
die paulinische Wendung erlaubt aber m.E. noch darüber hinausgehende
Einsichten, wenn οἰκεῖος als soziologische Kategorie ernstgenommen
wird. Im folgenden soll daher versucht werden, die Wendung vom Begriff des οἰκεῖος her zu interpretieren. Wir erhoffen uns davon Aufschlüsse nicht nur über die soziologischen Implikationen des paulinischen Gemeindeverständnisses, sondern vor allem auch über die Funktion der πίστις innerhalb der Binnenstruktur frühchristlicher Gemeinde. Die Berechtigung einer solchen Vorgehensweise ergibt sich
zum einen aus der Bedeutung des 'Hauses' innerhalb der Sozialstruktur der hellenistischen Gesellschaft, zum anderen aus der Relevanz
von Hausgemeinden für die Ausbreitung und Konsolidierung des Christentums im apostolischen Zeitalter.

8.3.1. Die Rolle des 'Hauses' innerhalb der hellenistischen
       Gesellschaft

    Die infrage stehenden Begriffe οἶκος und οἰκία bezeichnen in der
gesamten Gräzität nicht allein das Haus als Gebäude, sondern - wie
auch das hebräische Äquivalent בית - sowohl den Kreis der Familie,
der nächsten Verwandten, als auch die vom Familienoberhaupt ab-
hängigen Menschen (sowie den gesamten Sachbesitz)[32]. Beide Begriffe
stehen damit für eine ganz bestimmte Organisationsform innerhalb
des Sozialgefüges der hellenistischen Gesellschaft. Lührmann sieht
im Oikos "nicht eine Sozial- und Wirtschaftsform unter anderen, sondern die elementare Sozial- und Wirtschaftsform schlechthin", als
deren Hauptmerkmale er die weitgehende Autarkie und die Einheit von
Produktion und Konsum sieht[33]. Die Konzeption des Oikos sei so grund-

---

28 MUNDLE, a.a.O., 93; BINDER, a.a.O., 92; LIETZMANN, HNT 10, 43; SCHLIER, KEK
    VII, 278; MUSSNER, HThK IX, 407; MICHEL, ThWNT V, 137.

29 MUNDLE, ebd.

30 BINDER, a.a.O., 92.

31 Vgl. MUNDLE, a.a.O., 162.

32 Vgl. KLAUCK, Hausgemeinde, 15-20.

33 Haustafeln, 87.89; vgl. ELLIOT, Home, 174.

legend für die hellenistische Gesellschaftsstruktur gewesen, daß man
besser von einer 'Oikos-Gesellschaft' als von einer Sklavenhalter-
oder Klassengesellschaft spreche[34]. Die elementare Bedeutung des
Oikos spiegelt sich u.a. in der Entstehung einer speziellen Litera-
turgattung 'Oikonomikos', die sich ausschließlich mit der Binnenstruktur des Hauses, den Interdependenzen der Mitglieder eines Oikos
befaßt[35]. Vor allem nach der Auflösung der Polis als einer über-
schaubaren politischen Organisationsform galt der Oikos als fundamentale politische Einheit und konnte als solche in enge Beziehung
zur Staatsform gesetzt werden, wie dies bereits bei Aristoteles angedeutet ist (Eth Nic 1161a 10ff). Judge wagt von daher die These,
daß sich die Republik als Staatsform nie hat vollständig durchsetzen
können, weil die Familie als kleinste Zelle des Staates immer patri-
archalisch organisiert blieb, und daß der Erfolg des Kaisertums insofern ein soziologisches Phänomen ist, als die Macht des Kaisers
durch den Hinweis auf die Stellung des pater familias legitimiert
werden konnte[36]. Das Volk nimmt dann die Stellung eines universalen
Klientels ein, wofür sich in der Tat Belege finden[37]. Die Bedeutung
des Oikos beschränkt sich demnach nicht allein auf die Rolle der
Hausgemeinschaften innerhalb der Gesellschaft, vielmehr kam dem
Oikos darüber hinaus konzeptionelle Bedeutung zu: das 'Haus' hatte
Modellcharakter auch für andere Sozialgebilde[38]. Daß sich der Oikos
als Sozial- und Wirtschaftsform trotz politischen und gesellschaft-
lichen Wandels durchhalten konnte und darüber hinaus zum Organisationsmodell für andere gesellschaftspolitische Bereiche werden konnte,
liegt sicherlich zu einem Großteil in der spezifischen Binnenstruktur
des 'Hauses' begründet, die eine weitgehende Autarkie ermöglichte.

Sieht man einmal ab von den z.T. unterschiedlichen Beschreibungen
der verschiedenen Rollen innerhalb eines Oikos und deren Beziehungen

---

34 A.a.O., 89.

35 A.a.O., 85f.

36 JUDGE, Household: ders., PATTERN, 30-39, bes. 32f; ähnlich auch ELLIOT,
    a.a.O., 175-179.

37 Vgl. z.B. ILS 5682: "... populo et familiai Caesaris"; Phil 4,22: "οἱ ἐκ
    τῆς Καίσαρος οἰκίας ". Für Philo war die Oikonomia eine Analogie zur
    Staatskunst. Zugehörigkeit zu einem 'Haus' und zu einem Staat, Hausfüh-
    rung und Staatsführung bilden für ihn natürliche Korrelate (vgl. Jos 37-39;
    Post 49-52; Migr 90; Cher 126; Sacr 124; u.ö.; weitere Stellen siehe bei
    ELLIOT, a.a.O., 244, Anm. 36). So finden sich bei Philo auch Wendungen wie
    οἰκία Καίσαρος (Flacc 35), Πτολεμαίων οἰκία (VitMos II 30), οἰκία
    Φαραώ (Migr 160), Κλαυδίων οἶκος (LegGai 33) u.ä., die nicht allein
    die Herrscherfamilien, sondern das gesamte Herrschaftsgebiet des jeweiligen
    Regenten meinen. Vgl. hierzu ROSTOVTZEFF, History, 1309.

38 Vgl. ELLIOT, a.a.O., 172-174.

zueinander[39], so ist diese Binnenstruktur entscheidend durch die
absolute Loyalität aller Mitglieder dem Oikos gegenüber gekennzeich-
net. Dies gilt auch für die nicht familiär an das Haus gebundenen
Klienten, freigelassene Sklaven oder auch freiwillig Hinzugekommene.
Im Gegenzug war dem Klientel soziale Sicherheit garantiert[40]. Die
Bindungen waren so stark, daß die Loyalität gegenüber den Interessen
des Hauses in Konkurrenz zur Staatsloyalität treten konnte[41]. Die
Solidarität innerhalb des Hausverbandes gründete nicht allein auf
ökonomischen und politischen, sondern auch auf religiösen Faktoren.
Das Haus war als Grundzelle des Staatsaufbaus Träger und Bewahrer
sowohl der politischen als auch der religiösen Ordnung der Gesellschaft[42]. Zu den Loyalitätspflichten der Mitglieder eines Oikos
gehörte also auch die Teilnahme am Familienkult und ihre Verweigerung mußte "zwangsläufig als ein Angriff auf die Einheit des Hausverbandes und seine Ordnungen, also als Angriff auf sein soziales
Gefüge gedeutet werden"[43].

Aufgrund der festen politischen, sozialen, ökonomischen und religiösen Bindungen aller Mitglieder eines Hauses untereinander und
gegenüber dem Haus und seinen Interessen erlaubte die Organisations-
from des Oikos eine klare Unterscheidung zwischen Zugehörigen
(οἰκεῖοι) und Außenstehenden (μέτοικοι, πάροικοι = ἀλλότριοι)[44] und
vermittelte den 'Hausgenossen' dadurch das Gefühl der Sicherheit
und der sozialen Identität.

Für unseren Zusammenhang ist nun interessant, daß das Vertrauens-
und Loyalitätsverhältnis, das als Binnenstruktur des Oikos für diese
Sozialform konstitutiv war, mit πίστις, πιστεύειν, πιστός bezeichnet werden konnte.

So gehört es für Theophrastos zu den Charakteristika eines bäu-
rischen Tölpels, daß er seinen Freunden und Hausgenossen mißtraut;
mit beißender Ironie beschreibt er dessen Großmannssucht:

"ὁ δὲ ἄγροικος τοιοῦτός τις, οἷος κυκεῶνα πιὼν εἰς
ἐκκλησίαν πορεύεσθαι, καὶ τὸ μύρον φάσκειν οὐδὲν
τοῦ θύμου ἥδιον ὄζειν, καὶ μείζω τοῦ ποδὸς τὰ ὑπο-
δήματα φορεῖν, καὶ μεγάλῃ τῇ φωνῇ λαλεῖν.
καὶ τοῖς μὲν φίλοις καὶ οἰκείοις ἀπιστεῖν, πρὸς δὲ
τοὺς αὑτοῦ οἰκέτας ἀνακοινοῦσθαι περὶ τῶν μεγίστων."
(Char IV 1f).

---

39 In den verschiedenen Ökonomien wird immer wieder das Verhältnis Mann - Frau,
    Herr - Sklave, Eltern - Kinder diskutiertert; vgl. LÜHRMANN, Haustafeln,
    83-86.
40 JUDGE, a.a.O., 31.
41 Vgl. MALHERBE, House Churches: ders., Aspects, 69.
42 GÜLZOW, Gegebenheiten, 192f.
43 GÜLZOW, ebd.
44 Vgl. ELLIOT, a.a.O., 174.

Denselben Vorwurf, den Theophrastos dem Bauerntölpel macht, richtet Plutarch gegen den Schmeichler und Schmarotzer, der, unfähig
sich wirklich wertvolle Qualitäten anzueignen, allen schändlichen
Eigenschaften nacheifert:

"καὶ ὁ κόλαξ ἐν τοῖς ἀξίοις σπουδῆς ὅμοιον ἑαυτὸν
ἐξαδυνατῶν παρέχειν οὐδὲν ἀπολείπει τῶν αἰσχρῶν
ἀμίμητον...ἀκρασίας γίγνεται μιμητής, δεισιδαιμονίας,
ἀκροχολίας, πικρίας πρὸς οἰκέτας, ἀπιστίας πρὸς οἰκείους
καὶ συγγενεῖς."(Mor 53 D/E).

In beiden Texten wird die ἀπιστία den οἰκεῖοι gegenüber als ver-
urteilenswerte Eigenschaft eines schlechten bzw. lachhaften Charakters dargestellt. Daraus kann man schließen, daß das Vertrauen, die
Loyalität innerhalb des Hausverbandes als das normale, lobenswerte,
vernünftige Verhalten angesehen wurde.

In gleicher Weise setzt auch Isokrates die πίστις als das die
Sicherheit unter Hausgenossen garantierende Verhalten voraus, wenn
er Gewaltherrschern vorwirft, daß sie das Leben der Bürger gefährden,
die Tempel der Götter plündern, die besten ihrer Mitbürger töten
und selbst den vertrautesten ihrer Hausgenossen nicht trauen:

"...ἔτι δὲ συλῶντας μὲν τὰ τῶν θεῶν, ἀποκτείνοντας δὲ
τοὺς βελτίστους τῶν πολιτῶν, ἀπιστοῦντας δὲ τοῖς
οἰκειοτάτοις"(X 32f).

Dadurch, daß die Gewaltherrscher u.a. durch die Aufkündigung der
Loyalität innerhalb des Hausverbandes jedem geordneten Zusammenleben
die Basis entziehen, ist auch ihr eigenes Leben von derselben Furcht
geprägt wie das von Todeskandidaten im Gefängnis (ebd.). Wer selbst
innerhalb des engsten Kreises des Hausverbands die elementare Loyalitätspflicht (πίστις) nicht erfüllt, kann über das Volk, das er beherrscht, nur Tod und Schrecken bringen.

In einer Anklageschrift gegen den angesehenen Athener Bankier
Pasion, die Isokrates für den jungen König von Bosporus verfaßte
und in der dem Bankier vorgeworfen wird, eine ihm anvertraute Geld-
summe veruntreut zu haben, begründet der Kläger das Vertrauen, das
er in Pasion setzte, damit, daß er wie ein Hausgenosse mit ihm verbunden gewesen sei:

"οὕτω γὰρ οἰκείως πρὸς αὐτὸν διεκείμην ὥστε μὴ μόνον
περὶ χρημάτων ἀλλὰ καὶ περὶ τῶν ἄλλων τούτῳ μάλιστα
πιστεύειν." (XVII 6)

Durch diesen Hinweis versucht Isokrates den Verdacht der Leicht-
gläubigkeit des Klägers zu entkräften; wer in der Beziehung eines
οἰκεῖος zu einem anderen steht, kann diesem berechtigt Vertrauen
schenken, weil gegenseitige πίστις ein Grundelement der Sozialform
Oikos ist.

Diese Überzeugung liegt auch zugrunde, wenn Demosthenes in seiner
Rede gegen Timotheos die Tatsache, daß sich unter dessen οἰκεῖοι
keine Zeugen finden, die für ihn sprechen, u.a. darin begründet findet, daß Timotheos die Loyalität gegenüber seinen Hausgenossen auf-
gekündigt hat:

"Μαρτυρίαν τοίνυν οὐδενὸς ἔχεις παρασχέσθαι τῶν
οἰκείων τῶν σαυτοῦ....οὐδενὶ χρῇ τῶν <u>οἰκείων</u> οὐδὲ
πιστεύεις τῶν σαυτοῦ οὐδενί"(49,41).

Die als selbstverständlich vorausgesetzte Unterstützung durch
Hausgenossen bleibt nur dann aus, wenn der Hilfesuchende sich zuvor
durch Aufkündigung der Loyalität selbst aus dem Hausverband ausgeschlossen hat.

Die angeführten Textstellen[45] machen deutlich, daß bereits im
pagan-griechischen Schrifttum πίστις und οἰκεῖος eng verbunden werden konnten; wichtig ist dabei vor allem, daß diese Verbindung sich
in einem intentionalen Element mit der paulinischen Wendung deckt:
Die πίστις (Loyalität/Glaube) wird verstanden als das Element, das
den Verband der οἰκεῖοι konstituiert, stabilisiert und erhält. Ob
jemand als οἰκεῖος oder als ἀλλότριος angesehen wird, hängt wesentlich davon ab, ob er seine Loyalitätspflicht (πίστις) dem Oikos
und seinen Mitgliedern gegenüber erfüllt. Beachtung verdient dabei
die Tatsache, daß dem Oikos als der elementaren Sozial- und Wirtschaftsform der hellenistischen Gesellschaft auch im paganen Bereich
eine religiöse Dimension (Hauskult) zukommt. Insofern könnte man
vermuten, daß sich die Loyalitätspflicht (πίστις) der Hausgenossen
auf die Partizipation am häuslichen Kult bezieht. Dieser Annahme
soll im Folgenden anhand der aus dem Hauskult entstandenen Privatkulte nachgegangen werden.

8.3.2. Die Bedeutung des 'Hauses' für pagan-griechische
Kultvereine

Wir hatten bereits betont, daß sich die hohe Bedeutung, die der
Oikos für die Sozialstruktur der hellenistischen Gesellschaft hatte,
u.a. darin äußert, daß das 'Haus' zum Organisationsmodell für andere
Sozialgefüge werden konnte. In hellenistischer Zeit entstehen eine
Fülle von Vereinen, Kollegien und Gemeinschaften, die zum Großteil
an der Form des Oikos orientiert sind. So unterschiedlich die Moti-
vationen zum Zusammenschluß waren (Bedürfnis nach wirtschaftlicher

---

45 Vgl. daneben noch Xenoph Mem I 2,55; Thuc VI 85,1.

Sicherheit, nach Geselligkeit, nach effektiver Interessenvertretung),
so verschieden waren auch die einzelnen Vereinsgründungen[46]. Ein gemeinsamer Impetus ist aber wohl in der Suche nach sozialer Identität
zu sehen. Ein weiterer gemeinsamer Aspekt liegt darin, daß "alle Ver-
eine und Kollegien in der antiken Gesellschaft nie lediglich profanen
Charakter, sondern stets auch ein religiöses Gesicht hatten"[47].

Es ist von daher nicht verwunderlich, daß sich auch rein religiös
orientierte Kultvereine am Oikos orientierten; so läßt sich z.B. aus
Papyri belegen, daß die kultischen Mahlfeiern des weit verbreiteten
Sarapiskults häufig in Privathäusern stattfanden[48]. Ebenso scheint
die Orphik ein reiner Hauskult gewesen zu sein[49]. Eine Fortentwick-
lung der Hauskulte des Oikos stellen die zahlreichen Privatkulte
dar, die an Privathäuser gebunden nicht auf die Großfamilie beschränkt waren, sondern Gemeinden um sich sammelten. Ein besonders
interessantes Beispiel dafür ist der Privatkult von Philadelphia
in Lydien aus dem 1.Jh.v.Chr., von dem eine Kultinschrift erhalten
ist. Der Text, der zuletzt von S.C. Barton und G.H.R. Horsley abge-
druckt und besprochen wurde[50], beinhaltet Anweisungen, die ein gewisser Dionysius in einer Traumoffenbarung von Zeus erhalten hat
(Z.4+12). Der Inschrift ist zu entnehmen, daß sich im Haus (οἶκος)
des Dionysius eine Kultstätte für Zeus Eumenes und eine ganze Gruppe
anderer griechischer Gottheiten befand (Z.6+11). Vermutlich wurde
der Kultort ursprünglich nur zur Verehrung der kleinasiatischen
Göttin Agdistis benutzt, die aber im Zuge einer Kultrefrom den
griechischen Göttern weichen mußte; es scheint ein Ziel der Kultinschrift zu sein, diese Reform durch den Hinweis auf die göttliche
Offenbarung zu legitimieren[51]. Agdistis taucht im Text nur noch
als Wächterin und Dienerin des Kultortes auf (Z.51f). Die Anord-
nungen, die die Inschrift beinhaltet, betreffen die Bedingungen des
Eintritts in den Oikos (Z.5.14f.32). Dabei bezeichnet οἶκος sowohl
die Kultstätte (das Haus des Dionysius oder ein Teil desselben) als
auch den Kultverein selbst (Z.23)[52]. Neben strengen moralischen

---

46 Vgl. hierzu ELLIOT, a.a.O., 180f; MALHERBE, a.a.O., 88f; GÜLZOW, a.a.O.,
    190f; KLAUCK, a.a.O., 86f.
47 GÜLZOW, a.a.O., 192; vgl. MALHERBE, a.a.O., 88; KLAUCK, a.a.O., 87.
48 Vgl. POxy 523; POslo III 157; PYale 85; vgl. KLAUCK, a.a.O., 88f.
49 Vgl. KLAUCK, a.a.O., 91f.
50 BARTON/HORSLEY, Cult Group, 7-41.
51 Vgl. BARTON/HORSLEY, a.a.O., 12f.
52 Vgl. BARTON/HORSLEY, a.a.O., 15f; οἶκος erscheint insgesamt fünfmal im
    Text: Z.5.15.23.32.52. Daß οἶκος nicht nur das Versammlungslokal, son-
    dern auch den Verein selbst bezeichnen konnte, belegt auch I Magn 94,5ff
    (ed. KERN):" ἀρετῆς ἕνεκεν καὶ εὐνοίας (ἣν ἔχ)ων διατελεῖ εἴς τε
    τὸν οἶκον τὸν ἱερὸν καὶ εἰς τὸ(ν δῆμον)".

Forderungen wird der Zutritt vor allem von einem Schwur (Z.16-25)
abhängig gemacht[53]. Darin geloben die Beitrittswilligen, daß sie
sich gegen niemanden (der Kultgenossen) der Täuschung, Giftmischerei
oder der Verführung mit Zaubermitteln schuldig machen, noch solche
Handlungen empfehlen oder stillschweigend dulden, sondern sich in
keiner Weise zurückhalten, dem Oikos gegenüber wohlgesonnen zu sein
(εὐνοεῖν τῶι οἴκωι τῶιδε, Z.23). Dieser einmalige Beitrittsschwur
wird bei den monatlichen und jährlichen Opferfeiern durch das Berühren des die Inschrift tragenden Steines bekräftigt (Z.54-58)[54].
Der Stein darf jedoch nur von den Männern und Frauen berührt werden,
ὅσοι πιστεύουσιν ἑαυτοῖς (Z.56). Diese Wendung kann übersetzt werden:
"die Vertrauen zu sich selbst haben", das heißt ein gutes Gewissen
haben, weil sie dem Schwur treu geblieben sind. Es ist aber auch
noch ein anderer Sinn denkbar: Die Pluralformen von ἑαυτοῦ können
auch im Sinne von ἀλλήλων, ἀλλήλοις gebraucht werden[55]. Die Übersetzung müßte dann lauten: "die einander Vertrauen schenken". Der
Beitrittsschwur wäre demnach als feierliches Versprechen gegenseitiger Loyalität zu verstehen. Ein solches Verständnis ist nicht
allein möglich, sondern legt sich vom Kontext her auch nahe[56]. Die
Verpflichtungen, auf die die Eintretenden vereidigt werden, betreffen ihr Verhältnis zueinander. Dies wird besonders an der Wendung εὐνοεῖν τῶι οἴκωι τῶιδε (Z.23) deutlich, zumal οἴκος hier vermutlich den Kultverein selbst, also die Gesamtzahl seiner Mitglieder
meint.

Wir haben in der Inschrift aus Philadelphia demnach ein Zeugnis
dafür vorliegen, daß erstens Kultvereine sich in vorchristlich-
hellenistischer Zeit um einen Oikos scharten, ja selbst als Oikos
bezeichnet werden konnten, zweitens Kultvereine analog zum Hausverband in ihrer Binnenstruktur durch wechselseitige Loyalität gekennzeichnet waren, drittens die beim Eintritt in den Kultverein in
Form eines Schwurs abgegebene Loyalitätserklärung mit πιστεύειν
bezeichnet werden konnte.

Für den Privatkult des Dionysius aus Philadelphia läßt sich
sagen, daß die zum Oikos Gehörenden durch die wechselseitig gewährte

---

53 Grundsätzlich ist der Zutritt Männern und Frauen, Freien und Sklaven mög-
    lich (Z.5f.15f.53f); MALHERBES Aussage (a.a.O., 88f), daß nur in Künstler-
    gilden "men of different social status" sich zusammenfanden, nicht aber
    in Kultvereinen, läßt sich im Licht der Philadelphia-Inschrift nicht auf-
    recht erhalten.

54 Vgl. BARTON/HORSLEY, a.a.O., 18f.

55 LIDDELL/SCOTT, 466, Stichwort ἑαυτοῦ III.

56 Anders BARTON/HORSLEY, a.a.O., 14, Anm. 30, die sich für ein Verständnis
    im Sinne des eigenen guten Gewissens entscheiden.

πίστις identifizierbar waren, denn nur ὅσοι πιστεύουσιν ἑαυτοῖς
dürfen bei den Opferfeiern den Inschriftsstein berühren und sind
dadurch deutlich von Außenstehenden zu unterscheiden.

8.3.3. Οἰκεῖος in Genitivverbindungen mit Abstrakta

Οἰκεῖος kann im griechischen Schrifttum auch ohne direkten Bezug
auf den Oikos oder einen anderen hausähnlichen Verband im Sinne besonderer Zugehörigkeit gebraucht werden. Diese Verwendungsmöglich-
keit verdient in unserem Zusammenhang Beachtung, weil sie vor allem
in Verbindung mit dem Genitiv eines Abstraktums auftritt und die
paulinische Wendung eine ebensolche Verbindung darstellt.

Bei den Belegen hierfür handelt es sich zumeist um Prosopographien
im weitesten Sinn, wobei die Verbindung οἰκεῖος + Abstraktum der Kennzeichnung eines bestimmten temporären oder konstanten Attributs einer
Person(engruppe) dient.

So beschreibt z.B. Polybios Ptolemaios als einen, der nach jüngsten Erfolgen οὐκ ἀλλότριος ἦν τῆς ἡσυχίας ἀλλ' ὑπὲρ τὸ δέον οἰκεῖος
(V 87,3).

Bei Jamblichus heißt es über die Pythagoreer, daß sie es für recht
hielten, den väterlichen Sitten treu zu bleiben, und es keinesfalls
als förderlich oder heilbringend erachteten, mit der Neuerungssucht
auf vertrautem Fuß zu leben (οἰκείους εἶναι καινοτομίας; Vit Pyth
XXX 176).

Nach Strabo unterscheiden sich die alten ägyptischen Könige von
den Ptolemäerkönigen dadurch, daß diese sich nur mit Elefantenjagden
und ähnlichen Vergnügungen beschäftigen, jene aber οἰκεῖοι σοφίας
γεγονότες καὶ αὐτοὶ καὶ οἱ ἱερεῖς, μεθ' ὧν ἦν αὐτοῖς ὁ πλείων βίος
(17,1,5).

Auch im LXX-Griechisch findet sich eine solche Verwendung von
οἰκεῖος + Abstraktum: II Makk 15,12 nennt Onias, einen früheren Hohepriester, einen edlen und rechtschaffenen Mann, bescheiden im Umgang, sanft im Wesen, würdevoll in der Rede καὶ ἐκ παιδὸς ἐκμεμελετη-
κότα πάντα τὰ τῆς ἀρετῆς οἰκεῖα.

Auch in dieser allgemeinen Bedeutung der Zugehörigkeit kann
οἰκεῖος der Zuordnung zu einer bestimmten Gruppe dienen[57]. So sind
in den bei Diodorus Siculus erwähnten οἰκεῖοι τυραννίδος (XIX 70,3)

---

57 Vielleicht ist dies auch in der zitierten Strabo-Stelle (17,1,5) gemeint;
    dann wären hier Priesterschulen im Blick, die sich der Weisheitspflege
    widmeten; darauf weist auch die Betonung der Lebensgemeinschaft der Könige
    mit den Priestern.

und οἰκεῖοι ὀλιγαρχίας (XIII 91,5) vermutlich Angehörige unterschiedlicher politischer Parteien zu sehen[58]. Ob hier wiederum die Sozialform des Oikos als Modell im Hintergrund steht, kann vom Kontext der
Stellen her nicht mit Sicherheit entschieden werden.

Für unseren Zusammenhang bleibt festzuhalten, daß οἰκεῖος nicht
nur die Mitglieder eines Hauses oder hausähnlichen Verbandes, sondern darüber hinaus auch die Zugehörigkeit zu Gruppen bezeichnen
kann, die ohne feste Organisationsstruktur Menschen mit gleichem
politischem Interesse o.ä. umfassen. Vermutlich steht der Gedanke
solcher loser Gruppen auch dort im Hintergrund, wo es um die Kennzeichnung einer individuellen Persönlichkeit geht. Die Zugehörigkeit zu einer solchen Gruppe setzt dabei keineswegs Kontakt oder
engere Bindung zu anderen Gruppenmitgliedern voraus; die Gruppe
wird als solche erst von einem bestimmten Blickwinkel aus erkennbar.
So läßt sich z.B. der Tugendhafte zur Gruppe der Hausgenossen der
Tugend rechnen, ohne daß er in irgendwelchem organisatorischen oder
informellen Kontakt zu anderen Tugendhaften stehen muß. Hier ist die
individuelle Sichtweise des Betrachters entscheidend, der bestimmte
Menschen aufgrund gleicher charakterlicher Attribute, identischer
politischer Interessen o.ä. in einer Weise verbunden sieht, die dem
Hausverband entspricht.

8.3.4. Οἰκεῖος und φίλος

In der unspezifischeren Bedeutung 'zugehörig' kann οἰκεῖος synonym
zu φίλος gebraucht werden[59]. Wie οἰκεῖος wird auch φίλος im über-
tragenen Sinn mit Abstrakta verbunden: "φίλος τε καὶ συγγενὴς
ἀληθείας, δικαιοσύνης, ἀνδρείας, σωφροσύνης" (Plat Resp VI 487a)[60].

Darüber hinaus kann φίλος die Mitgliedschaft in konkreten Gemeinschaften bezeichnen. So haben sich die Philosophenschulen der Pythagoreer und der Epikureer schlicht 'Freunde' nennen können[61]. Belege
hierfür finden sich vor allem bei Diogenes Laertius; für ihn ist οἱ
φίλοι terminus technicus für die Schüler Epikurs (X 9.10.11). Das
gleiche gilt auch für die Schule des Pythagoras: hier ist φίλοι

---

58 Eventuell läßt sich auch Polyb XIV 9,5 in diesem Sinne verstehen:
    "πάντα δ'ἦν οἰκεῖα μεταβολῆς τὰ κατὰ τὴν χώραν, ἅτε συνεχῶς (τε)
    ἐκκείμενα ταῖς κακοπαθείαις καὶ ταῖς εἰσφοραῖς διὰ τὸ πολυ-
    χρονίους γεγονέναι τοὺς κατὰ τὴν Ἰβηρίαν πολέμους"; vgl. auch
    Polyb IV 57,4.

59 So z.B. Plat Rep I 328d; Tim 20e; Theophr Char IV 2; DittSyll II (3. Aufl.),
    591,59; vgl. STÄHLIN, ThWNT IX, 146.

60 Vgl. auch Aristot Rhet I 11p 1371a17: ὁ φίλος τῶν ἡδέων.

61 Vgl. hierzu vHARNACK, Mission 435.

Wechselbegriff zu μαθηταί (VIII 10; vgl. VIII 39). In welch hohem
Maße sich die beiden Philosophenschulen als Freundschaftsverbände
begriffen, zeigt sich für die Pythagoreer an der berühmten Geschichte der Freundschaft zwischen Damon und Phintias, die uns vor allem
durch ihre literarische Aufarbeitung in Schillers Ballade 'Die Bürgschaft' geläufig ist, aber auch schon in der antiken Welt weithin
bekannt war. Die älteste überlieferte Version findet sich bei Cicero
(Off 3,45; Tusc 5,22) und bei Diodorus Siculus[62]. Letzterer führt
die Geschichte als Beleg dafür ein, daß Pythagoreer ihre Freundschaft
untereinander nicht nur durch freiwillige Geldspenden, sondern auch
durch Einstehen für einander in großer Gefahr unter Beweis stellten
(X 4,2-6). Sowohl die Bereitschaft des Damon, sich als Bürge für
Phintias in die Gewalt des Tyrannen Dionysios zu begeben, als auch
die rechtzeitige Rückkehr des Phintias zeigen, daß die Pythagoreer
sich zu Recht φίλοι nannten. Für unseren Zusammenhang besonders interessant ist, daß der Freundschaftsbeweis, den Phintias durch seine
rechtzeitige Rückkehr erbringt, von Diodorus mit der Wendung
φυλάσσειν τὴν πίστιν ausgedrückt wird (X 4,5). Die πίστις ist hier
- analog zum Oikos und zum Privatkult aus Philadelphia - als das
die Binnenstruktur des Freundschaftsverbandes konstituierende Element verstanden.

Ähnliches läßt sich auch für die Schule Epikurs zeigen: War
unter den Pythagoreern Gütergemeinschaft als Ausdruck ihrer Freundschaft üblich (Diog L VIII 10), so lehnt Epikur gleichfalls im
Namen der Freundschaft unter seinen Schülern das Gemeineigentum
ab, ἀπιστούντων γὰρ εἶναι τὸ τοιοῦτον (sc. τὸ κοινὸν κατατίθεσθαι
τὰς οὐσίας)· εἰ δ' ἀπίστων οὐδὲ φίλων (Diog L X 11). Auch hier
gilt die πίστις als das die Freundschaft und damit den Zusammenhalt
der Schule begründende und sichernde Element. Festzuhalten bleibt:

1.   Aufgrund der Synonymität von οἰκεῖος und φίλος verdient der
      Gruppenname 'Freunde' für die Philosophenschulen des Pythagoras
      und des Epikur Beachtung[63].

---

62 Vgl. auch Jambl Vit Pyth 233-236.
63 Eventuell ist φίλοι auch Gruppenname frühchristlicher Gemeinschaften ge-
    wesen; darauf weisen jedenfalls Act 27,3 und III Joh 15; vHARNACK, a.a.O.,
    435f, hat versucht die Beweiskraft dieser beiden Stellen durch den Hinweis
    zu relativieren, in Act 27,3 spiegele sich die klassische Bildung des Lukas,
    der sich hier einen klassischen Ausdruck zu gebrauchen erlaube, und in III
    Joh 15 seien nicht alle Christen, sondern nur spezielle Freunde gemeint.
    Selbst wenn Act 27,3 auf die Bildung des Lukas zurückgeht, ist die Stelle
    doch ein Beleg dafür, daß sich für einen Gebildeten Analogien zwischen den
    Philosophenschulen und den frühchristlichen Gemeinden zeigten. Und wenn in
    III Joh 15 nicht alle Christen des Bestimmungsortes gemeint sein sollten,
    so sind vielleicht speziell die Mitglieder der Hausgemeinde des Brief-
    empfängers gemeint. Nach vHARNACK, ebd., läßt sich "Freunde" als Gruppen-
    name erst für gnostische Kreise des 2. Jh.n.Chr. nachweisen.

2. Bei beiden Schulen handelt es sich um soziologisch identifizier-
   bare Gemeinschaften.

3. Die Unterschiedenheit der Mitglieder beider Schulen von Außenstehenden liegt nicht in erster Linie in ihrer 'Lehre', sondern
   vielmehr in ihrem Lebenswandel, speziell ihrer Beziehung untereinander, begründet.

4. Die πίστις gilt in beiden Schulen als ein wesentliches Element
   der Binnenstruktur und begründet so deren soziale Identität.

Angemerkt sei noch, daß der Charakter des 'Hauses' als eines
personalen Verbandes ebenfalls mit dem Begriff φιλία gekennzeichnet
werden konnte: "οἰκία δ' ἐστί τις φιλία" (Aristot Eth Eud VII 10
1242a 27f), so daß auch die Angehörigen eines konkreten Hausverbandes φίλοι genannt werden können, so in Act 10, wo das 'Haus' des
Kornelius in V.24 näher beschrieben wird als οἱ συγγενεῖς αὐτοῦ
und οἱ ἀναγκαῖοι φίλοι.

8.3.5. Frühchristliche Hausgemeinden

Die paulinische Missionstätigkeit hatte nie nur die religiöse
Verwirklichung des einzelnen im Blick, sondern zielte immer schon
auf die Gemeinde der Glaubenden; dabei weist die Oikos-Terminologie
des Apostels darauf hin, "daß von Anfang an die soziale Verwirklichung nach dem οἶκος-Modell ... Konsequenz der paulinischen Verkündigung war"[64]. Dadurch war es möglich, dem einzelnen, der durch
die Bekehrung aus seinen bisherigen sozialen Zusammenhängen heraus-
gelöst wurde, soziale Integration und Identität in der Gemeinde zu
bieten[65].

Aufgrund der großen Bedeutung, die dem 'Haus' als Sozialform in
der hellenistischen Gesellschaft eignete, sowie aufgrund des Modell-
charakters, den der Oikos für andere Sozialgebilde (z.B. Privatkulte) hatte, verwundert es nicht, daß die hauptsächliche Organisationsform frühchristlicher Gemeinschaften die Hausgemeinde war.
Vor allem dort, wo die Synagoge sich der christlichen Propaganda
verschloß, war die Hausgemeinde als Versammlungsort der Gemeinschaft,
als Herberge für durchreisende Missionare sowie als Ausgangspunkt
für weitere Missionstätigkeit von Bedeutung[66]. Sie bildete so einen

---

64 LÜHRMANN, Haustafeln, 93.
65 Vgl. LÜHRMANN, a.a.O., 91; ELLIOT, a.a.O., 198f.
66 Vgl. ELLIOT, a.a.O., 188f; FILSON, Significance, 105-112; MALHERBE, a.a.O.,
    63-66; VOGLER, Bedeutung, 785-794; KLAUCK, a.a.O., 59; SCHREIBER, Gemeinde,
    134.

ersten Stützpunkt und war zugleich Grundzelle für die Ortsgemeinde.

Auf die tatsächliche Existenz solcher Hausgemeinden weist nicht nur deren Erwähnung in den Grußlisten der Paulusbriefe[67], sondern darüber hinaus auch die sog. Oikos-Formel (NN und sein ganzes Haus), die vor allem in Act belegt ist. Im Anschluß an die von E. Stauffer aufgestellte These einer atl. Herkunft dieser Wendung ist die weitere Diskussion um die Oikos-Formel vor allem unter dem Aspekt einer ntl. Begründung der Kindertaufe geführt worden, d.h. im Mittelpunkt stand stets die Frage, welche Personengruppen gehören zum Oikos, gehören Säuglinge und Kleinkinder mit hinzu oder nicht[68]. Diese Fragestellung können wir in unserem Zusammenhang getrost übergehen, zumal sie auch der eigentlichen Intention und Funktion der Oikosformel nicht gerecht wird; nach Klauck sind in den die Oikosformeln enthaltenden Texten "aitiologische Gründungslegenden ... von alten Hausgemeinden" zu sehen, "die sich zu Ortsgemeinden weiter entwickelten und deren ursprünglicher Kern ein familiäres Oikos bildete"[69].

Für die Existenz solcher Hausgemeinden in Galatien gibt es zwar im NT keinen direkten Beleg, die große Bedeutung, die diese Organisationsform ansonsten im paulinischen Missionsgebiet hatte, erlaubt jedoch den Analogieschluß, daß auch die galatischen Christen sich um Hausgemeinden scharen. Die Haussynagogen des Diasporajudentums mögen in der Tat die direkten Vorbilder für die christlichen Hausgemeinden gewesen sein[70]. Diese Annahme schließt jedoch nicht aus, daß auch das 'Haus' als pagan-griechische Sozialform, Privatkulte, wie der aus Philadelphia, und evt. auch Philosophenschulen einen Einfluß auf die Organisationsform der frühchristlichen Gemeinschaften ausgeübt haben.

Vor einer abschließenden Bewertung erscheint es jedoch sinnvoll, nach der Bedeutung des 'Hauses' im Judentum zu fragen.

8.3.6. Haus Gottes und Fundament der Wahrheit

Auch in der atl. Tradition ist das 'Haus' (בית), das wie im Griechentum den Verband der Großfamilie meint[71], eine tragende

---

67 Vgl. hierzu KLAUCK, a.a.O., 21-47.

68 Vgl. STAUFFER, Kindertaufe; JEREMIAS, Kindertaufe; Aland, Säuglingstaufe, 60ff; JEREMIAS, Anfänge; WEIGANT, Oikosformel;DELLING, Taufe; STROBEL, Begriff; ALAND, Stellung; einen guten Überblick über die Diskussion gibt SCHENKE, Oikosformel.

69 A.a.O., 56.

70 Vgl. STUHLMACHER, EKK, 70-75, bes. 72f; KLAUCK, a.a.O., 99; VOGLER, a.a.O., 182.

71 Vgl. HOFFNER, THAT I, 629-638; bes. 636.

Sozialform und Garant sozialer, politischer und religiöser Identität[72]. Auch hier ist die innere Struktur des Hauses durch wechselseitige Solidarität geprägt[73]. Das Haus ist Grundmodell für andere Gemeinschaftsformen; P.S. Minear meint sogar, die Idee des Hauses, bzw. der Familie sei in Israel "the basis of all definitions of social cohension ... It immediately presents itself whenever the Israelite wants to define a community"[74].

Bedeutsam wird in frühjüdischer Zeit die Institution des Lehrhauses (בית המדרש), die bereits in Sir 51,23.29 erwähnt wird[75]. Als 'Sitz im Leben' einer ganzen Reihe von Überlieferungen hatte das Lehrhaus entscheidende Bedeutung. So vermutet E. Rau, daß die Trägerkreise der Henochüberlieferung die Tradierung ihrer Lehre in Form eines Lehrhauses organisiert hatten[76]. Beim "Haus Henochs" handelt es sich demnach um einen Traditionsbetrieb, der sich der Autorität Henochs verpflichtet fühlte und sich in erster Linie die Vermittlung der Lehre Henochs zum Ziel gesetzt hatte. Der Traditionsprozeß wird bis auf Henoch selbst zurückgeführt. Der Eintritt in das "Haus Henochs" bedeutet "die Einfügung in den Traditionszusammenhang mit der Autorität des Lehrhauses (sc. Henoch)"[77].

> Über die Form der Traditionsvermittlung gibt nach Rau die Sintflutvision in äthHen 83-84 Aufschluß(78). Henoch empfängt diese Vision im Hause und auf dem Bett seines Großvaters, der ihm die Vision deutet und ihn als 'Sohn' anredet. Dieses Motiv der Übermittlung von Wissen vom Großvater auf den Enkel findet sich häufig im äthHen, aber auch im Jub. Darin spiegelt sich nach Rau die Form der Vermittlung der Lehre im Lehrhaus. Der Lehrer, der jeweilige Garant der Überlieferung, gilt seinen Schülern als 'Vater', sie ihm als seine 'Söhne'. Beitrittswillige Neulinge werden dem Lehrer von Mitgliedern des Lehrhauses vorgestellt; ihr Verhältnis zum Lehrer entspricht dem des Enkels zum Großvater. Die Mitteilung der Tradition durch den Lehrer an den Neuling wird erzählerisch durch den Bericht vom Schlag des Enkels beim Großvater dargestellt (Henoch empfängt die Vision auf dem Bett seines Großvaters). Damit soll nach Rau angedeutet werden, "daß der Schüler bei der Übergabe der Tradition zugleich an den Visionen der Väter teilhat"(79). So gehört z.B. das Erlernen der beiden Visionen äthHen 83-84 und 85-90 zur Ausbildung des Schü-

---

72   Vgl. ELLIOT, a.a.O., 182.

73   HOFFNER, a.a.O., 636f.

74   MINEAR, Images, 166f; GEIS, Judentum, 61; vgl. die Tendenz des Jub; dazu: BERGER, JSHRZ II/3, 279-285.

75   Vgl. Av 1,4: "Dein Haus sei ein Sammelplatz der Weisen"; vgl. zum Lehrhaus BOUSSET/GRESSMANN, Religion, 167-169.369; SAFRAI/STERN, People, 945-970; LOHSE, Ordination.

76   RAU, Kosmologie, 455-485.

77   RAU, a.a.O., 478.

78   A.a.O., 455f.

79   A.a.O., 476.

lers im "Haus Henochs"(80). Der Neuling wird dadurch zu einem
legitimen Glied der an Henochs Offenbarung (Lehre) orientierten
Traditionskette.

Es handelt sich beim "Haus Henochs" demnach um ein Lehrhaus, das
sein Zentrum in der Weitergabe der Lehre Henochs hat und seine Stabilität der Autorität des Offenbarungsempfängers sowie der sorg-
fältigen Tradierung seiner Lehre verdankt.

Daß auch für die Qumran-Essener die Lehre das die Gemeinschaft
konstituierende und stabilisierende Element war, läßt sich anhand
der Selbstbezeichnung der Gemeinde als 'Haus der Thora' (בית התורה)
(CD 20,11-13), bzw. 'Haus der Wahrheit' (בית האמת) und 'Fundament
der Wahrheit' (מוסד אמת) (1 QS 5,5f)[81] zeigen. Wichtig ist hier
zunächst einmal, daß sich auch die Qumrangemeinde als 'Haus' versteht. In beiden Textstellen geht es zudem um die Abgrenzung der
Gemeinschaft nach außen: In 1 QS 5 werden die Bedingungen für den
Eintritt und den Verbleib in der Gemeinde genannt; in CD 20 geht
es darum, wem der Eintritt in die Gemeinde verwehrt werden soll,
wer keinen "Anteil am Haus des Gesetzes" haben soll. Das Gesetz
(in der Interpretation des Lehrers der Gerechtigkeit) bildet hier
also nicht nur die die Gemeindemitglieder verbindende Mitte, sondern ermöglicht auch die Abgrenzung nach außen. In der Selbstbezeichnung als 'Haus/Fundament der Wahrheit' steht 'æmaet nicht allein
für die als wahr angesehene Lehre, sondern weist darüber hinaus auf
deren Zuverlässigkeit, d.h. auf ihre Bestand gewährende Funktion.

In auffälliger terminologischer Übereinstimmung damit findet
sich die Wendung 'Fundament der Wahrheit' (ἑδραίωμα τῆς ἀληθείας)
in I Tim 3,15 zur Bezeichnung der christlichen Gemeinde. Auch
hier liegt die Konzeption der Gemeinde als 'Haus' zugrunde (οἶκος
θεοῦ)(82). Was mit ἀλήθεια gemeint ist, zeigt II Tim 2,17-19:
dort wird der 'Lehre' (λόγος) der Gegner das feste, von Gott
gelegte(83) Fundament (θεμέλιος) gegenübergestellt, das in der
ἀλήθεια, von der sie abgeirrt sind, und in der πίστις, die sie
zerstören wollen, besteht (Gemeinde als 'Haus': V.20). Hier geht
es also - wie in Qumran - um eine bestimmte Lehre, die die Gemeinschaft nach innen stabilisiert, zum 'Fundament der Wahrheit'
macht, und nach außen abgrenzt (gegenüber anderen Lehren). Bestand die Lehre in Qumran in einer bestimmten Thorainterpretation,
so in der Past in der πίστις(84).

---

80 Vgl. RAU, a.a.O., 477f.

81 Vgl. auch 1 QS 8,9; CD 3,19.

82 Daß οἶκος θεοῦ hier nicht das Gotteshaus als Gebäude, sondern die Ge-
    meinde selbst meint, geht aus der parallel gebrauchten Wendung ἐκκλησία
    θεοῦ hervor; vgl. auch I Petr 4,17, wo die Wendung οἶκος θεοῦ mit
    ἡμεῖς wieder aufgenommen wird; so auch in Hebr 3,6; vgl. zudem Eph 2,19:
    οἰκεῖοι θεοῦ als Bezeichnung der Gemeinde.

83 Auch in I Kor 3,10-12 (Christus) und Hebr 11,10 gilt das Fundament als von
    Gott gelegt.

84 Als Inhalt der Lehre, die das Fundament (θεμέλιος) bildet, erscheint die
    πίστις auch in Hebr 6,1; vgl. auch die Vorstellung von den Aposteln als

Sowohl die Qumrangemeinde als auch die christliche Gemeinde, wie
sie sich in den Past darstellt, kommen so der Institution des
Lehrhauses sehr nahe(85), da es sich in beiden Fällen um Sozial-
formen handelt, in denen die Bewahrung und die Weitergabe der
rechten Lehre im Mittelpunkt steht und im Gemeindeleiter ihren
Garanten hat(86).

Die offensichtliche Nähe zwischen dem Gemeindeverständnis der
Qumran-Essener und dem der Past, kann evt. damit erklärt werden,
daß beide Gruppen einer breiten Tradition verpflichtet waren, in
der die Diskussion um Gesetz und Reinheit im Mittelpunkt stand
(87), in ihren Antworten dann aber zu unterschiedlichen Ergebnissen kamen (Thorainterpretation/πίστις).

Für unseren Zusammenhang bleibt festzuhalten, daß das 'Haus' auch
im Frühjudentum zur Kennzeichnung und Abgrenzung bestimmter Gruppen
diente. Identifikationsmerkmal und Stabilisationsfaktor dieser Gruppen ist ihre jeweilige Lehre bzw. die Autorität des Lehrers als
des Garanten der rechten Lehre. Diese Konzeption verbindet das Frühjudentum (Lehrhaus, Qumran) mit dem frühen Christentum (Past). Dort,
wo die πίστις als konstitutives Element verstanden wird (Past), ist
damit eine bestimmte 'Lehre' gemeint.

8.3.7. Auswertung

Wir haben versucht, die Bedeutung des 'Hauses' und hausähnlicher
Verbände in der Umwelt des frühen Christentums zu erhellen. Dabei
zeigte sich, daß sowohl im pagan-griechischen als auch im frühjüdischen Bereich der Oikos das grundlegende soziologische Struk-
turmodell der hellenistischen Gesellschaft war. Die Organisation
von Gruppen nach dem Oikos-Modell ermöglichte nicht nur Stabili-
sierung nach innen durch die Eröffnung sozialer Identität, sondern
zugleich auch Abgrenzung nach außen. Es ist nicht verwunderlich,
daß auch die ersten christlichen Gruppen sich - analog zu ihrer
Umwelt - in Hausgemeinden zusammenschlossen. In diesem Licht ist
die paulinische Wendung οἰκεῖοι τῆς πίστεως zu sehen.

---

den θεμέλιοι der Gemeinde in Apk 21,14 (himmlisches Jerusalem) und Eph
2,20 (hier gemeinsam mit den Propheten); die Apostel sind hier wohl als
die Garanten der rechten Lehre gesehen: Für Paulus dagegen ist allein
Christus der θεμέλιος (I Kor 3,10-12).

85 Ein dem Lehrhaus fremder Aspekt ist der Bundesgedanke, der in Qumran eine
gewichtige Rolle spielt. Daß der Eintritt in die Gemeinschaft zugleich Eintritt in den Bund ist (also Konversion oder Umkehr voraussetzt), gilt für
das Lehrhaus so nicht; vielmehr nahm das Lehrhaus auch Mitglieder auf Zeit
auf; vgl. RAU, a.a.O., 472f.480-482.

86 Zum Traditionsprozeß vgl. bes. II Tim 1,13; 3,10-14; aber auch I Tim 4,6;
6,20; II Tim 4,2ff; Tit 1,9; I Tim 4,12f.

87 Vgl. z.B. I Tim 1,8; I Tim 6,14; II Tim 2,21; Tit 1,15.

Ob Paulus und die frühen Gemeinden bei dem Zusammenschluß zu
Hausgemeinden ein ganz bestimmtes Vorbild im Auge hatten, läßt sich
nicht mit Sicherheit ausmachen; vielmehr haben wir gesehen, daß von
einer ganzen Reihe verschiedener Institutionen her Einflüsse denkbar sind. Die schematische Darstellung auf der nächsten Seite mag
dies noch einmal verdeutlichen.

Wir wollen im folgenden versuchen, die möglichen Einflüsse aus
den unterschiedlichen Richtungen vorsichtig gegeneinander abzu-
wägen.

Daß das frühjüdische Verständnis des Lehrhauses auch für das
frühe Christentum bedeutsam wurde, konnte am Gemeindeverständnis
der Past gezeigt werden. Ob dies auch für Paulus schon gilt, ist
dagegen höchst zweifelhaft. Man könnte zwar in der Mahnung an den
Schüler, mit seinem Lehrer in allen Gütern Gemeinschaft zu halten
(Gal 6,6), einen Hinweis darauf sehen, daß Paulus hier einen Lehr-
betrieb im Blick hat. Die Notiz ist jedoch zu knapp und zu allgemein, um auf ein Gemeindeverständnis im Sinne des Lehrhauses schließen zu können. Zudem handelt es sich in Gal 5,25-6,10 um aneinander
gereihte Einzelmahnungen, so daß nicht vorausgesetzt werden kann,
daß in Gal 6,10 noch das Verhältnis Lehrer - Schüler im Blick ist.
Schließlich wird πίστις bei Paulus nirgendwo im Sinne einer 'Lehre',
wie in den Past, gebraucht. Es läßt sich von daher allenfalls vermuten, daß im Gemeindeverständnis des Paulus, wie es sich in der
Wendung οἰκεῖοι τῆς πίστεως   spiegelt, bereits Tendenzen angelegt sind, die in späterer Zeit zur Sicht der Gemeinde als 'Lehrhaus' führten.

Daß die Haussynagoge der Diasporajuden den christlichen Gemeinden als Vorbild diente, ist allein aus missions-praktischen Überlegungen heraus schon wahrscheinlich. Der synagogale Verband diente
Paulus regelmäßig als erstes Forum für seine Verkündigung, nicht
nur weil er sich selbst weiter als Jude empfand, sondern vor allem
auch weil seine Missionstätigkeit unter den um die Synagoge sich
scharenden gottesfürchtigen Heiden auf fruchtbaren Boden fiel. So
läßt sich vorstellen, daß durch die Verkündigung des Apostels aus
jüdischen Haussynagogen christliche Hausgemeinden wurden, oder aber
die Bekehrten sich dort, wo die Synagoge sich der christlichen Propaganda verschloß, analog zu den bestehenden Haussynagogen organisierten. Beide Möglichkeiten haben einen hohen Grad historischer
Wahrscheinlichkeit für sich. Eventuell ist in der Haussynagoge das
historische Bindeglied (Diasporasituation) zwischen jüdischem Lehrhaus und christlicher Gemeinde zu sehen.

FORMEN DER ABGRENZUNG UND DER STABILISIERUNG SOZIALER IDENTITÄT VON GRUPPEN NACH DEM OIKOS-MODELL

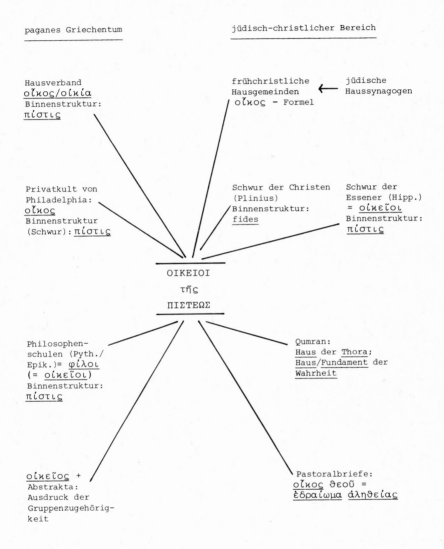

paganes Griechentum   jüdisch-christlicher Bereich

Hausverband
οἶκος/οἰκία
Binnenstruktur:
πίστις

frühchristliche   jüdische
Hausgemeinden ← Haussynagogen
οἶκος – Formel

Privatkult von
Philadelphia:
οἶκος
Binnenstruktur
(Schwur): πίστις

Schwur der Christen   Schwur der
(Plinius)   Essener (Hipp.)
Binnenstruktur: = οἰκεῖοι
fides   Binnenstruktur:
                           πίστις

OIKEIOI
τῆς
ΠΙΣΤΕΩΣ

Philosophen-
schulen (Pyth./
Epik.)= φίλοι
(= οἰκεῖοι)
Binnenstruktur:
πίστις

Qumran:
Haus der Thora;
Haus/Fundament der
Wahrheit

οἰκεῖος +
Abstrakta:
Ausdruck der
Gruppenzugehörig-
keit

Pastoralbriefe:
οἶκος θεοῦ =
ἑδραίωμα ἀληθείας

Es liegt jedoch nicht zuletzt in der Konsequenz der Heidenmission, daß die frühchristlichen Gemeinschaften des paulinischen Missionsgebiets sich nicht ausschließlich an jüdischen Organisationsformen orientierten. Im pagan-griechischen Bereich interessant ist vor allem die Tatsache, daß die πίστις nicht nur im Verband der Großfamilie sowie in den Philosophenschulen der Pythagoreer und Epikureer, sondern vor allem auch in dem als Oikos organisierten Privatkult aus Philadelphia (1.Jh.v.Chr.) das Element darstellte, das die Binnenstruktur der Gruppe kennzeichnete und damit ihre Einheit und Stabilität konstituierte.

Zwischen dem philadelphischen Privatkult und den frühen Christengemeinden lassen sich vor allem in dreierlei Hinsicht Analogien feststellen: Erstens findet sich hier wie dort οἶκος als Selbstbezeichnung der religiösen Gemeinschaft (vgl. I Petr 4,17; Hebr 3,6) und deutet zugleich auf das Haus als Versammlungsort der Gruppe; zweitens gab es für den Zutritt zum Oikos des Dionysius weder soziale, noch geschlechtsspezifische und auch vermutlich keine rassischen u.ä. Barrieren[88]. Dies gilt in gleicher Weise für die frühchristlichen Gemeinden. Drittens schließlich hat die πίστις hier wie dort als Identifikationsmerkmal und Stabilisationsfaktor eine ähnliche Funktion.

Daß der in Philadelphia übliche Beitrittsschwur, in dem sich die Mitglieder des Oikos gegenseitige Treue (πιστεύειν ἑαυτοῖς) geloben, in ähnlicher Form möglicherweise auch im jüdisch-christlichen Bereich üblich war, zeigen Notizen bei Plinius und Hippolyt. In Hippolyts Bericht über die Essener (Ref IX 18-28), der sich auf Jos Bell II 119ff stützt, ist für unseren Zusammenhang zunächst interessant, daß gesagt wird, sie kämen zu Gottesdiensten an einen Ort (εἰς ἕν οἴκημα !), in einem Haus (ἐν τῷ οἴκῳ) zusammen (IX 21,2) und würden, wenn sie in eine andere Stadt kommen, von den dortigen Essenern wie Hausgenossen (ὡς οἰκεῖοι) aufgenommen (IX 20,1). Über die Aufnahme in die Gemeinschaft berichtet Hippolyt, daß die Beitrittswilligen nach einem Noviziat "schauerliche Schwüre" schwören müßten (ὅρκοις φρικτοῖς) (IX 23,3), in welchen sie u.a. geloben, einander die Treue zu halten (τὸ πιστὸν πᾶσι παρέξειν) (ebd.). Die Treue untereinander hatte in der Sicht Hippolyts bei den Essenern entscheidende Bedeutung, was sich darin zeigt, daß der Ausschluß von Frauen aus der Gemeinschaft damit begründet wird, daß κατὰ μηδένα τρόπον γυναιξὶ πιστεύοντες (IX 18,3). In die gleiche Richtung weist auch die in scheinbarem Widerspruch zur Betonung des Beitrittsschwurs stehende Notiz, daß unter den Essenern keine Eide geleistet werden, weil man dem bloßen Wort mehr glaubt als einem Schwur, und daß deswegen einer, der einen Eid leistet, so verurteilt werden soll ὡς μὴ πιστευθείς (IX 22,1). Vermutlich gilt diese Verordnung nur für bereits Beigetretene; die Bedeutung des Eintrittsschwurs als eines einmaligen Aktes wird dadurch nicht tangiert. Der Betonung der innergemeindlichen Loyalität entspricht die scharfe Trennung zwischen denen, die 'drinnen', und denen, die 'draußen' sind (IX 21,5).

---

88 Vgl. BARTON/HORSLEY, a.a.O., 16f.

In dem berühmten Brief 96 an Trajan berichtet Plinius von einem
ähnlichen Schwur auch bei den Christen. Die Christen, schreibt
Plinius, versammelten sich an einem bestimmten Tag vor Sonnen-
aufgang, um Christus in Liedern als Gott zu verehren und sich
durch einen feierlichen Schwur (sacramentum) zu geloben, weder
Betrug, noch Diebstahl, noch Ehebruch zu begehen, noch die Treue
gegeneinander zu brechen (ne fidem fallerent). Nach W. Rordorf
ist in diesem sacramentum nicht ein sonntäglich wiederholter
Schwur zu sehen, sondern das einmalige Taufgelübde(89). Plinius
gebe hier eine falsche oder unvollständige Information wieder.
Gestützt wird diese Sicht durch Did 7, wo die Taufe in Bezug zu
der Belehrung über die 'zwei Wege' gesetzt wird. Der Inhalt dieser
Belehrung (Did 1-6) deckt sich in der Ablehnung von Ehebruch, Diebstahl und Falschaussage mit dem Inhalt des sacramentum bei Plinius.
Sollte im Hintergrund tatsächlich das Taufgelübde stehen(90), dann
handelt es sich bei dem von Plinius berichteten sacramentum nicht
um einen Einzel- oder Ausnahmefall, sondern um die allgemein übliche Praxis der Initiation in christlichen Gemeinden. Für unseren
Zusammenhang bleibt vor allem festzuhalten, daß auch das Initia-
tionsgelübde christlicher Gruppen als Loyalitätsschwur (fides)
verstanden werden konnte.

8.4. Zusammenfassung

Πίστις ist für Paulus ein zentrales Kennzeichen der christlichen

Gemeinden, das Abgrenzung sowohl gegenüber Heiden, als auch gegen-

über Juden ermöglicht, der Gruppe ihre Identität verleiht und so

deren wesentlicher Stabilisationsfaktor ist. Diese Funktion der

πίστις liegt auch in Gal 6,10 zugrunde. An keiner der von uns be-

handelten Stellen ist πίστις christologisch bestimmt, also als Be-

kenntnis zu Jesus Christus zu verstehen. Vielmehr wird Paulus πίστις

hier - wie auch sonst häufig - als das Medium verstehen, das den

Zutritt zum Bereich der Heiligkeit Gottes ermöglicht, d.h. als

Schwellenphänomen. Die Identität und Stabilität christlicher Ge-

meinden ergibt sich demnach in paulinischer Sicht durch die alle

Mitglieder verbindende Erfahrung des Anfangs. Stellt man dies in

Rechnung, dann ergibt sich eine zusätzliche Analogie zu dem Privat-

kult aus Philadelphia. Auch dort ist der Anfang der Mitgliedschaft

- markiert durch den Loyalitätsschwur - wesentlich für die Gruppen-

identität. Die Tatsache, daß solche Beitrittsschwüre auch bei jü-

dischen und christlichen Gruppen als Gelöbnis gegenseitiger Treue

(πίστις/fides) üblich waren, läßt die Vermutung zu, daß die pau-

linische Wendung οἰκεῖοι τῆς πίστεως nicht nur auf dem Hintergrund

der Organisationsform pagan-griechischer und jüdischer (Essener)

Kultvereine bzw. der grundlegenden Sozialform der hellenistischen

---

89 RORDORF, Sunday, 254ff.
90 Dafür entscheiden sich auch BARTON/HORSLEY, a.a.O., 37.

Gesellschaft (οἶκος) verstanden werden konnte. Darüber hinaus gehörte aber wohl auch die gegenseitige Treue (πίστις) mit dem Verstehenshintergrund, und zwar als das zentrale Element für die Identität und
Stabilität der am Oikos-Modell orientierten Gruppen. Demnach hätte
die πίστις dann in doppelter Hinsicht Stabilisationsfunktion: zum
einen als die alle Mitglieder verbindende Erfahrung des Anfangs, der
Bekehrung, zum anderen als die der Organisationsform des Oikos entsprechende Treue der Mitglieder untereinander.

Das Problem bei diesem Lösungsversuch besteht darin, für Paulus
(oder seine Rezipienten) einen Doppelbezug, in vertikaler und horizontaler Hinsicht, anzunehmen. Es liegt zweifellos am nächsten, hier
an eine der Verbindungen von οἰκεῖος und Abstraktnomen zu denken.
In diesem Falle wäre zwar immerhin, aufgrund der Verwendung des Bildmaterials οἶκος, eine soziale Dimension formuliert und eine Gruppe
anvisiert, ohne daß jedoch πίστις etwas über das Binnenverhältnis
aussagen könnte. Der Schritt, den zu gehen ich darüber hinaus für
zumindest erwägenswert halte, besteht darin, πίστις nicht nur auf
den Glauben an Gott zu beziehen (so wird das Wort in der Tat bei
Paulus durchgehend gebraucht), sondern wegen dessen Bezug zur Initiation auch als Verpflichtung gegenüber Menschen. Dabei ist bei
Paulus sicher nicht an einen Eid zu denken wie bei Plinius. Wohl
aber hat der Ausdruck "ne fidem fallerent" bei Plinius eben auch
die für Paulus vermutbare Doppelbedeutung: Die mit dem Eintritt in
die Gruppe anerkannte Treuepflicht überhaupt. Dabei gehe ich von
der - freilich nur religionsphänomenologisch begründbaren - Prämisse
aus, daß jedes Verhältnis zu Gott auch soziale Dimensionen impliziert und umgekehrt. Gerade die paulinischen Briefe bezeugen diese
Grundannahme auf das deutlichste. Dabei kann kein Zweifel bestehen,
daß πίστις für Paulus ganz entschieden in erster Linie das Verhältnis zu Gott betrifft. Die horizontale Dimension ergibt sich eben
erst durch die Verbindung mit οἰκεῖοι. So darf unsere Übersicht
nicht dazu verleiten, die möglichen Einflüsse als gleichrangig ein-
zustufen. Vielmehr geht es um die religiöse Grundlage und dann um
Konnotationen, die sich aufgrund des verwendeten Bildmaterials ergeben, die aber ihre Voraussetzung in der Sozialstruktur frühchristlicher Gemeinden haben.

Die Verwendung des Begriffs οἰκεῖοι zur Bezeichnung der Mitglieder christlicher Gemeinde erweist sich also keineswegs als belang-
los; vielmehr konnten sich für die Adressaten des Apostels von daher - zumal durch die Kombination mit πίστις - Assoziationen ergeben,
die auf ein Verständnis der christlichen Gemeinde als einer durch

wechselseitige Treue konstituierten Gemeinschaft zielten. Die paulinische Wendung deutet darauf hin, daß das frühe Christentum seiner
Organisationsform nach keine Sonderstellung innerhalb der hellenistischen Gesellschaft einnahm und daß selbst die πίστις, die schnell
zum christlichen 'Schlagwort' wurde, in frühester Zeit neben der
stets dominierenden religiösen Dimension eventuell auch ganz konkrete Bedeutung als Element der innergemeindlichen Solidarität haben
konnte.

Der Glaube ist nicht nur konstitutiv für das neue Gottesverhältnis (Zugang zu Gott), sondern in gleichem Maße auch für die Gemeinde.
Durch πίστις ist Anteil an dem durch Gerechtigkeit qualifizierten
Gemeinschaftsverhältnis möglich, das für den gesamten Raum der Erwähltheit gilt. Paulus sieht Erwählung und Rechtfertigung im Glauben in eins gesetzt. Als Grundlage der neuen Heilsordnung ist die
πίστις nicht nur eine Überbietung des grundsätzlich in seiner Wirkung ambivalenten νόμος, sondern aufgrund der Sündhaftigkeit aller
die faktisch einzige Möglichkeit am Gemeinschaftsverhältnis der
δικαιοσύνη zu partizipieren, weil im Glauben alle, die das Gesetz
nicht erfüllen und so keine guten Werke vorzuweisen haben, aus
Gnade erwählt und gerechtfertigt werden. Damit hat die Gemeinde der
Glaubenden als die vor Gott durch Gerechtigkeit qualifizierte Gemeinschaft Anteil an der Heiligkeit Israels, dessen Erwählungszeichen (Gesetz und Beschneidung) aber aufgrund mangelnder Gerechtigkeit irrelevant geworden sind. Weil die Partizipation an dieser
Gemeinschaft durch den Glauben (und die darin erlangte Gerechtigkeit) möglich ist, ist sie grundsätzlich für alle (Juden und Heiden)
offen. Die Gnade, mit der Gott rechtfertigt, ist die Gnade, mit der
er auch erwählt. Beides findet seinen Ausdruck in der πίστις, die
als Kennzeichen der neuen Heilsordnung zugleich das von den Menschen
geforderte, Gerechtigkeit verleihende Verhalten bezeichnet.

Durch seine prinzipielle Offenheit für jeden, der glaubt, bekommt das durch die πίστις grundgelegte Gemeinschaftsverhältnis eine
neue Qualität, sofern nämlich darin die unterschiedlose Gleichheit
von Juden und Heiden gilt. Die πίστις bildet den entscheidenden
Kristallisationspunkt dieser beiden Gruppen. Im Bemühen um deren
Einheit in der christlichen Gemeinde ist die soziologische Spitze
der paulinischen Rechtfertigungslehre zu sehen. Πίστις hat also
eminente Bedeutung für den Gemeindeaufbau. Sie konstituiert die Einheit traditionell verfeindeter Gruppen in der christlichen Gemeinde.
Daß Paulus πίστις dabei primär im Sinne der Bekehrung versteht, zeigt,
wie wichtig der gemeinsame Anfang (Glaube als Schwellenphänomen) auch
für die Folgezeit bleibt. Das Gläubigwerden hat als Eintritt in die

Gemeinde weit über den Beginn hinausreichende Bedeutung und so immer
schon eine soziale Dimension. Es geht mithin bei πίστις nicht um ein
neues Selbstverständnis, sondern um ein neues Gruppen- bzw. Gemein-
schaftsverständnis der vor Gott (im Blick auf Erwählung und Gerechtigkeit) Gleichgestellten.

Die durative Wirkung des Glaubens ist als Kraft zu bestimmen, die
zum Stehen vor Gott und deswegen auch zum Widerstand gegen die satanischen Mächte, die die Gemeinde in ihrer Existenz bedrohen, befähigt.
Es geht dabei nicht um eine psychologische Krafterfahrung der Gegenwart, sondern die Kraft fließt allein vom Anfang (Bekehrung) her.
Darin kommt die Christozentrik der paulinischen Aussagen zum Ausdruck. Christliche Existenz ist demnach der Versuch, dem Anfang nahe
zu bleiben.

Deswegen bedarf es zur Aufrechterhaltung der πίστις (als dem Kon-
stitutivum der Gemeinde) der Hoffnung, weil nur durch sie (noch) Verborgenes gegenwärtig wahrgenommen werden kann. Die Grundlage der
ἐλπίς bildet der im Akt der Bekehrung konstituierte Folgezusammenhang (πίστις - δικαιοσύνη). Dies kommt vor allem darin zum Ausdruck,
daß die aufgrund des Zutritts zum Glauben schon jetzt als Angeld
verliehenen Geistesgaben die Hoffnung in überreichem Maße fundieren.
Indem ἐλπίς das endliche Geschick des Gerechten als grundsätzlich
(also auch gegenwärtig schon) gültig vor Augen stellt, bekommt durch
sie die πίστις, die im gegenwärtig Vorfindlichen keine Grundlage
besitzt, durative Qualität und ist so für den Konsolidierungsprozeß
der christlichen Gemeinde von entscheidender Bedeutung.

Daß sich christliche Existenz von ihrem Anfang her bestimmt, bedeutet, daß πίστις auch zum entscheidenden Handlungsprinzip wird.
Ist im Akt der Bekehrung Teilhabe an der im Tod Jesu vollzogenen
Sühne und der damit gegebenen Sündenvergebung erlangt, so garantiert
auch in der Folgezeit allein die πίστις ein Leben außerhalb der Sündenmacht. So ist der Glaube für Paulus eine den Menschen in seinem
Denken und Tun ganzheitlich bestimmende Größe. Inhaltlich ist die
ethische Relevanz des Glaubens durch die Prinzipien des 'Lebens für
den Herrn' und der 'Liebe zum Bruder' gekennzeichnet. Grundvoraussetzung für ein sündfreies Leben ist demnach objektiv die Heilstat
Gottes in Jesus Christus, subjektiv die Partizipation am Offenbarungsakt der Verkündigung. Daß der Glaube alleiniges Kriterium dafür ist,
was Sünde ist und was nicht, heißt im Blick auf die Gemeinde, daß
sie sich als 'sündfreie Enklave' inmitten der universellen Herrschaft
der Sünde verstehen kann.

In welchem Maße sich die christliche Gemeinde von ihrem Anfang
her definierte, zeigte schließlich auch die Wendung οἰκεῖοι τῆς
πίστεως. Da das grundlegende Zum-Glauben-Kommen ein interpersonales
Geschehen ist, läßt sich vermuten, daß auch die Bedeutung der πίστις
für das Leben in der Gemeinde die Dimension der personalen Beziehung
der Gemeindeglieder untereinander betraf. Diese Vermutung wird gestützt durch die vorherrschende Sozialstruktur frühchristlicher Gemeinden (Hausgemeinde).

Als singuläre Form der Partizipation am Heilshandeln Gottes verleiht der Glaube im paulinischen Sinn Anteil an und Bestand in einem
Gemeinschaftsverhältnis mit Gott, dessen exklusive Wirklichkeitsform
die christliche Gemeinde darstellt.

DRITTER HAUPTTEIL

VORAUSSETZUNGEN UND REZEPTION

Paulus denkt und schreibt als Jude. Die Untersuchung der paulinischen Glaubensaussagen hat gezeigt, in welch hohem Maße der
Apostel atl. Material und frühjüdische Traditionen aufnimmt und
verarbeitet. Es steht außer Frage, daß die beiden Hauptwurzeln der
paulinischen Theologie im atl.-jüdischen Erbe und in der Wirkungsgeschichte Jesu zu sehen sind.

Paulus denkt und schreibt griechisch. In hellenistischer Zeit
kann nicht mehr von einer strikten Geschiedenheit von jüdischem
und griechischem Denken ausgegangen werden. Wie stark die griechische Bildung in das hellenistische Judentum hineingewirkt hat,
zeigen vor allem die Werke Philos. So wird man auch für Paulus,
den griechisch sprechenden Juden, eine Beeinflussung von Seiten
der paganen Welt anzunehmen haben, zumal seine Geburtsstadt Tarsus
für ihre Philosophie berühmt war.

Vor allem aber: Paulus denkt und schreibt nicht nur für Juden,
sondern auch für ehemalige Heiden. Durch die Öffnung gegenüber den
Gojim bekommt die paulinische Theologie - von ihrer Wirkung her
betrachtet - eine neue Dimension. Atl.-jüdisch geprägte Gedanken
treffen auf pagane Verstehenshorizonte. Der Lauf der Untersuchung
hat gezeigt, in welcher Weise profane oder religiöse griechische
Sprachtraditionen und die mit ihnen verbundenen Assoziationskomplexe das Verständnis der paulinischen Glaubensaussagen für pagane
Rezipienten je und je bestimmten. Im folgenden sollen die Rezeptionsbedingungen der nicht-jüdischen Adressaten des Apostels syste-
matisierend zusammengefaßt werden. Wir fragen zunächst nach den
Formen des religiösen πίστις - Gebrauchs im Griechentum, sodann nach
der Bedeutung profaner Sprachtraditionen für das Verständnis religiöser Aussagen, um schließlich die Bedingungen und Merkmale der
Rezeption des paulinischen Glaubensverständnisses auf Seiten paganer
Hörer aufzuzeigen.

9. Kapitel
DER RELIGIÖSE GEBRAUCH VON ΠΙΣΤΙΣ IM GRIECHENTUM

In einem Schreiben Kaiser Julians zu dem berüchtigten Rhetoren-
edikt (362), das christlichen Gelehrten das Traktieren von heidnischen, d.h. klassischen Autoren untersagte, heißt es:

"Unser ist die Literatur und das Hellenentum, denn unser ist auch
die Verehrung der Götter (τὸ σέβειν θεούς); euer (sc. der Christen)
aber ist der Mangel an literarischer Kultur und rüde Unbildung,
und eure Weisheit hat nichts was über das Gebot "Sei gläubig"
('Πίστευσον') hinausgeht"(1).

Nicht nur Glauben und Wissen werden hier einander gegenübergestellt, sondern wahre (pagane) Gottesverehrung und die πίστις (der
Christen). Die Notiz Julians zeigt, in welchem Maß die christliche
Religion im vierten Jahrhundert mit der Forderung nach Glauben identifiziert werden konnte, daß πίστις (bzw. der Imperativ πίστευσον)
als ein - auch von den Gegnern anerkanntes - christliches 'Schlagwort' galt.

Kann die Stelle darüber hinaus ein Beleg sein für die These, daß
πίστις erst im jüdisch-christlichen Literaturbereich religiös verwendet wurde, das pagane Griechentum aber einen religiösen Gebrauch
von πίστις noch nicht kannte? Nach E.R. Dodds hätte ein gebildeter
Grieche des zweiten Jahrhunderts - nach den Differenzen zwischen
paganer und christlicher Sicht gefragt - geantwortet, daß es sich
wesentlich um den Unterschied von λογισμός und πίστις, von begrün-
deter Überzeugung und blindem Glauben handele[2]. Während der jüdisch-
christlichen Tradition die πίστις als Grundlage des Lebens gegolten
habe, sei sie dem gebildeten Griechen die niedrigste Stufe der Erkenntnis gewesen[3].

Läßt sich an dem unterschiedlichen (profanen oder religiösen)
Verständnis von πίστις die Differenz zwischen paganer und jüdisch-
christlicher Weltsicht festmachen und spiegelt sich hier nicht eher

---

1 Julian Frg.7 (bei Gregor von Nazians,Or IV 102; PG 35, 637); Übersetzung
   von B.K. WEIS.

2 DODDS, Age, 120.

3 Ebd.; Prophyr Christ 1.17; 73; so auch schon in der Ideenlehre Platons
   (Resp VI 511E; VII 534A); vgl. SEIDL, Πίστις, 104ff; PRAUS,ΕΙΚΑΣΙΑ,
   127-138; Plut Mor 1001D; 1023D/E.

der Konflikt zwischen Gebildeten und Ungebildeten, der quer durch
den paganen und christlichen Bereich hindurchgeht[4]?

Konnte das hellenistische Judentum und im Gefolge das frühe
Christentum auf eine pagan-griechische Verwendung von πίστις in
religiösem Kontext zurückgreifen oder ist hier in bewußter terminologischer Abgrenzung gegen das im Griechentum gebräuchliche νομίζειν
bzw. σέβειν ein profaner Begriff religiös verwendet worden, und was
hat das für Konsequenzen?

Diese Frage, die auch für das paulinische Glaubensverständnis
- zumal unter rezeptionskritischem Aspekt - von großer Bedeutung
ist, steht im Mittelpunkt einer jüngst wiederbelebten forschungs-
geschichtlichen Kontroverse.

9.1. Forschungsgeschichtlicher Überblick

Die These, daß πίστις im Hellenismus bereits ein allgemein be-
kannter religiöser Terminus, ein wesentliches Merkmal aller Mission
treibenden Religionen gewesen sei, wurde von BOUSSET und REITZEN-
STEIN zunächst religionsphänomenologisch begründet: "Wo eine
Religion Missionstätigkeit entwickelt, entsteht mit innerer Notwendigkeit die vertiefte und gesteigerte Bewertung des Glaubens"[5].
Sobald "eine Religion die Forderung zu erheben beginnt, daß ihre
grundlegenden Anschauungen jedermann, nicht nur den Volksangehörigen
gelten, und sobald sie die Völker als 'Heiden' (Ungläubige) beur-
teilt, wird das Motiv des Glaubens in ihr bedeutsam"[6].

Reitzenstein hat dann versucht, diese These durch "ein paar
rasch zusammengeraffte Beispiele"[7] sprachlich zu untermauern[8].
WETTER, der ebenfalls davon ausging, "daß nicht die Christen als
Erste die Forderung des Glaubens gestellt haben", fügte neues Belegmaterial hinzu[9].

---

4 Vgl. Origenes über die πίστις : "Wir akzeptieren sie als brauchbar für
   die Vielen" (Cels 1,9f).

5 REITZENSTEIN, Nachwort, 132.

6 BOUSSET/GRESSMANN, Religion, 193; vgl. auch HATCH, Idea, 73: "belief, trust
   and confidence were salient and characteristic features of the mystery
   type of religion and fidelity to the god or goddens of the cult was expec-
   ted of every initiate".

7 Mysterienreligionen, 234.

8 Als Belege nennt REITZENSTEIN: 1. einen Zauberpapyrus (DIETRICH9, Jahrb. f.
   Philologie, Suppl.XVI, 807, Z.17 = PGM XII 228F), 2. die Aberkios-Inschrift
   (ed. DIETRICH; Text jetzt auch bei WISCHMEYER, JAC 23 (1980), 24f), 3. einen
   Isishymnus (POxy 1380, Z.152), 4. eine kappadokische Inschrift (LIDZBARSKI,
   Ephemeris f. semitische Epigraphik I, 66), 5. Apul Met XI 28, 6. Corp Herm
   IX 10.

9 WETTER, Sohn, 116. Als Belege bietet WETTER mandäische (16.116) und mani-

Reitzensteins These ist in der weiteren Forschung weitgehend
akzeptiert worden und vor allem von WISSMANN[10] und BULTMANN[11], die
beide das Belegmaterial für die religiöse Verwendung von πίστις im
paganen Bereich erweiterten[12], aber auch noch von NEUGEBAUER[13] aufgenommen worden.

Dagegen hat dann LÜHRMANN Mitte der 70er Jahre im Anschluß an
EBELINGS Überlegung, daß 'Glaube' nicht einfach eine allgemein-
religionsphänomenologische Kategorie sei, sondern exklusiv der
christlichen Sprachtradition angehöre[14], versucht, die religionsphänomenologische These von der Bedeutung des Glaubens in den missionierenden Religionen des Hellenismus durch die Destruktion des
bisher bereitgestellten Belegmaterials zu widerlegen[15]. Lührmann
kritisiert, daß sich in den angeführten Belegen entweder die entscheidende Wurzel πιστ- überhaupt nicht findet oder aber jüdisch-
christliche Sprachtradition niederschlage[16]. Er kommt zu dem Schluß,
daß Wörter des Stammes πιστ- in der griechischen Sprachtradition
nicht in religiösem Kontext verwendet worden seien, der Wiedergabe
des Stammes אמן durch πίστις κτλ in der LXX also kein gemeinsamer
religiöser Sprachgebrauch zugrundegelegen habe[17]. Ebenso scheiden
nach Lührmann die juristische Fachsprache, der philosophische Sprach-

---

chäische Texte (87f.114), sowie Corp Herm IV 4; IX 10 und Porphyr Marc
   21.24.

10 Verhältnis, 43.-47.

11 ThWNT VI, 180f; Theologie, 91.

12 WISSMANN fügt als eigene Funde Corp Herm I 21.31 und weitere manichäische
   und mandäische Texte hinzu. Zu den zahlreichen Belegstellen bei BULTMANN
   siehe ThWNT VI 178-181, Anm. 49ff. Seine Hauptbelege entstammen Texten, die
   in der jüdisch-christlichen Sprachtradition stehen (Orig Cels; OdSal).

13 Christus, 161.

14 EBELING, Glauben.

15 Pistis, 21-23; ders. RAC XI, 54.

16 In der Tat können wohl Corp Herm, OdSal und Orig Cels und auch die Aberkios-
   Inschrift nicht als originär pagane Quellen angesehen werden (für den christlichen Charakter der Aberkiosinschrift hat sich u.a. zuletzt WISCHMEYER,
   a.a.O., 22 ausgesprochen). Auch die manichäischen und mandäischen Texte sowie die kappadokische Inschrift haben keine Beweisfunktion; ebenso schließt
   LÜHRMANN Apuleius (fiducia!) zurecht aus. Dagegen scheint sein Versuch,
   PGM XII 228F und POxy 1380,152 als Belege zu entkräften, nicht stichhaltig.
   Sein Argument gegen den Zauberpapyrus, daß die Personifizierung von πίστις
   auch sonst belegt ist, aber nicht im Sinne von 'Glauben', besagt als solches
   noch gar nichts, zumal hier ein deutlich religiöser Kontext vorliegt: "ἐγὼ ἡ
   Πίστις εἰς ἀνθρώπους εὑρεθεῖσα καὶ προφήτης τῶν ἁγίων ὀνομάτων
   εἰμι...ἐγώ εἰμι ὁ θεός, ὃν οὐδεὶς ὁρᾷ ." Im Hinblick auf POxy 1380,
   152 hat LÜHRMANN zwar recht, daß κατὰ τὸ πιστόν gut griechischer Sprachtradition entspricht. Das ist aber noch kein Argument gegen diese Stelle
   als Beleg für eine religiöse Verwendung von πιστ -, denn hier geht es um das
   Anrufen der Gottheit (Isis) κατὰ τὸ πιστόν , also um gläubige Proskynese.

17 Pistis, 21.24; ders., RAC XI, 62.

gebrauch (πίστις als Annäherung an Wahrheit) und die vage Grundbedeutung 'fest, sicher' als mögliche Brücken zwischen אמן und πιστ-
aus[18]. So muß man sich mit der Feststellung begnügen, "daß beide
Wortgruppen sich treffen bei den Substantiven אמונה /אמת und πίστις
in der Bedeutung 'Treue' ... und beim Verbum in 'Glauben schenken'
und 'vertrauen'"[19]. Es handele sich somit bei πίστις und πιστεύειν
in der jüdisch-christlichen Tradition um Bedeutungslehnwörter, die
ihren Inhalt aus einer anderssprachigen Tradition (nämlich der
hebräischen) erhalten[20].

Lührmann bleibt mit dieser Bestimmung m.E. hinter seiner eigenen
Kritik an der.Methode der 'Begriffsgeschichte' zurück. Selbst wenn
man davon ausgeht, daß πίστις κτλ in der paganen Gräzität nicht
religiös verwendet wurde, kann man sich nicht darauf beschränken,
die Übersetzung der LXX durch eine gemeinsame Grundbedeutung von
אמן und πιστ- zu erklären und dann nur noch den atl. Glaubensbegriff als Basis des frühchristlichen heranziehen. Zumal wenn man,
wie Lührmann, davon ausgeht, "daß ein Stichwort einen ganzen größeren
Zusammenhang assoziiert"[21], ist es doch unerläßlich, den profanen
πίστις-Gebrauch des Griechentums mit in Rechnung zu stellen. Der
semantische Gehalt von πίστις κτλ in der Pagan-Gräzität ist ja
nicht einfach auf 'Treue' festzulegen, sondern variiert je nach verschiedenen Wortverbindungen. Wenn πίστις wirklich nur nicht-religiös
verwendet wurde, dann war auch der jüdisch-christliche Gebrauch dieser
Wortgruppe nur vor dem Hintergrund dieser profanen Sprachtradition rezipierbar, entsprechend den Assoziationen, die sich aufgrund verschiedener Wortverbindungen vom Profanen her ergaben. Lührmann entzieht
sich dieser Fragestellung, indem er erklärt, Glaube habe im Judentum nicht zur Missionssprache gehört und auch im frühen Christentum
seinen Platz nicht in der Heidenmission gehabt. Πίστις κτλ gehöre
vielmehr zum "internen Sprachgebrauch"[22].

Über diese methodischen Bedenken hinaus ist nun aber auch Lührmanns Prämisse selbst, ein religiöser Gebrauch von πίστις κτλ sei
im paganen Griechentum nicht zu belegen, die zunächst Zustimmung
gefunden hatte[23], durch G. BARTHS Ausführungen über Pistis in hellenistischer Religiosität ins Schwanken geraten[24]. Barth bietet nach

---

18 Pistis, 23f; RAC XI, 62.
19 Pistis, 24.
20 Pistis, 24f; RAC XI, 62.
21 Pistis, 19 Anm. 4.
22 Pistis, 23.37.
23 LOHSE, Emuna, 150f; ders., Glaube, 88.
24 ZNW 73 (1982), 110-126.

einer kritischen Sichtung des bei Bauer (Wörterbuch) und Bultmann
(ThWNT VI) gebotenen Materials eine eindrucksvolle Fülle von Belegen für die religiöse Verwendung von πίστις κτλ im Hellenismus.
Das von Barth gebotene Material läßt sich noch beträchtlich er-
gänzen. Wir wollen im folgenden eine nach sachlichen und sprachlichen Gesichtspunkten geordnete Übersicht über das erweiterte
Material bieten.

9.2. Übersicht über das Material

Die Belege für den religiösen Gebrauch von πίστις κτλ im Griechentum lassen sich grob in drei Gruppen einteilen:

1. Glaube an Götter im Sinne des Vertrauens auf sie,
2. Glaube an Wunder und Mirakel,
3. Glaube an Offenbarung.

Die Fülle eindeutig paganer Belegstellen erlaubt es, auf Texte
zu verzichten, die aufgrund einer möglichen jüdisch-christlichen
Überarbeitung bzw. Beeinflussung nur indirekte Beweisfunktion
haben (CorpHerm; OdSal; Kirchenväter). Der Umfang des Stellen-
materials macht es unmöglich, jeden Beleg zu zitieren; wir beschränken uns hier auf die wichtigsten Texte bzw. auf Stellen, die weder
bei Reitzenstein noch bei Bultmann oder Barth genannt sind. Diese
neuen Funde sind zur besseren Übersicht durch ein * gekennzeichnet.
Das Material erscheint in den einzelnen Abschnitten in chrono-
logischer Reihenfolge. Wir beschränken uns dabei nicht auf den hellenistischen Literaturbereich, sondern nehmen auch klassische Autoren
auf, um so die Möglichkeit zu geben, Ansätze und Wurzeln einer religiösen Verwendung von πίστις κτλ im Hellenismus zu erkennen.

9.2.1. Πίστις als Glaube an die Götter

Der Glaube (πίστις) kann sich auf die Götter selbst richten (a);
auch absolut gebraucht (b) kann πίστις κτλ für den Götterglauben
stehen. Daneben wird von den Göttern gesagt, daß sie glaubwürdig/
vertrauenswürdig seien (c). Schließlich kann sich der Glaube auch
auf die Tatsache der Existenz der Götter bzw. auf bestimmte Aussagen über die Götter (d) richten. Einen Spezialfall des Gottesglaubens stellt der Glaube an die Tyche dar (e). Ebenso der Glaube
an die Göttlichkeit oder göttliche Herkunft bestimmter Menschen(f).

Zu erwähnen ist hier auch die Personifikation der Πίστις als Göttin
(g).

a.

* 1. Eur Med 413:
     ἀνδράσι μὲν δόλιαι βουλαί, <u>θεῶν</u> δ'
     οὐκέτι <u>πίστις</u> ἄραρε˙

  2. Eur Ion 557:
     τῷ <u>θεῷ</u> γοῦν οὐκ <u>ἀπιστεῖν</u> εἰκός.

  3. Soph Phil 1374:
     ὅμως σε βούλομαι <u>θεοῖς</u> τε <u>πιστεύσαντα</u>
     τοῖς τ' ἐμοῖς λόγοις

  4. Thuc IV 92,7:
     ...<u>πιστεύσαντας</u> δὲ τῷ <u>θεῷ</u> πρὸς ἡμῶν ἔσεσθαι...
     καὶ τοῖς <u>ἱεροῖς</u>...

* 5. Lys 34,10:
     ...<u>πιστεύοντας</u> μὲν τοῖς <u>θεοῖς</u> ἐλπίζοντας
     δὲ ἔτι τὸ δίκαιον μετὰ τῶν ἀδικουμένων ἔσεσθαι.

  6. PlatLeg XII 966D:
     Ἆρα οὖν ἴσμεν ὅτι δύ' ἐστὸν τὼ περὶ <u>θεῶν</u>
     ἄγοντε εἰς <u>πίστιν</u>.

  7. Aeschin Or in Ctes.1:
     ἐγὼ δὲ <u>πεπιστευκὼς</u> ἥκω πρῶτον μὲν τοῖς <u>θεοῖς</u>

* 8. Lyc 31,127:
     κληρονόμοι εἶναι...<u>τῆς πίστεως</u>, ἣν δόντες
     οἱ πατέρες ὑμῶν...τοῖς <u>θεοῖς</u>

* 9. Moschos 10 (Euagrius Ponticus, Moschionis sententiae 14):
     Μὴ πίστευε τύχῃ καὶ <u>πιστεύσεις</u> <u>θεῷ</u>

 10. PPar 63 VIII 12ff (= UPZ 144,12):
     ἐγὼ γὰρ <u>πιστεύσας</u> σοί τε καὶ τοῖς <u>θεοῖς</u>
     πρὸς οὓς ὁσίως καὶ δίκ...

*11. Philodem Philos 6,6:
     Λεοντέως διὰ Πυθοκλέα <u>πίστιν</u> <u>θεῶν</u> οὐ παρέντος

 12. Plut Mor 165 B+C:
     ἀθεότης...εἰς ἀπάθειάν τινα δοκεῖ τῇ <u>ἀπιστίᾳ</u>
     τοῦ <u>θείου</u> περιφέρειν...ἡ γὰρ ἄγνοια τῷ μὲν
     <u>ἀπιστίαν</u> τοῦ <u>ὠφελοῦντος</u> (sc.θεοῦ) ἐμπεποίηκε

*13. Plut Mor 167E:
     περίεστιν οὖν τοῖς (sc.ἀθέοις) μὲν ἀναισθησία καὶ
     <u>ἀπιστία</u> τῶν <u>ὠφελούντων</u> (sc.θεῶν)

 14. Plut Mor 1101C:
     ...μηδὲ τυφλοῦν τὴν <u>πίστιν</u>, ἣν οἱ πλεῖστοι περὶ
     <u>θεῶν</u> ἔχουσιν.

 15. Appian Pun VIII 57:
     οὐ περὶ τῆς Καρχηδονίων σωτηρίας ἐστὶν ἡμῖν
     ἡ φροντίς...ἀλλὰ περὶ τῆς Ῥωμαίων ἔς τε <u>θεοὺς</u>
     <u>πίστεως</u>

16. Aristid I 155:

εὐσεβείας μὲν διὰ τὴν <u>πίστιν</u> ἣν ἐν τοῖς <u>θεοῖς</u>
εἶχον.

17. Luc Alex 38[25]:

Εἴ τις ἄθεος ἢ Χριστιανὸς ἢ Ἐπικούρειος ἥκει
κατάσκοπος τῶν ὀργίων, φευγέτω· οἱ δὲ <u>πιστεύοντες</u>
τῷ <u>θεῷ</u> τελείσθωσαν τύχῃ τῇ ἀγαθῇ.

*18. Phalaris Epist XCI (Hercher, 434f):

<u>πιστεύω</u> δὲ τῷ <u>δαίμονι</u> πρὸς μηδένα τῶν ἀδικησάντων
ἔλαττον σχήσειν.

*19. Dio C VI 3+5:

<u>πίστει</u> τοῦ <u>θείου</u> θεραπεύοντας...Ὅτι δι' ἑαυτῶν
τότε κατέστησαν <u>πίστιν</u> τοῦ <u>θείου</u> λαβόντες

*20. Jambl Vit Pyth XXVIII 148[26]:

ὑπῆρχε δ' αὐτῷ ἀπὸ τῆς εὐσεβείας καὶ ἡ περὶ <u>θεῶν</u>
<u>πίστις</u>· παρήγγελλε γὰρ ἀεὶ περὶ <u>θεῶν</u> μηδὲν
θαυμαστὸν <u>ἀπιστεῖν</u> μηδὲ περὶ θείων δογμάτων

Vgl. außerdem: AeschSept c Theb 211f; *Eum 291.670; Xenoph Mem
       1,1,5; Himerius Or XXIII 18.

b.

1. Heracl Frg.86:

ἀλλὰ τῶν μὲν <u>θείων</u> τὰ πολλὰ <u>ἀπιστίηι</u> διαφυγγάνει
μὴ γιγνώσκεσθαι.

* 2. Apollonius von Tyana Epist XXXIII (Hercher, 115):

Οἱ παῖδες ὑμῶν πατέρων δέονται, οἱ νέοι γερόντων,
αἱ γυναῖκες ἀνδρῶν, οἱ ἄνδρες ἀρχόντων, οἱ ἄρχοντες
νόμων, οἱ νόμοι φιλοσόφων, οἱ φιλόσοφοι θεῶν, οἱ <u>θεοὶ</u>
<u>πίστεως</u>.

Vgl. außerdem: *Xenoph Cyrop 7,2,17; *Aristot Cael I 3.270b 1ff;
       Plut Mor 35F. 756B; *Aliciphr IV 19,6; PapOxy XI
       1380,152; *Plot VI 9,4,32-34; *Jambl Myst V 26.

c.

* 1. Pind Nem 10,54:

καὶ μὲν <u>θεῶν</u> <u>πιστὸν</u> γένος

* 2. Epict II 14,13:

εἰ <u>πιστόν</u> ἐστι τὸ <u>θεῖον</u>, καὶ τοῦτον (sc.ἄνθρωπον) εἶναι
πιστόν.

Vgl. außerdem: *Epict IV 1,97; * Plut Mor 170E.

---

25 Interessant ist, daß hier πίστις zur Abgrenzung gegenüber den Christen
   gebraucht wird. LOHSE, Emuna, 151 Anm. 23, rechnet hier mit christlichem
   Einfluß; dagegen betont BARTH, a.a.O., 119 Anm. 27, daß 1. Lukian ausdrücklich darauf hinweist, daß Alexander der Prorrhesis "wie in Athen"
   vollzogen habe, 2. die Wendung πιστεύοντες τῷ θεῷ nicht im NT, wohl
   aber im paganen Griechentum erscheint.

26 Vgl. Jambl Protr XXI sowie Diels I 466,31.

d.

1. Plut Mor 170F:

Οὔκ οἴεται <u>θεοὺς</u> εἶναι ὁ ἄθεος, ὁ δὲ δεισιδαίμων
οὐ βούλεται, <u>πιστεύει</u> δ' ἄκων· φοβεῖται γὰρ <u>ἀπιστεῖν</u>.

* 2. Alciphr IV 7,4 (= Epist XXXIV § 4, Hercher, 55):

οὐ λέγομεν <u>θεοὺς</u> οὔκ εἶναι, ἀλλὰ <u>πιστεύομεν</u> ὀμνύουσι
τοῖς <u>ἐρασταῖς</u> ὅτι φιλοῦσιν ἡμᾶς.

Vgl. außerdem: Plut Mor 17B.166D.612A.1075A; Luc, Sacr 15;
            Saturnalia 5.

e.[27]

1. Thuc V 104:

ὅμως δὲ <u>πιστεύομεν</u> τῇ μὲν <u>τύχῃ</u> ἐκ τοῦ θείου
μὴ ἐλασσώσεσθαι

* 2. Thuc VII 67,4:

οὐ παρασκευῆς <u>πίστει</u> μᾶλλον ἢ <u>τύχης</u>

* 3. Alexis, Fabulae incertae XLII (Frg.Commicorum III 521):

Κἂν εὐτυχῇ τις, ὡς ἔοικε, προσδοκᾶν
ἀεί τι δεῖ, καὶ μή τι <u>πιστεύειν</u> <u>τύχῃ</u>.

4. Dio Chrys 64,26:

ὁ δὲ "Εκτωρ ἡττήθη γνώμῃ <u>πιστεύσας</u>, οὐ <u>τύχῃ</u>.

5. Plut Mor 206D:

<u>πίστευε</u> τῇ <u>τύχῃ</u> γνοὺς ὅτι Καίσαρα κομίζεις.

6. Polyb I 35,2:

καὶ γὰρ τὸ <u>διαπιστεῖν</u> τῇ <u>τύχῃ</u>...ἐναργέστατον ἐφάνη
πᾶσι τότε διὰ τῶν Μάρκου συμπτωμάτων.

Vgl. außerdem: Thuc V 112,2+113; Dio Chrys 65,4.7.13; Plut Mor
            224D; Polyb X 7,4; XV 15,5 (28).

f.

* 1. Isoc X 61:

πρῶτον μὲν τοὺς ἀδελφοὺς...εἰς <u>θεοὺς</u> ἀνήγαγεν,
βουλομένη δὲ <u>πιστὴν ποιῆσαι</u> τὴν μεταβολήν

* 2. Isaeus Or IX 24:

λέγων ὅτι <u>θεῖος</u> εἴη...νυνὶ ὡς ἀληθῆ λέγων ἀξιώσει
<u>πιστεύεσθαι</u>.

* 3. Epict II 16,44:

'Ο 'Ηρακλῆς...<u>ἐπιστεύθη</u> <u>Διὸς υἱὸς</u> εἶναι καὶ ἦν.

* 4. Plut Mor 210D:

ποιήσατε πρώτους ἑαυτοὺς <u>θεούς</u>· καὶ τοῦτ' ἂν πράξητε,
τότε <u>πιστεύσω</u> ὑμῖν ὅτι κἀμὲ δυνήσεσθε <u>θεὸν ποιῆσαι</u>.

* 5. Plut Mor 593A:

ἀνθρώπους δὲ <u>θείους</u> εἶναι καὶ θεοφιλεῖς <u>ἀπιστοῦντες</u>

---

27   Daß Tyche als eine Gottheit zu verstehen ist, zeigen Polyb II 5,7; X 9,2;
     37,4; XV 6,6ff; 8,3; 9,4; 10,5.

28   Vgl. auch die folgenden Stellen, deren religiöser Charakter nicht eindeu-
     tig ist: *Eur Hec 628; *Aesch Prom 969; *Choeph 397; *PhilodemPhilos D.
     III 7,14; Dion Chrysostomos 3,51.

* 6. Dio C 48,48,5:

> ὁ Σέξτος...τοῦ τε <u>Ποσειδῶνος υἱὸς</u> ὄντως <u>ἐπίστευσεν</u>
> εἶναι

* 7. Jambl Vit Pyth XIX 91:

> γενόμενος δὲ ἐν παρόδῳ κατὰ τὴν 'Ιταλίαν καὶ τὸν
> Πυθαγόραν ἰδὼν καὶ μάλιστα εἰκάσας τῷ <u>θεῷ</u>, οὗπερ
> ἦν ἱερεύς, καὶ <u>πιστεύσας</u> μὴ ἄλλον εἶναι, μηδὲ
> ἄνθρωπον ὅμοιον ἐκείνῳ, ἀλλ' αὐτὸν ὄντως τὸν
> <u>Ἀπόλλωνα</u>

Vgl. außerdem: *Eur Heracl 802.

g.

1. Theogn I 1137:

> ᾤχετο μὲν <u>Πίστις</u>, μεγάλη <u>θεός</u>, ᾤχετο δ' ἀνδρῶν
> Σωφροσύνη, Χάριτές τ', ὦ φίλε, γῆν ἔλιπον

* 2. Plut Flam 378C:

> <u>Πίστιν</u> δὲ 'Ρωμαίων <u>σέβομεν</u>
> τὰν μεγαλευκτοτάταν ὅρκοις φυλάσσειν·
> μέλπετε, κοῦραι.
> Ζῆνα μέγαν 'Ρώμαν τε Τίτον θ' ἅμα 'Ρωμαίων τε <u>Πίστιν</u>

Vgl. außerdem: *Marc Aurel V 33; PGM XII 228F; Diogenianos[3]
>   Prov 2,80; Hymn Orph prooem 25; DittSyll II[3]
>   727.

9.2.2. Πίστις als Wunderglaube

Die Wundergläubigkeit wird - vor allem von Lukian - häufig be-
spöttelt. Dies geschieht jedoch aus der Sicht des Skeptikers, der
Wundergläubige selbst versteht sich als Gottesgläubigen (Luc Pseu-
doleg 10; Plut Cor 232D; Jambl Vit Pyth VIII 148)[29]. Als Ausdruck
des Gottesglaubens kann sich der Wunderglaube auf mirakulöse Ge-
schehnisse (τέρας, θαυμαστόν), auf Erscheinungen von Geistern u.ä.
und auf gottgewirkte Heilungen (Asklepeios) richten. Belege für
die Verwendung von πίστις κτλ finden sich vom 5.Jh.v.Chr. an. Die
wichtigsten seien im folgenden genannt:

* 1. Herodot III 153:

> τούτῳ τῷ Μεγαβύζου παιδὶ Ζωπύρῳ ἐγένετο <u>τέρας</u> τόδε
> ...καὶ ὑπὸ <u>ἀπιστίης</u> αὐτὸς ὁ Ζώπυρος εἶδε...

* 2. Soph El 1317:

> εἴργασαι δέ μ' <u>ἄσκοπα</u>·
> ὥστ', εἰ πατήρ μοι ζῶν ἵκοιτο, μηκέτ' ἂν
> <u>τέρας</u> νομίζειν αὐτό, <u>πιστεύειν</u> δ'ὁρᾶν.

3. Epidauros W 3 (Herzog, 8-10):

> θεωρῶν δὲ τοὺς ἐν τῶι ἱαρῶι πίνακας <u>ἀπίστει</u>
> τοῖς <u>ἰάμασιν</u>...in einem Gesicht (ὄψις) erscheint

---

29 Vgl. THEISSEN, Wundergeschichten, 133f.

ihm der Gott (Asklepeios), heilt ihn und fragt ihn,
ob er immer noch ungläubig sein wolle (ἀπιστεῖν)...
ὅτι τοίνυν ἔμπροσθεν ἀπίστεις αὐτοῖς (sc. ἰάμασιν)
οὐκ ἐοῦσιν ἀπίστοις, τὸ λοιπὸν ἔστω τοι' Ἄπιστος ὄνομα.

4. Strabo VIII 6,15:

...διὰ τὴν ἐπιφάνειαν τοῦ Ἀσκληπιοῦ θεραπεύειν
νόσους παντοδαπὰς πεπιστευμένου...

5. Strabo XVII 1,17:

...ἱερὸν πολλῇ ἁγιστείᾳ τιμώμενον καὶ θεραπείας
ἐκφέρον, ὥστε καὶ τοὺς ἐλλογιμωτάτους ἄνδρας πιστεύειν

* 6. Plut Mor 163D:

Bericht über eine wundersame Errettung durch einen
Delphin...ἔτι δ' ἄλλα θειότερα τούτων ἐκπλήττοντα
καὶ κηλοῦντα τοὺς πολλοὺς διηγεῖσθαι, πάντων δὲ
πίστιν ἔργῳ παρασχεῖν (erneutes Wunder).

7. Plut Cor 232D:

Οὐ μὴν ἀλλὰ τοῖς ὑπ' εὐνοίας καὶ φιλίας πρὸς τὸν
θεὸν ἄγαν ἐμπαθῶς ἔχουσι καὶ μηδὲν ἀθετεῖν μηδ'
ἀναίνεσθαι τῶν τοιούτων δυναμένοις μέγα πρὸς πίστιν
ἐστὶ τὸ θαυμάσιον καὶ μὴ καθ' ἡμᾶς τῆς τοῦ θεοῦ
δυνάμεως.

* 8. Marc Aurel I 6:

καὶ τὸ ἀπιστητικὸν τοῖς ὑπὸ τῶν τερατευομένων καὶ
γοήτων περὶ ἐπῳδῶν καὶ περὶ δαιμόνων ἀποπομπῆς...
λεγομένοις.

9. Luc Pseudolog 10:

Σύ μοι δοκεῖς...τὰ τοιαῦτα λέγων οὐδὲ θεοὺς εἶναι
πιστεύειν εἴ γε μὴ οἴει τὰς ἰάσεις οἷόν τε εἶναι ὑπὸ
ἱερῶν ὀνομάτων γίγνεσθαι.

*10. Jambl Vit Pyth XXVIII 139:

Jemand erzählt dem Pythagoreer Eurytos, er habe Gesang
aus einem Grab gehört; der zeigt keinerlei Mißtrauen
(ἀπιστῆσαι)...ὥστε πρὸς πάντα τὰ τοιαῦτα οὐχὶ αὐτοὺς
(sc. Pythagoreer) εὐήθεις νομίζουσιν, ἀλλὰ τοὺς
ἀπιστοῦντας· οὐ γὰρ εἶναι τὰ μὲν δυνατὰ τῷ θεῷ
τὰ δὲ ἀδύνατα, ὥσπερ οἴεσθαι τοὺς σοφιζομένους, ἀλλὰ
πάντα δυνατά.

Vgl. außerdem: Apollodorus Bibl I 9,27; Plut Cam 132B+C; Luc
        Pseudolog 13.15.17.28.30.32; *Callistratus Stat
        33,15ff.

9.2.3. Πίστις als Offenbarungsglaube

Πίστις richtet sich auf Offenbarung im weitesten Sinn, auf Ent-
hüllungen über Götter und Göttliches (a), auf prophetisches Vorher-
wissen bzw. die πρόνοια Gottes (b), vor allem aber auf von Orakeln
mitgeteilte Weissagungen, Göttersprüche u.ä. Wir unterscheiden einen
unterminologischen Gebrauch (c) von der Verbindung mit folgenden

für den Orakelglauben zentralen Stichworten (d): ἀναιρέω, ἐνύπνιον, ἐπίπνοια, θέσφατος, μαντεία (μαντεῖον, μαντεύω, μαντική), οἰωνός, ὄψις, τελετή, φήμη, χρησμός (χρηστήριον). Nur die Belege dieser letzten Kategorie werden im folgenden zitiert, die übrigen Stellen werden lediglich genannt.

a.

Plat Tim 40 D/E; Dio Chrys 14,21; Luc *Icaromeṅipp 2; Jup Trag 40; * Jambl Vit Pyth XXVIII 143.

b.

Xenoph Mem 1,1,15; Plut Mor 398E. 402E. 549B; Luc Pseudolog 38; Porphyr Marc XXII; *Jambl Myst III 26.

c.

Eur Ion 1605ff; Iph Taur 1475f; *Rhes 663; *Herodot I 182; Soph Oed Tyr 1438-45; *Isoc I 50; *XI 40; *Isaeus, Or III 77; *frg III 2,1; *Xenoph Epist VI (Hercher, 789f); *Aeschin Tim 130; Sokratikerbriefe I § 8f (Hercher, 610/Malherbe, 222); Plut Mor 377A/C. 396D. 398E. *419D. 763C; Numa 15,1; *Sext Pyrrh Hyp II 141; *Dio C 55,1,4; *Philostr Heroic II 140,23; *Plot IV 7,15,2; *Jambl Vit Pyth XXVIII 138.

d.

1. Aesch Pers 800f:

εἴ τι πιστεῦσαι θεῶν χρὴ θεσφάτοισιν, ἐς τὰ νῦν
πεπραγμένα βλέψαντα.

2. Herodot I 158:

ἀπιστέων τε τῷ χρησμῷ καὶ δοκέων τοὺς θεοπρόπους οὐ
λέγειν ἀληθέως

*3. Herodot II 152:

πέμψαντι δὲ οἱ ἐς Βουτοῦν πόλιν ἐς τὸ χρηστήριον τῆς
Λητοῦς...ἦλθε χρησμὸς ὡς τίσις ἥξει ἀπὸ θαλάσσης
χαλκέων ἀνδρῶν ἐπιφανέντων. καὶ τῷ μὲν δὴ ἀπιστίη
μεγάλη ὑπεκέχυτο

*4. Herodot V 92,7:

πέμψαντι...ἀγγέλους ἐπὶ τὸ νεκυομαντήιον...ταῦτα δὲ
῾ως ὀπίσω ἀπηγγέλθη τῷ Περιάνδρῳ πιστὸν...ἦν τὸ συμβόλαιον

*5. Soph Oed Col 1331:

εἰ γάρ τι πιστόν ἐστιν ἐκ χρηστηρίων

*6. Soph Trach 76f:

ἆρ' οἶσθα δῆτ', ὦ τέκνον, ὡς ἔλειπέ μοι
μαντεῖα πιστὰ τῆσδε τῆς χώρας πέρι;

*7. Isoc IV 31:

περὶ τίνων χρὴ μᾶλλον πιστεύειν ἢ περὶ ὧν ὅ τε
θεὸς ἀναιρεῖ..;

* 8. Isoc VI 31:

...μαντεῖον, ὃ πάντες ἂν ὁμολογήσειαν ἀρχαιότατον
εἶναι καὶ κοινότατον καὶ πιστότατον...

* 9. Isoc IX 21:

περὶ οὖ τὰς μὲν φήμας καὶ τὰς μαντείας καὶ τὰς
ὄψεις τὰς ἐν τοῖς ὕπνοις γενομένας, ἐξ ὧν μειζόνως
ἂν φανείη γεγονὼς ἤ κατ' ἄνθρωπον, αἱροῦμαι παραλιπεῖν,
οὐκ ἀπιστῶν τοῖς λεγομένοις

*10. Plat Crat 399A:

ΣΩ. Τῇ τοῦ Εὐθύφρονος ἐπιπνοίᾳ πιστεύεις, ὡς ἔοικας.
ΕΡΜ. Δῆλα δή.
ΣΩ. Ὀρθῶς γε σὺ πιστεύων·

11. Xenoph Ap 15:

Ἀλλὰ μεῖζω μέν...εἶπεν ὁ θεὸς ἐν χρησμοῖς περὶ
Λυκούργου...ἤ περὶ ἐμοῦ...ὑμεῖς μηδὲ ταῦτ' εἰκῇ
πιστεύσητε τῷ θεῷ, ἀλλὰ καθ' ἓν ἕκαστον ἐπισκοπεῖτε
ὧν εἶπεν ὁ θεός.

*12. Xenoph Sym 4,47-49:

πᾶσαι γοῦν αἱ πόλεις καὶ πάντα τὰ ἔθνη διὰ μαντικῆς
ἐπερωτῶσι τοὺς θεοὺς τί τε χρὴ καὶ τί οὐ χρὴ ποιεῖν...
οὗτοι...θεοί...μοι πέμποντες ἀγγέλους φήμας καὶ
ἐνύπνια καὶ οἰωνοὺς ἅ τε δεῖ καὶ ἅ οὐ χρὴ ποιεῖν...
ἤδη δέ ποτε καὶ ἀπιστήσας ἐκολάσθην.
Καὶ ὁ Σωκράτης εἶπεν· Ἀλλὰ τούτων μὲν οὐδὲν ἄπιστον.

*13. Aristot Div Somn 1, 462b 11ff:

Περὶ δὲ τῆς μαντικῆς τῆς ἐν τοῖς ὕπνοις...τὸ μὲν
γὰρ πάντας ἤ πολλοὺς ὑπολαμβάνειν ἔχειν τι σημειῶδες
τὰ ἐνύπνια παρέχεται πίστιν...καὶ τὸ περὶ ἐνίων εἶναι
τὴν μαντικὴν ἐν τοῖς ἐνυπνίοις οὐκ ἄπιστον.

14. Polyb X 2,11:

Λυκοῦργος μὲν αἰεὶ προσλαμβανόμενος ταῖς ἰδίαις ἐπιβολαῖς
τὴν ἐκ τῆς Πυθίας φήμην εὐπαραδεκτοτέρας καὶ πιστοτέρας
ἐποίει τὰς ἰδίας ἐπινοίας.

15. Apollodorus Bibl II 4,1:

Ἀκρισίῳ δὲ περὶ παίδων γενέσεως ἀρρένων χρηστηριαζομένῳ
ὁ θεὸς ἔφη...αἰσθόμενος δὲ Ἀκρίσιος ὕστερον ἐξ αὐτῆς
γεγεννημένον Περσέα, μὴ πιστεύσας ὑπὸ Διὸς ἐφθάρθαι...

16. Plut Mor 402B:

οὗτος γάρ ἐστιν ὁ μάλιστα πρὸς τὴν τοῦ χρηστηρίου
πίστιν ἀντιβαίνων λόγος, ὡς δυοῖν θάτερον, ἤ τῆς
Πυθίας τῷ χωρίῳ μὴ πελαζούσης ἐν ᾧ τὸ θεῖον ἐστιν,
ἤ τοῦ πνεύματος παντάπασιν ἀπεσβεσμένου καὶ τῆς δυνάμεως
ἐκλελοιπυίας.

17. Plut Mor 432A:

οὐ δεῖ δὲ θαυμάζειν οὐδ' ἀπιστεῖν ὁρῶντας...τῆς ψυχῆς
ἀντίστροφον τῇ μαντικῇ δύναμιν...

*18. Plut Mor 434D:

ἔτι δ' ἤκμαζεν ἐμοῦ παρόντος καὶ τὸ Μόψου καὶ τὸ
Ἀμφιλόχου μαντεῖον...ὁ γὰρ ἡγεμὼν τῆς Κιλικίας
αὐτὸς μὲν ἀμφίδοξος ὢν ἔτι πρὸς τὰ θεῖα, δι' ἀσθένειαν
ἀπιστίας οἶμαι

19. Plut Alex 27,1:

Ἐν γοῦν τῇ τότε πορείᾳ τὰ συντυχόντα ταῖς ἀπορίαις
παρὰ τοῦ θεοῦ βοηθήματα τῶν ὑστέρων χρησμῶν ἐπιστεύθη
μᾶλλον· τρόπον δέ τινα καὶ τοῖς χρησμοῖς ἡ πίστις ἐκ
τούτων ὑπῆρξε.

*20. Apollonius Epist ad fratrem Ptolemaeum:

ἀποπεπτώκαμεν πλανόμενοι ὑπὸ τῶν θεῶν καὶ πιστεύοντες
τὰ ἐνύπνια.

*21. Luc Dial Mort 339:

ἐγὼ δὲ ἥρως εἰμὶ καὶ μαντεύομαι, ἥν τις κατέλθῃ παρ'
ἐμέ. σὺ δὲ ἔοικας οὐκ ἐπιδεδημηκέναι Λεβαδείᾳ τὸ παράπαν·
οὐ γὰρ ἂν ἠπίστεις σὺ τούτοις.

22. Luc Alex 11:

εἰδότες αὐτοῦ (Ἀλεξάνδρου) ἄμφω τοὺς γονέας ἀφανεῖς
καὶ ταπεινούς, ἐπίστευον τῷ χρησμῷ λέγοντι
    Περσείδης γενεὴν Φοίβῳ φίλος οὗτος ὁρᾶται,
    δῖος Ἀλέξανδρος, Ποδαλειρίου αἷμα λελογχώς.

*23. Dio C 41,46,4:

τοιοῦτον μὲν δὴ φρόνημα καὶ τοιαύτην ἐλπίδα ἤτοι
τὴν ἄλλως ἢ καὶ ἐκ μαντείας τινὸς εἶχεν ὥστε καὶ παρὰ
τὰ φαινόμενα πίστιν τῆς σωτηρίας ἐχέγγυον ποιεῖσθαι.

*24. Philostr Im 356,1:

...τήν τε τοῦ Πριάμου κόρην καλλίστην νομισθεῖσαν
τῷ Ἀγαμένονι χρησμούς τε ἀπιστουμένους ᾄδουσαν...

Vgl. außerdem: Xenoph Mem 1,1,3-5; *Demosth 19,244; *Arrian Anab
               3,3,5; Dio Chrys 34,4f; Plut Mor 402D/E. 407A.
               *593D; Alex 75,1f; Sulla 12,5; Rom 28,2f; Luc Alex
               30; Pseudolog 38; *Jambl Vit Pyth XXVIII 138; *Myst
               III 26.

9.3. Auswertung

Die aufgeführten Belege lassen es unzweifelhaft erscheinen, daß
ein religiöser Gebrauch von πίστις im paganen Hellenismus bekannt
war. Die Wurzeln hierfür reichen bis in die klassische Zeit[30]. Πίστις
war zwar nicht d e r   theologische Zentralbegriff zur Bezeichnung
des rechten Gottesverhältnisses wie im frühen Christentum, wohl aber
kann in einer gemeinsamen religiösen Verwendung die Grundlage für
den jüdisch-christlichen Gebrauch von πίστις gesehen werden. Πίστις
kann dabei im Griechentum sowohl das Vertrauen zu den Göttern, als
auch den 'dogmatischen' Glauben (Glaubensinhalt) bezeichnen. Lührmanns These, πιστεύειν κτλ sei zuerst von der LXX religiös verwendet worden, kann von daher als eindeutig widerlegt betrachtet werden.
Allerdings lassen die Belege auch keine Bestätigung der Sicht Wetters,

---

30 Vgl. BULTMANN, ThWNT VI, 179,2ff.

Reitzensteins und Bultmanns zu, daß πίστις ein Schlagwort aller
missionierenden Religionen des Hellenismus gewesen sei. Man wird
vielmehr sagen müssen, daß der Gebrauch von πίστις zur Bezeichnung
des Gottesverhältnisses im weitesten Sinn zwar weit hinter der profanen Verwendung des Begriffes zurücksteht, aber doch breit genug
belegt ist, um als Verstehenshorizont für den frühchristlichen,
speziell auch den paulinischen πίστις-Gebrauch gelten zu können.
Von daher wird verständlich, daß die πίστις im NT ihren Ort innerhalb der Missionsverkündigung hatte: "es ist die Sprache, die auch
der heidnische Hörer kennt und versteht"[31].

Dies trifft vor allem auch für die paulinische Verwendung des
Begriffs zu. Wir hatten gesehen, daß πίστις für Paulus eine zentrale Stellung im Verkündigungs- und Bekehrungsgeschehen einnimmt[32].
Daß gerade im Kontext der Mission die religiöse Verwendung von
πίστις im paganen Bereich als Verstehenshorizont wichtig war, läßt
sich an zwei Beobachtungen zeigen.

Erstens fällt bei einer Übersicht über das Material auf, daß der
Gebrauch von πίστις zur Bezeichnung des Glaubens an Offenbarungen,
speziell des Orakelglaubens, am breitesten belegt ist. Daß der Orakelglaube als Ausdruck des Gottesglaubens verstanden wurde, läßt sich
an einer Reihe von Belegen unschwer nachweisen[33]. Zwar ist der Ver-
fall berühmter Orakelstätten ein Kennzeichen der Kaiserzeit, die
Orakelfreudigkeit und -gläubigkeit nahm jedoch in dieser Zeit gerade
noch zu, wovon die Orakelsammlungen (OrChald; Sib) Zeugnis geben[34].
Der Orakelglaube war insofern nicht mehr allein an bestimmte Kultstätten gebunden, sondern konnte seinen Ausdruck auch gegenüber
Orakelsprüchen finden, die von wandernden Propheten und Prophetinnen
übermittelt wurden[35]. Konstitutiv für den Glauben an Orakelsprüche
ist die Legitimation des Orakels durch das Wirken des göttlichen
Pneuma, das Verborgenes und Nicht-Gewußtes enthüllt[36] und so die
Mitteilung des Orakelspruchs als Offenbarungsgeschehen kennzeichnet.
Das Pneuma, dessen Ankunft ein sinnlich wahrnehmbares Geschehen ist,
ist Zeichen der Präsenz des Göttlichen. Wo es fehlt, wird auch der
Glaube an das Orakel zweifelhaft:

---

31 BARTH, a.a.O., 126.
32 Vgl. die Kapitel 1 und 2.
33 Vgl. Xenoph Mem. 1,1,5; Ap. 15; Isoc IV 31; Plut Mor 402E. 407A. 434D.
     437C. 706B.; Alex 27; Apollodorus Bibl II 4,1; Jambl Vit Pyth XXVIII 138.
34 Vgl. NILSSON, Geschichte, Bd. II, 337-465.
35 Vgl. DIHLE, RGG³ IV, 1664-1666.
36 Vgl. KLEINKNECHT, ThWNT VI, 344.

"οὗτος γάρ ἐστιν ὁ μάλιστα πρὸς τὴν τοῦ χρηστηρίου πίστιν
ἀντιβαίνων λόγος, ὡς δυοῖν θάτερον, ἢ τῆς Πυθίας τῷ
χωρίῳ μὴ πελαζούσης ἐν ᾧ τὸ θεῖον ἐστιν, ἢ τοῦ πνεύματος
παντάπασιν ἀπεσβεσμένου καὶ τῆς δυνάμεως ἐκλελοιπυίας."
(Plutarch, Mor.402B) (37).

Der Orakelglaube kann so als Resultat der Begegnung mit dem Fluidum
des Göttlichen (Pneuma) verstanden werden.

Zweitens hatten wir gesehen, daß Paulus Verkündigung und Bekehrung als ein Offenbarungsgeschehen kennzeichnet, in dem der Geist
Gottes zur Wirkung kommt. Die πίστις verleiht im paulinischen Sinn
Anteil an diesem Geschehen[38]. Es lag von daher nahe, die Orakelvorstellung als wahrscheinlichen Verstehenshorizont pagan-griechischer
Rezipienten anzunehmen[39], da es hier wie auch bei Paulus um das
sinnlich erfahrbare Wirken des Gottesgeistes in einem Menschen und
die dadurch gegebene Legitimation der Verkündigung als Offenbarung
geht. Voraussetzung für ein Verständnis der paulinischen Konzeption
im Rahmen des Orakelglaubens war die Tatsache, daß die Vermittlung
von Orakelsprüchen im paganen Bereich nicht mehr ausschließlich an
Lokalheiligtümer gebunden war. Der Glaube an Reaktion auf die Verkündigung war von daher verstehbar. Für die paulinische Anschauung
von der Teilhabe am Gottesgeist durch die πίστις hingegen fand sich
nur bei Plutarch (Mor 398E) ein schwacher Ansatzpunkt.

Daß der pagane Orakelglaube bereits in den jüdisch-hellenistischen Bereich hineinwirkte, ließ sich an der philonischen Verwendung von χρησμός und μαντεία sprachlich nachweisen[40].

Auch der unterminologische Gebrauch von πίστις im Sinne des Offen-
barungsglaubens ist als Verstehenshorizont der paulinischen Sicht
des Glaubens im Verkündigungs-/Bekehrungsgeschehen von Bedeutung.
Die Rezipierbarkeit der Vorstellung einer fides ex auditu hängt für
pagane Adressaten an der unzweifelhaften Glaubwürdigkeit von Gottes-
worten, die im Griechentum der generellen Skepsis gegenüber dem
nackten Wort entgegensteht[41].

Schließlich haben wir gesehen, daß auch der pagane Wunderglaube
als Verstehensgrundlage der paulinischen Konzeption in Rechnung zu
stellen ist (Zeichen und Wunder des Apostels)[42].

---

37   Zur Legitimation der Orakel durch das göttliche Pneuma vgl. auch Eur Hipp
     1391; Plat Leg V 738C.; Men 99D.; Plut Mor 437C+D. 438C.;Pollux Onom I 15.

38   Vgl. die Kapitel 1 und 2.

39   Vgl. Abschnitt 2.6.3.

40   Philo interpretiert den Orakelglauben als Vertrauen auf die Verheißungen
     Gottes (VitMos I 236); er verwendet für die Worte Gottes allerdings ex-
     klusiv χρησμός und grenzt dies gegen die μαντεία der Heiden ab, der
     ἀπάτη unterstellt wird (VitMos I 284); vgl. Abschnitt 2.1.

41   Vgl. Abschnitt 1.1.

42   Vgl. Abschnitt 1.2.1.

Die Bedeutung des religiösen Gebrauchs von πίστις im pagan-
griechischen Literaturbereich ist mithin folgendermaßen zu bewer-
ten:

1. Daß πίστις κτλ in religiösem Kontext im Sinne des G o t t e s g l a u b e n s
   gebraucht werden konnte, bildete die Grundlage für die Übersetzung von Wörtern des Stammes אמן durch Bildungen der Wurzel
   πιστ- in der LXX und für die religiöse Verwendung im hellenistischen Judentum und im frühen Christentum (gegen Lührmann).

2. Als t h e o l o g i s c h e r   Z e n t r a l b e g r i f f im Sinne eines Schlag-
   wortes aller missionierenden hellenistischen Religionen dagegen
   läßt sich πίστις nicht nachweisen (gegen Wetter, Reitzenstein,
   Bultmann).

3. Für den paulinischen πίστις-Gebrauch ist nicht nur die allgemein-
   religiöse Verwendung, sondern speziell der im paganen Griechentum besonders breit belegte Gebrauch von πίστις zur Bezeichnung
   des   O r a k e l   bzw.   O f f e n b a r u n g s g l a u b e n s, aber auch des
   W u n d e r g l a u b e n s als Verstehenshorizont anzunehmen.

4. Daß gerade die paulinische Sicht der πίστις im Verkündigungs-/
   Bekehrungsgeschehen eine Entsprechung im religiösen πίστις-Gebrauch des Griechentums hat, macht den Stellenwert von πιστεύειν
   κτλ im Kontext der H e i d e n m i s s i o n verständlich (gegen Lührmann).

5. Die religiöse Verwendung von πίστις im frühen Christentum, speziell das paulinische Glaubensverständnis, läßt sich jedoch nicht
   insgesamt auf den religiösen πίστις-Gebrauch im paganen Hellenismus zurückführen. Vielmehr bildet daneben die weithin gebräuchliche p r o f a n e   V e r w e n d u n g von πίστις einen in der Forschung
   bisher noch nicht berücksichtigten Verstehenshorizont für die
   pagan-griechischen Rezipienten der Paulusbriefe[43].

---

43 Weder BARTH noch LÜHRMANN stellen dies in Rechnung. Für LÜHRMANN hätte sich
    diese Fragestellung von seiner These her eigentlich nahelegen müssen; er
    weist jedoch nur auf die Profanbedeutungen 'Treue' und 'Glauben schenken'
    hin, was wenig weiterhilft.

10. Kapitel
DIE TRANSFORMATION DES PROFANEN
ΠΙΣΤΙΣ - VERSTÄNDNISSES

So unzweifelhaft es ist, daß πίστις bereits im paganen Griechentum religiös verwendet werden konnte, so sicher ist freilich auch,
daß der profane Gebrauch stets der gebräuchlichere blieb. Fragt man
nach den Verstehensvoraussetzungen paganer Hörer, so kommt man nicht
umhin, gerade auch diese profane Verwendung von πίστις κτλ mit in
Rechnung zu stellen. So hat auch unsere Untersuchung gezeigt, daß
in manchen Fällen bestimmte Formen der nicht-religiösen Verwendung
von πίστις κτλ den Verstehenshorizont für ehemals pagane Rezipienten
der paulinischen Konzeption bildeten. Dabei ist freilich auch deutlich geworden, daß mit der rein lexikalischen Methode der Summie-
rung verschiedener Bedeutungsgehalte wenig gewonnen ist. Πίστις
kann 'Vertrauen', 'Zutrauen', 'Überzeugung', 'Vertrauens-/Glaub-
würdigkeit', 'Treueschwur', 'Bürgschaft', 'Beweis' oder 'Beweismittel' bedeuten, und ähnlich groß ist die Bedeutungsvielfalt auch
beim Verb und beim Adjektiv[1]. Eine solche Auflistung gibt jedoch
noch keinen Aufschluß über die Rezeptionsbedingungen der Adressaten
des Paulus. Auch wenn man versucht, anhand der verschiedenen Bedeutungsvarianten einen semantischen Kern zu ermitteln und diesen
etwa - wie Lührmann[2] - in der Bedeutung 'Treue' bzw. 'Glauben
schenken', 'vertrauen' findet, hilft das noch nicht weiter. Vielmehr
hat sich gezeigt, daß es sinnvoll ist, von bestimmten, von Paulus
verwendeten Wortverbindungen auszugehen und nach deren Verwendung
im profan-griechischen Bereich zu fragen, um auf diesem Weg den Vor-

---

1 Vgl. BULTMANN, ThWNT VI, 175-178; LIDDELL/SCOTT, 1407f; wenn man die verschiedenen Bedeutungsmöglichkeiten systematisieren wollte, könnte dies
schematisch etwa so aussehen:

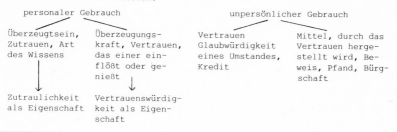

personaler Gebrauch		unpersönlicher Gebrauch	
Überzeugtsein, Zutrauen, Art des Wissens	Überzeugungs- kraft, Vertrauen, das einer ein- flößt oder ge- nießt	Vertrauen Glaubwürdigkeit eines Umstandes, Kredit	Mittel, durch das Vertrauen herge- stellt wird, Be- weis, Pfand, Bürg- schaft
↓	↓		
Zutraulichkeit als Eigenschaft	Vertrauenswürdig- keit als Eigen- schaft		

2 Pistis, 24.

stellungsbereichen nahe zu kommen, die von heidnischen Rezipienten
assoziiert werden konnten. Der semantische Gehalt von πίστις ergibt sich ja sowohl für Paulus wie auch für seine Adressaten erst
vom jeweiligen Kontext her aufgrund der darin verwendeten Sprachkonventionen und der dabei traditionell assoziierten Vorstellungszusammenhänge. "Isolierte Wörter gibt es nur im Lexikon"[3].

Daß ein Ausgehen von bestimmten Wortverbindungen nähere Aufschlüsse über die Form der Rezipierbarkeit paulinischer Aussagen
erlaubt, hat sich bereits beim religiösen Gebrauch von πίστις gezeigt. Hier war es möglich, nicht nur eine allgemein-religiöse Verwendung im Sinne von 'Glauben an die Götter' als Verstehenshorizont
zu ermitteln, sondern speziell als Assoziation wahrscheinlich zu
machen.

Der paulinische πίστις-Gebrauch ist eindeutig religiös geprägt.
Das war auch für ehemals heidnische Rezipienten deutlich. Wenn wir
dennoch nach einem profanen 'Vorverständnis' fragen, so geht es uns
dabei um die Konnotationen, die sich von der profanen Sprachtradition her ergaben. M.a.W. im Prozeß des Verstehens ist mit einer
Transformation profaner Sprach- und Vorstellungtradition entsprechend dem religiösen Kontext zu rechnen. Gerade dadurch aber
werden bestimmte paulinische Aussagen in ein anderes Licht gerückt. Dieser möglichen Wirkung paulinischer Rede gilt vor allem
unser Interesse.

Deutlich wurde die Bedeutung profaner Sprachtradition als Verstehensgrundlage vor allem anhand der Wortverbindung G l a u b e -
G e r e c h t i g k e i t[4]. Hier ergab unsere Untersuchung, daß die paulinische Rede von der Glaubensgerechtigkeit für pagan-griechische
Hörer auf dem Hintergrund ihrer profanen Sprachkonvention (Freundschaftsethik) als Eröffnung eines Verhältnisses wahrer φιλία
zwischen Gott und den Menschen verstehbar war, in dem sich Gott
als ἐπιεικής erweist, weil er seine Beurteilung des Menschen nicht
allein am Gesetz und dem darin gültigen Vergeltungsprinzip orientiert, sondern die πίστις ins Zentrum der Frage nach Gerechtigkeit
stellt. Voraussetzung für dieses Verständnis war die griechische
Vorstellung von der tatsächlichen Unvollkommenheit der Gerechtigkeit im menschlichen Bereich (in den Gesetzen und Handlungen der
Menschen) (Opposition: φυσικὸν δίκαιον - νομικὸν δίκαιον), sowie
die Einsicht in die aufgrund der Unzulänglichkeit des νομικὸν

---

3 BERGER, Exegese, 138; vgl. 137-141; vgl. auch BARR, Bibelexegese, und seine
   Kritik an der "Begriffsgeschichte".
4 Vgl. hierzu die Abschnitte 4.1. und 4.4.3.

δίκαιον notwendige Einführung der ἐπιείκεια /φιλία als eines
ethischen Korrektivs. In diesem Kontext ist die Verbindung πίστις -
δικαιοσύνη zu verstehen. Treue und Gerechtigkeit bilden im Rahmen
der Freundschaftsethik eng miteinander verflochtene, einander bedingende Aspekte des zwischenmenschlichen Geschehens φιλία. Von
daher wird verständlich, daß die Freundschaft zwischen Mensch und
Gott nur dort real werden kann, wo das menschliche Verhalten dem
göttlichen entspricht, d.h. wenn die Menschen ihre Beziehung zu
Gott ebenfalls an der πίστις orientieren. Daß dies vor Gott dann
als Gerechtigkeit gilt, entspricht der profanen Sicht des ἐπιεικής
der sich im Sinne des φυσικὸν δίκαιον als gerecht erweist, weil er
sein Handeln nicht allein am νομικὸν δίκαιον ausrichtet, sondern
darüber hinaus das Solidaritätsprinzip (πίστις) zur Geltung bringt
und so der φιλία als der höchsten Form heilvoller sozialer Kommunikation gerecht wird.

Diese Sicht beinhaltet aber auch, daß das Gleichheits- und Vergeltungsprinzip des νομικὸν δίκαιον nicht einfach aufgehoben ist,
sondern lediglich von der πίστις her korrigiert wird. Insofern behält der Nomos seine Gültigkeit als Maßstab der Gerechtigkeit, und
insofern behält die Beziehung Gottes zu den Menschen fordernden
Charakter. Die Begegnung mit Gott bleibt die Begegnung mit dem
Richter. Daß auch in dieser Hinsicht die πίστις das einzig Rettung
verheißende Verhalten ist, war für pagane Rezipienten auf dem Hintergrund der im genos dikanikon nachweisbaren Formel πιστεύειν τῷ
δικαίῳ und der damit verbundenen Vorstellungen verständlich.

Schließlich ist der Frieden bereits im profanen Bereich als
Folge wahrer Gerechtigkeit, die sich als Freundschaft äußert, gesehen (Frieden mit Gott aufgrund der Glaubensgerechtigkeit).

So lassen sich die F r e u n d s c h a f t s e t h i k einerseits und die
g e r i c h t l i c h e   A u s e i n a n d e r s e t z u n g anderererseits als die
Vorstellungszusammenhänge benennen, in deren Rahmen profan-grie-
chisch die Wortverbindung πίστις - δικαιοσύνη anzusiedeln ist und
die so den Verstehenshorizont für die paganen Rezipienten der paulinischen Konzeption der Glaubensgerechtigkeit bildeten.

Als Verstehenshintergrund der paulinischen Sicht des Verhältnisses von G l a u b e   u n d   H o f f n u n g im profanen Sprachbereich
ergab sich die Schilderung eines Kampfes, die sich so vor allem
in der historiographischen Literatur findet[5]. Das Verhältnis von
πίστις und ἐλπίς wird hier so bestimmt, daß ἐλπίς in Situationen
bevorstehender großer Gefahr, in denen die Verzweiflung näher liegt

---

5 Vgl. hierzu die Abschnitte 6.1. und 6.4.

als Kampfesmut, das Vertrauen (πίστις) auf die eigene Stärke bzw.
auf die Verläßlichkeit der Verbündeten ermöglicht und so Kraft für
den Kampf verleiht. Ἐλπίς kann dies leisten, weil sie - darin
treffen sich pagan-griechisches und jüdisch-christliches Verständnis - im Unterschied zur αἴσθεσις noch Unsichtbares bereits gegenwärtig als real wahrzunehmen vermag und damit eine veränderte Sicht
der Dinge, ein anderes Urteil und ein Vetrauen παρὰ τὰ φαινόμενα
ermöglicht. Der profane Assoziationskomplex, der die Rezeption der
paulinischen Konzeption für pagane Hörer mit bestimmt hat, war also
der des aus gegenwärtiger Sicht a u s s i c h t s l o s e n   K a m p f e s. Die
Schwierigkeit, die mit der Bekehrung gewonnene Position angesichts
von Versuchung oder Verfolgung durchzuhalten, wird dadurch in Analogie zur Situation in einem militärischen Konflikt verständlich,
in dem nichts unwahrscheinlicher ist als der Sieg und nur die Hoffnung vor Verzweiflung und Kraftlosigkeit behüten kann. Diesem
'militärischen' Verständnis entspricht auch die Aufnahme von Militärsprache in der frühchristlichen Mahnung zum 'Stehen im Glauben'[6].
Allerdings wird die Wirkung der paulinischen Konzeption - wird sie
in diesem Vorstellungszusammenhang begriffen - dadurch getrübt,
daß die ἐλπίς in dem beschriebenen profanen Kontext grundsätzlich
als ambivalent eingeschätzt wird: Sie vermag zwar Vertrauen und
Kraft zu wecken, kann aber auch, weil sie die Gefahr der Täuschung
in sich birgt, zu Selbstbetrug, Selbstüberschätzung und damit in
den Untergang führen.

　Profaner Verstehenshorizont für die paulinische Gegenüberstellung
von G l a u b e   u n d   S ü n d e war die stoische Ethik[7]. Dies liegt zunächst in der Konvergenz der formalen Struktur ethischer Aussagen
bei Paulus und in der Stoa: Fehlerloses Handeln ist abhängig von
einer einheitlichen Gesinnung, die ihre Voraussetzung in einem bestimmten Wissen hat. Entsprechend dem stoischen Grundsatz 'ὁμολογουμένως ζῆν' und der Kennzeichnung der πίστις als eines Grundzuges
des menschlichen Wesens gilt jede Handlung, die der πίστις zuwiderläuft im strengen Sinn als ἁμάρτημα. Die paulinische Konzeption der
strikten Begrenzung sündfreien Handelns auf das Tun ἐκ πίστεως war
demnach für pagane Rezipienten auf dem Hintergrund der s t o i s c h e n
G e s i n n u n g s e t h i k und der darin bestimmenden Gegenüberstellung

---

6　Hier bedient sich Paulus selbst der profanen Sprachtradition, spricht also
　　von sich aus bewußt metaphorisch, um den anvisierten Sachverhalt zu ver-
　　deutlichen. Dies ist zu unterscheiden von einem sich nur für die Hörer auf-
　　grund ihrer profanen Sprachtradition und den damit verbundenen Vorstellungs-
　　zusammenhängen ergebenden metaphorischen Verständnis in anderen Bereichen
　　der paulinischen Aussagen.

7　Vgl. hierzu die Abschnitte 7.2.2. und 7.3.

von κατόρθωμα und ἁμάρτημα als spezielle Anwendung des stoisch-
ethischen Grundsatzes auf das - vor allem bei Epiktet - hervorge-
hobene Phänomen der Treue verständlich. Von diesen Voraussetzungen
her war auch die paulinische Unterscheidung von 'Starken' und
'Schwachen' als Differenzierung zwischen dem Weisen und dem Prokopton im Gegenüber zum Phaulos rezipierbar.

Die paulinische Wendung H a u s g e n o s s e n d e s G l a u b e n s reflek-
tiert für ehemals pagane Hörer die Bedeutung der Sozialform οἶκος
in der hellenistischen Gesellschaft[8]. Dabei ist vor allem wichtig,
daß die πίστις in der profanen Bedeutung 'Loyalität' als das den
Verband der οἰκεῖοι konstituierende, stabilisierende und erhaltende
Element verstanden wurde. Dieselbe Funktion konnte für πίστις auch
innerhalb von Gruppen nachgewiesen werden, die nach dem Oikos-Modell
organisiert waren, wie Philosophenschulen und Privatkulte[9]. Mithin
war der paulinische Ausdruck im Kontext der allgemein anerkannten
L o y a l i t ä t s p f l i c h t g e g e n ü b e r d e m H a u s u n d s e i n e n
M i t g l i e d e r n verständlich. Von dieser profanen Sprachtradition
her war ein Verständnis auch der christlichen Gemeinde als einer
nach dem Oikos-Modell organisierten und durch die Treue der Mitglieder zueinander gekennzeichneten Gemeinschaft möglich, zumal
auch andere religiöse Verbände mit der Organisationsform Oikos deren
spezifische Binnenstruktur πίστις übernahmen. Der hier angenommene
Doppelbezug von πίστις in vertikaler und horizontaler Richtung auf
seiten der Hörer stellt uns vor die Frage nach dem Verhältnis von
religiöser und profaner Sprachtradition als Verstehenshorizont, mithin nach den grundsätzlichen Bedingungen und Formen der Rezipierbarkeit paulinischer Glaubensaussagen. Stehen hier profaner und
religiöser πίστις-Gebrauch gleichwertig nebeneinander? Welche Bedeutung hat es, wenn profane Sprachtraditionen und die mit ihnen
verbundenen Vorstellungen in einem eindeutig religiösen Kontext
assoziiert werden? Gab es überhaupt für alle paulinischen Aussagen
eindeutige 'Anknüpfungspunkte' für pagane Hörer? Welche Konsequenzen
hatten die spezifischen Verstehensbedingungen paganer Rezipienten
für den 'Realbezug' von πίστις im Leben frühchristlicher Gemeinden?
Diesen Fragen wollen wir im folgenden Kapitel nachgehen.

---

8 Vgl. Abschnitt 8.3.1.
9 Vgl. die Abschnitte 8.3.2. und 8.3.4.

11. Kapitel
ZUR REZIPIERBARKEIT DES PAULINISCHEN
GLAUBENSVERSTÄNDNISSES AUF SEITEN DER
HÖRER

Wir haben einige religiöse und profane Sprachtraditionen aufzeigen können, die gemeinsam mit den dabei assoziierten Vorstel-
lungszusammenhängen den Verstehenshorizont paganer Rezipienten der
Paulusbriefe mitbestimmt haben. Gegen diese Sicht sind zwei grundsätzliche methodische Einwände denkbar, denen wir zunächst nachgehen
wollen. Beide betreffen das von uns zur Ermittlung der Verstehenshorizonte zugrunde gelegte Textmaterial.

Zum einen erweist sich ein Rückschluß von pagan-griechischen
Quellen und den darin feststellbaren Sprachkonventionen dann als
unsinnig, wenn die Sprachbildung des NT derart vom AT bestimmt wurde,
daß man das ntl. Griechisch gemeinsam mit dem LXX-Griechisch als
einen "living dialect of Jewish Greek"[1] zu sehen hat, dessen Voka-
bular und Ausdrucksweise für einen paganen Griechen aufgrund des
semitischen Charakters nahezu unverständlich waren. Demnach wäre
das NT, also auch die paulinischen Glaubensaussagen, der Spezial-
literatur eines esoterischen Zirkels zuzurechnen, "the product of
an enclosed world living its own life, a ghetto culturally and
linguistically if not geographically ... a literature written en-
tirely for the initiated like the magic papyri"[2]. War die Kluft
zwischen jüdisch-christlichem und paganem Griechisch so groß, dann
ist es müßig, pagane Sprachtraditionen als Verstehensgrundlage zu
ermitteln, da ein Verständnis eo ipso nur für Insider vom AT und
seinen Sprachkonventionen her möglich war. Das NT erscheint dann
als "ein griechisches Schiff mit fremder Ladung"[3]. Im Hinblick
auf das πίστις-Verständnis geht Lührmann von dieser Prämisse aus
und fragt von daher allein nach den atl. Voraussetzungen der ntl.
Glaubensaussagen, die den 'Bedeutungslehnwörtern' πίστις und πιστεύειν den Inhalt geben[4].

Ein zweiter Einwand methodischer Art ist von der entgegengesetz-
ten Bestimmung der ntl. Sprache her möglich. Nach Deissmann sind
"in ihrer überwiegenden Masse ... die Blätter unseres heiligen

---

1 TURNER, Papyrus, 45.
2 NOCK, Vocabulary, 138f.
3 BARTELINK, Umdeutung, 402.
4 Pistis, 21-24.

Buches Dokumente des Volksgriechisch in seinen verschiedenen Höhen-
lagen; das NT ist, als ganzes betrachtet, ein Volksbuch"[5]. Da das
Christentum eine von den unteren sozialen Schichten getragene Bewegung gewesen sei[6], die antike Literatur aber "nur ein Fragment
der antiken Welt" darstelle, das "im großen und ganzen das Spiegel-
bild der herrschenden, im Besitz der Macht und der Bildung befind-
lichen Schichten" sei[7], sei nicht die Beschäftigung mit den Selbst-
zeugnissen der Bildungsschicht, sondern die Untersuchung nicht-
literarischer Dokumente (Papyri, Ostraka) für das NT zentral; denn
sie sind in der Lage, "uns das seither von oben her betrachtete
Bild der antiken Welt berichtigen (zu) lassen, indem sie uns mitten
in die Schichten hineinstellen, in denen wir uns den Apostel Paulus
und das Urchristentum werbend vorzustellen haben"[8]. Die aus literarischen Zeugnissen erhobenen Sprachtraditionen wären mithin für
die Hörerschaft der paulinischen Briefe gerade nicht typisch. Zur
Erhellung des Verstehenshorizonts wären vielmehr Dokumente der
privaten oder kommerziellen bzw. öffentlichen Kommunikation, also
nicht-literarische Zeugnisse heranzuziehen.

Beiden Einwänden gegenüber ist zunächst zu betonen, daß sich
das ntl. Griechisch nicht einlienig auf ein jüdisch-christliches In-
sider-Idiom, aber auch nicht auf die Alltagssprache der sozial Unter-
priviligierten zurückführen läßt. Vielmehr hat Rydbeck im Anschluß
an Wifstrand[9] gezeigt, daß das Griechisch der frühchristlichen
Zeugnisse zwar semitisch gefärbt ist, aber doch mehr oder weniger
einer im profanen Bereich üblichen Fachprosa entspricht, einer
Sprache also, die eine gewisse Bildung voraussetzt, jedenfalls
Schriftsprache war und nicht das Vulgärgriechisch des Mannes auf
der Straße[10].

Darüber hinaus hat die neuere amerikanische Forschung Deissmanns
These, die Paulusbriefe seien keine literarischen Produkte, sondern Privatbriefe, durch den Nachweis des rhetorischen Aufbaus und
der Verwendung literarischer Formen widerlegt[11]. Die Erkenntnis,
daß Paulus selbst eine gewisse Bildung besessen hat und sich dies

---

5 DEISSMANN, Licht, 114; vgl. auch MOULTON, Grammar, 18f; "the papyri have
   finally destroyed the figment of a New Testament Greek which is in any
   material respect different from that spoken by ordinary people in daily
   life throughout the Roman world".

6 DEISSMANN, Licht, 115.

7 DEISSMANN, a.a.O., 3.6.

8 DEISSMANN, a.a.O., 7.

9 WIFSTRAND, Problems.

10 RYDBECK, Fachprosa.

11 Vgl. SCHUBERT, Form; BETZ, Composition; WHITE, Form; MALHERBE, Epistles.

auch in seinen Briefen äußert[12], entbindet aber noch nicht von der
Frage nach dem Bildungs- und Sprachniveau seiner Adressaten, also
nach der soziologischen Struktur der paulinischen Gemeinden. Wer
waren die ehemals paganen Rezipienten des Paulus? Berechtigt ihr
sozialer Status uns dazu, ihre Sprachtraditionen aus literarischen
Zeugnissen zu ermitteln?

Selbst wenn Deissmann recht hätte und die frühchristlichen Gemeinden Unterschichtsgemeinschaften gewesen wären, hätte die Benutzung literarischer Quellen eine gewisse Berechtigung[13]. Denn
das hellenistische Zeitalter, vor allem aber die Kaiserzeit ist geprägt durch eine alle gesellschaftliche Schichten erreichende Popularisierung literarischer, wissenschaftlicher, vor allem philosophischer Bildung[14]. Träger dieser "philosophischen Massenpropaganda"
waren vor allem die kynischen Wanderprediger[15], die die philosophischen Traditionen der klassischen Zeit unters Volk brachten und
damit Exponenten einer neuen Form der Philosophie waren, deren
"Wirkung ... ebenso kräftig in die Breite wie in die Tiefe" ging[16].
So ist davon auszugehen, daß das Durchschnittsniveau der Bildung
durch ein gewisses Gemeingut philosophischer Gedanken bestimmt
wurde[17]. Einen literarischen Ausdruck fand diese Popularisierungs-
tendenz in den Florilegien, die zunehmend erstellt und benutzt
wurden[18]. Die Spruchsammlungen, die sich zumeist um moralphiloso-
phische Topoi rankten, vermittelten aber auch einen Grundstock
literarischer Bildung. So sind z.B. auch Verse von Euripides in
Anthologien zusammengestellt worden[19]. Diese Sentenzenliteratur
erlaubte es breiteren Schichten, Zugang zu den Grundgedanken der
philosophischen und literarischen Autoritäten der klassischen Zeit

---

12 Vgl. NORDEN, Kunstprosa II, 491ff; JUDGE, Society, 29ff. JUDGE, Christians,
    geht sogar soweit, Paulus als Sophist zu bezeichnen und die frühchristlichen
    Gemeinden in Analogie zu Philosophenschulen zu sehen (125).

13 Es ist m.E. grundsätzlich die Frage, ob sich aus Privatbriefen transsubjek-
    tive Sprachkonventionen ermitteln lassen, da sich in ihnen eher individuelle
    Sprachzüge zeigen, während die Literatur von ihrem Anspruch her, für eine
    große Anzahl von Lesern oder Hörern verständlich zu sein, eher ein Spiegel
    bekannter Sprachformen ist, darüber hinaus aber - das ist vor allem wichtig -
    sprachprägend wirkt.

14 Vgl. hierzu WENDLAND, Kultur, 81-91; HANSEN, Philosophie, 347-370.

15 WENDLAND, a.a.O., 81; HANSEN, a.a.O., 350.

16 HANSEN, a.a.O., 349; undifferenzierter spricht WENDLAND, a.a.O., 81, von
    einer mehr in die Breite als in die Tiefe gehenden Entwicklung.

17 Vgl. WENDLAND, a.a.O., 81.

18 Vgl. WENDLAND, a.a.O., 87; CHADWICK, RAC VII, 1131-1160; OPELT, RAC V, 944-
    973.

19 Vgl. SNELL, Scenes, 51 Anm. 4.

zu bekommen[20], und wirkte so natürlich auch sprachprägend. Selbst
wenn man also Deissmanns soziologischer Deskription der frühchristlichen Gemeinden folgt, schließt das eine Heranziehung literarischer
Sprachtraditionen zur Erhellung des Verstehenshorizonts der Heidenchristen nicht aus.

Darüber hinaus gibt es aber mittlerweile innerhalb der soziologisch orientierten Forschung nach Malherbe einen "new consensus"
darüber, daß den christlichen Gemeinden zu paulinischer Zeit nicht
nur Mitglieder der unteren Schichten angehörten, sondern auch Bürger
von gehobenem Sozialstatus, die zwar die Minderheit bildeten, aber
erheblichen Einfluß hatten[21]. Dies ist vor allem am Bespiel der Gemeinde in Korinth gezeigt worden. Theißen vermutet u.a. aufgrund der
paulinischen Aussage in I Kor 1,26-28, daß auch "Angehörige gebildeter Schichten" unter den korinthischen Christen waren, "bei denen
Weisheit auch Zeichen sozialen Status ist"[22]. Die strukturellen
Gründe für den Anteil höherer Schichten in den paulinischen Gemeinden sieht Theißen zum einen darin, daß Paulus selbst aus gehobenen
Schichten kam und so in Menschen, die einen vergleichbaren sozialen
Status besaßen, Ansprechpartner fand[23]. Zum anderen aber lagen die
Gründe hierfür auf Seiten der Adressaten. Unter den "Gottesfürchtigen", den in loser Verbindung mit der Synagoge lebenden Heiden,
bei denen die christliche Mission in besonderem Maße Erfolg hatte[24],
war der Prozentsatz sozial Bessergestellter groß[25]. Daß die zum
Christentum bekehrten Gottesfürchtigen auch in der christlichen Gemeinde einen nicht zu unterschätzenden Einfluß hatten, ist aufgrund
ihrer Spendentätigkeit[26], die sie sicherlich auch nach ihrer Konversion fortsetzten, und aufgrund der Bereitstellung von Häusern
anzunehmen. Wenn man vom Sozialstatus auf den Bildungsstand rück-
schließen darf, dann ist vor allem in diesen ehemaligen gottesfürchtigen Heiden das Bildungspotential der frühchristlichen Gemeinden zu sehen. Dadurch, daß sie sich in gewisser Distanz zur
Synagoge hielten[27], blieben sie ihrer paganen Kultur- und Sprachtradition verhaftet.

---

20 Vgl. MALHERBE, Aspects, 42-44.
21 MALHERBE, Aspects, 31; vgl. THEISSEN, Schichtung, 267; JUDGE, Gruppen, 59;
    GÜLZOW, Gegebenheiten, 219ff; vgl. auch WUELLNER, Implications, und KREISSIG,
    Zusammensetzung.
22 THEISSEN, Schichtung, 233.
23 Schichtung, 265f; vgl. JUDGE, Gruppen, 56ff.
24 GÜLZOW, Gegebenheiten, 196; ders., Christentum, 12ff.22ff; HAHN, Mission, 18.
25 Vgl. KUHN/STEGEMANN, PW Suppl. IX, 1266f.
26 Vgl. JosAnt XIV 7,2; Lk 7,1-10; vgl. KUHN/STEGEMANN, a.a.O., 1263.
27 Als Gründe hierfür nennt GÜLZOW, Gegebenheiten, 195, nicht nur die Scheu vor
    der Beschneidung, sondern auch die allgemein judenfeindliche Einstellung
    der damaligen Zeit.

Ist es mithin aufgrund der Popularisierung des kulturellen Erbes
und aufgrund des Anteils Gebildeter in frühchristlichen Gemeinden
legitim, die den Verstehenshorizont paganer Rezipienten bestimmenden Sprachtraditionen aus literarischen Zeugnissen zu ermitteln,
so bleibt die Frage nach den sich von daher ergebenden Möglichkeiten
und Grenzen der Rezeption.

Um mit einem negativen Ergebnis zu beginnen: Für die paulinische
Sicht des Glaubens als Aneignung der Sühne ließ sich im pagan-griechischen Literaturbereich kein Anknüpfungspunkt finden. Zwar konnte
an Jos Vit 333 gezeigt werden, in welcher Form ein Verständnis im
profanen Bereich möglich gewesen sein könnte[28], von einer Sprachtradition läßt sich jedoch aufgrund dieser einen Stelle nicht
sprechen. Den ehemals 'gottesfürchtigen' Christen wird ein Verständnis durch die gesellschaftliche Nähe der Synagoge, die Kenntnis des
AT und wegen der Bedeutung des Sühne-Rituals im Festkalender der
Juden (jom kippur) möglich gewesen sein. Für die mit der jüdischen
Tradition nicht vertrauten Heidenchristen zeigt sich hier eine
Grenze der Rezipierbarkeit paulinischer Glaubensaussagen.

Für die meisten paulinischen Glaubensaussagen freilich ließen
sich profane oder religiöse Anknüpfungspunkte in der paganen Sprachkonvention aufzeigen. Wie verhalten sich religiöses und profanes
'Vorverständnis' im Zuge der Rezeption zueinander? Paulus verwendet πίστις und πιστεύειν fast durchweg religiös[29], und zwar so
deutlich, daß auch für ehemals heidnische Hörer ein 'profanes Miß-
verständnis' paulinischer Glaubensaussagen ausgeschlossen werden
kann. Insofern bildet die religiöse Verwendung von πίστις im
Griechentum die entscheidende Grundvoraussetzung der Rezeption.
Daß πίστις und πιστεύειν überhaupt zur Bezeichnung des Verhältnisses
zu den Göttern verwendet werden konnte, ließ den paulinischen Sprachgebrauch als einen Spezialfall des allgemein üblichen erscheinen.

Darüber hinaus ergaben sich dann auf dem Hintergrund profaner
und religiöser Sprachtradition aufgrund bestimmter Wortverbindungen
Konnotationen, die in zweifacher Hinsicht bedeutsam werden konnten:

Zum einen ermöglichten assoziierte profane Vorstellungszusammenhänge ein "metaphorisches Verständnis" religiöser Aussagen des
Apostels[30]. Dies ist z.B. der Fall bei der paulinischen Rede von
der Glaubensgerechtigkeit, die von Heidenchristen als Eröffnung

---

28 Vgl. den entsprechenden Exkurs in dieser Untersuchung.
29 Profaner Gebrauch: I Kor 11,18.
30 Es ist damit nicht gemeint, daß Paulus hier bewußt metaphorisch geredet
    habe - wie z.B. beim Einsatz des Metaphernfeldes Familie in Gal 3 oder
    durch die Verwendung von militärischen Termini (Stehen) -, sondern daß
    sich den paganen Hörern aufgrund ihrer Assoziationen Metaphern aufdrängten.

eines Freundschaftsverhältnisses zwischen Gott und den Menschen verstanden werden konnte. Hier wird der Vorstellungsbereich Freundschaft zum Metaphernfeld für die mit der πίστις begonnene Beziehung
zu Gott. Auch der Orakelglaube als der für das Verständnis der
πίστις im Verkündigungsgeschehen entscheidende Assoziationszusammen-
hang gehört hierher. Denn die apostolische Tätigkeit war ja nicht
einfach identisch mit der eines Orakels, wohl aber konnte das Orakel
als Metapher hierfür dienen. Die Bedingungen für ein solches "metaphorisches Verständnis" liegen m.E. zum einen in der Tatsache, daß
der profane Sprachgebrauch der weitaus gebräuchlichere war, zum
anderen aber vor allem in der Kongruenz der assoziierten Zusammenhänge mit der Intention des Apostels, bzw. in der Möglichkeit,
weiterführende, über das Metaphernfeld hinausgehende paulinische
Aussagen (z.B. die Partizipation am Gottesgeist) zu integrieren,
zumindest aber nicht zu blockieren. So entspricht z.b. die aussichts-
lose Lage im militärischen Konflikt als Metaphernfeld durchaus der
paulinischen Sicht, daß ἐλπίς für die πίστις vor allem in Situationen der Versuchung und Verfolgung wichtig wird. Beide Vorstellungen stimmen in dem intentionalen Element der notwendigen Kraft
zum Durchhalten überein. Ähnliches gilt auch von dem Vorstellungsbereich 'Gericht' im Kontext der Wortverbindung 'Glaube - Gerechtigkeit'. Hier bedient sich Paulus selbst der metaphorischen Rede
von Gottes Richtertätigkeit; darüber hinaus treffen sich die paulinischen Aussagen und die mit der profanen Formel πιστεύειν τῷ
δικαίῳ verbundenen Vorstellungen in der Kennzeichnung des πιστεύειν
als dem einzig Rettung verheißenden Verhalten[31].

Auf dem Hintergrund dieser Form "metaphorischen Verständnisses"
religiöser Aussagen konnten die profanen Assoziationskomplexe noch
in einer weiteren Hinsicht wirksam werden. Nach Jüngel ist die
Metaphernbildung (hier auf Seiten der Adressaten anzusetzen) als
ein Prozeß der "Seinssteigerung" zu verstehen[32]. Für die religiöse
Sprache bedeutet das: hier wird Unfaßliches Wirklichkeit. Das Verstehen religiöser Zusammenhänge im Kontext profaner Kategorien
(z.B. Freundschaft) kann so als eine Form von 'Inkarnation' beschrieben werden. Damit ist aber zugleich die Möglichkeit eröffnet,
daß das zugrundeliegende profane Vorstellungsraster auch in seiner
profanen Dimension zur Geltung kommt. Ein Beispiel hierfür ist die
paulinische Wendung οἰκεῖοι τῆς πίστεως. Wie wir sahen, ist es

---

31 Auch die Kennzeichnung des Gottesverhältnisses als Freundschaft und die
    Metapher 'Orakel' (Offenbarung) entsprechen der paulinischen Intention.
32 JÜNGEL, Wahrheit, 121.

möglich, auf Seiten der Rezipienten für πίστις hier einen Doppelbezug in vertikaler und horizontaler Richtung anzunehmen. Die Bedingung hierfür lag in der sozialen Organisationsform frühchristlicher Gemeinschaften (Hausgemeinden), die die Basis für ein Verständnis von πίστις im Sinne der Loyalität der Hausgenossen untereinander zuließ. Ähnliches läßt sich auch für die Rezeption der
paulinischen Konzeption der Glaubensgerechtigkeit vermuten. War
hier die Rechtfertigung aus Glauben von paganen Hörern als Eröffnung eines Freundschaftsverhältnisses zwischen Gott und den Menschen
verstanden, dessen Konsequenz der Frieden mit Gott ist, so konnte
dabei auch ein die innergemeindliche Struktur betreffendes Verständnis mitschwingen. Die Mitglieder der 'Gemeinschaft der Freunde
Gottes' konnten auch ihre Beziehung untereinander als Freundschaft
verstehen, die die Voraussetzung für ein friedliches Zusammenleben
bildet. Eine solche Konnotation in horizontaler Richtung war vor
allem deswegen möglich, weil die paulinischen Aussagen selbst eine
soziologische Spitze besaßen und weil Freundschaft und Frieden im
zwischenmenschlichen Bereich den spezifischen Erfordernissen von
Gemeinschaften entsprachen, in denen verschiedene soziale Schichten
und traditionell verfeindete Gruppen (Juden - Heiden) aufeinander
trafen[33].

Auch bei der paulinischen Verhältnisbestimmung von Glaube und
Sünde steht ein gemeindesoziologisches Problem im Hintergrund. Da
es Paulus in erster Linie um das Verhältnis zum Bruder geht, war
hier ebenfalls die Grundlage dafür gegeben, daß profane Assoziationen im Sinne der Treue als eines zwischenmenschlichen Geschehens
zur Geltung kommen konnten. Ein Verständnis von der stoischen Ge-
sinnungsethik her hatte in der von Paulus anvisierten Gemeinde-
situation seinen Rückhalt.

Hatte Paulus mit der Wortverbindung ἐλπίς - πίστις die Schwierigkeiten der Identitätsbewahrung der christlichen Gemeinde angesichts
von wachsendem sozialen Druck im Blick, so bot sich auch von daher die Möglichkeit, nicht nur an die Schwierigkeiten zu denken,
den Glauben als eine Gottesbeziehung durchzuhalten, sondern eben
auch an die Notwendigkeit einer Kraftquelle (Hoffnung), die das
Vertrauen in die eigene (gemeindliche) Stärke bzw. in die Verbündeten (Gemeindemitglieder) ermöglicht.

---

33 Eventuell ist φίλοι auch schon früh eine Selbstbezeichnung der Christen
    gewesen; darauf deuten jedenfalls Act 27,3 und III Joh 15; dagegen vHARNACK,
    Mission, 435f, der "Freunde" als Gruppenname für gnostische Kreise erst im
    2.Jh.n.Chr. ansetzt.

Die paulinische Sicht der πίστις als der die Gemeinde konsti-
tuierenden Größe war so für pagane Rezipienten in der doppelten
Dimension des Gottesglaubens und der innergemeindlichen Treue zu
verstehen. Der sprachliche Ansatz hierfür liegt in dem absoluten
Gebrauch des Nomens bei Paulus. Die Kennzeichen der Rezeption paulinischer Glaubensaussagen durch pagan-griechisch denkende Hörer
haben somit zwei Schwerpunkte:

a. das "metaphorische Verständnis" profaner Assoziationskomplexe,

b. die soziologischen Konnotationen aufgrund des profanen Verstehenshorizonts.

Die Bedingungen hierfür liegen:

a. in der Tatsache, daß ein religiöser Gebrauch von πίστις auch im
   paganen Bereich bekannt war,

b. in der Kongruenz des "metaphorischen Verständnisses" mit der
   Intention der paulinischen Aussagen,

c. in der Entsprechung der soziologischen Konnotationen und der
   sozialen Wirklichkeit der Gemeinde.

Daß der Glaube Teilhabe verleiht, war für pagan-griechische Rezipienten vor dem Hintergrund ihrer profanen Sprachtradition im
Sinne der Teilhabe an einem sozialen Geschehen verstehbar. Der in
der πίστις eröffnete Zugang zu Gott bedeutete also zugleich auch
den Zutritt zu einer Gemeinschaft, die durch eine der neuen Gottesbeziehung adäquate soziale Kommunikation gekennzeichnet war.

Daß es durch den zentralen Stellenwert, der πίστις innerhalb des
Christentums zukam, und auch schon im Zuge der Rezeption zu paulinischer Zeit gegenüber dem paganen πίστις -Verständnis zu einer
Umdeutung kam, soll nicht bestritten werden[34]. Vielmehr sei mit
Nachdruck hingewiesen auf die kritische und bereichernde Funktion
des biblischen Sprachgebrauchs, dessen Wirkung nicht nur auf die
durchgängig häufige Verwendung von πίστις zurückzuführen ist, sondern auch auf die Tatsache, daß πίστις verschiedene Aspekte zusammenfassen konnte und so zu einer Art 'Schlagwort' wurde. Als
wichtigste Wirkungen sind die Aufhebung der Trennung zwischen gott-
bezogenem und gemeinschaftsbezogenem Verhältnis sowie die Kennzeichnung der πίστις als Schwellenphänomen zu nennen.

Man kann mithin nicht von einem rein passiven Rezeptionsvorgang
ausgehen. Auch bei den Rezipienten findet eine Änderung der bisherigen Verstehenskategorien statt. Es ist jedoch deutlich geworden,

---

34 Vgl. hierzu BARTELINK, Umdeutung.

daß dieser Prozeß nicht allein von den paulinischen Aussagen her verständlich wird, sondern die paganen Sprachtraditionen eine entscheidende Voraussetzung hierfür bilden. Erst dadurch nämlich wird der Blick frei für den Realbezug, den πίστις für die Lebenswirklichkeit frühchristlicher Gemeinden hatte.

Das Ziel unserer Untersuchung war es, den Realbezug von πίστις
für die Lebenswirklichkeit der paulinischen Gemeinden zu erhellen.
Wir haben deshalb neben der Analyse der einschlägigen paulinischen
Aussagen besonderes Gewicht auf die Ermittlung des Verstehenshorizonts der Hörer gelegt.

Im Gegenüber zu der intellektualistischen Sicht des Glaubens als
'Fürwahrhalten' oder 'neues Selbstverständnis' haben wir die paulinische πίστις als ein umfassendes interpersonales Geschehen zu bestimmen versucht. Insofern ist der Glaube eine Teilhabe gewährende
Größe. Dies gilt in der doppelten Dimension des Zugangs zu Gott
und des Zutritts zur Gemeinde. Beide Aspekte sind im paulinischen
Sinn nicht zu trennen, sondern beleuchten dasselbe Geschehen von
verschiedenen Seiten her. Der Zugang zu Gott ist nur in Form des
Eintritts in das Gemeinschaftsverhältnis der Ekklesia möglich, nicht
individuell. So ist πίστις konstitutiv für das neue Gottesverhältnis
wie auch für die Gemeinde.

Paulus versteht πίστις in erster Linie initial-grundsätzlich als
Akt der Bekehrung. Hier bildet die personale Vermittlung durch die
apostolische Verkündigungstätigkeit, die als charismatisch-pneu-
matisches Offenbarungsgeschehen verstanden ist, die notwendige
Brücke zwischen der Exklusivität des Heils im Christusereignis und
der Singularität der πίστις als Möglichkeit der Teilhabe an diesem
Geschehen.

Ist der Glaube so wesentlich ein Schwellenphänomen, das - weil
in der Gnade Gottes grundgelegt - als Eintreten und Hineingenommenwerden zugleich, als Verleihung und Erlangung neuer Zugehörigkeit
zu verstehen ist, so gewinnt der damit bezeichnete Anfang des
Christseins weit über den Akt der Bekehrung hinausreichende Bedeutung für die Existenz der christlichen Gemeinde. Von dem durch die
πίστις markierten Anfang her ist Teilhabe an einem durch Gerechtigkeit qualifizierten Gemeinschaftsverhältnis (mit Gott/in der Gemeinde) möglich, von dort her fließt die Kraft, die der Gemeinschaft
der Glaubenden Bestand, Zukunft und ein sündfreies Leben ermöglicht,
von daher qualifiziert sich schließlich auch die innergemeindliche
Kommunikationsstruktur (Treue).

Im Gegenüber zu Lührmanns Zuweisung der πίστις zum 'internen Sprachgebrauch' der jüdisch-christlichen Tradition konnte die Funktion der πίστις für die Heidenmission und vor allem die Bedeutung der religiösen und profanen pagan-griechischen Sprachtradition für die Rezeption der paulinischen Glaubensaussagen durch griechische Hörer herausgestellt werden.

LITERATURVERZEICHNIS

Reihen, Zeitschriften und Lexika sind abgekürzt nach dem Ab-
kürzungsverzeichnis der Theologischen Realenzyklopädie, zusammengestellt von S. Schwertner, 1976.

I. QUELLEN

Pagane griechische und lateinische Autoren

AESCHINES, ed. Blass, F., 1896

AESCHYLUS, ed. Wilamowitz, U. von, 1915,
    ed. Nauck, A., Tragicorum Graecorum Fragmenta, 2. Aufl., 1889 (Fragemente)

AESOP, ed. Halm, C., 1889

ALCIPHRO, ed. Schepers, M.A., 1905

ALEXIS, ed. Meineke, A., Fragmenta Comicorum Graecorum III, 1839

AMMIANUS MARCELLINUS, ed. Clark, C.U./ Traube, L./ Heraeus, W., 1910-1915

ANDOCIDES, ed. Dalmayda, G., 1930

ANTIPHON, ed. Gernet, L., 1923

APOLLODORUS, ed. Wagner, R., 1894

APOLLONIUS TYANENSIS, ed. Kayser, C.L., Philostratus, 1870-1871

APPIAN, ed. Mendelssohn, L./ Viereck, P., 1879-1905

APULEIUS, ed. Helm, R., 1907

ARATUS, ed. Maass, E., 1893

ARISTIDES AELIUS, ed. Keil, B., 2. Aufl., 1958

ARISTOTELES, ed. Bekker, I. u.a., 1831-1870

ARRIANUS, ed. Roos, A.G., 1907 (Anabasis)

CALLISTRATUS, ed. Schenkl, C./ Reisch, A., 1902 (post Philostratum Minorem)

CHRYSIPP, ed. Arnim, H. von, Stoicorum Veterum Fragmenta II/III, 1903

CICERO, ed. Klotz, A. u.a., 1914ff

CORPUS HERMETICUM, ed. Nock, A.D./ Festugière, A.J., 1945-1954

DEMOSTHENES, ed. Butcher, S.H./ Rennie, W., I-III, 1903-1931

DIO CASSIUS, ed. Boissevain, U.P., I-V, 1895-1931, Neudruck, I-IV, 1955, Neu-
    druck, V, 1969

DIODORUS SICULUS, ed. Oldfather, C.H. u.a., I-XII, 1933-1967

DIOGENES LAERTIUS, ed. Long, H.S., 1964

DIOGENIANOS, ed. Leutsch, E.L. von/ Schneidewin, F.G., Corpus Paroemiographorum
    Graecorum I/II, 1839-1851

DIO CHRYSOSTOMOS, ed. De Arnim, J., I/II, 1893-1896

DIONYSIOS HARLICARNASSENSIS, ed. Usener, H./ Radermacher, L., 1899.1904,
   ed. Jacoby, C., 1885–1905 (Antiquitates Romanae)

EMPEDOKLES, ed. Diels, H./ Kranz, W., Die Fragmente der Vorsokratiker I,
   11. Aufl., 1964

EPIKTET, ed. Schenkl, H., 2. Aufl., 1916

EPIKUR, ed. Usener, H., 1887,
   ed. Mühll, P. von der, 1922

EURIPIDES, ed. Seeck, G.A., I–V, 1972–1977

GALENUS, ed. Müller, J., 1874

GORGIAS, ed. Diels, H./Kranz, W., Die Fragmente der Vorsokratiker I, 11. Aufl.,
   1964

HERAKLIT, ed. Diels, H./Kranz, W., Die Fragmente der Vorsokratiker I,
   11. Aufl., 1964

HERODES ATTICUS, ed. Drerup, E., 1908

HERODOT, ed. Goadley, A.D., I–IV, 1920–1924

HESIOD, ed. Evelyn-White, H.G., 1976

HOMER, ed. Murray, A.T., 1919–1925

JAMBLICHUS, ed. Festa, N., 1891 (Comm. Math.),
   ed. Pistelli, H., 1888 (Protr.); 1894 (in Nic.),
   ed. Nauck, A., 1884 (vita Pyth.),
   ed. Parthey, G., 1857 (myst.)

ISAEUS, ed. Thalheim, Th., 1903

ISOKRATES, ed. Mathieu, G./ Brémond, E., I–IV, 2. Aufl., 1963

JULIAN, ed. Weis, B.K., 1973

KLEANTHES, ed. Arnim, H. von, Stoicorum Veterum Fragmenta I, 1903

LUCIAN, ed. Harmon, A.M., I–V, 1921–1955,
   ed. Kilburn, K., VI, 1959,
   ed. Macleod, M.D., VII–VIII, 1961.1967

LYCURGUS, ed. Durrbach, F., 1956

LYSIAS, ed. Hude, C., 1960

MARC AUREL, ed. Theiler, W., 1951

MAXIMOS TYRIUS, ed. Hobein, H., 1910

MENANDER, ed. Koertz, A., I/II, 1957.1959,
   ed. Allinson, F.G., 1921

MOSCHOS, ed. Elter, A., Euagrii Pontici Sententiae, in: Index scholarum,
   1892–1893

PHALARIS, ed. Hercher, R., 1873

PHILODEMOS, ed. Olivieri, A., 1914 (Lib.)

PHILOSTRATUS, ed. Kayser, C.L., 1870–1871, Neudruck 1964,
   ed. Jüthner, J., 1909 (de gymnastica),
   ed. Benndorf, O./ Schenkl, C., 1893 (Imagines)

PHILOSTRATUS (MINOR), ed. Schenkl, C./ Reisch, A., 1902

PINDAR, ed. Schroeder, O., 1900

PLATO, ed. Burnet, J., I–V, 1900–1907

PLINIUS, ed. Mayhoff, C., I–V, 1892–1909

PLOTIN, ed. Volkmann, R., 1883–1884

PLUTARCH, ed. Babbitt, F.C. u.a., I-XVI, 1968-1969 (Moralia),
    ed. Perrin, B., I-XI, 1914-1926 (Vitae Parallelae)

POLLUX, ed. Bethe, E., I-X, in: Lexiographi Graeci Vol IX, 1966

POLYBIOS, ed. Büttner-Wobst, T., I-V, 2. Aufl., 1963-1964

PORPHYRIOS, ed. Nauck, A., 1886 (Porphyrii Opuscula),
    ed. Harnack, A. von, 1916 (Adversas Christianos)

SENECA, ed. Gercke, A., 1907

SEXTUS EMPIRICUS, ed. Mutschmann, H., I-IV, 1912ff

SEXTUS SENTENTIAE, ed. Chadwick, H., 1959

SOPHOKLES, ed. Pearson, A., 1924

STOBAEUS JOHANNES, ed. Wachsmuth, C./ Hense, O., I-V, 1884-1923

STRABO, ed. Kramer, G., 1844-1852

THEOGNIS, ed. Carrière, J., 1975

THEOPHRASTUS, ed. Wimmer, F., I/II, 1854-1862,
    ed. Diels, H., 1909 (Characters),
    ed. Usener, H., 1890 (Metaphysica)

THUKYDIDES, ed. Smith, Ch.F., I-IV, 1919-1923

XENOPHON, ed. Marchant, E.C., 1925

ZENO, ed. Armin, H. von, Stoicorum Veterum Fragmenta I.III, 1903

    Pagane griechische, lateinische und semitische Inschriften,
    Fragmente und Papyri

ABEL, E., Orphica. Accederunt Procli Hymni, Hymni Magici, Hymnus in Isim
    aliaque eiusmodi Carmina, 1885

ARNIM, H. von, Stoicorum Veterum Fragmenta I-III, 1903

BARTON, S.C. / HORSLEY, G.H.R., A Hellenistic Cult Group and the New Testament
    Churches, in: JAC 24 (1981), 7-41 (Kultinschrift aus Philadelphia)

BOISSONADE, J.F., Anecdota graeca e codicibus regiis I-V, 1829-1833, Neu-
    druck 1962

DELLING, G., Antike Wundertexte (KlT 79), 2. Aufl., 1960

DES PLACES, E., Oracles Chaldaiques, 1971

DESSAU, H., Inscriptiones Latinae selectae, 1892-1916

DIELS, H. / KRANZ, W., Die Fragmente der Vorsokratiker I/II, 11. Aufl., 1964

DIETRICH, A., Die Grabinschrift des Aberkios, 1896

DITTENBERGER, W., Orientis Graeci Inscriptiones Selectae I/II, 1903.1905,
    Neudruck 1960

-- Sylloge Inscriptionum Graecarum I-IV, 1915-1924, Neudruck 1960

EITREM, S., Papyri Osloenses, 1925

GRENFELL, B. / HUNT, A., The Oxyrhynchus Papyri, 1898ff

HERCHER, R., Epistolographi Graeci, 1873

HERZOG, R., Die Wunderheilungen aus Epidauros. Ein Beitrag zur Geschichte der
    Medizin und der Religion (Ph.Supp. XXII Heft 3), 1931 (Wunderheilungen
    aus Epidauros)

LIDZBARSKI, M., Ephemeris für semitische Epigraphik I, 1900–1902

MALHERBE, A.J., The Cynic Epistles (SBL Sources for Biblical Studies 12), 1977

MEINEKE, A., Fragmenta Comicorum Graecorum, 1839

NAUCK, A., Tragicorum Graecorum Fragmenta, 2. Aufl., 1889

PREISENDANZ, K., Papyri Graecae Magicae, 1928–1931

BUNET de PRESK, W., Notices et extraits des papyrus grecs du musée du Louvre et de la bibliothèque impériale XVIII (2), 1865

WILCKEN, M., Urkunden der Ptolemäerzeit I, 1927

WISCHMEYER, W., Die Aberkiosinschrift als Grabepigramm, in: JAC 23 (1980), 22–47

Apokryphen und Pseudepigraphen des AT und NT

a. Textsammlungen

CHARLES, R.H., The Apocrypha and Pseudepigrapha of the Old Testament I/II, 1913

DENIS, A.M., Fragmenta Pseudepigraphorum Quae Supersunt Graeca (PVTG 3), 1970

HENNECKE, E. / SCHNEEMELCHER, W., Neutestamentliche Apokryphen in deutscher Übersetzung I/II, 4. Aufl., 1968.1971

KAUTZSCH, E., Die Apokryphen und Pseudepigraphen des Alten Testaments I/II, 1900–1921, Neudrucke: 1962, 1971, 1975

KÜMMEL, W.G., Jüdische Schriften aus hellenistisch-römischer Zeit I–V, 1973ff

LIPSIUS, R.A. / BONNET, M., Acta Apostolorum Apocrypha I–III, 2. Aufl, 1972

RIESSLER, P., Altjüdisches Schrifttum außerhalb der Bibel, 4. Aufl., 1979

TISCHENDORF, C., Apocalypses Apocryphae, 1866, Neudruck 1966

-- Evangelia apocrypha, 1976, Neudruck 1966

b. Textausgaben

BAUER, W., Die Oden Salomos (K1T 64), 1933

BENSLY, R.L., The fourth book of Ezra. The latin version edited from the MSS (TaS III/2), 1895

BLACK, M., Apocalypsis Henochi Graeci, in: Denis, A.M./ de Jonge, M., PVTG 3, 1970, 5–44

BÖHLIG, A. / LABIB, P., Koptisch-gnostische Apokalypsen aus Codex V von Nag Hammadi im Koptischen Museum zu Altkairo (WZ H, Sonderband), 1963

BONNET, M., Acta Thomae, Supplementum Codicis Apocryphi I, 1883

BONNET, C., The Last Chapters of Enoch in Greek, (StD 8), 1937

BONWETSCH, G.N., Die Apokalypse Abrahams, in: SGTK I.1 (1897), 12–41

-- Die Bücher der Geheimnisse Henochs. Das sogenannte slavische Henochbuch (TU III 14,2), 1922

BOX, G.H., The Apocalypse of Abraham, 1919

BROCK, S.P., Testamentum Iobi, in: Denis, A.M./ de Jonge, M., PVTG 2, 1967, 1–59

CHARLES, R.H., The Greek Versions of the Testaments of the Twelve Patriarchs, 3. Aufl., 1966

GEFFCKEN, J., Die Oracula Sibyllina, 1902, Neudruck 1967

JAMES, M.R., The Testament of Abraham, 1892

de JONGE, M., Testamenta XII Patriarcharum. Edited according to Cambridge University Library MS Ff I.24 fol 203a-262b (PVTG 1), 1964 (Kritische Ausgabe: 1978)

KRAFT, R.A. / PURINTUN, A.-E., Paraleipomena Jeremiou (Pseudepigrapha Series 1) 1972

KURFESS, A., Sibyllinische Weissagungen, 1951

LATTKE, M., Die Oden Salomos in ihrer Bedeutung für Neues Testament und Gnosis I/II (Orbis Biblicus et Orientalis 25/1-2), 1979

LESLAU, W., Falasha Anthology (YJS 6), 1951

McCOWN, Ch.Ch., The Testament of Salomon (UNT 9), 1922

ODEBERG, H., 3 Enoch or the Hebrew Book of Enoch, 1928

PICARD, J.C., Apocalypsis Baruchi Graece, in: Denis, A.M./ de Jonge, M., PVTG 2, 1967, 61-96

SCHMIDT, C., Acta Pauli. Übersetzung, Untersuchung und koptischer Text, 2. Aufl., 1905

STEINDORFF, G., Die Apokalypse des Elias. Eine unbekannte Apokalypse und Bruchstücke der Sophoniasapokalypse (TU 17,3a), 1899

VIOLET, B., Die Esra-Apokalypse (IV Esra), (GCS 18.32), 1910.1924

WAHL, O., Apocalypsis Esdrae. Apocalypsis Sedrach. Visio Beati Esdrae (PVTG 4), 1977

Sonstige frühjüdische Texte

COHN, L. / WENDLAND, P., Philonis Alexandrini Opera ommnia quae supersunt, 1896-1915, Neudruck 1962

COHN, L. u.a., Philo von Alexandrien. Die Werke in deutscher Übersetzung, 1909-1964, Neudruck 1962 (Bde I-VI)

KISCH, G., Pseudo-Philo's Liber Antiquitatum Biblicarum (PMS 10), 1949

MAC DONALD, J., Memar Marqah. The Teaching of Marqah II (BZAW 84), 1963

MICHEL, O. / BAUERNFEIND, O., Flavius Josephus. De Bello Judaico - Der jüdische Krieg, 1959-1969

NIESE, B., Flavii Josephi Opera, 1885-1895, Neudruck 1955

PELLETIER, A., Lettre d'Aristée à Philocrate (SC 89), 1962

PHILONENKO, M., Joseph et Aséneth. Introduction, texte critique, traduction et notes (StPB 13), 1968

SIEGERT, F., Drei hellenistisch-jüdische Predigten (WUNT 20), 1980

Qumran

FITZMYER, J.A., The Genesis Apocryphon of Qumran Cave I (BibOr 18 A), 1971

LOHSE, E., Die Texte aus Qumran. Hebräisch und Deutsch, 2. Aufl., 1971

MAIER, J., Die Tempelrolle vom Toten Meer, 1978

MAIER, J. / SCHUBERT, K., Die Qumran-Essener. Texte der Schriftrolle und
    Lebensbild der Gemeinde, 1973

MILIK, J.T., The Books of Enoch. Aramaic Fragments of Qumran Cave 4, 1976

    Rabbinische Literatur

BIETENHARD, H., Midrasch Tanhuma B (Judaica et Christiana 5), 1980

BRAUDE, W.G., Pesqita Rabbati (YJS 18), 1968

BUBER, S., Midrasch Tanchuma, 1885

-- Midrasch Tehillim, 1947

ETHERIDGE, J.W., The Targums of Onkolos and Jonathan ben Uzziel on the Penta-
    teuch with Fragments of Jerusalem Targum, 1862, Neudruck 1968

FREEDMAN, H. / SIMON, M., Midrash Rabba. Translated into English, 1951

FRIEDLANDER, G., Pirkê de-Rabbi Eliezer (The Chapters of Rabbi Eliezer the
    Great), according to the Text of the Manuscript belonging to Abraham Epstein
    of Vienna, 1971

GOLDIN, J., The Fathers According to Rabbi Nathan (Abot de-Rabbi Nathan). Trans-
    lated from the Hebrew (YJS 10), 3. Aufl., 1967

GOLDSCHMIDT, L., Der Babylonische Talmud mit Einschluß der vollständigen
    Mishna, 1897-1935

-- dt.: Der Babylonische Talmud. Nach der ersten zensurfreien Ausgabe unter Be-
    rücksichtigung der neueren Ausgaben und handschriftlichen Materials neu über-
    tragen, 1929-1936

JELLINEK, A., Beth-ha-Midrasch. Sammlung kleinerer Midraschim und vermischter
    Abhandlungen aus der ältesten jüdischen Literatur I-VI, 1853-1877, Neudruck
    1938

LAUTERBACH, J.Z., Mekilta de-Rabbi Ishmael. A critical Edition on the Basis of
    the Manuscripts and early Editions with an English Translation, Introduc-
    tion and Notes, 2. Aufl., 1949.

SALDARINI, A.J., The Fathers According to Rabbi Nathan (Abot de-Rabbi Nathan),
    Version B. Translation and Commentary (Studies in Judaism and Late Anti-
    quity 11), 1975

SCHECHTER, S., Abot de Rabbi Nathan, 1967

SPERBER, A., The Bible in Aramaic I-IV, 1959-1973

WÜNSCHE, A., Bibliotheca Rabbinica I-V, 1880-1885, Neudruck 1967

-- Midrasch Tehillim oder haggadische Erklärungen der Psalmen, 1892, Neudruck
    1967

    Altkirchliche Literatur

ACHELIS, H., Hippolyt. Kleinere exegetische und homiletische Schriften (GCS 1,2),
    1897

ARCHAMBAULT, G., Justin. Dialogue avec Tryphon I, 1909

FISCHER, J.A., Die Apostolischen Väter. Griechisch und Deutsch (SUC 1), 5. Aufl., 1966

FUNK, F.X., Pseudo Clemens. De virginitate, in: ders., Opera Patrum Apostolicorum II, 1881, 1-27

-- Pseudo-Ignatius. Ad Magnesianos, in: ders., Opera Patrum Apostolicorum II, 1881, 79-95

FUNK, F.X. / BIHLMEYER, K., Die Apostolischen Väter (SQS II 1/1), 2. Aufl. mit einem Nachtrag von W. Schneemelcher, 1956

GIFFORD, E.H., Eusebius (PraepEv), 1903

GOODSPEED, E.J., Die ältesten Apologeten, 1914

JOLY, R., Hermas. Le Pasteur (SC 53), 2. Aufl., 1968

KRÜGER, G., Ausgewählte Märtyrerakten (SQS 3), 4. Aufl. mit einem Nachtrag von G. Ruhbach, 1965

KRAFT, H., Eusebius. Kirchengeschichte, 1967

de LAGARDE, P.A., Constitutiones Apostolorum, 1862

LEFÈVRE, M., Hippolyte. Commentaire sur Daniel (SC 14), 1947

OTTO, J.C.Th. von, Justini philosophi et martyris opera quae ferunt omnia I 1/2.II.III 1/2 (CorpAp I/II), 3. Aufl. 1876-1877.1879-1881, Neudruck 1969

REHM, B. u.a., Die Pseudoklementinen I. Homilien (GCS 42), 2. Aufl., 1969

ROBINSON, J.M. u.a., The Nag Hammadi Library in English. Translated by Members of the Coptic Gnostic Project of the Institute of Antiquity and Christianity, 1977

ROUSSEAU, A. / DOUTRELEAU, L., Irénée de Lyon. Contra les Hérésies I 1/2.II 1/2 (SC 263.264.293.294), 1979.1982

SCHMIDT, C., Die Pistis Sophia. Die beiden Bücher des Jeû. Unbekanntes altgnostisches Werk (GCS 1), 3. Aufl., 1962

STÄHLIN, O. / FRÜCHTEL, L., Clemens Alexandrinus. Stromata I-VI (GCS 52(15)), VII-VIII (GCS 17[2]), I-VI 3. Aufl., 1960. VII-VIII 2. Aufl., 1970

TILL, W.C. / SCHENKE, H.M., Sophia Jesu Christi, in: dies., Die gnostischen Schriften des koptischen Papyrus Berolinensis 8502 (TU 60[2]), 1972, 194-295

WHITTAKER, M., Die Apostolischen Väter I. Der Hirt des Hermas (GCS 48), 1956

II. HILFSMITTEL

Konkordanzen und Indices

ALLENBACH, J. u.a., Biblia Patristica. Index des Citations et Allusions Bibliques dans la Littérature Patristique. Editions du Centre National de la Recherche Scientifique, I-III, 1975-1980

BAUER, J.P., Clavis Apocryphorum Supplementum. Complectens voces versionis Germanicae Libri Henoch Slavici/ Libri Jublilaeorum / Odarum Salomonis (GrTS 4), 1980

-- Index Verborum in Libris Pseudepigraphis Usurpatorum, in: Wahl, C.A., Clavis Librorum Veteris Testamenti Apocryphorum Philologica, 1972, 511 bis 828

GOODSPEED, E.J., Index Apologeticus sive Clavis Iustini Martyris operum aliorumque Apologetarum pristinorum, 1912, Neudruck 1969

HATCH, E. / REPATH, H.A., A Concordance to the Septuagint and other Greek Versions of the Old Testament, 1897, Neudruck 1975

INSTITUT FÜR NTL. TEXTFORSCHUNG / RECHENZENTRUM DER UNIVERSITÄT MÜNSTER, Computer Konkordanz zum Novum Testamentum Graece, 1980

KRAFT, H., Clavis Patrum Apostolicorum, 1963

KUHN, K.G. u.a., Konkordanz zu den Qumrantexten, 1960

-- Nachträge zur Konkordanz zu den Qumrantexten, in: RdQ 4 (1963), 163-234

MANDELKERN, S., Veteris Testamenti Concordantiae Hebraicae atque Chaldaice, 1896, Neudruck 1975

MAYER, G., Index Philonis, 1974

MOULTON, W.F. / GEDEN, A.S., A Concordance to the Greek Testament According to the Texts of Westcott and Hort, Tischendorf and the English Revisors, 5. Aufl., 1978

RENGSTORF, K.H., A Complete Concordance to Flavius Josephus, 1973ff

RIESENFELD, H. und B., Repertorium lexiographicum Graecum. A catalogue of Indexes and Dictionaries to Greek authors, 1954 (darin: die Konkordanzen und Indices zu den benutzten griechischen Autoren)

WAHL, C.A., Clavis Librorum Veteris Testamenti Apocryphorum Philologica, 1853, Neudruck 1972

Grammatiken, Wörterbücher, Lexika

BAUER, W., Griechisch-Deutsches Wörterbuch zu den Schriften des Neuen Testaments und der übrigen christlichen Literatur, 5. Aufl., 1971

BERGSTRÄSSER, G., Hebräische Grammatik mit Benutzung der von E. Kautzsch bearbeiteten 28. Auflage von Wilhelm Gesenius' hebräischer Grammatik, 1918 bis 1929, Neudruck 1962

BLASS, F. / DEBRUNNER, A. / REHKOPF, F., Grammatik des neutestamentlichen Griechisch, 15. Aufl., 1979

DALMAN, G., Aramäisch-Neuhebräisches Handwörterbuch zu Targum, Talmud und Midrasch, 2. Aufl., 1938

GESENIUS, W. / BUHL, F., Hebräisches und Aramäisches Handwörterbuch über das Alte Testament, 17. Aufl., 1915, Neudruck 1962

JASTROW, M., A Dictionary of the Targumin, the Talmud Babli and Yerushalmi, and the Midrashic Literature, 1950

KÖHLER, L. / BAUMGARTEN, W., Lexicon in Veteris Testamenti Libros, 1958

LAMPE, G.W.H., A Patristic Greek Lexicon, 1961

LIDDELL, H.G. / SCOTT, R., A Greek-English Lexicon, 9. Aufl., 1940, Neudruck 1968

MOULTON, J.H., A Grammar of New Testament Greek, I-III, 1906

MOULTON, J.H. / MILLIGAN, G., The vocabulary of the Greek Testament illustrated from the papyri and other nonliterary sources, 1957

III. Sekundärliteratur

ALAND, K., Die Säuglingstaufe im NT und der Alten Kirche (TEH NS 86), 1961

-- Die Stellung der Kinder in den frühen christlichen Gemeinden - und ihre Taufe (TEH NS 138), 1967

ALBERTZ, R. / WESTERMANN, C., Art. rūªh, Geist, in: THAT II (1976), Sp. 726-753

ALFARO, J., Fides in terminologica biblica, in: Gr. 42 (1961), 463-505

ALTHAUS, P., Der Brief an die Römer (NTD 6), 13. Aufl., 1978

AUSTGEN, R.J., Natural Motivation in the Pauline Epistles, 1966

BALZ, H., Art. μάταιος , in: EWNT II (1981), Sp. 975f

BALZ, H. / SCHRAGE, W., Die "Katholischen Briefe" (NTD 10), 1973

BARR, J., Bibelexegese und moderne Semantik. Theologische und linguistische Methode der Bibelwissenschaft, mit einem Geleitwort von H. Conzelmann, 1965

BARRETT, C.K., A Commentary on the Epistle to the Romans (BNTC), 1957

BARTELINK, G.J.M., Umdeutung heidnischer Termini im christlichen Sprachgebrauch, in: Frohnes, H./ Gensichen, H.W./ Kretschmar, G. (Hrsg.), Kirchengeschichte als Missionsgeschichte I: Die Alte Kirche, 1974, 397-418

BARTH, G., Pistis in hellenistischer Religiosität, in: ZNW 73 (1982), 110-126

-- Art. πίστις, πιστεύω , in: EWNT III (1983), Sp. 216-231

-- Art. πιστός, in: EWNT III (1983), Sp. 231-233

BARTON, S.C. / HORSLEY, G.H.R., A Hellenistic Cult Group and the New Testament Churches, in: JAC 24 (1981), 7-41

BARTSCH, H.W., Die historische Situation des Römerbriefs (StEv 4 = TU 102), 1968

-- The Concept of Faith in Paul's Letter to the Romans, in: BR 13 (1968), 41-53

BAUMGÄRTEL, F., Art. πνεῦμα (Altes Testament, Frühjudentum), in: ThWNT VI (1959), 357-366

BEHM, J., Art. νοῦς , in: ThWNT IV (1942), 950-958

BERGER, K., Abraham in den paulinischen Hauptbriefen, in: MThZ 17 (1966), 44-89

-- Art. Abraham II. Im Frühjudentum und Neuen Testament, in: TRE I (1977), 372-382

-- Apostelbrief und apostolische Rede. Zum Formular frühchristlicher Briefe, in: ZNW 65 (1974), 190-231

-- Die Auferstehung des Propheten und die Erhöhung des Menschensohnes (StUNT 13), 1976

-- Exegese des Neuen Testaments, 1977

-- Die impliziten Gegner. Zur Methode der Erschließung von "Gegnern" in neutestamentlichen Texten, in: Lührmann, D./ Strecker, G. (Hrsg.), Kirche. FS G.Bornkamm, 1980, 373-400

-- "Gnade" im frühen Christentum, in: NedThT 27 (1973), 1-25

-- Hartherzigkeit und Gottes Gesetz. Die Vorgeschichte des antijüdischen Vorwurfs in Mc 10,5, in: ZNW 61 (1970), 1-47

-- Neues Material zur "Gerechtigkeit Gottes", in: ZNW 68 (1977), 266-275

BERGER, K., Jüdisch-hellenistische Missionsliteratur und apokryphe Apostel-
    akten, in: Kairos NF 17 (1975), 232-248

BETZ, H.D., The Literary Composition and Function of Paul's Letter to the
    Galatians, in: NTS 21 (1975), 353-379

-- Galatians. A Commentary on Paul's Letter to the Church in Galatia (Hermeneia),
    1979

BETZ, O., Felsenmann und Felsengemeinde. Eine Parallele zu Mt 16,17-19 in den
    Qumrantexten, in: ZNW 48 (1957), 49-77

BEYER, W., Art. κατηχέω, in: ThWNT III (1938), 638 - 640

BIEDER, W., Art. πνεῦμα (Septuaginta, hellenistisches Judentum), in: ThWNT
    VI (1959), 366-373

BINDER, H., Der Glaube bei Paulus, 1968

BLÄSER, P., "Lebendigmachender Geist". Ein Beitrag zur Frage nach den Quellen
    der paulinischen Theologie, in: Sacra Pagina, Actes du Congrès International
    Catholique des Sciences Bibliques II (BeThL XII-XIII), 1959, 404-414

BOISMARD, M.E., La Foi selon St. Paul, in: LV (B) 22 (1955), 65-89

BONHÖFFER, A., Epiktet und das Neue Testament (RVV 10), 1911

-- Die Ethik des Stoikers Epiktet, 1894

BORNKAMM, G., Die Hoffnung im Kolosserbrief, in: Geschichte und Glaube II
    (= Gesammelte Aufsätze IV), 1971, 206-213

-- Der Römerbrief als Testament des Paulus, in: Geschichte und Glaube II
    (= Gesammelte Aufsätze IV),1971, 120-139

BORSE, U., Der Standort des Galaterbriefes (BBB 41), 1972

BOUSSET, W., Hauptprobleme der Gnosis, 1907, Neudruck 1973

BOUSSET, W. / GRESSMANN, H., Die Religion des Judentums im späthellenistischen
    Zeitalter (HNT 21), 4. Aufl., 1966

BRANDENBURGER, E., Fleisch und Geist. Paulus und die dualistische Weisheit
    (WMANT 29), 1968

BRAUN, H., Art. Glaube, in: RGG³ II (1958), Sp. 1590-1597

-- Spätjüdisch-häretischer und frühchristlicher Radikalismus. Jesus von
    Nazareth und die essenische Qumransekte I/II (BHTh 24), 1957

BRIEGER, A., Die urchristliche Trias Glaube-Liebe-Hoffnung, Diss. Heidelberg,
    1925

BROX, N., Der erste Petrusbrief (EKK XXI), 1979

BUBER, M., Zwei Glaubensweisen, 1950

BÜCHSEL, F., Art. ἐλέγχω κτλ. , in: ThWNT II (1935), 470-474

-- Art. ἵλεως κτλ., in: ThWNT III (1938), 300-324

BULTMANN, R., Christus des Gesetzes Ende, in: GuV II (1968), 32-58

-- ΔΙΚΑΙΟΣΥΝΗ ΘΕΟΥ , in: Exegetica, 1967, 470-475

-- Art. καυχάομαι , in: ThWNT III (1938), 646-654

-- Der zweite Brief an die Korinther, hrsg. von E. Dinkler (KEK-Sonderband),
    1976

-- Theologie des Neuen Testaments, 6. Aufl., 1968

BULTMANN, R. / RENGSTORF, K.H., Art. ἐλπίς κτλ.,   in: ThWNT II (1935), 515
    bis 531

BULTMANN, R. / WEISER, A., Art. πιστεύω κτλ. , in: ThWNT VI (1959), 174
    bis 230

BURCHARD, Chr., Formen der Vermittlung christlichen Glaubens im Neuen Testament.
   Beobachtungen anhand von κήρυγμα , μαρτυρία und verwandten Wörtern, in:
   EvTh 38 (1978), 313-340

CAMPENHAUSEN, H. von, Die Entstehung der christlichen Bibel, 1968

CAVALLIN, H.C.C., "The Righteous shall live by Faith". A decisive Argument for
   the traditional Interpretation, in: Studia Theologica 32 (1978), 33-43

CAZELLES, H., Connexions et structure de Gen XV, in: RB 69 (1962), 321-349

CHADWICK, H., Art. Florilegium, in: RAC VII (1969), Sp. 1131-1160

-- Justification and Hospitality, in: StPatr 4 = TU 79, (1961), 281-286

CONZELMANN, H., Was glaubte die frühe Christenheit?,in: ders., Theologie als
   Schriftauslegung, 1974, 106-119

-- Grundriß der Theologie des Neuen Testaments, 3. Aufl., 1976

-- Der erste Brief an die Korinther (KEK V), 11. Aufl., 1969

CRANFIELD, C.E.B., ΜΕΤΡΟΝ ΠΙΣΤΕΩΣ in Romans XII 3. in: NTS 8 (1961f), 345-351

-- The Epistle to the Romans I/II, Bd. I, 3. Aufl., 1980, Bd. II, 2. Aufl.,
   1981

CROUZEL, H., Art. Geist (Heiliger Geist), in: RAC IX (1976), Sp. 490-545

DAALEN, D.H. van, 'Faith' According to Paul, in: ET LXXXVII/3 (1975), 83-85

DAUBE, D., The Interpretation of a Generic Singular in Gal 3,16, in: JQR 35
   (1944f), 227-230

DAUTZENBERG, G., Der Glaube im Hebräerbrief, in: BZ NF 17 (1973), 161-177

-- Art. διακρίνω, in: EWNT I (1980), Sp. 732-736

DEISSMANN, A., Die neutestamentliche Formel "in Christo Jesu", 1892

-- Licht vom Osten, 4. Aufl., 1923

-- Paulus. Eine kultur- und religionsgeschichtliche Skizze, 1911

DEISSNER, K., Paulus und die Mystik seiner Zeit, 2. Aufl., 1921

DELLING, G., Art. στοιχέω, in: ThWNT VII (1964), 666-669

-- Zur Taufe von "Häusern" im Urchristentum, in: NT 7 (1964), 285-311 (=Ge-
   sammelte Aufsätze, 1970, 288-310)

-- Art. ὑπεραυξάνω, in: ThWNT VIII (1969), 519-521

DIBELIUS, M., Glaube und Mystik bei Paulus, in: NJWJ 7 (1931), 683-699

-- Der Brief des Jakobus (KEK XV), hrsg. und ergänzt von H. Greeven, 11. Aufl.,
   1964

-- Kultus und Evangelium, 1942

-- An die Thessalonicher I/II. An die Philipper (HNT 11), 3. Aufl., 1937

-- Timotheus I/II, Titus (HNT 3/2), 1913

DIETZFELBINGER, Chr., Paulus und das Alte Testament. Die Hermeneutik des Paulus
   untersucht an seiner Deutung der Gestalt Abrahams (TEH 95), 1961

DIHLE, A., Art. Ethik, in: RAC VI (1966), Sp. 646-796

-- Art. Gerechtigkeit, in: RAC X (1978), Sp. 233-360

-- Der Kanon der zwei Tugenden, in: Arbeitsgemeinschaft des Landes Nordrhein-
   Westfalen, Geisteswissenschaften, Heft 144, 1968

-- Art. Orakel, in: RGG³ IV (1960), Sp. 1664-1666

DOBSCHÜTZ, E. von, Die Thessalonicherbriefe (KEK X), 7. Aufl., 1909, Neudruck
   1974

DODDS, E.R., Pagan and Christian in an Age of Anxiety, 1965

DÖLGER, F.J., Sphragis. Eine altchristliche Taufbezeichnung in ihren Beziehungen zur profanen und religiösen Kultur des Altertums (SGKA 5, Heft 3/4) 1911

DÖRRIE, H., Zu Hbr 11,1 in: ZNW 46 (1955), 195-202

DOUGHTY, D.J., The Priority of ΧΑΡΙΣ. An Investigation of the Theological Language of Paul, in: NTS 19 (1973), 163-180

EBELING, G., Was heißt Glauben? (SGV 216), 1958

-- Jesus und Glaube, in: ZThK 55 (1958), 64-110

EICHHOLZ, G., Die Theologie des Paulus im Umriß, 1972

ELLIGER, K., Das Buch der zwölf kleinen Propheten II (ATD 25), 1964

ELLIOT, J.H., A Home for the Homeless. A Social Exegesis of 1 Peter. Its Situation and Strategy, 1981

FASCHER, E., Der erste Brief des Paulus an die Korinther/ Erster Teil (ThHK VII/1) 1975

FEUILLET, A., La citation d' Habacuc II,4 et les huit premiėrs chapîtres de l'épître aux Romains, in: NTS 6 (1959f), 52-80

FILSON, F.V., The Significance of Early House Churches, in: JBL 58 (1939), 105-112

FITZER, G., Art. σφραγίς, in: ThWNT VII (1964), 939-954

-- Der Ort der Versöhnung nach Paulus. Zu der Frage des "Sühneopfers Jesu", in: ThZ 22 (1966), 161-183

FOERSTER, W., Der Heilige Geist im Spätjudentum, in: NTS 8 (1962), 117-134

FOHRER, G., Die Gattung der Berichte über Symbolhandlungen der Propheten in: ZAW 64 (1952), 101-120

-- Glaube und Hoffnung. Weltbewältigung und Weltgestaltung in alttestament-licher Sicht, in: ThZ 26 (1970), 1-21

-- Die symbolischen Handlungen der Propheten, 1953

-- Art. σοφία, in: ThWNT VII (1964), 476-496

-- Art. υἱός κτλ , in: ThWNT VIII (1969), 340-354

FRIDRICHSEN, A., Aus Glauben zu Glauben: Röm 1,17, in: CNT 12 (1948), 54

FRIEDRICH, G., Glaube und Verkündigung bei Paulus, in: Hahn, F./ Klein, H. (Hrsg.), Glaube im Neuen Testament. FS H. Binder, 1982, 93-113

-- Muß ὑπακοὴ πίστεως in Röm 1,5 mit "Glaubensgehorsam" übersetzt werden?, in: ZNW 72 (1981), 118-123

-- Der erste Brief an die Thessalonicher (NTD 8), 15. Aufl., 1981

GASTON, L., Abraham and the Righteousness of God, in: Horizons of Biblical Theology 2 (1980), 39-68

GEIS, R.R., Vom unbekannten Judentum, 1961

GERSTENBERGER, E., Art. bth, vertrauen, in: THAT I (1971), Sp. 300-305

-- Art. hsh, sich bergen, in: THAT I (1971), Sp. 621-623

GESE, H., Die Sühne, in: ders., Zur biblischen Theologie. Alttestamentliche Vorträge (BEvTh 78), 1977, 85-106

GOPPELT, L., Paulus und die Heilsgeschichte. Schlußfolgerungen aus Röm 4 und I Kor 10,1-13, in: ders., Christologie und Ethik. Aufsätze zum Neuen Testament, 1968, 220-233; zuerst veröffentlicht in: NTS 13 (1966f), 31-42

GRÄSSER, E., Der Glaube im Hebräerbrief (MThSt NS 2), 1965

GRESSMANN, H., Das religionsgeschichtliche Problem des Ursprungs der hellenistischen Erlösungsreligionen, in: ZGK NF 40/41, III/IV (1922), 178.191.154
   bis 180

GRUNDMANN, W., Der Lehrer der Gerechtigkeit von Qumran und die Frage nach der
   Glaubensgerechtigkeit in der Theologie des Paulus, in: RdQ 2 (1960), 237
   bis 259

-- Der Römerbrief des Apostels Paulus und seine Auslegung durch M. Luther, 1964

-- Stehen und Fallen im qumranischen und neutestamentlichen Schrifttum, in:
   Bardtke, H. (Hrsg.), Qumranprobleme 1963, 147-166

-- Art. στήκω, ἵστημι, in: ThWNT VII (1964), 635-652

GRUNDMANN, W. / STÄHLIN, G., Art. ἁμαρτάνω, in: ThWNT I (1933), 290-320

GÜLZOW, H., Soziale Gegebenheiten altkirchlicher Mission, in: Frohnes, H./
   Gensischen, H.W./ Kretschmar, G. (Hrsg.), Kirchengeschichte als Missionsgeschichte I: Die Alte Kirche, 1974, 189-226

-- Christentum und Sklaverei in den ersten drei Jahrhunderten, 1969

GYLLENBERG, R., Glaube bei Paulus, in: ZSTh 13 (1936), 613-630

-- Pistis, 1922

HAACKER, K., Art. Glaube II/III, in: TRE XIII (1983), 277-304

HAENCHEN, E., Die Apostelgeschichte (KEK III), 11. Aufl., 1957

HAHN, F., Gen 15,6 im Neuen Testament, in: FS G. von Rad, 1971, 90-107

-- Das Verständnis der Mission im Neuen Testament (WMANT 13), 2. Aufl., 1965

HAHN, F. / KLEIN, H. (Hrsg.), Glaube im Neuen Testament. Studien zu Ehren von
   Hermann Binder, 1982

HANSEN, G., Philosophie, in: Leipoldt, J./ Grundmann, W. (Hrsg.), Umwelt des
   Urchristentums I, 2. Aufl., 1967, 346-370

HARNACK, A. von, Κόπος (κοπιᾶν, οἱκοπιῶντες)   im frühchristlichen Sprachgebrauch, in: ZNW 27 (1928), 1-10

-- Die Mission und Ausbreitung des Christentums in den ersten drei Jahrhunderten,
   1924, Neudrucke

-- Über den Ursprung der Formel: Glaube, Liebe, Hoffnung, in: PrJ 164 (1916),
   1-14

HASLER, V., Die Briefe an Timotheus und Titus (ZBK NT 12), 1978

HATCH, W.H.P., The Pauline Idea of Faith in its Relation to Jewish and Hellenistic
   Religion, 1917

HAUCK, F., Art. κοινός κτλ., in: ThWNT III (1938), 789-810

HEIDLAND, H.W., Die Anrechnung des Glaubens zur Gerechtigkeit (BWANT IV 71),
   1936

HEILIGENTHAL, R., Werke als Zeichen. Untersuchungen zur Bedeutung der menschlichen Taten im Frühjudentum, Neuen Testament und Frühchristentum (WUNT
   2. Reihe 9), 1983

HEINRICI, G., Der zweite Brief an die Korinther (KEK VI), 1900

HENGEL, M., Die Ursprünge der christlichen Mission, in: NTS 18 (1971f), 15-38

HERMANN, I., Kyrios und Pneuma. Studien zur Christologie der paulinischen
   Hauptbriefe (StANT II), 1961

HERMANN, J., Art. ἵλεως κτλ., in: ThWNT III (1938), 300-324

HERMISSON, H.J., Sprache und Ritus im alttestamentlichen Kult (WMANT 19), 1965

HERMISSON, H.J. / LOHSE, E., Glauben (Biblische Konfrontationen), 1978

HOFFNER, H.A., Art. bajit, in: ThWAT I (1973), 629-638

HOLTZ, G., Die Pastoralbriefe (ThHK 13), 1972

HULTGREN, A.J., The Pistis Christou Formulation in Paul, in: NT 22 (1980), 248-263

JEPSEN, A., Art. 'mn, in: ThWAT I (1973), 313-348

JEREMIAS, G., Der Lehrer der Gerechtigkeit (StUNT 2), 1963

JEREMIAS, J., Abba. Studien zur neutestamentlichen Theologie und Zeitgeschichte, 1966

-- Zur Gedankenführung in den paulinischen Briefen, in: ders., Abba. Studien zur neutestamentlichen Theologie und Zeitgeschichte, 1966, 269-272

-- Die Kindertaufe in den ersten drei Jahrhunderten, 1958

-- Nochmals: Die Anfänge der Kindertaufe (TEH NS 101), 1962

JUDGE, E.A., The Early Christians as a Scholastic Community, in: JRH 1 (1961), 4-15.125-137

-- Christliche Gruppen in nichtchristlicher Gesellschaft. Die Sozialstruktur christlicher Gruppen im ersten Jahrhundert (Neue Studienreihe 4), 1964

-- The Social Pattern of Christian Groups in the First Century, 1960; darin: ders., The Houshold Community: Oikonomia, 30-39

-- St. Paul and Classical Society, in: JAC XV (1972), 19-36

JÜNGEL, E., Metaphorische Wahrheit. Erwägungen zur theologischen Relevanz der Metapher als Beitrag zur Hermeneutik einer narrativen Theologie, in: Ricoeur, P./ Jüngel, E., Metapher. Zur Hermeneutik religiöser Sprache (EvTh Sonderheft), 1974, 71-122

KAISER, O., Traditionsgeschichtliche Untersuchung von Gen 15, in: ZAW 70 (1958), 107-126

KÄSEMANN, E., Der Glaube Abrahams in Röm 4, in: ders., Paulinische Perspektiven, 2. Aufl., 1972, 140-177

-- Gottesgerechtigkeit bei Paulus (EVB II), 3. Aufl., 1970, 181-193

-- Die Heilsbedeutung des Todes Jesu bei Paulus, in: ders., Paulinische Perspektiven, 2. Aufl., 1972, 61-107

-- Die Legitimität des Apostels, in: ZNW 41 (1942), 33-71

-- An die Römer (HNT 8a), 3. Aufl., 1974

-- Zum Verständnis von Röm 3,24-26 (EVB I), 6. Aufl., 1970, 96-100

KELLER, C.A., Das Wort OTH als "Offenbarungszeichen Gottes", Diss. Basel, 1946

KERTELGE, K., "Rechtfertigung" bei Paulus. Studien zur Struktur und zum Bedeutungsgehalt des paulinischen Rechtfertigungsbegriffs (NTA NF 3), 1967

KITTEL, G., Art. ἀκούω, in: ThWNT I (1933), 216-225

KLAUCK, H.-J., Hausgemeinde und Hauskirche im frühen Christentum (SBS 103), 1981

KLEIN, G., Der Abfassungszweck des Römerbriefes, in: ders., Rekonstruktion und Interpretation. Gesammelte Aufsätze zum NT (BEvTh 50), 1969, 129-144

-- Exegetische Probleme in Röm 3,21-4,25. Antwort an Ulrich Wilckens, in: ders., Rekonstruktion und Interpretation. Gesammelte Aufsätze zu NT (BEvTh 50), 1969, 170-177; zuerst veröffentlicht in: EvTh 24 (1964), 676-683

-- Individualgeschichte und Weltgeschichte bei Paulus, in: EvTh 24 (1964), 126-165

-- Römer 4 und die Idee der Heilsgeschichte, in: ders., Rekonstruktion und Interpretation. Gesammelte Aufsätze zum NT (BEvTh 50), 1969, 145-169; zuerst veröffentlicht in: EvTh 23 (1963), 424-447

KLEINKNECHT, H., Art. πνεῦμα (Griechentum), in: ThWNT VI (1959), 330-357

KLEVINGHAUS, J., Die theologische Stellung der Apostolischen Väter zur alttestamentlichen Offenbarung, 1948

KOCH, K., Art. sdq, gemeinschaftstreu, heilvoll sein, in: THAT II (1976), Sp.
507-530

-- Der Schatz im Himmel, in: Leben angesichts des Todes. FS H. Thielicke, 1968,
47-60

-- Sühne und Sündenvergebung um die Wende von der exilischen zur nachexilischen
Zeit, in: EvTh 26 (1966), 217-239

KÖSTER, H., Art. ὑπόστασις , in: ThWNT VIII (1969), 571-588

KREISSIG, H., Zur sozialen Zusammensetzung der frühchristlichen Gemeinden im
ersten Jahrhundert u.Z., in: Eirene 6 (1967), 91-100

KRETSCHMAR, G., Der paulinische Glaube in den Pastoralbriefen, in: Hahn, F./
Klein,H., (Hrsg.), Glaube im Neuen Testament (FS Binder), 1982, 115-140

KUHN, K.G. / STEGEMANN, H., Art. Proselyten, in: PW Suppl. IX, 1248-1283

KÜMMEL, W.G., Der Glaube im NT, seine katholische und reformatorische Deutung,
in: ThBl 16 (1937), 209-221

-- Πάρεσις und ἔνδειξις. Ein Beitrag zum Verständnis der paulinischen Rechtfertigungslehre, in: ders., Heilsgeschehen und Geschichte. Gesammelte Aufsätze 1933-1964 (MThSt 3), 1965, 260-270

KUSS, O., Der Glaube in den paulinischen Hauptbriefen, in: ders., Auslegung
und Verkündigung I, 1963, 187-212

-- Der Römerbrief I-III, 1957.1959.1978

LAGRANGE, M.J., Saint Paul: Epitre aux Romains (ETB), 1950, 1. Aufl., 1916

LECLERCQ, J., Les Grandes Lignes de la Philosophie Moral, 2. Aufl., 1954

LEISEGANG, H., Der heilige Geist. Das Wesen und Werden der mystisch-intuitiven
Erkenntnis in der Philosophie und Religion der Griechen, 1919

-- Pneuma Hagion. Der Ursprung des Geistbegriffs der synoptischen Evangelien
aus der griechischen Mantik, 1922

LENTZEN-DEIS, F., Die Taufe Jesu nach den Synoptikern, 1970

LIETZMANN, H., An die Galater (HNT 10), 3. Aufl., 1932

-- An die Korinther I/II (HNT 9), 3. Aufl., 1931

-- An die Römer (HNT 8), 4. Aufl., 1933

LIPS, H. von, Glaube-Gemeinde-Amt. Zum Verständnis der Ordination in den
Pastoralbriefen (FRLANT 122), 1979

LJUNGMAN, H., Pistis. A Study of its Presuppositions and its Meaning in Pauline
Use, 1964

LOHFINK, N., Die Landverheißung als Eid. Eine Studie zu Gen 15 (SBS 28), 1967

LOHMEYER, E., Grundlagen paulinischer Theologie (BHTh 1), 1929

-- Der Brief an die Philipper (KEK IX/1), 14. Aufl., 1974

LOHSE, E., Emuna und Pistis. Jüdisches und urchristliches Verständnis des
Glaubens, in: ZNW 68 (1977), 147-163

-- Märtyrer und Gottesknecht. Untersuchungen zur urchristlichen Verkündigung
vom Sühnetod Jesu Christi (FRLANT 64), 2. Aufl., 1963

-- Ordination im Spätjudentum und im Neuen Testament, 1951

-- Art. Sünde, in: RGG[3] VI (1962), Sp. 482-484

LÖVESTAM, E., Spiritual Wakefulness in the New Testament, 1963

LÜHRMANN, D., Der Brief an die Galater (ZBK NT 7), 1978

-- Art. Glaube, in: RAC XI (1981), Sp. 47-122

-- Glaube im frühen Christentum, 1976

-- Neutestamentliche Haustafeln und antike Ökonomie, in: NTS 27 (1981), 83-97

-- Das Offenbarungsverständnis bei Paulus und in den paulinischen Gemeinden, 1965

-- Pistis im Judentum, in: ZNW 64 (1973), 18-38

LUZ, U., Das Geschichtsverständnis des Paulus (BEvTh 49), 1968

LYONNET, S. / SABOURIN, L., Sin, Redemption and Sacrifice. A Biblical and Patristical Study (AnBib 48), 1970

MALHERBE, A.J., Social Aspects of Early Christianity, 1977; darin: ders., House Churches and their Problems, 60-91

MARMORSTEIN, A., The Doctrine of Merits in Old Rabbinical Literature, 1968; 1. Aufl., 1920

MARTIN-ARCHARD, R., Art. Abraham I. Im Alten Testament, in: TRE I (1977), 364 bis 372

MARXSEN, W., Der erste Brief an die Thessalonicher (ZBK NT 11/1), 1979

MERK, O., Handeln aus Glauben (MThSt 5), 1968

MEUZELAAR, J.J., Der Leib des Messias. Eine exegetische Studie über den Gedanken vom Leib Christi in den Paulusbriefen, 1979

MICHAELIS, W., Rechtfertigung aus Glauben bei Paulus, in: FS A. Deissmann, 1927, 116-138

MICHEL, D., Begriffsuntersuchung über sädäq - sedaqa und 'ämät - 'ämuna, Habil. Heidelberg, 1965

MICHEL, O., Der Brief an die Hebräer (KEK XIII), 13. Aufl., 1975

-- Art. οἶκος κτλ., in: ThWNT V (1954), 122-161

-- Der Brief an die Römer (KEK IV), 14. Aufl., 1978

MINEAR, P.S., Images of the Church in the NT, 1960

MOLLAND, E.,The Heretics Combatted by Ignatius of Antioch, in: JEH 5 (1954), 1-6

MORRIS, L., The First and Second Epistles to the Thessalonians, 9. Aufl., 1979

MUNDLE, W., Der Glaubensbegriff des Paulus. Eine Untersuchung zur Dogmengeschichte des ältesten Christentums, 1932, Neudruck 1977

-- Religion und Sittlichkeit bei Paulus in ihrem inneren Zusammenhang, in: ZSTh 4 (1927), 456-482

MUSSNER, F., Der Brief an die Epheser (ÖTK 10), 1982

-- Der Galaterbrief (HThK IX), 4. Aufl., 1981

-- Wer ist "der ganze Samen" in Röm 4,16?, in: Nellessen, E./ Zmijewski, J. (Hrsg.), Begegnung mit dem Wort. FS H. Zimmermann, 1980, 213-217

NABABAN, A.E.S., Bekenntnis und Mission in Römer 14 und 15, Diss. Heidelberg, 1963

NAIRE, A., The Faith of the New Testament, 1927

NEBE, G., "Hoffnung" bei Paulus. Elpis und ihre Synonyme im Zusammenhang der Eschatologie (StUNT 16), 1983

NEUGEBAUER, F., In Christus. Eine Untersuchung zum paulinischen Glaubensverständnis, 1961

NIEDER, L., Die Motive der religiös-sittlichen Paränese in den paulinischen Gemeindebriefen. Ein Beitrag zur paulinischen Ethik (MThSt 12), 1956

NILSSON, M.P., Die Griechengötter und die Gerechtigkeit, in: HThR 50 (1957), 193-210

-- Geschichte der griechischen Religion II: Die hellenistische und römische Zeit (HAW), 1950

NOCK, A.D., The Vocabulary of the New Testament, in: JBL 52 (1933), 131-139

NORDEN, E., Die antike Kunstprosa vom VI. Jhdt.v.Chr. bis in die Zeit der Renaissance I/II, 2. Aufl., 1909, Neudruck 1958

NÖTSCHER, F., Vom Alten zum Neuen Testament. Gesammelte Aufsätze (BBB 17), 1962

-- Heiligkeit in den Qumranschriften, in: ders., Vom Alten zum Neuen Testament. Gesammelte Aufsätze (BBB 17), 1962, 126-174

-- Geist und Geister in den Texten von Qumran, in: ders., Vom Alten zum Neuen Testament. Gesammelte Aufsätze (BBB 17), 1962, 175-187

NYGREN, A., Der Römerbrief, 4. Aufl., 1965

OEMING, M., Ist Gen 15,6 ein Beleg für die Anrechnung des Glaubens zur Gerechtigkeit?, in: ZAW 95 (1983), 182-197

OEPKE, A., Der Brief des Paulus an die Galater (ThHK 9), 3. Aufl. bearbeitet von J. Rohde, 1973

-- Die Missionspredigt des Apostels Paulus. Eine biblisch-theologische und religionsgeschichtliche Untersuchung (MWF (L) 2), 1920

OPELT, J., Art. Epitome, in: RAC V (1962), Sp. 944-973

O'ROURKE, J.J., Pistis in Romans in: CBQ 35 (1973), 188-194

PASCHER, J., Η ΒΑΣΙΛΙΚΗ ΟΔΟΣ. Der Königsweg zu Wiedergeburt und Vergottung bei Philon von Alexandrien, 1931

PEDERSEN, S., "Mit Furcht und Zittern" (Phil 2,12-13), in: Studia Theologica 32 (1978), 1-31

PFAMMATTER, J., Die Kirche als Bau. Eine exegetisch-theologische Studie zur Ekklesiologie der Paulusbriefe (AnGr 110), 1960

PFLEIDERER, O., Das Urchristentum I, 2. Aufl., 1902

PLUTA, O., Gottes Bundestreue. Ein Schlüsselbegriff in Röm 3,25a (SBS 34), 1969

POHLENZ, M., Paulus und die Stoa, in: ZNW 42 (1949), 69-104

-- Die Stoa. Geschichte einer geistigen Bewegung I/II, 5. Aufl., 1978

PRAUS, C., ΕΙΚΑΣΙΑ and ΠΙΣΤΙΣ in Plato's Cave Allegory, in: CQ 71 (NF 27), (1977), 127-139

PREUSS, H.D. / BERGER, K., Bibelkunde des Alten und Neuen Testaments I/II, 1980

PRÜMM, K., Religionsgeschichtliches Handbuch für den Raum der altchristlichen Umwelt, 1954

QUELL, G., Art. ἁμαρτάνω, in: ThWNT I (1933), 267-288

RAD, G. von, Die Anrechnung des Glaubens zur Gerechtigkeit, in: ders., Gesammelte Studien zum Alten Testament (ThB 8), 3. Aufl., 1965, 130-135

-- Der Heilige Krieg im alten Israel, 1951

-- Theologie des Alten Testament I/II, 6. Aufl., 1969

-- Die Vorgeschichte der Gattung von I Kor 13,4-7, in: FS A. Alt, 1953, 153-168

RAU, E., Kosmologie, Eschatologie und die Lehrautorität Henochs. Traditions- und formgeschichtliche Untersuchungen zum äth. Henochbuch und zu verwandten Schriften, Diss. Hamburg, 1974

REILING, J., Hermas and the Christian Prophecy. A Study on the Eleventh Mandate (NT.S XXXVII), 1973

REITZENSTEIN, R., Die Formel "Glaube, Liebe, Hoffnung" bei Paulus (NKGWG phil.-hist.Kl.), 1916, 367-416

-- Ebenso, ein Nachwort (NKGWG phil-hist.Kl.), 1916, 130ff

-- Historia Monarchorum und Historia Lausiaca, 1916

-- Die hellenistischen Mysterienreligionen nach ihren Grundgedanken und Wirkungen, 3. Aufl., 1927, Neudruck 1977

RENDTORFF, R., Studien zur Geschichte des Opfers im AT (WMANT 24), 1967

RENGSTORF, K.H., Das Ölbaum-Gleichnis in Röm 11,16ff, in: Donum Gentilicium. FS D. Daube, 127-164

ROBERTSON, A. / PLUMMER, A., A Critical and Exegetical Commentary on the First Epistle to the Corinthians (ICC), 2. Aufl., 1914, Neudruck 1955

ROBINSON, W., Prophetic Symbolism, in: OT Essays, 1924

RORDORF, W., Sunday. The History of the Day of Rest and Worship in the Earliest Centuries of the Christian Church, 1968

ROST, L., Einleitung in die alttestamentlichen Apokryphen und Pseudepigraphen einschließlich der großen Qumranhandschriften, 1971

ROSTOVTZEFF, M., The Social and Economic History of the Hellenistic World I-III, 1941

RUDOLPH, W., Micha - Nahum - Habakuk - Zephania (KAT XIII/3), 1975

RYDBECK, L., Fachprosa, vermeintliche Volkssprache und Neues Testament, 1967

SAFRAI, S. / STERN, M., The Jewish People in the First Century, 2 Bde, 1974.1976

SCHÄFER, P., Die Vorstellung vom heiligen Geist in der rabbinischen Literatur (StANT 28), 1972

SCHENK, W., Die Gerechtigkeit Gottes und der Glaube Christi. Versuch einer Verhältnisbestimmung paulinischer Strukturen, in: ThLZ 93 (1972), Sp. 162-174

SCHENKE, L., Zur sogenannten Oikosformel im Neuen Testament, in: Kairos NF 23 (1971), 226-243

SCHLATTER, A., Der Glaube im Neuen Testament, 6. Aufl., 1982

-- Gottes Gerechtigkeit. Ein Kommentar zum Römerbrief, 5. Aufl., 1975

SCHLIER, H., Der Apostel und seine Gemeinde. Auslegung des ersten Briefes an die Thessalonicher, 2. Aufl., 1972

-- Der Brief an die Epheser, 7. Aufl., 1971

-- Der Brief an die Galater (KEK VII), 14. Aufl., 1971

-- Der Römerbrief (HThK VI), 1977

SCHMECK, H., Infidelis. Ein Beitrag zur Wortgeschichte, in: VigChr 5 (1951), 129-147

SCHMID, H.H., Gerechtigkeit und Glaube. Gen 15,1-6 und sein biblisch-theologischer Kontext, in: EvTh 30 (1980), 396-420

SCHMITZ, O., Abraham im Spätjudentum und im Urchristentum, in: FS A. Schlatter, 1922, 99-123

SCHMITZ, R.P., Art. Abraham III. Im Judentum, in: TRE I (1977), 382-385

SCHMUTTERMAYR, G., "Schöpfung aus dem Nichts" in 2 Makk 7,28?, in: BZ NF 17 (1973), 203-228

SCHOTTROFF, L., Der Glaubende und die feindliche Welt. Beobachtungen zum gnostischen Dualismus und seiner Bedeutung für Paulus und das Johannesevangelium (WMANT 37), 1970

SCHOTTROFF, W., Art. hsb, in: THAT I (1971), 641-646

SCHRAGE, W., Röm 3,21-26 und die Bedeutung des Todes Christi bei Paulus, in: Rieger, P. (Hrsg.), Das Kreuz Christi, 1969, 65-88

-- Die Stellung zur Welt bei Paulus, Epiktet und in der Apokalyptik. Ein Beitrag zu 1 Kor 7,29-31, in: ZThK 61 (1964), 125-154

SCHREIBER, A., Die Gemeinde in Korinth. Versuch einer gruppendynamischen Betrachtung der Entwicklung der Gemeinde von Korinth auf der Basis des ersten Korintherbriefes (NTA NF 12), 1977

SCHRENK, G., Martin Bubers Beurteilung des Paulus in seiner Schrift "Zwei Glaubensweisen", in: Jud. 8 (1952), 1-23

-- Art. δίκη κτλ, in: ThWNT II (1935), 180-229

SCHUBERT, P., Form and Function of the Pauline Thanksgivings (BZNW 20), 1939

SCHULT, H., Art sm', hören, in: THAT II (1976), Sp. 974-982

SCHÜRMANN, H., Das Lukasevangelium I (HThK III/1), 1969

SCHWEITZER, A., Die Mystik des Apostels Paulus, 1930

SCHWEITZER, W., Glaube und Ethos im Neuen und Alten Testament, in: ZEE 5 (1961), 129-149

SCHWEIZER, E., Der Brief an die Kolosser (EKK), 1976

-- Art. πνεῦμα κτλ. (Qumran, Gnosis, Neues Testament), in: ThWNT VI (1959), 387-453

SCROGGS, R., The Earliest Christian Communities as Sectarian Movement, in: Neusner, J. (Hrsg.), Christianity , Judaism and other Greco-Roman Cults. Studies for Morton Smith at Sixty II: Early Christianity, 1975, 1-23

SEEBERG, A., Der Katechismus der Urchristenheit, 1903, Neudruck 1966

SEYBOLD, K., Art. hāsab, in: ThWAT III (1982), 243-261

SEIDENSTICKER, Ph., Lebendiges Opfer (Röm 12,1). Ein Beitrag zur Theologie des Apostels Paulus (NTA 20), 1954

SEIDL, E., ΠΙΣΤΙΣ in der griechischen Literatur bis zur Zeit des Peripatos, Diss. Innsbruck, 1952

SIEFFERT, F., Der Brief an die Galater (KEK VII), 1899

SJÖBERG, E., Art. πνεῦμα κτλ. (Palästinensisches Judentum), in: ThWNT VI (1959), 387-453

SMEND, R., Zur Geschichte von האמין in: Hebräische Wortforschung. FS Baumgartner, 1967, 284-290

-- Lehrbuch der alttestamentlichen Religionsgeschichte, 2. Aufl., 1899

SNELL, B., Scenes from Greek Drama, 1964

SODEN, H. von, Sakrament und Ethik bei Paulus, in: Rengstorf, K.H. (Hrsg.), Das Paulusbild in der neueren deutschen Forschung (WdF XXIV), 1969, 338-379

SPICQ, P.C., Les Épîtres Pastorales, 1947

STÄHLIN, G., Art. φίλος κτλ., in: ThWNT IX (1973), 144-169

STAUFFER, E., Zur Kindertaufe in der Urkirche, in: DtPfrBl 49 (1949), 152-154

STOCK, K., Gott der Richter. Der Gerichtsgedanke als Horizont der Rechtfertigungslehre, in: EvTh 40 (1980), 240-256

STRACK, H. / BILLERBECK, P., Kommentar zum Neuen Testament aus Talmud und Midrasch, I-IV, 5. Aufl., 1969

STROBEL, A., Der Begriff des "Hauses" im griechischen und römischen Privatrecht, in: ZNW 56 (1965), 91-100

-- Untersuchungen zum eschatologischen Verzögerungsproblem auf Grund der spätjüdisch-urchristlichen Geschichte von Habakuk 2,2ff, 1961

STUHLMACHER, P., Das paulinische Evangelium. I Vorgeschichte, 1968

-- Zur neueren Exegese von Röm 3,24-26, in: Ellis, E./ Gräßer, E. (Hrsg.), FS W.G. Kümmel, 1975, 315-333

-- Gerechtigkeit Gottes bei Paulus (FRLANT 87), 2. Aufl., 1966

-- Der Brief an Philemon (EKK), 1975

TALBERT, Ch.H., A Non-Pauline Fragment at Romans 3,24-26, in: JBL 85 (1966), 287 bis 296

THEISSEN, G., Studien zur Soziologie des Urchristentums (WUNT 19), 1979

-- Soziale Schichtung in der korinthischen Gemeinde. Ein Beitrag zur Soziologie des hellenistischen Urchristentums, in: ders., Studien zur Soziologie des Urchristentums (WUNT 19), 1979, 231-271

-- Urchristliche Wundergeschichten. Ein Beitrag zur formgeschichtlichen Erforschung der synoptischen Evangelien (StUNT 8), 1974

THYEN,H., Studien zur Sündenvergebung im Neuen Testament und seinen alttestamentlichen und frühjüdischen Voraussetzungen (FRLANT 96), 1970

TRILLING, W., Der zweite Brief an die Thessalonicher (EKK XIV), 1980

TROELTSCH, E., Die Soziallehren der christlichen Kirchen und Gruppen (Gesammelte Schriften I), 1923

TURNER, N., Papyrus Finds (Second Thoughts 7), in: ET LXXVI (1964f), 44-48

VERBEKE, G., L'évolution de la doctrine du pneuma du stoicisme à S. Augustin. Étude philosophique, 1945

VIELHAUER, Ph., Oikodome. Das Bild vom Bau in der christlichen Literatur vom Neuen Testament bis Clemens Alexandrinus, 1939

VOGLER, W., Die Bedeutung der urchristlichen Hausgemeinden für die Ausbreitung des Evangeliums, in: ThLZ 107 (1982), Sp. 785-794

VRIEZEN, Th. C., Art. Sünde II, in: RGG[3] VI (1962), Sp. 478-482

WARD, R.B., The Works of Abraham. James 2:14-26, in: HThR 61 (1968), 283-290

WEIGANDT, P., Zur sogenannten "Oikosformel", in: NT 6 (1963), 49-74

WEISS, B., Handbuch über den Brief des Paulus an die Römer (KEK IV), 1886

-- Briefe Pauli an Timotheus und Titus (KEK XI), 1886

WEISS, J., Der erste Korintherbrief (KEK V), 9. Aufl., 1910

WENDLAND, H.D., Das Wirken des Heiligen Geistes in den Gläubigen nach Paulus, in: ThLZ 77 (1952), Sp. 457-470

WENDLAND, P., Die hellenistisch-römische Kultur in ihren Beziehungen zum Judentum und Christentum (HNT 2), 4. Aufl., 1972

WENGST, K., Christologische Formeln und Lieder des Urchristentums (StNT 7), 1972

WESTERMANN, C., Genesis 12-36 (BK I/2), 1981

WETTER, G.P., Der Sohn Gottes. Eine Untersuchung über den Charakter und die Tendenz des Johannes-Evangeliums (FRLANT 26), 1916

WHITE, J.L., The Form and Function of the Body of the Greek Letter: A Study of the Letter Body in the Non-literary Papyri and in Paul the Apostle (SBL Diss.Ser. 2), 1972

WIFSTRAND, A., Stylistic Problems in the Epistles of James and Peter, in: STL I (1948), 170-182

WILCKENS, U., Zu 1 Kor 2,1-16, in: Andresen C./ Klein, G. (Hrsg.), Theologia crucis, signum crucis. FS E. Dinkler, 1979, 501-538

-- Die Missionsreden der Apostelgeschichte. Form- und traditionsgeschichtliche Untersuchungen (WMANT 5), 3. Aufl., 1974

WILCKENS, U., Die Rechtfertigung Abrahams nach Römer 4, in: ders., Rechtfertigung als Freiheit. Paulusstudien, 1974, 33–49; zuerst veröffentlicht in:
Rendtorff, R./ Koch, K. (Hrsg.), FS G. von Rad, 1961, 111–127

— Der Brief an die Römer (EKK VI/1-3), 1978.1980.1982

— Zu Römer 3,21-4,25. Antwort an G. Klein, in: ders. Rechtfertigung als Freiheit. Paulusstudien, 1974, 50–76; zuerst veröffentlicht in: EvTh 24 (1964),
586–610

— Art. σοφία κτλ., in: ThWNT VII (1964), 465–529

— Art. ὕστερος κτλ., in: ThWNT VIII (1969), 590–600

— Weisheit und Torheit. Eine exegetisch-religionsgeschichtliche Untersuchung
zu 1 Kor 1 und 2 (BHTh 26), 1959

WILDBERGER, H., Art. 'mn, fest, sicher, in: THAT I (1971), Sp. 177–209

— "Glauben" im Alten Testament, in: ZThK 65 (1968), 129–159

WILLIAMS, S.K., The "Righteousness of God" in Romans, in: JBL 99 (1980), 241
bis 290

WINDISCH, H., Der zweite Korintherbrief (KEK VI), 1924, Neudruck 1970

WISCHMEYER, O., Der höchste Weg. Das 13. Kapitel des 1. Korintherbriefes
(StNT 13), 1981

WISSMANN, E., Das Verhältnis von ΠΙΣΤΙΣ und Christusfrömmigkeit bei Paulus
(FRLANT 40), 1926

WOLTER, M., Art. ἵστημι, in: EWNT II (1981), Sp. 504–509

— Rechtfertigung und zukünftiges Heil. Untersuchungen zu Röm 5,1-11 (BZNW 43),
1978

WREDE, W., Paulus, in: Rengstorf, K.H. (Hrsg.), Das Paulusbild in der neueren
deutschen Forschung (WdF XXIV), 1969, 1–97

WUELLNER, W., The Sociological Implications of I Corinthians 1:26-28 Reconsidered,
in: StEv IV = TU 112 (1973), 666–672

ZAHN, Th., Der Brief des Paulus an die Galater (KNT 9), 1905

— Der Brief des Paulus an die Römer (KNT 6), 3. Aufl., 1925

ZELLER, D., Sühne und Langmut. Zur Traditionsgesichte von Röm 3,24-26, in:
ThPh 43 (1968), 51–75

ZÖCKLER, O., De vi ac notione vocabuli ἐλπίς in Novo Testamento, 1856

REGISTER

AUTOREN (in Auswahl)

AUSTGEN	240	FRIEDRICH	23; 25
BARTELINK	305	GESE	82
BARTH	4; 286f; 289; 296; 298	GRÄSSER	148
		GRUNDMANN	128; 180f; 188
BARTON/HORSLEY	258f; 270f	GÜLZOW	255; 258; 308
BARTSCH	24	GYLLENBERG	4
BERGER	5; 16; 32; 35f; 62f; 119; 132f; 139; 158; 184; 206; 244; 246f; 248f; 265; 300	HAHN	134; 146
		HANSEN	307
		vHARNACK	261f
BINDER	2f; 149; 252f	HASLER	233f
BONHÖFFER	224f; 226	HATCH	284
BOUSSET	284	HEILIGENTHAL	69
BROX	175	HEINRICI	237; 244
BUBER	4	HENGEL	40
BULTMANN	2f; 24; 78; 134; 151; 158; 186; 189f; 202; 214f; 285; 296; 298	HERMANN	59; 62
		HOFNER	264f
		JEREMIAS	127f; 134
BURCHARD	25	JUDGE	254f; 307f
CONZELMANN	33	JÜNGEL	310
CRANFIELD	238f	KÄSEMANN	2; 19; 81; 141
DAUBE	145f	KELLER	28
DEISSMANN	1; 305f; 307f	KERTELGE	159; 207
DIBELIUS	1	KLAUCK	253f; 258; 263
DIHLE	102-105; 240	KLEINKNECHT	46
DODDS	283	KOCH	79ff; 117; 118f
DOUGHTY	134	KUSS	2; 141; 154
EBELING	285	LECLERCQ	240
ELLIGER	125	LIETZMANN	244
ELLIOT	175; 254f; 263; 265	vLIPS	234
		LJUNGMAN	3; 20
FILSON	263	LOHFINK	118
FOHRER	196	LOHMEYER	3
FOERSTER	50	LOHSE	4; 80; 85; 286; 289

LÖVESTAM	172; 175	SCHMID	117
LÜHRMANN	3f; 162; 252f; 255; 263; 285f; 298f; 305	SCHOTTROFF, L.,	37
		SCHRAGE	175; 224
MALHERBE	255; 258f; 263; 308	SCHREIBER	263
		SCHRENK	4
MARMORSTEIN	129	SCHWEITZER, A.,	1
MICHAELIS	1	SCROGGS	166f; 170
MICHEL, D.	117	SEIDL	26; 283
MICHEL, O.	141; 185	SEYBOLD	118
MINEAR	265	vSODEN	230f; 232
MUNDLE	4; 22; 154; 183; 202; 237; 252f	SPICQ	233f
		STAUFFER	264
MUSSNER	251f	STOCK	82
NABABAN	220; 231f	STROBEL	128; 148; 156
NEBE	190; 202f; 207; 213f	STUHLMACHER	2; 20f; 154
NEUGEBAUER	3; 285	THEISSEN	29; 42f; 168; 308
NIEDER	241	THYEN	87ff
NOCK	305	TURNER	305
NORDEN	307	VIELHAUER	231
OEMING	118	VOGLER	263f
OEPKE	21	WEISS, B.,	33; 154
PASCHER	185	WENDLAND, P.,	307
PFLEIDERER	1	WESTERMANN,	117
PLUTA	81	WETTER	284; 295f; 298
POHLENZ	224f; 226f	WILCKENS	19; 33; 37; 78; 81; 85; 89; 141; 159; 231f; 237
PRAUSS	283		
vRAD	117; 126	WILDBERGER	117; 126
RAU	265f; 267	WISCHMEYER, O.,	208-211
REITZENSTEIN	284; 296; 298	WISSMANN	1; 285
RENDTORFF	79ff	WREDE	168
RENGSTORF	18; 28; 30; 249	WÜLLNER	308
RORDORF	271	ZAHN	141
ROSTOVTZEFF	254	ZÖCKLER	190
SCHENK	3		
SCHLATTER	4; 19; 141		
SCHLIER	19; 141; 176; 178f; 232		

STELLEN (in Auswahl)

1. Pagane griechische und lateinische Autoren

AESCHINES		
Or in Ctes 1	288	
Pers 800f	293	

AESOP		
Fab 22	12	

ALCIPHRO		
IV 7,4	290	

ALEXIS		
Fab incert XLII	290	

ANDOCIDES		
I 2	112; 114	

ANECDOTA GRAECA		
III 471	12	

ANTIPHON		
III 4	113	
V 84	27	
V 93	112; 114	

APOLLODORUS		
Bibl II 4,1	294	

APOLLONIUS v TYANA		
Epist XXXIII	289	

APPIAN		
Pun VIII 57	288	

ARAT		
Phainomena 108f	104	

ARISTIDES		
I 155	289	

ARISTOTELES		
Div Somn 1,462b 11ff	294	
Eth Eud VII 1234b 31	105; 107f	
VII 1242a 27f	263	
Eth M II 1208b 24	108	
Eth Nic V 1129a	104	
V 1129b	110	
V 1130a+b	103	
V 1137a 31ff	105	
VIII 1155a		
22-24	105; 107; 110	
VIII 1163b 15	105; 107	
Pol IV 1291a	103	
Rhet 1366a 11	12	
Virt et Vit 1250b		
17-24	104; 106; 110	

CICERO		
Off 3,45	262	
Rep 3,7	103	
Tusc 5,22	262	

DEMOSTHENES		
IX 35	110	
XXIV 133	110	
XXXV 40f	113	
XLIV 3f	113	

XLIV 4	112	
XLVII 45	112; 113	
IL 41	257	
LIV 27	113	
LVI 18	113	

DIO CASSIUS		
VI 3+5	289	
XL 15	108	
XLI 46,4	47; 139; 192; 295	
XLIV 25,7	193	
XLVIII 48,5	291	
LVII 1f	192; 193	
7	193	
48	124	
LXXI 26,2f	109	
LXXIV 8	108	

DIO CHRYSOSTOMOS		
LXIV 26	290	
LXXIV 11f	11	
27f	11	

DIOGENES LAERTIUS		
I 53	108	
VII 93.110	225	
VIII 10+11	262	
39	262	
X 9.10.11	261	
XIII 21,7	193	
91,5	261	

DIODORUS SICULUS		
X 4,2-6	262	
XIX 70,3	260	

EMPEDOKLES		
Frg 3,10	12	

EPIKTET		
I 4,18	227	
I 11,14	225	
I 25,4	227	
II 4,1f	227	
II 8,24	226	
II 14,13	228; 289	
II 16,44	290	
II 22,25.27-29	227	
II 22,29f	109	
III 14,13	109	
III 16,7f	226	
III 26,32	104	
IV 5,13f	227	

EPIDAUROS		
W 3	291	

EURIPIDES		
Hipp 1391	46	
Ion 557	288	
Iph Taur 1475f	14	
Med 413	288	

EURIPIDES
Rhes 663f   14

GORGIAS
VS II 286,12-15   106

HERAKLIT
Frg 86   289

HERODES ATTICUS
Pol 35   108

HERODOT
I 8   12
I 158   47; 293
II 152   47; 293
III 153   291
V 92,7   293

HOMER
Od 6,199   178

ORPHISCHE HYMNEN
Prooem 25   107

ISAEUS
Or IX 24   290

ISOKRATES
I 30   111
III 7   107
III 57   107
III 64   107
IV 31   14; 293
V 91   191
VI 31   294
IX 21   47; 294
X 32f   256
X 61   290
XV 255   107
XVII 6   256
XVIII 20   113
XXI 12   109
Epist II 19   111

JAMBLICHUS
Myst V 26   191
Vit Pyth VIII 148   29
         XIX 91   291
         XXII 102   108
         XXVIII 139   292
         XXVIII 148   289
         XXX 176   260
         XXXIII 232   108

LUKIAN
Alex 11   14; 47; 295
     38   289
Dial Mort 339   28; 295
Hermot 47   11
Icaromenipp 2   28
Pseudolog 10   292
          13   28; 29
          15   28

LYCURGUS
Or in Leocr 31,127   124; 288

LYSIAS
34,10   288

MARC AUREL
I 6   28; 292
I 14   191
V 33,3   107

MENANDER
Frg 584   12
Frg 585   12

PHALARIS
Epist XCI   289

PHILODEMUS
Philos 6,6   288

PHILOSTRAT
Gymnastik 24   191
Imagines 356,1   48; 295

PINDAR
Nem 10,54   289

PLATON
Crat 399A   294
Eythyphr 12C-E   104
Leg V 738C   47
    XII 966D   288
Men 99D   47
Phaed 83A   12
Phaedr 265A+B   46
Pol IX 580A   106
Resp VI 487A   261
     VI 511D-E   26
     VII 534A   26
     IX 576A+B   109
     IX 580A   109

PLINIUS
Epist 96   271

PLUTARCH
Alex 27,1   295
Amat 23,7   212
CatoMinor 781B   110
Cor 232D   29; 292
Def Orac 50   46
Flam 378C   291
Mor 53D/E   256
    160E   108
    163D   292
    165B+C   288
    167E   288
    170F   290
    206D   290
    210D   290
    398E   48
    402B   294; 297
    402E   48

PLUTARCH
Mor 419D   48
    432A   294
    434D   48; 294
    593A   290
   1062E/F   106
   1101C   288
Tim 241A   192

POLLUX
I 15   46
VI 135   108; 111

POLYBIOS
I 35,2   290
V 87,3   260
X 2,11   294
XIV 9,5   261

PORPHYRIUS
Komm zu Ptol I 9,3   12

SENECA
Ben II 31   106

SOPHOKLES
El 1317   291
Oed Col 610-613   45
        1331   293
Phil 1374   288
Trach 76f   293

STOBAEUS
II 75,11   225

STRABO
VIII 6,15   292
XVII 1,5   260
XVII 1,17   292

THEOGNIS
I 1135-1138   107; 191; 291

THEOPHRASTUS
Char IV 1f   255

THUKYDIDES
I 69,5   194
II 62,4f   192; 194
III 83,2   193
IV 92,7   288
V 101-104   176f
V 104   290
V 113   192; 194
VII 67,4   290

XENOPHON
An 1,10,1   177
   4,8,19   177
Ap 15   294
Hier V 2   110
Sym 4,47-49   294
    8,18   108

2. Altes Testament

GENESIS
12,1   140
12,3   57; 146
15,1.5.13   139
15,5   142
15,6   51f; 57; 116-
                   125; 126; 130f;
                   132-146; 157-
                   163; 223
17,5   142
18,1-15   121
18,18   57; 146
22   121; 146
22,16   136

EXODUS
4,1ff   15
4,30f   15; 27
14,13   177
14,31   29; 128
19,9   128
25,22   80
30,6   80

LEVITICUS
4f   79; 83
4,3   82
16   79; 83
16,17   83
18,5   149-153; 155

NUMERI
7,89   80

DEUTERONOMIUM
6,4   17
9,23f   16
27,26   58; 66; 149f;
                   153
30,12f   151f
32,4   115

I SAMUEL
4,9   180

II SAMUEL
10,12   180

I REGNORUM
10,6f   15

II REGNORUM
17,13f   17

II CHRONIK
20,20   128

II ESRA
19,8   137

TOBIT
4,20 - 5,3   26

I MAKKABÄER
2,51-64   124; 200f

I MAKKABÄER
2,59   132

II MAKKABÄER
1,26   83
15,12   260

PSALMEN
26,14   180
30,25   180
77   198; 221
83,2   154
89,2   154
106,7.12.21-24   16
142,2   149

PROVERBIEN
3,3f   132
12,17   115

WEISHEIT
1,1f   116
3,9   132
12   222
16,26   16

SIRACH
2   196f
40,12   115
44,19-21   121
44,20f   137; 146
45,4   132
51,23.29   265

JESAJA
7,9   126
11,2   63
28,16   151; 155
41,8-10   123
53,1   17; 19; 21

JEREMIA
7,23-28   16
9,2   154
49,5   115

EZECHIEL
18,9   126
36,26f   50
37,14   50

DANIEL
6,24   132

JOEL
3,1f   50

JONA
3,1-10   16

NAHUM
2,9   178

HABAKUK
2,4   51; 125-132;
                         146-163

3. Frühjüdische Schriften

ABRAHAM-APOKALYPSE
10,2-7   35f

SYRISCHE BARUCH-APOKALYPSE
14,12f   137
54,15f   223
54,21   223
59,2   131

IV ESRA
3,13-15   123
3,31f   250
4,51 - 5,2   116
5,23-30   250
6,26-28   53
7,34f   116
7,46   149
7,113f   116
7,119f   137
8,26   133
8,32-36   133; 149
13,23   131f

GRIECHISCHE ESRA-APOKALYPSE
1,12-17   133
5,26   149

ÄTHIOPISCHES HENOCHBUCH
46,3-8   116
61,11   52

67,8-10   53
81,5   149
83f   265f
85 - 90   265f
91,3f   222
108,13-15   116; 131

SLAVISCHES HENOCHBUCH
66,6   115

JOSEPH UND ASENETH
15,4   122

JUBILÄENBUCH
6,2   83
12,24   123
14,7   123
15,25f   124
17,15-18   121
17,18   210
18,14-16   137; 146
19,8f   121; 210
19,9   122
30,17-23   122

LIBER ANTIQUITATUM BIBLICARUM
XII 8f   251
XXIII 6   116

IV MAKKABÄER

6,27-29	85f
6,30	86
7,6	86
16,21f	201
16,21 - 17,5	210
16,25	201
17,2.4.5	201
17,4	211
17,22	85f

PARALEIPOMENA JEREMIOU

6,7	131
7,12-16	28
7,18.19f	28

PSALMEN SALOMOS

8,24-34	115
18,1-9	135

PSEUDO-PHILO (ed.Siegert)

De Sampsone p.66f	51f

SIBYLLINEN

I 360-364	250
383f	250
III 367-380	116
IV 39-46	50
45f	131
152-161	131

TESTAMENTE DER XII PATRIARCHEN

TestRub IV 1	222
TestSim IV 5	222
TestLev VIII 2	115
XIII 1	222
TestJud XXIV	135
XXIV 6	156
TestIss IV 1.6	222
V 1	222
TestAss VI 1f	222
VII 7	123
TestBen VI 5-7	222
X 7-9	116; 131

4. Qumran

CD 20,11-13	266f
1 QH 13,16f	135
16,7	52
16,11f	52
18,28f	186
1 QS 3,6-8	52
4,20f	52f

5,5f	266f
9,3	53
1 QM 15,6-9	180
1 QpHab 1,17ff	17
2,1-9	17
7,17 - 8,3a	127f

5. Philo von Alexandrien

Abr 27	103
60	14
141	26
268	200; 229
268f	223
270	119
Agr 50	16
All II 89	15
III 9	186
III 164	198f
III 208	15
III 218	15
III 228	15
Cher 19	185
65	15
Conf 30f	185
Ebr 32	15
36-40	251
Gig 49	185
Her 93	15
206	200
265	46
Migr 43f	140; 199f; 203f
44	119
Mut 201	15

Post 13	15
23	185
28	185
Praem 27	119
Sacr 22	115
34	15
52-72	135
Sobr 56	121
Som II 188f	83
SpecLeg I 229f	82
III 131	83
IV 49	46
IV 50f	16
IV 50	49
IV 61	15
Virt 68	49
211-219	119
216f	52
218	15
VitMos I 82f	17
I 284	49

6. Josephus

Ant II 274-276	27	Bell II 119ff	270
II 283	27	III 349	108
II 286	33f	IV 485	26
Ap II 14	15	Vit 333	92f

7. Rabbinische Schriften

Av 1,4	265	Mekh 40b	136
5,3f	121	101b	124
ARN 33	121	MTeh zu 18,25	121
BerR 48,7	124	PRE 26	121
55,1	121	ShemR 23	123; 128
bMak 23b.24a	129	44,4	121; 123
MidrQoh 3,9(17b)	127	ShirR 4,6	123f
Mekh Ex 14,31	30; 51; 129f		

8. Neues Testament

MATTHÄUS-EVANGELIUM		4,9-12	135f
3,9	124	4,13-17	136-138
25,10ff	173	4,18-22	138-140
		4,18	203f
LUKAS-EVANGELIUM		4,19f	171
3,8	124	4,19-21	235f
4,1	55	4,23-25	140-142
4,18f	91	5,1f	183f
5,23	91	8,2	204
7,48	91	8,18-26	202f
12,35-40	173	8,23	57
22,20	90	10,4-12	151f
		10,8	10; 20; 22
JOHANNES-EVANGELIUM		10,14-18	10f; 19f; 23
12,38	21	10,16	21; 24
		10,16f	31
ACTA		11,17-24	248-251
6,3.5.8	54	11,20	184-186
7,55	55	12,3	238f
11,24	54	13,11-14	173
13,38	91	14,1 - 15,13	217-221
14,15-17	89	14,23b	219-221; 228-230
15,7-12	54		
19,1-7	54	15,13	205f
20,28	90	15,18	30-32
27,3	262	15,18f	35
		16,25f	24
RÖMERBRIEF			
1,5	24	**I KORINTHERBRIEF**	
1,16	152	1 - 3	39
1,17	152-155	1	81
1,18 - 3,20	152f	1,17	33
2,12f	153	1,18-25	33
3,3-5	147; 155	1,26-29	42f
3,21	138f	1,26-31	33
3,21ff	142; 158f	2,1-5	32-38; 139
3,24	79	2,6ff	37
3,25	77-84; 86f; 91	3,1	38
4,1-25	133-145; 157-170	3,3	38
4,1-8	133-135	3,5ff	237f

I KORINTHERBRIEF
3,5-17   38
5,9 - 6,11   246-248
6   147
8,1 - 11,1   230-232
9,12   210
12   62-64
12,4   62
12,5-6   62
12,8   63
12,9   63f
12,11-13   62
13,7   209-211
13,13   208-211
14,14   46
14,19   46
15,1   183
15,11   22
15,12-19   77; 87-89
15,14   22
15,23   57
16,13   172-182

II KORINTHERBRIEF
1,22   56
1,24   186f
2,16   154
3   30f; 35
4,13   65
5,7   56f
6,14 - 7,1   244-246
10,15   236-238
12,12   30-32

GALATERBRIEF
1,23   23
2,15ff   207
2,16   58
3   23
3,1-14   57f; 145f; 148-
                            151; 157-170
3,2.5   19; 22
3,11b   152-154
3,23.25   23
3,26ff   61
3,26-29   168
3,26 - 4,7   58-60
5,1-6.13-26   66-69
5,1   183f
5,5f   207f
5,6   212
5,11   23

5,25   61
6,10   251-273

EPHESERBRIEF
1,13   18; 55f
1,13f   138
6,10-20   173; 176-179
6,11.13-17   147
6,14-17   213

PHILIPPERBRIEF
1,27   182f
1,27ff   64f
4,1   183

I THESSALONICHERBRIEF
1,3   211-213
1,5   38f
1,8   39
2,13   10; 19f; 23
3,8   183
3,10   236-238
5,6ff   173
5,8   213f

II THESSALONICHERBRIEF
1,3   236-238
1,8.10   24
2,13   55
2,13f   21

I TIMOTHEUSBRIEF
3,15   266f

TITUSBRIEF
1,10-16   232-234

HEBRÄERBRIEF
6,11-15   137
10,19-25   206
10,37f   147f
11,1   206
11,4.7   147
11,8.11   206

JAKOBUSBRIEF
2,20-26   143

I PETRUSBRIEF
1,18-21   89
5,8-11   173-176

III JOHANNESBRIEF
15   262

9. Frühchristliche Schriften

CLEMENS v ALEXANDRIEN
Strom II 25,3   21f

I CLEMENSBRIEF
2,2   55
10,6f   121
12,1   121

31,1 - 32,4   124
31,2   146

DIDACHE
7   271
16,1-5   173

HIPPOLYT
Ref IX 18-28   270

HIRT d HERMAS
mand V 2,1   54f
mand XII 5,4   54f

IGNATIUS
Smyr intr   55

JUSTIN
Dial 23,3-5   119
     42,2   21
     46   119
     114,2   21
     118,4   21

POLYKARP
Phil 9,1f   147

Wissenschaftliche Untersuchungen zum Neuen Testament

Herausgegeben von Martin Hengel und Otfried Hofius

2. Reihe

21
Reinhard Feldmeier
Die Krisis des Gottessohnes
1987. XII, 292 Seiten.
Fadengeheftete Broschur.

20
Hans F. Bayer
*Jesus' Predictions of Vindication
and Resurrection*
1986. X, 289 Seiten.
Fadengeheftete Broschur.

19
Scott J. Hafemann
Suffering and the Spirit
1986. VIII, 258 Seiten.
Fadengeheftete Broschur.

18
Peter Lampe
*Die stadtrömischen Christen in den
ersten beiden Jahrhunderten*
1987. Ca. 430 Seiten.
Fadengeheftete Broschur.

17
Gottfried Schimanowski
Weisheit und Messias
1985. XII, 410 Seiten.
Broschur.

16
Eckhard J. Schnabel
*Law and Wisdom from Ben Sira
to Paul*
1985. XVI, 428 Seiten. Broschur.

15
Terence V. Smith
*Petrine Controversies in Early
Christianity*
1985. X, 249 Seiten. Broschur.

14
Uwe Wegner
Der Hauptmann von Kafarnaum
1985. VIII, 522 Seiten. Broschur.

13
Karl Th. Kleinknecht
Der leidende Gerechtfertigte
2. Auflage 1987. Ca. 450 Seiten.
Fadengeheftete Broschur.

12
Alfred F. Zimmermann
Die urchristlichen Lehrer
2. Auflage 1987. Ca. 280 Seiten.
Fadengeheftete Broschur.

11
Marius Reiser
Syntax und Stil des Markus-
evangeliums
1984. XIV, 219 Seiten.
Broschur.

10
Hans-Joachim Eckstein
Der Begriff Syneidesis bei Paulus
1983. VII, 340 Seiten.
Broschur.

9
Roman Heiligenthal
Werke als Zeichen
1983. XIV, 374 Seiten. Broschur.

8
Berthold Mengel
Studien zum Philipperbrief
1982. X, 343 Seiten. Broschur.

7
Rainer Riesner
Jesus als Lehrer
2. Aufl. 1984. Ca. 620 Seiten.
Fadengeheftete Broschur.

6
Helge Stadelmann
Ben Sira als Schriftgelehrter
1980. XIV, 346 Seiten. Broschur.

5
Dieter Sänger
Antikes Judentum und die Mysterien
1980. VIII, 274 Seiten. Broschur.

4
Seyoon Kim
The Origin of Paul's Gospel
2nd ed. 1984. XII, 413 Seiten.
Broschur.

3
Paul Garnet
Salvation and Atonement in the
Qumran Scrolls
1977. VIII, 152 Seiten. Broschur.

2
Jan A. Bühner
Der Gesandte und sein Weg im
4. Evangelium
1977. VIII, 486 Seiten. Broschur.

1
Mark L. Appold
The Oneness Motif in the Fourth
Gospel
1976. IX, 313 Seiten. Broschur.

J.C.B. Mohr (Paul Siebeck) Tübingen